현대 경영의 이해

이덕훈 | 강신성 | 이규현 | 허찬영 | 진현웅 공저

understanding of modern management

도서출판 두남

머리말

오늘날 기업은 사회발전의 원동력으로 현대사회를 이끌어 갈뿐 아니라 빌게이츠 같은 기업가는 미래사회의 중추적인 역할을 담당하고 있다. 기업과 기업가의 역할이 증대하고 있음을 간접적으로 보여준다. 산업사회가 고도화되어 현대사회가 더욱 복잡해지고 있으며 국제화, 정보화, 지식화에 의해 변화의 속도가 빨라짐으로써 이에 대한 기업의 적응도 더욱 어려워지고 있다.

세계적인 글로벌기업들이 도산 직면에 처해 있으며 신문에 보도되는 것처럼 세계 유수의 기업들의 파산 등 기업의 도산에 관한 뉴스는 이제 더 이상 우리를 깜짝 놀랄게 할 만한 뉴스는 아니다. 2000년대 세계 휴대폰 시장의 절대강자였던 노키아가 불과 10년도 되지 않은 상태에서 추락한 것을 보면 기업이 끊임없이 실천해야 하는 창조적 파괴의 개혁정신을 잊고 잠시 안일한 경영의 결과 로 이어진 것은 아닐까라고 생각한다. 한국산업의 절대강자이며 한국의 정치, 경제, 문화 전체에 가장 큰 영향을 끼치고 있는 삼성전자와 현대자동차그룹들도 이 부분에서는 절대 예외가 될 수 없다.

이러한 변화의 속도와 함께 우리는 외부환경과 관련하여 경영학에서도 다원화사회의 경영환경의 변화에 대응하기 위해서라도 학문적인 재정립이 필요한 시기라 하겠다.

현재는 정치, 경제, 사회, 국제환경 등의 요인이 기업경영에 직접요인이 될 뿐만 아니라 종업원, 소비자, 지역사회 등의 스테이크 홀더(이해관계자집단)의 사고와 행동의 변화가 기업경영의 간접적 요인으로 등장하여 경영자의 기능이 더욱 중요시 되고 있다.

또한 요즈음 불황의 연속으로 인하여 기업에서는 조기퇴직이니 명예퇴직 등으로 평생직장이 평생지업으로 변화되는 현실에서, 기업은 물론 사회 전체가 어둡게 되어 경영의 효율성이 재인식되기까지에 이르렀다. 그러나 그 보다는 더욱 중요한 것이 기업의 효과성이다. 요즈음 세계적으로 주목받고 있는 사회적 기업을 보면서도 효율성만 중시하던 경영학의 새로운 면을 발견하게 되었다. 따라서 본 교재는 이러한 위기를 극복하고 기업이 계속 성장하려면 어떻게 대응하여야 하며 경영관리는 어떻게 하여야하는가? 하는가를 중심으로 집필되었다고 할 수 있다.

본서는 이러한 의미에서 국민과 기업구성원의 삶의 질의 향상, 그리고 나아가서는 전세계인들이 요구하는 경영의 필요성과 기업의 성장전략을 중심으로 경영자와 종업원, 고객 그리고 이에 대응하는 전략 등을 중심으로 상호공존할 수 있는 기업경영이 이루어지도록 집필되었다. 물론 본서가 새로운 기법으로 접하고 있다고 하나 완벽하다고는 할 수 없다. 이러한 것은 강호제현들의 지적과 비평을 받아 다시 개정할 때 보완하려고 한다.

본서는 기업의 성장을 다소 이론적이며 추상적이라고 사려될지 모르나 기업의 효율성과 사회적 책임의 완수라는 미래지향적 사고로 임하였다. 특히 저자들이 경영학을 가르치면서 평소 느꼈던 점을 보완, 정리하였으므로 경영을 처음 접하는 경영학도들에게 필요한 경영학의 원론에 중점을 두었다.

경영학에서도 각론에 치우치지 않고 겹치지 않게 하기 위해 한남대학교 경영학과 교수님들이 많은 참여는 본서를 좀 더 학문적으로나 현실적으로 더 충실하게 하였다. 특히 한남대학교 경영학과의 심용보 교수와 김경진 교수는 인사관리와 마케팅분야를 집중적으로 재검토하여 수정하여 주었다.

되돌아보면 아쉬운 책이지만 본서가 나오기까지는 많은 분들의 도움이 있었다. 필자들의 뒤에 항상 안녕과 건강을 비는 가족이 있었으며 동료가 있었다. 그들에게 감사를 드리지 않을 수 없다.

또한 본서가 나오기까지 편집, 원고 교정에 힘써 준 제자인 한밭대 강사인 한광수 박사의 도움이 없었더라면 이 책은 더 많은 시간을 요했을 것이다. 다시 한 번 여러분께 감사를 표한다.

집필진을 대표하여 2014년 9월

이 덕 훈

차 례

제1부 경영일반론

제2부 현대기업과 경영

제3부 경영관리론

제 1 부

경영일반론

제1장

경영의 등장

제1절 경영이란?

01 경영의 시대

아리스토텔레스는 인간을 "사회적 동물"로 표현했듯이 人間은 대화를 통한 사회공동체를 통하여 생활을 영위하고 있다. 인간은 혼자가 아니라 여러 사람들과 어울려 사는 공동체(사회)를 구성하고 살아간다는 의미이다. 다시 말하면 원시시대와는 달리 교환경제의 메카니즘 속에서 생산·유통·소비가 이루어지며 이를 바탕으로 우리들의 경제활동이 전개되고 있는 것이다.

이러한 의미에서 욕구충족을 위한 우리들의 경제활동에 대해 알고자 할 경우 한 나라 전체로서의 국민경제와 국민경제의 실제적인 구성단위가 되는 개별경제가 있다. 개별경제가 국민경제를 이루듯 한 국가의 발전은 경제발전에 의해 이루어지며, 또한 경제발전은 기업의 발전에 의존한다. 국가의 발전이 기업발전과 연결되어 있다는 것은 적어도 자본주의 하에서 이것은 불변의 진리이기도 하다.

기업은 풍요로운 사회건설과 사회적 욕구를 충족시키는데 필요불가결한 기관일 뿐만 아니라 경영의 노력과 공헌 없이는 사회의 발전이 없어 현재를 경영의 시대(The Age of Management)[1]라고 한다. 이 같은 시대적 요청에 부응하여 기업의 경영을 연구하는 학문으로서 등장한 것이 經營의 學, 즉 경영학이다.[2] 물론 경영학은 독립과학이 아니라 상호보완적인 과학이다. 경영학은 사회과학의 한 분야로 국민경

1) 村松司叙, 現代經營學總論, 中央經濟社, 1990, 序文

2) H. Mintzberg, Mintzberg on Management, Free Press, 1989

제를 구성하는 경영(개별경제)을 그 대상으로 하되 주체적인 인간의 의사결정과 관계가 있는 학문이다.

좀 더 협의적인 개념으로 말하자면 경영학이란 경영체의 경영활동을 합리적으로 수행하기 위한 여러 법칙을 연구하는 학문이다.[3)]

여기에서 경영체란 경영활동을 영위하는 조직체 즉 기업 뿐만이 아니고 관청, 학교, 병원, 교회, 노동조합, 군대 등도 포함된 조직된 협동체(organized cooperation)[4)]를 의미한다.

경영체란 자본주의 체제하에서는 중핵적 존재가 기업이므로 기업체로 한정하는 경우가 많으나 관청, 학교, 병원 등 목적 조직체를 포함하는 좀 더 넓은 의미가 정확한 의미라고 하겠다.

다시 말하면 비영리조직도 일반국민에게 공공서비스를 제공하기 위해 만들어진 조직이지만 일반국민인 고객에게 최대의 편리를 공급하기위해 경영활동이 필요하게 된다. 특히 최근에 병원에서 환자를 고객으로, 대학에서도 학생을 고객으로 간주하고 있는 것은 경영활동의 대상이 확대되고 있음을 알려주는 계기가 되고 있다고 하겠다.

02 경영 목적과 효율성·효과성

경영은 개인으로서 달성할 수 없는 조직목표를 달성하기 위해 집단 속에서 함께 일하는 환경을 조성하고 유지·발전해 나가는 과정으로서 이해할 수 있다. 그렇다면 경영은 무엇인가라는 과제에 부딪힌다. 경영은 조직구성원에 의해 수행된 활동을 효율적으로(efficiently) 집약하는 과정(process)이라고 할 수 있다.[5)] 여기서 프로세스란 경영자에 의해 수행되는 기능 또는 주요활동에 큰 영향을 받는다.[6)]

3) J. A. F. stoner & wankel, Management 3rd. ed (Prentice Hall, 1986) pp 18~19

4) Koontz & O'Donnel. Principles of Management — An Analysis of Managerial Functions —, Fourth Edition, International Student Rdition, 1968

5) Stephen. P. Robbins, MANAGEMENT, 1988. p.6~7

6) 경영기능에 대해 Henri Fayol은 Plan, Organize, Command, Coordinate and Control (Henri Fayol, Industrial and General Administration - Paris: Dunod, 1916)라 했고, 1950년대 중반 UCLA의 Harold Koontz와 Cyril O'Donnell은 Planning, Organizing, Staffing, Directing and Controling으로 보았다. (Harold Koontz and Cyril O'Donnell Principles of Management: An Analysis of Managerial Funtions - NewYork: Mc Graw-Hill, 1955)

효율성(efficiency)이란 투입(input)과 산출(output)의 관계를 말하는 것으로, 경영자는 희소한 경영자원(예로 3M : Man, Money, Material)을 가지고 산출(제품)을 얻기 위해 투입자원(input resource)을 효율적으로 관리한다[그림 1-1 참조].

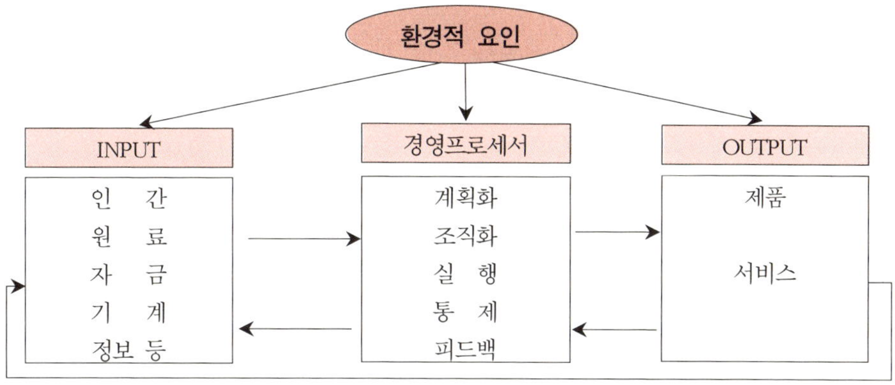

자료 : Robert L. Trewatha & M. Gene Newport, Management, 1988, p. 6

[그림 1-1] 경영과정과 조직

〈표 1-1〉 효율성과 효과성의 조직성과의 관계

		효율성	
		저	고
효과성	고	1. 저효율, 고효과 - 경영자는 올바른 목표를 선택한다. 그러나 목표를 성취하는데 자원을 부적절히 사용한다. 결과 : 고객이 원하는 제품은 그들이 구입하기에 너무 비싸다.	2. 고효율, 고효과 - 경영자는 올바른 목표를 선택한다. 그리고 그 목표를 성취하기 위해 자원을 적절히 사용한다. 결과 : 고객이 원하는 질과 가격의 제품을 제공할 수 있다.
	저	3. 저효율, 저효과 - 경영자는 잘못된 목표를 설정하고 자원을 부적절히 사용한다. 결과 : 고객이 원치않는 낮은 질의 제품	4. 고효율, 저효과 - 경영자는 잘못된 목표를 선택한다. 그러나 이러한 목표를 추구하기 위해 자원을 적절히 사용한다. 결과 : 고객이 원치않는 높은 질의 제품

자료 : Gareth R. Jones, Jennifer M. George, Charles W. L. Hill "contemporary Management" Irwin McGraw-Hill 2008. p.6

그러나 최근에는 Planning, Organizing, Leading and Controling으로 보고 있다.

또한 경영은 효율성만으로 완전하지 않다. 그래서 효과성(effectiveness)을 추구하는데 경영자가 조직의 목표를 성취할 때 경영자가 효과적이었는지 아닌지를 확인할 수 있다. 다시 말하면 효율성은 방법에, 효과성은 목적에 관계된다. 다시 말하자면, 인간, 원료, 자금, 기계정보 등의 투입(INPUT)으로 상품(제품과 서비스: OUT PUT)을 만드는 과정에서의 경영과정(프로세서)을 효율적이라 한다. 계획, 조직, 통제 등의 과정을 통해 효율성을 높이는 과정을 경영이라고 하는 것이다. 그런데 이 효율성은 올바른 목표(고객이 원하는 질, 가격, 제품)를 선택해서 이뤄지는 것을 말한다.

경영은 상술한 과정을 거치면서 발생하는 것이므로 M.P. Follett 는 경영을 '사람을 통하여 일을 성취하는 기술'[7]로 정의하였으며 Montana 와 Charnow는 '조직과 성원의 목표에 합치될 수 있도록 타인을 통해 같이 일하는 것'[8]으로 정의하였다.

또한 '조직의 목표를 효율적, 효과적으로 달성하기 위하여 자원을 기획, 조직, 지휘, 통제하는 것'[9]으로 표현하기도 한다.

여러 정의를 종합해서 필자는 경영이란 '조직의 목표도달을 위해 자원을 효율적, 효과적으로 활용하는 것'으로 정의하기로 한다.

효율성과 효과성은 상관관계에 있는데, 조직은 효과적이지 않으면서 효율성을 추구할 수 있다. 이는 어느 조직이 잘못된 방향으로 일을 수행할 경우에 발생하는 것으로 조직 목적으로 위해서 경영을 할 경우 그 목적과는 관계없이 잘못된 일 자체의 효율성을 추구할 수 있는 것이다. 즉 경영능력이 빈약하다면 비효율성과 비 효과성을 동반하는 것이다. 그러므로 고효율성은 고 효과성에 연결되기 때문에 효율성과 효과성의 연결에 있어 경영자원을 효율적으로 연결하는 것이 경영이라고 할 수 있다〈표 1-1 참조〉.

(1) 현대 기업에서의 기업행동

1) 제품 서비스의 생산과 공급

기업은 사람들의 생활을 지탱하는 다종 다양한 재화, 서비스를 창출하고 있다. 즉 기업은 원재료를 가공하여 새로운 물자를 생산하고 있다고 할 때에는 재화를

7) James A. Stoner & Wankel, Management, 3rd ed., Prentice -hall, 1986.p. 3

8) Patrick J. Montana & Bruce H. Charnov, Barron's Management, 3rd Edition, 2,000, pp. 2-3

9) Gareth R. Jones, Jennifer M. George &Charles W. L. Hill, Contemporary Management, McGgraw-Hill, 1998, p. 5

물질적 재화만이 아니고 일정의 인위적 용역서비스를 공급하기도 한다. 예를 들면 어느 지역에 A, B백화점이 있다고 하자. A, B 두백화점에 놓여 있는 물건에 의해서도 고객의 선호가 다르지만 요즈음같이 욕구의 균일화, 공동화 시대에서는 업체의 물건은 거의가 비슷하다. A백화점보다 과거의 행동 즉, 인위적 서비스가 창출한 기업 이미지가 고객의 구매태도를 변화시켰다고 하겠다. 보다 좋은 서비스에 의해 비싼 가격을 지불해도 좋다는 고객이 늘어난 요즘으로서는 부정할 수 없는 이유라 하겠다. 즉 기업은 단순히 재화를 생산하는 것뿐만 아니라 서비스를 목적 재화에 결부시켜 팔고 있다고 하겠다.

2) 교환을 위한 생성

이러한 재화, 서비스를 총칭해서 산출물이라 부르는데 이러한 산출물이 기업의 구성원이 생활을 하기 위해서만 필요한 것이 아니고 타인에게 공급되어 그 대가로 화폐와 교환되어 진다. 이러한 의미에서 기업에서의 재화, 서비스의 생산을 어떠한 의미로든 타인과의 교환을 목적으로 하고 있다고 하겠다. 이러한 교환을 전제로한 재화, 서비스가 상품이다.

3) 협동체제

모든 기업은 재화, 서비스 내지 상품생산 및 공급이 다수의 사람들에 의해 수행되고 있다. 그것도 무질서하게 모여서 생산공급하고 있지는 않다. 일반적으로 일을 분담하고 될 수 있으면 효율 높은 협동의 성과를 얻을 수 있도록 노력하고 있다. 즉 분업을 기초로 한 협동체계 그것도 고도로 발전한 체계라고 할 수 있다.

(2) 기업이란 무엇인가?

오늘날의 자본주의 경제체제하에서는 거의 모든 부가가치가 기업의 생산활동에 의해 발생한다. 따라서 기업활동이 왕성한 사회는 높은 경제성장을 이룩하게 되고 기업활동이 활발하지 못한 사회는 경제적으로 침체되기 마련이다. 아무리 천연자원이 풍부하더라도 위험을 무릅쓰고 기업체를 육성하는 기업인들이 없으면 경제성장은 불가능하다. 자연히 기업활동이 자유롭게 번창한 나라일수록 부강한 나라가 되었다. 지금까지 미국 일본, 독일 등 '자본주의의 정도(正道)'를 따르는 기업우위형 국가가 세계경제를 이끌어 왔고 또한 앞으로도 주도해 나갈 것이다.

기업(enterprise)은 무엇인가? 라고 할 경우 학자에 의해 여러 가지 정의가 있겠지만 일반적으로는 재화(상품, 서비스)를 생산, 판매하고, 이윤획득을 목표로 하는 인적조직으로 해석되고 있다. 기업은 이윤추구의 극대화를 목적으로 하는 집단이다. 물론, 이윤 없이는 기업은 존재하기 어렵기 때문에 이윤추구는 정당한 행위라고 볼 수 있다. 이걸 부정하는 것은 자본주의 사회의 근본을 부정하는 것과 같다. 하지만 이윤 극대화만 추구한다고 해서 올바른 기업이라고 할 수는 없다. 기업의 윤리를 무시하고 이윤극대화에 추구한다면 사회는 불안정하게 된다. 이윤추구만을 위해서 사회적 약자(소상공인)들을 희생시키거나 불황이 온다고 노동자들을 해고시키는 행위와 종업원들의 복지후생은 뒷전으로 하고 기업가만 잘사는 기업은 훌륭한 기업이 아니다. 따라서, 이윤획득(추구)만의 이 정의는 한편으로는 인정할 수 있지만 다른 한편으로는 인정할 수 없다. 그 이유는 재화의 생산, 공급체로서의 공기업(public enterprise)의 역할을 인식하지 않았기 때문이라 하겠다. 따라서 사기업뿐만이 아니라 공기업까지 포함하는 공통의 기업정의가 필요하게 되었다. 또한 계획경제시스템의 주체인 사회주의 국가의 기업(현재에는 사회주의 국가가 많이 붕괴되어 가고 있지만)도 포함하는 포괄적 정의가 필요하다고 하겠다. 또한 사회적 기업도 포함하는 정의가 필요하여 기업의 정의를 "계속 기업을 목표로 재화의 생산, 공급, 판매의 기능을 기축으로 형성된 인적협동체계"[10]로 정의하기로 한다.

03 조직성과와 효율성

또한 조직성과(organizational performance)는 경영자들이 얼마나 효과적, 효율적으로 자원을 사용하여 고객을 만족시키고 조직목표를 달성하는가를 측정하는 수단이다. 조직성과 향상은 유효성 및 효율성 강화와 정비례한다.

효율성(efficiency)은 자원을 얼마만큼 적절하고 생산적으로 활용하여 목표를 달성하는가를 측정하는 수단이다. 경영자들이 투입 자원(가령, 노동, 원료, 부품)의 양이나 재화나 서비스 같은 주어진 산출물 생산에 필요한 시간의 양을 최소화할 때 조직은 효율적이다.

예를 들면, 최근 들어 맥도널드는 보다 효율적인 팻 프라이(fat frier)를 개발하여

10) 이덕훈, 「기업과 환경」, B & M 북스, 2012년 참조

팻 프라이 요리에 사용되는 기름의 양을 줄였을(30%) 뿐 아니라 프랜치 프라이의 요리를 가속화하고 있다. 경영자의 책임은 조직과 조직구성원이 고객에게 재화와 서비스를 제공하는데 필요한 모든 업무활동을 가능한 한 효율적으로 수행한다는 사실을 보장하는 것이다.

효과성(effectiveness)은 조직이 추구하도록 관리자들이 선택해 놓은 다양한 목표의 적절함과 그러한 목표 달성 범위를 측정하는 수단이다. 경영자들이 적절한 목표를 선택하여 달성할 때 조직은 효과적이다. 가령, 15년 전 맥도널드 경영자들은 블랙퍼스트 서비스(breakfast service)를 제공하여 더 많은 고객을 유치하겠다는 목표를 정했는데, 이렇듯 매우 기발한 목표선정으로 아침식사 음식 판매실적이 현재 당사 수익의 30% 이상을 차지하고 있다. Campbell Soup, 맥도널드, 월마트, 인텔, Home Depot, Arthur Anderson, March of Dimes처럼 실적이 높은 조직은 효율적인 동시에 효과적이다(〈표 1-1〉 참조).

효과적인 경영은 올바른 조직목표를 선택하여 추구하고 자원을 능률적으로 사용할 수 있는가 하는 것이다.

〈레이크록〉11)

〈아프리카 맥도널드〉

〈사례〉 맥도널드

11) 레이크록(Ray Kroc) : 맥도날드 창시자. 1955~1977년 맥도날드 대표 일리노이주의 데스 플레인스의 레스토랑으로 맥도날드를 창립하였다.

사례

맥도날드의 성장과정과 글로벌화

글로벌화란, 일반적으로 기업이 개별국가시장에 대해 각기 다른 전략을 취하기보다는 전 세계 시장을 하나의 시장으로 보고 통합된 전략을 수립하는 것을 의미한다. 현재 제품, 기술, 서비스의 자유로운 이동은 시대적으로 글로벌화는 막을 수 없는 흐름이 되었음을 보여준다.

현재 전 세계적으로 더 많은 수요를 창출하기 위해 기업들의 해외진출은 활발하다. 기업환경이 범세계적으로 확대됨에 따라 다국적 기업은 세계 경제의 측면뿐만 아니라 사회, 정치적 면에서도 그 영향력이 커져가고 있다.

1) 맥도날드 성장과정

맥도날드는 1955년 창업자 레이크록이 미국 캘리포니아 주 샌 버나디노에서 '스피디 시스템'으로 운영하고 있던 딕 맥도날드 형제의 레스토랑의 프랜차이즈 판매권을 인수, 공동 경영에 나선 것으로부터 시작 되었다.

미국 일리노이주 드 플레인에 첫 매장을 설립한 지 51년이 된 2006년 현재, 맥도날드는 전세계 119개국, 3만 여개의 매장에서 매일 5천만 명에게 서비스를 제공하고 있으며, 외식 업 뿐만 아니라 체인점 사업 분야에서도 세계 최대 규모를 자랑하고 있다.

맥도날드는 창립당시부터 학력 및 남녀 차별이 없는 기업으로 유명하며, 미국 맥도날드 프레드 터너(Fred Turner)명예회장을 비롯한 임직원의 50% 이상이 파트타이머 출신으로 이뤄진 기업이다.

- 2005년 2월, 119개국의 맥도날드 매장 수 : 31,561
- 전 세계 맥도날드 직원 수 : 160만
- 파트타임으로 시작한 맥도날드 임원 비율 :70%
- 매일 전 세계의 맥도날드를 찾는 고객 수 : 5천만
- 1955년 첫 맥도날드 매장의 첫날 매상(달러): 366.12
- 맥도날드의 상징인 골든 아치(The Golden ArchesTM) 탄생연도 : 1962
- 1963년까지 팔린 햄버거 개수 : 10억
- 빅 맥 등장연도 : 1968
- 2005년 전 세계 맥도날드 매출(달러) : 205억

① 맥도날드 역사

- 믹서 판매업자인 레이크록(Ray a Kroc)이 딕 맥도날드와 맥 맥도날드 형제를 방문 프랜차이즈 판매권을 사들여 공동경영에 나선 것으로부터 시작되었다. '맥도날드'란 이들 형제의 이름을 딴 것으로, 새로운 개념의 패스트푸드 레스토랑 '맥도날드'에서 유래했다.

세계 119개국, 3만 여개의 매장에서 매일 5천만 명에게 서비스를 제공하고 있으며, 외식 업 뿐만 아니라 체인점 사업 분야에서도 세계 최대 규모를 자랑하고 있다.

맥도날드는 창립당시부터 학력 및 남녀 차별이 없는 기업으로 유명하며, 미국 맥도날드 프레드 터너(Fred Turner)명예회장을 비롯한 임직원의 50% 이상이 파트타이머 출신으로 이뤄진 기업이다.

- 2005년 2월, 119개국의 맥도날드 매장 수 : 31,561
- 전 세계 맥도날드 직원 수 : 160만
- 파트타임으로 시작한 맥도날드 임원 비율 :70%
- 매일 전 세계의 맥도날드를 찾는 고객 수 : 5천만

- 1955년 첫 맥도날드 매장의 첫날 매상(달러): 366.12
- 맥도날드의 상징인 골든 아치(The Golden ArchesTM) 탄생연도 : 1962
- 1963년까지 팔린 햄버거 개수 : 10억
- 빅 맥 등장연도 : 1968
- 2005년 전 세계 맥도날드 매출(달러) : 205억

① 맥도날드 역사

- 믹서 판매업자인 레이크록(Ray a Kroc)이 딕 맥도날드와 맥 맥도날드 형제를 방문 프랜차이즈 판매권을 사들여 공동경영에 나선 것으로부터 시작되었다. '맥도날드'란 이들 형제의 이름을 딴 것으로, 새로운 개념의 패스트푸드 레스토랑 '맥도날드'에서 유래했다.

  레이몬드 앨버트 크록(Raymond Albert Kroc)(1902~1984)은 자신이 평생 모은 저금과 집을 투자해 '멀티믹서'라는 밀크셰이크 기계의 독점권을 따낸 후 캘리포니아에 있는 맥도날드 햄버거 식당에서 한번에 8개의 멀티 믹서를 사용한다는 소식을 듣고, 곧장 서부로 향했다. 맥도날드 매장에서 수많은 사람들에게 너무나 효율적이고 빠르게 서비스 하는 것을 보고 놀란 레이크록은 맥도날드 형제에게 매장을 몇 개 더 열 것을 제안함과 동시에 멀티믹서 제공을 약속했다. 1955년 레이크록은 일리노이스의 데 풀랜즈에 매장을 오픈했다. 현재 데 플랜즈 빌딩은 멀티믹서를 포함한 맥도날드의 기록과 유물을 전시하는 박물관으로 사용하고 있다. 1999년 기준으로 맥도날드는 전세계 매출은 380억 달러에 이르는 기업으로 성장하였으며 외형적 성장뿐 아니라 포춘지에 의해 사회적 책임을 다하는 기업에 1위로 선정되는 영예를 누리기도 했다.

② 맥도날드가 추구하는 기업문화

- 맥도날드의 약속 : "전 세계 121개국에서 일하시는 약 150만의 맥도날드 직원, 그리고 미래에 맥도날드와 함께 하실 모든 직원 여러분, 맥도날드는 당신과 당신의 성장 그리고 당신의 회사의 기여를 매우 존중합니다. 이것이 맥도날드가 우리의 직원들에게 드리는 약속입니다."
- 사람 : 사람은 맥도날드 비즈니스의 핵심입니다. 맥도날드는 매일 약 5천만 명의 사람들에게 서비스를 제공한다. '사람'이야말로 지금까지 맥도날드 사업의 기반이 되어 왔으며 앞으로도 그러할 것입니다. 맥도날드는 단지 사람들에게 서비스만 하는 햄버거 회사가 아니라 햄버거를 서비스하는 '사람들의 회사'이기 때문입니다.
- 5가지 행동원칙
  - Respect and Recognition(존중과 인정) : 모든 매니저들은 자신이 존중 받기를 원하는 것과 마찬가지로 모든 직원들을 대한다.
  - Values and leadership Behaviors(가치와 리더십) : 우리 모두는 회사 최대의 이익을 위해 노력한다.
    - * 우리는 타인과 늘 개방적으로 대화하며, 남의 의견에 귀를 기울인다.
    - * 우리는 개인적으로 책임감을 가진다.
    - * 우리는 늘 가르치고 배운다.
  - Competitive Pay and Benefits(경쟁력 있는 보상체계와 복리후생 제도) : 맥도날드가 종업원들에게 지불하는 보상은 시장의 평균 또는 그 이상을 추구한다. 종업원들은 그들이 받는 보상과 혜택을 가치 있게 여긴다.
  - Learning, Development and Personal Growth(학습, 개발 그리고 개인적인 성장) : 종업원

들에게는 개인적으로 또는 업무적으로 자신을 개발할 수 있는 기회가 제공되어야 한다. 종업원들은 항상 업무능력을 배양하기 위해 노력한다.

• Resources to Get the Job Done(최상의 서비스 실현을 위한 자원) : 종업원들은 고객들에게 최상의 서비스를 제공하는데 필요한 도구 및 자원을 갖추어야 한다. 모든 매장은 고객에게 최상의 서비스를 제공할 수 있도록 적절한 종업원들이 준비되어 있어야 한다.

04 새로운 기업과 새로운 자본주의

(1) 사회적경제의 등장

현재의 자본주의는 개인의 이익과 활동을 우선하여 사회전체의 이익을 생각한다. 따라서, 사회적 책임보다는 영리추구와 영리극대화에 중심을 두는 신자유주의적 사고에 기인한다. 사회적경제는 이러한 이익중심보다는 소유의 사회화, 생산과소비의 민주화, 분배의 평등화를 중심으로 개인의 소유에서 사회적소유로의 전환과 다수의 참여가 보장되는 의사결정과정에서 이익이 구성원전체에게 적절하게 분배하는 경제를 말한다. 사회적경제를 대표하는 사회적 기업을 소개한다.

몬드라곤 공동체 몬드라곤그룹(Mondragon Corporation Cooperative · MCC)

40여년 전 퇴락한 광산촌락이던 몬드라곤을 현대적인 전원형 공업도시로 탈바꿈시킨 성장 엔진이 바로 몬드라곤 공동체(MCC)이다. 신자유주의적 세계화가 '세계화의 표준'이 돼버린 반면 공동체를 지키려는 대부분의 시도가 소규모 자족집단의 건설에 머무르고 있는 시대에 MCC의 위치는 독보적이다. MCC는 빠른 속도로 성장하면서도 '자율적인 인간들의 연대'라는 틀을 지킬 수 있는, 대안적 세계화의 모델로 평가받고 있다.

빅이슈(The Big Issue)

세계에서 가장 뜨거운 잡지로 알려진 빅이슈(The Big Issue)는 1991년 9월 영국의 존 버드와 고든 로딕이 창간한 격주간 잡지이다. 『빅이슈』는 홈리스를 지원하기 위해 발행되는 스트리트페이퍼로, 잡지 판매대금의 절반 이상이 홈리스 출신의 판매사원(빅판)에게 돌아간다. 사회의 사각지대에 있던 이들에게 안정적인 일자리를 제공해, 경제적 자립을 지원하고 자존감을 회복하여 사회와 다시 소통할 수 있게 한다. 『빅이슈』는 현재 세계 10개국 15종이 발간되고 있다. 한편 한국어판인 『빅이슈코리아』는 2010년 7월 5일 창간되었으며, 아시아에서는 일본, 타이완에 이어 세 번째로 창간되었다

그라민은행

그라민은행(뱅글라데시)에서 대출을 한 걸인은 10만 명에 이른다고 한다. 그라민뱅크는 시골에서만 운영된다. 1983년 은행특별법이 만들어지면서 시골 지역의 극빈층에게만 대출을 해주도록 했기 때문에 도시에선 영업을 하지 않는다. 현재까지 총 대출금은 80억 달러, 대출자 수는 800만 명에 이른다. 특히 가정이 있는 빈곤층 여성'에게 대출을 위주로한다.

창시자 무하마드 유누스는 이렇게 말한다.그라민 은행은 '사람은 정직하다'는 전제조건에서 출발한다. 서로 신뢰함으로써 돕고 지속적으로 좋은 관계를 맺으면, 원금 상환은 자연스럽게 이뤄질 것이고 믿는다.

둘째, 일반 은행들은 사람들을 은행으로 나오도록 만든다. 하지만 그라민 은행은 그렇게 할 수가 없었고 그렇게 해서도 안 된다고 믿었다. 그라민 은행의 어떤 지점을 방문해도 사람들이 길게 줄을 서는 광경은 볼 수가 없다. 또한 은행의 직원들도 몇 명밖에 보이지 않는다. 왜냐하면 직원들이 고객들을 찾아가기 때문이다. 방글라데시의 가난이 만들어낸 경영의 위대함이며, 경영이 얼마나 다양한 모습을 취할 수 있는지 지평을 넓혀놓은 것이다.

사회적경제의 징의

패인과 번사이드(Payne and Burnside, 2003)[12]는 우선 사회적 경제에 대한 광의적 정의로는 오틀리(Oatley)의 정의를 인용하는데, 그에 의하면 "사회적 경제는 순수하게 박애적인 활동으로부터 사람 중심의 참여적이고 민주적인 가치를 가진 모든 사회적 목적을 향상시키기 위한 상업적 활동을 하는 조직들까지의 광범위한 활동을 포함."한다고 한다.

한편 협의의 정의는 맥그리거 등(McGregor et al, 1997)[13]에 의하면 "사회적 경

12) Payne, J. and Burnside, R. (2003), " The Social Economy in Scotland", SPICe. Briefing compiled for the Scottish Parliament. pp-5-6

13) McGregor, A. et al. (1997) Bridging the jobs gap- an evaluation of the Wise group and the

제는 본질적으로 낙후된 지역과 집단들에게 그것의 대부분의 자원과 활동을 지향하고 있는 소규모 사업(small business) 혹은 서비스 영역이다. 사회적 경제는 빈곤완화에 직접적인 공헌을 함. 그것은 배제된 사람들에게 손을 내밀어, 의미 있는 활동에 그들을 포괄하며, 그들의 역량과 환경을 개선하고 그리고 잠재적으로 그들을 주류 경제 안으로 이끌기 위한 중요한 수단이다."

유럽 차원에서 동의되고 있는 사회적 경제는 그것의 사회적 목적과 특별한 기업정신으로 특징 지워지며, 협동조합, 공제조합, 연합체 그리고 재단 등의 조직들로 구성되어 진다.[14)]

규범적인 규정은

첫째, 이윤획득을 목적으로 하는 자본논리를 넘어선 개인과 사회적 목적에 우선함.

둘째, 구성원 자격에 있어서 자발성과 개방성에 기초함.

셋째, 구성원에 의한 민주적인 통제에 기반 함.

넷째, 구성원과 이용자의 이해와 그리고 일반적인 이해를 조합함.

다섯째, 연대와 책임의 원칙을 옹호하고 적용하고자 함.

여섯째, 공공기관으로부터 자율적인 경영과 독립성을 유지함.

일곱째, 사회적 경제에서 잉여금은 사회적 목적을 지속적으로 발전시키고 구성원들과 일반적인 이해에 봉사하는데 쓰여지고 있다.

(2) 사회적기업의 등장

사회적기업은 이윤극대화를 추구하기 보다는 우선적으로 사회적목적(고용창출, 일자리창출)을 추구하면서 이를 위해 이익을 사업 또는 지역공동체에 재투자하여 사회적 목적을 충실히 하는 기업이다. 즉 빵을 팔기위해 고용하는 것이 아니라 고용하기 위해 빵을 파는 기업을 말하며 비영리조직과 영리기업의 중간성격으로 운영되고 있다. 디퍼니와 니센(Defourny and Nyssens,2006)에 의하면,[15)] 사회적 과제를

---

intermediate labour market, York: Joseph Rowntree Foundation.

14) ROELANTS, B. (2002). *World-wide and European Standardization on Cooperatives, A comparative analysis between the European Commission‚s Consultative Document (‚Cooperatives in Enterprise Europe‚) and the ILO Recommendation on the Promotion of Cooperatives, pp.8.*

15) Defourny, Jacques and Nyssens, Marthe [2006] Defining social enterprise, in Nyssens, Marthe; Adam, Sophie and Johnson, Toby ed., Social Enterprise: At the Crossroads of Market, Public Policies and Civil Society, Routledge, pp. 3-26.

비즈니스의 수법을 사용해 해결하는 새로운 개념으로서의 「사회적 기업」에 관한 연구는, 1993년에 하버드 대학 비지니스 · 스쿨에서 개강된 「사회적 기업 이니셔티브」를 그 시초로 보고 있다. 미국에서는, NPO의 사업화를 배경으로서 사회적 기업에 관한 연구가 진행되어, 디스(Dees, 1998)은 「순수하게 자선적인 비영리 조직」과 「순수하게 상업적인 기업」의 중간 영역에, 사회성과 경제성의 하이브리드 조직으로서의 사회적 기업을 평가했다.16)

사회적 기업(사회적 기업, Social Enterprise, Social Entrepreneurship)이란, 사회문제의 해결을 목적으로 해 수익 사업에 임하는 사업체의 일이다. 일부에서는 소셜 · 비즈니스 라고도 부르며, 이러한 사업을 창시한 실업가 등을 사회적 기업가라고 부른다.

옛날에는 로버트 · 오웬의 「뉴 · 라나크」 등의 사례가 존재하지만, 이러한 사업체가 주목을 끌게 된 것은, 1980년대 이후이다. 레이건 정권하와 대처 정권하에서 사회 보장비가 큰 폭으로 삭감되면서, 지금까지 공적인 조성금 · 보조금에 크게 의존해 운영되어 온 미국과 영국의 NPO는 심각한 자금부족에 빠졌다. 그러한 가운데, 종래와 같은 내부 보조(사업체의 코어 · 미션 이외의 분야에서 전개되는 수익 사업, 예를 들면 장애자 시설이 개최하는 바자 등)로서의 수익 사업이 아니고, 사업체의 코어 · 미션 그 자체를 수익 사업으로 하는 사업 모델이 유효한 선택사항의 하나로서 부상했다.

이러한 사업체는, 영리 기업의 형태를 취하는 것(그라민 은행, 벤&제리즈 · 홈 메이드(Ben & Jerry's Homemade), 더 · 보디 숍, Patagonia등)와 NPO의 형태를 취하는 것(프로렌스, 코먼 그라운드(Common Ground) 등), 복수의 기업이나 NPO를 조합한 포트폴리오 형태를 취하는 것(빅 이슈 등) 등, 형식은 다양하다고 하겠다.

사회적 기업 안에는 주식회사 형태를 취하는 것도 적지 않지만, 일반적인 주식회사와 사회적 기업의 범주에 포함되는 주식회사의 차이로서 이윤 극대화 행동 이라는 점이다. 사회적 기업은 사회적 과제의 해결을 미션으로서 가지고 있기 때문에, 단순한 영리 기업과는 달라, 자사의 이윤의 극대화보다는 미션의 달성을 최우선한다. 이러한 점은 사회적 기업의 약점이나 될 수 있지만, 반대로 그 사회적 기업

16) Dees, Gregory J. [1998] Enterprising nonprofits, Harvard Business Review, January-February, pp.55-67.

이 주장하는 미션이 이해관계자(스테이크 홀더)의 공감 · 찬동을 얻었을 경우에는, 이해관계자로부터의 지원을 얻을 수 있기 때문에, 이러한 약점은 보충할 수 있다.

사회적 기업은 사회적 과제를 어떠한 형태로 해결하는 새로운 비즈니스 모델을 가지고 있다. 이러한 비즈니스 모델이 모방되는 일로, 종래 어떠한 이유로 시장으로부터 배제되고 있던 사회집단이, 새롭게 시장에 참가할 수 있는 기회가 증가해 간다.

예를 들면, 런던에서 개발된 「빅 · 이슈」의 비즈니스 모델은, 타지역 · 타국에서도 이식되어 노숙자의 사회적 배제를 해결하는 수단의 하나로서 이용되고 있다.

사례

그라민 은행(Grameen Bank) 과 유누스(Muhammad Yunus) 교수는 함께 2006년 노벨 평화상을 공동 수상했다. 1976년 유누스가 고안한 그라민(방글라데시어로 '시골', '마을'이라는 뜻) 은행 모델은 그라민 은행의 부지점장들과 정기적으로 만나는 다섯 개의 미래의 채권자 그룹에 기초를 두고 있다. 일반적으로 다섯 개의 미래의 채권자 그룹들 중에서 두 그룹이 돈을 대출할 수 있다. 만약에 시보 기간이 지난 후에 첫 번째로 대출을 했던 두 그룹의 채권자들이 상환기를 맞이하게 된다면, 그 때 대출은 나머지 그룹의 구성원들에게 부여된다. 상호 압박은 전통적인 대출 담보를 대신하는 것으로 작용한다.

그라민 은행은 방글라데시, 다카(Dhaka)에 본사를 두고 1983년에 독립 은행이 되었으며, 나라 전역에 걸쳐 2,200개 이상의 지점을 가지고 있다. 그라민 은행 모델은 영세민들에게 스스로 자기 자신들을 도울 수 있는 기회를 제공함으로써 영세민들을 돕는 효율적인 기관의 상징이 되었다. 그라민 은행의 대출 수혜자들의 97퍼센트 이상이 여성이었다.

〈그라민 은행본부〉

〈무하마드 야누스〉

또한 사회적기업과는 다르지만 한국형의 마을기업은 지역 주민 주도의 지역공동체 비즈니스를 통해 안정적인 소득(약간의이익창출)과 민간부문의 일자리 창출을 목적으로 추진되고, 지역 공동체의 자원을활용해 주민이 주도하는 사업을 벌여 안정된 소득을 얻고 일자리도 만드는 마을단위 기업이다.

사회적 기업이든 마을기업이든 경영학적으로 표현하면 지속가능한 생계형기업의 일종이다. 세계지속가능발전기업협의회(WBCSE)는 지속가능한 생계형기업을 '빈민에게 혜택을 주고 기업의 수익에 이익이 되는 방식으로 빈민과 함께 사업을 수행하는 기업'이라고 정의하였다. 이는 또한 1990년대 말에 개발된 최근의 개념인 피라미드 밑바닥층(혹은 BOP)은 동시에 세계에 거주하는 40억명의 빈곤층을 나타내는 사회 경제적 인구뿐만 아니라 빈곤을 다루려는 의도의 민간부문 기업 모델을 의미한다. 인구통계학적으로 볼 때, 이 집단이 바로 피라미드 밑바닥층이다.

(3) 새로운 비즈니스모델로서의 BOP

BOP 비즈니스의 정의에 대해서는, 다양한 논의, 생각이 존재한다. 여기에서는, 주로, 도상국에 있어서의 BOP층(Base of the Economic Pyramid층)을 대상(소비자, 생산자, 판매자의 언젠가, 또는 그 조합해)으로 한 지속 가능한 비즈니스이며, 현지에 있어서의 여러 가지 사회적 과제(물, 생활필수품 · 서비스의 제공, 빈곤 삭감 등)의 해결에 이바지하는 것이 기대된다. 새로운 비즈니스 모델로서 취급하는 BOP는

1. 연간소득이 20,000달러이상인 사람은 세계에서 1,75억명으로 1 일인당 연간 소득이 2002년 구매력 평가로 3,000 달러 이하의 계층이며, 전세계 인구의 약 72%인 약 40억명이 BOP층에 속한다고 여겨진다.
2. 세계 인구의 약 72%
   출처: 「THE NEXT 4 BILLION(2007 World Resource Institute, International Finance Corporation)」

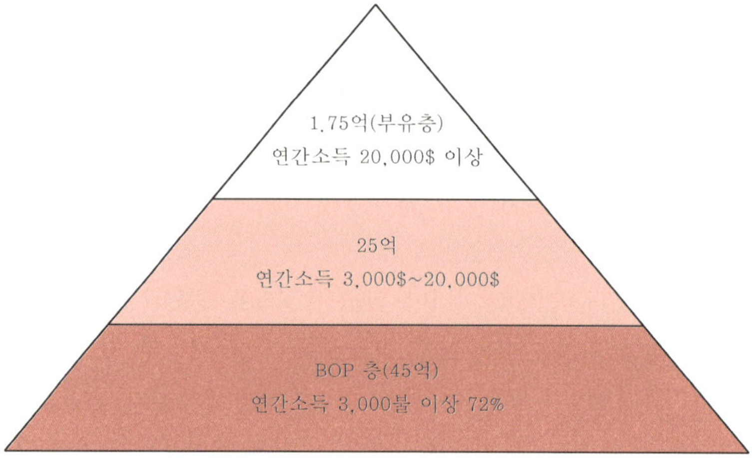

출처: The next 4 Billion(2007) World Resource Institute, International Finance Corporation

[그림 1-2] 경제피라미드

대부분의 경제체제는 이러한 빈곤층 시장에 관한 부분을 간과하거나, 무시하거나 심지어 이용해왔다. 기존기업 모델의 제품 및 서비스는 물류적 특성, 문화적 · 기술적 및 정치적 특성과 더불어 성숙한 경제에 맞추어 개발되었기 때문에 빈곤층 시장에 대해서는 거의 적용되지 않을 수 있다. 그러나 사회적경제에서는 새로운 비즈니스로서 빈곤을 해결하는 사회적과제를 해결하며 사업을 전개하는 새로운 모델로서 각광을 받고 있다.

(4) 새로운 자본주의의 등장

공생의 경제, 사회적기업, 공동체살리기 등은 따뜻한 자본주의 즉, 자본주의 4.0과 깊은 관련이 있다. 아나톨 칼레츠키는 2010년 6월에 낸 자본주의 4.0: 위기 이후 새로운 경제의 탄생이란 책을 통해 2008년 금융위기로 신자유주의가 붕괴되고 새로운 자본주의로 나아가고 있다며, 이 새 시스템을 자본주의 4.0이라 지었다. 아직 '자본주의 4.0'은 대부분 사람들에게는 생소한 단어다. 자본주의 3.0은 1980년대 신자유주의 도래기부터 2008년 금융위기 때까지를 포함한다. 정치와 정부도경제의 영역으로 간주, 시장에 지나치게 개입하지 말아야 한다고 주장하고 효율성의 논리를 중심으로 파생상품, 주식, 부동산 등 금융경제가 활성화되던 시기였다.

자본주의 4.0은 '적응성 혼합경제'라고 부른다. 양극화에 의한 사회격차를 해소하고 정부와 시장의 상호의존적 관계가 의식적으로 인식되며, 대기업의 승자독식의 먹이사슬을 끊고, 큰나무에서부터 바닥의 이끼까지 모두 제 역할을 하는 공생의 숲 같은 따뜻한 자본주의를 지칭한다. 사회적기업도 마을기업도 따뜻한 자본주의를 지향하는 지속가능한 생계형의 공생형태 기업이다.

요즈음 몬드라곤의 기적이라 불리는 몬드라곤 협동조합의 선공이야기가 회자되고 있다. 몬드라곤 협동조합은 스페인의 바스크 지방에 거점을 둔 스페인 주요 10대 그룹 중 하나로 세계에서 가장 규모가 큰 협동조합으로 손꼽힐 정도로 성장했으나 초기에는 너무 빈약했다. 호세 마리아 아리스멘디 신부는 1943년 스페인에서도 변두리로 불리는 바스크 지방 내 몬드라곤 지역의 빈곤층 노동자 자녀들을 대상으로 한 교육사업의 일환으로 기술전문학교를 설립했으며, 이는 이후 기계 전반은 물론 전기, 전자, 설계 등을 전문적으로 배우는 공업기술학교로 발전하였다.

호세 마리아 아리스멘디 신부

호세 신부와 공업기술학교 졸업생들은 노동자협동조합 형태를 기반으로 한 석유난로공장 울고(ULGOR)를 창립했고, 조합 내 자금·공제관리의 필요성을 느낀 조합원들은 이후 순차적으로 신용협동조합과 사회보장협동조합을 설립하여 1956년에는 4개의 협동조합이 통합된 그룹 울라르코(Ularco)가 창설됐고 이후 설립된 100여 개의 협동조합이 1986년에 하나로 합쳐서 오늘날 대규모 그룹의 모습을 띠기 시작하였다.

우리가 놀랄만한 것은 몬드라곤 협동조합 내 근로자 수는 2010년 기준 무려 총 8만3359명에 달한다는 것이고 이 중 가장 많은 일자리를 창출한 분야는 유통으로 전체 근로자 중 50.4%가 이 산업에 종사하며 제조(45.1%), 금융(3.3%), 교육 · 연구(1.2%) 순으로 이어지고 있다는 것이다. 도한, 몬드라곤 협동조합의 가장 큰 특징 중 하나는 외부 투자유치를 철저히 배제한 채 오로지 조합원들의 출자금으로만 운영된다는 점이며 그리고 모든 조합원들은 협동조합의 중요한 사안에 대해 투표할 수 있는 권한이 있어 그룹 내 의사결정이 조합원 개개인의 자발적인 참여와 동의 하에 이뤄지고 있다는 점이다.

빌게이츠는 2008년 1월 24일에는 스위스 다보스 세계경제포럼 기조연설에서 기업에게 복지의 의무를 주장하는 창조적 자본주의를 주창하였다. 기업이 이윤추구(효율성)를 추구하는 한편으로 빈곤층의 삶을 개선하기 위해 자선사업에도 힘을 쏟는 것을 말한다. 2007년 마이크로 소프트사의 빌게이츠 회장이 하버드대학교 명예졸업장을 받는 자리에서 주창한 것으로 2008년 1월 스위스 다보스에서 열린 세계경제포럼 연설에서 사용함으로써 넓게 사용되기 시작한 것으로 알려지고 있다. 게이츠는 전 세계적으로 불평등이 심화되는 현실 속에서 자본주의의 혜택이 모든 사람들에게 돌아갈 수 있도록 시스템을 혁신하자는 파격적인 연설을 한다. 그는 이 새로운 시스템을 '창조적 자본주의(Creative Capitalism)'라 불렀다. 창조적 자본주의는 약육강식으로 흘러가는 신자유주의의 문제점을 극복하자는 것이다. 이는 기업의 사회적책임, 지속가능경영, 사회공헌등과 일맥상통하는 것으로 이들 모두를 포괄한다. 자본주의의 기본 원리인 이윤추구에 인간의 이타심을 더하자는 내용이다. 기업들은 자선행위나 사회적 활동을 늘려 저소득층 국가를 도와주고, 이는 결국 경제적 격차를 줄이는 것은 물론 기업들에게 새로운 시장을 창출하는 효과로 이어진다는 것이다.

05 경영자와 경영

경영의 본질은 경영자 그 자체보다도 경영자가 발휘하게 되는 기능, 즉 경영자의 기능에 있다고 하겠다. 이러한 기능으로서 경영은 전문직(professional)으로서의 성격을 띠고 있어 경영자를 전문가로 정의할 수 있다. 샤인(E. H. Schein)은 전문가로서 경영자의 3가지 본질을 주장하고 있는데 다음과 같다.

첫째, 경영자란 의사결정을 내리는 존재이다.

둘째, 전문직으로서 경영을 수행하는 직분은 정치적 이권이나 특혜로서가 아닌 성취감을 통하여 얻을 수 있는 것이다.

셋째, 전문직으로서 경영자의 의사결정 및 행동은 경영자의 기업윤리 내지 사회 규율에 의해 유도된다.

기업경영은 우리 인간 모두가 현실적인 생존을 위한 활동으로서 계속적인 성장과 발전을 위해서는 그 자체의 수익성과 안정성, 성장성뿐만 아니라 종업원의 복지, 사회적 공헌 등과 같은 사회적 책임이 수반된다. 경영자의 이러한 사회적 공공성은 다양한 인간의 본능적 욕구를 충족시키기 위해 자원의 배분과 그 이용의 효율성이라는 과제를 해결함으로써 수행된다. 현대 기업에 있어서의 경영자의 행동강령 내지 지도원칙은 수익성과 경제성 뿐만 아니라 사회성 원칙이 있으며 이 지도원칙이 바로 경영정책이나 경영이념으로 구현되는 것이다.

흔히 경영정신, 경영비전, 경영사상, 경영신조 또는 경영이념이라고 일컬어지는 경영철학(business philosophy)은 최고 경영자의 가치관, 신념, 태도에 있어 일종의 정신적 지주이기도 하다. 이러한 기업윤리의 또는 경영조직에 표준적·일률적으로 적용될 수 있는 기준으로 규칙은 존재하지 않는다. 그러나 경영자에게 이러한 직업윤리의 본질 내지 사명감은 계속 정립·발전되어야 할 것이다.

06 과학으로서의 경영

과학은 일반적으로 지식을 통해 얻는 것의 집적이라고 할 수 있으며, 지식의 체계는 지식을 일정한 틀(framework)과 선에 따라 하나의 체계로 구성한 것이다. 넓은 의미에서 과학은 철학·종교·예술 등에 관한 지식의 체계를 포함하며 좁은 의미에서는 경험을 통하여 특수한 대상에 관해 얻은 법칙이나 윤리를 객관화하고 보편화한 것으로서 체계상 합리성과 실증성을 갖추고 있는 것을 의미한다.

경영은 근본적으로 인간의 능력을 다루기 때문에 그 능력을 경영의 기본요소로 파악해야 한다. 경영의 기능은 필연적으로 과학과 지식을 요구하고 있으며 그것을 전제조건으로 하고 있는 것이다. 인간의 지식이 단편적인 것이기 때문에 관리활동은 그 한계성을 갖는다.

그래서 관리활동에 있어서 일부는 과학을, 또 한편으로는 비과학적 관리의 노력을 필요로 한다. 그러면 학문은 일상생활에서 우리 행위의 기본임을 인식할 필요가 있다. 즉 우리는 어떠한 사건이나 사물 또는 대인관계 등의 문제해결을 위한 의사결정에 있어 경영학적 지식이 필요하며 경영학의 올바른 탐구를 위해 수학·심리학·사회학·경제학·정치학·법학 및 공학, 역사학 등을 탐구하게 된다.

경영학의 영역은 여러 과학에 기초를 두고 있는데 행동과학이나 사회과학, 자연과학 등에 기초를 둔 종합학문으로서 인접과학과 밀접한 관계를 가지며 새로운 분야를 흡수하고 있다. 다시 말하면 경영학은 기본적으로 실용적인 응용과학으로서 경영실무에 적용시키면서 독립종합과학의 영역을 확충하고 있다.

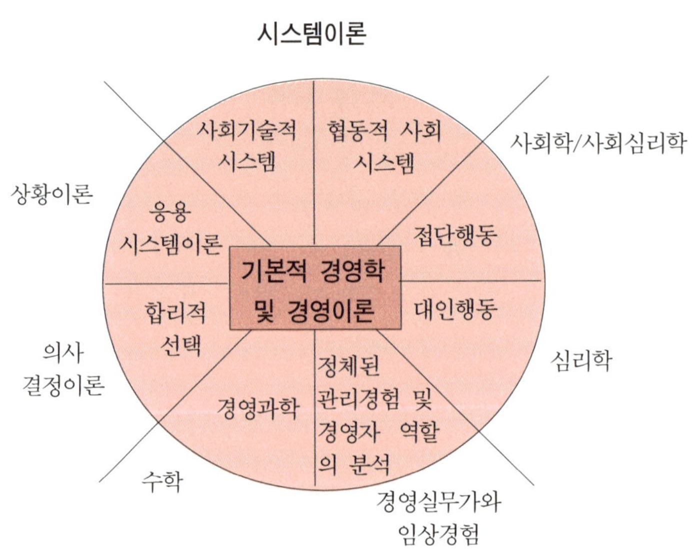

자료 : Harold D. Koontz, Cyril O'Donnell, and Heinz Weihrich, Management, 7th ed., (Mcgraw-Hill Kogakusha, Ltd., 1980), p. 75.

[그림 1-3] 경영학연구의 접근법

제2절 경영학의 연구방법

사회과학으로서의 경영학의 독립과학성을 부여하기 위해서는 적합한 연구방법

(study method) 내지 접근방법(approach)이 확립되어야 한다. 그런데 이 연구방법 내지 접근방법에는 한 가지 연구방법 또는 접근방법만이 적용되는 경우는 드물며, 몇 가지 방법들이 단계적·중복적 또는 상호 교차적으로 원용되는 것이 보통이다. 따라서 경영학의 연구방법에는 다른 모든 사회과학 분야에 거의 공통적으로 쓰여지는 일반적 연구방법 이외에 경영학이라는 이론과 실제의 양면적인 학문의 성격에 알맞는 특수한 연구방법이 있으며, 또 경영학의 인접과학과 관련된 연구방법이 있는데 이에 대하여 살펴보고자 한다.

01 경영학의 특수연구방법

이론보다는 실제가, 그리고 기초과학이라기보다는 응용과학으로서의 성격이 짙은 경영학의 연구방법으로는 다음과 같은 특수적 접근법이 있다.

(1) 실험적 방법

이는 실험(experiment)에 의해서 연구를 진행하는 것으로, 이론적인 학문이라기보다 실천과학으로 자처하는 미국 경영학에서 전통적으로 원용된 접근법이다. 예를 들어 미국 경영학의 시작이라고 할 수 있는 'Taylor System(혹은 Taylorism)'의 기초가 모두 실험에서 연유되었다는 사실로서도 알 수 있다. Taylorism 뿐만 아니라 그 후 현대 미국 경영학의 바탕을 제공한 메이요 교수 연구팀들의 호손실험(Hawthorne Experiment)이나, 사이몬(H. A. Simon)에 의해 발전된 조직관리론, 최근의 행동과학 등도 그 이론적 기반은 실제로 행해진 여러 가지 실험에 의존하는 바가 크다.

(2) 통계적 방법

통계(statistics)란 일정한 한 덩어리의 숫자의 집단을 각각 그 구성의 성분의 단위로 하여 계산한 결과로써 나타낸 숫자이며, 이러한 통계를 원용한 연구방법이 통계적 방법이다. 그러나 이 연구방법은 오늘날 비단 경영학의 연구방법으로서만이 아니고, 기타 모든 과학에 공통적으로 원용되는 폭넓은 연구방법의 하나이다. 특히 경영학의 연구방법으로서의 통계를 원용하는 까닭은 무엇보다도 기업이나 기업현상을 포함한 모든 사회현상의 계량적 측면에 관한 자료를 유용하게 제공하여 주기 때문이다.

(3) 모형적 방법

모형(model)이란 일반적으로 어떤 현상을 설명 내지 표현하기 위하여 고안된 해당현상에 관한 모델을 말하는 것인데, 어떤 현상에 대해서 그것을 움직이고 있는 제변수간의 관계를 수학적 내지 비수학적으로 나타낸다. 이와 같은 모형을 설정 내지 도출하여 계량적으로 접근하는 과학적인 연구방법을 모형적 연구방법(model method)이라 한다.

제2차 세계대전을 전후한 전자계산기의 출현은 막대한 양의 수치적 자료(통계자료)를 신속·정확하게 처리할 수 있게 하였으며, 모형을 바탕으로 하는 새로운 각종 수학적(수리적) 기법의 개발로 이른바 계량경영학이라는 새로운 경영학의 한 분야까지 형성시켰다.

(4) 사례적 방법

이는 사례(case)를 원용하는, 소위 사례연구(case study)를 통한 연구방법이다.

사례연구는 1912년 미국 하버드 대학 법과교수인 랑델(C. C. Langdale)이 처음으로 실시한 이후 오늘날 미국 경영학 연구방법의 대표적인 기법으로 알려져 있다.

사례연구는 실제문제에 접해서 생생한 경영문제를 집단토론방식에 의해 해결하는 것으로 그 학습효과는 매우 우수하지만, 과거와 똑같은 상황이 미래에 있어서도 일어난다는 일은 매우 드물 것으로 과거의 사례(경험)를 너무 과신하는 것은 위험하다고 쿤쯔(H. Koontz)는 경고하고 있다.

좀 더 자세히 살펴보면,

- 사례연구전략의 설명[17] : 사례연구전략을 사용한 연구는 다음과 같이 설명될 수 있다. (a) 연구자는 단일의 연구대상(개인, 집단, 조직)을 집중적으로 연구한다. (b) 데이터가 다양한(복수의) 방법에 의해 수집된다. (c) 실험적 통제와 통계적 통제를 시도하지 않는다. (d) 현상이 자연스런 상황에서 연구된다. (e) 이 전략은 가설의 검증보다는 가설의 발전(generation of hypothesis)에 적합하다.

  하지만 단일의 분석단위로부터 얻는 데이터 모집단에 대한 일반화의 기초자료로 사용할 수는 없는 것이다. 즉 "이 연구는 단지 하나의 단일공장의 사례적

17) Research Methods in Organizational Behavior by Eugene F. Stone. 김남현 역, 경문사, 1983, pp. 203~207

기술(사례연구)에 불과하다. 그래서 이 연구는 미국산업계 전체의 상태 혹은 관료제화를 촉진하는 여러 가지 세력에 대하여 일반화될 수 있는 결론을 제공하지는 못한다." 사례적 기록(case history)의 목적은 연구의 진전에 따라, 보다 광범위한 적용이 가능하도록 하는 가설을 개발하는 데 있다. 그래서 사례연구의 결과는 귀납적(inductive) 혹은 가설개발적 목적에는 유용하지만, 연역적(deductive) 혹은 가설검증적 목적에는 적절하지 못하다.

그러나 사례연구는 데이터를 수집하는데 '융통성(flexibility)'이 있다. 연구자는 「수집된 데이터의 유형(the type of data gathered)」' 뿐만 아니라 「정보수집원(sources from which information is obtained)」에 대하여도 자유재량권을 행사할 수 있다.

사례연구 어프로우치의 목적에는 다음과 같은 것이 있다. 다시 말해서 다음과 같은 목적이 사례연구에 의해 달성될 수 있다. (a) 연구자가 '희소(rare)'하다고 생각하는 현상이나 '현저(remarkable)'하다고 생각하는 현상이나 또 전형적이 아닌 이상적인 현상이라고 생각되는 것에 대한 증거의 제시, (b) 추상적인 이론만으로 기술할 수 없는 개념의 설명과 예시, (c) 어떤 기법을 사용하는 방법의 실제적인 예시, (d) 미래의 시점에서 사용할 수 있는 데이터의 축적, (e) 기존이론으로 적절히 설명될 수 없는 사례적인 증거를 보임으로써 기존의 사고양식에 대한 도전, (f) 지지적인 사례연구의 데이터를 제시함으로써(presentation of supporting case study data) '이론' 혹은 '가설'의 확인 등이다.

• 사례연구전략의 장점과 단점 : 사례연구전략에는 다음과 같은 장점이 있다.
  ① 연구대상의 복잡성을 충분히 고려할 수 있다.
  ② 데이터 수집의 융통성이 있다.
  ③ 사례연구는 가설을 형성하고 통찰하는 데 유용한 수단이 된다.
  ④ 사례연구는 다른 연구전략(실험실 실험, 현장실험, 현장연구, 표본조사 등)과 비교하여 일반적으로 비용이 덜 든다.

그리고 사례연구전략에는 다음과 같은 단점이 있다.

① 모든 연구전략 중에서 가장 비체계적이다.

② 混同변인(confounding variables)에 대한 통제를 할 수 없으므로 사례연구의

데이터로부터 인과적 추론(causal inference)을 한다는 것은 불가능하다.

③ 데이터 수집 자체가 연구대상인 상황에 영향을 미치는 경우가 있다.

④ 사례연구를 가지고는 가설을 검증할 수 없다.

⑤ 데이터의 수집, 요약, 해석 등을 체계적으로 행할 수 없으므로 사례연구의 결과에는 상당히 많은 偏向(bias)이 포함될 가능성이 있다.

⑥ 사례연구의 결과를 일반화할 수 없다.

⑦ 사례연구는 다른 연구전략(실험실험실, 현장연구)과 비교하여 더 많은 시간이 소요된다.

02 인접과학과 관련된 연구방법

어떠한 학문의 접근방법은 반드시 그러한 접근방법에 알맞은 보조과학을 수반하는데, 이러한 보조과학이 경영학의 연구를 통해 동원될 때 이를 경영학의 인접과학이라 하며, 이 인접과학의 여하에 따라 그 연구방법이 상이하게 나타난다.

(1) 수학적 접근방법(경영과학)

순수과학으로서의 이론과학이라기보다는 실천과학으로서 또는 기술과학으로서의 경영학은 크게 수학적 접근법(mathematical approach)과 공학적 접근법(engineering approach)이 있으며, 전자를 위한 보조과학으로서 경영과학이, 후자를 위해서는 산업공학이 있는데, 이 양자를 광의의 경영과학(management science)으로 보는 것이 보통이다.

(인식대상)	(접근방법)	(인접과학)
경영의 기술적 측면 (경영기술론)	수학적 접근법 공학적 접근법	경영과학(광의)

[그림 1-4] 기술적인 접근방법과 그 인접과학

수학적인 접근법을 쓰는 좁은 의미의 경영과학이란, 해결하고자 하는 문제 영역마다여러 가지 수학적 모형(mathematical model)을 생각·설정하고, 이를 조작함으로써 문제를 해석(연구)하는 기법을 말한다. 이는 원래 일종의 군사과학(military science)으로 발전되어온 것이며, 소위 '작전연구'라고 불리는 O.R(operations re- search)의 성과가 기업경영에 응용됨으로써 하나의 독특한 학문체계를 이루게 된 것이라 할 수 있다. 이 방법의 적용 예로는 ① 최적재고량의 결정, ② 자원배합의 문제, ③ 대기시간의 문제, ④ 경쟁하는 가격정책 등 그 분야가 광범위하다고 할 수 있다.

(2) 공학적 접근방법(산업공학)

이는 공학적 제기법을 응용한 것으로 이 접근방법을 원용한 경영학의 인접과학인 산업공학(industrial engineering : I. E.)을 '관리공학'이라고 하며 때로는 '시스템 엔지니어링(system engineering)'이라고도 불리어지기도 한다. 미국 경영학의 시작이 되는 테일러(F. W. Taylor)의 과학적 관리법은 이러한 산업공학적인 관점에서 연구된 것이다.

OR의 발달과 함께 산업공학은 제2차 세계대전 후에 급속한 발전을 보였는데, 그것은 생산관리에 대한 표준화 수단을 뜻하며, 협의로는 그러한 표준설정을 위한 실태측정의 방법적 기술을 의미한다. 즉 제품의 표준화, 각종 규격·측정 단위의 기준 등이 그것이며, 이러한 기술을 통해 소위 작업연구(job study), 동작연구(motion study), 시간연구(time study) 등이 산업공학의 중심과제로 되어 있다.

(3) 사회적 접근방법(산업사회학)

"경영학은 하나의 인간집단이며, 하나의 사회적 구성체"라는 관점에서 사회적 존재로서의 인간의 문제에 초점을 둔 일체의 연구방법을 사회적 접근방법이라 한다. 그런데 인간이란 단일적인 것이 아니라 복합적인 유기체이므로 구체적인 인간을 ① 사회학적 요소, ② 심리학적 요소, ③ 생리학적 요소라는 세 가지 요소로서 구성되어 있으며, 이에 대응하는 인접과학으로서 ① 산업사회학, ② 산업심리학, ③ 산업생리학 등이 있다.

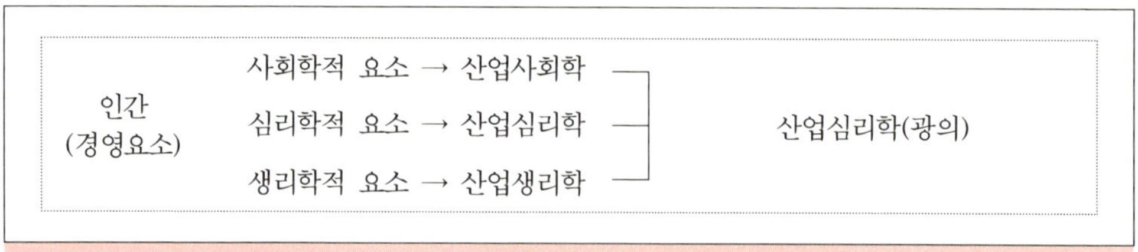

[그림 1-5] 경영요소로서의 인간에 관한 인접과학

이와 같은 접근법은 독일이나 미국에서 이미 1920년대부터 시작되었으며, 여러 가지 접근방법 가운데에서도 비교적 그 역사가 길다고 할 수 있다.

(4) 심리학적 접근방법(산업심리학)

경영체 내에 있어서의 인간(종업원·관리자·소비자)의 심리적 행동을 그 연구과제로 삼는 모든 접근법을 심리적인 접근법이라 하며, 그러한 접근방법을 위한 보조과학을 산업심리학 또는 경영심리학이라 한다.

산업심리학은 경영에 있어서의 인간의 심리적인 요소를 다루게 되는 현대 경영학의 인접과학으로서, 개개의 노동자 행동의 심리적인 법칙과 이에 영향을 주는 여러 가지 조건 등을 연구대상으로 삼는다. 오늘날 산업심리학은 ① 적성검사, ② 적정배치, ③ 인사평가, ④ 종업원 훈련 등 여러 방면에도 적용되고 있으며, 개인의 행동을 연구하는 학문에서 한 걸음 더 나아가 기업조직의 사회적·제도적인 환경하에서의 집단의 심리적 행동의 변화과정에까지도 그 연구영역을 확장시키고 있다. 예를 들면 조직심리학(organization psychology)내지 집단심리학(group psychology) 등이 그것이다.

(5) 종합과학적 접근방법(행동과학)

전술한 바와 같이 경영학도 사회과학의 한 분야인 이상 종합과학적 접근방법인 학제적 접근방법(interdisciplinary approach)이 있다. 종합과학이라 하면 여러 가지가 있겠으나, 경영학을 위한 접근방법으로서는 특히 행동과학이 절대적이다.

행동과학(behavioral science)이란 '행태과학'이라고도 하는데 인간의 행동을 연구함에 있어, 생태학, 심리학, 사회학, 문화인류학, 경영학, 경제학 등과의 경계선을 없애고 학제적인 접근방법을 시도한 사회과학의 한 방법이다. 그것은 사회과학의 전체를 총합화하려는 것이 아니라 개별적인 사회과학의 존재를 전제로 독자적 학문 영역을 가지면서 공통적 연구대상인 인간문제에 대해 모든 과학을 동원한 학제적·종합과학적인 접근을 해가는 연구방법으로서 사회과학연구의 大宗을 이루고 있는 것이다.

연습문제

1. 경영학이란 무엇인가?
2. 효율성과 효과성에 대해 설명하시오.
3. 예술로서의 경영에 대해 설명하시오.
4. 다음을 약술하시오.
   ① 경영체 ② 경영프로세서 ③ 사례연구
5. 자본주의 4.0
6. 창조적 자본주의
7. 기업의 정의
8. 사회적 기업

BUSINESS

제2장

경영사상론

제1절 독일 경영학(경일경제학)의 생성과 발전

01 개요

경영학의 역사에 가장 중대한 영향을 미친 나라가 독일이라는 것에는 누구도 이의를 제기하지 않으며, 이론적 발전의 시기 면에서도 독일 경영학이 가장 오래된 역사를 자랑한다. 경영학의 이론적 발전은 독일의 상업학(1890년)에서 비롯된다. 19세기말 독일에서는 상업학의 이론적 체계에 관한 연구결과 상업경영학이 형성되고, 다시 경제학적인 측면에서 이론적 발전을 하게 됨에 따라 사경제학(Privatwirtschaftslehre)을 중심으로 하는 경영경제학(Betriebswirtschafslehre)의 체계가 정립되었다. 이러한 독일 경영경제학(1910년)이 오늘날 경영학의 모체가 되었고, 이외에 경영의 사회학적 연구인 '경영사회학(Betiebssoziologie)', 기술적 연구인 '경영과학(Betriebswissenschaft)' 등이 있고, 이들은 각각 일단 별개의 연구로서 전개되고 있다. 따라서 일반적으로 경영학이라고 하는 것은 독일에서는 경영경제학, 경영사회학, 경영과학으로 3분되어 있다고 볼 수 있다.

독일에 있어서 근대적인 경영경제학의 직접적인 선구가 된 것은 관방학(官房學)[18]이다. 즉, 18세기의 독일에 있어서는 경영경제에 관한 연구는 관방학파에 의

18) 관방학은 관리양성에 필요한 지식을 종합한 것으로 재정학·경제정책·행정학과 아울러 사경제학이 포함되어 있었는데, 주로 국고행정에 관한 지식을 말하며, 협의로는 오늘날의 재정학과 같으나, 광의로는 조세의 원천인 국민경제에 관한 지식, 기타 경제정책, 국정재원인 공장·삼림·상업 등의 경영지식 또는 순수 기술지식도 포함된다. 따라서 관방학 이란 현재의 경영경제학의 맹아가 되는 동시에 독일 재정학의 원천이라 하겠다.

하여 행하여지고 '상법래학'의 명칭하에서 많은 발전을 보게 되었다. 그러나 19세기에 들어와 영국의 스미스류의 고전파 경제학과 프랑스의 자유사상의 영향을 받다가 관방학이 국민경제학과 재정학 등으로 분열·발전하게 되어 경영경제에 관한 연구는 쇠퇴하였다.

19세기 말엽에 이르러 드디어 1898년 라이프찌히(Leipzig)에 최초로 상과대학이 설립되어 오늘날의 경영·경제학의 전신인 상업학의 이론적·계통적인 연구가 진행되었다. 그리하여 상업경영학에 대한 연구는 점차로 활발하게 되어 계통적인 연구가 이루어지고, 드디어 1910년대의 쉐어(J. F. Schaer), 니클리쉬(H. Nichlisch), 베이어만(M. R. Weyermann), 쉐니쯔(H. Schoenitz), 또 1920년대의 호프만(A. Hoffman), 리이거(W. Rieger), 슈말렌바하(E. Schmalenbach) 등의 저작은 이러한 요구에 따른 것이었다.

라이프찌히 대학

1911~1912년부터는 상업경영학에 대신하여 '사경제학'의 칭호가 사용되었는데, 이는 공업의 발달과 더불어 상업만의 연구 뿐만 이니라, 필연적으로 공업도 연구대상에 포함시켜야 하므로 상업경영학보다는 '사경제학'의 칭호가 더욱 알맞기 때문이었다.

그러나 사학은 생산경제를 연구하는 것이며, 출자자의 공사를 불문한다. 따라서 사경제학의 명칭은 연구범위를 나타내는 데 있어서도 알맞지 않다. 뿐만 아니라 사학의 연구대상은 영리경제가 아니고 경제성을 목표로 한 개별경제 일반이므로 영리경제학이라고 해석될 우려가 있는 사경제학의 명칭은 부적당하다 하여 드디어 1919년경부터 '경영경제학'의 명칭이 사용되었던 것이다.

무엇보다도 독일 경영학의 역사를 관통하는 전반적인 특징은 학문의 성격, 인식대상 및 연구방법과 관련하여 장기에 걸쳐 광범위한 방법논쟁이 전개되는 과정에서 경영학이 발전해 왔다는 점이다. 따라서 독일 경영학의 생성과 발전과정을 효과적으로 이해하기 위해서는 위에서 설명한 바와 같이 시대적 변천에 따른 경영학의 위상을 추적함과 동시에 경영학에 대한 연구방법의 유형과 학파들 사이의 방법론적 논쟁과정을 살펴보는 것이 바람직할 것이다.

02 독일 경영학의 연구방법론

전술한 바와 같이 독일 경영학은 그 생성기로부터 오늘날에 이르기까지 방법논쟁이 성행되고 있는 것이 그 특징이라 하겠다. 특히 쇤플룩(F. Schoenflug)은 다음의 〈표 2-1〉에서 볼 수 있는 바와 같이 독일의 경영경제학을 규범적 경영경제학과 경험적 경영경제학으로 구분하였다. 따라서 그는 경영경제학의 연구방법에 규범론적 방법, 기술론적 방법 및 이론적 방법의 3가지로 분류하고 있는데, 이와 아울러 비판적 방법, 관리적 방법 등이 있다.

〈표 2-1〉 쇤플록의 경영경제학 연구방법

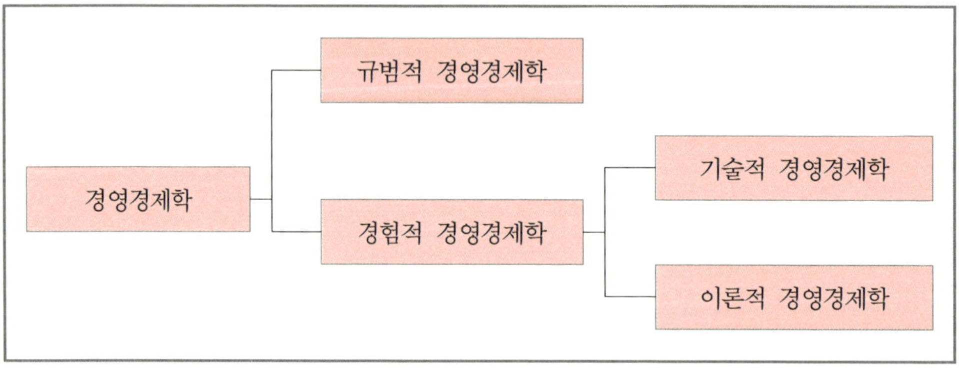

(1) 규범론적 방법(규범론적 경영경제학=규범학파)

경영경제학의 인식대상이 이성에 있다고 보고 윤리적, 도덕적 가치판단을 수용하는 연구방법 내지 학파이다. 규범론적 경영경제학(Normative Betriebswirtschaftslehre)의 대표자는 니클리쉬(H. Nicklisch)이다. 니클리쉬는 그의 유명한 저서 「경영경제학(Die Betriebswirtschaftslehre)」을 통하여 기업을 영리를 추구하는 기업가로부터 독립된 존재로 보고, 기업은 또한 수요충족을 목적으로 하는 경제단위로서 경영의 지도원리를 '수익성원칙'에 대신하여 '경제성의 원칙'을 주장한다. 그리고 경영의 지도원리 또한 수익성보다는 경제성이 되어야 한다고 주장하였다. 니클리쉬에 따르면, 경영조직은 기업가와 노동자가 공동으로 협력하여 욕구충족을 위한 재화를 생산하는 경영공동체이기 때문에 양심의 법칙에 따라 운영되어야 하고, 따라서 이윤도 기업가와 종업원들이 공정하게 분배해야한다는 것이다. 이와 같이 이 학파는 윤리적·도덕적인 가치판단을 긍정하는 입장을 취하는 학파이다.

(2) 기술론적 방법(기술론적 경영경제학 = 기술학파)

슈말렌 바하, 호프먼, 지버 등에 의해 대표되는 기술론적 방법론은 경영학의 인식대상이 경험에 있다는 전제하에 경험에 의해 뒷받침된 이론을 실천하는 응용과학으로서의 성격을 갖는 것이 곧 경영경제학이라고 주장한다.

이 학파는 '공동경제적 생산성(Gemeinwirtschaftliche Wirtschaftlichkeit)'이라는 지도원리를 설정하여 그 측정척도로서 '수익성'에 의하여 설명하였기 때문에 실질적으로 수익성원리에서 벗어나지 못했다. 그리하여 전후의 독일 경영학은 슈말렌바하에 의해 개척된 응용과학으로서 경영경제학의 전성기를 이룩하였다.

그런데 독일에서는 경영학이 주로 경영경제학으로서 전개되었기 때문에 기술론적 경영경제학에 있어서 공학적·자연과학적인 합리성이 직접 문제가 된 것이 아니라 경제적인 합리성이 문제가 되었다. 따라서 부기, 원가계산, 경영통계 등의 계산제도를 이용하여 목표에 대한 수단의 합리성을 세밀히 파악하는 것이 문제로 되었다. 슈말렌바하는 경영경제학을 이와 같은 기술론으로서 구축하려 한 것이다. 이 점이 미국의 관리론적 경영학과 다른 점이라 하겠다.

(3) 합리적 방법(이론적 경영경제학 = 이론학파)

이 학파의 대표자로서는 슈미트(F. Schmidt)와 리거(W. Rieger)를 꼽을 수 있다. 이론학파 역시 기술학파와 마찬가지로 경영경제학의 인식대상이 경험 내지 존재에 있다고 본다. 그러나 기술학파의 경우 목적의 달성을 위한 수단의 선택에 있어서 어느 정도의 가치판단을 허용하는 반면에, 이론학파는 목적에 대한 윤리적 판단은 물론 수단에 대한 일체의 가치판단을 배제한다는 몰가치적인 점에 양자의 차이가 있다.

이론학파에 따르면 과학은 이론적 인식을 연구대상으로 하기 때문에 경영경제학도 이론적인 측면에서 기업이나 경영에 관한 현상들을 관찰하고 그에 내재되어 있는 원칙을 발견하여 이를 일반화함으로써 장차 경영현상을 설명, 예측 및 통제할 수 있다는 것이다.

독일 경영경제학은 이상과 같이 세 가지 연구방법이 있으나 이들 방법은 경영학적 연구의 생성과 더불어 그 과학성에 대해 많은 논쟁과 비판이 가해졌고, 이 비판으로 말미암아 경영경제학을 확립하려는 노력이 더욱 이루어졌다고 하겠다.

(4) 비판적 방법(비판경영학=개별자본설)

국민경제학이 총자본의 운동법칙을 연구하는 데 대해, 경영경제학은 총자본을 구성하는 분자인 개별경제의 운동법칙을 연구대상으로 한다는 것이 개별자본설(비판경영학)의 인식대상이다. 개별자본설은 마르크스의 자본론을 경영학에 응용한 데 불과하며, 자본주의적 사회에 있어서의 기업은 개별자본의 가치증식단위라고 한다. 마르크스에 의한 개별자본의 가치증식과정은 다음 식과 같다.

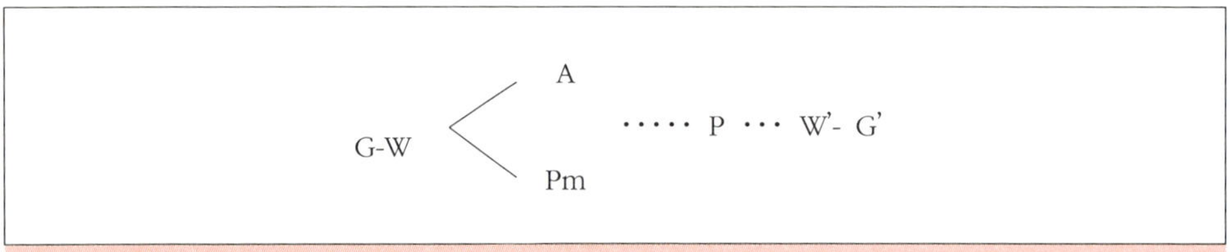

[그림 2-1] 개별 자본 가치증식과정

개별자본의 기원은 일본의 교수이며, 그 후 등을 중심으로 개별자본과 경영기술의 관계와 개별자본의 운동법칙과 의식성의 문제 등에 대하여 많은 논쟁이 있기도 하였다.

멜레로비쯔의 응용과학적 연구

슈말렌바하의 기술론적 연구방법을 계승하여 현대 독일 경영학에 있어서 하나의 커다란 조류를 형성하고 있는 것이 멜레로비쯔의 응용과학적 내지 실천적 연구이다. 그는 경영경제학적 사고방식으로서 계량적 사고 및 공동경제적 사고를 들고 있다.

멜레로비쯔의 계산적사고는 그의 원가계산론과 비용론에 관한 광범위한 연구활동에 잘 나타나 있다. 또한 그가 제시한 공동경제적 사고는 슈말렌바하가 기업경영의 지도원리로 제시한 공동경제적 생산성의 개념과 유사한 내용이다.

구텐베르크의 이론과학적 연구

구텐베르크는 기업의 자본문제와 비용문제에만 한정하지 않고 생산, 판매, 재무, 가격 및 투자에 이르기까지 광범위한 문제들을 취급하제 2차 세계대전 이후의 독일 경영학에 있어 또 하나의 커다란 조류를 형성하고 있었다.

구텐베르크가 이러한 여러 가지 경영문제를 전전의 이론학파와 마찬가지로 가치판단을 허용하지 않고 순수이론적 접근방법으로 해결하고자 한 것이 그 특징이다. 따라서 구텐베르크를 순수 과학적 이론학파라고도 한다. 그의 또 다른 특징은 근대경제이론의 분석도구를 경영경제학에 접목시켰다는 점이다. 그가 분석도구로 사용한 경제이론은 종래의 독일 경영학의 근간이었던 국민경제학이 아니라 미국을 중심으로 새로이 개발된 수리적 접근 위주로 현대 경영학 이론이다. 이와 같은 구텐베르크의 연구경향은 제 2차 세계대전 이후 경제환경의 변화로 미국의 학계도 서서히 외래문화를 흡수하고 있음을 반영한 것이라 하겠다.

제2절 미국경영학의 생성과 발전

01 개요

미국의 경영학은 경영자의 양성을 위한 경영관리학으로서 성립·발전하였다. 즉 미국의 자본주의 경제의 고도화 그리고 기업의 대규모화와 더불어 더 많은 경영자가 필요하게 되어 현장의 기사들이 연구나 경영자의 실천에 필요성을 인식하여 실천적 경영학으로 발달하였다. 미국 경영학은 발전 배경, 발전 과정, 학문의 성격 및 내용에 있어 독일의 경영경제학과 현저한 차이를 나타낸다.

한마디로 표현하면, 독일의 경영학은 상업학으로부터 출발하여 나중에 경영경제학으로 정착될 때까지 체계적이고 이론적인 학문으로 발전하게 되었고, 국민경제학과의 관련하에서 자본과 비용의 문제가 학문의 주요 관심사였다. 그에 반하여 미국의 경영관리학은 원래 생산 현장에서의 능률과 합리성을 주요 과제로 하여 생성 및 발전하였던 것이다. 따라서 미국 경영학은 실천적인 성격이 강한 비용 주의에 입각하고 있음을 볼 수 있다.

이러한 미국 경영학의 발전 과정을 보면, 독일 경영학의 경우와 마찬가지로 시대의 흐름에 따라 경영학에 대한 접근 방법과 그에 따른 학파가 새로이 형성되면서 발전하였음을 알 수 있다. 그 대표적인 것이 과학적 관리(과학적 관리학파), 고전적 관리론(경영관리학파), 인문관계론(인간관계학파), 행동과학론(행동과학학파) 및 경영과학적 혹은 계량적 접근법(경영과학학파) 등이다. 시대의 흐름에 따른 미국 경영학의 발전 과정을 요약하면 다음 〈표 2-2〉와 같다.

〈표 2-2〉 미국 경영학의 시대적 발전 과정

연도	출처 또는 공헌자	주요 사항
1830	Andrew Ure, Charles Babbage	작업관리 표준화의 기초를 마련함
1886	Henry R. Towne (The ASME: 미국 기계기사협회)	능률증진운동 전개
1895	Frederick W. Taylor	과학적 관리운동, 산업심리학 분야의 출현
1926	Henry Fayol, Ralph C. Davis	관리과정사상 확립
1927	E. Mayor	인간관계운동 전개
1930	F. G. Roethlisberger	전통적 조직이론
1938	J. D. Mooney, Lyndall Urwick R. Lewin, James Burnham	집단역학, 산렵사회에서 기술 및 경영자사회로 전환
1950	Chester I. Barnard Rensis Likert	리더십
1960	G. Danzing, C. Churchmann A. Maslow, D. McGregor,	계량적 접근방법 인간행동적 접근방법
1970	C. Argyris, F. Herzberg	위생이론
1980	Ludwig Von Bertalanffy Tom Burns, G. M. Stalker P. R. Lawrence, J. W. Lorsch	시스템 접근방법 상황론적 접근방법

자료 : 추헌 현대경영학 원론, 형설출판사, 1993. p. 93와 필자의 재조사

02 과학적 관리(Scientific Management : 1885-1920년)

미국 경제는 남북 전쟁 이후 급격히 성장하게 되고, 그에 따라 생산량이 크게 증대하였다. 그러나 생산량의 증대에 비해 수요가 뒤따르지 못했기 때문에 공황이 발생하여 많은 기업이 파산하거나 대기업에 흡수되는 현상이 나타났다. 그 결과 기업 규모는 확대되었으며 상대적으로 수익성이 저하되었다.

여기서 기업 경영자들이 수익성의 제고를 위해 시행한 정책이 賃率 인하이다. 그러나 노동자들은 그에 대항하여 수시로 동맹파업을 하거나 조직적 태업(Systematic Soldiering)을 계속하였다. 이러한 동맹파업과 조직적 태업을 방지하면서 생산성 향상을 도모하기 위해 테일러(F. W. Taylor)가 고안한 것이 과학적 관리이다. 테일러는 종래의 관리를 경영자측이 노동자의 작업방법이나 시간의 효율에 대해 무지하였기 때문에 경영은 각자의 전통적인 지식이나 의지로 표류되었으므로 표류관리(Drifting Management)였다고 비판한다. 테일러는 관리의 목적과 노사의 발전을 위해 저 생산비와 고 임금을 실현하기 위해 고 생산을 향상하는 과학적 관리를 전개하여야 한다고 주장하였다. 과학적 관리법은 테일러주의(Taylorism)라고도 일컬어지는데 이것을 형성하기 위해서는 "과학적 조사와 정보 및 중심으로 정신혁명"이 본질이라고 논하였으며 이러한 과학적 관리법의 원칙은 다음과 같다.

① 과학을 발전시켜 노동자의 전통적 지식을 관리에 집중하여 과학화하며
② 노동자의 과학적 선택과 적극적 계발
③ 과학과 과학적으로 선택된 노동자와 결합
④ 관리자 집단과 노동자의 계속되는 친밀과 협동

이러한 테일러의 과학적 관리는 그 후 간트(H. L. Gantt), 길브레스(L. M. Gilbreth)와 같은 학자들에 의하여 계승되고, 실무계에서는 포드 자동차 회사의 포드(H. Ford)가 이를 계승·발전시켰다.

과학적 관리의 기본 아이디어는 관찰, 측정 및 분석을 통하여 신체적 과업들을 재설계함으로써 이들의 효율을 훨씬 더 증대시킬 수 있다는 데에서 출발한다.

(1) 테일러 시스템(Taylorism)

미국에서는 생산 현장에서의 생산성 향상을 저해하는 제 문제들을 해결해야 할 필요성에서 1880년에 미국기계기술사협회(American Society of Mechanical Engineers), 즉 ASME가 설립되어 이 협회를 중심으로 능률증진운동이 전개되고, 기계 기사들이 중심이 되어 능률 관리에 대한 체계적인 연구를 시작하였다. 이러한 연구의 중심적인 인물로서 미국 경영학의 시조라고 일컬어지는 사람이 곧 테일러이다. 그의 경영 이념을 일반적으로 테일러 시스템(Taylorism)이라고 한다.

테일러 경영 이념은 고임금과 저노무비를 실현하는데 있다. 이 이념을 실현하기 위해 그가 제시한 것이 과업 관리(task management)이다. 여기서 과업(task)이란 작업자가 달성해야 할 적정한 하루의 생산량을 의미한다.[19]

〈테일러〉

19) F. W. Taylor, Principles of Scientific Managernet, 1911

과업 관리

테일러는 숙련 노동력이 크게 부족하던 20세기 초에 기계 기사로서 축적한 그의 경험을 토대로 1903년에는 공장 관리를, 1911년에는 과학적 관리법(Principles of Scientific Management)을 저술하였다. 그는 이 저서를 통하여 자신의 경영 이념인 고임금과 저노무비를 실현하기 위해 다음과 같이 과업 관리의 4대 원리10)를 제시하고 있다.

① 공정한 과업의 설정(a large daily task)
② 표준화된 작업 방법(Standard conditions)
③ 성공에 대한 고임금(high pay for success)
④ 실패에 대한 손실(loss in case of failure)

시간 연구와 동작 연구

과업이 효율적으로 관리되어 고임금·저노무비의 목표가 달성되기 위한 전제조건은 과학적인 과업의 설정이다. 여기서 테일러가 과업의 설정을 위해 도입한 것이 시간 연구(time study)와 동작 연구(motion study)이다.

즉 먼저 각 작업을 기본적인 요소 동작들로 분배한 다음, 스톱워치를 사용하여 각 요소 동작의 작업 시간을 측정한다. 이것이 시간 연구이다. 다음에는 동작 연구를 통하여 잘못된 동작을 바로잡고 불필요한 동작을 제거함으로써 최적의 작업 방법을 찾아낸다. 마지막으로, 최적작업방법하에서 작업할 경우에 소요되는 요소 동작의 작업 시간을 합하고 여기에 일정한 여유 시간(allowable time)을 더하면 작업1단위당 작업 시간이 산출된다. 단위당 작업 시간이 산출되면 달성해야 할 1일 생산량을 산출할 수 있으며, 이것이 곧 과업인 것이다.

차별적 성과급 제도

테일러는 과업 관리를 효과적으로 실천하기 위해 기획부 제도, 직능식직장 제도, 작업지도표 제도, 차별적 성과급 제도 및 표준원가계산 제도 등을 실시하였으나, 이 중 가장 중요한 것이 차별적 성과급 제도(differential piece-rate system)이다.

이는 과업에 미달하는 생산성에 대해서는 표준 이하의 임율을 적용하고 과업을 초과하는 생산량에 대해서는 표준임율 이상의 고율의 차별적 임율을 적용함으로써 작업자들의 근로 의욕을 향상시키자는 데 그 목적이 있다. 테일러는 이렇게 함으로써 노무비 총액은 증대하더라도 제품 단위당 노무비는 절감될 수 있을 것이기 때문에 '고임금·저노무비'의 경영 이념이 실현될 수 있다고 생각한 것이다.

(2) 포드 시스템(Fordism)

테일러의 과학적 관리는 '자동차의 왕'이라 지칭되는 포드(H. Ford)에 의해 계승되어 더욱 발전하게 된다. 포드의 과학적 관리를 일반적으로 포드 시스템(ford system) 또는 포드즘(Fordism)[20]이라 부른다.

테일러 시스템은 능률 내지 관리의 관점에서 보면 다음 두 가지 결함이 있었다.

첫째로 과업을 설정하고 차별적 성과급 제도를 실시한다 해도 여전히 작업자의 자유의사에 의해서 능률을 좌우할 여지가 남아 있다는 점과, 둘째로는 테일러 시스템은 결국 개별 작업의 능률 증진의 실현만을 위한 관리였으며 생산활동 전체의 관점에서의 고려는 하지 않았다는 점이다.

이러한 결함을 보완하여 관리 체제를 더욱 정비하고 발전시킨 것이 포드 시스템 내지 포디즘이다.

또한 20세기 초 이후 미국의 기업들은 경영 규모가 더욱 확대되고 기계화가 추진되었으나, 과학적 관리가 인간을 지나치게 기계화 내지 도구화한다는 비판이 노동조합을 중심으로 거세게 전개되어 이 관리 방식을 대체할 만한 새로운 방식을 요구하게 되었다.

이러한 요청에 따라 포드가 자신의 자동차 회사에 도입하여 당시의 미국 산업 전반에 확산된 이념이 '고임금과 저가격(high wage and low price)'이다.

20) H. Ford, Today and Tomarrow, 1926

〈포드〉

〈T자형 자동차 1903년형〉

〈1913년형 포드 자동차〉

포드는 우선 자신의 경영체인 기업을 사회적인 공적기구 (social instrument)라고 인식함으로써, 기업의 사회성을 강조하였다. 따라서 그의 이 같은 경영이념은 사회봉사동기(motive of social service)를 극히 강조함으로써, 기업은 공직의 윤리에 의하여 운영되어야 한다는 것을 강조하였다. 이 같은 생각에서 그는 경영의 주요지표를 고임금(high wage)과 저가격(low price)에 두었으므로 이와 같은 목표는 대량생산체제의 도입으로서 가능하다고 보고, 이를 실현하기 위해서 관리방안을 두 가지 측면에서 추구하였다.

① **생산의 표준화** : 그는 대량생산을 하기 위해서 생산의 표준화(standardization of production)를 기하였는데 이것은 곧 단순화와 전문화(simplification and specialization) 를 전제로 한 것이다. 말하자면 표준화된 제품하나만을 전문적

으로 생산한다는 것을 말한다.[21]

② **이동 조립법**(moving assembly system) : 그는 모든 생산공정을 컨베이어 시스템(conveyor system)화 하고 모든 작업자는 컨베이어 벨트 상에서 이동조립토록 함으로써 전공정을 동시관리체제로 유지하였다. 이로써 대량생산과 그에 따른 원기절감은 자동차의 인하를 도모하였다.[22]

(3) 과학적 관리의 계승자들

테일러가 제창한 과학적 관리는 포드 이외에도 바드(G. Barth), 간트, 길브레스 부부(Frank and Lillian Gilbreth) 및 파일린(E. A. Filene) 등에 의해 계승되어 더욱 발전하게 된다. 이들 중 특히 주목할 만한 사람이 간트와 길브레스 부부이다.

간트

테일러와 함께 미드베일 철강회사(Midvale Steel Company)에 기계 기사로 근무한 바 있는 간트는 테일러의 과업 관리 개념을 신중히 재검토하였다. 그는 자신이 설립한 산업자문회사를 경영하는 동안, 테일러와 마찬가지로 경영과 노동 사이의 상호관계를 중시하고 경영자와 노동자 사이에는 조화로운 협동이 필요하다고 강조하였다. 간트는 특히 모든 경영 문제에 있어서 인적 요소가 가장 중요시되어야 한다는 점을 인식하였다.

〈간 트〉

21) '생산의 표준화'란 다음의 제품 표준화를 전제로 한 모든 '관리의 표준화'를 의미한다. (① 제품의 표준화 ② 부분품의 규격화 ③ 공정의 전문화 ④ 기계, 공구의 전문화 ⑤ 작업의 표준화)

22) '이동조립법' 방법을 통하여 1909년에 950불 하던 자동차 가격을 1910년에 780불, 1911년에 450불, 1912년에 600불, 1913년에 550, 1917년에 450불까지 인하하였다. 뿐만 아니라 임금도 9시간 노동에 2불35센트 주던 것을 8시간 근무에 5달러로 인상할 수 있었다.

테일러의 차별적 성과급 제도에 대신하여 간트가 제시한 자극 제도, 즉 인센티브 시스템(incentive system)은 직장(foreman)에 대한 상여금 제도이다. 이 제도는 직장이 다스리는 어느 한 작업자가 과업을 달성했을 경우 이 직장에서 일정한 상여금을 지급하고, 여기서 더 나아가 모든 작업자들이 과업을 달성했을 때에는 추가로 특별 상여금을 지급하는 것을 주요 내용으로 한다. 간트는 이렇게 함으로서 직장들로 함으로써 직장들로 하여금 자신의 자업자들을 훈련시켜 더 나은 성과를 거둘 수 있도록 유도할 수 있을 것이라고 생각한 것이다. 간트는 또한 오웬(R. Owen)의 아이디어를 토대로, 작업자들의 작업 성과를 막대 그림표를 사용하여 공개적으로 평가하였다. 또한 생산 일정 계획과 진도 체크를 위해 이른바 간트 도표(Gantt chart)라는 시스템을 개발하였다. 이 도표는 지금도 프로젝트의 일정 계획과 통제 기법인 PERT(program evaluation and review technique)에 이용되고 있을 만큼, 간트의 훌륭한 업적으로 기록되고 있다.[23)]

길브레스 부부

릴라이언 길브레스(Lillian M. Gilbreth)와 그 남편인 프랭크 길브레스(Frank B. Gilbreth) 역시 과학적 관리의 발전에 크게 기여한 사람들이다.[24)]

남편인 프랭크는 벽돌쌓기의 직공으로 일하고, 이어서 건축 청부업을 경영하는 동안 작업에 있어서의 불필요한 동작을 제거하는 데 집중적인 관심을 기울였다. 그는 벽돌공들이 세 가지 상이한 동작들을 결합시켜 작업하고 있음을 확인하게 되었다. 견습공들을 가르치는 데 필요한 동작, 빨리 작업하는 데 필요한 동작 및 작업 속도를 유지하는 데 필요한 동작이 그것이다. 벽돌쌓기 작업에 포함된 여러 가지 동작들을 면밀히 분석한 결과 프랭크는 벽돌공이 하루에 수행하는 작업량을 3배로 증대시킬 수 있는 기술을 개발할 수 있었다고 한다.

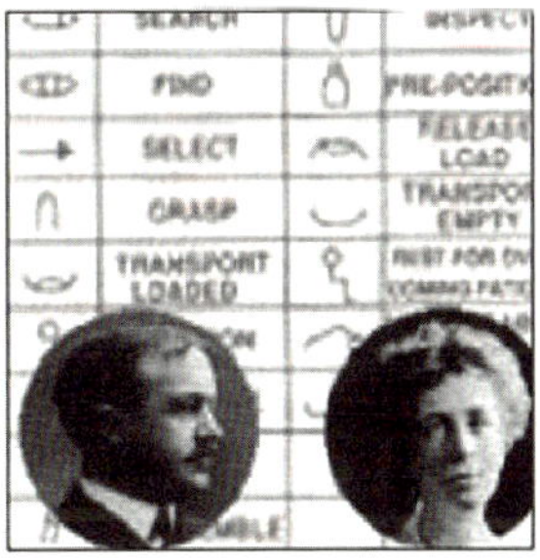

23) H. Gantt, Industiral Leadership, New Heaven, Conn, Yale Univ. Press, 1916

24) Frank B. Gibreth, Jr & Ernes6tine Gilbreth Carey, Cheaper by the Dozen, New York, Thomas Y. Crowell Co, 1958

프랭크의 또 다른 착상은 동작과 피로의 관계이다. 즉 동작과 피로는 상호 관련되어 있기 때문에, 불필요한 동작을 제거하면 작업자의 피로 수준이 떨어질 것이라는 점이다. 따라서 그는 각 작업에 있어서의 가장 경제적인 동작들이 무엇인가를 확인하기 위해 활동 사진기를 사용하여 동작 분석(motion analysis)을 실시하였다. 그 결과 벽돌쌓기에 필요한 동작을 총 18개에 5개로 단축시켰고, 작업성과의 향상은 물론 작업자의 피로 수준도 감소되었다. 프랭크가 1907년에 테일러를 만난 후 이와 같은 자신의 아이디어를 테일러의 과업 관리에 통합시킴으로써 과학적 관리는 한층 더 실효를 거두게 되었던 것이다.

프랭크의 과학적 관리가 결실을 보게 된 데에는 사실상 부인 릴라이언의 도움이 큰 역할을 하였다. 그녀는 최초의 산업심리학자들 중 한 사람으로서 남편과 함께 피로와 동작에 관한 공동 연구를 수행하였으나, 그 보다는 개발 작업자들의 복지를 증진시킬 수 있는 방법을 강구하는데 더욱 큰 관심을 보였다.

그녀가 과학적 관리의 궁극적이고도 유일한 목표로 설정한 것이 작업자들이 인간으로서의 잠재성을 최대한 발휘할 수 있도록 도와주는 일이었다.

주어진 작업에 대한 최선의 방법을 강구하기 위하여 릴라이언이 보여준 작업의 인적에 대한 관심과 프랭크가 보여준 효율에 대한 관심은 역사상 보기 드문 조화의 극치라 해도 과언이 아닐 것이다. 이와 같은 점에서 보면 길브레스 부부가 과학적 관리를 적용하는 데 있어 테일러리즘과는 달리 먼저 작업자에 관심을 가져야 하고 이들의 성격과 욕구를 파악해야 한다고 강조한 것은 당연한 일이라 하겠다. 결국, 이들의 주장은 동작 분석이 한편으로 물리적 측면에서의 이점을 제공할 뿐만 아니라 다른 한편으로 인적 측면에서 경영자가 작업자에게 관심을 보여주는 결과가 되기 때문에 자신의 관리 방법이 오히려 작업자들의 사기를 올려 줄 것이라는 점이다. 길브레스 부부의 이와 같은 주장은 과학적 관리에 대한 일반적 상식에 비추어 볼 때 역설적인 측면을 다분히 내포하고 있다.

(4) 과학적 관리의 평가

① **긍정적 측면** : 과학적 관리는 여러 가지 점에서 현대 경영학의 발전에 기여한 바 있다. 이를 요약하면 다음과 같다.

첫째, 과학적 분석 기법을 적용하여 직무 수행을 위한 최선의 방법을 결정한다.

둘째, 해당 직무에 가장 적합한 작업자를 선정할 수 있고 이들에게 교육 기회를 제공한다.

셋째, 직무를 효율적으로 수행하는 데 필요한 자원을 작업자들에게 제공한다.

넷째, 생산성 향상을 위해 체계적이고 공정한 인센티브 시스템을 도입한다.

다섯째, 계획과 사고를 실제 작업과 분리시킨다.

② **한계** : 과학적 관리는 여러 가지 긍정적인 측면을 포함하고 있어서 경영학의 발전에 큰 기여를 한 것이 사실이다. 그러나 불행히도 테일러의 기대와는 달리 작업자들 사이의 '정신 혁명'(mental revolution)은 실제로 거의 일어나지 않았다. 과학적 관리의 도입으로 오히려 경영자와 작업자들 사이에 잦은 마찰이 발생하였고, 직장이 떠나는 작업자도 급증하였던 것이다. 그 이유는 크게 두 가지로 요약될 수 있다.

첫째, 과학적 관리 자체가 인간은 주로 물질획득의 욕망에 따라 움직이며, 따라서 경제적, 물질적 욕구를 충족시키는 데 적합한 방향으로 행동한다는 기본 전제하에 출발하였다는 점이다. 즉 과학적 관리는 소속 집단의 일원으로서 작업자가 갖는 사회적 욕구를 간과한 것이다.

둘째, 과학적 관리의 제창자들은 직무 만족을 향한 인간의 욕망을 무시했다는 점이다. 일반적으로 자신의 직무 자체나 작업 조건에 만족했을 때 작업자들의 생산성은 지속적으로 향상된다. 그러나 과학적 관리는 단기적인 생산성 증대에 치중한 결과, 급료의 상승에도 불구하고 직무 만족은 커녕, 오히려 빈번한 동맹 파업이나 이직을 발생시켰던 것이다.

03 경영관리론(1920–1950년)

과학적 관리가 작업장과 개별 작업자의 생산성을 증내시키는 데 주인점을 둔 데 비해, 고진직 경영 이론의 또 다른 조류인 경영관리론(administrative management)은 공장과 같은 복잡한 조직에 대한 관리 지침을 마련하고자 하는 목적으로 제기되었다.

관리과정학파(management process school) 혹은 고전적 관리론(classical management)으로 지칭되는 이러한 경영 관리론의 창시자는 일반적으로 프랑스의 페욜(Henri Fayol)이라고 알려져 있다. 이 이론을 지지하는 학자에는 페욜 외에도 어윅(L. Urwich), 무니(J. D. Mooney), 레일리(A. C. Reiley) 및 슬론(A. P. Sloan) 등이 포함된다. 이들의 공통된 특징은 테일러, 길브레드와 같은 과학적 관리론자들과 달리 대기업을 직접 경영하던 최고 경영층과 직접적으로 고유한 경험이 풍부했다는 점이다. 그러다 보니 이들의 주요 관심도 자연히 조직 전반을 효율적으로 관리하는 보다 광범위한 문제에 집중되었던 것이다.

과학적 관리와 마찬가지로 경영관리론 역시 경영의 사회적 측면에는 큰 관심을 보이지 않았다. 경영관리론자들은 모두 조직에 공통적으로 적용 가능한 보편적 원칙(universal principle)이나 이론을 개발하는 데 목적을 두었다. 더욱이 이들이 개발한 원칙이나 이론들은 과학적 방법론보다는 주로 개인의 직접적인 경험에 의존했다는 점이 그 특징이다.

페욜

고전적 경영 관리론을 최초로 체계화한 사람이 페욜이다. 광업 기사로서 프랑스의 대규모 탄광 회사에 이사로 재직한 바 있는 페욜은 건전한 기업 실무는 확인 가능한 특정의 패턴으로 일반화될 수 있다고 보고, 이러한 보편타당한 원칙들을 발견하는 데 주력하였다. 특히 경영자의 관리 행위는 몇 가지의 주요한 기능으로 분류될 수 있으며, 이 기능들이 효과적으로 발휘되었을 때 기업의 목표가 달성될 수 있다고 주장하였다.

페욜의 또 다른 업적은 조직의 구성과 종업원들의 관리에 관한 원칙들을 확립했다는 점이다. 오늘날 미국에서 일반적으로 인정되고 있는 관리 개념과 원칙들의 대부분이 사실상 페욜에 의해 개발된 것들이라고 해도 과언은 아닐 것이다.

(1) 관리 기능(managerial function)

페욜은 다음 그림에서 보는 바와 같이 기업 경영을 여섯 가지의 활동으로 분류하고, 이들은 서로 밀접한 관련을 갖는다고 하였다. 여섯 가지의 경영 활동은 다음과 같다.

- 기술 활동(생산)
- 거래 활동(구매와 판매)
- 재무 활동(자본의 조달과 운용)
- 보전 활동(종업원과 재산의 보호)
- 회계 활동(비용, 수익 및 부채의 기록)
- 관리 활동

이 중에서 페욜이 제 1 차적인 관심을 둔 것은 관리 활동(managerial activity)이다. 그 이유는 그 때까지 기업 경영에 있어 가장 무시되어 온 분야가 관리 기능(managerial function)이었기 때문이다. 그는 모든 경영자가 공통적으로 계획, 조직, 명령, 조정 및 통제의 다섯 가지 기능을 수행하는 것으로 보았다.

페욜의 정의에 따르면 이들 중 계획(planning)은 조직이 그 목표를 달성할 수 있도록 일련의 행동 과정을 고안하는 일을 의미하며, 조직화(organizing)는 계획이 실효를 거둘 수 있도록 재료와 인적 자원을 활성화시키는 작업을 의미한다. 또한 명령(commanding)은 종업원들에게 작업 방향을 제시하고 각자의 직무를 제대로 수행하도록 지시하는 것을 의미하며, 조정(coordinating)은 조직이 자원과 활동을 조화롭게 집행하여 주어진 목표를 달성할 수 있도록 유도하는 일을 의미한다. 마지막으로 통제(controlling)는 계획이 적절히 집행되어 목표와 실적 사이에 편차(deviation)가 발생하지 않도록 감시하는 작업을 의미한다.

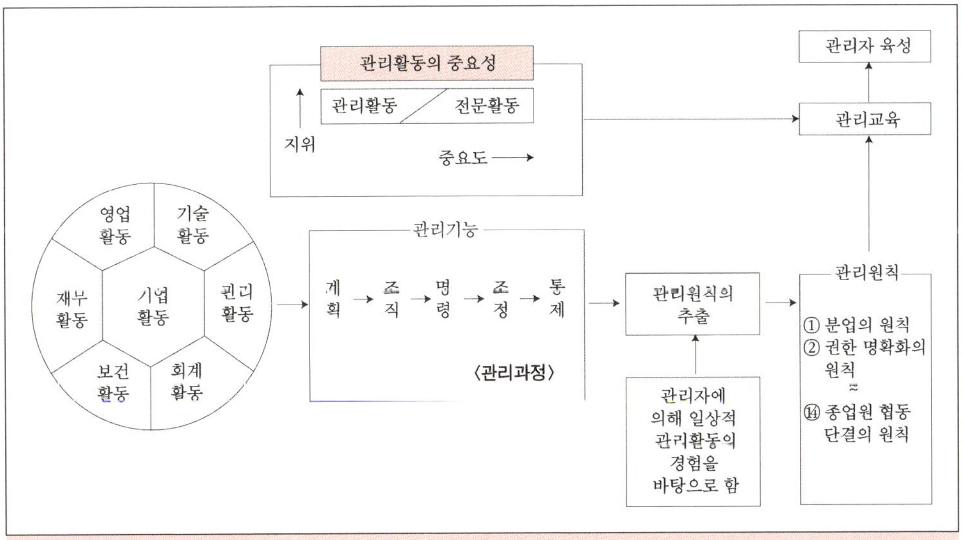

[그림 2-2] 페욜이 제시한 기업 활동과 관리 기능

여기서 우리는 페욜의 다섯 가지 관리 기능이 경영학에서 일반적으로 표명되는 계획, 조직화, 지휘, 조정 및 통제의 다섯 가지 관리 기능과 흡사하다는 사실에 유의할 필요가 있다.

(2) 관리의 원칙

페욜은 규칙이나 법칙보다는 원칙이라는 용어를 사용하여 14가지에 달하는 관리의 원칙(principles of management)을 개발하였다. 그가 개발한 14가지의 관리 원칙은 다음과 같다.

① **분업**(division of labor)**의 원칙** : 전문화의 정도가 클수록 사람들은 자신의 직무를 더 잘 수행할 수 있게 된다.

② **권한**(authority)**의 원칙** : 경영자에게는 일을 수행하도록 명령을 내릴 수 있는 공식적인 권한이 부여되어야 한다.

③ **규율**(discipline)**의 원칙** : 조직 구성원들은 그 조직을 지배하는 규칙과 협약을 준수해야 한다.

④ **명령의 일원화**(unity of command)**의 원칙** : 각 구성원은 특정의 직무에 대하여 단한사람으로부터 지시를 받아야 한다.

⑤ **지휘의 일원화**(unity of direction)**의 원칙** : 조직 내에서 동일한 목적을 갖는 직무는 하나의 계획에 따라 오직 한 사람의 관리자에 의해 조종되어야 한다.

⑥ **공익에 대한 사익의 종속의 원칙**(subordination of individual interest to the common good) : 과업을 수행할 때 구성원 각자의 이해가 조직 전체의 이해보다 우선해서는 안된다.

⑦ **보상**(remuneration)**의 원칙** : 성과에 대한 보상은 기업가와 종업원 양쪽에 공정하게 적용되어야 한다.

⑧ **집중화**(centralization)**의 원칙** : 의사 결정에 대한 최종적인 책임은 관리자에게 집중되어야 한다. 그러나 부하들에게도 자신의 직무를 적절히 처리할 수 있도록 충분히 권한이 부여되어야 한다.

⑨ **계층성**(hierarchy)**의 원칙** : 조직에 있어서 권한은 최고 경영층에서 최하위 종업원들에 이르기까지 계층별로 부여되어야 한다.

⑩ **질서**(order)**의 원칙** : 자재와 사람은 적절한 시기와 적정한 장소에 배치되어야 한다.

⑪ **공정성**(equity)**의 원칙** : 관리자는 부하들을 친절하면서도 공정하게 대해야 한다.

⑫ **인력의 안정성**(stability of staff)**의 원칙** : 조직의 기능이 효율적으로 발휘되기 위해서는 종업원의 이직이 적어야 한다.

⑬ **창의성**(initiative)**의 원칙** : 종업원들에게는 결과의 양부에 관계없이 자신의 계획을 수립하고 집행할 수 있는 자유가 주어져야 한다.

⑭ **집단의식**(sprite of corps)**의 원칙** : 조직에 팀정신이 충만하면 구성원들 사이에 일체감이 형성된다.

(3) 고전적 관리론의 평가

① **긍정적 측면** : 페욜을 중심으로 전개된 경영관리론 또는 고전적 관리론은 많은 학자들에 의해 비판을 받아 오고 있으나, 오늘날 학계와 실무계에서 이 학파만큼 광범위하게 수용되고 있는 학파도 드물다. 그 이유는 이 학파가 어느 조직에서나 직면하게 되는 기본적인 유형의 문제들을 경영 실무자들에게 인식시켜 주었기 때문이다. 경영 관리론이 미국 경영학의 발전에 기여한 긍정적 측면을 요약하면 다음과 같다.

첫째, 조직 전반에 대한 관리 문제에 체계적으로 접근하였다.

둘째, 모든 조직에 적용 가능한 관리 원칙을 개발하였다.

셋째, 경영자의 관리 기능을 일반화하였다.

② **한계** : 고전적 관리론은 현재보다는 과거에 적절했던 이론이라는 점에서 비판을 받고 있다. 물론 조직이 비교적 안정적이고 예측 가능한 환경 하에 있을 때에는 페욜이 제시한 고전적 관리 원칙들이 타당성을 갖게 될 가능성이 크다. 그러나 오늘날처럼 격변하는 기업 환경 하에서 그와 같은 관리 원칙이나 지침들이 적절하지 못한 경우가 많다. 예를 들면, 고전적 관리론에서는 경영자에게 공식적 권한이 부여되어야 한다고 주장하고 있으나, 고학력과 자동화를 지향하는 오늘날의 사회적 분위기 하에서는 종업원들이 종전 만큼 경영자의 공식적 권한을 수용하지 않으려는 경향을 보이고 있다.

고전적 관리론은 현대의 복잡한 조직에 비추어 너무 일반적이라는 지적도 받고 있다. 가령, 현재의 기업 실정을 보면 지나치게 조직이 전문화되어 명령 체계가 불분명한 경우가 많다. 또한 분업의 개념도 이것이 지나치면 종업원의 직무 불만족을 초래하는 부작용을 낳게 되기 때문에, 직무확대나 로테이션(rotation) 등 오히려 분업의 취지와는 다른 방향으로 직무 계획을 실시하는 경향을 볼 수 있다.

04 인간관계론(1930-1950년)

과학적 관리와 고전적 관리론은 심리학이 그 유아기에 있을 때 생성된 것이다. 당시에 심리학에 관심이 있는 사람들도 경영 문제에 대해서는 특별한 관심을 갖지 않았기 때문에 인간의 심리 상태에 관한 기존의 지식은 기업에 있어서의 작업 문제와는 아무런 관련이 없는 것으로 인식되었다. 물론 과학적 관리론자와 고전적 관리론자들이 인간 문제의 중요성을 인식하지 않은 것은 아니었지만, 이들은 기껏해야 공정한 보수의 지급, 경제적 인센티브의 제공 및 공식적 관계의 확립 등과 같은 문제들에 관심을 보였을 뿐이다.

이와 같이 전통적인 경영 이론들이 인적 요소를 조직 유효성에 관한 중요 요건으로 파악하지 못한 데 대한 반성으로서 태동한 것이 인간관계론(human relation)이다. 이 이론의 대표적인 학자는 하버드 대학의 메이요(G. E. Mayo)[25]와 뢰슬리스버거(F. J. Roethlisberger)[26]이다. 물론, 그 이전에 산업 심리학의 아버지라 불리는 뮌스터버그(H. Munsterberg)와 집단 행동에 있어서의 역학적 관계를 중요시한 폴렛(M. P. Follett)의 학술적인 업적이 인간관계론의 태동에 영향을 미친 것이 사실이다. 그러나 인간 관계론의 대두하게 된 결정적인 계기가 된 것은 메이요 등에 의해 실시된 호돈 실험(Hawthorne Experiment)이라 할 수 있다.

(1) 호돈 실험

메이요와 뢰슬리스버거를 중심으로 한 하버드 그룹은 1927-1932년 사이에 4차에 걸쳐 웨스턴 전기회사(Western Electric Company)의 호돈 공장에서 작업 현장에 있어서의 인간 행동 패턴에 관한 유명한 실험을 실시하였다. 그 내용을 요약하면 다음과 같다.

① **조명 실험**(1924-1927년) : 메이요 등이 물리적 작업 환경과 작업 능률과의 관계를 파악하기 위해 가장 먼저 실시한 실험이 조명 실험이다. 실험 결과, 조명과 같은 작업 조건은 작업 능률에 직접적인 영향을 미치지 않는 것으로 판명

25) E. Mayo, The Human Problems of an Industrial Civilization, Cambridge, Harvard Uni. Press, 1939.

26) F. Roethlisberger & Dichson, Management and Worker Cambridge, Harvard Uni. Press, 1939.

되었다.

② **계전기 조립 실험**(1927-1929년) : 이는 휴식, 간식 제공 등의 작업 조건 개선이 생산성 향상에 관계가 있는지를 확인하기 위한 실험이다. 여기서 발견된 사실은 이와 같은 작업 조건의 개선이 생산성 향상에 별도움을 주지는 않으며, 실제로 생산성에 영향을 미치는 것은 종업원들의 사기, 감독 방법 및 인간관계 등이라는 점이었다.

③ **면접 실험**(1928-1930년) : 이는 작업자들에 대한 면접을 통하여 부하에 대한 상사의 감독 방법, 작업 환경, 종업원의 불만 등을 조사한 실험이다. 이 실험에서는 작업장의 사회적 조건이 작업자들의 의식과 태도를 좌우하며, 이것이 생산성으로 연결된다는 사실이 확인되었다.

④ **배선 작업 실험**(1931-1932년) : 이는 생산 현장에 있어서 비공식 조직(imformal organization)이 구성원들의 집단행동에 어떠한 영향을 미치는지를 조사하기 위한 실험이다. 실험 결과, 생산 현장에는 회사의 공식 조직(formal organization)과는 별개의 것으로서 파생적으로 형성되는 비공식 조직이 있으며, 이것이 구성원들의 생산성 향상에 큰 영향을 미친다는 것을 알았다.

(2) 인간 관계론의 요지

이상의 호돈 실험을 통해 알 수 있었듯이, 인간 관계론에서는 기업을 사회적 조직으로 보고, 인간을 경제적 동기에 따라 움직이는 이성인(rational man)보다는 사회적 동기에 따라 움직이는 사회인(social man)으로 본다. 또한 조직에는 효율의 논리를 따르는 공식 조직과 감정의 논리를 따르는 비공식 조직이 존재하는데, 특히 비공식 조직이 생산성 향상에 중요한 역할을 한다고 주장한다.

따라서 인간 관계론에서는 경영자들이 효과적 감독, 종업원 상담, 작업에 관한 의사 소통 등의 인간관계지향적 기법을 사용할 것을 권고하고 있다. 종업원들에게 특별한 관심을 보일 때 이들의 직무 만족을 가져올 수 있고 이것이 생산성 향상에 직결된다는 것이다.

(3) 인간관계론의 평가

① **긍정적 측면** : 인간관계론의 가장 중요한 특징은 사회적 욕구의 충족 여부가 생산성에 영향을 미치는 것으로 보았다는 점이다. 이는 오직 경제적 및 공학적 관점에서만 생산성 문제를 해결하고자 했던 종래의 고전적 이론에 대한 일대 변혁이라고 할 수 있으며, 이 학파가 경영학 발전에 기여한 첫 번째의 긍정적 측면도 여기서 찾아볼 수 있을 것이다.

또한, 경영학 교육에 있어 기술적 기능보다는 인간 관리의 기능을 가르치는 것이 더욱 중요하다는 사실을 인식시켜 주었다는 점과, 집단 역학(group dynamics)에 대한 새로운 관심을 불러일으켰다는 점을 인간 관계론의 긍정적 측면으로 꼽을 수 있다.

② **한계** : 인간은 '합리적 경제인'(rational economic man)이라고 규정해 온 종래의 일반적 가설에 비하여 인간 관계론의 '사회인' 가설이 진일보한 측면을 보여준 것은 사실이다. 직무 만족이 생산성 향상을 초래한다는 점에 있어서도 많은 경영자들이 인식을 같이하고 있는 것이 사실이다.

그러나 작업환경에 있어서의 사회적 요소는 생산성에 영향을 미치는 여러 가지 요인들 중의 하나에 불과하다는 사실에 유의해야 한다. 임금 수준, 직무의 흥미성, 조직 구조 및 노사 관계 역시 생산성에 큰 영향을 미치는 것이다. 실제로 1950년대에 작업 환경을 개선하고 종업원 만족도를 증대시킴으로써 생산성 향상을 도모하고자 하는 운동이 미국 산업계에 광범위하게 전개된 적이 있으나, 기대했던 만큼의 대단한 성과는 나타나지 않았던 것으로 알려져 있다.

05 행동과학적 접근(1950년-현재)

하버드 그룹 이후의 연구자들은 인적 요소가 조직에서 차지하는 역할을 체계적으로 연구하기 위해 심리학, 사회학, 인류학 등의 사회과학을 종합하여 더욱 정교한 접근 방법을 사용하였다. 경영 현상을 설명하고 경영 문제를 해결하기 위해 이들이 사용한 연구 방법은 행동과학론 또는 행동과학적 접근법(behavioral science approach)이라 한다.

행동과학파에 속하는 학자로서는 매슬로우(A. Maslow), 아지리스(C. Argyris), 맥그리거(D. McGregor) 등을 들 수 있다. 이들은 사회적 상호 작용, 모티베이션, 권력과 권한의 유형, 조직 설계, 커뮤니케이션, 리더십, 직무 재설계 및 작업 생활의 질 등 조직에 있어서의 인적 요인들을 행동 과학적 측면에서 연구하였다.

행동 과학적 접근법으로 무엇보다도 인간관계론의 영향을 받은 것이 사실이며, 따라서 이 두 이론은 유사한 내용으로 구성되어 있다. 그러나 인간관계론의 핵심 개념이 인간이라면 행동과학적 접근법의 핵심 개념은 조직이다. 즉, 행동과학적 접근법은 조직의 설계와 관리에 행동과학적 개념과 이론을 도입함으로써 종업원들이 자신의 잠재력을 최대한으로 발휘할 수 있도록 하는 데 목적이 있는 것이다. 이러한 이유 때문에 이 접근법을 흔히 조직 논리(organizational theory)라고도 한다.

행동과학론자들은 인적 자원의 유효성을 증대시키는 것이 궁극적으로는 조직의 유효성을 증대시키는 길이라고 보았다. 따라서 이들은 과학적 분석을 통하여 작업장에 있어서의 인간 행동을 설명하고 예측함으로써 그 결과를 조직을 설계하고 관리하는데 반영하는 것이 중요하다고 주장한다.

① **긍정적 측면과 한계** : 행동과학적 접근법은 두말할 나위 없이, 종업원들의 잠재력이 최대한 발휘될 수 있도록 조직의 설계와 관리에 행동 과학을 도입했다는 것이 특징이다. 이 이론의 장점도 여기에서 비롯된다.

이 이론은 모티베이션, 집단행동, 작업장에 있어서의 개인간의 관계 및 조직에 있어서의 인적 요소의 중요성을 경영자들에게 인식시켜주었다는 점에서 경영학 발전에 커다란 기여를 한 것으로 인식되고 있다. 또한 리더십, 갈등, 권력 획득과 행사, 조직 변경 및 커뮤니케이션과 같은 조직의 중요한 문제들에 대하여 새로운 통찰력을 제공함으로써, 행동과학적 접근법은 지금도 많은 학자들에 의해 지지되고 있다.

그러나 한편으로, 행동과학자들이 제시한 이론과 모델들은 경영자들이 실제로 처하는 특수한 문제에 적용하기에는 너무 추상적이고 복잡하다는 지적을 받고 있다. 더욱이 행동 과학을 적절히 적용함으로써 개인과 조직의 유효성이 반드시 증대할 것이라는 이들의 주장 역시 앞서 인간 관계론의 경우와 동일한 맥락에서 너무 편협적이라는 비판도 제기되고 있다.

(1) 행동 과학론자들의 이론

① **레빈** : 그는 장의 이론에서 인간의 행동을 개인의 퍼스낼리티와 환경의 변수로서 이해하였다. 인간은 그가 존재하고 있는 場, 즉 환경에서 여러 종류의 힘이 가해져서 그 힘의 벡터방향으로 행동을 하게 된다고 보았다. 다시 말해, B를 개체의 행동, P를 개성, E를 환경이라고 한다면 인간의 행동은 다음과 같이 나타낼 수 있다. 즉

$$B = F(P.E)$$

위의 공식에 의할 때 개성이나 환경이 바뀔 때, 어느 개인의 행동특성은 달리 나타나는데, 이 경우 P 와 E는 원래 독립변수가 아니고 상호 의존관계에 있게 된다. 그리하여, 환경의 변화가 오래 지속되면 성격도 변화되고, 또 인간의 상호작용이 지속됨으로써 환경이 변화할 수도 있다. 인간행동의 개선을 위하여 환경의 조건을 정비한다든가, 또는 교육훈련을 통하여 성격을 바꿈으로써 그의 행동개선을 도모할 수도 있다.[27)]

② **매슬로우** : 매슬로우(A.Maslow)는 욕구계층이론(needs hierarchy theory)을 통하여 인간이 욕구의 조재임을 확인하고, 인간이 갖는 욕구의 계층을 다섯 가지로 구분하였다. 인간이 갖는 이들 다섯 가지의 욕구는 병존하는 것이 아니라 계층화한다는데 그 특징이 있다.

③ **맥그리거** : 맥그리거(D.McGregor)는 인간본성에 따른 인력의 관리기술을 전개키 위해 유명한 X, Y이론을 전개하였다. 그는 관리적 사고를 인간은 어떤 성격을 갖는가라는 질문에서부터 유도해내고 있는데, 인간을 X인간시 또는 Y인간시하는 데 따라 관리의 기술은 달라진다.

관리기술이란 X이론과 Y이론을 의미하며, X, Y 이론적 관리자들의 인간에 대한 입장은 다음과 같다.

---

27) 김준식, 차덕환, 심명섭 공저, 경영학 원론, 세영사, 1991.

X이론적 관리자들의 인간에 대한 입장은

- 종업원들은 원래 일하기를 싫어한다.
- 그렇기 때문에 조직목표를 달성하기 위해서는 강제되어야 하고 엄격히 통제되어야 하며 처벌위협을 받아야 한다.
- 종업원들은 책임받기를 싫어하고 지휘받기를 좋아한다.
- 대부분의 작업자들은 거의 야망이 없고 무엇보다도 안정을 추구한다.

매슬로우의 5단계 욕구

1) 생리적 욕구(physiological needs) - 생리적 체계로서의 자기를 유지하고자 하는 욕구
2) 안전욕구(safety needs) - 안전한 상황을 바라거나 불확실한 상황을 회피하고자 하는 욕구
3) 사회적 욕구(social needs) - 소속, 애정의 욕구라고도 불리며 집단에 소속하는 것을 바라거나 우정이나 애적을 바라는 욕구
4) 존경의 욕구(esteem needs) - 자기 존경을 바라는 욕구
5) 자아실현욕구(self-actualization needs)- 자기의 성장이나 발전의 기회를 바라거나 자기독자의 능력의 이용 및 자기잠재능력의 실현을 바라는 욕구

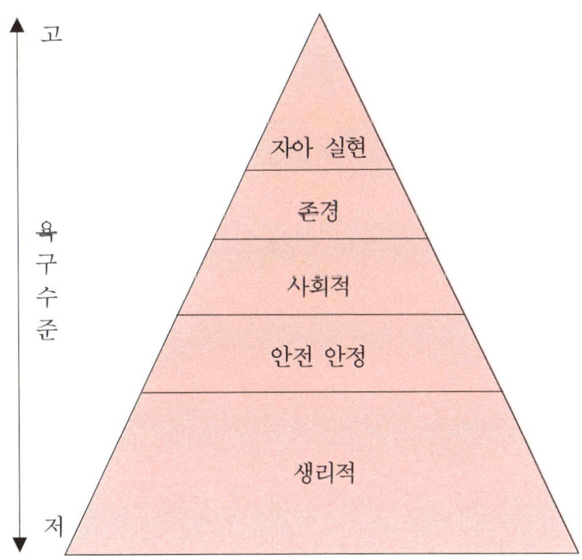

자료 : R. E. Callahan/C. P. Fleenor

[그림 2-3] 매슬로우의 욕구단계 욕구의 내용

◎ Y이론적 관리자들의 인간에 대한 입장은

- 일이란 작업조건만 잘 정비되면 놀이를 하거나 쉬는 것과 같이 지극히 자연스러운 것이다.
- 사람들은 목표달성을 위해 전념하기만 하면 자기통제를 할 수 있다.
- 평균적 인간은 책임을 수용하고 책임을 맡고 싶어 한다.
- 창의성 즉 훌륭한 의사결정을 내릴 수 있는 능력은 모든 사람들이 다 가지고 있는 능력이며 관리직에 있는 사람들의 전유물은 아니다.

④ **허즈버그** : 허즈버그(F.Herzberg)는 종업원 모티베이션에 관한 이론을 만족, 불만족 요인의 관점에서 발전시켰다. 종업원들을 보다 잘 관리할 수 있으려면 불만족요인을 해소시켜 주는 것도 중요하지만, 더욱 중요한 것은 만족요인을 추구할 수 있도록 하여야 한다는 것이다.

동기요인(motivators)은 직무 그 자체와 관련된 요인으로 인간으로 하여금 보다 향상된 만족과 성과를 가져오게끔 동기를 부여한다는 의미에서 붙인 용어이며, 만족요인이라고도 한다.

동기요인은 구체적으로 성취감, 안정감, 도전, 책임감, 성장과 발전, 일 그 자체 등을 들 수 있다. 동기요인의 특성은 요인이 충족되지 않더라도 불만족은 없지만, 일단 충족되면 만족을 얻게 되어 적극적인 태도는 유발시킬 수 있다는 것이다.

⑤ **알더퍼**(alderfer)**의 ERG이론** : Maslow의 욕구단계이론을 수정하여 조직체 환경하에서 개인의 욕구 동기를 보다 현실적으로 설명하려는 알더퍼의 ERG이론은 다음과 같다.

- 존재욕구(existenece needs) : 존재의 욕구는 배고픔, 갈증, 주거등과 같은 생리적, 물질적 욕구들이다. 조직에서는 임금, 혜택, 물리적 작업조건이 이 범주에 속한다. (매슬로우의 생리적 욕구와 안전욕구와 비교)
- 관계욕구(relatedness needs) : 관계욕구는 작업장에서 다른 사람의 상호인간관계와 관련된 모든 것들을 포함한다.

  이 형태의 욕구는 만족을 얻기 위한 사람들의 감정의 분배와 상호의존 과정에 달려 있다. (매슬로우의 안전, 사회적 욕구, 그리고 존경의 욕구와 비교될 수 있다.)

- 성장욕구(growth needs) : 성장욕구는 직무에 대한 창조적·개인적 성장을 위한 한 개인의 노력과 관련된 모든 욕구들이다. 성장욕구는 한 개인이 그 자신의 능력을 최대로 발휘할 것을 요구할 뿐만 아니라 새로운 능력 개발을 요구하는 과업에 종사함으로 충족될 수 있다. (매슬로우의 존경의욕구와 자아 실현욕구와 비교)

06 계량적 접근(1950년-현재)

제2차 세계대전 초기에 영국은 전쟁에서 승리하기 위해 반드시 해결해야 할 수많은 복잡한 문제에 접근하게 되었다. 이러한 문제들을 해결하기 위해 영국은 역사상 최초로 수학자, 물리학자 및 기타의 과학자들로 이루어진 OR(operations research) 팀을 구성하였다. 이 팀의 전문가들이 가지고 있는 다양한 전문지식을 종합적으로 활용하여 이를 계량화함으로써 영국은 전략과 전술 면에서 큰 도약을 이루게 된다. 그 후 이 전쟁에 참여한 미국도 유사한 문제들을 해결하기 위해 영국의 성공적 모델을 모방하여 OR 팀을 구성하였다.

전쟁이 끝난 다음에는 산업계에 OR 기법을 이용하여 실제 문제들을 해결하고자 하는 시도가 광범위하게 전개되었다. 이는 새로운 기술이 속속 개발된 데다 수송과 통신 문제가 더욱 복잡해지는 바람에 전통적인 방법으로는 산업의 주요 문제들을 해결할 수 없었기 때문이다. 따라서 당시의 새로운 문제들을 보다 효과적인 방법으로 해결하기 위해 OR 전문가들이 제공하는 계량적 접근법을 이용하는 경향이 점차 증대되었던 것이다. 더욱이 컴퓨터의 등장으로 OR 기법은 급속한 발전을 기듭하게 된다. OR 기법들은 현재 거의 정형화된 형태로 경영학에 도입되고 있는바, 이러한 기법을 계량적 접근(quantitative approach) 또는 경영 과학적 접근법(management science approach)이라 한다.

그러면 OR 기법을 이용하는 계량적 접근을 통해 주어진 문제를 해결하기 위해서는 어떠한 과정을 거쳐야 할까? 이는 일반적으로 관련 분야의 전문가들을 중심으로 OR 팀을 구성하는 것으로부터 시작된다. OR 팀은 문제를 분석하여 경영자에게 일련의 행동 과정을 제시한다. 다음에는 문제를 모의화(simulating)하기 위해 수리적 모형을 구축한다. 이 모형은 문제와 관련된 모든 요인들을 기호로 나타내고, 이 요인들이 서로 어떻게 관련되어 있는가를 보여준다. 다음으로 OR 팀은 변수들의 값을 여러 가지로 변화시키거나 컴퓨터를 이용하여 모형의 구조 자체를 다양하게 바꾸어 봄으로써, 변수 값의 변화나 모형 구조의 변화가 어떤 효과를 나타내는지 확인한다. 이렇게 해서 OR 팀은 경영자에게 문제에 대한 최적 대안을 제공할 수 있다.

① **긍정적 측면과 한계** : 계량적 접근법은 대부분의 기업 경영은 물론 행정이나 군사 문제에 이르기까지 광범위하게 이용되고 있다. 기업의 경우, 자본 예산(capital budget)의 수립, 현금 흐름의 관리, 생산 공정 계획의 수립, 제품 믹스의 결정 및 최적 재고 수준의 결정에 이 기법이 자주 이용된다.

이는 계량적 접근법이 모델의 개발과 응용을 통해 복잡한 경영 문제에 체계적으로 접근할 수 있을 뿐만 아니라, 불확실한 상황하에서 경영자의 의사결정을 내리는 데 유용한 기법들을 제공해 주기 때문이다.

이와 같이, 계량적 접근법이 다양한 분야에 광범위하게 이용되고 있는 기법인 것은 사실이나, 이 접근법은 아직 기업의 인적 측면까지도 효과적으로 다룰 수 있는 수준에는 이르지 못하고 있다. 다시 말하여 계획과 통제 분야에 있어서는 이 기법이 커다란 기여를 하고 있으나, 조직, 충원 및 지휘의 분야에 있어서는 거의 활용되지 않고 있는 것이다.

07 현대 미국 경영학의 특징 : 경영 관리의 미래상

지금까지 우리는 미국 경영학의 생성과 발전 과정을 연구 방법과 그 관련학파에 따라 다섯 가지로 나누어 살펴보았다. 그러나 이 외에도 1950년대 이후 경영 문제에 관한 제개념, 이론 및 기법의 성격을 설명하기 위한 수많은 접근법들이 출현하여, 쿤쯔(H. Koontz)가 지적한 대로 이른바 '경영 이론의 밀림상(management theory jungle)'을 보여주고 있다.

이와 같이 밀림을 형성하고 있다고 일컬어질 정도의 수많은 이론과 접근 방법들 중에서도 가장 괄목할 만한 것으로서 현대 경영학의 특징적인 이론으로 지목되고 있는 것은 시스템적 접근과 상황 이론이다. 여기서 지적하고자 하는 것은 현대의 미국 경영학이 보여주고 있는 경영 이론의 난맥상이다. 즉, 오늘날 세계 경영학의 주류를 형성하고 있는 미국 경영학은 경영 현상에 대한 개념 정의나 용어, 원칙 및 기법에 관하여 워낙 많은 학파와 이론들이 난립하고 있어 이것이 오히려 경영 문제에 접근하고 이해하는 데 혼돈을 초래할 수 있다는 점이다. 쿤쯔가 이러한 현상을 '경영 이론의 밀림상'이라 했다는 것은 앞서 지적한 바 있거니와, 문제는 이러한 밀림상이 앞으로 언제까지 지속될 것인가 하는 점이다.

이와 관련하여 스토너(J. A. F. Stoner)는 경영 이론의 발전 과정을 지배(dominance), 이산(divergence), 수렴(convergence), 통합(synthesis) 및 확산(proliferation)의 5 단계로 설명하였다. 즉, 지금까지 경영 이론의 발전 과정을 보면, 소수의 지배적 이론이 출현하여 이들이 각자 독자적인 방향으로 발전한 다음, 다시 어느 새로운 지배적 이론으로 수렴하거나 종전의 이론들이 새로운 이론을 중심으로 통합되지만, 그 후 더 많은 학파나 이론들이 출현하게 된다는 것이다.

그러나 미국 경영학의 이러한 亂脈像은 결국 몇 가지의 지배적 이론, 그 중에서도 특히 조직적 관리학파(operational management school)의 기본 사고를 지향하는 방향으로 수렴하게 될 것이라는 것이 쿤쯔의 주장이다. 오늘날의 미국 경영학계에 전개되고 있는 이론 수렴의 주요 경향을 쿤쯔의 주장을 중심으로 열거하면 다음과 같다.

첫째, 사례 연구를 중심으로 한 실증적 접근법에 있어 과거의 사례를 나열하는 차원을 벗어나 사례 발생의 근본 원인을 분석하는 데 역점을 둔다.

둘째, 시스템적 접근법과 상황 이론은 이제 더 이상 새로운 접근법이 아닌 보편적인 접근법이라는 인식이 일반화된다.

셋째, 조직 이론은 지나치게 광범위한 이론으로서 보다 구체적인 해결책을 요하는 경영 문제에 적용하기에는 미흡하다는 인식이 대두된다.

넷째, 모티베이션과 리더십 이론의 중요성이 강조된다.

다섯째, 조직에 있어서의 행동 과학적 요인들을 조직 구조의 설계, 충원, 계획 및 통제 등과 더욱 밀접히 통합시킨다.

제3절 독일 경영학과 미국 경영학의 비교

01 학문 배경상의 특징 비교

첫째로, 독일경영학은 이론과학적인 성격을 띠고 있는데 대하여, 미국경영학은 실천과학적인 성격을 간직하고 있다. 독일경영학은 Savary(J.)의 '완전한 상인'이 출판된 17세기 경부터 시작하여 그 역사는 거의 300년의 전통을 지니고 있다. 또 처음부터 대학교수를 중심으로 한 학자들에 의해 다듬어져온 까닭으로 해서 기술론이라기보다는 '과학으로서의 이론'에 더욱 치중하게 되었고, 이로 인해서 실천과학이라기보다는 이론과학적인 성격을 띠게 되었다.

이에 반해 미국경영학은 산업혁명 이후 미국경제의 급속한 발전과 기업경영의 대규모화로 말미암아 '경영관리의 실천상의 필요'라는 자연발생적인 요인으로 해서 대략 20세기 초부터 그 역사가 시작되었다. 또 그 시작이 '실제상의 필요'라는 성립배경으로 인해 기사나 실무가에 의해서 이어져 왔기 때문에 이론과학이라기보다도 실천과학적인 성격을 띠게 되었다.

둘째로, 독일경영학은 '상업경영'에서 형성되었으나, 미국경영학은 '공업경영'에서 다듬어졌다.

즉, 독일경영학의 시조로 군림하는 Savary의 업적이 '상업경영'을 대상으로 이루어졌고, 따라서 독일경영학의 시작이 산업경영에서 다듬어진 것이다. 이에 대하여 '미국경영학의 아버지'로 추앙받고 있는 Taylor(F. W.)가 정립한 과학적 관리법은 바로 '공업경영'을 대상으로 한 업적의 하나이다. 따라서 논자에 따라서는 '상업경영에서 비롯한 독일경영학'과 '공업경영에서 비롯한 미국경영학'이라는 특색을 양대 조류의 주된 차이라고 주장하기도 한다.

02 학문성격상의 특징 비교

독일에서는 경영학을 경제학과 함께 '경제과학'에 포함시켜 서로 분리할 수 없는 기초과학으로 간주하는 것이 일반적이다. 이에 대해 미국경영학은 그 자체를 응용과학으로 간주하고 경제학과는 전혀 그 성격을 달리하는 학문, 즉 관리과학으로 보고 있다. 요컨대, 일반적으로 독일에서는 경영학과 경제학을 경영과학이라는 공통 과학으로 간주하는데 반하여 미국에서는 경영학을 기초과학인 경제학과는 달리 독립된 응용과학으로서의 관리학으로 보는 것이다.

그렇기 때문에 독일 경영학에서는 '學理'가 중심문제를 이루고 있는데 대하여 미국 경영학에서는 '실제에 관한 기술론'이 주된 과제가 되고 있는 것이다.

03 학문영역상의 특징 비교

현대경영학의 연구대상은 개별경제(재정, 가계, 기업)의 경제적 측면이지만, 주된 관심대상은 어디까지나 기업(경영)이다. 독일경영학에서는 기업활동을 기업의 탄생에서부터 종식에 이르는 활동(기업일생)을 의미한다고 보고, ① 기업활성(기업탄생)시의 활동, ② 기업운영(기업의 유지, 성장 즉 경영관리)시의 활동, ③ 기업해산(기업종말)시의 활동 등 세 가지 관점에서 파악한다. 따라서 경영학의 연구대상은 이와 같은 세 가지 전영역을 모두 포함한다고 생각한다.

이에 대해 미국경영학은, 기업이란 이미 주어진 존재로 간주해서 이를 어떻게 합리적으로 유지·성장시키는가, 즉 경영합리화에 그 초점을 둔다. 따라서 미국 경영학에서는 기업을 소위 '계속기업'으로 보고 그것은 영원히 계속시키기 위하여 어떻게 합리적으로 관리해야 하는가에 주된 관심을 두고 계획화, 조직화, 동기유발, 조정화, 통제화 등이 그 중심과제가 된다.

독일 경영학과 미국경영학의 비교

① 상이성 비교

	독 일	미 국
경영학사나 학문생산배경	ⓐ 300년 전통 ⓑ 상업경영에서 시작(savary) ⓒ 학자에 의해 이론 중심의 경영학발달 ⓓ 몇 차례의 방법 논쟁을 거치면서 체계화 과정을 통해서 발달 1차 : 슈말렌 바하(기술론적) 2차 : 니클리쉬(규범론적) ⓔ 이론과학(기초과학) ⓕ 학리를 앞세워 [경영의 연구]보다 [경영학의 연구]에 중점(경영경제학)	ⓐ 테일러 이후 약 100년의 짧은 역사 ⓑ 공업경영에서 시작 ⓒ 주로 기사나 실무가에 의해기술적인 경영학의 발달(테일러, 포드) ⓓ 경영 관리의 실천상 필요에 의해 자연발생적으로 생성 ⓔ 실천과학(응용과학) ⓕ 실천을 바탕으로 하는 기술론을 앞세운 [경영학의 연구]보다 [경영의 연구]에 중점을 둠(경영관리학)
학문영역	기업의 창설 - 운용 - 해체에 이르기까지 전과정을 포함한다. 학문영역이 넓지만 대체로 가늘다.	기업의 운용에 중점(경영관리)
학문체계	ⓐ 총론부문 : 경영학사를 포함하여 내용이 다채롭다. ⓑ 각론부문 : 기관별체계에 따라 공업 경영학과 상업 경영학 등으로 분류	ⓐ 총론부문 : 경영관리에 국한 ⓑ 각론부문 : 기능별 체계에 따라 생산, 재무, 인사, 마케팅관리로 구분

② 동일성 비교

ⓐ 이론과 실제의 양생적 학문
ⓑ 경영의 경제적인 측면을 인식대상으로 함(연구대상)
ⓒ 기업을 주된 학문 포괄영역으로 함
ⓓ 형식상으로나마 경영학 총론과 각론부문으로 대별함

제4절 일본식 경영

01 일본경영학의 발전

일본의 경영학은 제2차 세계대전을 전후로 독일의 경영경제학과 미국의 경영관리학의 영향을 받아 확립되었으나 근래에 와서는 양국경영학의 특성에 일본 고유의 경영문화를 접목시킨 독자적인 경영학, 즉 일본식 경영학으로 발전하였다.

(1) 일본 경영학의 생성배경

- 2차세계대전 이전 : 독일의 경영경제학을 도입하여 상업학으로 출발
- 2차세계대전 이후 : 미국의 경영관리학으로부터 직접적 영향
- 1960년대 이후 : 일본식의 독자적인 경영학으로 발전
- 일본경영학의 형성기원은 도꾸가와사대의 상인학 및 상법적 경영연구
- 1875년 상법강습소 설립과 1887년의 동경고등상업학교 설립으로 일본의 상업교육의 본격화.
- 1909년 동경고등상업학교에서 상업경영론의 강좌 개설.
- 우에다박사 : 일본경영학의 학문적 체계의 확립에 기여한 초기의 대표적 경영학자. 일반경제학과 독립되는 상업경영학의 분리를 주장.
- 1925년 마스지교수에 의해 독일경영경제학을 소개한 경영경제학서론이 발간
- 1926년 일본경영학회가 창설
- 1944년 10월 고베상업대학에서 경영학부 설치.
- 제2차 세계대전 이전의 일본경영학은 독일의 경영경제학의 영향과 함께 이전의 일본상업학의 합류라는 두 가지의 흐름 속에서 본격적으로 발전하기 시작하였다.
- 1945~1950년 패전혼란기
- 1951~1955년 미국경영학(관리론적 경영학)을 도입.
  노무관리와 생산관리의 문제가 중요 과제.
- 1951년 일본 상업학회 창립 ⇒ 마케팅의 연구 시작
- 1956년~1960년대 일본경영학의 붐단계 & 본격화단계

- 1965년 이후 관리적 경영학의 보급확대 및 일본적 경영학의 확립기
- 1960년대 이후 일본의 급속한 경제성장과 관련된 일본적 경영기법에 대한 연구

• **아베글렌** : 외국인으로 일본기업의 경영특성을 연구한 최초의 사람. 연구결과를 일본식 경영특질이론으로 발표
  - 우리나라의 6.25전쟁과 월남전의 특수를 거쳐 일본은 1970년대 이르러 전기, 전자, 조선, 철강 분야에서 세계 제1위
  - 1979년 자동차 산업 세계1위

• **윌리엄 오우치**(W.Ouchi) : 미, 일 경영학의 절충식 경영을 발표
미국식 경영학(A형)의 장점 + 일본식 경영학(J형)의 장점

02 일본식 경영의 특질과 변화

일본적경영을 외부로 처음 발표한사람은 아베글렌(James Abeglen)으로 전쟁에 패한일본이 전후 급격하게 성장하게 된 요인은 일본적 경영으로 표현하여 외국인으로 일본기업의 경영특성을 연구한 최초의 학자로 연구결과를 일본식 경영특질이론으로 발표하였다.

1945년에 패전한 일본은 우리나라의 6.25전쟁과 월남전의 특수를 거쳐 일본은 1955년대 이르러 전기, 전자, 조선, 철강 분야에서 발전한 것을 보고 아베그렌은 1955년에서 1956년까지 포드재단의 연구위원으로 일본에 체제하는 동안 일본의 대공장에 대한 조사연구를 실시하였으며, 그 연구결과를 1958년 "일본적경영"이라는 한권의 책으로 발간하였고, 일본의 경영특질을 구성하는 중요 요소로 보았다.[28)]

특히 일본의 경영이 세계에 알려진 것은 1973년 OECD가 규정한 일본경영의 특질이다. 일본은 1970년대 이르러 전기, 전자, 조선, 철강 분야에서 세계 제1위로 발돋움하여 세계의 이목을 집중시켰다.

OECD의 일본적경영은 다음과 같이 3가지로 요약 할 수 있다.

---

28) *James abeglen, The Japanese Factory* (1958)

(1) 종신고용제도

일본의 종신고용제도는 대기업 중심의 고용관행으로 인력의 해고 보다 과잉인력 흡수를 위한 신제품개발과 신규사업 다각화에 역점을 두어 정년까지 장기근무 가정하에 교육훈련, 배치전환으로 인적자원의 효율적 활용을 수행하게 한다는 논리이다.

즉, 인재의 육성활동을 중시하는 인간중심의 고용관행으로 기업의 일체감 조성과 종업원의 근로의욕 증대에 적극 기여하고 있다고 보고 있다.

종신고용의 장점으로는 근로자의 고용안정, 경영활동의 효율적 수행, 기술인력의 축적, 기술개발의 촉진, 생산성향상, 기업의 지속적 성장에 기여를 들 수 있다.

종신고용의 단점으로는 적당주의 기풍의 조성, 종업원의 무사안일주의 사고확대, 기업전체의 능률저하, 조직경직화 현상의 초래, 기업이기주의화, 종업원의자기계발 능력의 감퇴, 고용관리의 비 탄력성, 인사정체 심화 등으로 나타났다.

(2) 연공임금제도

일본적경영의 특징의 하나로 꼽히는 것이 연공임금제도이다. 종신고용제의 보금과 관련하여 형성되어 온 일본기업의 전통적인 임금체계로 기업내의 정규사원으로 채용된 종업원에 대하여 연령이나 근속연수 등의 연공적 요소와 학력, 성별 등의 속인요소에 따라 임금을 결정하고 매년 지속적으로 정기적인 승급이 이루어진다.

이것은 일본의 집단주의적 요소에 기인하는 것으로 보다 높은 임금의 수령 및 처우의 보장을 위해 장기근속과 타기업으로의 노동이동 감소를 타파하기 위한 제도로 받아들이고 있다.

따라서, 연공서열과 연공임금제도는 일본의 초기 공업화과정에서 나타난 근로자의 횡적인 노동이동 현상을 방지하고 장기적인 고용보장과 종업원의 동기부여를 위한 일본 특유의 신분주의적 임금제도로 인식되고 있다.

지금도 일본기업은 근로자의 연령, 근속연수 등의 연공서열적 요소를 중시하는 연공임금제에 기반을 두고 있다. 따라서 일본기업의 특징으로 일컬어지고 있는 요소 중 연공임금제도는 벤처기업과 창조적인 요소에서 나쁘게 나타나고 있다.

(3) 기업별 노동조합

일본의 전통적 종신고용관행 및 연공임금제도의 성립과 내부 노동시장의 형성을 배경으로 결성된 기업단위 노동조합의 조직형태로 제2차 세계대전 이후 미국점령군의 노동개혁 및 정부의 적극적인 노동조합의 보호육성정책에 의해 확립되었다.

제2차 세계대전 이후 식량난과 생활위기의 타개와 정치경제의 민주화를 위한 노동조합운동에 의해서 보급되어 오늘날 기업단위의 단체교섭 및 노사협의제의 효율적 운영을 통한 기업 내 노사관계의 안정과 산업평화의 유지 발전에 기여하고 있다.

기업별 노동조합의 특징

① 조합원의 자격이 특정의 기업 및 사업자의 정규종업원에 한정

② 공원과 직원이 함께 조합에 가입할 수 있는 혼합적 노동조합

③ 조합원으로 감독자 층이나 하위층관리자도 가입 가능

④ 노동조합의 간부는 특정기업의 정사원의 자격을 전제로 조하의 전임자가 될 수 있다

⑤ 노동조합이 가입된 상부단체로부터 어떠한 강제적인 규제나 통제를 받지 않고 자주성 보장됨

(4) QC서클 및 일본형 생산시스템

QC(quality control:풀질관리)서클은 1960년대 초 일본기업의 생산현장에서 처음 보급되었으나 지금은 다양한 업종 부문으로 확대 적용됨 : 전사적 품질관리로 확대 적용하여 근로자의 소집단 활동 : 현장의 작업개선, 품질향상 제안, 소집단 참가자의 자기계발, 정보공유, 기업의 합리적인 품질관리, 경쟁력제고 등에 기여하고 있다. 명실공히 QC 서클의 역사를 보면 1962년 일본과학기술연맹의 잡지에 처음으로 QC를 사용하여 1969년 제1회 국제 QC 대회 개최(일본 동경)하여 1970년 일본기업, 외국기업에 확대보급하여 제금은 세계의 가장 강력한 QC(quality control:풀질관리)서클국가로 인정받고 있다.

새로운 일본적 경영의 내용

① 인적자원중시의 인간존중

② 경영이념 및 사풍을 중시하는 경영가치관의 공유

③ 장기지향의 선행투자와 시장육성

④ 고객 만족도 추구의 품질 중시

▌일본 경영의 재구축 방안

① 기업의 구조조정을 통한 고용의 유동화

② 종업원의 능력과 업적을 중시한 임금제도의 확립과 인사평가제의 정비

③ 개성중시의 능력개발체계구축 등을 강조

사례

사례1 : Z이론의 등장

1. 오우찌의 Z 이론(Theory Z)

2차 세계대전 이후 일본은 눈부신 경제성장을 이루었고, 이 같은 일본 기업들의 경영방식은 세계적인 관심을 불러 모았다. 그 결과 기존의 미국식 방식으로만 발전해 왔던 경영이론에 일본식 경영이론을 조화시킬 필요가 생겼다. 이것이 바로 일본계 미국인 교수인 윌리엄 오우찌(William Ouchi) 교수가 제안한 Z이론이다.

오우찌 교수가 이 이론을 발표하였을 당시, 미국의 대체적인 사고는 기존의 기술과 과학적인 접근 방식을 높이 평가하는 반면에 인적 요소는 개선의 여지가 없는 당연한 것으로 받아들이고 있었다. 그러나 이러한 풍조에 젖은 미국에서의 생산성 문제는 금융정책이나 연구개발투자의 증대 등으로는 해결될 수 없는 성질의 것임이 차츰 드러나고 있었다. 즉, "보다 효율적인 협동작업을 가능케 하는 인적자원관리방식을 배워서 실천해야 한다."는 반성이 일어나고 있었던 것이다. 이런 상황에서 윌리엄 오우찌 교수의 'Z 이론'은 이와 관련한 몇 가지 방안을 제시해 주고 있다. 오우찌 교수는 자신의 책에서 "생산성은 더 열심히 일한다고 해서 증대되는 것은 아니며, 개개인의 노력을 생산적인 방식으로 통합·조정하고 근로자들에게 인센티브를 주어 그러한 방향으로 계속 유도함으로써 성취시킬 수 있는 문제임"을 주장하였다. 이제 오우찌 교수의 Z 이론에 대해 간략하게나마 살펴보기로 한다.

오우찌 교수는 미국 기업과 일본기업을 서로 비교하여 새로운 기업형태인 Z type의 기업을 만들어내는데 기초로 활용하였다.

이러한 Z이론의 주요 내용을 그림으로 나타내면 다음과 같다.

미 국	일 본	
- 단기 고용제도	- 종신 고용제도	- 장기 고용제도
- 개인적 의사결정	- 집단적 의사결정	- 집단적 의사결정
- 개인책임주의	- 집단책임주의	- 개인책임주의
- 신속한 평가와 승진	- 느린 평가와 승진	- 느린 평가와 승진
- 공식적인 통제	- 비공식적인 통제	- 비공식적인 통제와 공식적측정
- 전문화된 경쟁경로	- 비전문화된 경쟁경로	- 적절하게 전문화된 경쟁경로
- 세분화된 관심	- 전체적인 관심	- 전체적인 관심

다음은 두 type 간의 차이를 밝혀내고 기존 Z type기업이 독특한 성공을 거두게 된 요인이 무엇인지를 검토해 보도록 하겠다.

Z type기업들은 한결같이 일본기업과 매우 유사하다. Z type기업들은 장기적인 고용관계를 지속하는 경향을 보이고 있고, 일부는 공식적으로 규정된 것은 아니나 사실상 종신고용제도를 채택하고 있다. 또한 종신고용관계로 나아가게 하는 직무상의 특성 때문에 능력평가나 승진과정도 비교적 완만하게 진행된다. 사원양성 방식에 있어서도 일본기업에서 전형적으로 나타나는 직무간 또는 본지점간의 순환근무제를 많이 채택하고 있다. 사원들의 능력을 전문성이 강조되지 않는 포괄적인 형태로 개발해 왔다면 그 능력은 다른 회사에서 활용되기 어렵다. 이에 따라 장기 고용관계는 결국 사원들의 경력개발과 중대한 관계를 맺고 있는 셈이다. 보통 Z type기업들은 여러 형태의 현대적인 자료 및 회계 시스템·공식적인 기획·목표관리제, 그리고 A type의 특징인 형식적이고 공개적인 경영통제구조를 갖추고 있다. 그러나 Z type기업들이 이러한 장치를 갖추고 있기는 하나 이것은 단지 정보나 자료를 신중하게 처리하기 위한 것이고 중요한 결정에 큰 영향을 미치는 일은 드물다.

마지막으로 Z type회사에서는 현재적인 요인과 암시적인 요인이 균형상태를 취하고 있다. 의사결정은 표면에 나타난 사실분석 결과를 충분히 감안하지만 그 결정의 적절성여부와 또 회사에 대한 합당성 여부도 충분히 고려한 후 내려지고 있는 것이다.

기업 스타일 상에 있어서 A type회사와는 어떻게 다른가? Z type기업에서는 이윤 그 자체가 목적이 아니며 또 경쟁과정에서 남에게 이기는 방법도 아니다. 기업이 고객에게 계속 진행한 효용가치를 제공하고 사원들의 성장을 도우며 기업인으로서 책임있게 행동할 때, 이윤은 기업에 대한 자연스런 보장으로 돌아온다는 것이다. Z type기업들의 한 가지 두드러진 특징은 이러한 가치들을 기만적인 술책이나 분식으로 내세우는 것이 아니라 실제적인 의사결정의 기준으로 삼아 실천하고 있다는 점이다.

이미 살펴본 바와 같이, Z type기업들의 의사결정과정은 합의적이고 참여적인 특성을 가진다. 그러나 Z type기업에서는 의사결정과정이 집단적으로 이루어지나 이 결정에 대한 궁극적인 책임은 어느 개인에게 돌아간다. 합의적인 의사결정은 그 결정에 참여한 개개인이 비록 원하지 않는 결과라 하더라도, 그룹 전체가 충분한 공개협의를 거쳐서 타결시킨 결정에 책임부담을 수락하도록 요구하는 것이라 하겠다. 집단적인 의사결정이 개인적인 책임부담으로 돌아가기 위해서는 상호 신뢰하는 분위기가 조성되어야 한다. 상호 신뢰감 조성에 필수적이면서 Z type조직의 핵심적인 특성은 평등주의이다. 아지리스는 유능한 관리자란 개개인이 서로 소외감이나 적대감을 느끼게 하지 않고 또 비인간적인 관료주의 분위기를 조성하지 않으면서, 개개인을 조직 속에 통합시킬 수 있어야 한다고 하였다. Z type기업들은 이러한 이상적인 상황의 구현에 확실히 접근해 나가고 있다. Z type기업은 공동의 목표에 도달하기 위해 상호 협력하는 대등한 사람들의 공동조직인 것이다.

연습문제

1. 미국경영학과 독일경영학의 생성배경, 연구방법, 특징을 논술하라.
2. 독일경영학 학자 중 니클리쉬(H. Nicklisch)와 슈말렌바하(E. Schmalenbach)에 대해 비교설명 하시오.
3. 미국경영학의 연구조류에 따른 학파를 분류하고 이를 설명하시오.
4. '테일러리즘'(Taylorism)과 '페이욜리즘'(Fayolism)의 특징을 설명하시오.
5. 인간관계론의 발달과 그 특징에 대하여 논술하시오.
6. 행동과학(Behavioral Science)과 경영과학(Management Science)의 차이점을 논하시오.
7. 행동과학(Behavioral Science)의 특징을 열거하고 그 체계를 설명하시오.
8. 일본식 경영에 대해 논하시오.
9. Z이론을 약술하시오.
10. 한국식 경영은 무엇인가?
11. 다음을 간단히 약술하시오.

① X, Y이론 ② 사경제학 ③ 과업관리
④ 생산 표준화 ⑤ A. Maslow욕구 5 단계설 ⑥ ERG이론
⑦ Z이론

제3장

현대기업의 개념

제1절 현대적 기업의 개념

L.P. Alford가 주장한 "사회발전은 경제발전에 의존하며 경제발전은 기업의 생성 과정에 의해 이룩된다."는 말은 기업이 자본주의 체계하에서 생산을 담당하는 주체라는 의미를 말한다. 우리는 흔히 자본주의 체계를 자유기업 경제라 부르고 있는데 이것은 기업활동이 자유로워야 경제의 운영이 잘 이루어진다는 것을 의미한다. 그만큼 기업은 자본주의 체제에서 핵심적인 역할을 수행해 왔다. 현대 자본주의는 기업과 더불어 탄생했고, 즉 기업은 자본주의 꽃이라 할 수 있다.[29)]

이장에서는 기업에 대한 본질 및 특성, 기업의 목적 등에 대해 고찰해 본다.

01 기업의 정의

경영학의 연구대상인 기업의 본질은 여러 가지 관점에서 설명될 수 있지만, 경제사회를 위해서 성과실현의 동기를 갖고 재화와 용역을 생산하는 협동적 생산경제의 조직체라고 규정할 수 있다. 현대기업이 가지고 있는 본질적 특성은 다음과 같다.

첫째, 기업의 존립동기는 성과실현의 추구에 있다. 기업은 기업 자체로서 추구하고자 하는 고유의 목표가 있기 때문에 존립하게 된다. 현대적 기업은 필요 최저이윤이나 적정이윤의 추구에 그 목표를 두고 있다.

둘째, 기업은 협동성을 바탕으로 하는 협동시스템(cooperative system)이다. 따라서 기업은 기업과 이해관계자를 가지고 있는 기업내외의 협동과정 참가자와의 협동

29) 이덕훈, 기업과 환경, 학문사, p 35

관계를 바탕으로 존속하고 있는 것이다.[30)]

셋째, 기업은 본질적으로 생산경제의 주체로서 생산기능을 수행한다. 기업은 생산활동을 통하여 인간사회의 복지향상에 기여하는 상호작용적 결합체라고 규정할 수 있다. 여기서 말하는 생산기능이란 광의의 뜻으로 효용가치의 창조를 포함하는 것이다.

넷째, 기업은 실체(entity)로서의 독립적 존재이다. '실체'란 기업이 스스로 독자적·영속적으로 존재하면서 기능을 수행하는 하나의 사회경제적 제도 내지 기관이라는 뜻이다.

02 기업의 성격

이와 같이 기업의 개념 규정에 있어서 기업은 이윤을 목적으로 재화와 용역을 생산·판매하는 조직 시스템으로서 하나의 실체이며, 도산하지 않는 영속적인 존속, 즉 계속기업(going concern)[31)]이라 가정하게 된다. 이 같은 기업의 영속적인 존속을 위해서 기업은 사회적 분업에 의한 자신의 역할을 효과적으로 수행해 갈 수 있어야 한다. 기업조직이 수행해야 할 가장 중요한 역할은 다음과 같다.

첫째, 경제적 역할이다. 기업은 산업사회의 경제시스템으로서 사회가 필요로 하는 재화와 용역을 경제적으로 생산·공급하여야 한다. 여기에서 경제시스템이란 최소의 노력으로 최대의 효과를 거둔다는 경제적 합리주의의 동기가 중요시되는 시스템이다. 그래서 기업은 제자원을 창조적·능률적으로 이용하여 사회에 필요한 가치 내지 효용을 창출하는 생산기능을 주로 담당한다. 그 결과로 얻어진 이윤을 기업의 경제적 목표로 하고 있는 것이다.

둘째, 기업은 경제적 역할과 더불어 사회적 역할을 수행해야 한다. 이해관계자 집단의 이해관계를 조정하고 사회의 요구에 응하여야 한다. 그리고 인간생활의 질

30) 모든 기업은 재화 및 서비스의 생산 및 공급이 다수의 사람들에 의해 수행되고 있다. 그러나 이는 무질서하게 생산 공급되고 있는 것은 아니다. 일반적으로 일을 분담하고 될 수 있으면 효율 높은 협동의 성과를 얻을 수 있도록 노력하고 있다. 즉, 분업을 기초로 한 협동 체계 그것도 고도로 발전한 체계로 이루어지는 것이다.

31) 계속기업(going concern)이란 현대기업을 원칙적으로 기업의 구성원이나 기업의 소유자인 기업가와는 별도로 계속적으로 존속발전하여 가치증식을 영위하는 독립적 조직체로 보는 개념을 계속기업이라 하는데, 현대기업이 갖는 영속적 혹은 자주적인 존재로서의 특성을 가리키는 말이다.

을 향상시키고 바람직한 기업문화의 형성에 기여할 뿐만 아니라 이와 관련된 사회문제 해결에 능동적으로 참여하는 등의 사회적 책임을 수행해야 한다. 이 같은 기업의 사회적 책임의 수행은 오늘날 현대기업의 경영목표가 되고 있으며, 기업의 존속과 직결되는 과제가 된다.

요컨대 현대기업은 사회의 일원으로 경제적·사회적 역할을 담당하는 조직 시스템이며, 이외에도 생산·기술개발 및 기술혁신의 역할과 노사문제의 해결 등과 관련된 역할과 수행하게 된다. 이 같은 역할의 효과적인 수행에 의해 영속적인 존속·발전을 유지해 가는 조직 실체가 기업인 것이다.

제2절 기업의 기능과 역할

기업은 국민경제와 사회 전체를 위해 다음과 같은 고유한 역할과 기능을 담당하고 효율적으로 수행하고 있기 때문에 그만큼 중요한 것이다.

① **제품과 서비스를 제공한다** : 기업은 국가적으로 필요로 하는 제품과 서비스를 생산·유통시켜 소비자를 만족시키고 이익을 창출할 수 있도록 합리적인 경영을 해야만 한다. 즉, 기업은 단순히 재화를 생산하는 것뿐만 아니라 서비스를 목적 재화에 결부시켜 공급하고 있다.[32)]

② **취업기회의 확대와 생활기반의 제공** : 기업은 지속적으로 취업기회를 제공함으로써 노동인구에게 생활기반을 확충하는데 필요한 소득원을 제공하고 있다. 이를 위해서 기업은 시설투자와 질적인 측면에서 성장·발전시켜야 한다.

③ **경제 재생산에 필요한 이익의 창출** : 기업은 이익을 추구하고 창출하기 위해 제품과 서비스를 재생산·취업기회의 확대 등 고유한 역할과 기능을 다해야 한다.

④ **사회·경제적 성장과 발전의 촉진** : 기업은 경제를 성장·발전시키는 추진력으로서의 역할과 기능을 수행해야 한다. 그 결과 우리 모두의 생활수준과 복지의 향상에 가장 큰 공헌을 하고 있다. 그러므로 기업은 생산적이고 건전한 산업분야에서 기업의 건실한 발전·경제성장 발전·생활환경의 개선 등에 기여함으

32) 이덕훈, 전게서, p 37

로써 비로소 국가발전의 밑거름이 될 수 있다.

⑤ **사회적 욕구의 충족과 삶의 질 향상** : 오늘날 기업은 경제적 내지 물질적인 것들의 공급 외에 공해방지와 생태환경의 보호, 불공정거래의 방지와 소비자 보호, 사회적 책임의 수행 등 사회적 욕구를 적절히 충족시키고 삶의 질을 향상시키는 역할과 기능을 수행해야 한다.

⑥ **기타 중요한 역할과 기능** : 위에서 제시한 것 이외에 기업은 사회적으로 책임성 있는 행동을 보이고, 민주정치체제, 자유시장경제체제, 자유기업제도를 유지·발전시키고, 사회정의를 실현하는데 앞장서야 한다.

제3절 기업의 경영목적

01 기업목적의 개념과 특성

(1) 기업목적과 경영목적의 의의

기업은 사회 속에서 맡은 바 역할을 담당하는 사회의 한 기관이다.[33] 따라서 기업목적의 개념은 기업을 사회와 관련시키는 제도적 목적으로서, 주로 사회 목적의 달성을 위하여 사회 속에서 기업이 담당해야 할 역할을 의미한다.

현실적으로 기업을 소위 경제(자본)가치적 측면을 말해주는 '기업'과 조직·인간적 측면을 말해주는 '경영'으로 구분한다면 기업목적과 경영목적은 반드시 일치하지 않는 별개의 개념일 수 있다. 즉, 자본주의의 조기에는 기업의 목적이 중시되고 논의되었으나 소유와 경영이 고도로 분산된 고도산업사회에서는 '기업'보다 '경영'이 우위를 차지함으로써 경영목적이 중시되어 논의되기에 이른다.

'기업목적'이란 기업활동이 지향하는 최종적인 성과 내지 결과로서 기업활동의 평가기준이다. 그런데 기업의 경영목적(management purpose)은 명확한 기업활동의 범위와 경영노력의 방향을 제시해주는 의도된 목표를 경영행동을 통하여 실현하려

---

33) 참고) 주체로서의 기업은 문자 그대로 [業을 기획한다]는 행위에 있다. 창조, 혁신, 진취 보험이 그 특성이다. 이 특성과 그 실현정도를 기업성이라 한다. 高官普 [現代 經營], [現代經營學 全集] タイヤモソト社, pp. 31~ p. 32

는 도달상태를 의미한다.

경영목적을 바람직한 도달상태라고 표현할 경우, 거기에는 '희망한다'고 하는 가치판단의 측면과 '도달상태'라는 사실적 측면이 있는데, 전자의 측면은 경영이념(Management creed)에 해당하고, 후자의 측면을 경영목표(management objective)에 해당한다고 할 수 있다.

즉 경영이념은 경영자가 품고 있는 신념·신조·이상·이데올로기 등의 가치이며, 경영목표는 이러한 경영이념을 실현하기 위해 설정된 구체적인 도달상태이다. 따라서 경영목적은 경영이념과 경영목표의 양자를 통합하는 상위개념이라고 규정할 수가 있다.

기업은 환경변화에 적응하고 존속·발전하기 위해서 항상 환경상황에 적합한 경영목적을 설정하는 것이 필요하다. 이와 같은 요건을 경영목적의 적절정(relevancy)이라고 하며, 적절성이 높은 경영일수록 다음과 같은 적응성있는 경영행동을 유발한다.

첫째, 경영목적은 기업내의 모든 의사결정에 있어서 필요한 가치전제(value premise) 내지 지도원리가 되며 의사결정에 따른 경영행동을 좌우한다.

둘째, 경영목적은 의사결정에 있어 행동대체안의 원천이 된다.

셋째, 경영목적은 행동대체안의 평가기준이 된다. 즉 행동대체안의 합리성 내지 만족도는 경영목적의 예상 달성도에 따라 평가되며, 이를 근거로 특정한 행동 대체안이 선택된다.

넷째, 경영목적은 경영행동의 업적(performance)을 평가하는 기준이 된다.

이와 같은 경영목적의 기능과 역할을 고려한다면 경영목적에는 조작성(operationality)이 필요하다. 그러나 지나치게 조작성만을 고려한다면, 의사결정의 통합성(unity)저해될 수 있다는 사실에 주의하여야 한다.

(2) 현대기업목적의 특성

기업목적은 효율적인 경영관리의 우선순위와 자원배분의 근본이 되고 있다. 이러한 기업목적은 현대기업의 특성에 적합하게 설정되어야 한다.

현대기업이 과거와 다른 특성을 갖도록 하는 배경요인이 되고 있는 것은 거대기업의 출현, 전문경영자의 등장, 정부규제의 증대, 다국적 기업의 성장, 사회문제와 관련된 사회적 압력의 증가 등이 있다. 이러한 문제에 대응하기 위해서 현대기업은 다양한 이해자 집단의 관심사를 고려한 다원적인 기업목적을 전략적 차원에서 설정하지 않으며 안된다.

따라서 현대기업이 그 본질을 구현하기 위해서 어떠한 기업목적을 설정하는가를 살펴보기로 한다.

① "기업이 현재 어떠한 상태에 있어서, 미래에 어떻게 될 것이다. 어떻게 되어야 하는가?"에 대한 분석과 예측을 바탕으로 기업목적이 설정되어야 한다. 왜냐하면 기업의 목적은 바로 기업의 근본적인 전략이기 때문이다.

② 기업의 목적은 이용 가능한 자원과 노력을 집중할 수 있도록 기업의 여러 목표가운데서 근본적인 것을 기업의 목적으로 선택해야 한다.

③ 현대기업의 목적은 단일목적보다 오히려 다원목적이어야 한다. 왜냐하면 기업을 경영하는 것은 다양한 욕구와 목표를 조화시키는 것이며, 여기에 다원적인 다양한 목적이 요청되기 때문이다.

④ 기업의 목적은 기업의 유지·존속이 달려 있는 모든 영역에서 필요하다. 모든 기업은 먼저 고객 창조(customer creation)라는 동일한 요인에 의존해야 한다. 그렇지 않으면 경쟁에서 뒤지기 때문이다.

⑤ 기업은 본질적으로 이윤추구에 대한 욕구를 가지고 있어서 기업목적에 반영되어야 한다. 왜냐하면 이윤추구는 모든 활동에 필요한 비용을 조달할 수 있으며, 또한 항상 위험이 수반되기 때문에 위험을 충당할 이윤이 요청된다.

이상에서 기업목적의 특성을 일반적인 관점에서 살펴보았다. 기업목적은 기업의 규모와 산업의 성격이라는 내적인 요인과 경제적·기술적·사회적 그리고 정치적 등 외적 영향요인에 반응해서 기업은 계속적으로 새로운 특성을 갖도록 기업목적을 재설정하지 않으면 안 된다.

02 기업목적의 변화과정

기업목적은 기업내·외적 요인들에 의해서 영향을 받는다. 이러한 요인들이 복합적으로 작용하여 역사적으로 볼 때 크게 3단계로 기업목적이 변화되어 왔다.

(1) 경제적 기업목적의 추구 : 자본가적 이익의 극대화

초기 자본주의 시대의 기업목적은 주로 경제적 역할에 한하였고, 이러한 역할이 얼마나 잘 수행되었는가는 기업활동의 결과로 획득한 이익에 의하여 평가되었다. 이러한 이익의 개념은 기업의 소유자 또는 출자자인 자본가에게 귀속될 경영성과 배분액의 측정을 목적으로 하고 있다. 따라서 자본가 이외의 이해관계자는 기업의 외부인으로 간주하고, 자본가의 이익이나 부의 극대화만을 기업활동의 평가기준으로 보았다.

이러한 기업목적은 아담 스미스(A. Smith)[34]의 고전적 경제이론을 기반으로 하고 있다. 그에 의하면 시장메카니즘의 '보이지 않는 손(invisible hand)'의 작용에 의하여 개인의 이기주의 경제활동이 결국 사회전체의 이익을 가져오게 된다는 것이다. 이러한 자유경쟁적 시장이론은 기업활동에 그대로 적용되어 기업가는 자신의 이익만을 추구하는 것을 기업목적으로 받아들이게 되었으며, 결국에는 사회이익의 추구라는 기업철학을 그 목표로 하고 있음을 알 수 있다.

〈아담스미스〉

34) 아담스미스(A. smith)는 건전한 사회제도와 윤리관이 확립되어 있는 사회에서는 모든 경제주체가 自利心에 따라 자유로이 경쟁을 전개하면 시장기구를 통하여 국민경제 전체가 부와 번영을 누릴 수 있다고 보았다. 스미스는 自利心이란 중세 사람들이 생각한 것처럼 천한 것이 아니라 이에 입각한 자유경쟁이야 말로 국가가 부강해지는 원동력이 된다고 주장했다. 이러한 주장은 아무런 사전 조정이 없는 개개인의 자유경쟁이 보이지 않는 손(invisible hand)에 인도되어 국민경제 전체에 질서를 가져다주며 부를 극대화해 준다는 자유주의 경제사상을 성립시켰다.

(2) 경제적 기업목적의 확대 : 이해관계자 이익의 극대화

기업규모의 거대화에 따른 기업 자체 성격의 변화와 사회구조의 변화 때문에 자본가적 이익의 극대화는 더 이상 정당화될 수 없게 되었고, 이에 따라 수탁경영층(trusteeship management)이라고 하는 개념이 생겨나게 되었다. 수탁경영의 출현은 소유와 경영의 분리, 그리고 다원사회로의 변화를 배경으로 주주의 부를 극대화시켜 줄 뿐만 아니라, 소비자·근로자·공급자·채권자 등 이해관계자의 요구를 공평하게 충족시켜 줄 조정자로서 역할이 요구되었다.

따라서 기업목적은 자본가적 이익을 극대화하는 것만으로는 볼 수 없고, 기업과 관계된 이해관계자에게 돌아가는 이익을 고려하게 되며, 기업활동의 성과도 기업의 전제 이해관계자에 돌아가는 부가가치로서의 극대화의 공정한 분배를 기업목적으로 받아들이게 되었다.

(3) 비경제적 기업목적의 추구 : 사회적 책임의 확대

시장환경은 기업규모의 거대화의 시장조건의 변화로 인해 아담 스미스의 이론에 따라 자본가 개인의 이익이나 기업이익만을 추구하기만 하면 사회 목적도 달성될 것이라고 기대하기는 어렵게 되었다. 이에 따라 이윤은 기업의 경제적 기능이 효율적으로 수행되고 있는 지표로서 기업목적에 필요한 조건이지 충분한 조건은 될 수 없게 되었다. 따라서 시장메카니즘에 의한 이윤극대화만으로는 사회목적을 달성하기가 어렵게 되었다. 결과적으로 사회목적이나 사회복지를 기본적 가치로서 추구해야 할 기업은 기업목적으로서 기업이익 이외에 사회이익을 고려해야 하는 다양한 기업목적(사회적 책임)을 받아들여야 할 필요성이 있게 되었다.

이렇게 기업목적으로 사회적 책임까지 고려하게 된 이유로는 금세기 중반까지 생산하고, 그 결과 일반국민의 생활수준을 향상시키는 것이었다. 그러나 이러한 경제적 성공과 과정 속에서도 심각한 사회문제들로서 풍요속의 빈곤, 도시문제, 공기와 물의 오염, 자연경관의 파괴, 소비자의 경시라는 주요한 사회문제가 발생하게 되었다. 그 결과 '생활의 질 경영'(quality of life management)을 강조하는 국가적 우선순위의 새로운 조정이 나타나게 되었다.

필란트로피(Philanthropy)

기부란 깊이 생각해 보면 단순히 누군가를 살리기 위해 돈을 낸다는 뜻이 아니다. 기부는 자원봉사로 있는 매니지먼트 전문가에 의해 조정되어진 '예술문화에서의 일 의 부흥'으로 크리에이터와 향유자, 자금 제공자가 협동조직을 만들어 경제적인 기초를 확보해 가며 문화를 발전시키는 것과 그것에 의해 인간 복지를 높이는 일이라 정의할 수 있다.

현대사회에서 이와 같은 활동은 사기업, 비영리 기업, 협동조합 등 많은 경제단체와의 관계를 무시해서는 성립되지 않는다. 개인과 단체가 협력해가며 예술문화를 지원하는 공익기금을 만들어 발전시키는 것이 기대되고 있다.

프랑스에서는 문예나 학술지원자의 일을 '메세나'라고 부르고 있으며 예술문화를 지원하는 협의회가 유력한 기업을 포함해 조작되어 있다. 일본에서는 1990년에 프랑스의 경험에서 배운 '메세나 협의회'가 바록 되면서 예술문화 지원 시스템이 겨우 정리되어 가고 있다.

일본 국민의 생활 속에 기부가 안정된 것으로 정착되기 위해서는 일찍이 사회 서비스의 영역에서 추진되었듯이 공적인 지원정책에 의해 자발적인 움직임을 지탱시키고 그 계속성을 보장해 갈 필요가 있다. 이것을 '기부의 제도화' 혹은 '공적인 시스템과의 연계'라 부르고 있다.

이를 위해서 우선 필요한 일을 각국에서 실적을 올리고 있는 기업이나 개인의 기부에 관한 지출을 과세대상 소득에서 공제할 수 있는 제도를 조급히 실현하는 것이다. 그렇지 않으면 필란트로피는 경기가 좋을 때만 일시적으로 시행되는 데 그쳐 장기적인 문화 인프라의 마련이 곤란하게 된다.

다음에는 당초 기부로서 협동적인 조직으로 성립된 예술문화 지원조직에 대해 정부나 지자제가 보조금을 교부하여 공익법인이나 협동조합 등의 재정적 기초를 강화하는 것이다. 이로 인해서 조세를 유효하게 쓸 수 있을 뿐만 아니라 자주적 단체의 주도하에 예술문화의 창조와 향유의 자유를 보장해 가면서 지원을 계속할 수 있다.

이와 같이 공익제도나 공적지원에 의해 인정되고 발전시킨 기부를 '새로운 필란트로피'라 부르고 있다.[35)]

---

35) 문화 경제학 입문, 아카데미 준 지음, 강응선 옮김, 매일경제신문사

〈표 3-1〉 기업목적의 변화단계별 특성비교

제 1 단계	제 2 단계	제 3 단계
경제적 기업목적 추구 (자본가적 이익의 극대화)	경제적 기업목적의 확대 (이해관계자 이익의 극대화)	비경제적 기업목적의 추가 (사회적 책임의 확대)
이익극대화 경영 단계	수탁경영단계	생활의 질 경영단계
순수한 사적 이익	사적이익 공헌자의 이익	계몽된 사적이익 공헌자의 이익 사회의 이익
나에게 좋은 것은 나의 국가에도 좋음	우리 기업에 좋은 것은 우리 국가에도 좋음	사회에 좋은 것은 우리 기업에도 좋음
이익극대화 추구	만족 이익 추구	이익이 필요하지만 그러나…
돈이 가장 중요함	돈이 중요하지만 인간도 중요함	인간이 돈보다 중요함
경영자의 책임이 소유자에게만 있음	경영자의 책임이 소유자, 고객, 종업원 및 기타의 공헌자에 있음	경영자의 책임이 소유자, 공헌자 및 사회에 있음

자료 : R. Hay and E. Gray, “Social Responsibilities of Business Managers,” Academy of Management Journal(March 1974), p. 141 참조

이러한 우선순위에 따라서 사회는 기업이 다양한 자원과 기술을 가지고 보다 광범위한 역할을 수행하도록 요청하게 되었다.

사례

김장훈 기부

우리나라에서 국민들이 부자 하면 생각나는 사람은 이건희 삼성 그룹 전 회장을 비롯하여 현대 고 정주영회장 등 삼성가와 현대가 사람들로 인식하는 것으로 조사 되었다. 그러나 〈표 3-3 국내외 존경할 만한 부자들〉을 살펴보면 조금 다른 것을 알 수 있다.

〈표 3-2〉 부자하면 생각나는 사람

순위	전　체	100
1	이건희 (전 삼성그룹 회장)	49.1
2	정주영 (전 현대그룹 회장)	15
3	이병철 (전 삼성그룹 회장)	6.4
4	정몽준 (국회의원)	4.5
5	이명박 (전 대통령)	4
6	정몽구 (현대 자동차 회장)	1.2
7	유일한 (전 유한양행 회장)	0.8
8	배용준 (탤런트)	0.8
9	박지성 (축구선수)	0.5
10	유인촌 (문화체육부 장관)	0.4
11	이재용 (삼성전자 글로벌고객총괄책임자(CCO), 전무)	0.3
12	김우중 (전 대우그룹 회장)	0.2
13	박찬호 (야구선수)	0.2
14	이명희 (신세계 회장)	0.2
15	정몽헌 (전 현대아산 회장)	0.2
16	전두환 (전 대통령)	0.2
	없다	4.5
	모름 / 무응답	9.7

〈표 3-2〉의 통계와 다른점은 김장훈이라는 가수가 4위에 오른점과 차인표, 신애라 부부가 10위에 오른점에 주목할 필요가 있다. 특히 가수 김장훈은 한국의 여러 재벌들보다 존경받을 만한 부자로 인식되고 있는데, 이는 재벌 및 다른 수익이 높은 연예인들과 비교 해봤을때, 자신의 수익중 99%를 사회에 환원하며, 공인으로서 끊임없는 봉사활동을 실천에 옮기며 남을 도우는 일에 희생하고 형식적인 환원이 아닌 진심에서 나오는 선행이기 때문에 국민들로부터 존경 받고 있다고 할 수 있겠다.

〈표 3-3〉 국내외 존경 받을만한 부자

순위	국내	100	국외
1	정주영 (전현대그룹회장)	12.8	빌게이츠 (MS 회장)
2	이건희 (전삼성그룹회장)	7.2	워렌버핏 (투자전문가)
3	유일한 (전유한양행회장)	6.2	존데이비슨록펠러 (미국석유재벌, 자선사업가)
4	김장훈 (가수)	2.2	오프라윈프리 (미국방송인)
5	이병철 (전삼성그룹회장)	1.4	앤드류카네기 (전카네기철강회사사장)
6	문국현 (국회의원)	1.4	간디 (민족운동지도자)
7	정몽준 (국회의원)	0.9	도날드트럼프 (미국부동산재벌)
8	안철수 (국회의원)	0.8	조지워커부시 (미국대통령)
9	이명박 (전대통령)	0.6	에이브러햄링컨 (전미국대통령)
10	차인표, 신애라부부 (탤런트)	0.6	안젤리나졸리 (영화배우)
	없다	32.4	없다
	모름 / 무응답	27.4	모름 / 무응답

(4) 현대기업의 목적의 분류(기업 목적론)

현대기업의 목적에 대해서는 일반적으로 다음과 같이 나누어진다.[36)]

① **이윤목적론** : 이는 기업을 자본주의 경영으로 보고 기업활동은 이윤원칙과 불가분의 관계를 가지는 것이므로 이윤추구는 바로 기업의 체질적 원리가 된다고 보는 것이다. 그리고 이와 같은 이익은 기업 투자가의 개인에 귀속된다고 보는 것이며, 기업가의 목적이 바로 기업의 목적이며, 종업원은 기업가로부터 보수를 받는 대신에 기업가의 목적에 종속하게 된다는 견해이다.

② **경제성**(생산성) **목적론** : 이는 기업경영의 목적은 기술적 합리성이라고 할 수 있는 경제성(경제원칙), 다시 말하면 가능한 투입은 줄이고(최소비용) 산출은 늘려서(최대의 성과) 효율적인 생산을 하고, 또한 그 결과로서 얻은 경영성과를 공정하게 배분하는 것을 그 목적으로 한다는 견해이다. 이는 주로 독일 경영경제학자들이 주장하고 있는데, 그것은 경영공동체의 이념이 바탕이 되고 있다. 미국에서는 경제성을 그 상위 개념인 생산성으로 부르기 때문에 이를

36) 안치효, 이의준 공저, 경영학 연습, 법문사, p. 38~p. 39

'생산성 목적론'이라고도 부른다.

③ **봉사 목적론** : 이는 Ford(H.)가 내세운 경영이념(Fordism)[37], 즉 '저가격과 고임금의 원리'에 따라 기업의 목적은 봉사동기(service motive)에 있다고 보고, 이러한 봉사를 목적으로 하여 경영되는 기업활동의 결과로서 얻게 되는 것이 이익이라고 보는 것이다. 그는 기업을 '봉사의 기관'으로 보고 소비자의 실질적 구매력과 생활수준의 향상을 꾀하기 위해서는 저가격 제품을 공급해야 하고, 노동자에게는 높은 임금을 지급해야 한다고 주장했다.

④ **고객창조 목적론** : 이는 Drucker(P. F.)가 제창한 것으로, 기업은 사회가 부를 창출할 수 있는 자원을 위탁한 사회적 기관이므로 그 목적은 사회발전에 있어야 한다고 하고, 그것은 고객창조(Creation of customer)라고 주장하였다. 그는 그 목적을 달성하기 위하여 'marketing 활동과 경영혁신'의 두 가지의 기본적인 기능이 수행되어야 한다고 강조하였다. 따라서 이익은 목적이 아니라 기업이 마케팅활동과 경영혁신, 즉 생산성을 향상시킨 성과로서 얻어지는 것(결과) 라 주장하였다. 그러기 위해서는 기업은 '최저필요이익'을 얻어야 한다고 강조하였다.

⑤ **다원적 목적론** : 기업의 다원적 목적(multi-objective of business)이라 함은 위의 (1) - (4)의 단일 목적이 단면적인 목적론의 반증으로 대두된 새로운 견해이다. 그 내용은 기업의 목적은 경제적 목적(경제목적 달성)과 사회적 목적(사회 책임 수행)으로 대별되며, 전자는 다시 성장목적과 균형목적으로 대별된다. 성장 목적은 성장성, 수익성, 생산성, 안정성, 탄력성을 유지한다는 것이 목표이며, 균형목적은 재무, 관리조직, 인간조직의 균형을 취해야 한다는 것이다.

37) H. Ford, Today and Tomorrow, 1926

제4절 기업목표론의 동향

경영자가 추구하는 경영목표에는 전통적인 기업경영에서 기업가의 경제적 이윤추구를 유일한 목적으로 하는 단일목표론(single goal theory)에서 소유와 경영의 분리에 의한 전문경영자가 등장하여 경영자의 비경제적 목표까지를 포함한 다원적인 복수목표론(multiple goal theory)으로 변화되어 왔는데 이는 기업시스템의 발전에 따른 당연한 결과이다.

01 단일목표론

(1) 단일목표론의 의의

전통적인 기업론에서 보면 단일목표론이 지배적인데 경영목적을 이윤의 극대화(profit maximization)설[38]에 두고 그것에 의해 기업의 행동원리를 추구하려고 했는데, 이는 다음과 같은 전제에 입각하고 있다.

① **소유경영자의 수익성 추구** : 기업을 지배하고 있는 사람은 소유경영자로서의 기업가였으며, 그들의 목적은 출자와 경영을 통하여 수익성을 높이려는 데 있으므로 '기업의 목적'은 바로 '기업가의 목적'이 되게 된다. 즉 이윤추구 그 자체가 기업의 목적이다.

② **경제인**(economic man)[39]**의 가설** : 기업가를 포함한 인간은 전지적(omniscient) 인간이며 완전한 정보를 갖고 경제적 합리성을 관철시키려 하므로 극대화 내지 최적화를 실현시킬 수 있다.

③ 이상의 전제에서 기업은 이윤극대화를 목표로 행동한다. 이러한 전제를 통해

28) 전통적인 마이크로 경제학에 있어서 기업의 목적은 '이윤 극대화'였다. 그것은 이윤이라는 단일목적에 일원화 되었으며 극대화가 가정 되었다. 즉, 18, 19세기 경의 '개인 자본주의 시대' 의 개인기업을 전제로 한 기업목적이었다. 당시 개인기업은 소유와 경영이 일치되었고 따라서 기업가의 이윤극대화의 목적이 기업목적 일치하였던 것이다. 그리하여 완전자유경쟁하에서 기업은 이윤극대화를 위하여 한계비용과 한계 수익이 일치되는 점에서 생산량이 결정된다고 가정된 '균형이론'이 성립되었던 것이다.

39) 이는 '전통적 경영관리론'이 가졌던 인간관으로써 인간은 경제적 동기에 의해서만 유인을 갖게 된다는 가설에 입각한 개념이다.

서 이윤극대화라는 단일목표론은 자본적 시스템까지의 발전단계에 그 기초를 두고 있음을 알 수 있다.

(2) 단일목적론의 제한설

현대기업에 있어서 소유와 경영이 분리되고 있기 때문에 이윤극대화의 단일목표를 경영목표로 하는 것은 부적절하다. 이는 이윤추구 내지 수익성을 기업가의 행동원리로 하는 출자자가 기업의 지배자로서의 위치에서 후퇴하여 하나의 이해자 집단으로 존재하게 되었기 때문이다.

한편 이윤 극대화설에 대한 비판과 함께 이윤의 개념에 관하여 다음과 같은 여러 학설이 등장하게 되었다.

① **딘**(J. Dean)**의 제한이윤설** : 딘의 제한이윤설 또는 적정이윤설은 경영자의 지배하에 있는 성숙된 기업은 다음과 같은 전략적 이유 때문에 이윤극대화를 경영목표로 하지 않고 일정한 적정이윤(reasonable profit)[40]을 목표로 한다.

- 잠재적 경쟁자에 의한 시장 신규진입의 저지
- 대중의 지지획득과 반 트러스트주의자의 행동억제
- 노동자와 임금상승요구의 억제
- 고객의 호의(good will)유지
- 경영자의 지배력 유지
- 쾌적한 노동조건의 유지

딘에 의하면 이상의 이유 중 처음의 네 항목은 단기적으로 이윤을 제한하여 장기적 이윤극대화를 지향하는 것이며, 끝의 두 항목은 기업과는 별개의 존재로서 경영자 지위의 강화와 명성을 높임으로써 자기의 편익을 극대화하기 위하여 이윤을 제한하는 이유라고 할 수 있다.

그러면 어느 정도의 수준으로 이윤을 제한하는 것이 타당할 것인가에 대한 기준으로 다음과 같이 제시한다.

- 외부자원을 유인할 충분한 이윤율
- 유보이익(감가상각비 포함)[41]만으로 기업의 발전자금을 조달하는 데 필요한

---

40) 기업의 존속 유지를 위해서 필요로 하는 필요이윤을 말한다.

이윤액

• 자기 자신 내지 자신과 비교 가능한 기업이 올리고 있는 정상이윤

• 대중이 적정이윤이라고 생각하고 있는 것

이와 같이 자본적 기업이 이윤극대화의 목표를 지향하여 발전할 경우 이윤극대화 그 자체가 문제가 된다. 그래서 딘이 제시한 이윤제한의 이유 중 대부분이 각종 환경주체의 이해조정이라는 제도적 조건에 관련되어 있다는 것이다. 그러나 그의 주장은 기본적으로 장기적 이윤극대화에 입각하고 있으며 이를 위한 단기적 전략으로 제한이윤이 채택되고 있음을 시사하고 있다.

② **보몰**(W. J. Baumol)**의 매출액** : 극대설 과점기업은 필요최소이윤의 확보라는 제약조건하에서 매출성장률의 극대화를 경영목표로 한다고 하여 경제이론을 전개하고 있다.

• 정보가 불완전한 자본시장에서는 매출액 규모가 큰 기업에 자금이 흘러가는 경향이 있다.

• 고객은 매출액이 큰 기업의 제품이 인기가 있다고 믿는 경향이 있다.

• 매출액 증대는 이에 비례한 마케팅 비용의 지출을 가능하게 하고, 판매촉진이나 유통업자의 확보면에서 경쟁상 유리하게 된다.

• 경영자의 보수는 이윤보다도 매출액과 관계가 깊다.

• 매출액 규모의 증대는 기업 구성원의 인간관계에 활력을 준다.

• 다품종 생산기업에서는 극대이윤의 설정이 곤란하여, 매출이 업적척도로서 가장 명확하다.

이상에서 보몰(W. J. Baumal)이 말하는 과정기업은 제도적 사기업의 성격을 띤 기업으로 간주되며, 그의 매출액 극대화는 현대기업에 있어서 주장되고 있는 경영목표라고 말할 수 있다. 이 때 이윤은 장기적으로 매출액 성장률을 증대시키는 요인이기는 하나 단기적으로는 매출액의 제약요인이 되기도 한다.

결론적으로는 보몰의 매출액 극대화설은 외부환경주체에 의한 기업의 평가,

---

41) 기업이 미래의 성장을 위하여 유보하는 이익을 말한다. 또한 외부로부터 자금조달이 없다면 성장에 필요한 투자자금은 모두 유보이익으로 조달된다.

내부환경의 사회적·심리적 상황, 경영자의 보수 등을 고려에 넣고 있다는 점에서 그 특색이 있지만 이와 같은 이질적 요인들을 단일목표의 극대화 원리로서 한데 묶는다는 것은 역시 무리가 있다고 할 것이다.

③ **매리스**(R. Marris)**의 성장률 극대화설** : 매리스는 경영목표를 성장률 극대화에 두고 있다. 기업은 인적자원관리과 물적자원이 조직을 통하여 결합된 것이다. 이러한 기업의 특질은 경영자가 하는 자율적 의사결정에서 구해진다. 경영자는 심리적·사회적·경제적 요인을 고려한 효용함수를 동기로 하면서 의사결정을 수행한다. 따라서 기업이 어떠한 경영목표를 추구하는가는 경영자의 효용함수에 의하여 규정된다.

여기서 경영자의 효용함수란 특정주체에 있어 효용이 있는 경제적 제요소를 결합하여 함수적으로 표현한 것을 뜻한다. 경영자의 효용함수의 변수에는 보수, 권한, 명성 등이 포함되며, 그리고 최근의 연구에서는 경영목표와 조직설계 등에 크게 영향을 미친다는 견해가 있다.

결론적으로 경영자의 효용을 극대화하는 데 있어 결정적인 변수는 규모의 변화, 즉 성장률이며, 성장률 극대화가 경영목표가 된다고 보는 것이다.

02 복수목표론

(1) 복수목표론의 의의

복수목표론은 단일목표론의 전제에 대한 비판과 외부환경주체의 다양성, 그리고 기업시스템의 발전 등으로 인하여 경영자의 비경제적 목적까지를 포함하는 다원적 목적관에 따라 등장하게 되었다.

단일목적론의 전제에 대한 비판은 다음과 같다.

1) 이윤추구 위주의 경영행동에 대한 제약

기업의 현대화에 따라 소유와 경영이 분리되고 그 지배적 지위에 경영자가 등장하면서 다양한 환경주체들의 요청에 부응하지 않을 수 없게 되었다. 특히 기업에 대한 사회적 책임의 문제는 이윤추구 위주의 경영활동에 강력한 제약을 가하고 있다.

2) 경제인 가설의 비현실성

인간은 정보의 불완전성, 예측의 곤란성 및 행동의 제약성 등으로 인해 무지한 부분이 있게 되어 경제적 합리성을 갖고 행동한다는 것은 어렵게 되어 극대화와 최적화는 불가능하다.

3) 환경변화에 적응, 경영목표시스템의 균형

기업은 계층적인(hierarchical) 경영목표시스템을 가지고 환경변화에 따라 그 내용을 수정·변화를 해가면서 조직환경에 적응하며 목표시스템을 균형있게 추구한다.

그러나 여기에서 유의해야 할 것은 기업의 이윤추구, 그 자체를 부정해서는 안된다는 것이다. 적어도 기업은 다른 조직과는 달리 이윤의 추구를 전제로 하는 조직이기 때문이다.

오늘날 현대기업은 대규모화되고 제도적으로 발전됨에 따라 추구만을 단일적 목표로 고수할 수만은 없게 되었다. 현실적으로 기업내외의 다양한 이해관계자집단과 관련하면서 규모가 커질수록 그들의 압력을 반영한 목적달성 행동을 하게 된다. 따라서 현대기업은 현실적으로 복수목표를 추구하게 됨을 알 수 있다.

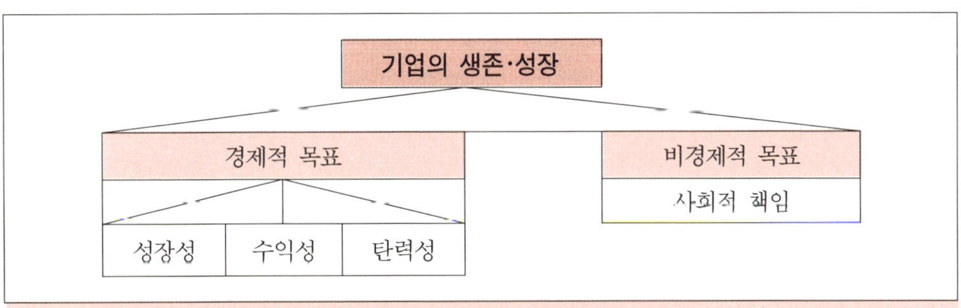

[그림 3-1] 기업의 복수목표시스템

이러한 복수목표론의 특색은 첫째, 경영목표는 상·하 관계에 의한 계층적 시스템을 이룬다는 것이다. 이에 따라 의사결정의 합리성이 높아지고 경영상의 제문제에 대한 해결이 용이해진다는 것이다. 둘째, 이러한 목표시스템의 내부에는 어떠한 표현을 취하든 간에 경제적 목표가 반드시 포함된다는 것이다. 이는 기업의 경제적 효용의 증대를 추구하는 생산시스템이므로 이윤과 같은 경제적 목표를 완전히 부정하거나 무시하거나 할 수 없기 때문이다.

이상에서 설명한 현대기업의 경영목표는 경제적인 목표와 비경제적인 목표를 함께 중시하는 복수목표론을 지향하게 된다. 그러나 복수목표론에는 경영목표시스템의 정점에 어떠한 내용을 놓느냐에 따라 다시 두 가지 유형으로 나누어진다.

첫 번째 유형은 시스템과 관련있는 사실들을 목표화하여 자기자본이익률, 출자자의 수익률 등의 경제적 목표를 정점에 두는 것을 영리경제설이라 한다.

두 번째 유형은 기업의 유지, 존속, 성장과 같은 제도와 관련된 목표를 정점에 두는 것이며 이것을 제도유지설이라 한다.

(2) 복수목표론의 제학설

복수목표론은 최근 경영학의 경향이며 기업의 규모가 커질수록 비경제적 목적, 즉 사회적 책임 및 사회에 대한 공헌 등의 구현이 함께 중시되는 복수의 경영목적을 지니게 된다.

이러한 복수목표론에는 앞에서 언급한 바와 같이 영리경제설과 제도유지설의 두 가지가 있다. 이하에서는 영리경제설에 속하는 앤소프(H. I. Ansoff)의 투자수익률목표시스템과 제도유지설에 속하는 드러커(P. F. Drucker)의 존속목표시스템에 관하여 설명하고자 한다.

1) 앤소프의 투자수익률목표시스템

앤소프는 기업의 내부적 관점에서 본 복수목표론을 전개하였는데, 그에 따르면 기업의 경영목적에는 자원의 전환과정을 능률화하기 위한 경제적 목적과 기업 내외의 이해관계자의 개인적 목적의 상호작용을 반영한 비경제적 목적(사회적 목적)이 있고 기업행동의 주된 영향을 미치는 것도 전자이고 후자는 중요하기는 하나 이는 어디까지나 이차적이고 제약적인 영향을 미친다는 점이다.

여기서의 경제적 목적의 내용은 자원에 대한 장기적 성과의 극대화이고 구체적으로는 투자수익률(rate of return on investment : ROI)[42]로 나타나는데 이같은 장기적 목적에 추가하여 장래의 예측불가능한 사태(기회와 위협)에 대응하는 탄력성 목표도 있다.

---

42) 듀퐁 社에서 개발되어 1930년대 부터 사용되기 시작한 ROI기법은 기업의 목표를 투자수익율로 하여 이를 결정하는 재무요인을 체계적으로 관찰해서 문제가 발생되는 재무요인을 중점적으로 통제하는 방법이다.

한편, 앤소프는 경영목표시스템의 내용에는 다음과 같은 요점을 설명한다.

① 경제적 목표의 설정에 관련하여 기업의 존속기간을 중기와 장기로 구분한다. 중기란(±) 20%의 정확성에서 ROI를 예측할 수 있는 기간(통상 3-10년)이며, 그 이후의 전기간이 장기이다.

② 중기에 있어서 일정수준의 ROI를 유일한 당기목표내용으로 한다. 이 경우 욕구수준은 기업내외의 요인을 고려하여 바람직한 높은 도달목표를 상한으로 하고, 그 이하에서는 행동계획안을 기각하는 수용한계목표를 하한으로 하여 어느 정도의 폭을 갖는 형태로 설정한다.

③ 장기의 ROI를 유지·증대시키는 데는 근접기로부터 필요한 행동을 하지 않으면 안된다. 그러나 장기의 ROI 자체를 측정하여 목표로 하는 것은 곤란하므로 장기의 ROI의 유지·증대에 공헌하는 기업내외의 제특성에 대하여 특정하고 목표를 설정한다. 이 경우에도 특성의 아래에 나타나고 있는 척도에 대하여서는 가능한한 어느 정도의 폭을 갖는 수준을 설정한다.

④ 예측불능한 사태에 대응하기 위하여 탄력성 목표를 설정한다.

⑤ 이상과 같은 고유의 목표시스템에 영향을 주는 사회적 목표, 책임 및 제약은 목표의 총괄표(master list)에 표시된다.

이와 같은 앤소프의 경영목표론은 경제적 목료인 장기적 투자수익률의 극대화를 기업의 기본적인 목표로 하면서도 '만족화의 원리'(satisfying principle)를 시인하면서 기본적인 목표에 대한 구체적인 하위 목표시스템을 제시함으로써 복수목표론에 입각하고 있음은 알 수 있다.

2) 드러커의 존속목표시스템

드러커는 기업을 '제도적 존재'라는 관점에서 이윤의 극대화라는 기업의 단일목표론을 비현실적이라고 부정하면서 기업의 존속과 성장이 기업에 부여된 제도적인 목표를 중심으로 하는 복수목표론을 전개하고 있다.

그는 이윤을 기업의 목적으로 인정하지 않으나 '이윤은 원인이 아니라 결과'라는 인식하에서 필요최저이윤(required minimum profit)[43]을 얻기 위한 기업행동을 당

43) Drucker의 최저필요이윤 항목으로는 ① 기업 자신의 위험을 보상하기 위한 필요이윤, ② 사회비용을 부담하는데 필요한 이윤, ③ 기업 장래의 발전을 위한 자본을 생산하는 데 필요하고도 충분

연시하고 있다.

이와 같은 기업관의 귀결로서 그는 기업의 경영목표가 "고객 창조(to create a customer)"라고 하여 이러한 점에서 고객창조설이라고 불린다.

드러커의 경영목표론은 또 다른 관점에서 살펴볼 수 있는데, 즉 기업도 다른 제도와 마찬가지로 자기 보존을 최우선으로 하지 않으면 안되며, 기업의 제목표는 그 활동과 성과가 기업의 존속과 성장(survival and growth)에 직접적인 영향을 미치게 된다. 따라서 그 활동과 성과는 모든 영역에서 필요로 하는 것이다. 여기에 존속·성장을 최상위 목표로 하는 목표시스템의 필요성이 명확히 제시되고 있는데, 성장이 존속에 포함된 필요요인이라고 이해하면서 이 설은 존속설이라고 할 수 있다. 이 경우 드러커가 존속의 하위 목표로서 설정될 필요가 있다고 제시한 것은 시장에 있어서의 지위, 혁신성, 생산성, 물적 및 재무적 지원, 수익성, 경영관리자의 업적과 육성, 작업자의 업적과 태도, 공공적 책임 등이다.

고객창조설과 존속설과의 관계에서 드러커의 이론 체계는 최고목표인 고객창조를 기업이 사회에 있어서 수행해야 할 직무이며, 기업에 있어서 각종의 목표직무를 정당화하고 통합하는 근거가 되어야 한다. 따라서 고객창조는 기업내부에서 보면 최고 목표가 된다. 또 다른 한편 존속·성장은 기업의 근본적인 필요 내지 목표이며, 제하위 목표의 균형화에 의해 달성된다. 그러므로 고객창조목표의 존재의의는 존속·성장을 위한 제목표의 정당화와 균형화를 꾀하는 경우에 얻어진다.

이상에서 설명하였듯이 드러커의 경영목표론은 기본적으로 현대기업의 특성에 가장 적합하다고 할 수 있다. 특히 존속·성장을 기업의 최상위 목표로 하고, 기업의 특질을 고객창조라는 경제적 기능에서 구하여 하위목표의 정당화와 균형화의 기준으로 정한 점, 그리고 이윤을 필요최저수준을 갖는 수단적 하위목표로서 파악하면서 동시에 공공적 책임을 명확한 하위 개별목표영역으로 나타내었다는 점에서 높이 평가받을 수 있다.

한 이윤이 있다.

연습문제

1. 기업이란 무엇인가?

2. 기업의 기능과 역할에 대해 설명하시오.

3. 기업의 목적은 무엇인가?

4. 기업의 복수목표시스템에 대해 설명하시오.

5. 엔소프의 투자수익율 목표시스템에 대해 설명하시오.

6. 드러커의 존속목표 시스템에 대해 설명하시오.
   ① 협동시스템(Coperative system)
   ② 필란트로피(Philantrophy)
   ③ Ford의 봉사목적론
   ④ 경제인의 가설

제4장

BUSINESS

현대기업의 경영자

제1절 경영자의 유형과 역할

01 경영자의 의의

(1) 기업가와 경영자

기업가(entrepreneur)란 새로운 아이디어를 구상하고 경영의 제자원을 조달하여 기업을 직접 설립·운영하고 성장시켜 가는 사람을 뜻한다.

즉, 창업가이며 영리활동의 주체가 되어 기업을 운영하는 데 필요한 자본을 직접 조달하는 출자자로서 자본가와 위험을 스스로 부담한다.

또한 경영에도 적극 참여함으로써 기업의 성장과 발전에 진취적이고 혁신적인 경영관리자로서의 성격을 가지는 사람을 기업가라 부른다.

이와 같이 전통적인 의미로서 기업가 개념은 소유자 = 기업가로서 자본적 위험부담자로 되어 있다. 그러나 기업제도의 발전과 더불어 기업이 대규모화됨으로써 경영자에게 기본적인 관리기능을 위양하게 되면서 그의 기업가로서의 신분도 사라지게 된다. 여기에 관리기능을 전문적으로 담당하는 경영이라는 개념이 등장하게 된다.

현대 기업에 있어서 기업가의 의미는 투자자와 경영자로 분리하게 되었는데, 투자자인 기업가는 소유기업에 대한 경영지배 내지 영향력 행사를 최소화함으로써 고용경영자(employed manager) 또는 전문경영자(professional manager)가 기업의 주역이 되었다. 따라서 전문경영자는 관리기능을 수행함에 있어 상당한 정도의 기업가적 태도를 지니지 않으면 안 된다. 다시 말하면 경영자는 출자자나 소유자로부터 경영권을 위임받아 종합적이고 장기적인 기업활동에 있어서 목표설정과 수단선택을 위한 의사결정자로서 역할을 다하기 위해서 그들 특유의 기업가정신(entrepreneurship)을 발휘하여야 한다. 기업가정신이란 혁신을 통해 환경변화에 적응함으로써 새로운 기업을 형성하는 개척자인 동시에 모험가로서의 혁신적 정신을 말한다.

이는 기업가 고유의 가치관 내지 기업가적 태도로서 미래지향성을 갖고 변화와 불확실성을 극복하여 새로운 혁신적인 사업기회를 개척하려는 적극적인 자세라 할 수 있다. 따라서 오늘날 전문경영자들은 경영을 위임받아 기업의 성장·발전을 위하여 환경을 극복하여 사업기회를 개척하고, 혁신을 도모하여 기업확장에 도전하며, 합리성을 추구하여 사회적 책임을 이행하는 기업가적 경영자(entrepreneurial manager)로서의 역할을 수행해야만 한다. 기업가적인 중요기능으로서 경영자가 위양 받아야 할 중요한 사항으로는 출자기능(investment function), 혁신기능(innovation function), 관리기능(management) 및 위험부담기능(risk-taking) 네 가지가 있다.

기업가란 손정의, 빌게이츠, 정주영처럼 맨손으로 사업을 일으킨 사람이고, 전문경영인이란 아이아 코카, 카를로스곤, 이명박처럼 고용된 경영인 등이다.

〈빌게이츠〉

〈손정의〉

〈정주영〉

〈기업가〉

〈카롤로스곤〉

〈아이아코카〉

〈이명박〉

〈전문경영인〉

현대 기업의 주체로서 경영자의 현대적 의의는 자본과 경영이 분리된 주식회사라는 기업형태의 전문경영자를 말하며, 동시에 이는 경영자계층이라는 복수개념으로 이해되어야 한다.

현대적 경영자 기능은 관리자 기능의 발달과 기업기능의 변화가 혼합되므로 경영자는 단순한 기술관료만을 지칭한다고는 볼 수 없다. 그러므로 현대에 있어 경영자란 지식노동자로서 기업가와 관리자를 초월한 기업경영의 최고의사결정자가 되어야 한다. 따라서 경영자상도 기업환경의 시대적 변화에의 적응에서 변화된다고 하겠다.

오늘날 경영자란 직업인으로서의 신분으로 경영능력을 배양하면서 사회제도화 된 기업의 목표달성을 위해 기업경영에 종사하고 사회적 책임의식 아래서 활동하여야 한다. 그러기 위해서 경영자는 관리기능을 수행함에 있어서 어느 정도 기업가적인 태도를 갖고 참신한 아이디어와 혁신적인 사고로 기업을 성장·발전시켜 나가려는 적극적인 자세가 요청된다. 그러나 〈표 4-1〉에서 보여주듯이 기업가와 경영자간에는 개인적 특성과 과업수행태도라는 점에서 본질적인 차이가 있음을 말해준다.

〈표 4-1〉 기업가와 전문경영자의 특성비교

특성	기업가	전문 경영자
개인적 속성 및 특성	• 강한 개성 • 경쟁심이 강함 • 독립적 • 위험감수능력 • 목표지향	• 기능과 전문성을 지님 • 목표를 설정할수 있음 • 지휘와 동기부여 능력 • 결단력 • 경쟁심이 있음 • 신중한 의사결정자
과업 수행 태도(요구되는 역할과 직무)	• 가치와 표준 • 일에 열중 • 기업에 대한 풍부한 지식 • 탐구추가 • 장시간 근무 • 기업을 이룩하는데 5-10년 소모 • 혁신과 창의	• 조직의 가치 • 지위의 보장에 관심 • 보다 일상적인 일에 관심 • 직업보장 중시 • 위험회피 • 관리 기술 중시 • 현상 유지 및 능률지향적
주된 동기요인	• 독립심 / 창의력의 발휘기회 / 금전	• 승진 • 전통적인 보상(직위 권력)

(2) 경영자의 유형

현대기업의 경영자는 드러커(P.F. Drucker)의 지적처럼 산업사회에 고유한 지도적 입장의 그룹이며, 이 때 경영자는 하나의 기관(institution)을 뜻하기도 하는 복수의 개념으로 파악되어야 한다. 또한 현대경영학에서 말하는 경영자는 경영관리의 전문적 지식과 기술 및 능력을 갖춘 전문가의 집단으로서의 전문경영자를 의미한다.

즉, 현대적인 의미의 경영자란 전문경영자로서 출자나 소유와는 관계없이 전문적인 지식, 경험, 능력 등에 따라 선발되며, 독자적인 경영관리기능을 수행하는 계층을 의미한다. 경영자라는 명칭도 그 층에 따라 관리자, 감독자 등으로도 세분되며, 영어로 manager 외에 executive, supervisor 등의 표현이 있으나 대략 다음과 같이 경영자계층을 세분할 수 있다.

또한 경영자와 관리자는 자주 혼용되기도 하며 최고경영층에 부분경영층(divisional management)이나 수탁층(trusteeship zone)까지 포함시키기도 하는 등, 오늘날의 경영자 개념은 그 계층이나 명칭 등에서 다양하게 표현, 분류되고 있는 실정이다.

경영자의 유형은 크게 기업조직의 발전과정, 그들이 책임지고 있는 직무활동의 범위, 조직의 관리계층에 따라 구분하면 다음과 같이 분류되고 있다.

1) 기업의 발전과정에 따른 분류

기업조직의 발전과 더불어 경영자가 갖추어야 할 지식은 더욱 전문화·고도화되었으며, 또한 기업환경이 복잡화되면서 보다 전문적인 경영자를 필요로 하게 되었다. 그에 따라 경영자의 성격도 소유경영자에서 고용경영자로 그리고 다시 전문경영자로 각각 변모하게 되었다.

① **소유경영자**(owner manager), **창업가** : 자본주의 초기에는 기업의 규모가 소규모이고 생산방법이 그다지 복잡하지 않았기 때문에 개인이 자본의 출자와 더불어 기업경영까지도 수행함으로서 실질적으로 기업을 완전히 소유·지배하게 되었는데, 이러한 유형의 경영자를 소유경영자라고 한다. 이들 소유경영자는 자본의 조달과 운용 및 위험부담, 의사결정, 지휘, 통제 등의 기능을 모두 담당하였으며, 기업가기능과 경영자로서의 전문기능이 분화되지 않았었다. 이와 같은 유형의 경영자는 오늘날 중소기업과 벤처기업 같은 비교적 소규모기업에서 찾아볼 수 있으며 또한 그 기업조직이 대규모일지라도 자본의 대부분을 출자하고 동시에 경영자로서 기업 경영에 직접 참여하고 있다면 그러한 경영자도 소유경영자인 것이다.

② **고용경영자**(employed manager) : 기업의 규모가 점차 확대되고 경영활동의 내용이 복잡하게 됨에 따라 당초의 출자자인 기업가 스스로 모든 경영자를 고용하여 경영활동의 일부를 위양하게 되는데, 이를 고용경영자 또는 유급경영자(salaried manager)라 한다. 이러한 고용경영자는 기업가의 대리인으로서 그 성격상 출자자의 이익을 대표하므로 실질적인 소유경영자와 다름이 없어 보통 이들을 가리켜 지배인이라 하며 상법에 규정된 상업사용인의 성격을 가지는데, 이들이 주로 관리자로서 역할을 담당한다.

③ **전문경영자**(professional manager) : 경영규모가 대규모화하고 복잡화된 생산수단의 관리, 다양화된 생산요소의 효율적 결합, 격변하는 환경에의 창조적 적응 그리고 장기적인 전망의 필요 등 경영내용의 복잡화로 인하여 여러 가지 다양한 경영직능을 합리적으로 수행하기 위해서는 단지 출자자란 자격만으로는 이를 감당할 수 없었기 때문을 경영관리에 대한 전문적 지식, 풍부한 경

험, 그리고 중후한 인품을 고루 갖춘 전문경영자가 필요하게 된 것이다.

아울러 주식회사제도의 발전으로 주식이 광범하게 분산되고, 다수의 소주주 집단이 그 소유주식수로 실질적인 지배를 할 수 없게 되었고, 주주총회가 형식적 의사기관화 되어 경영자의 의사가 기업조직의 기본적 방침을 지배하게 됨에 따라 전문적 경영능력과 지식을 가진 전문경영자가 등장하게 된 것이다.

전문경영자는 이상의 소유경영자나 고용경영자와는 달리 다음과 같이 구별되는 성격을 갖는다. 첫째, 그들은 소유와 경영의 분리에 따라 소유자와 종업원의 중간에 위치하는 성격이므로, 어느 정도의 경영권을 가진 지배적 경영자로서 독자적인 지위를 가지게 되었다. 둘째, 이들은 이해자집단(주주, 종업원, 고객 등)과 직접적인 관련이 있어서 기업의 경영성과에 따라 그 영향이 크게 미치므로, 사회기관인 기업이 사회적 책임을 완수하는 입장에서 경영을 해야 된다. 이와 같은 기능을 수행할 수 있는 경영자가 바로 전문경영자이며, 현대 기업의 경영자란 흔히 이들을 의미한다.

2) 직무범위에 따른 분류

조직 도표상에서 나타나는 경영자는 직무의 범위, 권한과 책임한계, 과업수행의 직능별 차이, 그리고 조직업무 수행의 성격 등에 따라 라인경영자와 스탭경영자, 직능경영자와 총괄경영자로 분류할 수 있다.

① **라인경영자**(line manager) : 라인경영자는 조직의 목표를 달성하기 위하여 주요 제품이나 용역을 직접적으로 취급하는 중요 경영활동에 종사하고 책임을 지는 계층으로서 사장을 비롯하여 생산업무나 마케팅활동을 담당하는 중역과 부서장 그리고 그들에게 직접 보고하는 관리자들을 포함한다.

② **스탭경영자**(staff manager) : 스탭경영자는 라인경영자들이 경영활동 내지 기능을 보다 능률적으로 수행하고 촉진할 수 있도록 특수한 전문적인 기술과 지식을 제공하고 지원함으로서 라인활동에 간접적으로 영향을 주는 계층으로 대표적인 역할은 회계, 재무, 인사, 법률, 연구개발 등의 분야에 관하여 조언, 추천, 기술적 전문성을 제공하는 것이다.

③ **직능경영자**(functional manager) : 경영자가 관장하는 활동영역에 따라 직능경영자와 전반경영자로 나누어지는데, 직능관리자는 조직이 실질적으로 수행하는 과업활동영역에 따라 인사·생산·마케팅·재무·회계·연구개발 등의 전문기

능부문에 책임을 지는 경영자로서 부문관리자라고도 부른다.

④ **전반경영자**(general manager) : 전반경영자 또는 총괄경영자는 조직 전체의 경영활동이나 수개의 직능부문 또는 특사사업 부문의 전략·계획·방침 등의 전반적인 경영에 책임을 총괄하는 경영자로서 사장, 임원, 사업본부장, 지역본부장 등이 포함된다.

02 경영자의 역할과 기능

(1) 경영자의 역할

경영자는 경영의 주체로서 기업목표를 달성하기 위해 전문경영인으로서 어떠한 역할을 수행하고 있는가를 검토해 볼 필요가 있다.

민쯔버그(H. Mintzberg)는 여러 종류의 경영자들을 조사한 결과[44] 다음과 같은 세 가지 상호 의존적인 역할을 하고 있음을 발견하였다[그림 4-1 참조].

① **대인적 역할**(interpersonal role) : 기업내의 공식적인 작위 때문에 수행하여야 하는 대인관계활동을 말한다. 이와 관련되는 구체적인 역할에는 다시 세 가지로 분류된다.

- 대표자(figurehead)의 역할 : 조직의 대표로서 행사에 참여하고 사회적 의무를 다하는 일
- 리더(leader)의 역할 : 종업원의 채용·훈련·동기 부여하는 일
- 연락자(liaison)의 역할 : 외부세계와 조직내부를 연결해 주는 일

② **정보적 역할**(informational role) : 경영자는 의사결정을 하는데 정보가 필요하기 때문에 커뮤니케이션 활동은 경영자의 역할 중 가장 중요한 것이다.

경영자의 정보적 역할도 세 가지로 분류될 수가 있다.

- 모니터(monito)의 역할 : 기업경영에 필요한 정보를 외부로부터 받아들이는 일
- 정보전파자(disseminator)역할 : 조직 내 부하직원들에게 필요한 중요정보를 전달해 주는 일
- 대변인(spokesperson)역할 : 수집한 정보의 일부를 조직내 혹은 조직외부의 사람들에게 정보를 전하는 일

44) H Mintzberg, The Nature of Managerial Work (New York: Harper & Row, 1973)

③ **의사결정적 역할**(decisional role) : 경영자는 조직의 성과에 큰 영향을 미치는 의사결정을 한다. 이 역할도 네 가지로 분류될 수가 있다.

- 기업가(entrepreneur)역할 : 조직의 발전과 성장을 위해 기회를 탐색하고 솔선해서 실현시키는 일
- 교란처리자(disturbance handler) 역할 : 기업이 중요하고 예기치 못했던 문제, 예로서 파업·고객 파산·계약위반 등 상황에 직면할 때 바람직한 방향으로 해결하는 일, 즉 분쟁조정자로서 문제처리자적 역할이라 할 수 있다.
- 자원배분자(resource allocator)역할 : 조직의 자원과 구성원들의 시간을 적절히 배분하는 일

중재자(negotiatior) 역할 : 계약체결 또는 단체교섭 등과 같은 중요한 협상에서 조직을 대표하여 중재와 협상하는 일

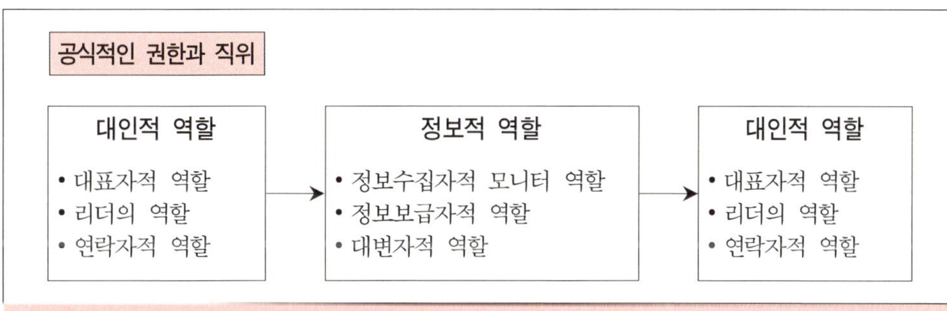

[그림 4-1] 경영자의 역할

(2) 경영자의 기능

경영자를 최고경영층, 중간경영층 및 하층경영층의 각 계층으로 파악, 그 범위와 기능을 이해하는 이외에도 전체적인 관점에 의할 때 경영층의 공통적인 기능은 계획, 조직, 통제의 관리기능임이 분명하다.

그런데 이와 아울러 효율적인 경영관리를 위해 수행되어야 할 기능으로서 의사결정기능과 스킬믹스(skill-mix) 기능을 들 수 있다.

① **의사결정기능** : 경영의 주체인 경영자는 경영관리기능을 수행과 관련하여 의사결정의 주체가 되기도 한다. 일반적으로 의사결정(decision making)이란 “어떤 목적을 달성하기 위하여 여러 가지 대체안을 비교·평가하여 실현 가능한

최적의 대체안을 선택하는 인간행동"을 말한다.

앤소프(Igor Ansoff)에 의하면[45] 경영자 전계층이 발휘해야할 주요한 의사결정으로는 다음 3가지가 있다.

- 전략적 결정(strategic decision) : 항상 변화하고 불확실하고 경쟁적인 환경 및 조건하에서 시장을 확대하고 성장을 도모하려는 기업의 종합적이며 장기적인 경영방안을 경영전략(business strategy)이라 말한다. 대외적 경영정책, 곧 경영전략의 결정으로서 주로 기업외적측면에서 외부환경의 변화에 기업자체를 적응시켜 기업의 존속과 성장을 도모하려는 의사결정이다.
- 관리적 결정(admimistrative decision) : 전략적 결정에 의해 결정된 기업목표 및 전략을 실행하기 위해서 수행되는 대내적 경영정책(경영계획)의 결정을 의미하며 조직을 형성하고 전략의 실행에 필요한 인원, 설비, 기술, 자본의 제자원을 조달, 개발하는 제단계의 의사결정이다.

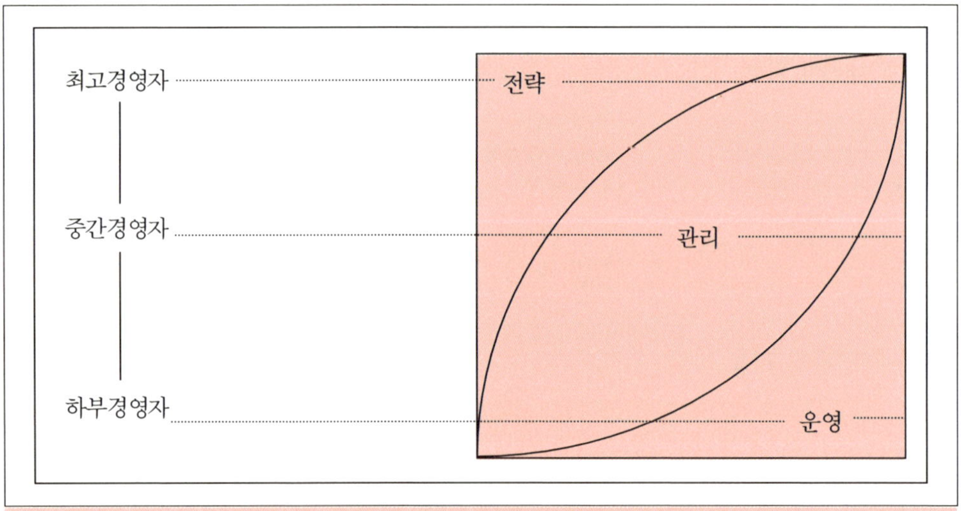

[그림 4-2] 의사결정기능의 배분

- 업무적 결정 (operating decision) : 일상적인 경영활동의 능률을 최대로 하기 위한 의사결정으로서 대체로 부문별 경영계획이다. 이상의 의사결정기능은 각 경영자 계층이 공통적으로 수행하는 기능이나 그 비중상 차이가 있게 된다.

45) Igor Ansoff, Corporate strategy New York: McGraw Hill, 1965

즉, 그 역할상 최고경영층은 전략적 결정에, 중간경영층은 관리적 결정에, 그리고 하층경영층은 업무적 결정에 주력하게 되는 것이다.

② **스킬믹스 기능** : 크눗슨(H.R. Knudson)에 의하면 적어도 경영자는 다음과 같은 세 가지 기능(skill)을 지녀야 하며, 이들 기능을 통틀어 스킬믹스(skill-mix)라고 부르고 있다.

- 관리적 기능(administrative skill) : 모든 조직 내의 관심과 행위를 통합하고 조정하는 능력이다. 그것은 전체의 관점에서 조직을 보면서 하나의 부서가 어떻게 다른 부서에 의존하는지를 이해하고, 어떤 부서의 변화가 전체에 어떤 영향을 미치는지를 평가하는 능력이다.
- 인간적 기능(human skill) : 경영조직 내에서의 원활한 커뮤니케이션을 토대로 한 인간관계의 유지, 형성과 관련된 기능을 말한다. 즉, 개인적 혹은 집단적으로 다른 사람을 이해하고 동기부여하고 함께 일하는 능력이다. 모든 구성원으로 하여금 공통목적을 향해 자발적으로 협동하게 하는 능력을 뜻하기도 하지만 주로 경영자 계층간의 인간관계의 유지를 위한 능력이 그 주 대상이다.

<table>
<tr><th>최고경영층</th><th>중간경영층</th><th>하층경영층</th></tr>
<tr><td rowspan="2">관리적 기능</td><td>관리적 기능</td><td>관리적 기능</td></tr>
<tr><td rowspan="2">인간적 기능</td><td>인간적 기능</td></tr>
<tr><td>인간적 기능</td><td rowspan="2">기술적 기능</td></tr>
<tr><td>기술적 기능</td><td>기술적 기능</td></tr>
</table>

[그림 4-3] 계층별 스킬믹스

- 기술적 기능(technical skill) : 전문적 지식과 경험을 토대로 한 해당분야에서의 기술적 이해도와 숙련도를 말한다. 즉, 특정분야의 과정, 기술, 지식을 활용하는 능력이다.

이상의 스킬믹스기능 역시 경영자 전계층이 공통적으로 발휘해야 하는 기능이나 각 경영층의 성격이나 임무에 따라 그 비중이 달라지게 된다. 즉 최고경영층은 관리적 기능, 중간경영층의 인간적 기능, 하층경영층은 기술적 기능의 발휘에 그 주된 역할이 있는 것이다.

(3) 경영자의 자질

경영자가 위에서 언급한 대로 계획을 수립하고, 조직을 구성하고, 부하직원을 지휘·감독하며, 통제하기 위하여는 각 기능별로 기초지식을 갖추어야 함을 물론이고 나름대로의 자질을 갖추고 있어야 한다. 이 절에서는 이러한 경영자가 갖추어야 하는 자질에 대하여 설명하기로 한다. 캇즈(Robert Katz)에 의하면[46] 이러한 자질을 크게 3가지로 구분하여 설명하고 있다.

첫째, 전문적이고 기술적인 실무능력(technical skills)

기술적인 자질이라 함을 전문적인 분야에서 맡은 바 업무를 이해하고 그것을 능수 능란하게 수행할 수 있는 능력을 말한다. 이 기술적이 자질은 밑에서 설명하는 다른 두 가지의 자질과 비교하여 상대적으로 누구나 쉽게 이해할 수 있는 것이다. 예를 들어서, 생산 부서를 맡고 있는 부서장은 최소한 제품을 생산하는 방법에 대해서는 전문가일 것이고, 공인 회계사는 회계업무에 관한 한은 남들보다 더 풍부한 지식과 능력을 가지고 있을 것이다.

둘째, 원만한 인간관계를 유지할 수 있는 자질(human skills)

조직은 사람이 모여 있는 곳이다. 따라서 일상적인 일 중의 한 가지가 사람을 만나는 일이다. 인간적인 자질이라 함은 조직구성으로서 다른 구성원과 원만한 인간관계를 유지하는 것은 물론 단위조직의 장으로서 부하직원들과의 마찰 없이 순조롭게 업무를 통솔하는 능력을 말한다. 이러한 자질을 가진 사람일수록 다른 사람과 대화를 많이 하고 상대방의 이야기를 경청할 줄 알아야 한다.

또한 동기부여를 통하여 부하직원들의 항상 좋은 분위기, 신바람 나는 분위기에서 일을 할 수 있도록 함으로써 주어진 목표를 효율적으로 달성하게 된다.

셋째, 나무를 보지 않고 숲을 볼 수 있는 능력(conceptual skills)

조직을 운영하는 데 있어서는 조직내에서 세부적으로 능수 능란하게 업무를 수행하는 능력도 필요하지만 조직 밖에서 전반적으로 조직이 지금 어떠한 방향으로

46) Robert Katz, "Skills of an Effective Administrator," Harvard Bussiness Review, 1955

가고 있으며, 조직이 속한 사회가 어디이며, 기업인 경우 지금 어떠한 사업에서 활동하고 있으며, 그 산업이 어떠한 특성을 가지고 있는가를 파악하는 능력도 필요하게 된다. 다시 말하여, 숲 속에서 나무만 보지 않고, 숲 밖에서 숲 전체를 보는 안목과 능력이 필요하다는 것으로, 위에서 설명한 2가지의 능력에 비하여 상대적으로 추상적인 능력이라고 할 수 있겠다. 이러한 능력은 경영자 계층별로 모두 요구되는 자질이기는 하지만 상위경영자에게 더 많이 요구되는 능력이라 할 수 있다.

능력 요소	기억력 웅변·달변 예리한 눈 잘난 얼굴	상상력 눌변 힘있는 눈 부담없는 얼굴	창조·판단력 진실된 말(logos) 바보스러운 눈 매력있는 얼굴
	I 육안	II 심안	III 혜안
		경영의 안목	

[그림 4-4] 경영의 안목과 능력요소

03 전문경영자의 출현

(1) 전문경영자의 생성

- 소유와 경영의 분리 : 현대적인 기업에서 경영관리의 실권과 리더십을 행사하는 전문경영자는 소유권자와 종업원의 중간에 위치하는 계층이며, 최고경영자들과 라인 및 스텝으로서의 중간경영(관리)자들로 구성된다.

전문경영자(professional manager)는 주식회사제도의 발달에 따라 이른바 소유와 경영의 분리를 계기로 하여 생성하게 되었다. 즉, 기업이 대규모화됨에 따라 개개의 기업은 그 활동을 위하여 큰 자본을 필요로 하므로 기업가 자신의 자본만으로는 해결할 수 없는 사태에 직면하게 된다. 그래서 보다 광범위하게 자본을 조달하는 제도로서 주식회사제도의 출현을 보게 된다. 그래서 보다 광범위하게 자본을 조달하는 제도로서 주식회사제도의 출현을 보게 된다. 이 제도의 발달에 따라 출자자 수는 상대적으로 증대되고, 그들이 모두 기업활동을 관여한다는 것은 극히 비능률적이거나 불가능하게 되었다. 그래서 출자라는 기능을 담당하는 주체와 매니지먼트라는 사태를 계기로 하여 매니지먼트라는 기능을 전담하는 전문경영자가 등장하게 되었다.

그런데 소유와 경영의 분리는 그 생성과정의 내용에서 보면 형식적인 분리와 실질적인 분리로 구분될 수 있다. 전자는 소유와 경영의 지배의 각 기능이 소유자에게 귀속된 현상에서 경영만이 분리된 상태를 말한다. 출자자가 소유기능과 지배기능을 다하고 전문경영인에게 경영기능만을 맡기는 상태이다. 이에 비해 후자는 이미 소유기능을 다하지 않은 상태에서 지배기능도 분리하여 경영자가 경영기능을 실질적으로 다하는 상태를 말한다.

(2) 전문경영자의 특징

주식회사의 대규모화에 따라 소유와 경영의 분리는 기업경영에 있어서 전문지식과 기능을 요구하게 되었다.

이러한 소유와 경영의 분리현상은 다음과 같은 두 가지 사실에 근거하고 있다.

첫째, 기업을 유지하고 발전시키기 위해서는 많은 자본이 필요하게 된다. 따라서 사회로부터 자본을 조달하는 과정에 주식이 소수의 주주로부터 다수의 주주에로 광범위하게 분산되어 대주주의 지주비율이 낮아지게 된다[그림 4-5 참조].

이와 같은 현상을 달리 생각해 보면 기업의 규모가 작은 경우에는 소유자가 소유경영자(owner manager)로서 기업을 지배하고 경영할 수 있었지만 규모가 커지고 주식의 분산이 광범위하게 되면서 소유자가 바로 지배자이며 경영자가 되기는 사실상 불가능하게 되었다. 물론 대주주에 의한 지배가능성은 있기는 하나 대주주 자체의 지주비율은 낮아지기 때문에 어려운 형편이다.

둘째, 주식회사가 대규모화됨으로써 복잡화되면 경영직무를 운영하기 위해서는 고도로 전문화된 지식과 경영능력을 갖춘 전문가, 즉 전문경영자(professional manager)가 요구된다. 결국 주식회사제도를 통한 소유와 경영의 분리라고 하는 현상은 전문경영자지배의 확립을 의미하게 된다.

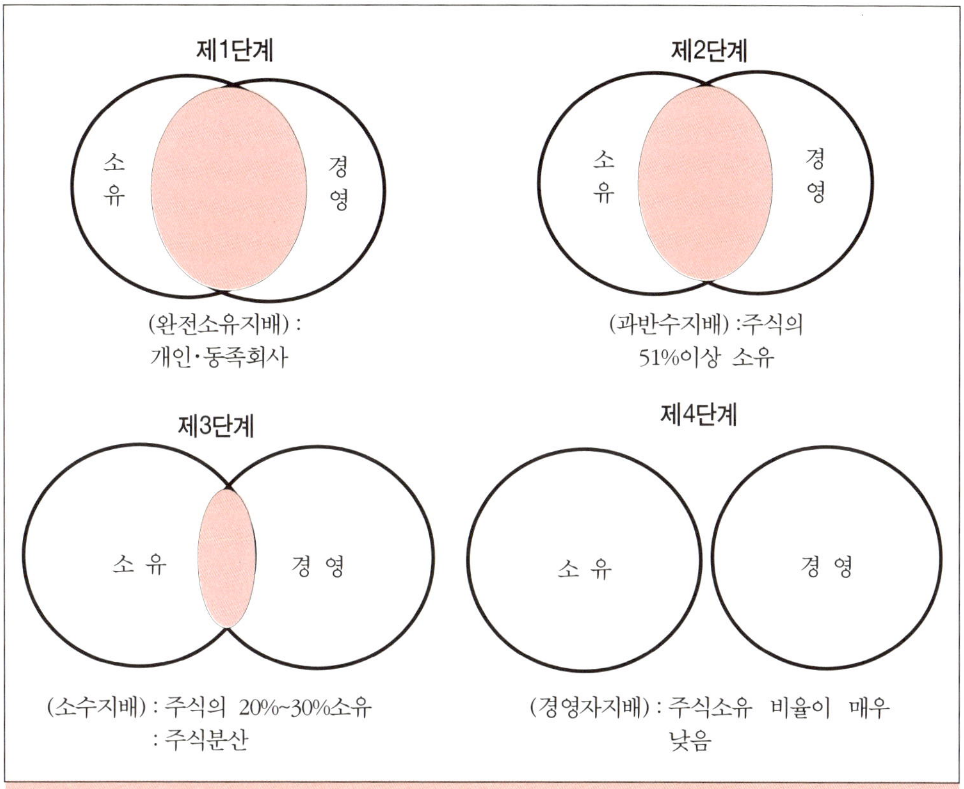

[그림 4-5] 소유와 경영(지배)의 분리

이와 같이 등장한 전문경영자는 다음과 같은 특징을 지니고 있다.

- 전문경영자는 생산수단의 소유에 의하지 않고서도 경영자로서 전문적인 지식, 경험, 능력에 의하여 경영자로 선임된다.
- 전문경영자는 단순한 경험이나 직감력에 의존하는 것이 아니라 전문적인 지식체계의 응용으로서 경영관리 직능을 수행한다.
- 전문경영자는 기업의 유지와 성장을 꾀하는 전문적인 기관으로서 경영관리 직능을 수행한다.
- 전문경영자의 개인적 동기는 기업의 유지와 성장의 목적을 일체화 한다.

(3) 경영자의 기업지배

주식회사제도를 통한 소유와 경영의 분리경향은 전문경영자 지배의 확립을 의미하게 되었는데, 이 때문에 지배형태에 관한 많은 실증·연구가 이어지고 있다.

결국 이와 같은 현상은 자본가로서의 기업가 기능에서 경영자 기능으로의 변화 및 발전을 의미한다. 다음에서는 이들에 의한 기업지배경향을 살펴보고자 한다.

1) 버얼과 민즈의 경영자 지배론

버얼(A. A. Berle)과 민즈(G. C. Means)는 처음으로 미국 대기업에 있어서 주식 소유의 분산과 경영의 지배형태를 실증·연구했다. 그들은 1930년 미국에서 금융업을 제외한 200개의 대규모 주식회사를 대상으로 주식분산의 실태를 규명해내었는데, 그들의 연구결과는 「근대주식회사와 사유재산제도」(The Modern Corporation and the Private Property)란 저서로서 발표되었다.

그들의 조사결과에 나타난 경영의 각 지배형태는 다음과 같은 다섯 가지 유형으로 구분하고 있다.

① **완전소유지배**(control through almost complete ownership) : 개인 또는 소집단이 전부 또는 대부분(80% 이상)의 주식을 소유함으로서 기업을 지배하는 경우

② **과반수지배**(Majority control) : 개인 또는 소집단이 과반수(50%이상)의 주식을 소유함으로써 기업을 지배하는 경우

③ **법적 수단에 의한 지배**(control through legal device) : 과반수의 주식을 갖지 않고 의결권주, 무의결권주, 의결권신탁 및 피라미드형 지주회사 등의 방법에 의해 지배하는 경우

④ **소수지배**(minority control) : 20~30%의 주식소유에도 불구하고 군소주주의 의결권 포기 또는 위임장의 수집을 통해 기업을 지배하는 경우

⑤ **경영자 지배**(management control) : 고도의 주식분산에 의해 대주주의 소유비율이 작아졌기(20% 미만) 때문에 대주주에 의한 지배가 불가능하게 되어 경영자의 경영권이 높아지게 되었다.

그들은 이 조사를 통하여 몇 가지 중요한 사항을 지적하고 있다. 즉,

- 미국경제는 200개의 대구모회사(금융기관은 제외)에 의하여 지배되고 있으며,
- 소유와 경영의 분리에 의하여 이들 대회사의 대부분은 주주에 의해서가 아니라 그들의 수탁에 의한 경영관리자인 경영자, 즉 전문경영자에 의하여 실적으로 지배되고 있고,

• 주주들은 자본의 공급자로서 단순한 위험부담자에 불과한 실권이 없는 명목상의 소유자임을 밝혀내었다.

이와 같은 실증적 연구에서 도출된 현상을 경영자지배라고 하고, 이를 중심으로 하는 경영이론을 경영자지배론이라 한다.

2) 버어남의 경영자혁명론

경영자지배론은 버어남(J. Burnham)의 경영자혁명론에 이론적 기초를 제공하였다. 경영자혁명론은 1941년 버어남의 저서 「경영자혁명」(The Managerial Revolution : What is happening in the world?)에서 자본주의사회가 발달하게 되면 다음 사회는 사회주의사회가 오는 것이 아니고 경영자사회(managerial society)라는 것을 이론적으로 증명하려 했다. 그는 관리자에 의한 경영관리지배의 역사적 필연성을 강조하고 경영자에 의한 생산수단의 지배를 주장하고 있다. 즉, 자본가적 사회에서는 생산수단을 소유하는 자본가계급이 지배계급인 사회인데 대하여 새로운 경영자사회에서는 경영자계급이 사회의 지배계급이 된다. 이에 대한 논증으로서, 첫째, 자본주의하에서는 소유와 경영의 극단적인 분리현상으로 말미암아 기업의 지배권이 주주로부터 노동자에게로 귀속되는 것이 아니고, 제3의 계급인 경영자에게 실질적으로 귀속되며, 둘째, 사회주의 하에서도 기업의 지배권은 국가나 노동자 혹은 노동조합도 아닌 제3의 계급인 경영자에게 귀속되기 때문이라는 것이다.

이와 같이 자본주의사회나 사회주의 사회를 불문하고 기업의 지배자가 결국 국가와 사회의 지배계급이 되는데, 경영자가 사회를 지배하기에 이른 사회를 경영자사회라고 하였다. 그리하여 현대는 바로 이러한 새로운 사회체제로 변화되고 있는 사회적 변혁기라고 말하면서, 이러한 변혁과정을 가리켜 특히 경영자혁명(managerial revolution)이라고 주장하였다.

그러나 버어남은 이 같은 경영자사회를 결코 장래의 이상적인 사회로서 예언하지는 않았다. 그는 경영자라고 하는 특정집단이 자본가를 대신하여 지배계급이 되어 그 직능적 지위를 이용하여 다른 사회집단을 착취한다고 생각하였다.

요컨대 경영자혁명론은 경영자지배론이 진일보한 것으로서 경영자에 의한 생산수단의 관리현상을 중시하고 장차 다가올 경영사회에 있어서 자본가계급에 대신하여 경영자계급이 지배계급으로 등장하게 될 것이라고 주장하고 있는 것이다.

3) 갈브레이스의 테크노스트럭처론

미국의 갈브레이스(J. K. Galbraith)는 1967년 그의 저서 「신 산업국가」(The New Industrial State)에서 미국경제의 실정을 전형적으로 고찰하여 수립한 독특한 개념으로서 그는 오늘날 미국의 산업체제에 있어서 거대기업을 좌우하는 기관을 테크노스트럭처(technostructure)라 하였다.

그는 대규모화된 기업에 있어 유효한 의사결정이 이루어져 효과적인 경영정책이 실행되기 위해서는 모든 스탭(staff)들이 전문지식과 경험 및 능력에 의존하지 않을 수 없다. 그리하여 그는 이러한 고도의 과학·기술·계획활동 및 이에 따른 조직활동에 대한 조정업무의 담당자에 의해 구성되는 조직을 테크노스트럭처라 지칭하였다.

이 개념은 경영관리에 있어서 ① 의사결정에 참가하는 집단, ② 이들 참가에 의해서 형성되는 기업내의 의사결정조직을 말한다.

이상과 같은 의미의 테크노스트럭처는 버어남의 '경영자혁명론'에 있어서의 경영자보다는 훨씬 넓은 개념이며, 현대 자본주의의 지배세력으로서 사회변동의 원동력적인 역할을 담당하는 집단이다. 따라서 테크노스트럭처는 관료제적 조직이 빠지기 쉬운 기능마비증상을 구제하는 방안으로서 새로운 각광을 받고 있다.

기업에서 테크노스트럭처의 범위는 전문경영자, 기술자, 사무원, 공장노무자의 대표 등이 포함된다고 할 수 있다.

사례

사례에서 배우는 히딩크식 경영

1. 히딩크에서 배우는 지식경영

요즈음 우리 국민의 최고 영웅으로 떠오른 사람은 거스 히딩크 한국 축구대표팀 감독!

히딩크 감독은 그 동안 월드컵에서 단 1승도 거두지 못한 한국 축구를 폴란드, 포르투칼, 이태리, 스페인을 당당하게 이겨 세계 4강에 진입시킨 주역이다 또한 2006년 독일 워드컵에선 호주를 16강에, 2008년도 EURO CUP에서는 러시아를 4강까지 올려 놓았다.

'히딩크 신드롬', '히딩크 경영학'이라는 신조어를 만들어낸 그는 현재 '최고의 리더, 최고의 경영자(CEO)'로 칭송받고 있다. '아시아' 수준의 한국 축구를 세계적 수준으로 끌어올린 히딩크의 팀 운영 '지식경영'을 통해 세계적 수준으로 도약하려는 기업에 많은 교훈을 주고 있다.

〈거스 히딩크〉

히딩크 경영과 한국적 마인드

히딩크는 부임하면서 한국 축구의 장·단점 파악에 들어가 기술은 어느 정도 되지만 체력은 수준 이하라는 뜻밖의 결론을 내렸다. 지금까지의 한국 축구 전문가들과는 정반대의 판단을 내린 것이다. 그리고 그는 월드컵 시작 전까지 기초적인 체력단련, 즉 파워 프로그램을 실천해 한국선수들의 체력 보강에 힘썼다.

히딩크는 부임하면서부터 철저히 실력 위주로 조직을 짰다. '유명하고 인기있는' 선수보다는 '실력이 뒷받침된 유능한' 선수를 뽑는 것을 철칙으로 삼았다. 히딩크는 전술적응력, 개인기, 체력면에서 어느 하나라도 부족한 선수라고 판단하면 가차 없이 대표팀에서 탈락시키곤 했다. 그 과정에서 그는 선수 하나하나에 대해 방대한 자료를 만들어 끊임없는 분석과정을 거쳤다. 이러한 것은 한국적 마인드와 부딪히는 결과를 유발하여 반발심도 사서 초기에는 그에 대한 비판적인 보도가 나오기도 하였다.

히딩크의 축구와 창조적 플레이

히딩크는 지난 3월 유럽 전지훈련이 끝난 뒤에 '공격에서의 창조적 플레이'를 강조했다. 스트라이커 뿐만 아니라 미드필더들도 '생각하는' 축구를 통해 공격 기회를 스스로 만들어 내야 한다는 것이다 한국 축구에 백패스가 많아진 것도 이런 이유다. 무자정 개인 돌파를 시도하거나 전진패스를 하기보다 기회를 노리라는 것이다.

생각 없이 뛰는 축구보다는 무엇을 하여야 할까하는 창조적플레이를 하였으며 기업의 성공도 물건을 만드는 것보다는 '창조적인 지식을 만드는 노력을 했는가'에 달려 있다. 기업들이 각종 제안제도를 활성화하는 것도 직원들에게 '생각하면서 일하게' 만들기 위해서다.

멀티플레이어-역할에 대한 공유

히딩크도 선수들의 멀티플레이어 역할을 강조했다. 각 선수들은 각자의 주요 임무 외에도 다른 포지션을 소화할 줄 알아야 한다는 것이다. 그래야만 11명 가운데 한 두 명이 빠지더라도 전력에 차질을 빚지 않는다는 판단이다. 지식경영 관점에서 보면 지식공유를 통해 조직 내 전력손실을 최소화한다는 것과 맥이 통한다. 실제 히딩크의 이 같은 지식공유는 용병술로 표출됐다. 이탈리아와 맞붙은 8강전에서 후반 중반까지 0대 1로 뒤진 가운데 3명을 잇달아 교체했다. 놀라운 점은 3명의 수비수를 빼고 대신 3명의 공격수를 투입한 것. 6명의 공격수로 대처하여 모든 사람은 의외라고 생각했다. 하지만 교체 후 11명은 전과 다름없이 톱니바퀴 같은 조직력을 발휘했고 공격력은 배가됐다. 결국 2점을 뽑아내 이탈리아 전을 승리로 이끌었다. 남들은 용병술의 승리라고 하지만 비밀은 바로 멀티플레이를 할 수 있는 '지식의 공유'라고 할 수 있다.

▮ '압박'은 유기적 조직의 상징

이번 월드컵에서 한국을 상대한 팀들이 내린 평가는 한결같이 '한국이 압박에 강하다'는 것이다. 압박축구란 상대편이 공을 잡을 때 한 명이 아닌 여러 명이 벌 떼처럼 달려들어 공을 빼앗는 방식이다. 공을 가진 선수는 치고 들어갈 공간이나 패스 통로를 차단 당한 채 공을 빼앗길 수밖에 없다. 한국은 이번 월드컵에서 미드필드에서 강한 압박축구를 구사해 상대방의 공격을 차단했다. 폴란드, 미국, 포르투갈, 이탈리아, 스페인 등 아무리 강팀과 상대해도 한국팀의 수비가 쉽게 뚫리지 않았다. 이는 조직의 일사불란한 움직임과 원활한 협력이 뒷받침되지 않고서는 곤란하다.

2. 히딩크 '리더십'과 벤처기업 CEO

우리는 지금 히딩크를 'CEO'이라 부른데 주저하지 않고, 모든 'CEO'가 그렇듯 그 또한 교훈을 남기고 있다. 또한 그의 리더십을 한국 정치나 재계에 접목시키는 논리가 개발되고 있다. 그런데 '히딩크 교훈'이 가장 잘 접목될 곳이 벤처기업이고, 가장 열심히 학습해야 할 사람도 벤처기업 CEO이다. 꿈과 비전으로 '無에서 有를 창조'한 교훈이기 때문이다.

• 제1교훈 : 도전 정신

2000년 12월 히딩크가 한국을 택한 것은 '모험' 그 자체였다. 그는 98년 프랑스 월드컵에서 네덜란드를 4강에 올린 명장이었다. 하지만 당시 한국은 월드컵 5회 출전에 4무 10패의 성적을 낸 초라한 팀이었고, 단 1승도 올려본 적이 없었다. 그동안 수많은 국내 감독들이 책임을 지고 경질됐고, 누가 감독이 돼도 결국 경질될 운명일 수밖에 없는 곳이 바로 한국팀이었다.

그러나 히딩크는 결국 '한국'을 선택했고, 경질될 수도 있는 운명에 과감히 '도전장'을 던진 것이다. 이것은 '無에서 有로 창조하는 벤처정신'이다.

• 제2교훈 : 비전 제시

"한국 선수의 자질은 충분하다". 한국 부임 후 히딩크의 일성이다. 16강 꿈에 대해 모두가 의심할 때 그는 비전을 가지고 있었다. 그리고 그 비전을 선수들에게 불어넣었다. 자질을 갖고 있기 때문에 잘 조직하면 16강이 가능하다는 논리였다. 한때 프랑스와 체코에 연속으로 0-5로 대패하면서 비전이 흔들리기도 했었지만, 그는 소신대로 밀고 나갔고, 결국은 그가 옳았다. 우리 선수에겐 자질이 있었고 비전은 헛된 꿈만이 아니었다. 지금은 실현 가능한 단계에 있고 그의 카리스마 지도력이 유난히 돋보이고 있다.

• 제3교훈 : R&D 투자

히딩크가 유난히 강조한 것은 '체력'이다. 축구에서 '체력'은 기업으로 치면 'R&D'와 비슷할 것이다. 당장 성과로 나타나지 않는다는 점에서 그렇다. 히딩크가 그렇듯 R&D에 지나치게 매달리고 성과를 내지 못하면 기업들도 주주들의 아우성에 괴롭기는 마찬가지지만, 이 둘은 또 축구나 기업 모두에게 기본이 된다는 점에서 비슷하다. 기술이 없는 기업이 영생할 수 없듯 체력 없는 팀의 한계도 분명할 것이다.

• 제4교훈 : 비즈니스 모델 확립

R&D 투자는 비즈니스 모델 확립에 따른 것이다.

즉, 히딩크의 독특한 체력강화 프로그램은 승리할 수 있는 최소한의 요건을 갖추는 것이다. 유럽 팀에 약한 변모를 일신시키려면 체력 강화에 대한 투자가 불가피했던 것이다. 그래야만 최소한 '지지 않는 경기'를 할 수 있을 것이다. 그런 다음에 '이기는 게임'을 할 수 있을 것이다. 기업으로 말하자면 성공적인 비즈니스 모델 개발이다. 히딩크의 비즈니스 모델은 R&D투자에서 얻은 '강인한 체력을 바탕으로 한 빠른 조직 축구'라 할 것이다.

• 제5교훈 : 시스템 경영

히딩크는 '강인한 체력과 빠른 조직 축구'란 비즈니스 모델을 달성하기 위해 시스템 경영을 도입했다고 할 수 있다. 비즈니스 모델이 히딩크에겐 '조직축구'이다. 대표적인 예가 튀는 스타의식에 대한 경고이다. 특출한 능력을 가지고 있으면서도 스타의식 때문에 자칫 조직 축구에 해를 끼칠 것으로 우려됐던 A선수와 K선수에 대한 오랜 경고가 사례이다. A와 K는 1년가량 대표팀에서 탈락한 뒤 최근에는 히딩크호에 꼭 필요한 선수가 되었다.

• 제6교훈 : 투명성과 리더십

지금까지 한국 대표팀을 맡았던 국내 어느 감독보다 히딩크가 강점을 가진 게 바로 이 분야이다. 그에겐 원래 어느 선수이건 친소가 있을 리 없다. 오로지 비즈니스 모델을 달성하기 위한 최적의 선수만이 필요했을 것이다. 그리고 그 기준은 '체력'과 '기량'이었을 것이다. 이방인으로서 국내 축구인으로부터 질시의 대상이었을 그는 어디서도 부정을 저지를 수 없는, 그래서 척박한 경영을 할 수밖에 없었을 것이다. 이 때문에 히딩크 리더십은 '원칙주의'로 표현된다. '투명경영'이라 할 수 있다. 온갖 비리로 얼룩진 우리 산업계엔 큰 교훈이 아닐 수 없다.

• 제7교훈 : 국제적감각의 경영

국내 감독이 갖지 못한 히딩크의 최고 가치이다.

그가 글로벌 경영을 한다는 것은 그가 서구인이고 선진 축구를 잘 안다는 의미만은 아니다. 그의 철학 자체가 글로벌 경영과 딱 어울린다. 막판 평가전에 스코틀랜드, 잉글랜드, 프랑스 등 세계 최강팀과 결전을 벌이도록 한 게 그렇다. 이는 일본 팀 감독인 트르시에의 정책과 대별되며 세계의 관심을 끌기에 충분했다. 결국 한국팀이 넘어야 할 산은 유럽의 최강팀들이고 이를 넘지 못하면 지금까지 쌓아온 모든 게 사실상 누각에 불과하다는 판단이 적중한 것이다. 결국 히딩크호는 막판 평가 전부터 빛을 발하기 시작해 성공으로 이끌었다.

삼성, LG, SK 등 대기업 모두 글로벌 경영을 외치고 있고 벤처기업도 수출만이 살 길인 상황이어서 히딩크의 과감한 시도가 더 돋보인다. 물론 오늘날 한국 축구가 올린 성과가 모두 히딩크만의 몫은 아니다. 23명의 선수들과 스탭, 연이은 패배에도 불구하고 한국의 상징이 된 '붉은 악마'의 열광적인 응원, 그리고 '붉은 악마'와 함께 흔들림 없는 응원 대오를 갖춘 5천만 국민 모두의 열정과 꿈이 어우러져 나타난 결과일 것이다. 하지만 히딩크의 국제적사고와 세계에 통하는 기술 프로그램이 없었다면 한국 축구의 월드컵 4강은 없었을 것이다.

연습문제

1. 기업가와 전문경영자의 특성을 비교 설명하시오.
2. 경영자의 역할과 기능에 대해 서술하시오.
3. 갈브레이스의 테크노스트럭처론에 대해 설명하시오.
4. 경영자 지배론을 설명하시오.
5. 경영자 혁명론을 설명하시오.
6. 다음을 간략히 요약하시오.

   ① 소유 경영자 ② 고용 경영자 ③ 전문 경영자
   ④ 라인 경영자 ⑤ 스텝 경영자 ⑥ 직능 경영자

제5장

기업형태

제1절 기업형태의 의의

기업을 경영함에 있어서 필요한 자본을 조달하고 가용자원을 적절히 운용하는데 있어 기본적으로 검토해야 할 사항은 기업이 어떠한 형태를 취하고 운영되어야 할 것인가 하는 점이다.

기업(enterprise)이란 사유재산제도를 전제로 하는 자유시장경제 체제의 경제단위로서, 영리추구를 목적으로 하는 생산경제로서의 개별 경제 주체이다. 오늘날 자본주의 경제사회 내에는 이 같은 기업 이외에도 물질적 생활자원을 생산하는 개별경제가 여러 가지 있다. 예를 들면, 농가 혹은 소상공업자 등이 영위하는 바와 같은 자본주의 이전의 경영형태의 기업, 그리고 협동조합, 또는 국가 및 공공단체가 영위하는 공기업과 같은 자본주의 영역이라 규정하기 힘든 경영형태를 들 수 있다. 그러나 일반적으로 자본주의 경제사회의 경영형태를 특징짓는 것은 기업이며, 이러한 기업이야말로 일반적으로 생산을 담당하는 개별경제라 할 수 있다. 그러므로 오늘날 자본주의 경제사회에서 생산을 담당하는 개별경제로서의 경영형태를 말할 때 기업을 떠나서는 생각할 수 없다고 해도 과언은 아니다.

경영의 제도적 특성을 구명하기 위해 종래의 기업 형태에 관한 연구가 지속적으로 전개되었다. 그러나 그 접근 방법에 있어서는 주로 기업의 법률적 형태와 경제적 형태에 관한 양층구조적 접근이었다. 즉, 기업의 자본출자관계의 법률적 구조를 중심으로 하는 법률 형태와 기업에 있어 소유와 경영의 경제적 구조를 중심으로 하는 경제적 형태에 관한 양층구조적 접근인 것이다.

여기서 한걸음 더 나아가 경영학의 독자적인 형태론의 확립이 요청되어 경영유형론, 혹은 기업형태론이 구상될 수도 있다.[47)]

기업 형태(forms of enterprise)는 일반적으로 법제적인 접근에 의하여 출자, 경영, 지배,[48)] 책임 등을 체계화시키는 방식에 따라 분류되는 기업의 유형을 뜻한다.

우리나라의 기업형태는 법률에 의하여 민법 및 특별법에 의한 조합, 상법상의 합명회사·합자회사·유한회사·주식회사와 특별법에 의한 회사 및 공사 등이 있다. 이와 같은 법적인 형태에 따라 특정의 형태를 갖추면 그 규정에 따라 출자·운영·권리·의무는 제약을 받게 된다. 기업이 어떠한 형태에 따를 것인가는 자유이나, 일단 선택된 것이 합명회사라면 합명회사에 관한 법률규정에 따라 창설·운영을 해야 한다는 뜻이다.

01 기업형태의 분류

기업의 형태는 보는 관점에 따라 여러 가지로 나눌 수 있을 것이다. 또 학자에 따라 다른 의견을 제시하고 있으나 기업의 규모, 업종, 출자자, 법제도, 정부와의 관계 등을 토대로 다음과 같은 분류 기준을 제시할 수 있다.

① **규모에 의한 분류** : 기업을 경영하는 규모의 크기에 따라서 대기업·중기업 및 소기업으로 분류할 수 있다. 규모의 크기는 자본액, 매출액 또는 종업원수 등을 기준으로 하는 것이다.

② **업종에 의한 분류** : 기업이 종사하고 있는 업종에 따라서 공업, 상업, 광업, 금융업, 통신업 등으로 구분할 수도 있다.

③ **출자 성격에 의한 분류** : 기업의 출자자를 공·사별로 나누어 공기업·사기업 또는 공사공동기업 등으로 구분할 수 있다. 즉, 공기업은 정부나 공공단체에서 출자한 것이고, 사기업은 민간이 출자한 것이며, 또한 공사공동기업은 민간인과 정부 혹은 공공단체가 공동으로 출자한 기업의 형태이다.

④ **법률에 의한 분류** : 법률상의 규제에 따라 합명회사·합자회사·유한회사 또는 주식회사 등으로 구분할 수 있다.

---

47) O. Neuloh, Die Deutsche Bertiebsver und hbre Sozialform bis zur Mitbestimmung(Tubingen : 1959) p. 35.

48) 출자란 기업자본을 각출하는 것을 경영이란 경영조직을 통하여 기업을 운영하는 경영기능을 말하며, 지배란 경영직능을 담당하는 경영자를 임면하고, 자본운용에 대한 지배를 감독하는 것을 뜻한다.

⑤ **소유 방식에 의한 분류** : 소유 및 지배를 중심으로 하는 개인기업, 인적 공동기업, 자본적 공동기업 등으로 구분할 수 있다.

이와 같이 기업의 형태를 분류하는 기준은 여러 가지 있겠으나 기업 자본의 출자 관계에서 본 '기업의 법률 형태'와 경영 활동의 견지에서 실질적인 출자에 따르는 책임 부담의 관계에서 본 '기업의 경제 형태'에 의한 분류가 일반적이다. 기업의 경제 형태와 법률 형태의 분류는 다음과 같다.

〈표 5-1〉 기업형태의 분류

<table>
<tr><td rowspan="6">기업 형태</td><td rowspan="4">사기업</td><td>개인기업</td><td colspan="2">개인상인</td></tr>
<tr><td rowspan="3">공동기업</td><td>소수공동기업</td><td>합명회사, 합자회사, 유한회사, 협동조합, 민법상의 조합 등</td></tr>
<tr><td rowspan="2">다수공동기업</td><td rowspan="2">주식회사</td></tr>
<tr></tr>
<tr><td colspan="2">공기업</td><td colspan="2">국영기업, 정부관계사업, 지방공영기업, 공사, 공단, 금고</td></tr>
<tr><td colspan="2">공사공동기업</td><td colspan="2">특수회사</td></tr>
</table>

기업이 설립될 때 뿐만 아니라, 필요에 의해 자의든 타의든 기업 경영상 기업 형대의 재조정이 필요할 때가 있다. 이러한 경우 새로운 기업 형태는 다음의 각종 요소에 대한 검토를 통해 결정될 수 있다.[49]

① 기업조식의 편의성 및 비용

② 창업비 또는 소요 자본액

③ 기업채무부담의 한계

④ 기업의 종류 - 제조업·판매업·금융업 등

⑤ 기업의 소유주가 경영이나 지배권을 행사하고자 하는 정도

⑥ 이윤분배를 원하는 정도

⑦ 소유권의 양도성

⑧ 경영활동의 규모와 시장의 크기

49) Bayard O. Wheeler, Business, An Introductory Analysis, Richard D. (Irwin, Inc,. 1962), pp. 15-45.

⑨ 정부의 간섭 정도

⑩ 각종 기업의 조세 문제

제2절 사기업의 형태

01 개인기업(individual enterprise proprietorship)

개인기업(sole proprietorship)이란[50] 개인에 의해 출자·경영 지배되는 기업 형태로서 가장 원시적이며 자연발생적인 기업 형태이다. 따라서 경영상의 모든 위험과 손실을 직접 부담하고, 이윤도 단독으로 향유할 수 있으므로 단독기업(single enterprise)이라고도 부른다.

개인기업을 운영할 경우 발생되는 장·단점을 정리하면 다음 표와 같다.

〈표 5-2〉 개인기업의 장·단점

장점	단점
① 기업의 설립과 폐쇄가 용이하며 창업비가 적게 든다. ② 신속하게 의사결정이 이루어진다. ③ 위험 부담과 이익 취득을 단독으로 부담하기 때문에 기업 경영에 전력하게 된다. ④ 경영상의 기밀을 유지할 수 있다. ⑤ `법인세가 없어 세제상의 혜택을 얻을 수 있다.(개인소득세만 납부)	① 자본조달에 한계가 있다. ② 개인의 사업 능력에 한계가 있다. ③ 기업의 부채에 대한 무한책임을 진다. ④ 단순한 기업 형태이므로 개설이 용이 하므로 무계획적인 것이 되기 쉽고 사회 전체적으로 무모한 중복투자가 되기 쉽다. ⑤ 기업이 경영자 한 개인의 운영에 따라 좌우된다.

자료 : J. A. Reinecke, W.F. Schoell, Introduction to Business, 4th ed.(Boston : Allyn and Bacon, Inc., 1983), p. 73의 일부분을 구성

50) 개인기업이란 사기업 중 가장 옛날부터 존재했고, 아주 간단한 기업형태이다. 이는 개인상인의 경우가 좋은 예일 것이다. 개인 기업은 단독의 出資者(資本家)가 출자하여 자신이 이를 경영하고, 채권자에 대해서는 직접 무한책임을 지는 기업형태로서 '단독기업'이라고도 한다. 개인기업은 업무집행상의 열의, 신속성과 통일성, 비밀보존 등에서 출자자에게는 유리하지만, 회사형태에 비하면 자본규모의 약소, 자본축 적원천의 협소, 타인자본조달의 곤란, 대외신용의 약소, 개인의 지배능력의 한계 등 경쟁상 불리한 점이 많다. 따라서 개인기업은 소자본으로 손쉽게 경영할 수 있는 사업에는 적당하지만, 대자본을 필요로 하는 사업에는 부적당하다.

02 소수공동기업

개인기업의 단점과 한계를 극복하기 위해 등장한 것이 공동기업인데, 출자자의 수에 따라 소수공동기업과 다수공동기업으로 구분된다. 전자는 법률형태에 따라 인적인 성격을 지닌 인적공동기업으로서 합명회사, 합자회사 및 유한회사로 구분되며, 후자에는 자본적 성격을 지닌 자본적 공동기업으로서 주식회사와 협동조합이 포함된다.

(1) 합명회사(unlimited partnership)

합명회사[51]는 중세 유럽의 내륙 상업도시를 중심으로 발생한 '소키에타스(societas)'라는 공동기업을 그 기원으로 한다. 소키에타스는 출자자 상호간의 신뢰관계를 중심으로, 인적 통합 관계가 강한 것이 특징이었다.

합명회사는 2명 이상의 사원(출자자)이 공동으로 출자하고, 회사의 채무에 대하여 연대무한책임을 지면서 직접 회사 경영에 참여한다. 인적기업의 대표적인 기업형태로서 각 사원이 정관을 작성하고 법원에 등기함으로써 설립되는 것이다.

합명회사의 사원은 기업에 대해 절대적인 책임을 지니고 있어서 '무한책임사원'이라 한다. 따라서 혈연관계에 있거나 이와 유사한 관계에 있는 사람들 간에서 이루어지는 기업 형태이다.

회사 운영에 관한 의사결정뿐만 아니라 사원의 지분 양도에 있어서도 전사원의 동의가 필요하다. 개인기업의 특성을 다분히 지닌 공동기업이기 때문에 무엇보다도 자본조달상의 한계가 있어 대자본을 필요로 하는 회사에는 부적합하다.

합명회사는 무한책임사원만으로써 구성되는 회사가 되는데 각 사원이 회사에 대

---

51) '소키에타스'는 합명회사형태의 기초이다. 중세유럽의 내륙산업도시를 중심으로 가족공동체 내지 혈연관계를 기반으로 성립·발전하였다. 이 사업형태는 출자자 상호간의 신뢰관계를 중심으로 인적결합관계가 강한 성격의 것이었다. 한편 '코멘다'는 중세 이탈리아 및 북구의 해안상업도시에서 위험성이 많은 해상수송, 해상무역을 배경으로 성립된 것이다. '코멘다'란 본래 일종의 위탁계약관계(모험대차관계), 즉 위탁자는 해상기업자(수탁자)에게 상품 또는 자본을 위탁하고 그것에서 얻어지는 이익 및 손실에 관한 계약이며, 이 경우 위탁자는 그 출자액을 한도로 하는 유한책임을 지는 데 대해, 수탁자는 그 영업에 대한 전책임을 진 것이었다. 이러한 방식의 발달에 따라 점차로 이들 수탁자도 스스로 자금의 일부를 출자하게 되어 기능자본가와 무기능자본가의 결합형태가 성립되어 사회적으로 일반화되어 제도화된 것이 합자회사형태의 탄생인 것이다.

하여 출자 책임이 있음은 물론이며 회사채무에 대하여 만일 회사 재산을 가지고도 완제(完濟)할 수 없는 경우에는 사원이 연대하여 무한의 책임을 지며(212조), 정관에 다른 정함이 없는 경우에는 각 사원이 회사의 업무를 집행하고, 회사를 대표할 권한을 가지는 회사이다(200조, 207조). 합명회사에서는 사원의 인적 신용이 중시되므로 회사 재산은 비교적 중시되지 않으며 설립단계에서 출자를 이행할 필요는 없다(178조-180조). 뿐만 아니라 출자에 있어서도 재산 출자에 한하지 않고 노무를 출자한다거나, 회사를 위하여 보증을 하거나, 물적 담보를 제공하는 따위의 신용의 출자도 인정된다(222조). 또 합명회사는 사원간의 신뢰관계를 중시하고 이것을 유지하기 위하여 입사나 사원의 지위(持分)의 양도에 관하여는 다른 사원의 동의를 요하며(197조), 그와 동시에 법정사유(法定事由)가 있는 경우에 환의 청구에 의하여 법원의 판결로써 제명하는 제도가 인정되고 있다(220조). 상법에서는 합명회사를 사단법인으로 보고 있으나(169조, 171조). 실질적으로는 조합적(組合的)인 것이다(195조). 자본주의 경제가 초기적인 시대에 개인기업에서 공동기업으로 바뀔 때에 이 회사형태가 이용되었으나 자본주의 경제가 고도화하고 경쟁이 심해져 경영에 많은 위험이 따르게 된 이래부터는 지나치게 사원의 책임이 무거운 이 회사형태를 기업가들이 회피하는 바가 되었다.

(2) 합자회사(limited partnership)

합자회사는 무한책임사원과 자기의 출자범위 내에서 책임을 지는 유한책임사원으로 구성된다.

합자회사의 기원은 중세 이탈리아의 해안상업도시에서 위험성이 많은 해상운송 및 해상무역에서 발달한 '코멘다(commenda)'에서 찾을 수 있다. 코멘다란 일종의 위탁계약관계(모험대체 관계)로서, 위탁자인 'commendator' — 귀족, 지수, 상인 등 — 가 해상무역업자(수탁자)인 'tractator'-빈곤한 상인-에게 상품 또는 자본을 위탁하고 해상상업에서 얻어지는 이익의 분배 및 손실의 부담에 관한 계약이다.[52] 이 경우 위탁자는 출자를 한도로 하는 유한책임을 지고, 수탁자인 차주는 무한책임을 졌다. 이러한 방식의 발달에 따라 이를 수탁자로 스스로 자금의 일부를 출자하게 되어 경영을 담당하는 기능자본가와 담당하지 않는 무기능자본가의 결합 형태가 성립

52) 鄭守永, 신경영학원론, 박영사, 1991, p. 103.

되어 사회적으로 일반화되면서 새로운 형태의 기업이 대두하게 된 것이 합자회사의 기원이다.

합자회사는 합명회사에 비해 자본조달이 용이하며 자본적 기업의 형태에 가깝다. 유한책임사원은 책임이 한정될 뿐만 아니라 일상 업무를 수행하지 않으며 출자분에 대한 이익배당만 받는다. 이들은 직접 기업 경영에 참가할 수 없을 뿐만 아니라 전 사원의 동의 없이는 자기 자본마저도 인출할 수 없다는 문제를 지닌다.

합자회사를 설립하는 데에는 무한책임사원이 될 자와 유한책임사원이 될 자의 2인 이상이 정관을 작성하고 설립등기를 하면 된다. 합자회사의 정관에는 합명회사의 정관에 기재하여야 할 사항(179조) 외에 각 사원의 책임의 유한 또는 무한임을 기재해야 하며(270조) 또 그 상호 중에는 합자회사의 문자를 사용하여야 한다(19조). 합자회사(合資會社) 설립의 등기를 하는 경우에는 합명회사의 등기사항 외에 각 사원의 무한책임 또는 유한책임인 것을 등기해야 한다(271조. 1995년 12월 29일 전문 개정).

(3) 유한회사(private company)

유한회사(private company, Gesellschaft mit beschrankter Hauftung : G.m.b.H., societe a responsabilite limitee)는 1892년 독일에서 입법자들이 소수인에 의한 중소기업이 유한책임의 이점을 이용할 수 있는 회사형태를 새로이 고안하였는데 이것이 바로 유한회사이다. 우리나라 상법의 유한회사와 관련된 내용은 독일의 '유한책임회사법'을 모방한 것이다.

유한회사는 상업상의 회사로서 상행위 기타 영리를 목적으로 하여 설립한 사단법인이라고 할 수 있다(상법 제169조). 회사의 자본은 다수의 균등액으로 분할되고, 모든 사원은 그 인수한 출자가액에 대한 출자의무를 질 뿐 회사채권자에 대하여 아무런 책임을 지지 않는다. 즉, 사원은 유한책임을 진다는 점이 주식회사와 공통되는 점이라고 할 수 있다. 그러나 사원의 구성이 폐쇄적이고 사원상호간의 관계에 대하여는 사원총회에서 결정하는 점이 주식회사와 다르고 인적회사와 유사하다. 유한회사는 50인 이하의 사원으로 구성되고(상법 제545조 1항), 주식회사보다 그 설립·조직을 간편하게 하여 중소기업에 알맞도록 만든 것이며, 가족기업 또는 상호 친지간에 이용되는 수가 많다.

유한회사의 자본금은 1천만 원 이상으로 제한하고 있다(상법 제546조 1항).

그러나 개정안에서는 이를 삭제하여 소액의 자본금으로 유한회사의 설립이 가능하게 하였다. 출자금도 1좌 5000원이었으나 100원 이상으로 변경하였다.

그리고 사원은 그 출자좌수에 비례한 지분(출자자로서의 권리·의무)을 가지나, 지분을 타인에게 양도시는 사원총회의 승인을 요한다(상법 제556조). 유한회사의 사원총회는 이사 및 감사의 선임 기타 중요한 사항에 대하여 결의한다. 또한 감사는 임의규정(상법 제568조1항)이므로 반드시 두어야 할 필요는 없다. 그런데 유한회사는 유한책임제도, 균일분할출자제도, 전문경영자제도 등 주식회사의 장점을 중소기업에 알맞도록 한 형태라 하겠다(상법 제545조~637조).

(4) 조합

민법상의 규정에 의해서 2인 이상이 공동 출자하여 공동 사업을 경영할 것을 약정함으로써(민법 제703조) 그 효력이 발생하는 기업형태이다. 출자는 사업을 경영하기 위한 자본으로서 금전, 기타재산, 노무 또는 신용을 제공한다. 반드시 금전일 필요는 없고 사무실, 물품, 노동력 제공도 가능하다. 조합구성원 모두가 업무집행을 담당하며 무한책임을 진다. 법인이 아니고 조합이기 때문에 권리·의무의 주체와 자산 및 부채도 조합원에 속한다. 조합대리는 조합으로부터 대리권을 부여받아 대리한다. 즉 민법상 조합에는 법인격이 인정되지 않으므로 조합의 대외관계는 전적으로 대리에 의하게 된다.

이러한 민법상의 조합이 설립되는 경우에 ① 일시적 거래로서 공동 사업을 경영하는 경우와 ② 공·사채와 주식을 공동으로 인수하기 위해 증권인수단(syndicate)을 결성할 경우 및 ③ 사업창설시의 과도적 형태 또는 단기적 사업의 기업형태가 필요할 경우 등을 볼 수 있다.

(5) 익명조합(undisclosed association)

익명조합은 직접 업무를 담당하고 무한책임을 지는 상인인 영업자(Inhaber des Hand- elsgesdchafts)와 무한책임의 익명출자자인 익명조합원(stiller Gesellschafter)으로 구성되는 기업형태이다. 즉 일종의 동업계약으로 한쪽은 영업만하고 다른 한쪽은 단순히 출자만하고 수익을 나눠 받기만 한다. 익명조합도 합자회사와 마찬가지로 중세의 '코멘다'에서 유래되었고, 법률적으로는 익명조합원이 영업자를 위해 출자하며, 그 영업에서 얻은 이익을 분배하는 것을 약속하는 계약(상법 제78조)이다.

익명조합원은 채권자의 입장에 있고 영업에는 참가하지 않는다. 외견상으로 영업자 개인의 단독기업과 같이 보인다. 또 익명조합원은 자기 명의를 공표하지 않고 기업투자를 하려는 자이며, 영업자는 자기의 경영지배권을 잃지 않고 자본조달을 할 수 있는 편의가 있다. 그러나 익명조합의 결점으로서는 출자자의 성명(익명조합원의 존재)이 공표되지 않고, 또한 자본금액이 공표되지 않기 때문에 사회적 신용을 얻는 능력이 약하다는 결점이 있다(상법 제78조~86조).

제3절 다수공동기업

소수공동기업의 제약 요인은 자본 조달의 어려움과 출자자와 경영자의 미 분리로 인한 경영의 비능률로 지적된다. 이러한 제약 요인을 극복하기 위해 나타난 기업 형태가 자본적 공동기업(다수공동기업)이다. 즉 소유와 지배를 중심으로 경영에 직접 관계하지 않는 다수로부터 거액의 자본을 조달하고, 전문경영자가 이를 관리 운영하는 기업이 다수공동기업형태이다. 다수공동기업에는 주식회사와 협동조합을 들 수 있다.

01 주식회사

(1) 주식회사의 기원

역사적으로 주식회사의 선구를 1407년에 설립된 제노아의 산 졸지오은행(Casa die San Giorgio)으로 보는 설 이외에도 구구한 학설이 있다. 그러나 오늘날에는 1602년에 설립된 네덜란드(Netherlands)의 동인도회사[53](East India company)가 주식회사의 선구라고 보는 것이 통설이다. 1600년에 영국의 동인도회사가 먼저 설립했지

53) 네덜란드의 동인도회사는 당시 인도무역에 종사한 다수의 소규모 회사와 선박공유 단체가 합동한 것이며, 회사의 자본을 균일한 무기명주식으로 분할하고, 그 양도를 자유로 한 것은 근대주식제도와 같다. 이 동인도회사의 설립 이래로 유럽제국에는 이러한 종류의 무역회사가 많이 설립하게 되었다. 더욱이 이러한 종류의 회사는 무역업뿐만 아니라 원양어업, 해상보험, 은행업, 화재보험업, 광산업과 각종의 기업에 확장되었다.

만 주식회사의 형태가 된 것은 1657년 이후였다. 대항해 시대에 포르투갈 · 스페인의 뒤를 쫓아 동방무역에 참가한 네덜란드는, 1595년부터 1601년까지 「先驅會社(Voor-Compagnieen)」라고 불리는 공동출자 형태의 회사를 만들어 65척의 배를 아시아로 보냈다. 여기에서의 선구회사는 항해마다 청산되기 때문에 「당좌 기업(Gelegenheits GeSellschaft)」이라고 불렀다. 당좌 기업을 포함한 네덜란드 동인도회사(VOC: Verenigde Oostindisch Compagnie)는, 1602년에 특허장에 나타난 10년의 기간(물론 연장 할 수 있음)을 갖는 「영속적 기업」으로서 성립되어 「당좌 기업으로서의 선구 회사」와 구별되어 「주식회사」의 기원으로 보고 있다.

〈네덜란드 동인도회사의 로고〉

우리나라에서는 1897년에 주식회사 한성은행이, 1899년에는 주식회사 대한천일은행이 창립되었다.

(2) 영국의 남해포말사건(South Sea Bubble)

런던증권시장에서의 동인도회사를 비롯한 주식의 폭등과 폭락의 사건이며, 투자에 참가한 다수의 사람이 큰 손실을 입은 사태가 발생되었는데, 이것은 이미 당시의 다수의 무역회사가 주식회사로서 설립·운영되었다는 것과 증권시장이 성립되어 투기적인 매매가 활발하게 되었다는 주식회사제도의 일정한 발달단계를 나타낸 사건이었다. 이 사건 때문에 영국에서는 주식회사의 설립을 허가제로 하여 이에 제한을 가하게 되어 보급에 지장을 가져오게 되었다. 그러나 산업혁명을 거쳐 본격적인 자본주의의 발전과 더불어 철도는 물론 각종 기업에서도 주식회사형태를 갖는 기업이 증대되어 19세기에 들어가서는 본격적인 주식회사제도의 보급시대를 맞이하게 되었다.

(3) 주식회사의 의의

자본적 공동기업으로서의 주식회사는 자본주의의 꽃이기도 하며 경영학의 학문적 연구 중심을 이룬다. 주식회사(joint stock company, stock corporation)는 자유시장 경제와 대기업의 상징이며, 각종 산업 분야에 걸친 수많은 대규모 기업들을 운영하는 데 필요한 대규모의 자본과 기타 기업구성요소를 조달하는 수단이 되어왔다. 그래서 주식회사는 고도 자본주의경제의 대표적인 기업 형태가 된다. 현대 기업의 대부분이 주식회사제도를 채택하는 것도 결국은 다수의 출자자로부터 소액의 자본이라도 손쉽게 대규모로 조달할 수 있기 때문이다. 따라서 주식회사 형태를 통한 대중으로부터 대규모 자본 조달, 위험의 분산 및 전문경영자에 의한 경영 관리는 앞으로 더욱 요청될 것이다.

주식회사는 주주의 출자 재산을 바탕으로 하여 설립된 자본 조직이기 때문에 자본의 결합이 중요한 것이지 인적 결합은 그렇게 중요한 것이 아니다. 따라서 개인 기업보다는 훨씬 공식적인 조직구조를 갖추고 있고, 상법에 의하여 창설되는 법인체(a legal entity)이다. 그리고 주식회사의 소유권자는 주주(stockholders)이다.

(4) 주식회사의 특징

주식회사는 대규모의 기업 운영에 소요되는 대자본의 조달과 경영의 합리화를 기하기 위해서 형성된 자본적 공동기업이다. 주식회사가 갖는 자본적 기업으로서의 특성을 체계적으로 정리해 보면 다음과 같다.

1) 주주의 유한책임제도

주주는 출자액인 주식금액을 한도로 하여 회사의 자본 위험으로부터 발생하는 채무에 대해서 책임을 지는데, 이를 주주의 유한책임(limited liabilities of stockholders)이라 한다. 이러한 특징 때문에 자본 조달이 용이하여 대자본 형성이 쉽고 주주의 재산은 회사의 재산이 명백히 구별된다. 따라서 대규모의 모험적 사업도 운영 가능하다.

2) 자본의 증권화제도

경영층과 출자자(투자자)의 욕구를 동시에 충족시키기 위해 고안된 제도이다. 경영층은 한 번 조달된 자본이 인정화되기를 바라며, 투자자는 투자 자본을 자유로이 매매하기를 원한다.

주식회사의 출자 자본은 주식이라는 유가증권으로 분할되며, 출자자는 이 주식을 통해 회사에 대한 출자 의무와 주주로서의 의결권 및 배당 청구권 등의 권리를 행사할 수 있다. 이러한 제도로 인하여 주식시장(stock market)을 통해 주식의 매매양도가 가능하며(유통증권화), 출자자는 임의로 주식의 매입을 통해 투자를 행할 수 있고(주주자격 취득), 이의 매각을 통해 출자분을 회수할 수도 있다(주주자격 포기). 또 일반대중으로부터 소액의 자금을 쉽게 수집하여 대자본을 조성할 수 있으며, 주식의 고도분산이 이루어져 『소유와 경영의 분리』가 촉진된다. 현대자본주의 경제를 가리켜 증권자본주의 시대라고 하는 것도 바로 이와 같은 증권제도의 묘미에서 나타난 것이다.

3) 소유와 경영의 분리제도

'소유와 경영의 분리' 또는 '자본과 경영의 분리'라고도 불리는 이 현상은 자본의 증권화 제도의 특징과 깊이 관련이 있다. 이는 자본(출자) 집중의 범위가 확대되고 주식 분산이 고도화될수록 더욱 가속화된다.

기업의 규모가 확대되고 경영활동이 복잡해짐에 따라 경영을 위한 과학적이고 전문적인 지식이 요구된다. 그래서 소유경영자는 후퇴하게 되고 전문지식을 갖춘 경영자가 경영활동을 총체적으로 담당하는 소유와 경영의 분리가 나타난다. 이러한 상황을 버어남(J. Burnham)은 경영자 혁명론(the managerial revolution)이란 용어를 사용하여 설명하였다.

4) 중역제도[54)]

중역제도란 회사의 최고경영기관인 이사회를 구성하는 중역을 반드시 주주에 한정시키지 않고 주주이외에 널리 유능한 경영자를 등용하여 회사경영의 실권을 중역에게 위양하는 제도를 말한다. 이사의 법정최소한은 3명(상법 383조 1항)이며, 그 임기는 3년이며 재선가능하다. 이렇게 함으로써 주주는 출자를 하여 자본위험을 부담하는 직능을 담당하며, 중역은 경영의 직능을 담당하게 함으로서 출자(소유)와 경영의 인적 분리가 행하여지고 자본의 증권화와 더불어 주식회사의 자본집중의 규모를 확대하는 역할을 하고 있다. 이와 같이 출자와 경영이 분리되어 출자자에 대

54) 추헌, 현대경영학원론, 형설출판사, 1993, p. 205

신하여 사실상 회사의 지배는 전문경영자에 의하여 담당하게 된다. 이것을 경영자 지배(management control)[55]라고 한다.

(5) 주식회사의 장·단점

주식회사가 가지는 경영상의 장·단점을 살펴보면 다음 표와 같다.

〈표 5-3〉 주식회사의 장·단점

장점	단점
① 주식회사의 생명은 영구적이다. ② 주주는 유한책임을 진다. ③ 소유권 이전이 용이하다. ④ 전문경영자를 활용할 수 있는 기회가 많다. ⑤ 기업 성장이 용이하다. ⑥ 대규모 자본을 조달하여 집중시키는 것이 용이하다.	① 세금 종류가 많다. ② 설립이 복잡하고 비용이 많이 든다. ③ 정부의 규제와 보고 요구가 많다. ④ 업무 활동에 있어 비밀의 준수가 어렵다. ⑤ 기업활동의 확대가 정관을 변경하지 않고서는 제약을 받을 수 있다.

자료 : J. A. Reinecke, W. F. Schoell, Introduction to Business, 4th ed.(Boston: Allyn and Bacon, Inc., 1983), p. 73.

---

55) Jame Burnham, The Managerial Revolution, What is Happening in the World, Indiana University Press, 1941.
이 이론은 자본과 경영의 분리에 의한 출자자와 경영자의 분리나 현대 주식회사의 특색인 不在者所有制(absentee pwnership)를 중시하여 실질적 관리자에 의한 경영관리지배의 역사적 필연성을 강조하고 기업 내부에서 경영 내지 관리라는 독립된 기능이 성립하게 된 현실을 강조하면서, 경영자에 의한 생산수단의 지배를 주장하고 있다. 그에 의하면 종래 사회체제는 자본주의와 사회주의라는 양자택일로 양립할 수 없는 것이며 일반적으로 자본주의 다음에 오는 것이 사회주의라고 하는 견해도 잘못된 것이라고 역설한다.
왜냐하면 첫째, 자본주의는 소유와 경영의 극도의 분리현상으로 말미암아 그 지배권(생산수단의 소유)이 주주로부터 노동자에게로 귀속되는 것이 아니고, 제3의 계급인 경영자에게 사실상으로 귀속되며, 둘째, 사회주의 하에서도 그 지배권이 국가나 노동자 혹은 노동조합이 아닌 제3의 존재인 경영관료에게 귀속되기 때문이라는 것이다.
이와 같이 자본주의 사회나 사회주의 사회를 불문하고 기업의 경영을 자본가도 아니고 노동자도 아닌 새로운 계급으로서의 경영자가 수행함으로써 사회적 지배계급이 되는데, 이와 같이 사회를 경영자사회라 하였다. 그리하여 현대(1940년대)는 바로 이러한 새로운 사회체제로 변환되고 있는 사회적 변혁기라고 설명하면서, 이러한 변혁과정을 가리켜 경영자혁명(managerial revolution)이라고 주장하였다.

(6) 기업공개와 종업원지주제도

주식 대중화를 통한 민간자본의 산업자본화는 기업공개와 자본시장육성에 의해 가능하다. 이는 기업의 민주화를 통해서 국민자본주의(people's capitalism)를 실천하고, 이를 바탕으로 해서 보다 적극적인 경영합리화의 산업협력체제를 구축할 수 있기 때문이다.

기업공개란 일반 투자자들에게 자사에의 투자를 유인토록 할 목적으로 자산상태와 영업성과 내지는 장기적 경영목표·정책을 널리 공표하는 것을 말한다. 즉 회사발행주식을 일반대중에게 널리 분산 소유토록 함으로써 일부인에게 집중 소유되는 데서 초래될 수 있는 각종의 폐해를 방지함과 더불어 주식대중화를 통한 경영민주화를 실현하자는 데 기업공개의 목적이 있다. 이는 기업의 점증하는 사회성과 공공성에 비추어 당연히 장려되어야만 할 제도라 할 것이다.

그리하여 우리나라에서도 1974년 '기업공개촉진법'의 제정을 통해 공개요건을 구비한 기업의 공개촉진과 증권거래서에의 상장을 적극적으로 촉구하고 있다. 발행시장과 유통시장의 재정비를 서두르는 외에 이의 구체적인 실시방안의 하나가 되고 있는 것이 소위 종업원지주제도(employee's stock ownership system)일 것이다. 종업원지주제도(ESPO)란 종업원에게 자사의 발행주식을 분재 소유토록 하는 제도로서 ① 종업원의 경영참가의식을 고취시키고, ② 노사 협조를 원활히 하며, ③ 주식대중화를 촉진시킴으로써 기업 민주화의 실현과 경영능률의 향상을 그 목적으로 하고 있다. 종업원에게 주식을 소유하도록 하는 지주제도의 형태로는 주식매입형(stock purchase plans), 저축장려형(saving and thrift plans) 및 이익 분배형(profit sharing plans)이 있다.

02 협동조합

(1) 협동조합의 의의

자본주의 경제가 발달하고 대규모의 기업이 발생하여 소비자, 중소기업인들의 경제적 지위가 상대적으로 불리하게 됨에 따라 약소자들의 결합으로 그들의 이익을 향상시키려고 협동조합이 발생하였다.

이는 1884년 영국의 맨체스터(Manchester)지방에 있는 로치데일(Rdchdale)에서 28

명의 가난한 직조공들이 1파운드의 돈을 내어 소비조합을 결성한 데에서 비롯되어 오늘날 전세계에 보급되었는데, 원래는 19세기 초 영국의 오웬(Robert Owen)의 협동이념 사상에 힘입어 만든 것으로 그 당시는 '로치데일 공정 개척자 조합(Rochdale Society of Equitable Pioneers)'이 있다. 그 후 이 제도가 독일과 프랑스에서도 보급되어 프랑스에서는 생산조합이, 독일에서는 신용조합이 각각 발생하게 되었다.

따라서 협동조합(cooperative)은 경제적 약소자로서 소비자, 생산자 또는 민간인들이 경제적 약점을 보완하기 위해서 상호협조와 협동정신으로 공동출자하여 조직하는 공동기업의 형태이다. 이는 영리를 목적으로 하는 기업형태는 아니며 출자자 자신이 이용하기 위해서 설립하는 것이다.

(2) 협동조합의 특징

협동조합은 다른 일반 기업과는 상이한 원칙에 의하여 운영되고 있어 아래와 같은 자주적 특성을 가지고 있다.

첫째, 협동을 통한 상호이익을 추구한다. 즉, 조합은 개인주의가 아니라 협동주의를 목표로 하여 열리보다 조합원의 상호부조를 목적으로 한다.

둘째, 조합의 운영은 출자액에 관계없이 1인 1표의 민주적 관리방식을 따른다.

셋째, 조합은 영리주의원칙에 따라 운영되지 않고 이용주의에 따라 오직 조합원의 이용과 편익제공을 목적으로 운영되고 있다.

이들 원칙을 요약하면 일반적으로 ① 협동주의 내지 상호부조주의, ② 민주주의, ③ 이용주의 등을 그 특색으로 하며 이것은 협동조합의 큰 특징이 되어 있다.

이상과 같은 특징을 갖는 협동조합은 상부상조하는 협동적 조직체이지만 다른 기업과 마찬가지로 생산, 구매 또는 판매활동을 한다. 따라서 협동조합도 타기업과 같은 장·단점이 있게 된다.

〈표 5-4〉 협동조합의 장·단점

장점	단점
① 잉여금은 조합원의 이용도에 따라 비례배분	① 이윤증대 유인의 결여
② 잉여금에 대한 조세부과 면제	② 자본조달의 한정
③ 조합원은 상부상조에 의한 상호이익을 증대	③ 유능한 경영능력의 결여

(3) 협동조합의 형태

① **소비자 협동조합** : 이는 조합원의 생활에 필요한 물자를 공동으로 구매함으로써 그들의 경제적 이익을 증대시키려는 것이다. 이와 같은 조합은 공장, 회사, 학교, 종교단체와 같이 직장별로 조직할 수 있고, 동일한 거주지에 사는 주민들을 중심으로 지역조합을 결성할 수도 있다.

② **생산자 협동조합** : 이는 중소생산업자들이 그들의 상호이익을 위해서 결성하는 조합으로서 그 종류에는 판매조합, 구매조합, 이용조합, 생산조합 등이 있다.

- 판매조합 : 조합원이 생산한 생산물을 협동판매하는 조합이다.
- 구매조합 : 조합원이 필요로 하는 각종 물자나 기계, 원료 등을 공동 구입함으로써 염가로 구매하고자 조직한 조합이다.
- 이용조합 : 조합원이 필요로 하는 시설 등을 공동으로 이용하고자 조직한 조합인데 이를 생산조성조합이라고도 한다.
- 생산조합 : 협동조합이 모든 생산과 판매활동을 조합 자체에서 실행함으로써, 공동원료의 확보, 공동생산, 공동판매를 모두 협동조합에서 행한다. 여기서 조합원개인은 공동작업장에서 공동으로 생산하고 공동으로 판매한다. 과거 공산치하에 있어 소련의 콜호즈(Kolchoz)인 집단 농장과 중공의 기업합작사는 이의 대표적인 예이다.

③ **신용조합** : 이는 경제적 약소자들이 자금의 융통을 통해 경제적인 상부상조를 도모하고자 조직된 조합이다. 중소기업협동조합, 농업협동조합, 수산업협동조합, 어업협동조합 등이 이에 속한다.

제4절 공기업 및 공사공동기업

01 공기업의 형태

(1) 공기업의 의의와 존재 이유

공기업(public corporation)이란 국가나 지방공공단체가 법률에 의거하여 출자하고, 직·간접으로 경영하는 기업으로서 공공 내지는 행정목적을 위한 조직체이다.

따라서 이는 공공의 이익증진을 본질적인 목적으로 한다는 점에서 영리원칙에 입각하는 사기업과 구분되는 기업형태이다.

그러나 공기업이 자유주의와 영리주의를 원칙으로 하는 자본주의 국가에서 어떠한 이유로 설립되었으며 그 존재이유가 어디에 있는지는 나라에 따라서 일정치 않으나, 공기업이 설립되는 이유는 행정목적상 ① 공공사업, ② 경제 및 사회정책, ③ 재정정책을 들 수 있다.

공공사업은 공익사업(public utilities)을 말하며 이는 전신·전화·우편·철도·전기·수도·도로·항만 등 사회생활의 필수적 기반이 되는 사업이다.

다른 이유로는 산업육성·국토 및 지역개발 등 경제정책적 과제와 노동자의 생활안정, 실업구제, 사회복지 등 사회정책적 과제를 수행하기 위해서는 거액의 자본이 필요한데, 사기업에서 담당할 수 없는 경우 공기업을 설립하게 된다. 이와 같은 정책적 목적으로 설립된 공기업의 대표적인 예가 미국의 테네시 계곡 개발공사(Tennessee Valley Authority : T.V.A., 1935)이다.

(2) 공기업의 형태

공기업의 형태는 행정기업과 법인체기업의 두 가지 기본 형태가 있다.

〈표 5-5〉 공기업의 형태

<table>
<tr><td rowspan="6">공기업</td><td rowspan="2">행정기업
(관청기업)</td><td colspan="3">정부장관의 직접 지휘</td></tr>
<tr><td colspan="3">지방자치단체장의 직접지휘</td></tr>
<tr><td rowspan="4">법인체 기업</td><td colspan="3">공공체기업(공사, 공단 등)</td></tr>
<tr><td rowspan="3">회사형태</td><td colspan="2">공유회사(금고 등)</td></tr>
<tr><td rowspan="2">혼합출자회사</td><td>고유의 공사합동</td></tr>
<tr><td>특수기업</td></tr>
</table>

행정기업이란 국가 또는 지방공공단체가 필요로 자본을 전액출자하여 그 운영도 스스로 행정기관에 의해 직접 지휘하고 있는 것을 말한다. 이에 속하는 것은 체신사업, 전매사업, 철도사업 등이 있다.

법인체 기업은 국가 또는 지방공공단체와의 별개 독립의 법인격(법인체로 설립)을 부여함으로써 관리, 조직, 재무, 인사 및 노무관계 등에 대해 경영의 자주성이 부여

되는 것을 말한다. 그런데 법인체기업에는 사기업이 채용하는 회사형태, 특히 주식회사의 형태에 의한 것과 공사, 공단, 금고, 사업단 등 특수한 형태를 갖는 것이 있다.

(3) 공기업의 장·단점

공기업의 일반적인 장점으로는 첫째, 국가 또는 지방공공단체가 주관하므로 금융능력상 자금조달이 용이한 점이며 둘째, 조세 및 기타의 공과를 부담치 않는다는 점이고, 실제로 소비자가 부담하고 있으며 셋째, 판매상 공공단체의 우선권을 준다는 점이다.

한편, 공기업의 경영상의 단점은 첫째, 공기업은 활동의 자유에 제한을 받는다는 점이며 둘째, 경영관리상의 창의를 저해하므로 기동적인 관리능력을 올리기는 어렵다는 점이며 셋째, 사무가 필요 이상으로 번잡해진다는 점 등이다.

〈표 5-6〉 공기업의 장단점

장 점	단 점
① 국가 또는 지방자치단체가 출자하므로 예산 형태 또는 공채발행으로 무이자 또는 저리의 자본조달이 가능하고, 또한 지금 조달 능력이 크며, 용이하다. ② 시설재도입, 원자재 배정, 생산제품과 서비스의 판매에 있어서 우대를 받는 경우가 많다. ③ 세금과 공과금 등이 면제되거나 낮은 경우가 많다. ④ 자본비용, 운영비용 등이 상대적으로 낮아서 제품과 서비스를 저가 또는 저이율로 제공할 수 있다. ⑤ 적자 발생시 국가와 지방자체단체로부터 재정지원을 받을 수 있다. ⑥ 국영은 사유운영을 할 때 불가피한 정부규제의 대체가 된다.	① 정치적 인사행정 때문에 최고경영층은 물론 중간경영층까지 능력과는 상관없이 정치적 배려나 집권정당에 대한 충성심에 따라 임명될 가능성이 많다. 이것은 비합리적 경영의 한 요인이다. ② 경영능률의 저하 가능성이 많다. 정치적 인사행정, 관료주의 기술혁신 등을 등한시하는 무사안일주의, 이익동기의 부족, 경쟁의 결여 등 때문이다. ③ 국가 또는 지방자치단체의 법령이나 예산에 의해 구속받음으로써 경영은 경직성을 띠고 시장조건변화 등에 대처할 수 있는 융통성이 결여된다. ④ 필요없는 또는 필요 이상의 시설장비를 확장하고 원자재를 구입하고 인력을 채용함으로써 낭비적인 경영을 할 가능성이 많다. ⑤ 위와 같은 여러 요소 때문에 적자운영이 보편적으로 발생하는데 그 부담은 납세자인 일반국민에게 돌아온다. 모든 국민은 국영기업체들에게 출자하고 있는 것이나 다름없기 때문이다.

02 공사공동기업의 형태

공사공동기업(mixed undertaking, mixed ownership enterprise)은 공사 합동기업, 혼합기업, 혼성기업, 혼합경제기업이라고도 부르는 것으로 국가기관과 개인이 공동으로 출자하여 경영관리 및 경영상의 책임을 부담하는 기업의 형태이다. 공사공동기업의 설립취지는 사기업이 지나친 영리추구로 공을 올리지 못하는 양자의 단점을 피하고 그 장점을 취하려는 데 있다.

이와 같은 혼합은 보통 주식회사의 법률형태와 특수한 형태를 택하는 것이 있고, 주주에는 일반(민간)주주와 정부주주가 있다. 우리나라의 공사공동기업은 국민은행, 중소기업은행, 한국증권거래소 등이다.

제5절 독립채산제

01 독립채산제의 생성배경

독립채산제(business accountability, business calculation)는 분권관리의 한 제도로서, 독립적 수지계산제도와 이익책임제를 가진 자주적 경영단위에 대해 분권화를 행하고, 획득이익을 경영관리의 기준 내지 자원배분의 기준으로 하는 경영관리제도를 말한다.

독립채산제의 용어는 소련의 사회주의 기업의 경영관리제도의 핵심으로서의 '호스라스초트(Khozrascht)', 즉 '경제계산'에서 유래된다. 1917년의 러시아 혁명 후 기업이 이윤계산을 부정하고 재화의 무상분배를 행했으나 결과적으로 경제는 혼란을 거듭하고 격심한 인플레가 발생하여 소련경제는 위기에 직면하게 되었다. 그리하여 1921년의 신경제정책(NEP)에 의해 '독립채산제'가 도입되어 기업의 지역적·횡단적 합동체로서 트러스트(trust)가 형성되었고, 그것은 독립채산제를 단위로 하여 손익계산서와 대차대조표가 작성되게 되었다.

02 독립채산재의 의의

독립채산제라 함은 자주성, 수지균형성, 수익성, 물적 자극성, 책임성, 가치적 합리성을 본질적 내용으로 하는 공기업의 기본적 경영방식이다. 다시 말하면 공기업의 재무활동이 행정적·정치적 간섭를 탈피하고, 국가예산상의 구속을 벗어나 자주독립적인 경영활동을 영위하는 것을 의미한다. 즉, 재정과 경영의 분리를 지향하는 제도를 말한다.

03 독립채산제의 목적

(1) 공기업 경영의 효율화

공기업 경영에 독립채산제를 도입함으로써 권력행정과 경영행정을 구별하고 공기업을 일반행정으로부터 독립시켜 경영의 능률화를 도모하려는 데 있다.

(2) 공기업 재정의 건전화

일반재성으로부터 공기업 재정을 독립시킴으로써 공기업은 행정으로부터 자주화를 유지하게 되고 동시에 합리적 경영을 위한 책임을 스스로 가지게 된다.

(3) 재무적 합리화

독립채산제는 재정적 독립화에 따르는 재무적 합리화를 기할 수 있다. 이것은 또 정치행정으로부터 상대적 자주화에 따르는 책임을 지는 방식으로 경영할 수 있다.

(4) 분권화 관리의 효과

독립채산제는 공기업의 자주성·책임성 및 물적 자극성을 중심으로 하는 분권적 방식과, 다른 한편으로는 가치적 합리성·수지균형성·수익성을 중심으로 하는 분권적 재무관리방식이라 할 수 있다. 이와 같은 분권적 관리로 인하여 공기업의 공익성을 보다 효과적으로 증진시킬 수 있다. 따라서 독립채산재는 공익성의 중심원리라 할 수 있을 것이다.

또 사기업의 경우에는 이를 도입하여 공장이나 각 사업부문, 지점 및 영업소 등을 분권화하고 경제적 계산제도에 입각한 자주적 관리단위로 하는 것도 독립채산제라 하는데, 사업부재가 독립채산재를 취할 때 가장 고도의 분권화가 이루어졌다고 할 수 있는 것이다.

04 독립채산제의 원칙

(1) 수지적합의 원칙

기업의 지출은 그 자체의 수입, 즉 공공요금으로 충당하고 기업의 채산이 맞도록 한다는 것이다.

(2) 자본의 자주적 조달의 원칙

이는 일반적 자본조달 및 채권의 발행 등으로 자본을 조달하는데 그 자유가 부여되어야 한다는 것이다.

(3) 이익금 자주적 처분의 원칙

이익금의 처분에 구속을 받지 않고 특히 자기 융자(self-finance)을 허용하여 적립금이나 기금 등의 독립적 적립을 허용하여야 한다는 것이다. 이 원칙은 '자기충실의 원칙'이라 할 수 있다.

(4) 기업회계제도확립의 원칙

이는 복식부기의 채용, 관청식 현금주의 회계에서 기업회계인 발생주의 회계로 전환하여야 하며, 예산통제와 표준원가 계산제도를 도입하며, 근대적 재무관리방식의 하나인 내부통제제도(internal control system)의 채용을 해야 한다는 것이다.

연습문제

1. 기업의 형태를 분류하시오.

2. 합자회사와 유한회사의 차이에 대해 설명하시오.

3. 주식회사의 의의에 대해 설명하시오.

4. 주식회사의 특징에 대해 설명하시오.

5. 주식회사의 장·단점에 대해 설명하시오.

6. 협동조합이란 무엇인가?

7. 공기업의 존재이유는 무엇인가?

8. 경영자지배론에 대해 설명하시오.

9. 다음을 약술하시오.
   ① 소키에타스(SOCIETAS)
   ② 코멘다(COMMANDA)
   ③ 독립채산제
   ④ 합명회사

제6장

기업집중

제1절 기업집중의 의미 및 목적

01 기업집중의 의미

기업집중(concentration)은 기업결합이라고도 하며, 근대자본주의 경제의 특징적 현상으로 볼 수 있다. 즉 자유경쟁을 원칙으로 운영되는 자본주의경제제도하에서는 기업은 시장을 획득하고, 이를 지배하기 위해 끊임없이 기업규모를 확대하려 한다.

따라서 기업상호간의 경쟁은 더욱 격화되어 생산의 과잉과 이에 따른 시장에의 공급과다에 의한 가격의 하락, 이윤감소를 가져오게 된다.

기업상호간의 심한 경쟁이 장기간 계속되면 각 기업은 이윤의 감소, 적자경영에 의해 파멸하게 되므로 기업 상호간의 협정에 의해 과당경쟁의 폐해를 없애고, 혹은 자본적으로 결합함으로써 기업의 안정과 시상 시배를 꾀하게 되는데, 이러한 일련의 현상을 널리 기업집중[56]이라 한다.

02 기업집중의 목적

(1) 시장통제 목적(기업상호간의 경쟁제한 또는 배제목적)

이것은 기업상호간의 경쟁제한 또는 배제의 목적을 위한 기업간의 결합으로서

56) '기업 자체의 자본축적에 의해 자기 확장을 하는 내부적 성장 뿐만 아니라 다른 상호 결합에 의하여 확대 되는 외부적 성장이 있는데 외부적 성장을 기업집중이라 한다.' 기업과 환경. 이덕훈, p. 39, 1996.

동종 또는 유사부문의 기업간에 행하여지므로 이것을 횡단적 또는 수평적 결합(Horizontal Combination)이라 한다. 카르텔이나 트러스트 등은 대체로 이 목적을 위하여 결합된다.

(2) 생산공정의 합리화 목적(경영합리화 목적)

원료가공기업과 가공·제조업 및 판매업의 기업 결합이며, 이것을 종단적이나 수직적(Vertical Combination)결합이라 한다. 산업형 콘쩨른(Konzern) 또는 일반적으로 콤비나트(Kombinat)는 이 목적으로 형성된다.

(3) 금융적 목적(출자관계를 통한 기업지배력 강화 목적)

재벌 또는 금융기업이 출자관계(내지는 대부 등)를 통하여 다른 기업을 지배하려는 목적으로 기업을 결합하는 경우가 있다. 이와 같은 기업집중은 이종기업간 또는 생산 단계·유통단계상 무관계한 기업간에서도 행하여진다. 즉, 금융적 목적을 위한 결합으로서 금융자본의 지배(금융자본형 콘쩨른)라는 방식이다.

금융자본형 콘쩨른은 횡단적 결합과 종단적 결합에 따르는 이익뿐만 아니라 기업 지배를 위한 자본의 절약에 의해 투자 이익의 증대를 꾀하는 것을 목적으로 한다. 오늘날 이른바 재벌기업은 주로 이 형태의 기업결합이다.

그런데 기업은 이상과 같은 스스로의 결합에 의한 자율적인 결합 목적뿐만 아니라 타자에 의해 결합이 강요되는 경우도 있다. 예를 들면, 국가, 정치, 경제 등의 필요에서 기업의 결합을 명령하는 수가 있다(카르텔, 조합 등의 강제적 설립 등). 또한 금융기업은 이른바 발기이득(증권, 특히 주식의 발행 인수에 의하여 취득할 수 있는 이윤)을 얻기 위해, 또는 기업에의 대부 또는 투자를 보전하기 위하여 일반 산업의 기업 결합, 특히 독점적 결합을 가끔 강요하는 수가 있다.

제2절 기업집중의 형태

기업의 집중(결합) 형태는 기업의 독립성과 결합 방법에 따라 ① 카르텔, ② 트러스트, ③ 콘쩨른의 세 가지 기본 형태로 분류된다.

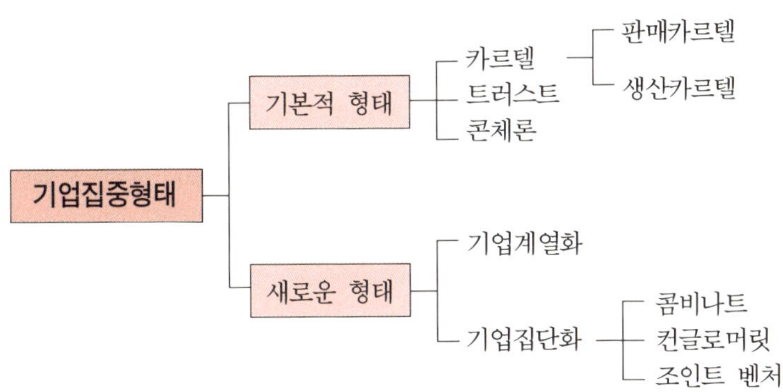

자료 : 이덕훈, 기업과 환경, 학문사, 1996

[그림 6-1] 기업집중형태의 분류

01 카르텔(기업연합형태)

(1) 카르텔(cartel, Kartell)의 의의

기업연합이라고도 하며 이것은 시장 통제를 목적으로 한 동종 또는 유사 기업의 횡단적 결합이다. 즉 연합기업(참여기업)은 각각 법률적으로나 경제적으로 독립성을 유지하면서 협정에 의해 결합하는 것이 특징이다. 따라서 협정 사항의 범위 내에서 결합관계를 갖는 형태이므로 경제적으로도 각 기업은 자주성이 있다. 그러나 결합이 용이한 반면에 그 위력은 약하며, 이른바 신사협정(gentlemen's agreements)이 되는 것이다.

(2) 카르텔의 종류

카르텔은 기업상호간에 맺은 협정 내용에 따라 다음과 같은 여러 종류로 구분된다.

① **판매 카르텔** : 판매상의 경쟁을 제한하기 위하여 동종 또는 유사부문의 기업상호간의 협장을 하는 것을 말한다. 판매 카르텔도 그 협정 내용에 따라 다음과 같이 있다.

- 가격 카르텔(계산 카르텔) : 표준가격, 최고·최저가를 협정한다. 또한 가맹기업의 원가계산 방식을 통일하여 산정된 원가 이하의 판매를 금지한다.
- 조건 카르텔 : 판매조건, 예를 들면 지급조건, 대금할인, 운임 또는 포장비의 부담 등 거래조건의 협정을 한다.
- 수량 카르텔 : 가맹기업의 판매수량에 대하여 협정한다. 이 수량은 각 기업에 대하여 할당하는 경우가 있으므로 '할당 카르텔'이라고도 한다.
- 지역 카르텔 : 가맹 기업의 판매지역을 협정한다. 이 지역 분할이 국제적으로 행하여지는 경우에는 '국제 카르텔'이라고 한다.
- 공동판매 카르텔 : 공동판매기관을 신설하여 가맹 기업의 전판매를 이를 통해 판매하는 것을 협정한다. 따라서 각 기업의 직접 판매를 금지한다는 협정이다. 이와 같이 공동판매소를 이용하여 연합제가 판매하는 것을 신디케이트(syndicate)[57]라고 한다. 그런데 카르텔은 신사협정에 의해 결합되기 때문에 가끔 참여하지 않은 기업도 있다. 이것을 아웃사이더(outsider)라고 한다. 아웃사이더의 수가 많고 또한 그 힘이 클수록 카르텔의 효력은 그 만큼 약체화되는 것이다.

② **구매 카르텔**(수입 카르텔) : 이것은 카르텔의 시장통제가 가맹기업부문에 있어서의 구매과정에 대한 통제의 형태로 나타난 것으로, 이 카르텔은 원료 또는 제품이 현저하게 부족하여 이들 재화의 구매가 곤란하게 된 경우에 성립되는 카르텔로서 대체로는 예외적인 것이라 하겠다.

판매 카르텔·구매 카르텔은 모든 가맹기업의 수가 많을수록 카르텔의 강제력이 강하며, 적어도 동종 또는 유사산업의 전판매액 또는 전구매액이 3분의 2 이상을 차지하는 것이 카르텔로서의 대시장적 효과를 발휘하기 위해 필요하

57) 신디케이트는 카르텔 기능의 가장 고도로 발전한 것으로 공동 판매를 하는 중앙기관을 갖는다(협의의 신디케이트란 공동판매를 하는 중앙기관을 말함). 신디케이트에서는 각 가맹기업의 제품이 이 중앙기관을 통하여 판매되므로 대외적으로는 공급제한과 가격지배를 하는 동시에 각 기업과 그 고객과의 직접관계를 끊고, 대내적으로는 생산할당을 하며 제품의 표준화, 생산기술의 고도화, 균질화에 조직적인 생산의 합리화를 가져오게 되어 고도의 통일성과 지속성을 발휘할 수 있다. 이 신디케이트는 공동판매 카르텔 또는 간단하게 공매 카르텔 이라 한다.

다고 한다.

③ **생산 카르텔** : 생산자들이 생산량을 상호 조절함으로써 과당 경쟁을 방지하기 위한 것으로 가맹기업이 서로 생산 내용에 관하여 협정하는 경우를 말한다. 따라서 그 협정 내용에 따라 다음과 같은 것이 있다.

- 생산제한 카르텔 : 과잉 생산을 방지할 목적으로 기업간에 일정한 생산 비율을 편하고 노동시간 ·임금·제품의 수량·규격 등을 협정한다. 그래서 때로는 생산설비(기계 등)의 일부를 봉인하여 그 사용을 정지하는 등 조업단축을 하기도 한다.
- 특수화 카르텔 : 참가기업의 각종 기업에 대한 전문분야를 협정하고 각 제품의 전문분야를 침해하지 않도록 한 것이므로 전문화 카르텔이라고도 한다.
- 특허이용 카르텔 : 제조상의 특허기술 또는 비밀기술을 서로 이용함으로써 생산성의 이익을 확보하려는 협정이다.

일반적으로 카르텔은 가맹기업 상호간에 행하여지는 협정으로 그 가입 및 탈퇴는 자유이며, 일반적으로 '자유 카르텔'이라 하는데, 어떠한 종류의 산업의 불황정책으로 합리적 견지에서 또는 원료수입의 제한을 위하 카르텔 결성이 국가에 의해 강제되는 경우도 있다. 이러한 카르텔은 강제 카르텔이라 한다.

(3) 카르텔의 금지

현재 카르텔에 대해서는 물가 안정 및 공정거래에 관한 법률 제 8 조에 의해 금지되고 있다. 즉, 정부는 생산 및 판매 등에 종사하는 사업자가 공동으로 가격을 결정·유지·인상하거나 상품의 판매조건·수량 또는 거래를 제한하는 모든 카르텔 행위를 금지하고 있다.

정부의 이와 같은 조치는 일부 大메이커들이 법망을 교묘히 피해 담합 행위를 하는 등 제품 가격의 인상을 획책하는 사례가 많기 때문에 취해진 것이었다.

그 후 1985년 12월 31일 독점금지법(독점규제 및 공정거래에 관한 법률)을 통제하였다. 그 목적은 공정하고 자유로운 경쟁의 촉진, 창의적 기업활동의 조장, 소비자 보호, 국민 경제의 균형있는 발전 등이다.

02 트러스트(기업 합동 형태)

(1) 트러스트(trust, Trust)의 의의

시장 지배를 목적으로 동종 또는 동일한 생산 단계·유통 단계에 속하는 기업이 하나의 자본에 결합되는 강력한 결합형태이며 기업 합동이라고도 한다. 이 형태에는 합병에 의해 참가기업이 법률적으로나 경제적으로 종래의 독립성을 잃는 경우 이외에도 각 기업을 법률적으로 독립시킨 채, 주식의 다수보유를 통하여 실질적으로 자본의 결합을 꾀하는 것도 있다. 어느 것이든 참가 기업이 경제적인 독립성을 잃게 된다는 것은 사실이다. 이것에는 ① 복수의 회사가 합병하여 신회사를 설립하는 콘솔리데이션(consolidation), ② 한 개 사가 타사를 흡수합병하는 머저(merger), ③ 기업이 완전히 합체하여 형성되는 퓨전(fusion)의 3종이 있다. 이들은 기성의 대기업이 타기업을 흡수하는 수가 많고, ① 다각경영화, ② 총합력의 결집, ③ 경영규모의 확대, ④ 업계의 재편성, ⑤ 생산공정의 합리화 등 코스트의 절감 등의 목적이 의식된다.

그런데 카르텔과 트러스트의 내용을 도시하면 다음 그림과 같다.

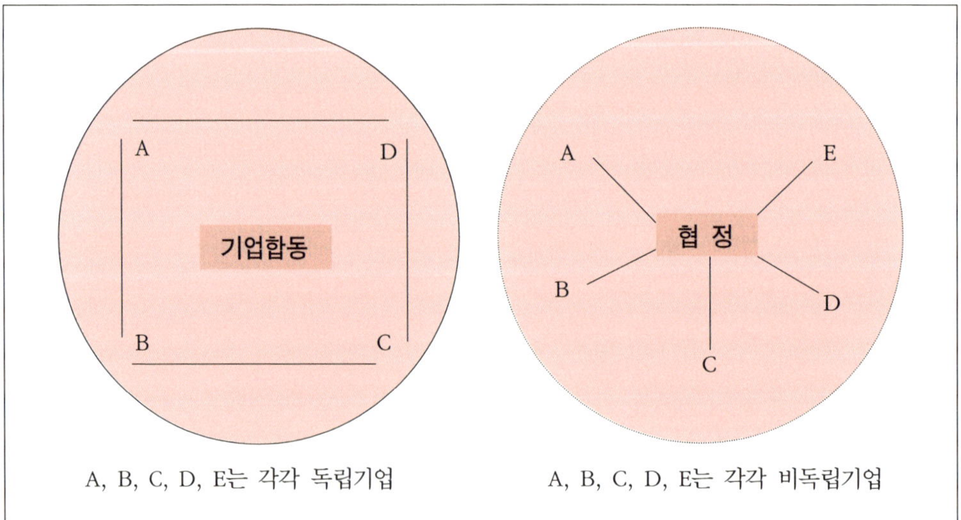

자료: 정수영, 경영학 원론, (박영사, 1991), p. 51.

[그림 6-2] 카르텔과 트러스트의 차이

(2) 트러스트(Trust)의 발전

① **신탁제도에 의한 트러스트의 성립** : 트러스트의 어원은 '신탁'이다. 이것은 영법의 신탁에서 발전한 것이며, 이것은 재산의 소유권을 양도하지 않고, 그 유리한 이용 또는 처분에 대한 관리를 타인에게 위임하는 것을 말한다. 그러므로 트러스트를 광의로 해석할 경우, 수개의 기업이 합병에 의해 한 개의 새로운 기업으로 성립되는 경우만이 아니다. 법률적으로 독립성을 잃지 않지만, 그 재산의 권리권을 위양하여(주식의 신탁제도를 이용) 실질적인 독립성을 잃는 경우도 있다. 미국의 트러스트는 이 신탁제도에 의해 성립되는 수가 많다. 이 주식의 신탁제도는 미국에서는 1879년 이래로 기업합동의 방법으로서 이용되었다. 최초의 트러스트는 록펠러(J. D. Rockefeller)가 조직한 스탠다드오일트러스트(Standard Oil Trust)이며 이에 의하여 석유업을 독점적으로 지배한 것이다.

〈록펠러〉

② **반 트러스트 법**(antitrust laws) : 트러스트 금지법을 가장 일찍 실현한 나라는 미국이다. 우선 1890년에 최초의 반(反)트러스트법으로서 셔먼법(法)이 성립되었고, 1914년에 이를 보완하는 클레이턴법 및 연방거래위원회법이 추가되어 이 3법이 오늘날에 이르기까지 미국의 반트러스트 정책의 지주가 되고 있다.

셔먼법은 거래를 제한하는 모든 결합 및 독점을 위법으로 하는 독점의 원칙금지주의를 내걸고 이에 따른 벌칙이나 금지명령, 피해자에의 배상 등을 정한 것이며, 클레이턴법 등은 각종 기업결합 및 경쟁수단을 규제하기 위해 제정된 것이다. 유럽이나 기타 지역에서는 전통적으로는 반트러스트 사상이 희박하였으나, 제2차 세계대전 후 서독이나 일본에는 미국형의 원칙금지주의의 입법이 도입되었다.

한국에서는 1975년 12월 '물가안정 및 공정거래에 관한 법률'이 실시된 데 이어, 1980년 12월에는 이를 보완·강화하는 '독점규제 및 공정거래에 관한 법률'이 제정·공포되었고, 1995년 1월 '물가안정에 관한 법률'이 실시되어 시장지배적 지위의 남용금지, 기업결합의 제한, 부당한 공동행위 제한을 규정한다.

㉮ 셔먼법 : 1890년에 제정된 미국 최초의 트러스트 금지법으로써, 각 주 또는 외국과의 거래를 독점하거나 제한하는 일체의 기업결합 및 공모를 위법으로 간주, 제재하는 내용이었다.

셔먼법 제1조는 "여러 주간 또는 외국과의 거래나 상업을 제한하는" 계약, 결합 혹은 공모에 대한 기본적인 반 트러스트상의 금지를 규정하고 있다. 셔먼법 제2조는 "여러 주간 또는 외국과의 거래나 상업의 어떠한 부분에 대하여도" 이를 독점하거나, 독점을 기도하거나, 독점을 공모하는 것을 금지하고 있다. 셔먼법 제6의 a조는 수입 이외의 외국 통상에 관한 셔먼법의 관할권의 범위를 규정하고 있다.

셔먼법 위반은 위반의 성질에 따라 민사 또는 형사위반으로 소추될 수 있다. 셔먼법에 대한 형사위반은 벌금형 및 금고형으로 처벌된다. 셔먼법의 규정에 의하면, 법인 피고의 경우는 100만 달러까지의 벌금이 부과되고, 개인피고인 경우는 10만 달러까지의 벌금 및 3년 이하의 금고형에 처하여진다. 그러나 1984년 형사 벌금 집행법(Criminal Fine Enforcement Act of 1984) 및 1984년 형벌개혁법(Sentencing Reform Act of 1984)에 근거하여, 1984년 12월 31일 현재 계속 중이거나, 혹은 그 이후에 범하여진 중죄에 대한 벌금은 법인피고의 경우 100만 달러를 한도로 피해자의 금전적 손실총액의 두 배 또는 당해 법인이 그 위반에 의하여 얻은 금전적 이득의 두 배 중 큰 쪽으로 되어 있다.

또 개인피고의 경우는 25만 달러를 한도로 피해자의 금전적 손실의 두 배 또는 당해 개인이 그 위반에 의하여 얻은 금전적 이득의 두 배 중 큰 쪽으로 되어 있다. 1987년 11월 1일의 시점에서 계속되고 있거나 혹은 그 이후 범하여진 반 트러스트상의 중죄에 대하여, 미국 형벌위원회(U. S. Sentencing Commission)의 형벌가이드라인은 유죄인 법인피고에 대하여는 최저 10만 달러, 유죄인 개인피고에 대하여는 최저 2만 달러의 벌금을 부과하도록 요구하고 있다.

나아가 이 형벌 가이드라인은 일반적으로 개인에 대하여 최저 4개월의 금고에 처할 것을 요구하고 있는데 그 공모에 관련되는 상업의 규모가 증가함에 따라 실질적으로 보다 긴 형기의 선고가 요구된다.

㉯ 클레이튼 법(Clayton Act) : 1914년 미국의 연방의회가 제정한 법률. 셔먼 반트러스트법(1890)의 결함을 시정하고 독점을 방지함으로써 기업간의 경쟁을 촉진하기 위하여 만들어진 것인데, 가격의 차별대우, 경쟁기업간의 중역 겸임, 한 회사가 다른 회사의 주식을 취득하는 이른바 지주회사(持株會社)를 금지한 외에도, 노동조합 및 농업조합은 그 자체로서는 통상을 제한하는 결합체는 될 수 없다 하여 반트러스트법의 노동운동에 대한 적용을 완화하였다. 한편, 클레이턴반트러스트법 위반을 조사하고 규정을 지키게 하기 위한 기관으로 연방통상위원회(聯邦通商委員會)의 설치문제가 결정되었으나, 실제 시행에 있어서는 거의 효과를 거두지 못하였고, 그 후에도 기업의 합동 내지 독점의 경향은 계속 증대하였다.

㉰ 하트 스코트 로디노법 : 1976년의 하트 스코트 로디노 반트러스트 개선법("H-S-R Act")은 법무부 및 거래위원회(FTC)에 대하여 반경쟁적 합병 및 취득에 관한 반 트러스트법의 집행을 용이하게 하기 위한 몇 가지 절차상의 조치를 규정하고 있다. H-S-R 법은 사업자에 대하여 당사자의 규모 및 당해 거래의 규모가 일정기준을 넘을 우려가 있는 합병 혹은 취득의 계획을 법무부와 FTC에 신고하고, 보고 가능한 거래에 관한 일정 정보를 제공하며, 당해 합병·취득거래가 완료되기 전, 일정기간 동안 - 주식공개매입에 의한 경우는 15일, 기타의 거래에 의한 경우는 30일 - 대기할 것 등을 요구하고 있다. 법무부나 FTC는 합병·취득거래에 관하여 추가정보를 요구할 수 있다. 이 경우 대기기간을 요구한 정보의 법무부 수리 후 주식공개매입의 경우는 10일, 기타 거래의 경우는 20일간 연장할 수 있다.

㉱ 1984년 국가 공동 연구법 : 1984년 국가공동연구법("NCRA")은 공동의 연구 및 개발("R&D") 활동에 대한 미국의 각종 반트러스트법의 적용을 명기하고 있다.

NCRA는 미국법원에 대하여, 적절히 획정된 관련기술시장에서 공동 R&D의 경쟁상 효과를, 공동 R&D의 경쟁촉진적 이익과, 잠재적인 반경쟁적 효과를 형량하는 條理의 원칙의 기준에 근거하여 판단할 것을 요구하고 있다. 또한 NCRA는 공동 R&D의 참가자에 대한 민사소송에서 얻어지는 금전적 구제를, 제소된 행위가 R&D 합작사업에 의하여 법무부장관 및 FTC에 제출된 신고의 범위내에 있는 경우, 3배액이 아닌, 實損액의 배상에 한정하고 있다.

㉲ 웹 포메른 법 : 웹 포메른 법은 경쟁관계에 있는 사업자가 집단적으로 수출판매를 행할 목적으로 조합을 설립하여 운영함에 대하여, 한정된 반 트러스트법의 적용제외를 인정하고 있다. 이 적용제외는 "상품, 제품 혹은 물품(goods, wares or merchandise)"의 수출에만 미친다. 적용제외는 미국내에 반경쟁적 효과를 초래하거나 혹은 수출조합 가입자의 국내에서의 경쟁자를 침해하는 행위에는 미치지 않는다.

웹 포메른 법에 근거한 적용제외를 구하는 조합은 그 규약의 조항과 연차보고서를 FTC에 제출하여야 하지만, FTC로부터 조합결성에 앞서 승인을 얻도록 요구되는 것은 아니다.

㉳ 1982년 수출상사법 : 1982년의 수출상사법(ETC Act)은 미국의 생산자나 공급자에게 좀더 효율적인 수출무역서비스의 제공을 촉진함으로써, 금융기관에 의한 무역금융의 제공에 대한 제한을 감함으로써, 그리고 미국의 수출무역에 대한 미국의 각종 반트러스트법의 적용에 관한 불확실성을 감소시킴으로써, 미국의 물품 및 역무의 수출을 증대시킬 것을 의도하고 있다. ETC 법 제3편에 확립된 절차에 의하여, 미국의 수출무역에 종사하는 어떠한 자도 수출무역 심사 증명서를 취득할 수 있다. 이 증명서의 명의인은 증명서에 명시되어, 그에 따른 활동에 관하여 주 및 연방의 반트러스트법에 근거한 한정된 면제를 받는다. 증명서는 상무장관이 법무장관의 동의를 얻어 발급한다.

03 콘쩨른 형태

(1) 콘쩨른의 의의

콘쩨른은 카르텔이나 트러스트와는 달리 산업부문에 관계없이 '산업과 금융의 일체화'에 의한 자본지배를 목적으로 한 것으로서 카르텔과 트러스트의 한계를 극복하고 고도의 기업집중을 목표로 한 것이다. 즉, 수개의 기업이 각각 독립성을 유지하면서 자본의 수요 내지 금융관계를 통하여 결합된 것으로서 기업결합의 최고 형태이다. 이것에는 생산 합리화를 목적으로 하여 관계기업을 종단적으로 결합하는 산업콘쩨른과 금융업자가 장기 대부나 주식보유 등의 방법에 의해 여러 종류의 기업에 대하여 지배 관계를 형성하는 이른바 금융 콘쩨른이 대표적이다.

(2) 콘쩨른의 지배방법

주식회사와 은행자본과의 관련을 더욱 고도화한 것이 지주회사(holding company)이다.

① **지주회사의 방법에 의한 주식소유**

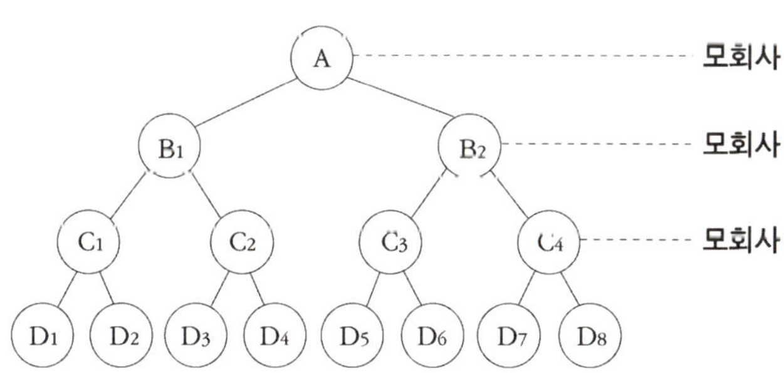

자료 : 古川榮一, 經營學入門, (經林書房, 1991), p. 98.

[그림 6-3] 지주회사에 의한 지배

예를 들면, A사(모회사)가 B1 및 B2사(자회사)에 출자하여 이것을 지배하고, 다시 B1 및 B2사가 C1, C2, C3, C4사(손자회사)에 출자하여 지배하는 것과 같이 지주회사는 주식을 소유하는 것을 목적으로 한 회사이다. 지주회사에서는 그 소유자산의 대부분은 자회사 또는 종속회사의 투자주식에서 이루어지며, 대차대조표에는 차변에 소유주식을 또 대변에는 자기주식이 자기자본으로서 명시되도록 되어 있다. 그런데 주식소유는 콘쩨른에 있어 가장 중요한 역할을 하는 주식회사가 이것을 행하며, 지주회사의 기능은 '증권대위(Effecten substitution)[58]에 의해 설명된다.

② **융자**(금융) : 대기업에서는 기능자본의 대부분을 자기자본 뿐만 아니라 타인자본에 의존하고 있으므로 특정한 금융기관에서의 융자가 기업경영에의 개입에 연결되는 수가 많다. 지주회사에 의한 경우, 산하의 주식회사와의 관계는 단순한 '지주트러스트'의 경우와 콘쩨른의 경우와는 다르다. 즉, 전자는 단지 1부문 내에서의 지주트러스트이지만, 후자는 다부문에 걸친 지주회사를 중추에 설치하는 것으로 그 중심이 되는 지주회사는 은행자본이 우위를 차지하는 경우도 있고, 산업자본이 우위를 차지하는 경우도 있다. 어쨌든 한편만으로는 콘쩨른을 규정할 수는 없다. 그러나 전형적인 콘쩨른도 현단계로서는 유동적 상태에 있고, 산업구조의 변화에 따라 기간산업이 중화학부문에서 선단기술부문으로 이행함에 따라 '정보자본'이 미치는 영향은 무시할 수가 없게 되었다. 장래에는 콘쩨른은 이 정보자본을 중요한 기축으로 하여 신산업자본이나 금융증권자본의 통합체로서 등장할 가능성이 있다.

③ **중역파견에 의한 인적결합** : 이것은 (1), (2)를 전제로 하는 것이다.

이상과 같은 방법에 의하여 성립되는 콘쩨른은 생산기술의 교환, 원료입수의 확보, 또는 제품 판매의 용이 등 여러 가지의 이익을 얻을 수가 있다. 그리고 그 밖에도 수개의 기업간의 자본을 교환하고, 이에 의하여 상호의 연락을 밀접하게 하여, 통일적 행동을 하여 이익공동체적인 관계를 형성하는 경우 등이 있다. 이 중에서 콘쩨른을 가장 특징지우는 것이 주식참여인 것이다. 이 주식참여를 기반으로 하고 또 그 뒷받침으로서 중역파견 내지 금융상의 대부관계를 통한 결합방식이 동시에 이용되는 경우가 많다.

---

58) 증권대위란 자사의 주식 또는 사채를 매출함으로써 자본을 조달하여 그것으로 타회사의 주식을 취득하는 것을 말하며, 2종의 증권의 대체를 의미하게 된다. 그것은 자사주식의 매출로 타기업의 주식을 매수 하였기 때문이다. 그런데 이러한 주식 또는 사채를 현실적인 자본수요에 충당하려는 목적으로서가 아니라, 타기업의 증권을 획득하여 자본참여를 통하여 타기업을 지배할 목적으로 발행하는 것을 말한다.

④ **앞으로의 전망** : 장래의 콘쩨른이 신산업자본과 금융증권자본의 통합체로서 등장할 경우, 국내적으로는 벤처캐피탈과의 결합, 국제적으로는 다국적 기업, 다국적 은행, 다국적 정보기업과의 관련이 지주회사를 중심으로 하여 재편성되어 내외의 물의를 일으킬 것으로 보인다. 한편 각국의 M&A 전문회사는 각국에 자회사를 설립하여 'LBO'(leveraged buy-out)방식을 도입하여 자체부체를 경감하면서 해외진출이 본격화되고 있어 앞으로 국제간에 M&A 마찰이 격화될 것으로 본다. 이와 같이 외국기업이 합병·인수가 급증하게 되면 우리나라에 있어서도 M&A에 대한 대응전략과 경계감이 더욱 가중될 것이다.

제3절 기업집중의 발전 형태

기업집중은 카르텔, 트러스트 콘체른 등의 세 가지 기본형태를 기초로 하여 경제가 발전함에 따라 그 규모가 커지게 되면 독점성을 보여 점차 법의 규제를 받게 되므로 그 형태와 전략이 다양하게 변형·개발되어 왔다. 이들에는 일반적으로 기업집중을 피하여 기업집단을 형성하고 콤비나트, 기업의 계열화 등의 기술적인 형태로 발전하고자 한다. 또한 이러한 현상은 기업의 국제적 경쟁이 치열해짐에 따라 외국기업과의 경쟁력을 강화하기 위하여 컨글로머리트라는 다각적 합병의 형태로서 발전하게 된다. 이상과 같은 경향은 다시 한 국가 단위의 현계를 넘어서 국제적인 결합, 즉 다국적 기업이나 국제합작기업으로 진행되고 있는 것이다.

01 기업집단

(1) 기업집단의 의의와 목적

기업집단(business group)[59]이라 함은 광의로는 주식의 상호보유, 중역파견, 업무제휴, 기술원조 등의 제수단에 의하여 참가 기업간에 계속적인 공동이익관계를 설정하는 기업집중형태를 말한다. 이 경우 집단화(grouping)의 대상이 되는 기업집단

59) 기업과 환경. 이덕훈 P.48. 1996.

은 상호 독립성을 유지함으로써 지배와 종속의 관계를 떠나서 생산기술적 내지 경영기술적인 면에서 상호간에 보완적 역할을 위해 협조한다. 이의 가장 발달한 대표적 형태가 콤비나트(Kombinat, Combinat)이다. 따라서 기업집단을 협의로 해석하면 이 콤비나트를 가리킨다.

기업집단의 근본적인 목적은 참여하고 있는 기업상호간의 금융·기술·상업 등의 관계에서 상호 공동이익을 추구하는 데 있으므로 통일적인 지배회사가 존재하지 않는다는 의미에서 콘체른의 기업집중형태와 구별되고 있다.

(2) 기업집단의 유형

기업집단은 다음과 같이 두 가지로 분류된다.

① **자본적 결합형** : 자본적 결합형태의 기업집단에는 은행집단과 상사집단이 있다. 은행집단이란 기업이 자본구조에 있어서의 차입금 의존도가 높아져 은행의 기업경영에 대한 지배권이 증대됨으로써 형성된 기업집단을 말한다. 이러한 은행집단은 각 참여기업에 대해서 계열융자 또는 중역과 엔지니어를 파견해서 금융정책이나 경영정책면에서 균형을 유지하도록 노력하게 된다. 따라서 은행집단은 금융적 문제의 해결이라는 점만을 고려하기 때문에 비교적 결합력이 약한 것이 특징이다.

한편 상사집단은 거래상사를 중심으로 금융자금기능을 수행하여 기업상호간의 공동이익관계를 확립할 목적으로 이루어진 집단의 결합이다. 상사집단은 상사와 산하기업과의 사이에 원자재의 구입과 제품의 판매활동을 통해 상업상의 상승효과(synergy)를 이용하는 것을 특색으로 한다. 그러나 상사집단은 거래처인 적자회사의 경영책임을 인수하는 형식으로 산하기업을 추가해 온 것이 많고, 상호의 결합력이 약한 것이 단점이다.

② **업무·기술적 결합형** : 이 집단에는 계열적 기업집단과 콤비나트가 있다. 각 기업은 독립성을 유지하면서 일수판매권, 업무제휴, 중역파견, 투융자, 주식의 상호보유 등을 통하여 기업상호간의 연휴관계를 강화하고 기업집단을 형성하는 경영전략을 계열화하고 있는 집단이라 한다. 그리고 콤비나트는 주로 자본적 시너지와 기술적 시너지를 이용하기 위하여 각 기업의 독립성을 유지하면서 수직적 결합에 의한 경제적 이익을 달성하려는 집단을 말한다.

02 콤비나트

(1) 콤비나트의 의의

콤비나트(Kombinat 또는 Combinat)[60]는 기업집단의 대표적인 형태로서 '결합기업' 또는 '다각적 결합공장' 혹은 '공장집단'이라는 뜻으로서, 기술적인 관점에서 유기적으로 결합된 다수기업의 집단이다. 기업의 결합이 생산기술적인 입장에서 유기적으로 결합되어 다각적으로 행하여진다는 데에 그 특징이 있다.

콤비나트의 발전단계는 ① 원재료의 가공단계와, ② 폐기물·부산물의 처리 이용단계, 그리고 ③ 원재료와 반제품에 이르기까지의 종합적 이용단계로 분류된다. 여기서 이 모든 단계를 거의 합친, 오늘날의 전형인 석유화학을 중심으로 한 콤비나트를 일례로 들어보면 다각적 종합공장으로서 동일지역에 있는 여러 종류의 기업이 생산기술적 관점에서 유기적으로 결합한 형태이다. 우리나라의 경우 울산공업단지와 여천석유화학공업단지가 그 좋은 예이다.

(2) 콤비나트의 장·단점

콤비나트의 장점은 생산자원의 다각적·효과적 이용, 원료확보, 연료절약, 운반 및 수송비의 절약, 중간이윤의 배제 등에 있다. 이에 반해 각 참가기업의 공장건설이 동시에 이루어지지 않을 경우에는 종합적인 손실이 커지며, 또한 기업집단내에서의 제품의 경합이 생겨 조업도의 안정이 곤란해진다는 단점도 있다. 이러한 결합을 극복하기 위해서도 공동손익계산이나 합병의 촉진 등 통일적인 합리화운영체제를 갖출 필요가 있으며, 또 공동용역에 대해서는 공동출자회사를 별도로 설립하여 그 효과를 얻으려고 하는 것이 일반적인 추세가 되고 있다.

그런데 콤비나트는 기술적 결합을 특정 지역에 거대한 공장집단으로서 실현되기 때문에, 이들 공장에서 배출되는 막대한 배출물·폐기물에 의한 공해유발이 큰 문제가 되고 있다. 따라서 지역개발, 이익의 지역에의 환원 등의 긍정적인 면과 함께 공해 등의 사회문제가 콤비나트의 설치·유치·발전상 고려하지 않으면 안 될 중대

60) 콤비나트의 어원은 러시아어로서 1930년대의 소련에서 공업화전략으로 내세운 것으로, 둘 이상의 지역자원을 개발하고 원재료 및 반제품의 효율적 내지 합리적 이용을 꾀함으로써 생산의 공간적·지역적 결합을 하려고 계획한 것이라고 한다.

한 과제로 되어 있다.

03 컨글로머리트

(1) 컨글로머리트의 의의 어원 및 의의

미국의 'The American Heritage Dictionary of the English Language'의 Conglomerate의 항에는 ① 이질물의 집합, ② 小石이나 沙礫을 무질서하게 함유하고 있는 암석이라는 해설과 아울러, ③ 폭넓고 다양한 분야에서 경영활동을 하고 있는 많은 이질회사로 이루어지는 사업법인이라고 설명되어 있으나, 컨글로머리트(conglomerate)는 이제야 널리 보급된 경영용어가 되었다.

컨글로머리트는 '복합기업'이라고 불리어지며 제2차대전 후 특히 1960년대부터 미국에서 급속하게 발전된 독점체이다. 이것은 상호 관련이 없는(서로 공정·거래 등의 관련이 없는) 다종다양한 기존의 異種企業을 매수 또는 합병하여 하나의 거대한 기업체로서 지배하는 것을 말한다. 따라서 이들 컨글로머리트기업의 수뇌자들은 서로를 'multi- market corporation'(다시장기업) 내지 'multi-industry corporation'(다산업회사) 또는 '이종복합기업'이라고도 부른다. 그런데 미국에서는 1950년대 후반에 클레이튼법(Clayton Tct) 제7조의 개정에 의해 기업의 수평적 합병 및 수직적 합병이 금지된 데 자극이 되어 이종기업간의 합병으로 방향을 돌리게 됨으로써 새로운 형태의 다국적 결합에 의한 이른바 컨글로머리트가 등장하게 되었다. 이와 같이 컨글로머리트는 시장적으로나 생산기술적으로 전혀 관련이 없는 분야의 기업과 결합한 기업형태이다. 그리고 매수·합병을 통합 급속한 다각화를 그 특징으로 한다.

(2) 컨글로머리트와 주식공개매수(TOB)

어떤 기업의 지배권을 획득하거나 지배에 참가하려 할 때, 주식을 취득하기 위해 매입가격을 명시하여 널리 주식의 매도를 구하는 제도를 말하며, 미국에서는 'tender offer', 영국에서는 take-over-bid : TOB라고 한다. 즉, 어떤 기업의 지배권을 이양 받을 목적으로 당해 기업의 주식을 그 기업을 실재로 지배할 수 있는 선까지(보통 50%) 집중 매입해 들이는 것을 말한다.

이 경우, 거래를 공정하게 하고 야기될 수 있는 혼란을 방지하기 위하여 매매에 관계되는 일정한 내용을 사전에 주지시키고, 이에 따라 매매가 이루어지도록 규제하는 것이 보통이다. 가령 A 기업이 B 기업을 매수하려고 할 때 B기업의 자산가치·주가 등을 감안, 1주당 매입가격(TOB 가격)을 사전에 제시하는 등 매입조건을 사전에 지시하고 B기업과의 공개적인 홍정을 통해 거래가 이루어지도록 한다. 말하자면 TOB 전략에 의한 '회사탈취'인 것이다. 더욱이 1992년의 시장통합에서 EC 역내의 기업활동이 비약적으로 자유롭게 됨에 따라 그 출발시점에서 어떻게 유리한 지위를 점하는지가 중요한 과제이며, 이 때문에 TOB에 의한 매수의 움직임이 금후 더욱 활발하게 전개될 듯하다.

한편에서는 매수, 합병을 중개하는 이른바 M&A 업무의 확대가 우리나라 기업을 포함하여 종래 이상으로 심각한 문제가 될 것으로 보인다.

클러스터

1. 클러스터의 개념

클러스터란 지리적으로 인접하고 있는 연계 기업, 특정 영역의 연관기관 등이 유사성, 보완성 등으로 연결된 집단을 지칭한다. 클러스터의 지리적 영역은 한낱 시나 주정부에서 국가, 또는 이웃 국가들의 네트워크에 이르기까지 광범위하다.[61] 한편 최근의 경우는 혁신적 요인이 새로워짐으로 인해, 「글로벌 비즈니스를 창출하기 위해서 지역의 기업, 벤처캐피탈, 대학, 연구소, 정부 등 다양한 혁신기관들의 집합」으로 인식되는 것이 일반적이다. 그런데 이 개념은 클러스터에 대한 이해를 세한시키는 문제점이 없지 않다. 무엇보다도 클러스터의 형성원리 및 성장원리가 포함되어 있지 않기 때문이다.[62]

클러스터는 분명히 집합을 의미하는 것이다. 하지만 그 집합이 어떻게 형성되고 또한 성장하는지에 대한 이해에는 기존의 개념은 제한적이다. 클러스터를 이해하기 위해서는 기존에 설명되어 왔던 하드(hard)적인 요소뿐만 아니라, 소프트(soft)적인 요소를 포함시켜야만 그 개념이 충분해진다.

그러면 소프트적인 요소는 무엇인가. 그것은 클러스터를 움직이고자 하는 의도를 지닌 혁신기관들이 '공통적인 목적에 부합하는 의사결정 및 행동의 집합'으로서 존재하고 있는가 하는 점이다.

61) Porter, M.E. 김경묵. 김연성 공역(2001), 경쟁론, 세종연구원.

62) 이 장의 내용은 이덕훈, 박제수(2003), "클러스터 진화와 지식기반 모델", 한남대 경제 및 국제지역연구 13: 322-3. 참조.

때문에 클러스터는 혁신기관의 의사결정자들이 지니고 있는 의도(intention)에 의존하는 점이 없지 않으며 한편으로는 '전략적 의사결정 집단들의 집합'으로도 정의할 수 있다. 따라서 클러스터는 하드와 소프트적인 양 측면을 모두 이해하는 집합들이 구성될 때 클러스터의 형성 및 성장이 가능하다고 하겠다.

04 클러스터 형성과 응집경제

클러스터의 원형은 알프레드 마셜(Alfred Marshall)의 저서인 경제학원론에 수록되어 있었던 내용 즉, 영국 셰필드(Sheffield) 지역의 철물제조업을 산업구역(industrial districts)으로 묘사한 것이 그것이다. 한편으로는 응집경제(agglomeration economics)로도 불린다.

그러나 이 개념이 제대로 평가된 것은 약 100년을 지나서 Krugman(1991)[63]의 지역클러스터(regional clustering)라는 개념으로 등장하면서 부터이다. 그는 클러스터의 진화에 필요한 요소로서 신생기업의 진입을 우선적으로 지적하였던 바, 신생기업이 클러스터로 진입하는 이유에 대해서 ① 특화된 노동자 확보, ② 특화된 중간재, 그리고 ③ 지식확산(knowledge spillover)에서 그 가능성을 찾았다.

이에 대한 설명은 다음과 같다.

첫째, 기업의 진입은 고도로 숙련된 노동자들을 포함하고 있는 노동시장의 성격에 의해 이루어진다고 한다. 지역의 노동자들은 전문적인 기술적 숙련과 그 지역의 사람들과의 원활한 활동이 가능하기 때문이다.

둘째, 기업은 전문화된 중간재의 풀(pool), 즉 당해지역에 구조화되어 있는 지원산업의 존재로 인해서 장비, 도구, 기술과 서비스 등의 제반적인 입지혜택에 대한 매력을 느끼기 때문에 진입하게 된다는 것이다.

셋째, 기업은 지역클러스터에서 확산되어가는 지식을 흡수할 수 있는 장점이 존재하기 때문에 진입한다고 하였다.

따라서 크루크만의 견해는 동일한 입지에서의 정보교환에 대한 현실성이 높고, 특화된 자원이나 노동과 지식의 전파가 유리하기 때문에 기업이 진입한다고 할 수 있는 것이다. 무엇보다도 기업 간의 관계가 심화되어 간다는 점에서 클러스터의 진

63) Krugman, P.(1991/1995), Development, Geography and Economic Theory, MIT Press, Cambridge, MA.

화에 대한 기본적인 원칙을 파악할 수 있다. 따라서 지역클러스터는 당해 지역에 위치하고 있는 관련기업들의 강한 집중[64] 또는 지역적 생산시스템 및 사회시스템을 의미하는 독립적 기업 간의 지리적 공간에서의 결합과 집중[65]은 클러스터를 좀 더 혁신적으로 진화시키는 것은 틀림없다.

05 디베스티처의 의의 및 전략

(1) 디베스티처(divestiture)의 의의

1973년 10월의 이른바 석유위기 이래 세계경제는 극심한 불황에 빠지게 됨으로써 단순한 경기순환이 아니라 더욱 구조적으로 또 장기적으로 세계경제를 전망하지 않을 수 없게 된 것이다. 이러한 세계경제의 구조적 변화에 대응하기 위한 기업전략으로서 특히 미국에서는 1970년대에 '디베스티처'현상이 현저하게 나타났다.

'디베스티처전략'이란 기업이 채산이 없는 부문이나 이익이 오르지 못하는 생산라인을 처분하거나 이를 타사에 매각하여 체질을 개선하려는 전략이다. 이 말은 우리나라에서는 자주 듣지 못한 말이기는 하지만, 경영용어로서는 어떤 기업이 하나의 사업이나 자회사를 매각하여 정리하는 것을 말한다. 즉, 회사 전체를 매각하는 것은 흡수합병이 되지만, '디베스티처'는 회사의 일부를 잘라 파는 것이 된다. 말하자면 부분적 매각인 것이다.

(2) 디베스티처의 전략

최근의 사례는 1987년 미국의 모대의약품·의료기기회사가 본사 스탭 150명의 해고와 20개의 불채산사업을 비롯하여 몇몇 해외자회사를 매각하여 화제가 되기도 하였다. 뿐만 아니라 미국의 '디베스티처'는 1976년에는 1,200건이고 보면, 80년대 후반에는 2,000건 이상에 달할 것으로 보인다. 70년대에 이처럼 '디베스티처'가 급증한 것은 60년대에 컨글로머리트의 합병붐에 기인한 것으로 보인다. 미국기업은 60년대는 컨글로머리트의 타사매수에 자극되어 고도성장의 물결을 타서 닥치는 대

64) Beaudry, Catherine and Stefano Breschl (2000), Does 'Clustering' Really Help Firms' Innovation Activities?, CESPRI WP No.111.

65) Isaksen, Arne(1998), Regionalisation and Regional Clusters as Development Strategies in a Global Economy, STEP report R-01.

로 이종기업을 매수하였고, 70년대의 저성장시에는 이들 사업 중에서 채산이 맞지 않거나 체질적으로 본업과 맞지 않는 것이 속출하였다. 그래서 컨글로머리트를 비롯하여 많은 미국기업이 '디베스티처'하기 시작하였다. 따라서 60년대는 '매수시대', 70년대는 '부분적 매각시대'라는 표어마저 생기게 되었다.

이러한 디베스티처전략은 미국기업의 소극적인 감량작전만을 의미하는 것이 아니라 반면에는 적극적인 다각화전략을 반영한 것이 된다. 즉, 디베스티처전략의 발상 중에는 철퇴와 진출의 양면전략이 내포되어 있기 때문이다.

우리나라의 경우, 미국과 같은 회사의 매매시장은 없다할지라도 불확실성시대에 대응하여 미국기업의 이러한 철퇴 및 다각화전략을 기본이념으로서 배울 바가 많다고 본다. 또한 앞으로 해외시장에 진출하려는 한국기업은 디베스티처에 의해 미국기업의 재편성이 진행되고 있는 실정을 잘 이해해둘 필요가 있다.

제4절 기업집중의 규제 및 제한

01 기업집중 규제의 의의

이상과 같이 현대기업은 경영규모가 확대됨에 따라서 상호간의 경쟁을 제한하고 시장지배를 목적으로 기업집중을 하고 있다. 기업집중으로 인하여 생산비의 절감, 생산기술의 향상 및 자본의 유리한 이용이 이루어지는 등 경영상의 유리성을 확보할 수 있는 것은 사실이다. 그러나 기업집중은 필연적으로 독과점을 형성하게 되어 공정한 자유경쟁과 공공의 이익을 저해하고, 중소기업 및 일반소비자에게 피해를 주게 된다. 그래서 각국 정부는 건전한 국민경제의 발전과 공정한 경쟁을 실현하기 위하여 기업집중과 이에 수반된 독과점을 저지하기 위한 정책의 수행에 부심하여 왔다. 그러나 각국 정부의 독과점에 대한 제도적 규제에도 불구하고 기업규모의 거대화의 기업이윤율의 저하로 개별기업은 독과점을 위한 새로운 방책을 강구하고 있는 실정이다.

이처럼 산업의 독과점화 경향은 모든 자본주의 국가에 있어서는 일반적인 현상이지만 우리나라의 독과점은 그 생성배경이 다소 상이하다는 점에 커다란 문제점이 있다. 즉 우리나라에 있어서는 근대산업을 이식하는 과정에서 경쟁이란 과정을 거치지 않고 처음부터 독과점의 형태가 생상된 것이며, 특히 산업화가 진행되는 과정에서 정부의 경제개발정책의 필요에 의하여 이러한 독과점현상이 더욱 촉진되었다. 그 결과 우리 나라의 주요 산업부문은 거의 전부가 독과점을 형성하고 있으며, 이들은 정부의 세제, 금융상의 지원과 수입통제와 수출증대를 위한 정책적 배려하에서 독점적 이윤을 추구하고 있어 기업풍토의 개선과 경제질서의 확립에 중대한 영향을 미치고 있다.

이러한 기업의 독과점적 행위는 기업결합이 병행되어 사실상 자유경쟁체제를 문란케하는 것이므로 세계 각국은 거의 모두 제도적 규제를 하고 있으며, 특히 자본주의 경제의 중심이 되고 있는 선진 서구제국에서는 이에 대한 엄격한 규제가 이루어지고 있다.

제5절 벤처기업(Venture Business)

01 벤처기업의 의의

최근에 들어 첨단기술을 바탕으로 한 신제품의 개발을 통하여 시장을 개척하고 경쟁우위를 확보하려는 움직임이 활발해지고 있으며 이러한 움직임을 대표하는 것이 바로 벤처기업[66]의 등장이다. 벤처의 시작은 비록 작고 미미하지만, 성장한 후에는 세계 경제에 엄청난 영향력을 행사하고 있다. 예컨대 미국의 SUN 마이크로시

66) '벤처비즈니스'는 獨自의 신제품이나 신서비스를 개발하고, 고유의 시장범위를 확보하고 있는 혁신적인 중소기업을 말한다. 일본통상성의 '벤처비즈니스연구회'의 중간보고에서는 벤처비즈니스란 독자의 뛰어난 기술이나 경영노하우를 무기로 하여 적극적으로 경영을 확대하려는 기업가정신이 왕성한 자주독립의 중소기업이라고 정의하고 있다. 이것은 일반적으로 개발된 아이디어의 판매만을 하고, 자사에서는 본격적인 생산을 하지 않는 지식집약약형의 혁신적 기업을 의미한다.
'벤처비즈니스'는 그 성립과정의 차이에서 스핀오프(spin-off)* 형과 자영형으로 대별된다. 전자는 대기업의 연구개발부문이나 디자인부문에 속하고 있는 사람들이 독립하여 외부에 기업을 설립하는 경우이다.
* 스핀오프(spin-off)는 스핀아우드(spin-out)라고도 하며, 사내의 유능한 인재를 독립시키는 기업 분할전략(sipn-out)을 말하며, 이는 일종의 다각화전략도 된다.

스템즈社, 마이크로소프트社, 네트스케이프社, 컴팩컴퓨터社가 여기에 해당된다. 우리나라에서는 미래산업, 케이씨텍, 메디슨, 태일정밀, 청호컴퓨터, 뉴맥스, 광전자 아이엔티, 한글과 컴퓨터, 옥소리, 가산전자, 대륭정밀, 삼보컴퓨터, 신호타일랜드등이 여기에 해당되며, 이들 벤처기업이 우리 경제에 크나큰 영향력을 행사하고 있다. 이들 초 우량기업은 소자본, 소수인력, 그리고 첨단기술을 가지고 상품을 개발하여 틈새시장을 공략하여 성공을 거둔 기업들이다.[67)68)]

벤처기업(Venture Business) 또는 기업가 정신(Entrepreneurship)의 등장배경으로는 다음과 같은 사항을 들 수 있다.

첫째, 공업화 시대의 대표적인 산업인 중화학공업의 중후장대체질에서 탈공업화 내지는 정보화 시대로 바뀜에 따라 필연적으로 도래하는 경박단소의 체질에 적합한 기업 체제 즉, 규모가 작은 기술집약적 중소기업의 등장이 불가피해졌다.

보다 다양해지는 등 수요 구조의 급격한 변화가 발생함에 따라

둘째, 고객들의 요구가 의사결정의 관료화 및 비능률화, 인간소외 등의 문제점을 안고 있는 대기업보다는 수요구조의 변화에 신속한 대응이 가능한 중소기업, 특히 기업가정신에 투철한 기술창업가를 가진 모험기업이 적응력 면에서 보다 유리하게 되었다.

셋째, 기술변화의 가속화는 신기술에 근거한 기업들 또는 신사업부서에 보다 큰 성장의 잠재적 기회를 제공하게 되었다.

기술혁신의 촉진에 대한 모험기업의 역할이 뚜렷하게 부각됨에 따라 선진각국은 이에 대한 정책적 지원 방안을 적극적으로 강구하고 있으며 특히 대기업들도 모험사업의 내부창업을 적극 추진하고 있는 바, 미국의 실리콘 밸리를 중심으로 한 모험기업의 태동 및 성공 사례는 이미 잘 알려진 바 있다.

67) 벤처 경영전략 이야기, 김춘열, 1996

68) 세계의 작은 거인들. 매일경제 신문사, 1996

02 벤처비즈니스의 개념과 정의

벤처(Venture)는 Adventure의 類語로서 모험적 행위 또는 모험적 기업이라는 뜻으로 모험적으로 새로운 분야에 진출한 기업을 말하며, 전통적인 기업체제에서 벗어난 비교적 소규모적인 기업을 말한다. 일반적으로 첨단기술, 새로운 아이디어를 사업화 하는 데 있어서 위험(risk)을 수반하여 수익성이 높지만, 투기성 사업을 포함하는 의미는 아니다. 자기의 노력이나 기술에 의하여 성과가 좌우되며 불확실한 조건하에서 도전하는 진취성이 매우 강한 기업이다.

학술적인 면에서 보면, 벤처기업이라는 용어는 첨단기술산업(High Technology Business) 신기술기반사업: NTBF(New Technology-Based Firm), 모험기업(Risky Business), High- Tech Business 등 다양한 용어들과 혼용되고 있다. 간혹 소수의 핵심창업자가 기술혁신 아이디어의 개발과 상업화를 기본 동기로 한다든가, 연구개발을 강조하거나 기술적으로 새로운 지식을 이용하는데 중점을 두기도 한다. 보통, 미국에서는 첨단 중소기업(High-technology small firm)을 지칭하고 위험성은 크나 높은 수익이 예상되는 기업(High risk & High return)을 말한다. 또한, 유럽이나 일본에서는 '신기술기반기업(NTBFs)'이란 정의가 주로 사용되고 있는데 이는 신기술의 사업화를 촉진시키기 위해 정책적으로 육성·지원을 하려는 목적을 가지고 있어서 대상의 제약성을 가지고 있다.

우리나라 에서는 김영우 교수(1983년)는 『위험이 많은 첨단기술개발에 과감히 도전하여 새로운 시장을 개척하는 사업 또는 높은 위험성에도 불구하고 성공가능성을 보고 이에 과감히 도전하는 기업』이라고 하며, 이신주 교수(1986)는 『모험기업이란 기술수준이 높은 신규기술의 기업화를 위해 기업가정신이 강한 기술창업인 또는 기존기업인이 창업 또는 점진적 기술 축적을 통해 위험부담은 높으나 성공시의 기대수익이 큰 사업을 운영하는 중소기업』[69]이라고도 정의하고 있다. 그러나 이덕훈 교수(2009년)는 벤처캐피털의 주목을 받는 기술적 기업으로 평가하여 시장중심적으로 정의하였다.[70]

실질적으로는 미국은 "중소기업투자법"에서 '위험성이 크나 성공할 경우 높은 수

69) 홍성도, 「벤처비즈니스의 이해」, 학문사, 1997.

70) 이덕훈, 「창업학의 이해」, B & M 북스(2009), p.131

익이 기대되는 신기술 및 아이디어를 독립기반 위에서 영위하는 신생기업'으로 정의하고 있고, 일본은 '중소기업으로 R&D투자비율이 매출액의 3% 이상인 기업으로 창업 후 5년 미만인 기업'으로 보고 있다. 한편, OECD는 'R&D의 집중도가 높은 기업' 또는 '기술혁신이나 기술적 우월성이 성공의 주요 요인 기업'을 지칭한다. 지금까지 논의 한 벤처비지니스 특징의 국제비교를 살펴보면 다음과 같다〈표 6-1 참조〉.

〈표 6-1〉 벤처비즈니스 특징의 국제비교

	미국	일본	대만	한국
특징	New Business with high risk-high return • 대개 벤처캐피탈이 투자한 기업	특정 중소기업자 • R&D비율이 3% 이상 • 업력 5년 미만	기술집약형 기업 (2년마다 정부에서 지정)	New Business with high risk-high returm • R&D 비율이 5%이상 • 창업 후 7년 이내 • 벤처캐피탈투자형. 연구개발집약형, 특허 신기술형, 벤처기업평가기관 우수평가형

자료 : 벤처기업지원 시책, 기술신용보증기금, 1984. 4 ; 벤처기업 확인요령, 중소기업청 고시 제2000-6호, 2000. 5. 30; 중소기업청 벤처넷 http://venture.smba.go.kr/

상술한 특징에서 보면 미국은 벤처캐피탈이 투자한 기업을 말하고 대만은 기술집약형기업을 말하고 있으며 한국 벤처기업은 선진 각국에서 적용하고 있는 기준을 대부분 채용하고 있다. 그 내용은 실질적으로 상이하다. 이것은 시장에서 발생하는 시장을 중심으로한 벤처기업의 특징에 우선한다기보다는 한국은 정책적인 입장이 강한 것으로 보인다.

나름대로 이를 정의하는 것은 한국이 신규사업여부와 상관없이 「벤처기업 육성에 관한 특별조치법」(1997)에서 지정한 요건을 충족하면 벤처기업으로 지정·등록되면 이러한 기업을 벤처기업이라 정의하는 제도를 지니고 있음에 기인한다. 성소미(2001)는 다음과 같이 구분짓고 있다.[71] 〈표 6-2 참조〉

71) 성소미, 『한국의 벤처-평가와 전망』 비봉출판사, 2001, pp. 26-28.

〈표 6-2〉 벤처기업 지정제도에 의거한 한국 벤처기업의 정의

	벤처기업 지정요건
벤처캐피탈투자형	벤처캐피탈의 주식인수총액이 자본금의 10% 이상인 기업
연구개발집약형	직전 사업년도의 총매출액에 대한 연구개발비의 비율이 5%이상인 기업
특허신기술형	특허권 또는 실용신안권, 혹은 다른 법률에 의한 기술개발사업으로서 대통령령이 정하는 사업에 의해 개발된 신기술에 의해 생산된 제품이 직전 사업연도 매출액의 50%이상 혹은 수출이 매출액의 25% 이상인 기업
벤처기업평가기관 우수평가형	창업 중인 기업으로 중소기업진흥공단, 기술신용보증기금, 기타 인정된 기관이 기술성 및 사업화 능력이 우수하다고 평가한 기업

자료 : 성소미, 전게서, p. 27

그리고 벤처기업이 무엇인가에 대해서는 학술적으로 명확히 통일된 개념은 없지만, 벤처기업으로 통칭되는 기업군은 크게 보아 두 가지 형태로 대별된다.[72] 하나가 미국적 경제 풍토에서 유래된 '고위험-고수익'이라는 단어로 함축되는 기업군을 지칭하는 경우로 이는 벤처캐피탈의 투자대상이라는 관점에서 정의되는 기업군이다. 이러한 벤처기업의 정의는 기업의 기술 집약성이 특별한 중요성을 갖는 것이 아니며, '기술(technology)' 보다는 오히려 '혁신(innovation)'이 벤처기업의 본질로 파악될 수 있다. 다음으로, 흔히 신기술기반기업(New Technology Based Firms; NTBFs)라고 불리는 기업군을 지칭하는 경우로 이러한 벤처기업의 정의에서는 높은 R&D 수준이 중요한 판별 기준이 되며 급속한 기술발전에 유연하게 대응하는 신생 중소기업군이 관심의 대상이다.

앞서도 말했지만 우리나라의 「벤처기업법」에서는 두가지 형태의 기업군을 모두 정책대상으로 삼고 있는 것으로 볼 수 있다. 한국적 특징을 감안할 때, 우선 정부가 인정한 범위 내에 있는 것이 벤처기업이 된다는 특징은 차치하고 일반적으로 논의되고 있는 학술적 정의를 정리하면, "왕성한 기업가 정신을 바탕으로 고위험 대비 고수익을 목적으로 첨단기술개발에 과감히 도전하여 새로운 시장을 개척하기 위해 도전하는 사업 또는 기업"으로 볼 수 있다. 이 정의는 개인성, 혁신성, 모험성(고위험 및 고수익성)의 의미를 담고 있다.

72) 주현, 송하율, 박린, 『벤처기업 육성정책과 산, 연 연계』 KIET 연구보고서 1999-11-18, pp. 3-4

03 벤처 비즈니스의 특징

미국은 90년대 들어 벤처기업의 활발한 창업 및 성장으로 경제활력과 산업경쟁력을 회복하였으며, 정보통신(23.7%), 소프트웨어(22.6%), 컴퓨터(21.8%), 생명공학(16.8%), 반도체(8.2%)등 컴퓨터·정보기술업종 중심으로 분포하고 있다. 일본은 96년말 현재 일본내 약 4,500개 벤처기업이 활동(일경 벤처비즈니스연감 97)하고 있으며, 전자(14.7%), 소프트웨어(9.1%) 뿐 아니라, 서비스(16.4%), 유통분야(8.7%)의 비중도 높다. 대만은 96년 말 현재 첨단과학기술분야를 위주로 700여 개의 벤처기업이 활동 중이며, 업종은 컴퓨터·주변기기(41개), IC제조(56개), 통신설비(30개), 광학전기(26개) 등의 순으로 성장중이다.

한국은 2001년 6월 현재(중소기업청 벤처넷) 벤처 1만 706개 중 정보처리 및 컴퓨터(3,611개), 전기기기 및 장치제조업(1,279개), 영상, 음향 및 통신장비 제조업(1,173개), 기계제조업(1,103개), 석유화학(758개) 등이 활동하고 있다. 2008년 1만 5401개였던 벤처기업은 2011년 현재 2만6487개로 늘었다. 위기를 극복하고, 위기에 태어난 벤처들이 우리 경제의 버팀목인 것은 두말할 나위 없다.

한국의 경우 시장보다는 제도적인 입장에서 파악되고 있는 기업의 수이긴 하나 다양한 업종에서 역동성이 매우 높은 것으로 판단된다. 대다수 기업의 업종이 선진국과 같은 정보처리 및 컴퓨터나 전기기기, 영상, 음향 제조업의 비중이 높다. 그렇다면 벤처기업의 일반적 특징은 무엇인가? 기업가와 경영, 그리고 조직의 특징을 보면 다음과 같다.

우선 벤처기업의 주체인 창업기업가의 특징은 사회적 변동에 도전하고 모험을 적극적으로 받아들이면서 변화에 대하여 예견력과 창조력을 지니며, 기업가 정신이 왕성한 사람들이다. 이들은 주로 미래의 산업을 선도하는 특징으로 인해 과거 경영자와는 판이하게 다른 특성을 지니고 있기도 하다. 그 차이는 현존자원의 활용을 중시하기보다는 기회인식에 큰 집중성을 가지고 있다〈표 6-3 참조〉.

〈표 6-3〉 창업기업가와 경영관리자의 비교

주요사업차원	경영관리자	창업경영자
전략적 관점	현존자원에 의해 주도	기회 인식에 의해 주도
기회에의 대처	장기간의 전략적 입장	단기간의 혁명적 입장
자원의 투입	일단계 의사결정으로 전적인 투입	다단계 방식으로 단계별 최소 투입
자원의 통제	필요자원의 직접 소유내지는 고용	필요자원의 간헐적 활용 내지는 임대
경영관리 구조	공식적 위계를 중시하는 수직적 조직	다양한 비공식망을 갖춘 수평적 조직
보상정책	• 기존자원의 범위 내 집행 • 단기자료에 기반 • 승진 • 한정된 자원	• 개인적 기대에 부응 • 경쟁 체제의 활용 • 개인적 부 창조 가능성의 인식 증진

자료 : Howard H. Stevenson, Michael J. Robert, and H. Iriving Grousbeck, *New Business Ventures and the Entrepreneur,* 4th, Irwin, Burr Ridge, 1994, pp.3-16.

이러한 기업(창업)가의 특징은 다음으로 종합되어 진다.

첫째, 개성이 뚜렷하고 강한 활동력과 추진력을 겸비하고 있다.

둘째, 지적 능력과 고도의 전문기술을 지닌 고학력 기술자 출신이 많다.

셋째, 대기업, 대학 또는 연구소 등의 배태조직(incubating organization)으로부터 기술개발경험과 경영관리 능력을 가진 경우가 많다.

넷째, 의사결정 및 추진력에 있어서 신속하다.

Sandberg와 Hofer는 17개 기업을 대상으로 벤처기업의 성과가 창업인의 특성, 전략, 산업구조등 의 변수에 의해 그리고 이런 변수간의 상호작용에 의해 영향을 받는다는 연구모형을 제시하였다.[73] 특히 Roure와 Maidique 창업인의 과거경험, 창업인의 특성, 목표시장, 기술전략, 창업인과 벤처투자가 사이의 자본비율을 중심

73) Sandberg, William R and Charles W. Hofer, Improving New venture Performance: the Role of Strategy, Industry structure, and Entrepeneur, Journal of Business Venturing, 1987, pp. 5-28

으로 8개회사를 대상으로 실증연구를 하였다. 그 결과 성공한 기업일수록 창업자가 다른 사업과 함께 일한 경험이 많았고, 더 크고 완전한 창업팀을 구성하는 경향이 있으며 성공한 기업가는 벤처기업이 속한 산업에서 경쟁적이고 빠르게 성장하는 기업체에서의 근무경험이 있음을 알아내었다.[74)]

04 벤처기업의 발전 단계와 성패 요인

벤처기업의 창설 및 운영은 일련의 과정을 거치게 된다. 그 과정은 짧게 보면 프로젝트의 규모로서 벤처사업의 개발과정이 되며 길게 보면 기술집약적 중소기업으로 시작하여 대기업으로 성장해 가는 기업의 생성 및 발전과정이 된다. 벤처기업의 발전단계에 대한 검토는 모험사업 및 기업의 추진과 창설을 효율적으로 관리하는데 필수적인 이정표나 점검표를 마련해준다는 점에서 그 의의를 찾을 수 있겠다. 벤처기업의 발전단계에 대해서는 여러 학자들이 다양한 단계모형을 제시하고 있는데 본 절에서는 그 중에서 대표적인 몇 개의 모형을 소개하고자 한다.

먼저 소개할 모형은 Webster(1976)가 제시한 모형으로 그는 독립적 창업인에 의한 모험기업의 발전단계를 다음과 같이 6단계로 구분하여 제시하였다.

① **벤처기업준비단계**(Preventure Stage) : 모험사업 아이디어를 탐색하고 평가하여 이에 대한 특허권 등의 권리를 협상하는 단계이다.

② **조직단계**(Organizational Stage) : 창업요원들과 함께 창업에 필요한 여러 업무를 수행하며 이를 조직화하는 단계이다.

③ **재정적 위기 단계**(Financial Jeopardy Stage) : 신제품 개발과 판매 유통망 구축 등으로 자금 수요를 많고 수입은 없는 재정적 곤란기이다.

④ **제품도입 단계**(Production Introduction Stage) : 개발된 제품을 시장에 출하하는 단계이나 아직도 자금 부족이 심한 기간이다.

⑤ **확장 단계**(Rapacity Stage) : 도입된 신제품의 판매확장으로 창업인이 의욕적으로 활동하는 기간이며 이때가 가장 중요한 시기이다.

⑥ **결과 단계**(Outcome Stage) : 기술 집약적 신제품의 개발과 시장도입이 순조롭게 성공적으로 이룩되어 정상적인 경영 활동을 하거나 아니면 실패로 끝나는

74) Roure Juan B and Modesto A. maidique, Linking Prefunding Factors and High Technology Venture succes: an Exploratory Study, Journal of Business Venturing, 1, pp. 295-306, 1986

등 결과가 확연하게 나타나는 창업성공의 최종단계이다.

다음은 Van de Ven(1984) 등의 모형으로 그들은 교육용 소프트웨어 회사를 대상으로 모험기업의 성과에 영향을 주는 요인들을 연구하기 위해서 모험사업의 개발단계 모형을 도입하였다. 이들은 연구대상이 되는 기업들의 연혁과 모험기업 수행과정을 면밀히 조사한 후 모험기업이 다음과 같은 5가지의 구분된 단계를 밟게 된다고 주장하였다.

① **사업형성단계**(Gestation Stage) : 창업인이 창업의 기반이 되는 기술과 경험을 쌓고 습득하는 단계로서, 대부분 창업 이전 직장에서 경험을 쌓는 기간을 말한다. 이들의 연구 결과에 의하면 평균 약 5.4년 정도인 것으로 나타났다.

② **계획단계**(Planning Stage) : 창업인이 공장 가동을 하는데 필요한 여러 가지 결정을 내리고 행하는 시점부터 실제 공장이 가공되는 시점까지를 의미하며 평균 약 2개월 정도가 걸리는 것으로 나타났다.

③ **청부용역단계**(Contract Service Stage) : 실제 영업을 하는 단계로 기업들은 수요자들에게 청부 용역을 제공하고 계속 수행한다.

④ **전매품 단계**(Proprietary Products Stage) : 높은 성과를 보이는 기업들은 3단계를 수행하는 중에 전매품을 개발하고 이 제품을 마케팅하는 과정과 문제점을 다루기 시작하며 판매 경로를 찾기 시작한다. 보통 조업을 시작한지 약 28개월이 지나면 이 단계가 시작된다.

⑤ **다제품단계**(Multiproducts Stage) : 3단계와 4단계를 수행해 나가는 중에 기업들에 따라 제 2의(주로 기존의 제품라인과 많이 관련된) 제품을 개발하게 되는 단계를 말한다.

한편 벤처기업의 성패요인[75)76)]에 대해서도 여러 연구자들의 연구 결과가 있는데 이들을 종합할 때 성공요인으로 가장 중요한 5가지 사항을 제시하면 다음과 같다.

첫째, 기술적 능력과 지식으로 벤처기업에서 가장 중요한 요소이며 대개의 경우 배태조직에서 축적된다.

---

75) 중소기업의 성공요인. 김일섭. p. 106. 1994.

76) 경영과 컴퓨터. 1996년 1월호.

둘째, 벤처기업의 아이디어 및 제품 품목의 결정으로 훌륭한 사업아이디어가 사업성패의 기본적 요소이다.

셋째, 개인적 접촉 범위 및 영향 범위로서 미국과 같이 공식조직을 중시하고 잘 발달되어 있는 나라에서도 벤처기업 창업자나 기술자들은 같은 지역내에서 거미줄처럼 얽혀있는 바 한국과 같이 지면이 중요한 나라에서는 더욱 중요한 요인일 것이다.

넷째, 실물적 자원으로서 벤처기업의 창설에 필요한 여러 종류의 설비자금·토지 등을 면밀히 검토·확보해야 하며 창업초기의 자금 압박을 덜기 위해 자금 지출이 적은 임대 방식을 최대한 활용한다.

다섯째, 고객 및 수요확보로서 가능한 초기 수요의 조기 확보에 노력을 기울이도록 한다. 이외에도 모험 아이디어의 평가 방법 및 기준, 각 단계별 투주 소요, 외부의 기술적·법률적·금융적 지원, 신제품 출하 및 평가 기준, 손익분기 생산량 및 시기, 시장영업활동 등의 유의점을 미리 점검해 두는 것이 성패에 큰 영향을 미친다고 알려져 있다.

반면, 벤처기업의 실패원인으로서 벤처기업의 최고 경영자는 비용과다지출, 시장규모협소, 유통문제, 기술적 문제, 모험사업관리자의 능력 부족 등을 들고 있으며 담당 책임자들은 협소한 시장, 영업 및 유통 문제, 부서간의 분쟁, 최고 경영자의 지원 부족 및 성급성, 영업사원의 비협조, 부정확한 마케팅 조사, 예산 부족 등을 지적하고 있다.

05 기술창업인의 특성과 요구되는 자질

벤처기업과 관련된 개념으로 벤처기업을 창업하는 기업가의 역할은 매우 중요하다고 하겠다. 대부분의 경우 벤처기업가는 주로 기술적 배경을 갖고 출발하기 때문에 기술 창업인(Technical Entrepreneur)이라는 용어가 자주 쓰인다. 기술자만이 벤처기업을 창업하는 것은 아니겠으나 모험기업의 경우 기술창업인의 역할이 두드러지기 때문에 이에 대한 폭넓은 인식이 필요하다고 하겠다.

일반적으로 기술 창업인은 최고경영자로서 특정기술개발에 대한 후원자(Executive Champion) 역할, 기술혁신에 필요한 기술적 문제 해결자로서의 기술 혁신가(Technical Innovator) 역할, 제품개발의 열성적 추진자(Product Champion)의 역할, 제품의 기업화 내지 상업화에 필요한 시장 전문가(Market Gatekeeper)의 역할 등을 동시에 갖추고 있어야 한다. 대부분의 경우 중소기업형태로 모험기업이 창설될 때는 이들 역할을 기술창업인 한 사람이 다 맡아서 수행하게 될 것이나 대기업에서 신규사업부(NVD : New Venture Division) 또는 내부 창업의 형태로 모험 기업을 육성할 때에는 기술 창업인은 사내 창업인의 부분적 역할만을 맡고 나머지 기능과 역할을 소규모 집단체제로 분담하게 된다.

기술 창업인의 특성은 선진국에서 여러 가지로 연구되어 있으나 그 중 대표적인 내용을 몇 가지 간추리면 기술 창업인은 교육 수준이 매우 높으나 박사수준보다는 이공계 석사 수준이 주축을 이루며, 우리나라는 학사수준이 보편적이다. 이들은 창업전에 기업체·대학·연구소 등에서 필요한 기술 및 경험을 축적하였으며 창업동기는 독립/자영이 가장 큰 비중을 차지하고 다음으로 직무만족확대, 경제력 향상, 개척 및 도전 등으로 나타나고 있다. 심리학적 특성으로는 성취동기가 매우 높은 것으로 나타나고 있으며 창업시 연령은 평균적으로 30대 초반이나 우리나라는 30대 후반으로 보고 되고 있다. 다음의 〈표 6-4〉에는 벤처기업의 창업자 특성에 대한 여러 연구 결과들이 정리되어 있다.

또한 페이욜이 분석한 '기업 규모별 경영자 소요능력의 상대적 중요성' 내용은 아래의 〈표 6-5〉와 같다. 이 분석에서 벤처기업가는 한 가지 독특한 능력만 가지고는 계획사업을 끝까지 성공적으로 경영할 수 없다는 결론에 도달한다. 즉 사업초기 또는 소규모 기업일 때에는 기술력이 기업을 좌우한다. 그러나 규모가 늘어나고 사업이 확대되면서는 영업능력과 관리능력의 중요성이 커진다.

〈표 6-4〉 벤처기업의 창업자 특성에 관한 연구결과

창업자의 인구 통계학적 특징 / 연구 수행자	창업당시 연령	교육수준	전직경력	창업이전의 기업주 경력	부모의 직업
Mayer & Goldstein (1961)	연구당시 중위수 : 40세	교육년수 중위수 : 11.0 (주전체 중위수는 9.3년)	기업에서의 생산직 : 49명 관리직 : 22명	81명중 26명이 1개 이상의 기업을 창업한 경험이 있음	-
김인수, 이진주 (1982) 48개 신규 기계 개발계획업체	평균 : 36세	대졸이상 53.7%로 일반중소기업(47.2)보다 약간 높음	36명(85.7%)이 직장경험(대기업 8, 중소기업24, 대학, 연구소 4명)	신제품 45%가 이전 직장 경험과 관련있음	
김적교(1983) 90개 중소기술개발업체	평균 : 40-44세 표준편차: 8.11	평균대졸(박사 5, 석사2, 대졸24, 전문대1, 고교이하3)	기업연구기관근무경험(기업주, 최고경영자65%, 연구기관생산기술직 23%)	-	
MIT(1966)	평균 : 32세 중위수 : 36세	평균 이공학사 이상	주로 대학 또는 기업연구소에서의 응용개발경험	-	50%가 자영 기업주

〈표 6-5〉 기업규모별 경영자 소요능력의 상대적F 중요성 비교

(단위 : %)

기업규모	능력 종류						계
	관리적	기술적	영업적	재무적	보전적	회계적	
1인 경영기업	15	40	20	10	5	10	100
소규모 기업	25	30	15	10	10	10	100
중규모 기업	30	25	15	10	10	10	100
대규모 기업	40	15	15	10	10	10	100
초대규모기업	50	10	10	10	10	10	100
국영 기업	60	8	8	8	8	8	100

자료 : 벤처경영전략이야기, 김춘열, 1996

벤처기업이 작은 규모로 고정되어 있을 수는 없으므로 위의 표에서 기술능력, 영업능력, 관리능력이 기업성장에 따라 순차적으로 필요함을 보여준다. 이러한 소요능력이 갖추어지지 않아 일과성으로 끝나는 벤처기업을 가끔 볼 수 있다. 이의 극복을 위해 기술경영자인 경우에는 관리와 영업능력을 보유한 참모를 고용함으로써 상호 보완하든지 또는 스스로 그 능력을 배양해서 어려운 고비를 넘겨야 기업이 계속 성장할 수 있다.

한국의 년도별 벤처기업수의 증가를 보면 1998년에는 2,042개였고 3년 뒤인 2001년에는 1만1,392개로 6배정도 증가하였다. 그러나 2002년부터 2005년까지는 점점 감소하다가 2006년부터 조금씩 증가하였으며 2010년에는 2만4,470개로 제2의 벤처붐을 보이고 있다.

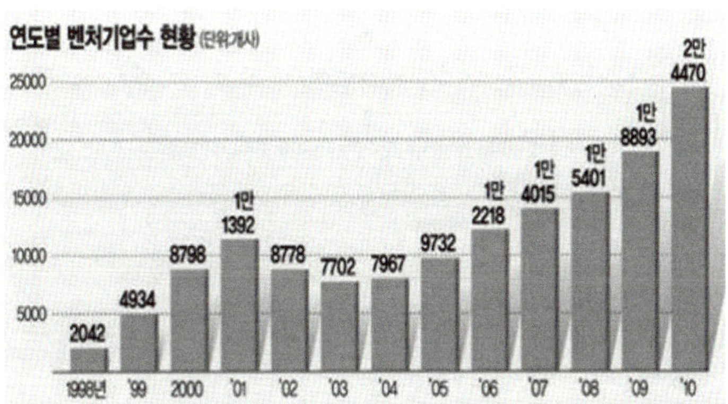

06 벤처기업의 자본설계

벤처기업의 성장단계는 한국은 미국과 그 성장단계가 다르다〈표 6-6 참조〉. 따라서 자본이 빈약한 벤처기업은 자본이 필요한데 한국에서는 실리콘 밸리의 경우 협력단계과정에서 자본이 필요하다(표 6-4).

〈표 6-6〉 벤처기업의 성장단계

미국에서의 벤처	한국에서의 벤처
Concept stage	창업기(Start up) : 기반조성기
Seed stage	
Product development stage	개발 및 상품화
Market development stage	팽창기(Mezzanine)
Steady-state stage(IPO, M&A)	완성기(IPO)

〈표 6-7〉 실리콘밸리 성장모델(Broadview Associates)

창업기(기술개발)

⬇

협력단계(다수표준)

⬇

조인트벤처

⬇

전략투자(표준기술 확보)

⬇

시장집중 및 통합(M & A)

(1) 엔젤과 벤처

1) 엔젤캐피털

엔젤(angel)이란 창업시 천사처럼 등장하는 자본가, 즉 대개 사업가 또는 기술기업 임원으로 성공한 사람을 가리킨다. 미국에서는 엔젤자본가에 의한 투자가 연간 300억 달러를 이루고 있으며, 이는 개인적으로 큰 투자수익을 올리고 국가적으로 첨단산업 발전에 기여하고 있다.

엔젤에는 자금지원에 주도적 역할과 비상근이사 등으로 경영에 참여하는 리드엔젤(lead angel)과, 변호사, 회계사, 컨설턴트 등의 전문가로 구성되어 있으며 지원대가로 주식을 받고 있는 서포트엔젤(support angel)이 있다.

2) 벤처캐피털

벤처캐피털이란 담보력이 미약한 벤처기업에 주식인수방식으로 투자하는 자금의 총칭이다. 이는 지급이자의 부담을 줄임으로써 원가개선효과보다 더 큰 수익을 기여할 수 있으며 능력있는 벤처기업은 성장단계별로 자본금 조달에 주력할 수 있다 [그림 6-4참조].

자금조달도 벤처기업의 사활을 결정짓는 중요한 기술이며, 개발완료기술의 상품화에는 적정자금공급이 필수적이며, 적기에 자금조달하는 것이 중요하다〈표 6-8 참조〉.

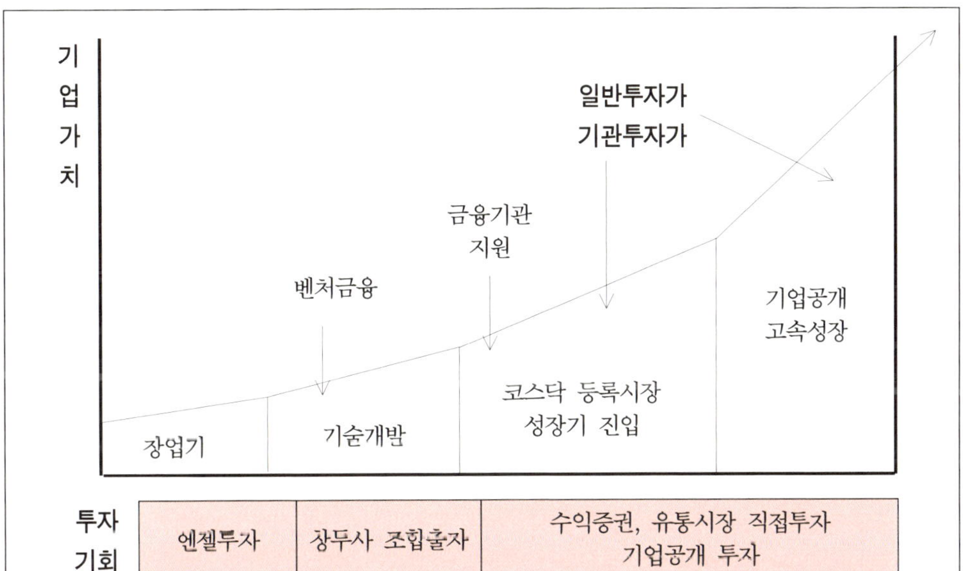

[그림 6-4] 벤처기업 성장과 자본조달 구조

〈표 6-8〉 벤처캐피털의 투자 방식

구 분	내 용
주식 인수	납입자본금의 50% 이내 인수
전환사채 인수	주식으로 전환가능한 사채권 인수
약정 투자	일정조건(자금사용료)을 설정, 투자실행
자금 대여	일반금융기관의 대출과 유사

사례

시계산업에서의 세이코의 등장

QUARTZ는 '석영(수정)'을 의미한다. 석영은 모래사장에 널려 있을 정도로 흔한 물질이다. 그런데 시계 중앙에서 아래를 살짝 보면 석영을 의미하는 QUARTZ라는 글자가 새겨져 있다. QUARTZ라는 글자가 없는 시계는 무엇인가 허전해 보일 정도로 많은 시계에 적혀져 있다. 도대체 QUARTZ라는 것이 어떠한 의미가 있길래 대부분의 시계에 적혀 있을까?

◎ 시계에 석영을 사용하는 이유

사실 QUARTZ는 시계의 핵심 역할을 담당한다. 모두가 알다시피 시계는 1초라는 일정하고 규칙적인 간격으로 움직인다. 여기에 석영의 역할이 숨어 있다. 모든 물질에는 고유진동수(Hz)라는 것이 있다. 물질에 있는 진동은 열에 의해 움직이기 때문에 열의 변화에 따라 진동수가 바뀔 수 있다.

진동수라는 말이 생소할 수도 있다. 진동수는 우리가 알고 있는 Hz(헤르츠)이다. 만약 60Hz라면 1초에 60번을 진동한다는 것이다. 석영의 고유진동수가 32,768Hz이니까 1초에 32,768회를 진동하는 것이다. 시계는 석영의 이러한 진동수를 이용해 만들어진다.

◎ 쿼츠식 시계의 원리는 어떻게 개발 되었나

그렇다면 이러한 시계의 원리를 누가 만들었을까? 우리에게도 익숙한 일본회사 세이코이다. 모방과 응용의 나라답게 일본의 세이코는 기존에 있던 원리를 이용해 쿼츠식 시계를 발명하게 되었다. 세이코는 쿼츠식 손목시계 개발을 계기로 큰 성장을 하게 되었고 세계적 시계회사로 성장하게 되었다. (2008년 6월6일 일간스포츠에서 발췌, 수정)

연습문제

1. 기업집중의 목적은 무엇인가?

2. 디베스티쳐에 대해 설명하시오.

3. 기업집중 규제의 의의는 무엇인가?

4. 벤쳐기업의 발전단계와 성패요인에 대해 설명하시오.

5. 벤쳐기업의 정의 및 특성, 운영형태에 대해 설명하시오.

6. 기술창업인의 특성에 대해 설명하시오.

7. 다음을 약술하시오.

① 카르텔	② 트러스트	③ 콘체른
④ 시너지효과	⑤ 콤비나트	⑥ 컨글로머릿
⑦ 조인트벤처	⑧ M&A	⑨ 클러스터
⑩ 셔먼법	⑪ 벤처캐피털	

제2부

현대기업과 경영

제1장

기업의 사회적 책임과 경영자

제1절 경영자의 사회적 책임

01 사회적 책임의 의의

경영자의 사회적 책임은 기업환경의 변화와 시대에 따라 그 내용이나 성격이 동태적으로 변하는 것이 일반적이다. 경영자의 사회적 책임이 발생하는 근거는 기업이 사회적 존재로서 이윤을 지향하면서도 다른 한편으로는 사회적 역할을 다하는 제도적 존재이기 때문이다.

경영자 혹은 기업의 사회적 책임(social responsibility)[1]이란 기업이 이해자집단의 기대에 대하여 반응(responsiveness)하는 것이다. 그것은 다시 말해서 기업과 사회 상호간에 유익을 주는 방법으로 자신의 활동과 정책을 사회적 환경에 연관시키는 기업의 능력을 의미한다.

그러기 위해서는 무엇보다도 기업은 사회구성요소인 경제기구로서 소비대중이 필요로 하는 제품과 서비스를 제공함으로써 그들의 물질적 생활수준을 향상시키는 경제적 책임(economic responsibility)의 수행을 다해야 한다. 이러한 경제적 책임을 수행하는 과정에서 모든 이해자 집단에서 미치게 될 의사결정 과정의 영향력을 고려하고, 그들에게 최선의 결과가 주어질 수 있는 의사결정을 내릴 수 있도록 하기 위한 노력이 있어야 한다.

---

1) The attempt of a business to balance its commitments to groups and individuals in its environment, including customers, other businesses, employees, and investors.
: Business Essentials. Ronald. J. Ebert & Ricky. W. Griffin. P52, 1995.

이상과 같은 사회적 책임은 자본과 경영이 분리된 근대 기업이 지배하는 경제체제에 있어서는 무엇보다도 이해자집단과 공동이익이 되는 방향으로 조정하는 책임이 가장 중요한 것이다.

02 사회적 책임에 대한 몇 가지 정의

사회적 책임이 증대되고 있는 가운데 사회적 책임에 관해 논의되고 있는 정의는 다음과 같다.[2)]

① 사회적 책임은 기업의 사회에 대한 경제적 및 법률적 의무뿐만 아니라, 이러한 의무를 넘어서 전체 사회에 대한 책임까지를 의미한다 [McGuire, 1963].

② 사회적 책임은 주어진 특정 시점에서 사회가 기업에 대하여 가지고 있는 경제적, 법률적, 윤리적 및 재량적 기대를 모두 포함한다 [Carroll, 1982].

③ 사회적 책임은 경제적, 법률적인 필요요건을 넘어서 사회로부터 정당성을 인정받을 수 있는 기업활동을 의미한다 [Murray & Montanari, 1986].

이처럼 많은 사회적 책임의 정의 중 아직까지는 통합적인 견해로 나타나지는 못하였다. 왜냐하면 사회적 책임이라는 그 말이 그 현상을 분석하는 학자에 따라 그 의미가 다르다고 할 수 있다. 그러나 분명한 것은 기업이 사회적 책임에 기초하는 활동에 관여할 것인가 어떤 것인가가 아니고 오히려 기업이 사회적 책임에 기초한 활동에 어떻게 깊게 관여 할 것인가의 문제이다.[3)]

03 사회적 책임론의 대두배경

기업의 사회적 책임이라는 개념은 선발공업국, 특히 20세기에 들어와 세계경제를 주도했던 미국을 배경으로 대두하였다. 물론 미국보다 산업화의 역사가 빨랐던 유럽에서도, 예를 들어 올리버 셀돈(O. sheldon)의 기업 사상처럼 사회적 책임과 유사한 개념이 제기되기도 하였다. 그러나 본격적인 사회적 책임 개념의 체계화와 발전은 거대기업화의 사회, 경제적 영향을 일찍부터 경험한 미국에서부터 이루어졌다.

---

2) 현대의 기업과 사회, 신유근, 경문사, pp 47

3) Jerry w. Anderson Jr, Corporate Social Responsibility.1989

미국에서 사회적 책임이라는 개념은 20세기 초반에 형성되기 시작하였다. 당시만 하더라도 미국기업은 매우 크고 강력했으며 트러스트나 카르텔을 통해 자유로운 경쟁을 부당하게 제한하여 사회적 비난의 대상이 되었다. 여기에 복지국가 자본주의의 개념이 등장함으로써 정부역할이 확대되어 반독점법과 다른 정부규제들을 통해서 기업의 힘을 억제하기 위한 노력들이 기울여졌다. 그러나 기업의 사회적 책임이 더욱 본격적인 사회적 유의성을 지니기 시작한 것은 사회 환경 및 사회가치의 현저한 변화가 일기 시작한 1960년대 베트남전쟁 이후라 할 수 있을 것이다. 이러한 변화들이 점점 더 많은 사회일반인들과 기업인들에게 받아들여졌으며, 결국은 기업의 사회적 책임이라는 개념으로 발전하게 되었다.[4)]

학문적으로도 기업의 사회적 책임은 1953년 보웬(H. R. Bowen)의 '기업가의 사회적 책임'(Social Responsibilities of the Businessman)이라는 책이 출간된 이후 본격적인 논의가 이루어졌다. 최근에 들어와서는 전통적인 사회적 책임의 개념을 넘어선 사회적 반응이라는 새로운 개념으로 변화, 발전해 오고 있다.[5)]

사회적 책임론이 본격적으로 논의된 곳이 선진산업국인 미국이지만, 한국의 경우에도 1980년대 중반 이후 학술적으로나 사회적으로 사회적 책임론에 대한 관심이 높아지기 시작했다. 즉, 주로 재벌기업의 부정적인 사회적 영향력에 대한 학계, 언론계, 관련 이해관계자들의 관심이 높아지면서 재벌기업들이 더욱 책임 있고 성숙한 기업행동을 보여 주어야 한다는 사회적 기대가 확산되고 있는 것이다. 그러나 기업의 현실이 기업에 대한 사회적 기대를 충족시키지 못해 그 갭(Gap)은 더욱 벌어지고 있다고 하겠다[그림 1-1].

---

4) Frderick, Davis & Post, 1988, 26 - 28 참조.

5) 사회적 책임 (CSR : Corporate Social Responsibility)의 개념은 최근 사회적 반응 (CSR : Corporate Social Responsiveness)의 개념으로 발전되어 논의되고 있다.

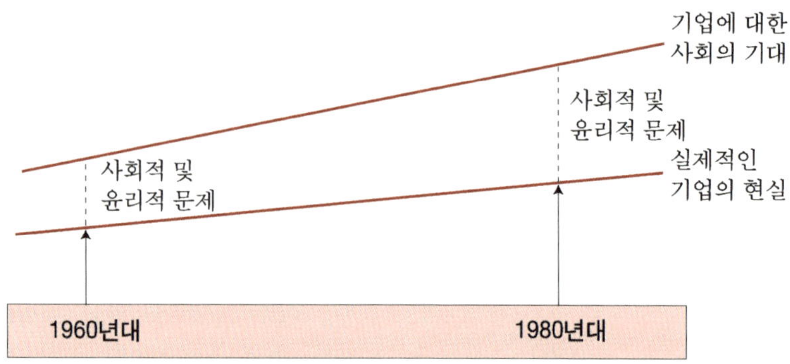

자료 : Archie B. Carroll. Business & Society. South-Western Publishing Co. 1993. p14

[그림 1-1] 시간별 흐름에 따른 사회적 책임

04 사회적 책임에 대한 이론

기업이 사회에서 수행하는 기능과 역할을 어떻게 보느냐에 따라 긍정과 부정론으로 경영자의 사회적 책임에 대해서 논할 때 이에 대한 찬반론이 대립되고 있다. 이는 생각하는 사람들로 나누어져 있다. 그러나 현대 기업에 있어 사회적 책임측면을 긍정적으로 생각하는 사람들이 다수임에는 틀림없는 사실이다.

(1) 사회적 책임의 부정론

기업은 그 본래의 사회적 기능인 생산적 행동범위, 즉 경제활동에 한정시키고 그 이상의 과업환경주체의 요청은 정부나 기타의 제도에 맡겨야 된다는 견해이다. 기업의 사회적 책임에 반대하는 대표적인 학자는 프리드만(M.Friedman)[6]이며, 그들의 주요한 논거를 종합해 보면 다음과 같다.

① **이윤극대화의 한계** : 기업이 이윤극대화를 위해 능률향상과 원가절감에 노력할 때 시장기구를 통해 사회에 최대의 이익을 가져다준다. 이윤극대화를 방해하는 행동을 해서는 안 되며 이는 타제도에 맡겨야 한다.

② **비용의 증대** : 사회적 문제에 관여하는 기업은 궁극적으로 많은 비용(기업비용

6) 1969년 말 "기업 책임을 위한 프로젝트"로 불리는 단체가 GM을 목표로 "제너럴 모터스의 책임을 묻는 캠페인", 속칭 "캠페인 GM"을 전개하였으며 프리드만은 1970년 9월 기업의 사회적 책임은 이윤을 증가 시키는데 있다는 논문을 발표하였다.

과 사회비용)을 부담시키기 때문에 비용절감을 위해 종업원이 해고될 가능성이 있으며, 투자자원의 부족으로 투자를 하지 못하는 경우가 발생한다.

③ **사회기술의 부족** : 기업에는 사회적 문제들을 해결할 수 있는 기술이 부족하다.

④ **기업의 목표달성을 방해** : 사회적 책임을 수행함으로써 기업의 생산활동에 지장을 주는 경우가 발생한다. 그러므로 이러한 이유 때문에 경제적 목표와 사회적 목표 중 어느 쪽도 달성하지 못할 수가 있다.[7)]

(2) 사회적 책임의 긍정론[8)]

사회적 책임을 찬성하는 사람들은 기업의 책임수행이 장기적인 이익과 관계가 있다고 보고 있다. 즉 보다 좋은 사회가 기업에게 보다 좋은 환경을 제공해줌으로써 기업의 장기적 이익극대화를 가능케 하여 사회개선 프로그램을 위한 비용지출은 장기적 이익을 위한 투자로 보는 견해이다. 즉 이익의 개념을, 계몽된 사적이익(enlightened self-interest)[9)]의 관점에서 보고 있다[10)].

다시 말해 기업이 적극적·자발적으로 과업환경주체(이해자집단)의 요청을 받아들여 이에 대응하는 것이 기업 자체의 존속·성장에 있어 필요하다는 견해이다. 대표적인 학자는 데이비스(K. Davis)와 블롬스트롬(R. L. Blomstrom)이다. 그들의 주요한 근거로서 다음과 같은 점을 들 수 있다.

① **기업에 대한 공공기대** : 기업은 사회적 욕구를 만족시키기 위해서 존속하며, 사회적으로 지원하고 관여하는 것을 일반대중들이 기대하고 있다.

② **대중의 이미지** : 기업은 사회목표를 수행함으로써 좋은 이미지를 향상시킨다. 그 결과 좋은 이미지는 경제적 업적에도 기여한다.

③ **책임과 권력의 균형** : 기업은 많은 사회적 권력을 가지고 있으며 생태, 사회석약자, 기타의 문제에 영향력을 가지고 있다. 따라서 이에 상응한 사회적 책임도 부과되어야 한다.

---

7) 이 덕훈, 기업과 환경, 학문사, 1996, p.80~p.81

8) Levit The Ordore, The Danger of Social Responsibility, Harvard Business Review. sep-oct. 1958 P.941-49

9) 계몽된 사적 이익이란 주주의 이익 기대와 사회적·환경적 이유에 관련된 집단들의 욕구와 기대를 균형시키는 접근법으로 기업이 지속적으로 생존발전 시키기위한 논거가 되고 있다.

10) 이덕훈, 기업과 환경, 학문사, 1996. p81.

④ **기업의 자원보유** : 기업이 갖는 관리적·전문적·직능적·자본적 자원은 사회문제에 적용되어 그 해결에 공헌한다.

⑤ **예방은 치유보다 낫다** : 기업이 현재 사회문제의 처리를 지연시키면 사회의 비난·공격의 표적이 된다. 따라서 경영자는 사회문제에 관심을 갖고, 시간을 할애하여 이러한 사회문제에 충당함으로써 기업환경도 개선된다.

(3) 긍정론과 부정론의 비교

경영자의 사회적 책임에 대한 긍정론과 부정론을 비교하면 다음과 같다.

① **상위점** : 자발성의 존재여부에서 양입장은 크게 대립한다. 자발성은 사회적 책임의 본질이다. 따라서 자발성과 자율성을 잃은 사회적 책임은 벌써 그 본질을 잃었기에 진실한 사회적 책임이 아니다. 사회적 책임의 부정론은 사회적 책임의 자발성과 자율성을 거부하고, 그것을 제도조건으로 하는데 비해, 사회적 책임의 긍정론은 그것을 전제로 하고 있다.

② **공통점** : 이상 양론이 다같이 자유기업체제를 인정하고 있고, 또한 양쪽입장 모두 정부활동의 증대, 기업자유의 축소방향으로 나아갈 가능성을 인정하고 있다.

여기에 문제가 되는 것은 기업의 자주성·자율성·주체성의 요구와 정부의 기업에 대한 제약, 통제, 간섭, 제재와 역설(paradox)이다. 이러한 역설을 해소하기 위해서는 정부와 기업의 상호존중의 협력관계의 수립이 중요하다.

05 사회적 책임의 내용

기업과 기타조직들에 적용되는 사회적 책임은 환경, 에너지, 소비자 운동, 사회활동, 정부관계, 사회의 소수집단에 대한 역할, 노사관계, 주주와의 관계, 기업의 자선활동, 경제활동 등 주요 분야별로 정리해 보면 다음 〈표 1-1〉과 같다.

〈표 1-1〉 활동분야별 기업 사회적 책임 내용

활동분야	구체적 내용
환경	환경공해의 예방과 처리문제, 자연자원의 보존
에너지	생산에 있어서의 에너지 보존, 제품의 에너지 능률증대 노력, 기타 에너지 절약 계획
소비자 운동	진실을 밝힐 책임, 제품보증과 애프터 서비스, 유해제품의 통제
사회활동	지역문제에 대한 협조, 보전시설 및 교육문제, 자원봉사자들에 대한 지원
정부관계	국회활동에 대한 제한, 정치적 활동에 대한 통제
사회의 소수집단에 대한 역할	실업자교육, 평등한 취업기회의 보장, 미개발지역에 공장설치
노사관계	종업원의 안전과 건강관리, 탁아소의 설치
주주와의 관계	이사 선임, 재무상태의 개선
기업의 자선활동	문화예술에 대한 재정적인 지원, 연구 및 교육을 위한 지원, 기타 자선행위를 위한 지원
경제활동	기업합병의 통제, 거대산업의 분산, 특허권 사용에 대한 제안

기업의 사회적 책임은 기업의 내외를 둘러싸고 있는 환경 제주체(이해자 집단)에 대하여 다하는 책임이라고 볼 수 있다.

이러한 경영자의 사회적 책임 가운데서도 특히 구체적으로 중요하다고 생각되는 것은 ① 기업의 유지 및 발전에 대한 책임, ② 종업원의 복지향상에 대한 책임, ③ 이해자 집단의 이해소성 책임, ④ 산입공해 빌생 방지에 대한 책임, ⑤ 기술개발에 대한 책임, ⑥ 후계자 육성에 대한 책임 ⑦ 지역사회에 대한 책임 ⑧ 고객에 대한 극대 만족의 실현 ⑨ 정부에 대한 책임 이행의 충실 ⑩채권자, 기타 원료공급자에 대한 책임 등으로 요약된다.

(1) 기업의 유지 및 개발에 대한 책임

기업은 사적 소유물이 아니라 많은 주주가 출자하고 그 기업에서 생활을 영위하고 있는 많은 종업원이 있으며 또한 고객을 가진 사회적 공기관이다. 이러한 공공성을 갖는 기업으로서의 역할이 제대로 수행되려면 우선 기업이 계속기업(going concern)으로서 건전한 유지·존속이 선행되어야만 한다. 따라서 경영자는 기업을 유지 및 발전시켜 국민경제의 발전에 있어서 경제성장의 핵으로서의 기능을 수행할 수 있어야 한다. 그러기 위해서는 기업존속을 위한 적정이윤의 확보에 노력하여 이를 적정하게 재분배하는 것이 기업존립의 전제조건을 구축해 나가는 경영자의 사회적 책임이다. 이 책임을 '본원적 사회적 책임'이라고도 한다.

(2) 종업원의 복지향상에 대한 책임

경영자는 기업의 인적자원관리인 종업원의 협력태세를 확보하지 못하면 경영성과의 달성을 기대할 수 없다. 따라서 종업원들에게 인간적·사회적·심리적·경제적 만족감을 주고 사기를 높여 자주적 협력을 끌어내도록 적절한 리더십이 요망된다.

이들 종업원들에게 경영참가나 복지후생제도를 도입활용함으로써 경영사회의 안정화와 산업평화를 가져다주는데 극히 중요하다.

(3) 이해자집단의 이해조정에 대한 책임

이해자집단이란 기업환경을 형성하는 환경요인으로서 경영자는 주주에게 일정한 이익배당을 보장하며, 노동자에게 적정한 임금을 지급하고 고용의 안정과 양호한 노동조건의 확보를 보장하며, 소비자에게는 소비지향적인 기업운영을 통해 보다 좋은 상품을 보다 낮은 가격으로 공급하며, 지역사회에 대한 협력 등을 통하여 사회적 책임을 충실히 이행하여야 한다.

그러나 이러한 이해관계는 그 하나를 극대화하면 다른 것을 희생해야 한다는 이율배반적인 경우가 있으므로 그 사이의 조정을 도모하여 균형을 유지하는 것이 현대 경영자의 중요한 사회적 책임의 과제가 된다. 이상의 이해자집단 외에도 정부, 거래처, 금융기관, 채권자, 원료공급처, 일반공중 등에 대한 이해관계도 동시에 충분히 조정하지 않으면 안 된다.

(4) 산업공해발생 방지에 대한 책임

기업활동으로 인해 발생하는 환경오염의 피해자는 언제나 지역사회의 주민이다. 그러므로 경영자는 피해가 생길 경우 이에 대한 보상과 더불어 이를 방지하기 위하여 적극적인 노력을 하지 않으면 안 된다. 따라서 충분한 사회비용의 투입과 공해발생 원인인 노후시설의 대체에 항상 노력해야 할뿐만 아니라 그린라운드(GR)에 적극적으로 대응하기 위해서라도 환경경영활동에 노력을 하지 않으면 안 된다.

1963년 미국의 대통령이었던 케네디(J. F. Knnedy)는 의회에서 소비자 권리헌장[11]을 선포하게 되었는데, 그 내용은 첫째, 안전에 대한 권리(right to safety), 둘째, 정보를 받을 권리(right to be informed), 셋째, 선택할 권리(right to choose), 넷째, 보상을 받을 권리(right to be heard)이다. 여기에 두 가지 권리[12]가 첨가되어야 한다는 여론이 형성되었는데 그 중 하나가 '깨끗하고 건강한 환경을 즐길 권리'이다. 공해는 기술 진보 시대에 높은 생활수준의 부산물로 심각한 문제로 나타나고 있다. 기업은 공해가 심한 제품에 대해 소비자들이 적게 사용하도록 해야 한다. 효율 우선주의적인 대량 생산 기술의 부산물로 환경문제가 발생, 전세계적으로 환경을 지탱할 수 있는 경제 성장에 관심을 가지게 됨에 따라 우리나라 기업들도 지구 환경문제에 대응한 산업구조로의 전환을 빠르게 서둘러야 할 당위성이 나타나고 있다.

(5) 기술개발에 대한 책임

오늘날 기술의 진보, 소비자 요구의 다양성, 그리고 기업간의 경쟁격화는 기업에 있어서 기술혁신에 의한 신제품개발의 필요성을 가속화시키고 있다. 따라서 신제품 개발의 가능성은 부단한 연구개발(R&D)관리의 확충에서 비롯되며, 이는 생산성향상에 의해 사회적 이익이 증대되는 방향으로 전개되어야 할 것이다.

기술의 개발과 연구는 우리 기업의 생존과 발전에 있어서 필수불가결하다고 하겠다. 더욱이 선진국은 기술보호의 장벽을 높이고 국제기술질서('기술라운드'라는 TR)의 형성이 가시화되고 있는 실정이므로 경영자는 기술혁신에 많은 시간과 노력 및 투자를 집중해야만 한다.

(6) 후계자 육성에 대한 책임

현대경영자의 사회적 책임의 하나로서 기업을 유지 및 발전시키기 위해서는 유능한 후계자를 양성하여 기업의 미래발전을 도모해야 할 것이다. 이는 내일을 위한

11) Business Essentials. Ronald. J. Ebert & Ricky. W. Griffin. P58-59, 1995.

12) James F. Engel, Roger D. Blackwell, and Paul W. Minard, Consumer Behavior, 7th ed, The Dryden Press, 1993, p.759.

유능한 경영자의 양성없이는 기업성장을 기대할 수 없기 때문이다. 따라서 후계자 육성은 오늘날의 경영자가 가지게 되는 중요한 사회적 책임이 되는 것이다.

전문경영자를 개발하고 육성하기 위해서는 무엇보다도 사전준비에 의한 경영자 교육이 철저해야 하며, 이러한 경영자 교육없이는 경영의 탄력성을 키울 수 없다.

(7) 지역사회에 대한 책임

오늘날 경영자의 사회적 책임의 또 하나의 두드러진 현상은 지역사회에 대한 책임이다. 종업원의 고용이나 복지의 향상을 통해 지역사회의 발전에 기여함은 물론이고 산업입지상 지역사회에 미치는 여러 가지의 산업공해, 예컨대 소음이나 대기오염, 농작물피해, 하천오염 등과 같은 피해가 생길 경우, 이에 대한 보상과 더불어 이를 방지하기 위하여 적극적인 노력을 하지 않으면 안 된다.

오늘날 기업이 대규모화되어감에 따라 그러한 대규모 기업이 배출하는 오염물질의 양이 자연의 정화능력을 초월해서 차츰 인간의 생활환경을 오염시키고 있으며, 이화 같은 현상은 점점 인간의 생존을 위협하기 시작함으로써 공해문제가 새로운 사회적 책임의 하나로 등장하게 된 것이다. 이러한 공해대책은 인도주의적인 입장에서도 강구되어야 함은 물론이다.

기업의 지역사회에 대한 책임은 지역경제의 공동개발에 보다 적극적으로 참여함으로써 지역주민의 고용을 증대시키고 소득수준을 향상시키며, 기업에서 얻게 된 성과를 지역에 재투자함으로써 지역의 발전을 도모해야 한다. 뿐만 아니라 지역의 문화시설에 대한 보다 적극적인 투자를 통해서 그것이 소속하고 있는 지역사회의 문화적 수준을 향상시킬 수 있어야 한다.

(8) 고객에 대한 극대만족의 실현

기업이 존재하는 가장 큰 이유는 사회에 대해서 재화와 용역을 제공하는데 있다. 보다 훌륭한 재화와 용역을 생산해서 공여함으로써 고객의 극대만족을 실현시켜 주고, 이를 통해서 그들의 생활의 질을 높여 줄 수 있을 때 기업이 갖는 소비자집단에 대한 책임이 보다 잘 이행되는 것이다.

판매 없는 사업은 존속할 수가 없고 고객 없는 기업은 생각할 수 없기 때문에, 현대의 경영자는 기술혁신을 중심으로 한 염가, 양질의 제품생산과 이의 제공 그리고 보다 유효한 마케팅기능을 수행함으로써 고객에게 서비스를 충실히 제공하여야 한다.

(9) 정부에 대한 책임이행의 충실

현대경영은 국가의 모든 법규나 규제의 영역에서 벗어나지 않는 경영활동을 전개하여야 한다. 정부를 의식한다는 것은 곧 국민을 의식한다는 것이며 이것은 기업활동의 대전제이기도 하다. 거래관계와 연계된 일체의 법규, 즉 기업법을 보다 잘 준수하고 정부가 행하는 일에 보다 적극적으로 협력할 수 있을 때 기업의 국민적 도리도 다하는 셈이 된다.

(10) 채권자, 기타 원료공급자에 대한 책임

채권자나 원료공급자는 기업이 관계하는 가장 중요한 대집단의 하나가 아닐 수 없다. 채권자에게 채무를 불이행한다든지 계약을 준수치 않는 행위, 원료공급자에게 대금지급을 실행하지 않는 불법행위를 자행할 때 기업이 갖는 법률적, 윤리적 책임은 땅에 떨어지게 되고, 이에 신용을 상실하게 되어 당해 기업이 설 수 있는 땅을 잃게 된다.

06 사회적 책임의 과제

이상의 사회적 책임의 내용들을 수행하기 위해 기업경영자는 먼저 사회적 책임을 다한다는 긍정적인 의식에 입각하여 경영이념으로서 자각하고 경영목표로서 제시하여야만 한다. 그러나 경영자와 그 환경 제주체와의 사이에는 신념, 가치관, 철학, 이데올로기 등의 상위성이 존재하며, 더욱이 이들은 시간의 흐름 속에서 변화하고 구체화하는 요청도 변화한다. 따라서 사회적 책임의 실시 항목은 사회적 책임의 수행에 관한 경영전략으로서 개별기업의 상황에 따라 달라진다. 결국은 결과의 측정과 평가의 문제가 야기된다. 이것은 기업 사회감사(corporate social audit) 내지 책임회계(social responsibility accounting)의 문제가 된다. 즉 기업이 스스로의 사회적 책임의 수행 상황, 이른바 사회업적(social performance)을 측정·평가하여 정보화하는 문제이다.

기업의 사회적 감사내용은 ① 기업의 정상적 활동, ② 소비자 보호, ③ 지역사회에 대한 서비스, ④ 환경, ⑤ 공평한 교육, ⑥ 사회적 업적을 위해 기업에 부과된 책임 등에 대한 감사이다. 감사결과는 경영자가 기업의 사회적 책임을 수행하기 위한 정보로서 제공되거나 외부환경주체에 대한 기업의 의사결정 정보로서 활용할 수 있어야 한다. 이러한 큰 의미를 갖기 때문에 보고공시지향적 기업의 사회감사라고도 한다.

제2절 기업의 사회적 책임과 경영자의 과제

기업의 자체목적과 사회적 책임을 수행하기 위해 기업의 경영자는 다음과 같은 직능과 역할을 수행해야 한다.

01 사회감사제도

(1) 감사결과의 용도

감사결과의 용도에 대한 견해로는 두 가지가 있다. 보웬 이래의 하나의 흐름을 형성한 것으로 경영자가 사회적 책임을 수행하기 위한 정보로서 도움이 되도록 이용하자는 것이다. 이것을 의사결정지향적 기업의 사회감사라고도 한다. 다른 하나는 1950년 고이더(E. Goyder)의 주장에서 비롯되는 것으로 외부환경주체에 대하여 그것이 해당기업에 관한 의사결정을 행하는 정보로서 제공되어야 한다는 것이다. 이것을 보고공시지향적 기업의 사회감사라고도 한다.

(2) 기업의 사회감사 방법

기업의 사회감사방법은 에브트 방식과 리노우즈의 방식으로 나눌 수 있는데 전자는 사회대차대조표를 이용하는 방식이며, 후자는 사회경제활동을 통해 평가하는 것이다.

① **에브트 방식** : 이 방식은 재래의 회계 시스템을 발전시켜 사회대차대조표와 사회손익계산서의 형식으로 기업의 사회적 업적을 집약하여 표시하려는 것이다.

사회대차대조표는 인간과 조직을 중심으로 한 자산을 차변에, 계약, 공해 등의 채무와 사회지분을 대변에 계상한다. 사회손익계산서는 환경주체에 대한 사회적 편익과 원가의 배분상황을 나타낸다. 그러나 자산, 부채의 손익, 비용에의 전환과 같은 대차대조표에서 손익계산서에의 통상 회계흐름(accounting flow)에 상당하는 기법은 에브트(Abt) 방식에서는 아직 완성되지 않고 있다. 이 방식의 최대의 결점은 사회의 기준이 불명확한 데 있다.

② **리노우즈와 사회경제활동표** : 리노우즈(O.F. Linowes)가 제창한 사회경제활동표(socioeconomic operating statement : SEOS)에는 그 기준을 다음과 같이 설명하고 있다.

- 법이나 규제에 의한 사회적 편익활동을 실시하더라도 SEOS에 계상되지 않는다.
- 법에 의하여 요구되고 있는 사회적 편익활동 중 무시된 것은 당기의 손실로 계상된다. 허가를 얻어 연기한 것도 같이 처리된다.
- 사회적 조직에 협력한 종업원의 급여상당분의 관련비용, 현금 및 제품의 기부, 조합이나 정부의 요구없이 자발적으로 건물이나 제품의 안전장치를 설치하기 위한 지출, 종업원을 위하여 운동장이나 보육학교 등을 자발적으로 설립하는 비용 및 그 이후 매년 각 시설의 운영비용, 법에 의하여 요구되지 않는 활동을 하는 데 드는 비용, 건강이나 안전을 위한 시설을 설계하여 건설하는데 드는 초과 비용 등은 SEOS에 계상된다. 이들 기준은 다음과 같은 기업의 사회적 책임의 내용에 잘 정리되어 있다.

제3절 사회적 책임의 4가지 정의

우리는 제 1 절에서 사회적 책임에 대한 학자들의 여러 가지 정의에 대해 살펴보았다. 각 정의들은 기업의 사회적 책임에 대해서 의미를 모두 가지고 있다. 여기서는 사회적 책임의 4가지 타입에 초점을 맞추어 나타내고자 한다. 이 4가지 타입은 사회적으로 더욱 더 관련적인 관점에서 기업의 경제적·법적 기대(Economic and

Legal Expectation)를 표현할 것이다.[13] 사회적으로 관련이 있다는 말은 윤리적 책임과 필란트로피적 책임을 포함한다.

01 경제적 책임(Economic Responsibilities)

기업의 사회적 책임에 대해 경제적 책임이라고 부르는 것은 좀 이상하게 보일지 모르지만 이는 사회적 책임이 경제적 책임, 바로 그 자체인 것이다. 왜냐하면, 사회적 시스템에서 기업의 입장은 경제적 기구(economic institution)로서 인정되고 있기 때문이다. 즉 기업은 사회에 필요한 재화와 용역을 공정한 가격에 생산하고, 판매하는 기능을 가지고 있다는 것이다. 여기서 가격이란 사회적으로 고려되는 계속기업(A going concern)의 관점에서, 성장의 관점에서, 그리고 투자가에 대한 보상의 관점에서, 적절한 수익을 가지는 기업이 재화와 용역의 가치(Value)를 형성하는 가격이라고 볼 수 있다.

02 법적 책임(Legal Responsibilities)

사회는 사회적 계약의 부분적 이행으로써 생산에 대해 일정한 규칙이 있는 경제적 시스템에 속하는 기업에게 법률의 재제규정을 설정해 왔다. 즉 이것은 기업이 法 아래에서 활동하기를 기대한다는 의미를 가지고 있으며, 이는 법적 책임이 "성문화된 윤리(codified ethics)"를 반영한다고 할 수 있다. 즉 기업의 사회적 책임은 법을 따른다는 것이다. 만약 기업이 성문화되었고, 또는 성문화 될 법을 따르지 않는다면, 사회는 정치적 과정을 통한 메케니즘을 사용할 것이다.

03 윤리적 책임(Ethical Responsibilities)

윤리적 책임은 법이 성문화되지 않았다 하더라도 사회 구성원에 의해 기대되고 또는 금지된 기업활동을 받아들여야 하는 것을 말하며, 공정하고 당당한 것에 관해 소비자, 노동자, 주주와 지역사회의 이해관계자들의 윤리적 권리를 존중 또는 보호하는 것에 관련성을 반영하는 넓은 규범과 표준, 그리고 기대를 체화(embody)하고

13) Archie B. Carroll, "A Three-Dimensional Conceptual Model of Corporate Social Performance", Academy of Management Review(October, 1979), p.497-505.

있다.[14)]

단적으로, 윤리와 가치의 변화는 법의 제정을 선행하는데, 이는 법 또는 조례의 제정을 통해 강력한 추진력을 가지게 되기 때문이다. 예로, 시민 권리, 환경 그리고 소비자 운동은 사회적 가치의 기본적 대안을 반영했고, 그래서 미래의 법을 예시하고 이끄는 윤리적 선도자로서 보여 지고 있다. 또 다른 면에서, 윤리적 책임은 사회가 현행법에서 요구하는 것보다 고도의 표준적 성과를 반영한다 하더라도 기업이 직면하는 새로운 가치와 규범을 채택하고 반영하는 것을 보아왔다. 이 점에서 윤리적 책임은 공적인 배려 아래 좋지 않게 규정되거나 또는 계속적이게 되며, 합법성에 대해 논쟁하게 되고, 기업을 다루는데 어려움을 가지게 된다.

사회적 또는 이해관계자로부터 나오는 윤리적 기대에 놓여진 2중 구조는 정당성, 권리 그리고 공리주의와 같은 윤리적 철학의 윤리적 원칙의 고려성에 의한 함축된 윤리적 성과가 있게 된다.[15)]

04 필란트로피적 책임(Philanthropic Responsibilities)

'필란트로피'라고 할 때, 이를 책임이라고 부르는 것은 애매한 면이 있기는 하다. 왜냐하면, 이것은 기업의 차별적 능력에 따라 선택하든지, 요구하는 수준이기 때문이다. 이 활동은 순수하게 자발적이고 요구를 강제하지 않는 사회적 활동에 기여하는 기업의 열망에 의한 수준이다. 이것은 지역사회에 대한 정부의 보조 프로그램, 자선적인 사업, 일하는 어머니에 대한 아이의 일일보호 센터, 초등학교 지원 프로그램 그리고 마약 남용자에 대한 재활 센터 등을 포함하고 있다.

윤리적 책임과 필란트로피 사이의 특징은, 필란트로피는 윤리적인 면에서 기대되지는 않는다는 것이다. 지역사회는 기업이 돈, 시설, 인도적인 고용에 대해서 기여하기를 바라지만, 만약 기업이 바라던 수준을 준비하지 않는다고 하여 비윤리적으로 기업을 보지는 않는다. 그러므로 책임은 준비된 사회적 기대가 항상 있다고 하더라고, 기업의 활동에 있어서는 자유재량적이고, 자발적이다. 책임의 이 범주는 "기업시민"으로서 간주되는 것이다(그러므로 기업에 대해서는 사회가 차별적인 기대

---

14) Archie B. Carroll, "The Pyramid of Corporate Social Responsibility : Toward the Moral Management of Organizational Stakeholders", Business Horizons(July August, 1991), p.39-48.

15) Ibid.

를 하는 것이다).

이제까지 우리는 기업의 사회적 책임에 대해서 논의해 왔다. 이는 크게 두 가지 형태에 대해서 논의된 것이다. 앞서 기업의 사회적 책임에 대해 긍·부정론에 대해서 논의했는데, 여기서도 이와 유사한 기업의 경제적 입장과 사회적 입장에서 논의되는 것이다. 다만, 이를 우리는 위 4가지 기업의 사회적 책임에 대해 구체화해서 모델화하는 것이라 볼 수 있다[그림 1-2].

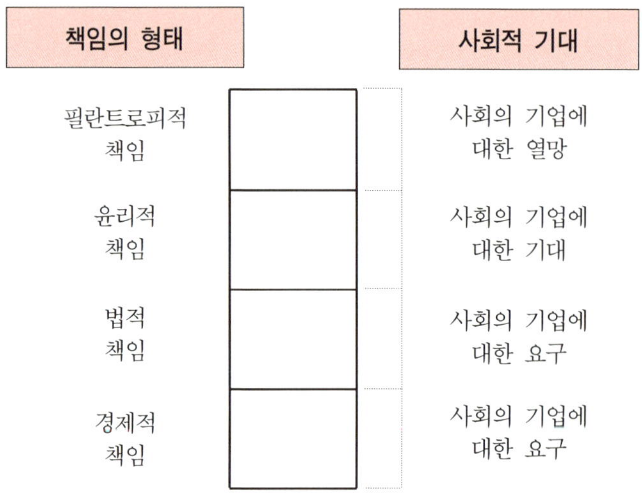

자료 : Archie B. Carroll, BUSINESS & Society, 1993, South-Western Publishing, p. 35

[그림 1-2] 기업의 사회적 책임에 대한 4가지 모델

다시 이를 요약하면, 기업의 사회적 책임은 경제적, 법적, 윤리적, 필란트로피적 책임을 동시에 표현한다고 할 수 있다. 이를 등식화하면, 기업의 사회적 책임 = 경제적 책임 + 법적 책임 + 윤리적 책임 + 필란트로피적 책임으로 표현할 수 있다.

여기서 한 가지 짚고 넘어가야 할 것은 실용적이고, 경영적인 기업의 경우, 수익을 위해 더욱 적극적이며, 법을 준수하고, 윤리적이며, 좋은 "기업시민"이 되는 것이다. 이를 위해서는 기업의 사회적 책임은 기본적인 앞의 모델에 상호 이해적인 공식화된 형태를 갖는 것으로 보아야 한다[그림 1-3].

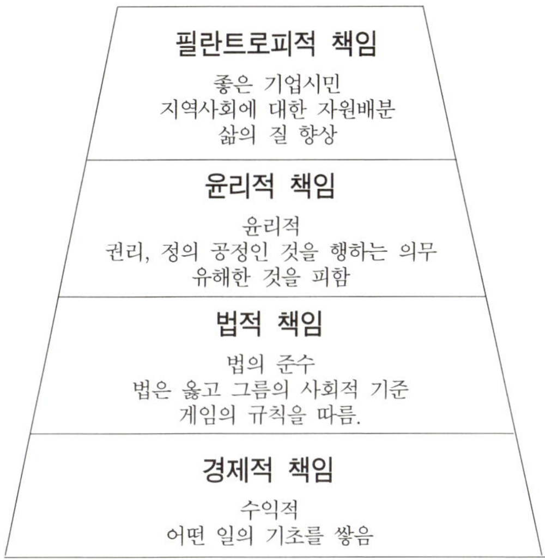

자료 : Archie B. Carroll, "The Pyramid of Corporate Social Responsibility : Toward the Moral Management of Organizational Stakeholders", Business Horizons(July-August, 1991),

[그림 1-3] 기업의 사회적 책임 피라미드

05 기업의 사회적 책임과 메세나 활동

민간의 문화예술후원활동을 활성화하기 위한 법적 · 제도적 근거를 마련되어 2014년 7월29일부터 본격 시행된다. 문화체육관광부에 따르면 '문화예술후원 활성화에 관한 법률('14. 1. 28. 공포)'과 법 시행령('14. 7. 15. 국무회의 통과) 및 시행규칙('14. 7. 23. 법제처 심사 완료) 등이 마련되어 7월 29일부터 기업메세나 활동에 관한 법적인 조세감면 근거 등이 마련된 것이다.

'문화예술후원 활성화에 관한 법률'은 ▲문화예술후원을 활성화하기 위한 국가와 지방자치단체의 책무 ▲'문화예술후원매개단체'의 인증 및 육성 · 지원 ▲문화예술후원을 장려하기 위한 조세감면 근거 ▲문화예술후원자의 포상 ▲기업 등 '문화예술후원우수기관'의 인증 등을 주요 내용으로 하고 있다.

특히 이 법에 따라, 문화체육관광부 장관은 문화예술후원을 매개하거나 지원하는 등, 문화예술후원 관련 업무를 수행하는 비영리법인 또는 단체가 일정요건을 갖춘 경우 신청 및 심사절차를 거쳐 '문화예술후원매개단체'로 인증하여 문화예술후원자와 예술단체 간 후원활동을 매개하고 촉진할 수 있는 여건이 마련된다. 소위 기업의 메세나 활동으로 불린다. 메세나 기업은 문화, 예술, 스포츠 등에 대한 원조 및 사회적, 인도적 입장에서 공익사업 등에 지원하는 기업들을 뜻한다. 로마제국의 정치가 메세나스(Maecenas)가 베르길리우스나 호라티우스같은 문화예술가들을 지원해 준 것에서 그 유래를 찾을 수 있다.

예술 · 문화 · 과학 · 스포츠에 대한 지원뿐 아니라 사회적 · 인도적 차원에서 이루어지는 공익사업에 대한 지원 등을 행하는 기업을 뜻한다.

베르길리우스(Publius Vergilius Maro) · 호라티우스(Quintus Horatius Flaccus) 등 문화예술가들에게 지원을 아끼지 않은 로마제국의 정치가 메세나스(Gaius Clinius Maecenas)에서 유래되었으며, 1967년 미국에서 기업예술후원회가 발족하면서 이 용어를 처음 쓴 이후, 각국의 기업인들이 메세나협의회를 설립하면서 메세나는 기업인들의 각종 지원 및 후원 활동을 통틀어 일컫는 말로 쓰이게 되었다

현대중공업은 이런 활발한 문화 · 예술 후원활동으로 한국메세나협회가 2014년7월28일 발표한 '기업의 문화예술 지원 현황 조사'에서 '지난해 문화예술 지원 기업 1위'(금액 기준)에 올랐다. 2011년부터 3년 연속 1위다. KT&G가 2위, 홈플러스가 3위, 롯데백화점이 4위를 차지했다.

기업 문화재단의 문화예술 지원 순위는 삼성 1위, LG 2위, 금호아시아나 3위, 두산 4위, GS칼텍스 5위로 전년과 같았다. 메세나협회는 매년 매출 상위 500대 기업과 기업 출연 문화재단, 협회 회원사 등을 대상으로 문화예술 지원 현황을 조사해 발표한다.

지난해 기업의 문화예술 지원금액은 총 1753억원으로 전년 대비 9.4% 증가했다. 경기침체에도 불구하고 KT&G의 '상상마당 춘천' 개관 등 기업들의 자체 문화 인프라 투자 및 운영비 투입이 972억원으로 13.5% 늘어났고, 기업들이 문화예술위원회에 기탁한 기부금 금액이 105억원으로 89.6% 증가한 덕분이다. 기업 문화재단의 지원 총액도 714억원(전체의 40.7%)으로 전년보다 9.8% 증가했다.

제4절 기업 윤리

01 기업윤리의 개념

영리기업이건 정부, 대학 또는 기타 조직체에 종사하건 간에 모든 사람들은 윤리에 관련되어 있다. 윤리(ethics)란 "선과 악, 그리고 도덕적 책임과 의무에 관계된 규율"이라고 정의된다. 또는 사회제도로서의 기업의 일상적 기업활동에 있어 인륜적 조직행동을 규제하는 규범적 원리로 이해하고자 한다.

따라서 기업윤리(business ethics)는 경영자의 행동이나 결정의 판단기준과 원칙이 된다. 이는 진리와 정의에 관련된 것이며, 해외에서 뿐만 아니라 국내에서의 사회의 기대, 공정한 경쟁, 광고, 대중관계, 사회적 책임, 소비자의 자율권 및 기업행동 등과 같은 다양한 측면을 가지고 있다.

이와 같이 다양한 성격을 띠고 있는 기업윤리의 특징은 ① 간략하게 설명하거나 정의하기가 어렵고, ② 강제성을 띠고 있지 않으며, 일반적인 사회윤리를 기업에 적용한 것에 불과하고, ③ 사회가 용납하고 기대하는 기업행동에 관한 불문율에 불과하다는 점에 특징이 있다. 또 다른 특징은 ④ 명시적(explicit)이기보다는 암시적(implicit)인 성격을 띠고 있다는 점이다. 그러므로 기업행동에 대해 판단할 수 있는 구체적인 기준 내지 지침은 제공하지 못하고, 다만 일반적인 기준·규칙·규범만을 제공할 뿐이다.

기업윤리는 기본적으로 기업의 궁극적 목적(finality)의 정립에 반영되어야 하며 전략형성의 기초를 이루며 그의 실천을 통해 기업문화에 정착되어야 한다. 기업윤리의 정립을 위한 방법론으로 윤리이론의 체계적 응용(목표론, 의무론, 담화론 등)과 윤리코드의 제정(윤리강령, 윤리헌장 등)에 대한 연구가 선행되어야 한다. 이들은 기업의 윤리적 의사결정의 기준이 되며 기업의 궁극적 목적의 정립에 도움이 된다.

오늘날 우리 사회에서 기업윤리의 제정을 강요하거나 압력을 가하는 데는 실행적인 차원에서 문제점이 없을 수 없다. 그런데도 기업계는 그런 방향으로 노력하지 않을 수 없는 것이 오늘의 현실이다.

02 기업윤리에 영향을 미치는 요인

경영자의 윤리수준에 영향을 미치는 요인들은 크게 나누어 세 가지 차원으로 구분할 수 있다.

- 개인적 차원 : 경영자 가족의 영향, 종교적인 배경 그리고 개인적인 욕구수준이나 가치관 등의 요인
- 조직 차원 : 회사의 정책, 감독 상관의 행동 그리고 직장 동료들 행동 등의 요인
- 외부환경 : 정부의 규제활동, 사회의 규범 그리고 경쟁업체들의 윤리 수준 등의 요인 이러한 요인들은 다음 [그림 1-4]와 같이 정리할 수 있다.

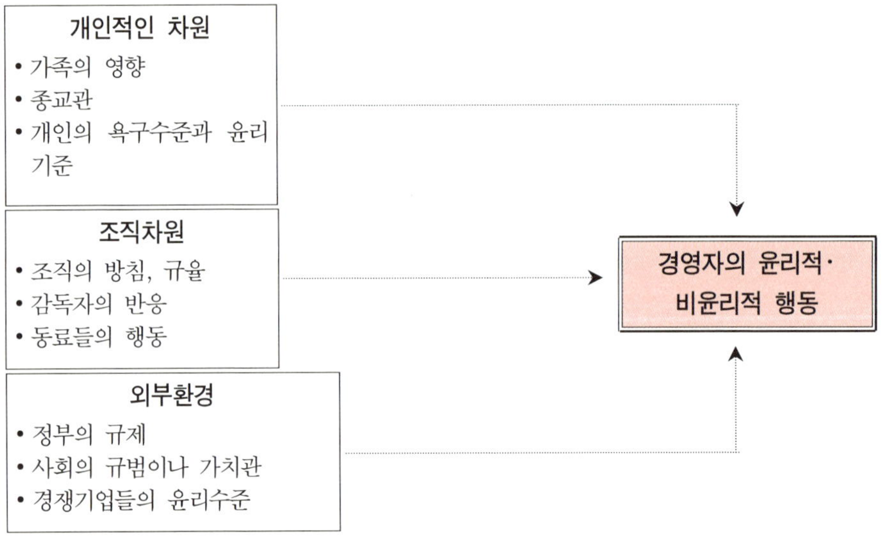

자료 : 서성무·이지우, 경영학 원론, 형설출판사, 1993, p. 350.

[그림 1-4] 경영자의 윤리에 영향을 미치는 요인들

〈또 하나의 약속〉이라는 영화는 '진성 반도체'라는 이름으로 바꿔서 등장하고 실제 기업과는 무관하다는 문구를 포함하고는 있지만 이 영화를 보면 누구나 'XX 반도체'에 대한 이야기라고 한다. 사회적으로 큰 이슈가 되기도 했던 이야기인데 대한민국은 'XX공화국'이라고 불릴만큼 이 대기업의 영향력이 상당하기 때문에 이 엄

청난 대기업을 상대로 하고 있는 '속초의 택시기사'는 다윗과 골리앗의 싸움이라고 불릴 투쟁이 시작된다. 국내 굴지의 기업인 진성 반도체에서 근무하다 백혈병을 얻어 결국 2007년에 세상을 떠난 故 황유미씨와 그의 가족의 실화를 다룬 영화로서 특히 진성반도체의 이실장이 윤미의 병원을 찾아와 "자기가 잘못해서 아픈 것을 왜 회사 탓을 해!"라고 말하는 장면은 너무 선과 악을 선을 명확하게 긋기 위해 불필요한 노력을 한다는 느낌을 받았다.

대기업이 돈과 권력으로 딸의 죽음에 단독으로 진실을 향해 투쟁하면서 상구를 이해하지 못했던 가족들도 상구를 이해하고 응원하는 과정, 결정적인 순간 진성 반도체의 내부 고발자가 나와 진술을 하는 장면 등은 기업의 사회적 책임을 느끼게 하는 영화였다.

03 사회적책임의 확대로서의 사회적투자

(1) 사회적 투자(Social Investment)

최근에 들어서는 기업의 '경제적 성과'와 '사회적 성과'를 따로 분리시키지 않고, 두 가지를 같이 다루어야 한다는 논의가 지배적이다. 따라서, 기업이 사회에 대한 책임을 가지고 있다는 사실은 인정하되 그렇다면 어떻게 책임져야 하는가에 대한 논의를 활발히 진행하고 있다. 즉, 종업원이나 지역사회 같은 이해관계자의 요구에 충실하면서 동시에 주주들의 이익을 극대화시킬 수 있는 새로운 의미의 기업의 사회적 책임은 무엇인가에 대한 논의이다. 이 시각에 따르면, 장기적인 관점에서 볼 때 기업의 주주들에게 이익이 되는 것은 동시에 이해관계자들에게도 이익이 된다. 따라서, 주주도 이해관계자에 포함되기 때문에 장기적인 관점에서 보면 이들 두 집단이 가지는 이해관계는 궁극적으로 하나로 수렴된다는 것이다.

따라서, 기업의 목표는 이익 추구이지만 그것이 기존의 단기적인 이익 추구와는 구별되는 장기적인 이익의 극대화에 초점을 맞추어야 한다는 것이다. 즉, 사회적으로 책임 있는 기업이 장기적으로는 주주에게도 더 많은 이익을 가져다준다는 것이다. 이러한 수렴론은 기업의 '심층적 사회적책임'(meta-social responsibility)[16] 또는 '사회적 책임투자(socially responsibility investment)[17]라고 불리며, 기업의 자선 활

16) Reich, Robert B. (1998), '*The New Meaning of Corporate Social Responsibility*', California Management Review, 40/2 (Winter 1998): pp. 8-17

동은 이타주의적 시각이나 이익 추구적 시각과 같은 일방적인 관점에서만 바라볼 수 없다는 주장이다. 이 시각에 따른다면 이익(profits)과 사회적 책임은 별개의 사안이 아니다. 오히려 사회적 검열(social screen)의 이미지가 강하지만 구미에서는 사회적인 과제에 몰두하는 사업에 자금을 제공하는 움직임도 사회적으로 책임있는 투자로 보고 있다.

사회적 책임투자(SRI: Socially Responsible Investment)라는 말도 생겨났는데, 사회적 책임을 지고 있는 기업에 투자하는 것을 의미한다. 타이슨과 커벳이라는(Luther Tyson and Jack Corbett), 미국의 감리교 목사들이 만든 '팍스월드펀드'[18]가 그 효시로 종교적 신념에 반하는 기업, 환경 분쟁의 소지를 안고 있는 기업, 지배구조상 문제를 일으키고 있는 기업들을 투자대상에서 제외시키고 있다. 북미 유럽 등 구미선진국에서는 지난 2005년 기준으로 북미 2천1백조 원, 유럽1천2백조 원 규모로 성장했다. SRI펀드는 미국 전체 펀드투자액 중 나날이 그 비중을 높여가고 있다. 팍스월드펀드는 군수산업 담배산업 도박산업 등 감리교 종교적 신념에 반하는 기업에는 투자하지 않았다. 초기 사회책임투자는 윤리나 도덕성에 근거한 투자 결정이 주를 이뤘다. 특정 기준에 벗어나는 기업에는 투자를 하지 않는 네거티브 방식이었다

상술한바와 같이 사회적 책임의 찬반논쟁의 차이에도 불구하고 현대에서는 기업의 사회적 책임이 확대되고 있다는 전체적인 흐름에 있어서는 이의가 없다고 하겠다. 즉 데이비스 등이 주장하는 책임철칙의 법칙(the iron law of responsibility)은 실제로 권력과 책임에 관련된 보다 일반적인 법칙의 특수한 적용인데 이는 대기업이 확대됨에 따라 사회적 권력을 갖게 되었고 사회적 권력은 사회적 책임을 동반한다는 것으로 권력과 책임의 크기는 같다는 논지이다.

또한 드러커(P. F. Drucker)도 기업의 기능에는 경제적, 사회적, 정치적 기능이 존재하는데 그중 사회적 기능이 가장 중요하다고 주장하였으며, 기업은 사회로부터 사회적부를 변화될 수 있는 자원을 위탁받는 사회적 기관이라 하였다.

---

17) R. Sparkes, *Socially Responsible Investment:* A Global Revolution (London: John Wiley and Sons, 2002.

18) www.paxworld.com

(2) 사회적 책임 투자운동

그러나 이러한 사회적 책임보다도 한걸음 더 확대된 것이 사회적 책임투자(Socially Responsible Investment)이다. 사회적 책임투자는 사회책임투자운동(Social Responsible Investing)으로 시작되었으며 시발점은 1969년 미군이 캄보디아를 침략하자 이 전쟁에 무기를 제조 공급하는 기업에 투자했던 이들이 자신의 순수한 투자행위가 파괴를 위해 악용되고 있음을 반성하면서 시작됐다. 그리고 1970년에 미국 환경 운동가들을 중심으로 기업의 환경관련 성과를 면밀히 조사했던 감시활동이 사회책임투자운동으로 확산되는 계기가 됐다. 이런 활동이 알려지면서 캐나다에서는 1975년 당시 남아프리카의 인종차별정책과 같은 사회적 이슈들을 효과적으로 해결하기 위해 종교적 신념에 따른 투자활동을 만드는 운동을 일으키기도 했다. 현재 미국 호주 영국 캐나다를 비롯한 영미권 선진국을 중심으로 활발하게 이뤄지고 있는 사회책임투자운동은 가톨릭과 개신교를 비롯한 각 종교 관계자들과 단체들이 종파를 초월해 연대하는 것이 특징이다. 지난 30년간 전 세계의 사회책임투자운동을 이끌어온 미국의 대표적 기관인 기업의 책임에 관한 범종교센터(Interfaith Center on Cororate Responsibility ICCR)이다.[19)]

사회책임투자운동(Social Responsible Investing)은 소극적 운동이었으나 기독교 종교단체가 개입하면서 점점 확대되어 이제는 사회적 책임투자(Socially Responsible Invcstment)로 세계적으로 자리매김하게 되었다. 오늘날 기업의 사회활동과 사회의 공익을 동시에 추구하는 CSR(Corporate Social Responsibility) 활동은 기업경영의 필수 요소로 자리잡고 있다.

제5절 제품 안전성과 제조물 책임(PL)법

안전은 사회와 기업에 모두 관계되는데, 하나의 비 시장적 요인으로 작용하므로 기업은 책임경영의 입장에 서게 된다. 특히 제품에 대한 안전성은 매우 중요한 경

19) 가톨릭 개신교 유다교 계통의 사 단체와 기구 275개가 참여하고 있는 방대한 조직을 갖고 기업의 인종차별·노동착취·환경 문제 등을 지적해 시정하도록 촉구하는 운동을 벌이고 있다.

영 요인이 된다. 그러므로 경영에 대한 안내선(guide line)이 필요하게 된다.[20)]

특별하게 제조물 안전성(product safety)에 대해 법적인 안내를 기준으로 삼는데, 이는 불완전한 시장에서 기인하는 것이라 볼 수 있다. 즉 제품의 사회적 혜택과 손해 비용상에서 사회적 효율성[21)]을 극대화하는데 기초하고 있는 것이다.[22)]

그러면 제조물 안전성 문제와 사회적 효율성의 문제는 어떠한가?

(1) 제조물 안전성

제조물 안전성 문제[23)]는 생산자가 제품의 개념, 연구개발, 디자인, 제조, 그리고 마케팅에서 半 정도의 결정을 하고 제조물이 시장에 출하되면 소비자는 제품에 대해 상해 또는 자산 손실을 갖게 될지 모르므로 사회적 효율성의 관점에서 가능한 손해의 사회적 비용에 대해 설명이 필요하다. 즉 이를 표현하면 다음과 같다.

---

20) Keith Davis and Robert L, Blomstrom Third Editoon, “Business and Society” p.50

21) 사회적 효율성에 대해서는 시카고 대학의 로널즈 코즈(R. Coase)교수의 코즈의 법칙(Coase's Theorem)에서 살펴볼 수 있는데, 코즈 교수는 향유권(享有權)이 법정에서 명확하게 지정된다 할지라도 재산은 그 지정된 향유권에 따라 쓰이지 않고 누구든지 가장 소중하게 여기는 용도대로 쓰일 것이라 했다. (밤에 노래를 부르는 사람과 잠자려는 사람은 서로 자기의 가치에 따라 서로 매수하려 할 것이다. 법정에서는 다만 살 사람과 팔 사람을 지정할 뿐이다.) 이를 공해 문제에 적용하면 기업이 매연을 내뿜을 때 주민들의 맑은 공기를 마실 권리보다 더 의미있는 것이라면 주민들을 매수할 것이다. 그러나 이는 쉽게 매수할 수 없는 경우이므로 판사가 각자에게 권리를 지정한다고 해서 지정된 권리대로 결과가 매듭 지어지는 것은 아니다. 여기서 코즈의 법칙이 개선되는데 거래비용(transaction cost) 없이 서로를 쉽게 매수할 수 있나 하는 것이다. 특히 공해문제의 경우 그 많은 주민들이 기업측과 협상을 벌일만큼 효율적으로 단결할 수 있을까 하는 것도 의문이다.(코즈법칙은 해결기미가 보이지만 공해문제는 해결기미가 보이지 않는다.)

22) David. P. Baron, Business and its Environment, 1983, Prentice-Hall, pp.278-315.

23) 제품안전성과 관계해서 제조물책임법(product liability law)이 관점인데, 법정에[서는 소비자의 권리를 우선시 한다. 즉 생산자는 제품용도에 맞지 않는 소비자의 사용에 대해서〈경고문이라든지 용도의 명확한 표시가 없을 경우〉책임을 갖게 되는 것이다. 이 경우 책임에 대한 사회적 효율성은 생산자와 소비자가 비용이 너무 들어서 예방할 수 없는 상해를 막기 위해 적절한 보호를 가질 수 있도록 incentive를 준비하는 것이다.

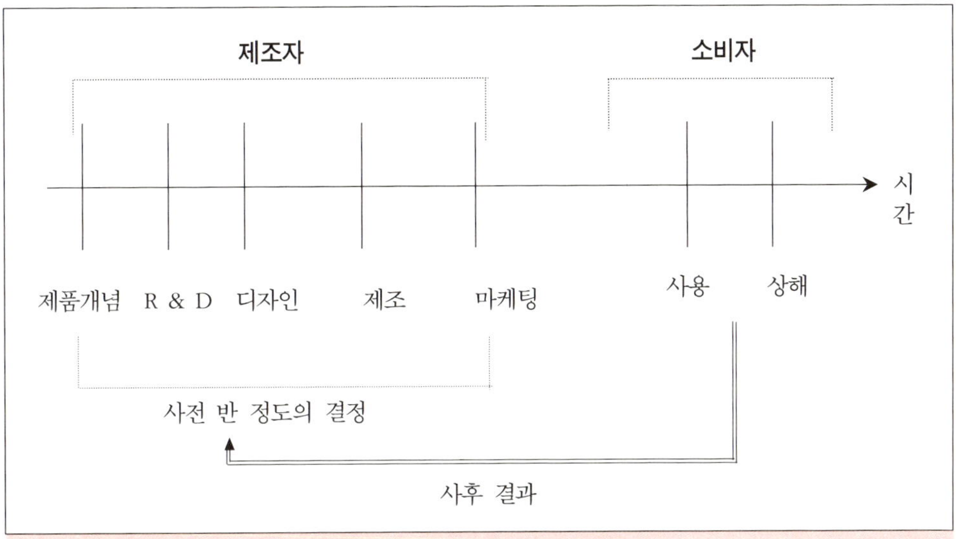

[그림 1-5] 제조물 안전문제

물론 여기서 손해는 생산자와 소비자 모두에게 영향 받을 수 있다.

(2) 사회적 효율성

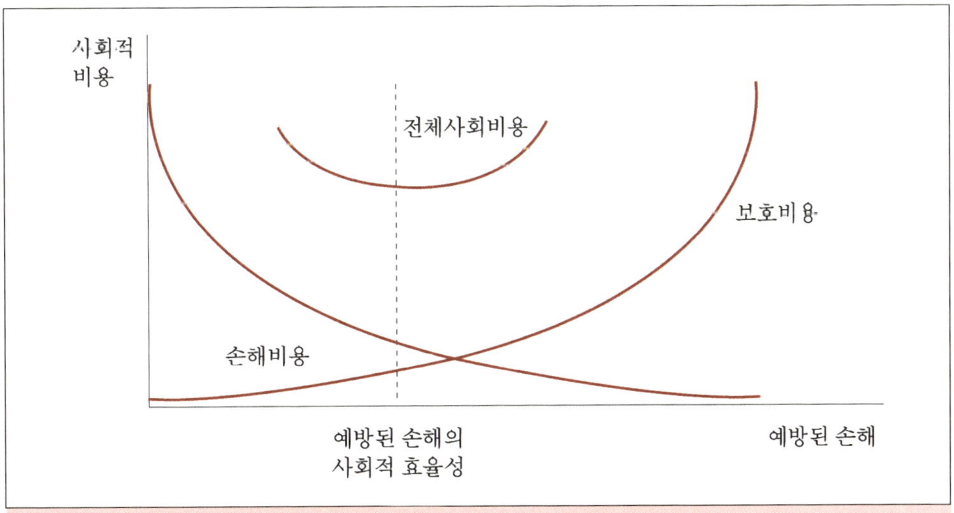

[그림 1-6] 예방된 손해의 사회적 효율성

손해비용과 보호비용이 높아지면 사회적 비용은 높아지고, 손해가 예방되면 될수록 손해비용은 줄어들고 보호비용이 높아지는 형태를 취하게 된다. 다만 여기서 손해비용과 보호비용의 교차점이 예방된 손해의 사회적 효율성의 최적점(optimal)이 아니고 교차점보다 좌측인 이유는 사회에서는 어떤 손해에 대해서는 허용하는 면이 있는데 그 이유는 과다한 비용이 많이 들기 때문이다.

즉 사회적 효율성은 생산자와 소비자에게 할당된 손해비용이 한계체감하기 때문에 사회적 효율성에서 일어날 수 있는 전체비용의 불명확한 할당이 있다.[24)]

01 제조물 책임법(Product Liability Law)[25)]

세계경제가 국제화·정보화의 물결에 의해 '하나의 시장'으로 통합되어 감에 따라, 기업의 생존이 그 국적에 관계없이 소비자 욕구를 충족시키는 능력에 따라 좌우되는 세계화 시대가 도래하였다. 이런 상황에서 우리나라의 국민당 1인 소득이 1만 달러를 넘어서면서 소비자들의 제품안전, 건강 등에 관한 요구가 높아지고 있으나, 소득수준의 향상과 시장개방 등으로 소비상품이 복잡화·다양화함에 따라 제품의 사용·소비과정에서 발생하는 소비자 피해는 전반적으로 확산되고 있는 실정이다.[26)]

그러나 소비자가 제품의 결함으로 신체·재산상의 피해를 입더라도 결함의 존재,

---

24) 대부분의 사고는 과실(negligence)이라고 하는 법의 항목에 해당된다. 사건의 발생확률과 예방에 드는 비용이라는 두 가지 개념을 활용하여 경제학적 분석을 법률에 적용하면, 과실 구분법은 ① 상해(傷害)를 입을 확률(P), 상처로 인한 총 피해액(L), 예방에 드는 비용(C)이라고 하는 세 가지 요소를 식별하고, ② 총피해액의 기대값이 예방에 드는 비용을 초과할 경우, 피고의 과실혐의가 인정된다. 즉 (P)×(L) 〉(C)일 경우 과실이 인정된다.
법에서는 공익을 극대화시키기 위해서는 한계혜택이 한계비용을 초과하는 한도에서 안전설비(제품)에 투자하도록 유도한다.

25) - 한국개발연구원·한국소비자보호원, 제조물 책임법의 경제적 효과와 입법방향, 1996
- 제조물 책임법 도입의 법적·사회적 파급효과 분석, 1996
- 중소기업진흥공단, 중소기업의 PL대책, 1996
- 한국소비자보호원, 제조물책입법의 측정에 관한 연구, 1994
- 한국소비자보호원, 제조물 책임의 입법방향, 1994
- 小林秀之, 立法化 と 對策, 中央經濟社, 1994
- 東京海上研究所,(小林秀之), 製造物 責任法 大系 I, 弘文堂, 1994
- C. Arthur Williams. Jr & Michael L. Smith & Peter C. Young, Risk Management and Insurance, McGraw-Hill, 1995, pp.226-228을 참조할 것.

26) 한국소비자 보호원의 「소비자위험실태 및 안전의식 조사」(1993.6)결과, 조사대상 1,477가구 중 186가구(12.6%)에서 제품이나 서비스로 인한 피해의 경험이 있는 것으로 나타났다.

결함과 피해간의 인간관계, 그리고 제조자의 고의나 과실 등을 입증해야 하는 등 입증책임이 과도하기 때문에 적절한 보상을 받기 어려운 실정이다. 그러므로 제조자의 안전성 문제를 강화한다는 입장에서 엄격책임원칙에 입각한 현대적 제조물 책임법의 도입이 필요한 것이다.

'제조물 책임'이라 함은 "제조물 즉 자동차, 가전제품, 식품·의약품 등의 공업적인 제조·가공을 거친 제조물의 결함에 대해 소비자·이용자 또는 제 3장의 생명·신체 또는 재산의 발생한 손해에 대해서 제조업자·판매업자 등 그 제조물의 제조·판매에 관여한 자가 지게 되는 민사상 손해배상책임"을 말한다.

이는 어떠한 사회이든지 사고발생에 대해서는 완전히 제거할 수 없으며, 현대사회처럼 사회의 규모가 거대해지고 있는 이 시점에서는 사고발생의 위험을 완전히 제거할 수는 없다. 그러므로 사고발생을 억제하는 면에서 어떻게 효율적으로 할 수 있는 가가 문제가 되므로, 정부의 안전규제, 불법행위법제, 산재보상보험과 같은 사회보험, 그리고 시장의 힘 등이 제품위험의 통제와 사고피해자 보상을 위한 제도적 메커니즘이 된다.

전반적으로 선진국들은 불법행위법제[27]의 역할과 범위를 확대하여 왔는데(제조물 책임법), 이를 살펴보면

- 미국 : 1960년 뉴저지주 대법원의 Henningsen판결과 1963년 캘리포니아주 대법원의 Greenman 판결에서 엄격책임이론이 채택되고 1964년에 American Law Institute가 엄격책임원칙의 수용을 권고한 이래, 많은 주들이 엄격책임원칙으로 전환하였다. 후속 판결 등을 통해 디자인 결함과 경고결함의 개념이 확대되어 그 입증이 용이해지고 제조자의 항변도 크게 제한됨으로써, 1970년대부터 경고결함 관련 쟁송이 급증하였고 1980년대에는 기업들이 배상책임의 폭증을 겪었다.[28]

---

27) 불법행위법제는 다음의 두 가지 개념에 기반을 두고 있다.

① 비용내부화 : 기업이 제조·판매하고 있는 제품의 사용·소비과정에서 발생하는 피해의 비용을 부담하도록 하면, 생산결정에 있어 이 비용이 고려하게 되어 제품안전을 제고하거나 생산량을 줄이는 등의 사고방지·감소조치를 취하게 된다.

② 배상보험 : 기업은 다수의 소비자들을 상대로 제품가격의 인상을 통해 사고의 비용을 광범위하게 분산시킬 수 있는 바, 개별 소비자보다는 기업이 결함제품에 기인하는 피해의 비용을 부담하여 사고보상 보험을 제공하는 것이 유리하다.

28) 신체적 피해와 관련된 연방 제조물책임소송이 1975-89년 사이에 2,393건에서 13,408건으로 6배 증가하였고, 민사사건에서 제조물책임소송이 점하는 비율도 2.04%에서 5.74%로 증가하였다. 1975년에 9건에 불과하던 1백만달러 이상의 제조물 책임 손해배상판결이 1984년에는 86건에 달

최근에는 제조물 책임이 과도하게 확대되어 비효율적인 결과를 초래하고 있다는 인식이 확산되면서, 불법행위의 개정이 활발히 논의되고 있으며 제조물 책임의 범위와 비용을 축소하기 위한 입법적 노력이 이루어지고 있다.

- 일본 : 제조물책임법이 시행된 1995년 7월부터 6개월간의 제조물책임소송이 1건에 불과한데 이는 일본의 불편한 소송체계와 소송을 꺼리는 문화에 기인하는 바가 큰 것으로 보인다.[29] 산업에 미친 영향은 미미한 것으로 평가되고 있다.
- 유럽 : 1985년에 제조물책임법의 유럽통일안 (EC지침)을 채택하여 역내 법적용의 통일성을 모색하였는데, 논란의 대상이 된 1차농산물과 수렵물의 포함, 개발위험 항변의 인정, 책임한도액의 설정 여부 등은 각국의 선택사항으로 남아 있다.

과실책임, 엄격책임 등의 책임원칙들에 대한 최근의 경제학적 분석은 제조자가 소비자보다 더 낮은 비용으로 제품피해에 관한 정보를 얻을 수 있다면 엄격책임원칙이 사고감소·억제에 있어 더 효율적임을 보이고 있다.[30]

엄격책임원칙의 확립을 통한 제조물책임의 확대는 소비자에게 적정한 피해보상을 제공하고 제품안전을 제고하기 위한 것이지만, 이에는 비용이 수반되며 미국의 경험을 통해 볼 수 있는 바와 같이 그 비용이 매우 크기 때문에 최소의 비용으로 피해보상과 사고감소·억지의 목적을 달성할 수 있는 법제정의 원칙과 방향이 필요한 것이다.

하는 등 배상판결액도 대폭 증가되었으며, 1980년대에는 책임보험료의 급상승으로 '책임보험위기'가 발생하여 항공기, 스포츠 용품, 제약, 자동차, 화학산업 등이 크게 영향받게 되었다. 1985년에 기업책임 관련소송의 비용으로 700억달러(56조원)가 쓰인 것으로 추정되며, 보험업 자문회사인 Tillinghast의 1989년 연구에 의하면 1987년도 총 책임비용 지출액이 1,179억 달러에 이르렀다.

29) 일본에서는 정부의 국민생활센터 및 민간부문의 11개 산업별 PL센터가 재판의 분쟁처리기구로서 큰 역할을 담당하고 있다.

30) 제조자가 제품의 복잡·다양성에 대해 위험제품의 생산·판매를 억제하는 것이 경제적으로 효율적이라는 것이다.

연습문제

1. 기업의 사회적 책임이란 무엇인가?

2. 사회적 책임론의 대두 배경에 대해 설명하시오.

3. 사회적 책임의 긍정·부정론에 대해 논하시오.

4. 사회적 책임의 수령론에 대해 논하시오.

5. 사회감사제도에 대해 설명하시오.

6. 기업윤리에 대해 설명하시오.

7. PL법에 따른 사회적 효율성에 대해 논하시오.

8. 한국기업의 사회공헌 활동을 조사하시오.

9. 다음을 약술하시오.

   ① GR ② 책임 철칙의 법칙 ③ 코즈의 법칙
   ④ PL법 ⑤ 과실

제2장

경영혁신

제1절 경영혁신을 위한 조건

최근 우리경제는 일찍이 경험하지 못했던 구조적인 대변혁을 겪고 있다. 불황의 골은 깊어지고 그야말로 생존경쟁의 몸부림이 여러 곳에서 일어나고 있다. 기업은 물론이고 지방자치단체 및 금융기관에 이르기까지 그 범위는 넓고 다양하다. 예컨대 지방자치단체는 앞다투어 경영마인드를 정착시키고 있으며 부실 경영의 표본처럼 인식되어 있는 금융기관도 혁신을 과감하게 진행시키고 있다.

의료기관에서는 의사와 환자의 위치가 뒤바뀌어 환자가 의사를 찾는 것이 아니라 의사가 환자를 찾고 있다. 사회전반에 걸쳐 일어나고 있는 변화의 물결은 필연적으로 개혁의 바람을, 기업에는 경영혁신을 불러일으키고 있다. 그런데 개혁이든 경영혁신이든 출발은 과감한 발상의 전환에서부터 시작되어야 하며 과거의 잘못된 관행의 연결고리를 차단할 제도 및 의식이 필요하다.

경영혁신이란 경영과 혁신이 합하여 이루어진 용어이다. 먼저 경영이란 전문가로서의 역할과 경영자로서의 역할로 나누어지는데, 전문가로서의 역할은 상품의 생산과 매출, 인사 등의 업무를 담당하며, 경영자로서의 역할은 목표달성방향으로 효율적인 추구를 모색하는 역할을 담당한다.

슘페터(J. A. Schumpeter)는 경영혁신을 '혁신(innovation) 또는 신 결합(new combination)으로서 새로운 상품의 제조, 새로운 생산방법의 도입, 새로운 판로 또는 새로운 시장의 개척, 새로운 자원의 획득, 새로운 조직의 형성에 의해서 생산요소의 신 결합을 이루는 경우를 의미한다'고 말하고, 경영혁신이야 말로 경제발전의 전형인 동시에 경기순환 즉, 자본주의 경제의 동태를 이해하는데 있어서 본질적인 것이라고 강조하였다. 이와 같이 경영혁신이란 단순한 기술혁신만을 의미하는 것이 아니라 모든 면에 있어서 보다 나은 목표로 전진하는 노력을 뜻하는 것이다.

또 드러커(P. T. Drucker)도 '기업의 제1의 기능은 마케팅을 수행하는 것이고 제2의 기능은 경영혁신을 실시하는 것이다'.라고 주장하였다.

요컨대 경영혁신은 마케팅 요구에 의한 제품의 혁신이며 이에 관련해서 일어나는 생산기술과 재료의 혁신이고, 생산기술 기타 경영의 모든 분야에 있어서 전문적인 기술발달에서 오는 여러 가지 혁신을 의미한다.

전통적인 대량생산체재의 목표는 생산성 향상이었다. 표준화를 통한 생산성 증대로 인하여 기업들은 시장점유율을 증대시킬 수 있었고, 가격경쟁으로 이윤을 향유할 수 있었다. 그러나 현대에는 이러한 체제가 혁신을 창출하는 경영풍토로는 적합하지 않다. 왜냐하면 혁신을 위해서는 당사자들에 대한 시간적·수량적인 제약을 완화해야 하고 기존 가치관의 구속으로부터 해방시켜 줄 필요가 있기 때문이다. 이러한 의미에서 혁신적 경영풍토의 조성을 위해서는 첫째, 새로운 아이디어를 유출할 수 있는 창조성, 둘째, 참가자가 다양하게 행동할 수 있는 자율성, 끝으로 정형화된 관성을 파괴할 수 있는 유연성 등의 조건이 필요하다.

사실상 최근의 혁신은 기획·연구개발 부문에서만 맡고 있는 전문직능이 아니라 아이디어 형성에서 이의 사업화에 이르기까지 각종 관련부문과 조직계층의 인적접촉과 물적 공유에서 이루어진다. 따라서 참가자들의 정보공유와 상호학습은 복합화되고 있는 조직혁신에 불가결한 요소가 되고 있다.

그러므로 경영혁신이란 새로운 목표를 달성하기 위해 사용되는 아이디어나 방법을 말하며, 필요한 시기 즉, 과거·현재와 다른 목표를 달성하고사 변화를 추구해야 할 때, 현재·미래의 추구점과 과거의 추구점의 차이를 발견하고 더 나은 방향으로 모색하여 채택하는 방법을 말한다.

선진기업의 위기 극복을 위한 경영 혁신이 자신의 기업에 그대로 적용될 수 있는 '만병통치약'은 되지 않을 것이다. 왜냐하면 나라마다 경영여건이 다르고 기업마다 경영자나 근로자들의 의식수준에서 차이가 나고 업종별로도 특수성이 있기 때문이다.

그러나 동서고금을 막론하고 '경영의 진리'는 있는 법이다. 즉 어느 나라, 어느 기업이든 경영의 대전제는 경영자와 근로자들이 서로 합심하고 비전을 가져야 한다는 점이다. 특히 호황일 때 보다는 불황일 때, 잘될 때 보다는 위기가 닥쳤을 때 합심하는 일이 더욱 중요하다. 경영자와 근로자가 한 방향으로 힘을 결집시키지 못할 경우 오늘의 경영위기를 극복하는 것은 불가능하다. 그러나 근로자들이 위기에 처해 있고 기업들이 위기에 처해 있는 이 '막다른 상황'이야말로 좋은 기회가 될 수 있다.

기업환경이 달라진 만큼 지금까지 익숙해져온 '과거의 시각'으로는 도저히 안 된다. 그래서 경영혁신이 필요하다. 그러나 경영혁신을 실천하는 것은 어려운 일이어서 기업구성원 모두가 제살을 도려내고 뼈를 깎는 듯한 고통에 동참할 각오가 되어있지 않으면 헛구호에 불과할 것이다. 다행히 최근의 우리 기업들은 진정한 경영혁신의 가능성을 보여주고 있다. 즉 경영자와 근로자가 모두 공멸의 위기를 피부로 느끼고 있으며 공생의 길을 모색하고 있기 때문이다.

경영혁신이 성공을 거두려면 경영자의 신념, 솔선수범, 리더십 등과 근로자들의 의식개혁 및 적극적인 동참이 이루어져야 한다. 또한 노동조합도 합리적으로 판단하고 회사와 근로자에게 동시에 도움이 되는 윈윈(win-win)활동을 주도적으로 추진해야 한다.

기업문화가 지난 10여년 간 기업의 중요한 경영·혁신의 도구로서 사용하였으나, 경영혁신이라 하여도 새로운 과제를 안고 있기 때문에 기업문화, 즉, 기업추구성과를 구체적이고 확실하게 달성하는 수단으로 사용하여야 한다.

기업문화는 기업문화 그 자체로 받다들이는 것이 아닌, 바람직한 경영성과를 달성할 수 있는 경영혁신 기법 중 하나로 인식하여야 한다. 그러므로 기업문화의 내용을 보다 바람직한 방향으로 개선하고 기업문화와 이에 관련된 혁신기법은 상호보완적으로 활용해야 한다. 기업문화의 장점과 단점, 효과와 한계를 분명히 인식하여 경영혁신기업과 기업문화를 적절히 조합하는 지혜가 확립되어야 한다.

(1) 제로베이스에서 출발

경영혁신을 위한 사고는 개선이 아니라 혁신이다. 최근에 국내외적으로 개방이 급속하게 진행되고 있기 때문에 이를 헤쳐나가기 위해서는 과거의 체질이나 방법을 혁명적으로 바꾸지 않으며 무한경쟁시대에 돌입하고 있는 이 시대에 우리 기업은 살아남을 수 없다.

제로베이스에서 출발하자는 의미는 과거로 돌아가자는 뜻이 아니라 사고방식이나 행동양식을 새로운 환경에 맞추어야 한다는 의미다.

즉, 급변하는 경영환경에 대응할 수 있는 전략을 개발해야 한다는 것이다.

(2) 미래지향적인 방향

혁신은 미래지향적이어야 한다. 과거의 잘못된 관행이나 조직구조를 혁신적으로 고쳐야 한다. 낡은 사고방식의 연장선에서는 결코 혁신경영은 성과를 낼 수 없기 때문이다. 이러한 혁신을 미래지향적일 때에만 성공할 수 있다.

(3) 조직과 개인과의 목표

조직의 경쟁력 향상과 개인의 삶의 질 향상이라는 두 가지 목표가 함께 추구되어야 한다. 조직을 위해서 개인의 희생을 강요하는 방법으로는 조직구성원들의 자발적인 참여는 기대하기 어렵다.

(4) 혁신의 주체

최고경영자나 노조대표가 혁신의 주체가 아니라 사원, 대리, 과장 등 다수의 조직 구성원들의 자발적인 참여가 있어야 한다. 최고경영자의 역할은 구성원들이 신나게 일할 수 있는 여건을 조성해 주는 것이 무엇보다도 중요하다.

제2절 경영혁신기법

01 경영혁신 기법의 특징

실천적 수단으로서 기업이 선택할 수 있는 경영혁신 기법에는 경험곡선(Experience curve), 품질관리(Quality Control), 전략사업단위(Strategic Business Unit), 기업문화(Corporate culture) 등 20여년 전부터 소개되어 널리 보급된 것도 있고 리스트럭처링(Restructuring), 다운사이징(Downsizing), 벤치마킹 (Benchmarking), 리엔지니어링(Reengineering)과 같이 최근에 도입되어 아직 원어 그대로 사용되는 것도 있다. 이들 여러 가지 경영혁신 기법은 제각기 다른 목적과 효과를 추구하지만 다음과 같은 세 가지 면에서 공통점이 있다.

첫째, 시대에 따라 유행하는 경영혁신 기법이 달라진다는 점이다. 저명한 경영학자인 피터 드러커 교수는 "경영자는 15세 소녀와 같이 유행에 민감해서 다른 회사들이 새로운 경영혁신 기법을 사용하는 것을 보면 이를 자기 회사에도 적용하고 싶어 한다."고 지적한 바 있다.

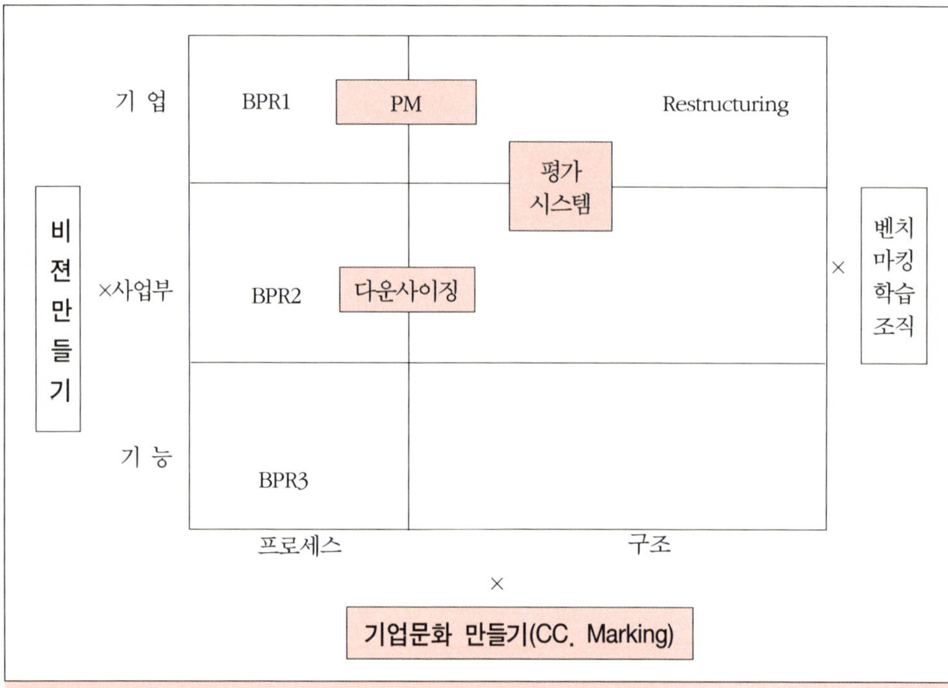

[그림 2-1] 경영혁신기법 모형

주 1) 혁신기법

① BPR(business process reengineering) : 치열해져 가는 경영환경에서 경쟁우위를 확보하기 위해 업무처리방식의 재설계(business process redesign)와 정보기술(information technology)을 결합해 획기적인 경영성과 지표의 상승효과를 이룩하기 위한 경영혁신기법을 의미한다.

② **다운사이징**(down sizing) : 조직의 구조를 플랫화, 슬림화하는 방식으로 조직을 신축적으로 축소하는 것을 말한다.
③ **평가시스템** : PDS(plan, do, see) 중 S, 즉 사후점검을 위한 시스템을 말한다.
④ **PM**(potpolio management) : 포트폴리오 경영을 말한다.

주 2) 혁신기업을 보완하고 지원한 것으로서는

① **벤치마킹**(bench marking) : 경쟁시장에서 최고 우량기업의 전략을 모델로 삼는 전략
② **비젼만들기** : 현재 상황을 무시하고 구성원의 포부를 마음껏 표출할 수 있는 계기가 되는 것
③ **기업문화 만들기가 있다.**

둘째, 경영혁신 기법이 비록 유행을 타면서 나타났다 사라지지만 각 기법은 그 당시 경영환경을 반영한다는 점이다.

셋째, 이 세상에 만병통치약과 같은 경영혁신 기법은 없다는 점이다. 소화제를 머리 아픈데 쓸 수 없듯이 기업마다 추구하는 목적과 당면한 문제점, 그리고 내부능력과 조건이 다르다.

따라서 한 기업에서 성공적으로 사용된 경영혁신 기법이 목적과 당면한 문제, 그리고 내부능력이 다른 기업에서도 같은 효과를 내리라는 보장은 없다. 그러므로 경영자는 어떤 기법을 선택할 것인가를 신중하게 판단해야 한다.

02 리엔지니어링

(1) 리엔지니어링의 정의

리엔지니어링(reengineering)이란 1990년대 초에 등장한 기법으로, 과거와 같은 기능식 위계조직으로는 제품의 품질, 서비스, 속도 등에 까다로워진 고객을 만족시킬 수 없다는 사고 하에 등장한 기법으로서 기존기업의 경영활동을 무시하고 기업의 부가가치를 산출하는 활동을 완전히 백지상태에서 새롭게 구성하는 경영혁신 기법이다. 이러한 새로운 운영방식은 기업의 사고를 계층의 복잡성으로 의사결정 지연을 초래한 기능중심의 수직적 사고에서 고객에게 신속히 빈응하는 프로세스중심

의 수평적 사고로 전환할 것을 요구한다. 수평적 사고란 '구매 → 생산 → 판매 → 애프터서비스 → 고객만족'과 같이 기업이 부가가치를 창출하는 프로세스를 중심으로 실행 방법을 바꾸는 기법이다.

리엔지니어링의 성과는 비용절감만이 아니다. 상품개발 기간도 큰 폭으로 단축할 수 있고, 소비자의 수요에 신속히 대응할 수도 있다. 이러한 결과는 고객만족으로 연결되어 결국 불황에 빠졌던 기업도 단기간에 재기할 수 있게 된다.

미국의 경제가 부활할 수 있었던 원동력은 새로운 경영방법인 '비즈니스 프로세스 리엔지니어링(BPR : business process reengineering, 업무의 재구축)'을 도입한 데 있다. 비즈니스 프로세스는 '일의 방법(또는 구조, 흐름)'이며, 리엔지니어링은 '재구축 한다'는 뜻이므로, 결국 일의 방법을 근본적으로 재검토한다는 뜻이 된다. 다시 말해, 제로상태에서 재구축함으로써 경영의 효율을 더욱 높이자는 것이 리엔지니어링의 기본방향이다.

리엔지니어링은 리스트럭처링(restructuring, 사업의 구조개편)과 유사하긴 하지만 똑같지는 않다. 〈표 2-1〉에서도 볼 수 있듯이 많은 차이점이 있다.

리스트럭처링은 인원삭감이나 채산성 없는 부분에서 손을 떼는 식의 활동이 중심을 이룬다. 그와 같이 부분적으로 고쳐 나가는 방법을 쓰기 때문에, 기존의 방식이나 조직 안에서의 개혁이라고 할 수 있다. 따라서 그 효과도 점진적이다.

이에 반하여 리엔지니어링은 일의 방법을 제로상태에서 재검토하여 가장 효율적이고 바람직한 방법으로 개혁하는 것이므로 철저하고 혁명적이다.

〈표 2-1〉 리스트럭처링과 리엔지니어링의 비교

항목 \ 범위	리스트럭처링	리엔지니어링
범위	부분 최적화	전체 최적화
방향성	기존의 비즈니스 프로세스를 전제로 한 개혁	처음부터 재설계
대상	인원절감 비채산성 부분의 철퇴	업무방법(흐름, 구조)
방법	응급 대응	근본적
도입효과	점진적	혁명적

(2) 리엔지니어링의 목적

혁명적이라고 할 만한 리엔지니어링을 나타내면 다음 [그림 2-2]와 같다.

지금까지 리엔지니어링을 '업무에 근본적인 개혁을 실행하여 기업의 성장을 꾀하는 새로운 경영방식'이라 정의했는데, 궁극적인 목적은 어디까지나 리엔지니어링의 도입에 따른 모든 개혁은 전부 고객만족을 실현하기 위한 것이라고 볼 수 있기 때문이다.

따라서 경영에 있어서 가장 기본적인 발상은 '어떻게 하면 고객이 만족할 수 있을까' 또는 '어떻게 하면 고객이 기뻐할 것인가' 하는 것이다.

모든 활동이 이러한 발상을 토대로 전개되어 고객만족이 실현되고 이익이 창출된다면 그 기업은 성장하게 되는 것이다.

시장의 성숙화로 경쟁이 치열해지자 어떤 기업이건 고객의 만족을 실현하는 것이 가장 중요한 문제로 등장하게 되었다. 이렇듯 고객만족은 경영의 궁극적인 목적이며, 기업이 추구해야 할 중요한 과제라 할 수 있다.

따라서 리엔지니어링의 혁명의 프로세스를 설명하면 다음과 같다.

① **의식과 마음의 개혁** : 최고 경영자를 비롯한 전사원이 리엔지니어링의 중요성을 인식하고, 경영에 대한 기존의 생각을 바꾸는 단계이다.

② **비즈니스 프로세스의 개혁** : 고객만족의 실현을 위해 업무의 방식과 흐름의 처음부터 다시 재구축하고 개혁하는 단계이다.

③ **제품·서비스의 개혁** : 비즈니스 프로세스가 바뀜으로써 상품의 서비스도 달라진다.

④ **품질과 서비스의 향상, 생산비용의 절감, 고객의 요구에 대한 신속한 대응** : 물건을 생산해냄으로써 이러한 성과가 나타나게 된 것이라고 할 수 있다.

⑤ **경쟁우위의 확립** : 고객의 요구에 맞는 상품이나 서비스를 낮은 가격으로 판매함으로써, 타사와의 경쟁에서 우위를 차지할 수 있게 되었다.

⑥ **기업의 성장** : 경쟁우위를 확립하게 되면 매출도 그만큼 늘어나므로 기업은 성장하게 된다. 또한 경영을 효율적으로 운영함으로써 손익분기점이 내려가게 되고, 결과적으로 이전처럼 매출을 올리지 않아도 이익을 확보 할 수 있는 확실한 경영체질이 형성된다.

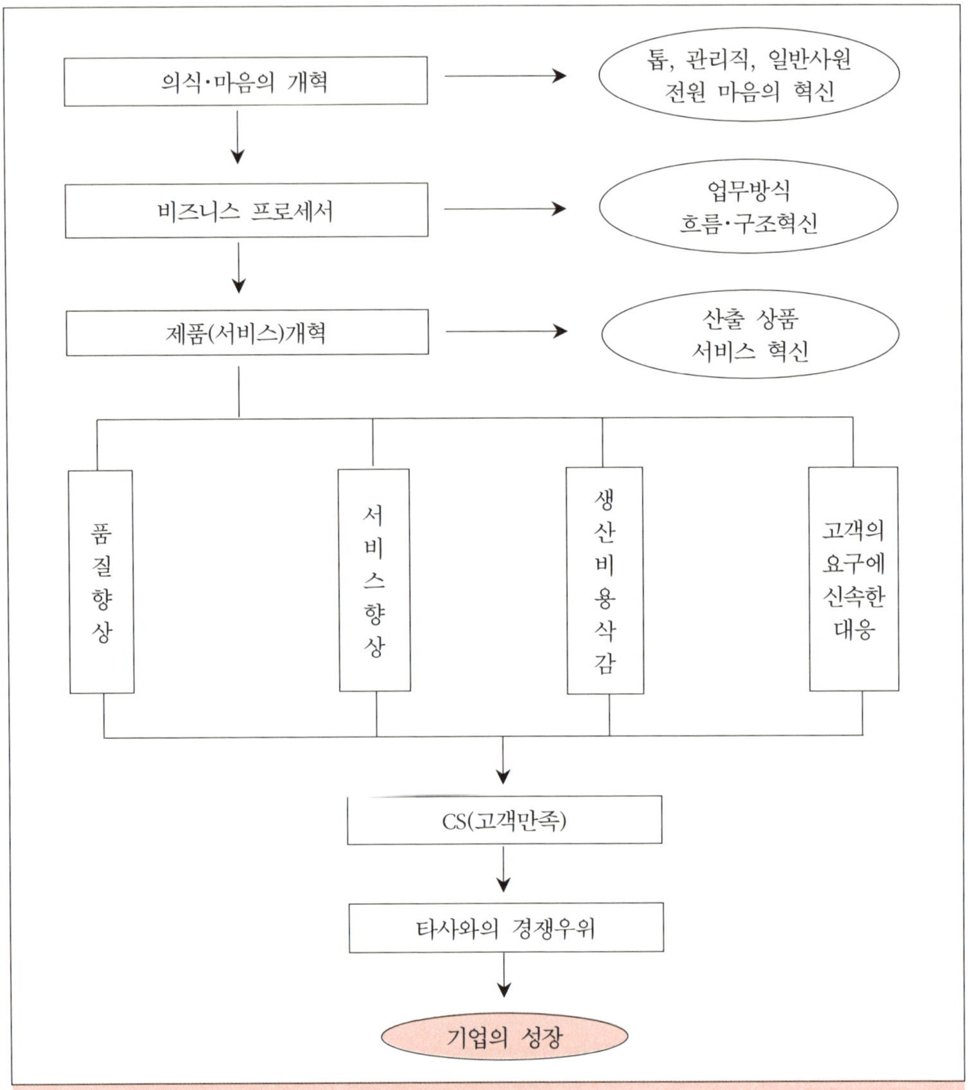

[그림 2-2] 리엔지니어링 혁명의 프로세스

지금까지 리엔지니어링 혁명의 프로세스에 대해 말했지만 이 프로세스는 한번에 끝나는 것이 아니다. 비즈니스 프로세스의 혁명은 끝이 없는 영원한 것이다. 고객의 요구는 시시각각 변하고, 그 요구수준도 해마다 높아지기 때문이다. 이러한 요구와 수준에 대처하기 위해서는 요구의 변화를 신속히 파악하여 끊임없이 비즈니스 프로세서를 변혁시켜 나가는 것이 필요하다.

(3) 리엔지니어링의 전제조건

리엔지니어링을 추진하기 위해서는 일정한 순서에 따라 진행하는 것이 필요하다. 먼저 리엔지니어링을 성공시키기 위한 전제조건에 대해 설명할 필요가 있다.

① **매출액 추구에서 고객만족 추구로** : 리엔지니어링은 비즈니스 프로세서를 재설계하는 것이라 말할 수 있다. 그리고 근본적으로는 '고객만족을 추구하기 위한 일련의 활동'이라는 시점을 잊어서는 안된다. 사기업의 경우 매출액을 증대시켜 이윤을 올리는 것은 당연한 일이지만, 그것은 결과적으로 고객만족을 통해 완성된다는 것을 하나의 지침으로 삼아야 한다. 따라서 비즈니스 프로세스를 재설계할 때는 언제나 '어떻게 하면 고객만족을 향상시킬 수 있을까'하는 고민을 염두에 두고 활동해야 한다.

② **개선·수정에서 새로운 시작으로** : 종래의 경영에서 효율을 추구한다는 것은 기존의 비즈니스 프로세서를 개선·수정 혹은 강화시켜 나가는 것을 말한다. 그러나 지금의 경영전략인 리엔지니어링은 기존의 프로세서를 모두 백지화하고 새롭게 다시 만들어 내는 것이다. 특히 처음으로 리엔지니어링을 추진할 때는 이러한 발상의 전환이 필요하다.

지금까지의 업무활동에 대해 생각해 보라. 업무상 변화가 요구될 때 발상의 전환 없이 우선 기존의 프로세스를 개선·수정할 것부터 생각했기 때문에, 구태의연한 업무의 틀에서 벗어나지 못했던 것이 아닐까. 이 문제는 곧, 기존의 프로세스를 새롭게 만들어낸다는 종래의 프로세스를 개선·수정하는 것과는 비교도 안 될 만큼의 성과를 올릴 수 있다는 것과 직결된다.

예를 들어 지은 지 오래되어 낡게 변한 공장에 비유해 보자. 개축을 한다거나 부분적으로 보수공사를 하는 것과, 이미 낡아 허물어져 가는 공장을 부수고 다시 새롭게 건설하는 방법 중 어느 것이 더 효율적인가 하는 문제에 부딪히게 된다. 물론 신축을 하면 단기간에 막대한 비용을 투입해야 하는 부담이 있다. 그렇지만 현대적 기법으로 공장을 신축하고 첨단 기계를 도입한다면 비약적인 생산성 증대를 가져올 것이다.

③ **개별적인 문제해결에서 전체적인 문제해결로** : 모든 상황은 독립적이지 않다. 곧 당면한 문제를 해결하기 위해서는 개별적·부분적으로 문제의 발생부분을 파악할 것이 아니라, 비즈니스 프로세스 전체에 착안하여 문제를 바라보아야 한

다는 것이다. 가령 의사가 환자를 진찰할 때에 비유해 보자. 의사는 표면적으로 앓고 있는 환자의 신체 부위에서만 병의 원인을 찾으려 할 것이 아니라 내장기와 같은 신체 깊숙한 곳에서부터 원인을 분석하는 것이 합리적이라는 것과 같은 이치이다.

개별적 혹은 근시안적으로 문제를 해결할 경우, 일시적으로는 문제가 풀린다 하더라도 근본적으로는 해결된 것이 아니므로 시간이 지나면 또 문제가 발생하게 된다.

매출액 추구	→	고객만족 추구
개선·수정	→	제로에서 다시 시작
개별적 문제 해결	→	전체적 문제 해결
과거의 성공 체험 중시	→	과거의 성공 체험과 결별
과거의 상식 중시	→	과거의 상식과 결별

[그림 2-3] 리엔지니어링의 기본적 사고방식의 방향

④ **과거 성공체험 중시에서 성공체험과의 결별로** : 변화의 속도가 초고속인 지금과는 비교도 안 될 만큼 그 속도가 느리고 생산력 발달이 미미한 시대에는, 과거의 성공체험이나 그때 이용했던 데이터가 귀중한 노하우나 자료가 되었다. 그것이 연장선 안에서 경영계획을 수정·보완해 나가도 무리 없이 성장해 나갈 수 있었던 이유이기도 하다.

그러나 지금은 예측할 수 없을 정도로 모든 것이 빠르게 변하는 시대에 살고 있다. 이렇듯 비약적인 시대의 변화로 인해 경영환경이 크게 달라진 것도 부인할 수 없는 사실이다. 이제 과거에 통용됐던 노하우나 데이터로는 도저히 적응해 나갈 수 없게 되었다. 통용될 수 없다기보다는 마이너스가 될 수 있다는 얘기다. 다시 말하여, 고거의 성공체험이 오히려 실패의 원인으로 작용할 수도 있다는 의미이다. 따라서 극단적으로는 과거의 성공체험을 지나간 과거의 유물쯤으로 여길 줄 아는 '발상의 전환'이 요구되는 시기라 할 수 있다.

'왜 이런 방법으로 하고 있는가?', '어째서 이런 방법으로 실시해야 하는가?' 등 이제는 비즈니스 프로세스를 대할 때마다 최대한 부정적인 시각으로 보는 것이 중요하다.

⑤ **과거 상식의 중시에서 과거 상식과의 결별로** : 과거의 성공체험과 마찬가지로 과거의 상식도 지나치게 중시하면 마이너스가 될 소지가 충분하다. 시대가 변하면 상식과 가치관도 저절로 변하는 부분이 있기 때문에 '과거의 상식의 현재의 비상식'정도로 생각해 두는 것이 중요하다. 반대로 과거에는 비상식으로 통하던 것들이 현재는 상식이 될 수도 있으므로, 상식에 대한 고정된 사고방식을 지금부터는 바꿔야 한다.

03 벤치마킹

(1) 벤치마킹의 정의

벤치마킹(Bench Marking)이란 기업들의 지속적인 개선을 지원하고 경쟁상 이점을 확보하는데 필요한 정보를 수집하기 위한 수단으로써 기업이 기업의 내부활동 및 기능, 혹은 관리능력을 외부적인 비교시각을 통해 평가하고 판단하는 것이다. 오늘날 부각되는 근본적인 이유는 '격심한 경쟁에 대한 대응'의 필요성 때문이다.

벤치마킹에 대한 정의는 매우 다양하다. '전혀 부끄러움을 느끼지 않고 훔치는 것(stealing shamelessly)'이라는 정의에서부터 '인간의 학습과정을 토대로 만든 조직의 학습과정'이라는 정의, 그리고 '남보다 우수한 경영성과를 달성하고자 하는 목적에서 현저히 우수한 실무를 끊임없이 찾아내고, 도입하여 활용하는 프로세스'라는 보다 구체적인 정의 등이 그 예이다. 이와 같은 정의에서 잘 알 수 있듯이 벤치마킹의 핵심은 매우 단순 자기 회사의 업무수행 과정과 유사한 프로세스를 보다 훌륭히 수행하고 있는 우량기업을 비교기준으로 삼아 최선의 실무(best practices)를 파악하고 이들 중 자사에 도입될 수 있는 실무를 적절히 수정하여 도입하자는 것인데, 이는 지속적 학습 및 적응이라는 조직학습이론을 바탕으로 하고 있다.

벤치마킹에 대한 관심의 밑바탕에는 기업활동 수행프로세스를 개선시키고 경쟁력을 높이고자 하는 데 있다. 개인이나 팀의 입장에서 볼 때 일반적으로 가장 효과적인 학습은 수시로 직면하는 현실문제에서 터득한 교훈으로부터 배우는 것이라고 할 수 있다. 따라서 최선의 실무를 추구하고 모방하는 과정은 관련된 모든 사람들에게 동기를 부여할 뿐만 아니라 종종 혁신적인 결과를 가져온다. 이를 감안할 때, 벤치마킹은 끊임없이 개선을 추구함으로써 고객에게 보다 나은 가치를 전달하고자 하는 대표적인 품질관리실무의 하나라고 할 수 있다.

요약컨대, 벤치마킹 노력은 기업의 주요 경쟁요인을 뒷받침하는 핵심적 프로세스 개선과 관련된 전략적 이슈에 집중됨으로써 벤치마킹 조사로부터 최대의 성과를 거둘 수 있도록 하여야 한다.

따라서 벤치마킹은 '모든 학습은 통찰력을 발견하여 행동의 새로운 가능성을 만들어 냄으로써 행동을 유발하고 통찰력을 이끌어 내는 결과를 관찰하는 일련의 과정이다.'라고 주장하는 듀이(J. Dewey)의 학습이론과 지속적인 개선을 강조하는 데밍(E. Deming)의 품질철학을 근간으로 한다.

(2) 벤치마킹의 전제조건

장기적으로 벤치마킹의 노력이 성과를 거둘 수 있도록 하기 위해 필요한 전제조건을 무엇일까? 이를 몇 가지로 나누어 살펴보면 다음과 같다.

첫째, 최고경영진의 지지와 참여이다.

벤치마킹의 출발은 상위경영진으로부터 시작되어야 한다. 기업이 당면하고 있는 전략적 이슈, 성과개선이 필요하다고 판단되는 프로세스 등에 관한 우선순위를 파악하는 가운데 상위경영진은 자신들이 벤치마킹을 지지하고 있음을 알리고 조사에 필요한 자원을 제공하여 리더십을 발휘해야 한다.

둘째, 적절한 교육 및 훈련프로그램의 확보이다.

벤치마킹을 기본적으로 어떤 조직으로부터도 배울 바가 있다는 소위 지속적 학습 및 개선을 의미하는 데밍식의 새로운 철학을 도입함을 의미하고, 동시에 외부로부터의 자극에 의한 변화를 지칭하는 개입의 성격을 갖는다. 따라서 벤치마킹으로 인한 조직의 변화는 조심스럽게 다루어질 필요가 있는데 이를 위해 적절한 교육과 훈련은 필수적이라고 할 수 있다. 전자는 종업원의 사고를 변화시키고, 후자는 필요한 행동을 유발시킨다. 벤치마킹 조사팀이 변화의 주체가 될 프로세스 책임자를 참여시키는 것도 변화의 필요성에 대한 인식을 높이고 변화에 대한 거부감을 줄이기 위해서이다.

셋째, 조사 및 정보수집기능의 확보이다.

벤치마킹도 계획-자료수집-분석-시정이라는 4단계 순화주기를 거치는 프로세스인바, 이 프로세스 수행에 필수적인 조사 및 정보수집 기능을 담당할 유능한 내부 전문가층의 확보 및 유지가 필요하다. 이들은 프로세스 문제점을 근본원인까지 검토할 수 있는 능력을 갖추어야 한다. 또한 벤치마킹 조사 완료 후에도 벤치마킹 프로세스 자체를 벤치마킹하여 보다 효과를 발휘하기 위해서는 일차적으로 조직내부에서 터득한 교훈 및 제반 정보를 상호 공유할 수 있는 내부채널 확보와 더불어 외부 파트너와 공동으로 벤치마킹을 수행할 수 있는 네트워크 구축이 필요하다. 제록스사의 경우, 정기적으로 내부관련자들이 모임을 갖거나 뉴스레터를 발행하는 형식으로 내부 네트워크를 강화시킨다. 외부 네트워크의 경우, 미국은 생산성 본부 산하에 국제벤치마킹교류회(IBC)라는 비영리적 중립적 네트워크를 활용하고 있는데 우리나라에도 이와 유사한 성격의 조직이 필요하다.

넷째, 충분한 사전준비 즉, 자신에 대한 올바른 이해가 전제되어야 한다.

효과적인 벤치마킹이 이루어지기 위해서는 자신이 수행하는 제반 작업과정에 대한 이해와 문서화, 즉 내부평가가 선행되어야 한다. 내부평가는 벤치마킹의 시행착오를 최소화하는 데 유용할 뿐 아니라 상대방의 협조를 구하기 위해 반드시 필요한 최소조건에 해당한다.

(3) 벤치마킹 전략

① **경쟁적 벤치마킹** : 경쟁적 벤치마킹에서는 관심영역에서의 다른 기업들의 성과를 측정하고, 그중 최상의 성과가 그 기업의 기준(benchmark)이 된다. 최상을 연구함으로써 이러한 성과가 어떻게 해서 달성되고 있으며, 벤치마크가 된 기업의 경영실제 및 성과와 자기기업의 것과 어떤 차이가 있는가를 발견하고자 하는 것이다. 그리고 이 지식을 자신의 운영실제 및 그 성과를 개선시키는 데 이용한다. 벤치마킹은 그의 운영을 개선시키기 위한 노력의 필수적인 요소이다. 그러나 이는 기업의 약점을 노출시키고 책임자를 문책하기 위한 과정은 아니다. 대신에 이는 개선대상영역을 찾고, 그를 개선시키는 방법을 결정하며, 그리고 그러한 변화를 주도한 자를 보상하기 위해 이용되어야만 한다.

벤치마킹의 이점은 매우 크다. 한 기업이 세계최고수준을 인식하고 채택하여, 그러한 기준을 달성하는 방법을 학습한다. 기업의 새로운 목표가 어려운 것일지라도 기업내 구성원들이 벤치마킹을 통해 그 목표가 합리적이고 달성 가능한 것이라는 사실을 알게 되었다.

보다 구체적으로, 벤치마킹을 통하여 전략수립 및 조정, 작업공정과 사업체계의 리엔지니어링 및 지속적 개선, 전략기획 및 목표 설정, 문제 해결방안 발견, 교육과 아이디어의 확충, 시장 성취도의 비교·평가, 변화의 촉진제 등으로서의 기능을 기대할 수 있다.

② **내부운영의 평가** : 벤치마킹의 첫 번째 단계는 그 기업에서 뛰어나지 못한 분야를 선택하는 것이다. 그 표적은 전략적 차원(예, 사업전략)으로부터 핵심 기능영역(예, 생산), 지원분야(예, 재무), 사업과정(예, 제품설계) 또는 하위기능(예, 일정계획)이나 심지어는 구체적인 활동이나 과업(예, 영수증 작성)에 이르기까지 매우 다양한 것일 수 있다. 그러나 응용 사례들을 보면, 세 가지 유형으로 정리될 수 있다.

- 프로세스 벤치마킹 : 고객불만 처리, 청구서 발행, 수주, 인사 및 전략기획 등과 같은 실무에 초점을 두고, 가장 효과적인 업무실행방법을 비슷한 업무를 수행하는 다른 회사에서 찾는다. 업무수행도의 개선은 생산성 증가, 비용감소, 서비스 증대 또는 판매량 증가 등으로 계산될 수 있고, 그 효과는 단기적 금전적 이득으로 나타나기 때문에 분기별 실적 향상을 노리는 관리자들은 프로세스 벤치마킹을 선호한다.
- 수행도 벤치마킹 : 제품 및 서비스를 비교함으로써 현재의 경쟁력을 파악한다. 흔히 가격 요소, 기술력, 부수적인 제품 및 서비스 특성, 속도, 신뢰도 및 다양한 수행도 특성치들에 초점을 둔다.
- 전략적 벤치마킹 : 이는 기업이 어떻게 경쟁하는가를 조사한다. 이는 기업의 장기적인 경쟁력에 영향을 미치므로 이점들이 서서히 나타날 수도 있다.

만일 상당한 개선을 요하는 영역이 많다면, 개선효과가 최대일 것으로 보는 영역을 먼저 선정해야 할 것이다.

기업이 그의 운영을 다른 기업의 것과 비교하기에 앞서, 관심영역을 상세히 검토하여야만 한다. 기업은 관심분야의 수행방법과 수행정도를 정확히 이해하여야만 한다. 심층적인 내적 분석은 생산시간, 제품품질, 고객만족,

장비가동 준비시간 및 이용가능성, 작업자 수 등 양적 측정이 가능한 것으로부터 시작한다. 그리고 나서 운영방법에 대한 상세한 연구로 넘어간다. 이때 다음과 같은 질문을 던져야 한다.

- 수행되는 일의 정확한 성격은 무엇인가?
- 어떤 조건하에서 운영되고 있는가?
- 우리가 강점과 약점은 무엇이라고 보는가?

이러한 정보로 무장한 후에 벤치마크로 삼은 기업을 방문하여 완성해야 할 질문지를 작성할 수 있다. 이 설문지의 목적은 다음과 같은 질문에 대한 답을 찾고자 하는 것이다.

- 경쟁자는 얼마나 더 잘하고 있는가?
- 그들이 더 잘하는 이유는 무엇인가?
- 그들의 강점 또는 경쟁우위의 진전한 원천은 무엇인가?
- 그들은 우리에게 문제가 되는 과업이나 문제점을 어떻게 극복하고 있는가?
- 그들로부터 무엇을 배울 수 있는가?

만일 여러 기업들이 벤치마크 된다면 설문지를 통해 각 기업으로부터 비교가능한 정보를 수집할 수 있게 된다.

③ **벤치마킹 대상의 선정** : 벤치마킹하려는 각 관심분야마다 하나 이상의 기업이 기준(benchmark)으로서의 표적이 되어야 한다. 기준(벤치마크)이 되는 기업은 선정된 분야에서 상대적 우위를 달성하고 있어, 자신의 현재 기준보다도 상당히 높은 기준을 설정하기 위해 이용될 수 있는 기업이어야 한다. 또한 의미있는 비교가 가능한 기업이어야 한다. 이러한 기업들은 신문, 잡지, 연간보고서, 기업 출판물, 산업 세미나 참석 등을 통해 찾을 수 있다.

벤치마킹 대상자는 경쟁자, 자기 회사의 다른 부서, 자회사, 조인트벤처파트너, 공급업자 등이 될 수 있다. 가장 잘 하고 있는 기업이 반드시 동일 산업내의 기업일 필요도 없다. 실제로는, 기업이 동종 업계뿐만 아니라 다른 산업에 속한 기업의 경영실제를 벤치마킹함으로써 그의 경쟁자들보다 앞서 나아갈 수 있게 된다.

동종업계에서의 벤치마킹은 경쟁관계 때문에 매우 어려운 일이고, 오히려 다른 업계에서의 벤치마킹이 용이할 수 있다. 특히 다른 산업에서 활용되고 있는 기술향상을 채택하는 것도 경쟁우위의 달성에 도움이 될 수 있다. 예를 들면 식료·잡화업계에서 시작된 바코드(bar cord)가 다른 산업에서도 널리 채택되어 왔다.

벤치마크가 되는 기업이 정보공유에 참여하는 이유는 그들도 그러한 연구의 결과로부터 배울 것이 있기 때문이다. 예를 들면, 텍사스 인스트르먼츠(TI ; Texas Instruments)는 회사내 뉴스레터 수상작(award-winning newsletters)에 관한 정보를 왈라스 회사(Wallace Co.)의 우수고객 만족지수(excellent customer satisfaction index)에 관한 정보로 서로 교환하고 있다. 캐논(Canon)과 영국의 러커스 산업(Lucas Industries)과 같은 기업들은 서로 간에 벤치마크가 되어 상호 방문을 독려하고 있다.

④ **벤치마크 기업의 방문** : 일단 벤치마킹 대상업체가 선정되면, 대상업체를 방문하여 그의 운영 실제를 연구한다. 이때 설문지를 완성하고 주요 인사와 면담도 하게 된다. 경쟁적 벤치마킹을 비교, 결과를 넘어서서 상이한 경영접근법을 발견하는 데까지 이르는 경우에 보다 성공적인 것이 될 수 있다. 따라서 경영실체(management practices), 과정(processes) 및 방법 등의 질적 요인들도 논의가 되어야 한다. 양적 및 질적인 자료를 수집함으로써, 벤치마크 된 기업이 어떻게 성공하고 있는가를 심도 있게 이해할 수 있다.

⑤ **벤치마킹 자료의 활용** : 방문을 하고 나면 결과를 정리·분석하여야 한다. 기업과 벤치마크 된 기업간에 주요한 차이가 바로 성과개선을 위한 목표의 기초가 된다. 벤치마크 되었던 기업이 이용한 아이디어 및 실제들은 자기 기업에 응용하고 성과목표 달성을 위한 활동계획을 수립하는데 이용할 수 있다.

벤치마킹은 최고의 기업이 오늘 어떻게 수행하고 있는가에 대한 통찰력을 제공해 주는 것이지, 내일 어떻게 수행하여야만 하는가를 제시해 주지는 않는다.

따라서 벤치마킹은 기업, 그의 경쟁자 및 시장에 대한 지속적인 평가의 일부로서 시행되어야만 할 지속적인 개선이 되어야 한다.

경쟁적 벤치마킹의 기대효과로는 다음과 같은 사항을 들 수 있다.

- 최고를 목표로 지속적인 개선 노력을 긍정적으로 받아들이는 분위기를 조성한다.
- 외부환경의 변화에 민감하게 대처할 수 있다.
- 현재 상황에 만족하는 무사안일주의를 타파하고 지속적 개선의 절대적 필요성을 인식하게 할 수 있다.
- 시정해야 할 우선순위를 확립하는데 사용될 수 있다.

04 다운사이징

2차 대전 이후 두 차례의 석유파동과 1980년 초반의 스태그플레이션, 그리고 일본을 비롯한 가격경쟁력을 갖춘 후발개도국들이 미국시장을 잠식함에 따라서 미국을 비롯한 서구열강 기업들의 경쟁력은 급속도로 약화되었다. 이러한 위협에 직면한 미국 기업들은 세계적인 경제 환경의 변화 속에서 생존하기 위해서 비대한 관리층과 비효율적인 조직을 바꿔야만 했다. 이에 따라 분권화, 슬림화, 프로세스의 통합화를 표방하는 다운사이징이 등장했다.

일반적으로 다운사이징이라면 정보 시스템 구축 차원에서의 다운사이징을 지칭하나, 광의의 다운사이징 개념은 조직규모 및 조직구성원에 대한 조직 다운사이징도 포함한다. 즉 다운사이징은 효율적인 네트워크 운영을 위한 정보주권의 분권화인 정보시스템 다운사이징과, 리스트럭처링의 일부분으로 조직의 슬림화, 재정비차원에서 이루어지는 조직다운사이징으로 나눌 수 있다. 정보시스템 다운사이징은 경영의 내용 중 집행부문에 관련되는 정보흐름을 기업 전체 자원에서 분산시키는 기법으로, 이를 실현하기 위해서는 PC의 성능 향상 등 하드웨어의 발달, 분산처리기술·접속기법·네트워크 기술의 발달 등 성숙된 정보통신 기술이 선행되어야 하는데 이러한 기술적 장애요소는 이제 대부분 제거 되어 다운사이징을 실천하는데 충분한 조건을 마련해 주고 있다.

(1) 다운사이징의 정의

다운사이징(down sizing)은 과거 대형시스템(mainframe)을 호스트(host)로 한 정보시스템 구조가 갖는 비경제성, 비능률성, 사용자 불편성 등의 문제점들을 정보기술이 발전함에 따라 대체할 수 있게 된 새로운 시스템 구조이다.

다운사이징을 정보기술을 진화에 의한 결과로 이해하는 배경은 기존의 전통적 대형 정보시스템 구조가 안고 있던 많은 문제점들을 개선하기 위한 끊임없는 시도가 진행되어 왔다.

그러나 다운사이징은 기술적인 차원 이외에도 경쟁 및 변화에 보다 민감히 반응해야 하는 새로운 시스템 아키텍처의 전략적 필요성이 대두되면서 확고하게 그 위치를 굳히게 되었다고 볼 수 있다.

과거 전통적인 시스템 구축 방법은 하드웨어 공급업자에 전적으로 의존하여 시스템 운영 및 관리상의 편의를 향유하고 전산기술자의 기득권을 보장받았다.

이에 반해 다운사이징 시스템은 정보시스템 서비스의 가장 중요한 개체를 최종사용자로 하고 이를 통하여 조직이 의도하는 목표를 달성할 수 있도록 시스템이 설계되어야 한다.

〈표 2-2〉 중앙집중식 시스템과 다운사이징 시스템간 발상의 차이

구 분	다운사이징 시스템	중앙집중식 시스템
핵심인자와 접근경로	• 정보시스템의 아키텍처 • 아키텍처의 도출이 선행된 후 소프트웨어에서 하드웨어 순으로 접근	• 하드웨어 • 하드웨어 도입 후 소프트웨어 선택
특 징	• 정보기술 전략에서 출발 • 목적 지향적 • 조직의 비전, 정책, 전략 적 포인트를 중시	• 전산시스템 기능에서 출발 • 수단지향적 • 시스템의기술성, 관리 및 통제 용이성
성공의 관건	• 최적의 아키 텍처 도출과 최적의 설계기술 능력의 결합이 포인트	• 우수하고 성능 좋은 하드웨어의 품질이 시스템 우수성 결정

〈표 2-2〉에서 보는 바와 같이 메인프레임 시스템과는 달리 다운사이징 정보시스템의 아키텍처 도출은 과거와 같이 하드웨어 아키텍처와는 무관하게 결정되며, 이를 얻기 위해서는 기업목적과 최종 사용자의 요구사항이 철저히 분석, 반영된 조직 고유의 정보시스템 아키텍처를 필요로 한다. 그리고 이를 도출하는 과정에는 경영

목표, 전략, 업무, 조직 및 정보시스템을 종합적으로 분석할 수 있는 전문가의 지원이 필수적인 요소로 작용한다.

(2) 다운사이징의 구조

공급자와 수요자간의 접촉채널이 공업화 사회에서는 판매원 등에 의해 이루어지는 '인맥채널'로 단순했으나, 정보화가 진전되면서 다양화되었다. 즉, 채널 파트너, 광고선전, 판매원, 전화 및 팩스, 정보시스템 등으로 고객과 생산자간의 접촉채널이 다양화되었다.

여기서 수요자와 공급자라 함은 제품이나 서비스를 필요로 하는 고객과 필요로 하는 것을 생산하는 기업 뿐 아니라 회사 내에서 일을 하는 데 필요한 지식, 정보, 기술, 물자, 돈 또는 노동력 등을 요구하는 측과 이를 조달하는 측도 포함하고 있다.

경영활동 범위가 확대되면서 기업의 조직구조는 복잡해지고, 이에 비례해서 관리와 행정업무를 수행하고 있는 인력집단이 수요자와 공급자 사이에 문제점이 대두되고 있다. 창조력, 지식력, 정보발산력, 기술력, 서비스력과 같은 인간만이 할 수 있는 일 이외의 것들, 예를 들면 일상적인 행정업무와 서류처리 작업들을 정보시스템이 흡수함으로써 수요자와 공급자간의 거리가 단축되었다.

05 리스트럭처링

리스트럭처링(Restructuring)이란 급변하는 국제적 경영환경 속에서 기업이 생존, 성장해 나가기 위해서 기업의 미래상인 '비전'을 사업구조 자원에서 구체화시키는 경영혁신 기법이다. 즉, 비전이 추상적인 기업의 미래지향점이라면 리스트럭처링은 어떠한 사업구조를 통해서 비전을 달성할 것인가에 대한 해답을 제시함으로써 구체적인 미래상을 그려내는 것이다. 리스트럭처링의 개념은 '사업다각화(Business Deversification)' 및 '재무 리스트럭처링(Financial Restructuring)'과 혼동되어 사용하고 있는데, 이를 비교해 보면, 사업 다각화는 기업을 둘러싼 외부환경에 대한 분석에 입각하여 새롭게 나타나는 사업기회에 자원을 배분함으로써 기존사업 영역의 확장을 도모하는 일상적인 기회활동의 산물이고, 재무 리스트럭처링은 1980년대 유행하던 M&A 중에 우수한 재무구조를 가지고 있는 기업이 기업 사냥꾼들에 의해 인수대상으로 선택되는 것을 막기 위해 불필요한 고정자산 및 유가증권 매입, 자사주

확보, 부채규모의 증가 등과 같은 방법을 통해 재무구조 내용이 바깥 세상에 노출되는 것을 막을 수 있도록 하는 장치이다. 이에 반해 리스트럭처링은 기업 비전을 구체화하기 위해 계획되고 의도되어진, 과감하고 급진적인 성격의 사업구조 조정전략으로서 사업다각화 개념이나 재무 리스트럭처링과는 근본적으로 다르다. 따라서 리스트럭처링은 제시된 비전을 사업구조 차원에서 구체화하고 비전 달성을 위한 수단적 지침을 제공하는 동시에 전사적 차원에서 미래지향적 자원배분기준을 제공하는 데 초점을 둔다.

연습문제

1. 경영혁신을 위한 조건에 대해 서술하시오.
2. 경영혁신기법의 특징에 대해 서술하시오.
3. 다음 용어들을 약술하시오.
   ① 리엔지니어링 ② 벤치마킹 ③ 다운사이징
   ④ 리스트럭처링

제3장

현대기업의 가치경영

제1절 기업변화와 기업가치

01 기업가치와 변화

가치투자(Value Investment), 가치경영(Value Management)등 요즘 매스컴에서 이런 말들이 유행처럼 빈번하게 등장하곤 한다. 그렇다면 도대체 가치란 무엇인가. 기업의 가치는 어디에서 비롯되는 것인가.

기업은 그 기업을 둘러싸고 있는 여러 요소들과의 관계에서 가치를 창출해 낸다. 이익의 바탕이 되는 고객과의 관계에서, 기업 존재의 필요조건인 주주와의 관계에서, 조직을 구성하고 이끌어 나가는 종업원과의 관계에서 가치를 창출해 낸다. 이 세 가지 중 하나라도 소홀히 한다면 다른 두 가지도 의미를 잃게 된다. 이 세 가지가 균형을 이루며 훌륭한 성과를 날성할 때 기업의 가치는 창출되는 것이다. 다만 어느 것이 더 진면에 부각되는가는 시대에 따라, 국가에 따라 조금씩 차이를 보여 왔다.

기업은 더 많은 부를 추구하기 위하여 이윤(Profit), 생산성(Productivity), 성과(Performance)를 더 중요시 하게 되었고 과거로부터의 변화만이 경쟁력을 얻을 수 있고, 변화만이 생존의 길이라는 것이다.

02 기업가치

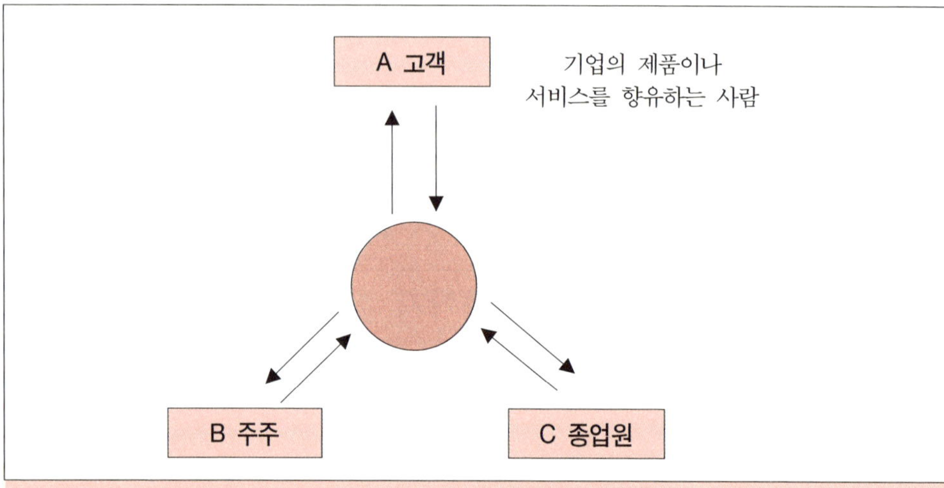

[그림 3-1] 기업가치의 요소

일반적으로 우리가 알고 있는 기업의 존재가치는 제품이나 서비스를 통해 고객에게 더 높은 부가가치를 제공하는 것이다. 나아가 기업환경을 구성하고 있는 종업원, 지역사회, 거래처 등 소위 이해관계자들에 대해서도 계속해서 고부가가치를 제공하는 것은 본질적으로 기업의 가치를 확장해 가기 위한 필수조건으로 볼 수 있다.

[그림 3-1]은 기업이 보편적 가치와 대내외 관계를 정리한 것이다. 기업의 가치는 기업구성의 핵이라고 할 수 있는 고객, 종업원, 주주와의 관계 속에서 형성되는 가치들의 합이라고 정의할 수 있다. 실질적으로 기업은 이들 세 주체와의 관계를 얼마나 적절히 조합하고 확장·발전시켜 나가느냐에 따라 가치가 신장되기도 하고 하락하기도 한다.

03 가치창조와 경영혁신

매출액, 순이익 등의 가시적 지표 뿐 아니라 경영능력, 노사관계 등 계량화하기 어려운 부분까지 반영해줄 수 있는 기업의 가치지표로 많은 경영학자들이 주가를 선택하곤 한다. 별도의 난해한 계산 없이 손쉽게 얻을 수 있을 뿐만 아니라 수많은 시장 참가자들에 의해 끊임없이 수정되며 시장상황을 민감하게 반영해주곤 하기 때문이다.

2002년 4월 미국의 「포춘」지는 2001년 3월 15일자의 주가를 토대로 기업들의 주식 시가총액을 발표한 바 있다. 그러나 〈표 3-1〉에서 보듯이 시가총액 순위가 기업들의 매출순위나 자산순위와 일치되고 있지 않다.

〈표 3-1〉 지표기준별 기업 순위

(단위 : 백만 달러)

순위	기업명	주가시가	매출액	순위	순이익	순위	총자산	순위
1	마이크로소프트	418,579	14,484	284	4,490	15	22,357	266
2	제너럴 일렉트릭	360,251	100,469	9	9,296	2	355,935	32
3	월마트	212,850	139,208	4	4,430	17	21,112	36
4	머어크	198,868	26,898	115	5,248	11	31,853	218
5	인텔	196,616	26,273	121	6,068	7	31,471	221
6	화이자	182,211	14,704	280	3,351	29	18,302	304
7	AT&T	180,156	53,588	32	6,398	4	59,550	138
8	엡슨	178,913	100,697	8	6,370	5	92,630	109
9	코카콜라	169,350	18,813	201	3,533	25	19,145	295
10	시스코시스템즈	166,616	15,327	263	297	313	3,780	486

자료 : 「Fortune」, 2002

마이크로(MS)의 경우 주식시가총액 부문에서는 1위이나 매출액이나 자산규모는 200위권 밖이다. 최근 비아그라 발매로 유명해진 화이자도 자산규모로는 304위에 불과하나 시가총액은 10위를 기록하고 있다.

〈표 3-1〉에서 볼 수 있듯이 시가총액 상위 기업들은 많게는 40배 이상 시가총액이 자산규모를 상회하고 있다. 주식시가총액이 시장가치를 반영해주는 적절한 변수라는 앞의 가정이 유효하다고 볼 때 이 둘 사이의 차이는 기업의 질적 유효성을 나타내주는 옵션가치가 된다. 따라서 기업의 가치는 자산가치라는 계량적 부분뿐 아니라 비계량적이고 비가시적인 옵션가치에 의해서도 크게 좌우된다.

결국 기업의 가치경영은 미래시향적 경영혁신으로 옵션가치의 창출이 이루어지고, 이것이 다시 자산가치 상승의 성과를 이끌 때 실현된다. 토마스 왓슨 2세는 "조직체가 가져야 할 기본적인 사고방식이 기술력, 자금력, 신제품 도입, 타이밍보다도 훨씬 더 기업의 업적과 연결된다" 고 하였다.

자산가치가 현재의 가치라면 옵션가치는 미래에 대한 가치이다. 높은 시장가치를 지니고 있는 기업들의 예를 보면 자산가치보다는 옵션가치부분에서 높은 평가를 받고 있는 경우가 일반적이다. 미래에 대한 가장 확실한 담보는 옵션가치에 담겨져 있기 때문이다. 제너럴 일렉트릭(GE), 월마트 등 초우량 기업으로 평가받고 있는 현재 기업들의 예가 그러한 사실을 말해준다.

옵션가치는 그 기업의 잠재력이며, 직접 관리해야 할 그 기업의 몫이라고 할 수 있다. 우량기업들은 가치경영을 통해 가치를 극대화함으로써 자산규모라는 물리적 제약을 뛰어넘는 모범적인 성장을 보이고 있는 것이다.

04 창조적 파괴의 가치경영

요즘 들어 화두가 되고 있는 기업의 가치경영은, 이들 세 가지 가치를 전제로 시대 변화에 적응하며 기업가치를 높이는 것을 말한다. 그러나 실제 기업경영에서는 이들 세 주체의 상호 배반적 성격 때문에 서로 충돌할 때가 적지 않다. 단적인 예로, IMF 관리체제 이후 기업들은 구조조정이나 리스트럭처링 등 대대적인 경영혁신을 통해 종업원의 가치를 희생해서라도 기업의 이익을 확보하고자 하였다.

그러나 기업의 가치경영은 어떤 한 가치를 감소시킴으로써 다른 한 가치가 증가하는 제로섬(zero sum)의 성격이 아니다. 가령 고객에 대한 탁월한 서비스를 통해 많은 매출을 올린 회사가 주주나 종업원에게 더 많은 가치를 줄 수 있다. 또한 더 많은 고객을 창출하기 위해서는 조직 구성원이 자신의 능력을 최고로 발휘하는 것이 중요하다. 따라서 가치경영이란 고객의 가치나 종업원의 가치를 고려하지 않은 채, 주주의 가치만을 강조하는 경영이 아니다. 가장 효율적이고 합리적으로 기업가치를 최대화할 수 있는 기업조직을 만들기 위한 것이다. 리엔지니어링이나 구조조정, 조직구조 재구축 등의 경영혁신운동이 그것이다.

그렇지만 이러한 경영혁신이 성공을 거두기 위해서는 반드시 긍정적 의미의 창조적 파괴로 이어져야 한다. 1990년대 위기를 맞은 IBM은 구조조정으로 새로운 변신을 시도하고자 하였다. 그들의 구조조정은 '무조건 자르고 보자'는 인력감축만으로 끝나지 않았다. 남아 있는 직원들이 해고된 직원들의 몫까지 일해야 하는 불합리성을 조정하기 위해 업무처리절차를 혁신하고 사업 및 전략도 전면 재구성하였다.

또한 살아남은 구성원들의 마음을 다스리고 하나로 만들기 위해 새로운 가치와 비전을 정립하고, 공개·참여경영을 강화하는 등 기업문화까지 혁신하였다. 기존 조직구조의 과감한 파괴를 통해 새로운 조직으로 창조된 것이다.

이러한 창조적 파괴는 기업과 고객의 관계, 조직과 구성원의 관계 등에서도 이루어진다. 과거에는 기업들이 고객가치를 실현한다면 '친절' 하나로 모든 것이 해결된다고 생각했다. 그러나 지금은 친절함을 넘어서 그들의 가치나 이익을 부여하는 서비스를 제공해야만 한다. 조직과 구성원의 관계에서도 예전에는 장기적 계약관계에 의해 고용이 보장되고, 주어진 일만 하면 되었다. 그러나 지금은 창의적으로 탁월한 능력을 발휘하는 사람들이 더욱 신뢰와 존중을 받는다. 반대로 구성원들도 자신의 능력에 맞는 대우를 해주는 직장을 원하는 등 평생직장의 개념이 깨지고 있다. 이처럼 고객이나 종업원, 그리고 주주에 대한 경영방식이 창조적 파괴를 거듭하며 새롭게 형성돼 가고 있다.

05 창조적 파괴와 월마트효과(Wal-Mart Effect)

미국의 할인점 월마트가 창업 40년 만에 매출액 기준 세계 최대 기업에 올랐다. 월마트는 2001 회계 연도에 전년보다 14% 정도 늘어난 2180억달러(약 2백87조원)의 매출을 올려, 정유업체 엑슨모빌(매출 2129억달러)을 제쳤다. 1990년대 후반 월마트는 전자문서교환(EDI : Electronic Data Interchange)의 도입, 그리고 물류 및 구매에서 규모의 경제효과를 거두면서 경쟁사 대비 40%나 향상된 생산성을 기반으로 저가 정책(EverydayLow Prices)를 실현하였다. 그 결과 월마트는 1987년 단지 9%에 불과했던 시장 점유율을 1995년에는 27%로 세 배나 끌어올리며 도소매업의 생산성 향상을 주도하였다. 시어즈(Sears), 타겟(Target)과 같은 대형 경쟁 업체들뿐만 아니라 FamilyDollar, Meijer, TuesdayMorning 등과 같은 중 · 소형 업체들도 월마트의 혁신 기법을 그대로 받아들였다. 그 결과 이들 역시 1995~1999년 중 생산성이 28%나 증가하게 되었다. 이것이 이른바 월마트 효과(Wal-Mart Effect)이다.

이처럼 월마트가 세계 최대 기업으로 부상하면서 지금 미국 재계에서는 '월마트를 배우자'라는 움직임이 확산되고 있다. 또한 1990년대 후반 미국의 경제 성장을 주도했던 신경제(New Economy)의 주역은 월마트라는, 이른바 월마트 효과(Wal-Mart Effect)에 대한 논의가 뜨겁다. 실제 세계적인 컨설팅 회사인 맥킨지는 신경제의 호황은 정보통신(IT) 산업이 아니라 전통 산업의 높은 생산성에서 비롯되었으며 그 중심에 월마트가 있다는 연구 결과를 발표했다.

(1) 도·소매업의 현저한 생산성 증가

지난 1995~99년까지의 미국의 생산성 증가는 주가 상승에 따른 부(富)의 효과나 정보통신 기술에 기인한 것이 아니라 6개 주요 산업의 경영과 기술 혁신에 의한 것이라고 한다. 보고서에 따르면 지난 1995~99년 생산성 증가분 1.33%포인트 중 99%에 해당하는 1.32%포인트가 6개 산업의 생산성 향상에 의한 것이며, 이들 6개 산업 외의 53개 분야에서의 생산성 증가는 0.01%포인트에 불과했다. 6개 산업은 도매업 0.37%포인트, 소매업 0.34%포인트, 증권 0.25%포인트, 반도체 0.17%포인트, 컴퓨터 장비 0.12%포인트, 통신 0.07%포인트 순으로, 특히 도·소매업 분야의 생산성 향상이 전체의 절반 이상을 차지한 것으로 나타났다.

(2) 신경제의 주역, 월마트

이와 같은 도·소매업 생산성 증가의 주역은 바로 월마트이다. 1987년 월마트의 시장 점유율은 단지 9%에 불과했으나 다양한 경영 혁신 기법을 적용한 결과, 1995년에는 27%로 세 배나 증가했다. 실제 월마트는 대규모 배열 체제(Large-scale format) 실시, 저가 정책(Everyday low prices)과 전자문서교환(EDI : Electronic data interchange)의 도입 그리고 물류 및 구매의 규모 경제 실현을 통하여 경쟁사 대비 40%나 생산성이 향상되었으며, 이를 통해 절감한 비용을 고객들에게 고스란히 돌려주었다.

이러한 월마트의 경영 혁신은 다른 경쟁 업체들에 파급되어, 1990년대 중반에 이르러 이들 업체들은 모두 월마트의 혁신 기법을 자사에 적용하기 시작했다. 실제 시어즈(Sears), 타겟(Target)과 같은 대형 경쟁 업체들 뿐만 아니라 Family Dollar, Meijer, Tuesday Morning 등과 같은 중·소형 업체들도 월마트의 혁신 기법을 그대로 받아들였다. 그 결과 이들 역시 1995 ~99년 사이 생산성이 28%나 증가하게 되었다. 이것이 이른바 월마트 효과(Wal-Mart Effect)이다.

즉, 월마트의 생산성 향상을 위한 경영 혁신이 다른 경쟁 업체들에게 전파되면서 도·소매업 전체의 생산성 증가가 이루어졌으며, 이것이 미국 경제의 생산성 증가에 가장 큰 기여를 한 것이다.

- 월마트(Wall mart)는 미국 최대의 할인점으로 2007년 기준 세계 최대의 매출을 기록한 회사이고 전 세계에 있는 6000여개의 유통망과 이를 지원하는 선진 물류시스템을 가지고 막강한 구매력을 행사하는 유통시장의 거인이다.

월마트가 입점하는 지역에서는 생필품가격이 평균 10% 하락하였다고 한다. 이런 긍정적인 효과를 월마트 효과라고 불렀다. 그러나, 월마트 입점 후 원래 그 지역에서 영업을 하던 지역 유통업체들이 하나 둘씩 문을 닫게 되자 이런 현상도 월마트 효과라고 부르게 되었다.

연습문제

1. 기업가치란 무엇인가?
2. 가치창조와 경영혁신에 대해 논하시오.
3. 창조적 파괴의 가치경영이란 무엇인가?

제 3 부

경영관리론

제1장

경영관리 일반

제1절 경영관리란?

01 경영관리의 의의

일반적으로 기업을 구성하는 생산요소는 인적 요소와 물적 요소의 두 가지로 나눌 수 있다. 이 중에서 인적 요소가 수반하는 집행활동은 경영관리(관리활동)로 경영자가 담당하고 있다. 경영관리(관리활동)란 기업의 목적 달성을 합리적으로 수행하기 위한 인간활동이다. 구체적으로 경영관리란 '기업의 목표를 달성하기 위해 계획을 수립하고 조직을 구성하며 필요한 인적자원관리을 충원하고 활동을 수행하게끔 지휘하고 나아가서 활동이 계획된 대로 이행되도록 통제하는 인간의 활동'이라 정의할 수 있다.

경영관리의 개념은 함축적이고 포괄적이어서 한 마디로 정의하기는 어렵다. 일반적으로 경영관리란 '재화의 생산과 배급을 목적으로 하는 기업조직의 활동을 능률적이고 유효하게 수행하기 위하여 계획(Planning)하고 조직(Organization)하고 통제(Control)하는 일련의 과정'을 의미한다. 따라서 경영관리는 일반적으로 계획·실시·통제(plan-do- see)란 순환적 관리과정으로 기업조직의 모든 계층, 모든 부문에서 이루어지는 관리과정이다.

02 경영관리의 본질적 특성

경영관리학은 경영관리를 조직된 집단가운데의 구성원들로 하여금 일을 수행시키고자 하는 과정·기능으로서 파악하고 있다.[1] 따라서 관리과정론으로서 경영관리학은 이러한 과정을 분석하고, 이를 위한 개념적인 틀(conceptual framework)을 연구하고 그 기초가 되고 있는 제원칙을 식별하여 관리의 이론을 구축함을 목적으로 하고 있다.

경영관리가 무엇인가에 대한 개념과 본질적 특성에 대해서는 전통적으로 관리과정학파들에 의해 주도되어 왔으며, 그 초점은 관리과정에 놓여지게 되었다. 관리과정학파의 주창자로 일컬어지는 쿤쯔의 관리과정의 개념을 중심으로 그 특성을 살펴보면 다음과 같다. 그는 경영관리의 본질적 특성을 관리과정적 기능으로 보고, 모든 조직에 보편적으로 적용될 수 있으며, 그리고 조직 내 어느 경영계층에서도 적용될 수 있는 것으로 다음과 같이 요약하고 있다.

첫째, 경영자가 수행하는 기본적인 관리기능이다.

경영관리의 본질은 경영자가 수행하는 기본적인 관리활동에서 찾아볼 수 있다. 따라서 많은 경영학자들이나 실무자들은 경영관리기능을 분석하여 유용한 조직이해의 지식체계를 형성하게 되었다. 이러한 관리기능의 요소는 학자마다 다양하게 구분하고 있다. 그러나 관리기능의 과정적 요소를 구분하는 것과는 관계없이 관리기능을 특성에 따라 과정적 요소로 구분하여 개념화하고, 원칙을 발견하여 이론적으로 체계화한 점, 그리고 수행방법으로서 여러 가지 기법을 사용하는 것은 관리기능 연구의 공통된 특징이라고 할 수 있다.

따라서 지금까지의 관리기능론의 지식체계는 관리기능을 어떻게 구분하여 개념화하고 그 원리를 이론화하여 조직이 직면한 문제해결에 활용되어 왔다. 이와 같이 경영관리의 개념들을 과정적 기능으로 볼 때 경영문제 해결에 이론적으로 또는 실무적으로 강점을 갖고 있음은 위에서 지적되었다. 즉 경영관리의 과정적 개념은 조직환경이 안정적이고 예측 가능한 경우에 보다 유용한 것이다.

그러나 조직환경이 급변하며 불확실성이 큰 동태적 환경일 경우에는 위의 관리과정적 기능의 원활한 수행은 한계가 있다. 즉 전통적 관리기능론의 계획수립기능으로 급격하게 변화하는 환경에 전향적으로 대응하기 위한 대안으로 경영자의 전략적 사고와 전략수행 능력이 요구되는 것이다.

---

1) Kootz & O'Donnel. Principles of Management — An Analysis of Managerial Functions — , Fouth Edition, Internatipnal Student Rdition, 1968.

둘째, 경영관리는 모든 조직에 보편적으로 적용된다.

모든 경영관리자들은 조직 내 구성원으로 하여금 조직목표의 달성을 위해 최대한의 공헌을 하도록 해야 할 책임을 갖고 있다. 따라서 경영관리는 규모, 목적, 형태에 구애받지 아니하고 모든 조직에 보편적으로 적용될 수 있는 기능이다. 즉 경영관리는 대기업이나 중소기업, 영리기업이나 비영리 기업, 서비스업종의 조직이나 제조기업, 그리고 개인기업이나 회사형태의 기업, 학교, 병원, 교회 등의 모든 조직에 공통적으로 필요한 기능이다. 따라서 어떤 조직이든 조직목표를 효과적으로 달성하기 위해서 경영관리기능은 필수적인 것이다.

셋째, 경영관리는 조직 내 모든 계층별로 관리활동을 수행하는 데 노력하는 시간과 내용이 다를 뿐이다.

앞에서 논의된 바와 같이 경영자의 관리기능은 조직계층별로 상대적 중요성이 다르다는 것을 알 수 있다. 즉, 최고경영층의 관리수준은 하위계층의 관리자들에 비하여 상대적으로 계획수립이나 조직화 기능에 많은 노력을 하고 있는 반면에 하위계층의 관리자들은 지휘·감독기능에 많은 노력을 하게 된다. 따라서 경영계층별로 요구되는 관리기술(managerial skill)도 다르게 된다.

이와 같이 경영관리기능은 조직계층의 수준에 관계없이 적용되는 보편성을 갖고 있다. 그런데 여기서 경영관리기능의 의미는 수직적 계층의 분화에 따라 이루어지는 경영활동을 의미하므로 본질적으로는 전반관리(general management)를 지칭하는 것이다.

경영관리기능은 분화 양상에 따라 수직적 관리기능과 수평적 관리기능으로 구분할 수 있다. 수직적 관리기능이란 조직계층의 분화에 의하여 경영자층을 구분하는 것이며, 수평적 관리기능이란 부문기능으로서 생산, 판매, 인사, 재무 등의 부분으로 분화되는 것을 말한다.

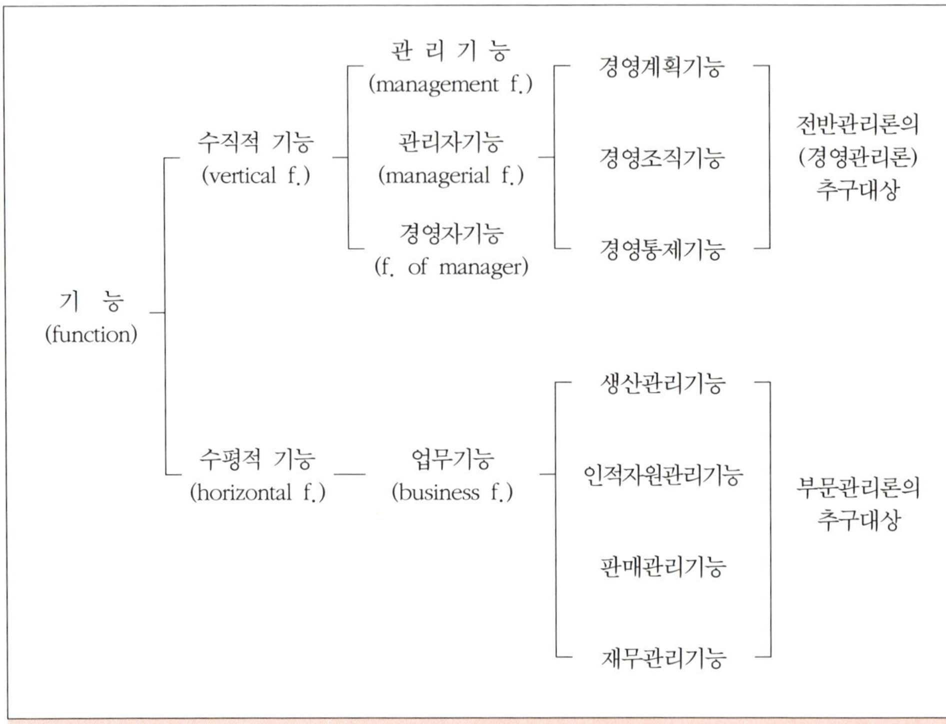

[그림 1-1] 경영관리기능

수직적 관리기능은 일명 관리자기능(managerial function) 또는 경영자기능(function of manager)과 동일한 개념이며, 부문기능과는 전혀 다르다. 즉 수직적 관리기능을 수행하는 것이다. 그러나 부문관리기능(department business function)이란 부문별 수평적 분화에 따라, 이를테면 생산관리, 마케팅관리, 재무관리, 인적자원관리 등과 같이 구분되는 것이다. 이를 도시(圖示)하면 [그림 1-1]과 같다.

위와 같이 경영관리기능을 구분할 때 이를 연구대상으로 하는 경영학의 학문체계는 경영자의 전반관리기능의 본질 규명을 대상으로 하는 경영학원론과 부문관리론으로서의 경영학 각론으로 구분되는 것이다.

03 경영관리의 요소

경영관리란 경영의 목적을 효율적으로 달성하기 위하여 조직체의 활동을 계획하고 조직·지휘·통제·조정하는 사회적 과정을 의미한다. 경영관리의 목적은 조직체로

하여금 효율적으로 경영목적을 달성하도록 함으로써 조직체를 지속적으로 유지해 가는 데 있다. 그러므로 관리는 모든 조직체에 없어서는 안 될 직능인 것이다.

경영관리직능의 요소는 학자에 따라 여러 가지로 분류하고 있어 일정하지 않으나 경영관리직능으로서 불가결한 것으로 다음과 같은 다섯 가지를 들 수 있다.

① 계획직능(planning function)

② 조직직능(organizing function)

③ 지휘직능(directing function)

④ 통제직능(control function)

⑤ 조정직능(coordinating function)

1) 계획직능

기업의 모든 경영활동은 계획에 따라 수행된다. 계획(planning)이란 조직체의 여러 활동을 미래지향적인 목표를 통일하고 조정하기 위해서 경영목적의 구체적 설정, 정책의 결정(policy-making), 경영계획의 설정, 표준절차의 선택 등을 수행하는 것을 의미한다.

경영계획에서 신제품개발계획과 같이 경영정책 또는 경영전략에 입각한 전사적 계획이 있다. 이러한 계획에서는 기업내외의 여러 상황이나 미래에 대한 정확한 예측이 매우 중요하다. 또한 여기에는 생산정책 및 판매정책 등의 부문정책에 입각한 각 부문계획이 있다. 이러한 부문계획은 그것이 부문계획이라 할지라도 전사적인 예산이나 종합적인 이익계획에 의거하여 수립된다는 점에 주의해야 한다. 또한 계획직능에 있어서는 각 계획의 실행에 대한 책임을 각 부문관리자에게 할당하는 일, 또는 관리자가 계획을 실행할 때 필요로 하는 표준을 설정하는 일도 중요한 임무가 된다.

여기서 한 가지 주의할 점은 경영정책(business policy) 또는 경영전략(business strategy)도 경영계획개념에 포함된다는 점이다. 학자에 따라서는 계획직능을 경영계획에 한정하고 경영정책의 문제나 경영전략의 문제는 경영관리와는 구별해서 생각하는 경우도 있다. 즉 경영정책은 경영의 최고경영자의 관리계층에 있어서의 직능이고, 경영관리는 중간관리 이하의 부문관리계층의 직능이라고 보는 입장도 있다.

2) 조직직능

조직직능은 조직체의 구조를 유효하게 형성·유지하기 조직화의 기능이다. 이러한 의미에서 조직은 관리목적을 유효하게 달성하기 위한 수단이며, 관리용구(a tool of management)라고도 할 수 있다. 조직직능은 경영에 종사하는 각 구성원에게 특정의 업무를 할당하고 또한 직무를 수행하는 데 필요한 권한과 책임을 할당하여 각 직위의 상호관계를 명확히 규정하는 것을 의미한다. 또한 그렇게 함으로써 경영목적달성에 협력하는 각 구성원의 공식적인 협동관계가 형성된다. 다시 말하면 조직기능은 구성원의 공식적인 협동관계를 유효하게 형성·유지하고자 하는 데 그 목적이 있다.

한편 조직은 관리조직과 작업조직의 두 가지 요소로 구분된다.

관리조직(managerial organization)은 관리자의 직무와 그의 상호관계를 규정하는 것이다. 다시 말해 각 관리자의 공식적인 협동관계의 구조를 형성하는 것이다. 작업조직(work organization)은 직접 작업에 종사하는 노무자의 직무를 규정하는 것이며, 노무자의 직무는 노무자와 작업대상(기계·설비·원재료)과의 관계를 포함하고 있다. 관리조직이 사람과 사람과의 관계인데 비하여, 작업조직은 사람과 물체와의 관계라는 점에 그 특징이 있다. 그런데 경영관리에서 중요성을 디욱 인식하게 된 것은 관리조직이다. 합리적인 관리조직의 형성은 계획·지휘·통제·조정과 같은 다른 관리직능의 원활한 수행에 불가결한 전제가 되기 때문이다. 관리직능은 경영이 조직체이기 때문에 생기는 것이다. 경영활동이 기업가 개인의 활동인 경우에는 엄밀한 의미의 관리직능은 생기지 않는다. 조직직능은 조직체의 구조를 합목적적으로 형성·유지하는 것을 목표로 하는 것이다. 조직체는 관리직능을 필요로 하는 기초를 이루는 것이다. 관리활동은 조직의 기반 위에서 이루어진다. 따라서 조직체의 활동은 바로 관리활동을 이루는 것이다.

3) 지휘직능

지휘직능은 경영목적을 달성하기 위해 타인의 행동을 유효하게 유발시키는 기능을 의미한다. 지휘의 개념은 단순한 것 같으나 실제로는 관리직능 중에서도 매우 중요한 요소이며, 여기에는 리더십(leadership), 부하의 지휘·감독(supervision), 커뮤니케이션(communication), 인간관계 등의 제문제가 포함되어 있다. 이 지휘직능은 경영현실에서 중요한 직능인 데도 불구하고 이에 대한 이론적 규명이 소홀하였다. 그러나 최근에는 리더십의 유형뿐만 아니라 부하의 지휘·감독과 교육·인간관계의 개선 등에 관한 연구가 활발하게 이루어지고 있다. 또한 전통적 인간관계에 대한 반성은 협력적인 인간관계형성을 위한 관리에 필요한 이론과 기법이 개발되고 있다.

4) 통제직능

통제직능은 경영활동이 수익성 또는 경제성의 원칙에 따라 당초의 설정된 계획대로 수행되도록 하는 관리활동을 의미한다. 따라서 통제를 하기 위해서는 사전에 계획이 수립되어 있어야 한다. 따라서 계획과 통제는 불가분의 관계에 있다. 통제활동은 다음과 같은 과정을 수행된다.

① 경제성의 측정
② 표준 또는 예산과 실적과의 비교분석
③ 예산과 실적과의 차이를 발생시킨 제약점요인의 파악 및 그 책임소재의 확인
④ 제약적 요인의 통제 또는 제거를 위한 수단의 강구
⑤ 제약적 요인에 대한 통계가 불가능한 경우 목적·계획의 변경

이상과 같은 통계직능을 유효하게 수행하기 위한 수단으로서 예산통제·원가관리·품질관리·직무평가 등의 여러 관리기법이 발달하고 있다. 여기에서도 주의할 점은 계획과 통제활동의 직접적인 대상은 어디까지나 조직체의 활동이라는 것이다. 계획과 통제를 위한 여러 가지 관리기법이 사용되고 있지만, 그것으로 관리기술과 경영관리활동이 혼동되어서는 안 되는 것이다.

5) 조정직능

조정직능은 경영관리활동의 한 요소이면서 동시에 그것은 경영관리의 종합적이고도 전사적인 기능이라는 의미에서 매우 중요하다. 경영관리직능은 조직체의 형성과 유지를 위한 것이다. 따라서 조직체의 활동을 조정하는 기능을 수행하는 조정직능은 경영관리의 직능 중에서 특별한 지위에 있는 것이다. H. Koontz는 관리의 본질은 사람과 사람과의 관계를 조정하는 것이라고 강조하고 조정을 계획·조직·지휘·통제 등의 제요소와는 별도의 의미를 부여하고 있다.

조정이란 소정의 목적을 효과적으로 달성하기 위하여 여러 활동을 시간과 장소

및 양과 방향에서 통일화하고 상호를 조화 있게 결합하는 과정을 뜻한다. 조정의 대상은 어디까지나 조직체의 여러 활동이지만, 그 활동이 시기와 장소, 그리고 양과 방향에 있어 서로 조화되어 통일화되는 것이 필요하다.

조정에는 수직적 조정(vertical coordination)과 수평적 조정(horizontal coordination)이 있다. 수직적 조정이란 경영의 각 단계에서의 활동을 종적으로 조정하는 것을 말한다. 경영규모가 커짐에 따라 관리의 단계가 늘어나므로 수직적 조정이 불가피하게 된다. 또한 수평적 조정이란 전문화되고 분업화된 경영활동을 횡적으로 조정하는 것이다.

또한 조정은 대내적 조정(internal coordination)과 대외적 조정(external coordination)으로 나누어진다. 대내적 조정은 기업내부의 사람과 업무활동의 조정을 말하며, 대외적 조정은 소비자·노동조합·주주·금융기관·정부·지역사회 등 기업을 둘러싼 이해관계자집단(interest group)의 이해관계의 조정을 의미한다. 기업은 이러한 제도적 환경 하에서 가능하고 있는 것이다. 산업기술과 시장경제구조가 급변하는 현재의 기업환경 하에서는 대내적·대외적 조정의 기능은 매우 중요한 것이다.

연습문제

1. 경영관리의 특성에 대해 설명하시오.
2. 경영관리의 기능에 대해 설명하시오.
3. 경영관리 기능에 대해 설명하시오.
4. 조정기능 중 수직적 조정과 수평적 조정을 설명하시오.

제2장

계획화

제1절 경영계획의 의의와 특성

01 경영계획의 의의

최근 컴퓨터와 정보화의 급속한 진전으로 기업환경이 급격하게 변화하고 있다. 이와 같이 급격하게 변하고 있는 기업환경에서 조직이 성장, 발전하기 위해서는 경영자가 미래를 잘 예측하고 사전에 이에 대한 준비를 철저히 하여야 할 것이다. 이러한 미래 상황에 대비하기 위해서 경영계획은 필요한 경영관리 활들의 핵심이자 첫 번째 과정이다.

경영계획의 개념을 협의의 개념으로 보느나, 광의의 개념으로 보느나에 따라 두 가지의 견해로 나누어 볼 수 있다. 주어진 업무를 합리적으로 수행하기 위해서는 목표 및 방침을 설정하고 이를 바탕으로 하여 구체적인 계획을 수립하여야 하는데 경영계획의 개념을 보는 관점에 따라서 기업경영의 전반적인 목표 및 성과가 달리질 것이다. 경영계획의 개념을 크게 2가지로 보면 다음과 같다.

첫째, 협의의 개념 : 기존에 정해져 있는 기업경영 방침에 따라서 경영계획이 수립되는 것으로 계획을 방침의 하위의 개념으로 보는 것이다.

둘째, 광의의 개념 : 기업경영을 해나가 면서 미래에 무엇을 할 것인지에 관한 계획을 설정하는 것으로 기업의 목표설정, 경영방침 그리고 경영계획을 실행하기 위한 세부적인 기업경영계획을 포함하여 보는 개념이다.

경영계획은 경영관리 기능의 시작점이며, 최종적인 과정의 경영통제와 연결되어 관리순환을 주도하는 기능을 하게 되며, 전체관리기능이 효율적으로 수행되기 위한 전제조건이 된다.

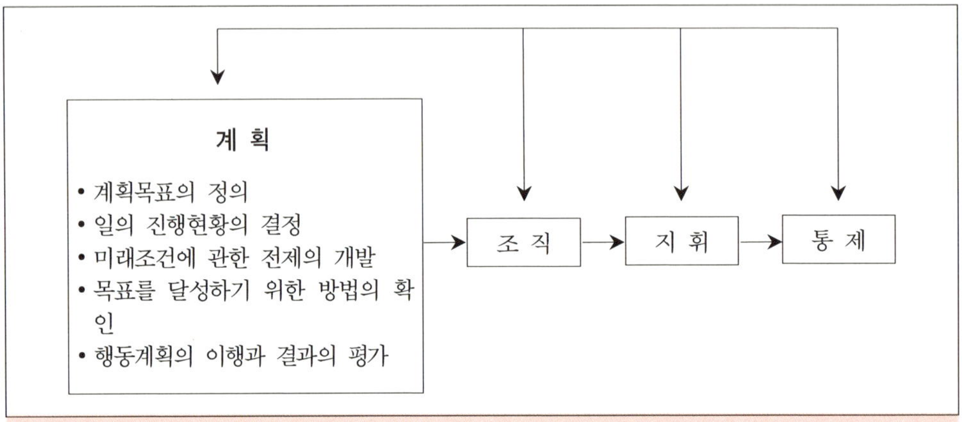

[그림 2-1] 계획과 다른 관리활동과의 관련성

쿤츠는 경영계획의 개념으로 다음과 같이 여러 항목을 포함하였다.2)

목표(goal or objective)는 기업활동을 지향하는 최종적인 목표를 말한다. 이는 단지 계획활동의 궁극적인 목표일 뿐 아니라 조직, 지휘, 통제의 궁극적인 목표가 된다.

전략(strategics)은 기업의 장기목적의 설정과 이의 수행에 필요한 활동과정의 선택과 자원배분에 관한 의사결정을 말한다. 원래 전략적인 군사적인 용어로 사용된 것으로 적의 행동유형을 예측하여 이에 대응하는 것으로서 오늘날 기업활동에서 경쟁의 의미를 강조하는 관점에서 널리 사용되고 있다.

방침(policies)은 의사결정에서 사고나 행동의 지침이 되는 일반적인 기술을 말한다.

따라서 방침은 의사결정 수행기준의 범위를 한정시켜 주고 목적수행과 관련하여 일관성을 유지하게 해준다.

절차(procedure)는 미래에 수행해야 할 활동을 다루기 위해 관례적인 방법을 설정하는 계획을 말한다. 이는 사고의 지침이라기보다는 활동의 지침이며 어떤 활동을 수행해나가는데 필요한 정확한 방법을 상술해 준다.

규칙(rules)은 다른 계획과 마찬가지로 여러 대안 중에서 선정된 반드시 수행되어

2) Koontz & Heniz Weihrich Management 9th ed., MacGraw-Hill, 1985.

야만 하는 활동을 나타내는 계획이다. 이와 같은 규칙도 활동의 지침이 된다는 점에서 차이가 있다.

관행계획(programs)은 주어진 활동을 수행하는데 필요한 목적, 방침, 절차, 규칙, 과업의 할당, 처리단계 및 사용될 자원, 기타 여러 요소가 복합되어 설정된 계획을 말한다.

예산(budgets)은 기대되는 결과를 수치로 표현한 것을 말하기 때문에 예산은 수량화한 계획이라 한다. 이러한 수치에는 화폐적 측정치인 금액은 물론 인원수, 시간 수, 제품단위, 기계시간과 같은 계량적인 측정정치는 모두 가능하다.

02 경영계획의 특성

경영계획이 지니고 있는 역할은 무엇인가? 이는 관리자가 경영계획을 수립할 필요성을 말하는 것으로서 경영계획이 다음과 같은 특성을 지니고 있기 때문에 경영계획이 필요하다.

(1) 불확실성과 변화에 대처

경영활동의 수행은 불확실성과 환경의 변화에 특정 지어지고 있다. 때문에 계획기간이 길어질수록 불확실성은 높아지며, 불확실성의 증대는 곧 경영활동을 위해 취해져야 할 대체수단의 증가를 뜻하게 된다. 따라서 그러한 계획의 타당성은 점점 낮아지게 마련이다. 그러나 미래의 불확실성이 매우 높은 경우에라도 계획은 언제나 필수적이어야 함은 물론이다.

(2) 경영목표에 주의를 집중

경영목적은 모든 경영활동의 궁극적인 목표이지만, 경영에서 분업체제의 발전은 이제까지의 경우 부분목적에만 주의를 집중시켜, 전체로서의 경영목적에 무관심하게 되는 경향을 자아내고 있다. 때문에 근대적인 의미에서의 계획은 부문간의 활동의 흐름을 종합화하면서 경영목적에 적합하지 않는 계획은 부문목적의 달성에 적합한 부문계획으로서의 잔존가치는 있을지언정, 계획본래의 토탈시스템(total system)적인 존재가치는 없게 된다.

(3) 경영관리를 경제적으로 달성가능

계획은 경영활동을 효과적으로 달성하고자 하는 것이기 때문에 갖가지 경영계획을 최소화하는 기능을 발휘해야 한다. 여기서'경제적인 작용(economical operation)'이라는 것은 이른바 경제성의 원칙에 따른 계획 활동을 뜻한다. 즉, 주어진 조건 아래에서 최대의 효율을 모색하든지 주어진 목적을 최소의 비용으로 도달하는지 하는 최소원칙 내지는 최대원칙의 발휘야말로 계획 활동의 전제조건이기도 한다.

(4) 통제의 불가결한 전제

흔히 경영관리과정(mangerial function)이 속칭 PDS라고 일컬어지는 것처럼 계획(p)은 통제(s)의 불가결한 전체이다. 더구나 경영활동의 실사결과의 양부를 판정하며, 중간관리층(middle management) 이하에 속하는 계층의 수행상황을 감독하기 위해서도 어떤 기준이 필요한데, 계획은 바로 이러한 기준이 되는 것으로서 계획과 통제는 표리일체의 관계에 있다고 할 수 있다.

제2절 경영계획의 유형

계획의 종류는 분류기준에 따라 다양하게 구분하게 될 수 있으나 다음과 같이 세 가지 차원이 분류의 기본이 될 것이다.[3)]

경영계획의 유형을 구분하는 가장 일반적인 방식은 계획의 적용범위(scope), 기간틀(time frame), 그리고 구체성(level of detail) 등에 의해서 구분하는 것이다. 〈표 2-1〉은 장기계획과 단기계획, 전략적 계획과 운영적 계획, 지침적 계획과 구체적 계획으로 영역에 따라서 모든 계획의 유형을 분류한 것이다.

3) Stephen P. Robbins, Management. 4th ed. Englewood Cliffs, N.J. : Prentice-Hall. Inc., 1994.

<표 2-1> 경영계획의 유형

영 역	유 형	
• 적용범위	전략적 계획	운영적 계획
• 시간틀	장기적 계획	단기적 계획
• 구체성	지침적 계획	구체적 계획

01 장기적 계획과 단기적 계획

계획을 적용하는 기간에 따라 단기·중기·장기로 나누는 것이 보통이다. 일반적으로 단기계획은 1년 또는 그 이하를 말하며, 1년에서 3년 정도의 기간을 중기계획이라 하고, 그리고 장기계획은 5년 또는 그 이상인 경우를 말한다. 경영자들이 계획을 수립할 때 장기계획과 단기계획으로 구분하기도 하지만, 전통적인 분석에서는 이와 같이 구분한다. 그러나 계획기간을 이와 같이 일정한 기준에 의해서 엄격하게 구별하는 것은 실질적으로 어려우며, 특정기간의 계획이 다른 기간의 계획보다 반드시 유리하다거나 좋다고 말할 수 없으며 당면한 문제의 특성이나 환경에 따라 계획기간이 달라질 수 있는 것이다. 그러나 중요한 것은 계획기간이 현재 고려하고 있는 문제를 적절하게 해결할 수 있도록 미래의 충분한 시점까지 포함하여야 한다는 것이다.

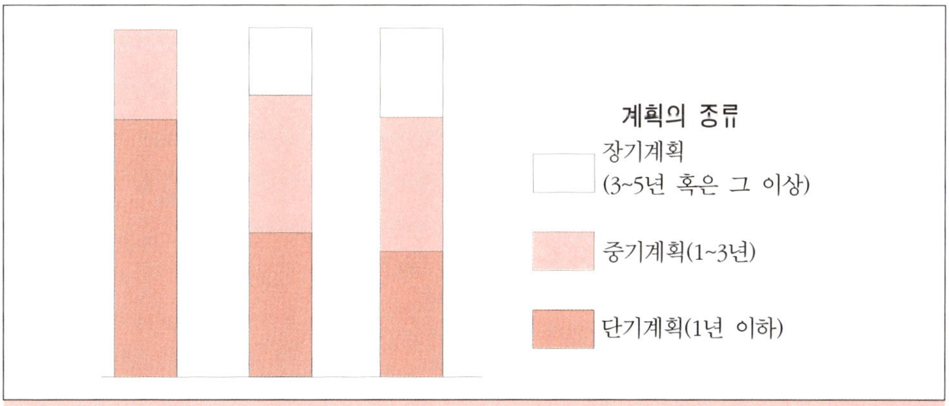

[그림 2-2] 경영계층별 시간틀의 변화

02 전략적 계획과 운영적 계획

경영계획에 있어서 전략적 계획수립은 장기적이며 포괄적인 범위를 갖는 계획을 수립하는 것이다. 범위의 계획 수립은 조직이 전반적인 목표의 관점에서 어디로 나아가야 하는가를 결정하고 이것이 가능하도록 하기 위하여 어떠한 전략과 자원이 요구되는지를 결정하게 된다.

반면에 운영계획(operation plan)은 전략적 계획에 비해 범위가 제한되어 있고, 전략적 계획을 수행하는데 필요한 활동과 자원에 초점을 두고 있다. 이러한 계획을 수행하는 운영계획을 때때로 전술적 계획(tactical plan)이라고도 한다. 경영전략은 전략의 선택보다는 자원의 할당과 실제 작업활동의 일정계획을 다룬다. 기업의 전형적인 운용계획으로는 다음과 같은 것이 있다.

① **생산계획** : 제품을 생산하기위하여 종업원들의 작업활동에 필요한 방법과 기술과 같은 것을 다룬다.

② **재무계획** : 유리한 조건으로 자금을 조달하여 다양한 활동을 지원하고 필요한 자금을 확보하는 것과 같은 자금관리를 다룬다.

③ **인사계획** : 사원을 모집하고 선발하여 조직내의 다양한 직무과 과업을 수행하기에 적절하도록 배치하는 문제를 다룬다.

④ **설비계획** : 제품을 생산하는데 필요한 각종 설비와 배치를 다룬다.

전략적 계획과 운영계획의 체계는 조직을 위한 중요한 조정장치가 되며, 전략적 계획은 운영계획이 조직의 전체적인 효익의 측면에서 수행될 수 있는 행동의 체계를 설명하는 것이기 때문에 전략적 계획과 운영계획은 상호보완적이어야 한다.

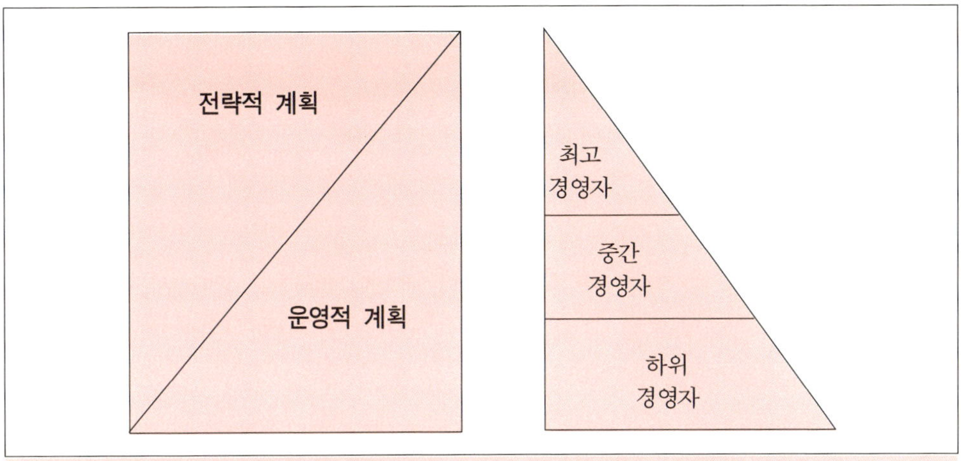

[그림 2-3] 조직계층 내 계획

제3절 경영계획의 원칙과 단계

01 경영계획의 원칙

경영계획의 의미를 정확하게 파악하기 위해서는 계획의 원칙을 알아보는 것이 중요할 것이다. 경영계획이 효율적으로 달성되기 위해서는 다음과 같은 일반적인 원칙인 합목적성의 원칙, 계획우선의 원칙, 보편성의 원칙, 효율성의 원칙 등의 네 가지 측면에 입각하여야 할 것이나.

(1) 합목적성의 원칙(contribution to purpose and objective)

경영계획의 수립은 조직목표를 설정하고 목표를 달성하는데 초점을 맞추어야 한다. 따라서 모든 계획이나 이와 관련된 부수적인 계획의 목적은 조직전체의 목적과 목표를 달성하는데 기여해야 한다. 이 원칙은 긴밀한 협조를 통하여 집단목적을 달성하려고 조직된 기업의 본질에서 비롯되는 것이다. 따라서 합목적성의 원칙이란 달리 표현한다면 합리성의 원칙이라고 할 수 있다.

(2) 계획우선의 원칙(primary of planning)

목표를 설정하고 달성하는 방법에 초점을 맞추고 있는 계획은 조직, 지휘, 통제 등의 다른 모든 관리활동에 선행되는 활동이어야 한다. 실제상황에서는 비록 모든 관리기능이 한데 얽혀 있지만, 계획은 모든 집단노력에 필요한 목표를 수립한다는 데에서 독특하다. 또한 계획과 통제는 불가분의 관련을 가지고 있으며, 계획되지 않은 행동은 통제 될 수 없다. 통제는 실제의 계획으로부터의 이탈을 수정함으로써 활동을 구도에서 벗어나지 않게 하는 것이기 때문이다. 계획 없는 통제의 시도는 어떤 것이라도 무의미하다.

따라서 이와 같은 계획은 통제의 기준을 마련해 주는 것이 계획이라고 할 수 있다.

(3) 보편성의 원칙(pervasiveness of planning)

경영계획의 수립은 모든 조직의 최상위층에서부터 최하위층의 관리자에 이르기까지 어느 정도의 계획수립에 대한 책임을 부여하지 않는다면 진정한 의미의 경영계획이라고 말할 수 없다. 계획은 어느 특정한 경영계층만의 독특한 기능이 아니며 모든 경영계층의 기능이다. 즉, 최고 경영층에서부터 하위경영층에 이르기까지의 기능이며 이를 경영에 있어서의 보편성의 원칙이라 한다. 목표관리(management by objectives)란 바로 이러한 원칙을 대전제로 한 원칙이라고 할 수 있다.

(4) 효율성의 원칙(efficiency of plans)

계획은 효율적이어야 한다. 계획은 유효적절한 것이어야 하며 주어진 비용으로 최대의 효율을 나타내는 성질의 것이어야 한다. 다시 말해서 계획은 경제성을 발휘하는 것을 그 전제로 삼아야 한다. 따라서 이 원칙을 다르게 표현한다면 경제성의 원칙이라고도 할 수 있다.

02 경영계획의 단계

경영계획의 단계는 [그림 2-4]에서 볼 수 있는 바와 같이 일반적인 의사결정의 단계와 크게 차이가 있는 것은 아니며 다음과 같은 세부적인 절차를 밟게 될 것이다.

(1) 기회의 인식(being aware of opportunity)

경영계획의 출발점은 우선 기회(opportunity)의 인식으로부터이다. 여기서 기회란 해결해야 될 문제의 발생을 의미한기도 한다. 따라서 문제나 기회를 올바르게 인식한다는 것이 계획의 첫 출발점이라 할 수 있다. 다만 기회의 인식은 계획의 첫 단계라기보다는 계획의 전제조건이라고 보는 것이 옳다.

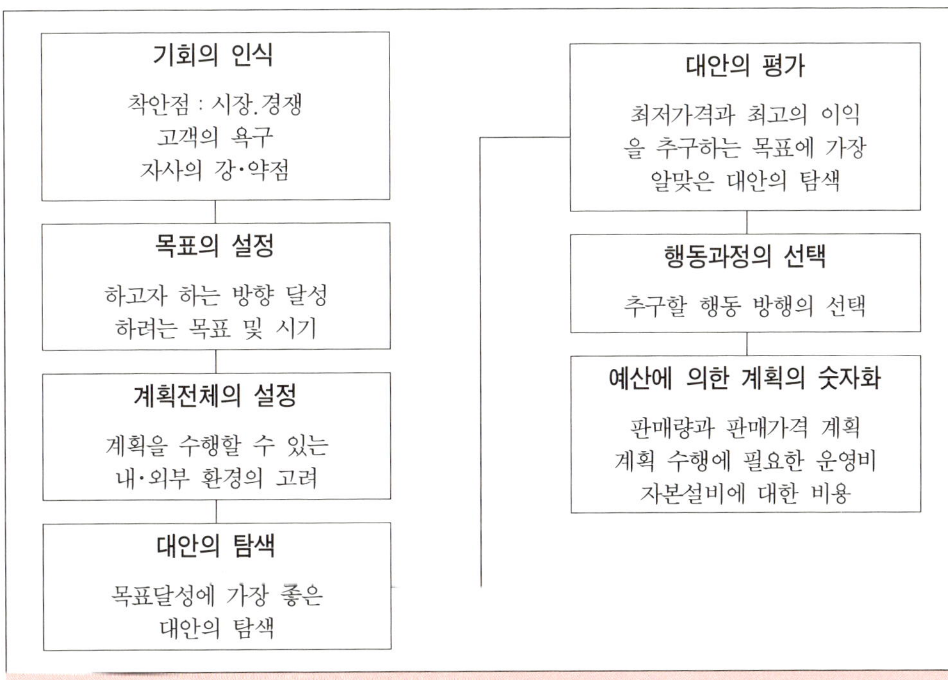

[그림 2-4] 경영계획의 단계

여기서는 가능한 미래기회에 대한 예비점검, 이들을 명확하고 완전하게 볼 수 있는 능력, 자사의 현재위치 및 강점과 약점에 대한 지식, 불확실성을 해결하고자하는 이유의 이해 및 우리가 무엇을 얻고자 기대하는가에 관한 전망(vision) 등이 있다. 이와 같이 경영계획을 수립하기 위해서는 기회나 문제에 대한 현실적인 진단에서부터 출발하게 된다.

(2) 목표의 설정(establishing objective)

경영계획에 있어서 두 번째 단계는 올바른 목표를 설정하는 것이다. 즉, 계획의 두 번째 단계는 기업 전체에 대한 목표를 수립하고, 각 부문별 목표를 수립하는 것에 있다. 이는 '계획목표의 명확화'라는 원칙에 의해서 집행되어야 하는 것이며 계획목표가 명확하지 않을 때 계획자체가 올바르게 수행되지 않는다. 이러한 경영계획은 장단기별로 수립하게 되며, 여기서 설정되는 목표는 기대되는 결과를 구체적으로 명시하고, 달성하여야 할 최종결과를 제시해야 한다.

(3) 계획 전제의 수립(plan promising)

계획의 세 번째 단계가 이른바 계획 전제의 설정이다. 계획전제란 계획설정을 위한 기초가 되는 예측자료(forecast data), 기본방침(basic policies), 기존 계획안(existing plans) 등 아주 중요한 경영계획의 전제조건을 수립하여 각 관련자들에게 전달하며 사용시에 이들의 합의를 얻어내는 것을 지칭한다. 이 가운데 특히 예측은 전제수립에서 가장 중요한 요인이 된다. 따라서 모든 예측들이 되도록 정확할 때 계획 자체가 여러면에서 정확해질 수 있다.

(4) 대안의 탐색(determining alternatives courses)

계획의 네 번째 단계가 여러 가지 대안적 과정을 탐색하게 되는 단계이다. 즉, 계획을 위한 여러 가지 행동의 대안을 모색하게 되는데, 특히 즉각적으로 명확하게 나타나지 않은 대안들을 찾아내고 조사하는 일이 중요하다. 그런데 합리적인 대안이 존재하지 않은 계획은 거의 없으며, 명확하게 들어 나지 않은 대안이 최선의 방안이 되는 경우가 비일비재하다는 것도 사실이다. 그래서 일반적으로 가장 유망한 것을 골라서 분석할 수 있도록 하기 위해 대안의 수를 줄이려는 것이다. 다만 이 때 대안의 모색과 검증을 위한 첫 의사결정이 중요한 계획상의 과제가 되고 있다는 점을 잊어서는 안 된다.

(5) 대안의 평가(evaluation alternative courses)

대안의 탐색 다음의 단계가 평가과정이다. 즉, 계획의 다섯 번째 단계로서 이 단계에서는 여러 가지 대안적 과정의 장·단점에 관한 검토가 끝난 다음에 각각의 대안적 과정을 평가하게 된다. 다시 말해서 계획의 전제와 목표를 비추어 여러 가지 요인들을 저울질해 봄으로써 이들 대안을 평가하게 되는 것이다.

(6) 행동과정의 선택(selecting a course)

계획의 여섯 번째 단계는 행동과정을 선택하는 것으로서, 계획이 채용되는 시점 즉, 의사결정이 이루어지는 시점이 이 단계이다. 다시 말해서 이 시점이 바로 계획이 구체적으로 수립되는 단계라 할 수 있다. 흔히 코스, 즉 계획의 목표달성을 위한 과정으로는 하나의 대안적 과정이 선택되나 경우에 따라서는 여러 가지 대안들의 분석, 평가결과로 둘 또는 그 이상의 파생계획(derivative plans)이 선택될 수도 있는 것은 물론이다.

의사결정이 이루어지는 시점. 즉, 대체적인 행동과정이 선택되었다고 해서 계획의 단계가 끝나게 되는 경우는 극히 드물다. 그것은 어떠한 계획이라도(설령, 기본계획만으로) 이를 보완하기 위한 자체계획 내지 예비계획의 수반 없이는 그 실행이 가능해질 수는 없기 때문이다. 따라서 충분한 보완적인 성격의 각종 파생계획이 뒤따를 때 비로소 계획의 여러 단계는 완료되었다고 간주되는 것이다.

(7) 예산에 의한 계획의 수량화(numberizing plans budgeting)

의사결정이 이루어지고 계획이 수립되고 나면 계획을 예산으로 전환시키는 수량화 과정이 필요하다. 계획의 최종단계는 이상과 같은 계획을 예산으로 전환시키는 계량화과정이다. 계획이 예산으로 계량화됨으로써 계획자체를 수행할 수 있는지의 판단기준이 된다.

제4절 전략적 경영계획

01 전략적 경영계획의 개념

전략(strategy)이란 단어는 본래 군사용어로서 전쟁에서 승리하기 위한 하나의 마스터플랜을 지칭하는 의미로 사용되었다. 즉, 전략은 개개의 전투에 승리하기 위한 계획이라 할 수 있는 전술(tactics)과는 구별된다. 따라서 전략이 장기적이며, 더욱 포괄적인 목표의 달성을 위한 계획이라고 할 수 있다.

이와 같은 의미를 지닌 '전략'이 기업이나 기타 모든 조직, 그리고 심지어 우리의 일상생활에까지도 일반적으로 사용되는 용어로 정착되었다. 앤소프(H. I. Ansoff)에 의하면 경영학문헌에 전략이란 용어가 많이 사용되는데 이는 다음과 같은 이유 때문이라고 하였다.

- 기업경영은 정확히 규정된 사업활동의 범위와 성과의 방향을 필요로 하고 있다.
- 기업목적 시스템의 설정만으로는 충족되지 못한다.
- 기업경영이 순조롭게 이익을 올리고 성장하기 위해서는 기업목적 이외에 다시 기업 경영의 성장행동을 구체적으로 유도하기 위해서 이에 필요한 결정규칙(rule)이 되는 전략이 필요하다.
- 기업경영은 새로운 기회의 탐구와 창조에서 방향부여와 주의의 집중이 필요로 가기 때문에 전략을 필요로 한다. 이는 급격히 변동하는 외부환경 변화로 인하여 기업경영의 분산이나 도태 우려가 있기 때문이다.

여기서 주의할 점은 목적과 전략을 구분해야 한다는 것이다. 목적과 전략은 모두 의사결정의 기준이 되지만 의미에 다소 차이가 있다. 목적이란 추상적으로 기업환경이 지향해 나가야 할 방향으로서, 기업이 달성해 나가야 할 수준을 제시하는 것인데 반하여 전략이란 실체적이고 기능적으로 기업경영을 통하여 추진되는 사업활동을 표시하는 것이다.

따라서 목적과 전략이 결정되면 비로소 일정한 환경 하에서 기업이 수행하여야 할 사업활동의 개념이 명확해진다. 예를 들어 A라는 기업의 올해의 기업목적이 성장률의 10% 달성이라고 설정하였다면 그것은 그 기업이 달성해야할 수준을 표시하고 있지만, 어떤 방식으로 기업을 관리하고 사업을 추진해야할 것인지에 대해서는 제시하지 않고 있다. 즉, 일정한 환경 하에서 기업이 성장하기 위해 수행해야 할 활동영역을 명확히 하는 것이 전략적 목적인 것이다. 이와 같은 관점 아래 전략을 형성하는 전략적 경영계획을 수반하게 되는데 이는 다음과 같은 의미를 지닌다.

규릭(W. K. Glueck)은 "전략적 경영계획이란 회사의 전략적 이점을 환경의 도전에 활용하며, 통일되고 포괄적인 통합계획으로서, 기업의 기본목적 달성을 보장토록 설계 된 것이다"라고 말하면서 전략의 내용으로 '환경과 목적'을 강조하였다. 전략적 경영계획(strategic plan)이란 기업의 경영목적을 달성하기 위해 경영전략에 대한 합리적이며 창조적인 결정과 그 전략의 실행 그리고 기업의 각종 경영전략을 통합하기 위한 경영계획 등을 포괄한다.

따라서 전략적 경영계획이 환경변화에 적응해 나가면서 기업의 활동을 통합하기 위해서는 기업목적의 수립단계에서부터 경영전략을 형성하고 이의 효율적인 수행을 위한 경영계획도 아울러 고려해야 한다.

02 전략적 경영계획의 특성

전략적 경영계획도 장기계획, 총괄계획, 그리고 전반계획 등과 동일한 의미로 사용되고 있으나 전략적 경영계획에 내포된 특성은 다음과 같다.

① 전략적 경영계획은 '우리는 어떠한 업종에 종사하고 있는가', '우리가 경쟁사보다 경장우위를 누리기 위해서는 어떻게 해야만 하는가', '우리의 주요 고객층은 누구인가' 등과 같이 좀더 근본적인 문제를 다루고 있다.

② 전략적 경영계획은 더 세부적인 계획과 일상적인 결정을 위한 기틀을 제공해주며 이러한 세부 결정들이 조직의 전략에 부합하는 기능을 수행한다.

③ 전략적 경영계획은 다른 계획들과 비교하여 장기적이다.

④ 전략적 경영계획은 조직의 모든 자원을 최우선적인 활동에 집중시키도록 해준다.

⑤ 전략적 경영계획은 조직의 최고경영층의 활동이다.

⑥ 전략적 경영계획은 조직의 상당한 자원의 투입을 필요로 하며 쉽게 번복되지 않는다.

03 전략적 경영계획의 구분

전략을 전형적이 조직활동의 핵심으로 본다면, 전략이 결정되는 '조직의 수준'에 따라서 몇 가지의 유형으로 전략을 구분할 수 있다. 톰슨(A. A. Thompson)과 스트릭랜드(A. J. Strickland)는 조직의 각 계층에 따라 전략을 다음과 같이 세 가지의 수준으로 구분하고 있다.

(1) 회사수준전략(corporate-level strategy)

회사수준전략은 주로 최고경영층에 의해 수립된다. 두 개 이상의 사업라인이 있는 조직의 경우 최고경영층은 각 사업을 명확하게 이해하고 사업의 활동을 전반적인 관점에서 파악할 필요성이 있기 때문이다.

예를 들어, 이 전략에서는 '각 사업 분야에 회사의 자원을 어떻게 배분해야 하는지'에 관한 문제에서부터 자원의 획득과 개발해야 할 기술 분야 그리고 대상이 될 고객의 결정과 같은 주요사랑들을 포함한다. 즉, 이 전략은 조직전체가 나아가야 할 방향을 명확하게 결정하고 각 하위조직들이 전체조직 내에서 수행해야 할 각각의 역할들을 정의해준다.

(2) 사업수준전략(business-level strategy)

사업수준전략은 특정사업부 또는 사업단위의 관심사나 활동에 초점을 둔다. 예를 들어 "기업이 시장에서 살아남기 위해서는 어떻게 경쟁해 나갈 것인가", "각 기업부문의 경영관리기능(재무, 마케팅, 인사 등)을 어떻게 관리해 나갈 것인가"등과 같은 사항들에 대한 해결책을 제시하는 전략이다. 오늘날 여러 상품라인이나 업종에 동시에 투자하고 있는 재벌기업들은 여러 조직을 더욱 효과적으로 관리할 목적으로 나머지 각 단위조직을 전략적 사업단위(SBU : strategic business unit), 이익중심점(profit center) 또는 사업부라는 명칭아래 하나의 독립된 사업체로 운영해나가는 방식을 취하고 있다.

(3) 기능수준 전략(function-level strategy)

기능수준전략은 재무이사, 마케팅이사들이 각 기업기능의 관리를 위한 프레임워크(framework)를 마련하는 것과 관련된다. 만일 사업수준전략이 신제품을 개발하는 것으로 결정이 났다면 연구개발부는 그 구체적 계획을 발전시키고, 인사부는 그 일에 필요한 인원을 충원시키며, 자금부는 필요한 자금을 조달하는 등 사업단위 전략을 집행하기 위한 제 역할을 해야만 한다.

04 전략적 경영계획의 형성과정

전략적 경영계획의 형성과정을 단계별로 설명하면 [그림 2-5]와 같다.

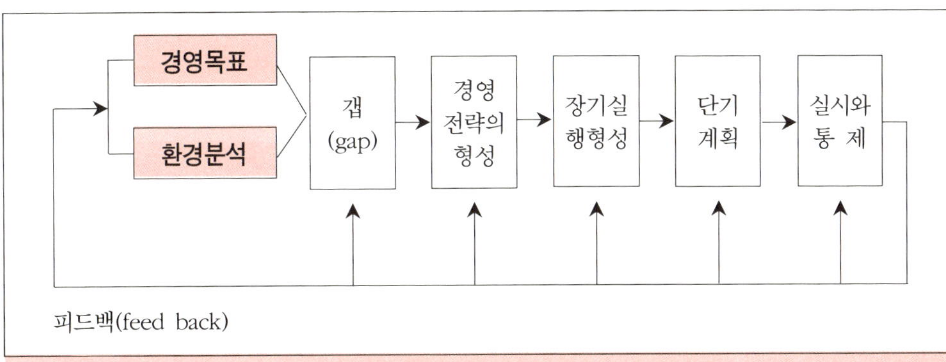

[그림 2-5] 전략적 경영계획의 형성과정

(1) 경영목표의 설정

전략적 경영계획의 수립은 기업의 장기 경영목표의 설정에서부터 시작된다. 목표설정은 다양한 방법이 있겠지만 다음과 같은 하나 이상의 목표를 경영목표의 지표로 수립할 수 있다.

경영목표
- 성장성 : 연간 매출액 성장률 30%
- 수익성 : 연간 총자본이익률 9%
- 생산성 : 1인당 부가가치 400만원
- 탄력성 : 자기자본율 30%
- 사회적 책임 : 공해방지와 녹화사업 투자율 매출액대비 3%

(2) 환경분석

환경분석(environment analysis)이란 기업목표달성과 관련하여 영향을 미칠 수 있는 기업의 내부 및 외부환경에 관한 정보를 수집하고 분석하며 그리고 평가하는 것을 말한다. 이러한 환경변화도 포함된다. 따라서 정확한 예측능력이 요구되기 때문에 이를 환경예측(environment forecasting)이라고 한다. 오늘날 기업을 둘러싸고 있는 환경의 불확실성이 증대됨으로써 내외부 환경을 더 정확하게 예측할 수 있는 제도적 보완이 필요하며, 과거 및 현재의 상태뿐 아니라 경영계획기간의 장래에 발생 할 수 있는 미래의 위해 경영정보 시스템(MLS)의 효율적 구축이 지원되어야 한다.

(3) 전략적 문제의 발견

기업의 내부 및 외부 환경분석결과 기업의 목표와 주어진 환경과의 사이에 차이(gap)이 발생되면 전략적 문제가 발생하게 된다. 이와 같은 전략적 문제는 해당기업에게 기회(opportunity)가 될 수도 있고 위협(threat)의 요인이 될 수도 있으나 기업은 이것을 전략적인 기회로 활용할 수 있어야 한다. 기업경영을 둘러싸고 있는 여러 경영환경이 기업에게 우리하여 환경과 목표와의 차이가 아주 적을 때는 환경예측결과를 통해서 이를 목표설정에 피드백 히여 목표치를 싱향조정하세 된다. 즉, 환경예측결과가 성장을 위한 경영목표와 차이가 발생하는 것은 당연한 일이며 그래서 전략적인 문제가 야기된다.

(4) 경영전략의 형성

경영전략은 기업목표와 환경의 차이 때문에 여러 가지 유형으로 구분된다. 기업이 성장을 추구할 수 있는 기업환경이라면 이때 취할 수 있는 방법은 제품측면과 시장측면으로 나누어 생각할 수 있다. 즉, 제품측면이란 기존제품의 개량이나 신제품을 출시하는 것을 의미하고, 시장측면이란 새로운 개척하는 것을 말한다.

예를 들어 기업의 성장성지표인 시장 점유율이 외부환경인 경쟁의 악화로 인하여 달성될 수 없을 때, 차이가 발생하게 되며 이와 같은 차이를 전략적인 문제로 인식하고 성장을 위한 전략적 기회로서 제품개선이나 새로운 시장의 개발과 같은 방안을 모색하게 된다.

(5) 장기실행계획의 작성

전 단계에서 결정된 경영전략을 실행에 옮기기 위해서는 개별계획과 이에 필요한 자본조달계획을 수립하며 이를 다시 3~5년의 계획기간동안의 '기간계획'으로 새롭게 작성할 필요가 있는데 이를 장기실행계획이라고 한다.

(6) 단기계획의 작성

전 단계의 결정된 경영전략을 각 연도별 또는 각 분기별로 구분하여 실행하기 위해 단기계획을 작성한다. 단기계획은 구체적인 수치로 표현되어 예산의 형태를 취하게 된다.

(7) 피드백과 적응성 결정

전략적 계획의 과정에서 피드백은 불확실성을 최소화하는 기능이 있으며, 전략계획의 수립단계에서 새로운 경영목표와 환경과의 차이를 메우기 위해 필요한 전략적 경영계획을 설정하는데 실시결과에 대한 피드백을 활용한다. 즉, 실행결과에 의해 새로운 경영전략을 모색할 필요가 생기게 된다. 경영계획은 뜻밖의 환경변화에 따라 그때그때 새로운 경영전략을 필요로 하게 된다. 경영계획은 다음과 같이 두 가지 조건이 갖추어 졌을 때 비로소 합리적으로 수행될 수 있을 것이다. 두 가지 조건이란 예비적 조건과 전제적 조건이다. 예비적 조건이란 수행할 목표를 확정하는 것이고, 전제적 조건이란 미래의 예측능력을 높이기 위하여 정보를 관리한다는 것이다.

제5절 목표관리

01 목표관리의 의의

목표관리(MBO : management by objectives)는 본래 드러커(P. F. Drucker) 교수가 조직관리상 목표 및 실적위주로 관리자를 평가하려는 시스템인 업적평가절차

(managerial performance appraisal procedures)를 개발하려는 의도에서 비롯되었다.[4] 그런데 오늘날 MBO 관리기법은 조직의 목표와 조직에 참가하는 개별참여자의 목표를 효과적으로 달성하는데 초점을 두고 여러 주요경영관리활동을 체계적으로 통합시키는 포괄적이 관리기법으로 사용되고 있다.[5]

MBO의 개념은 그동안 다양하게 변화되었는데 오디온(G. S. Odiorne)은 “MBO란 조직의 상위관리자와 하위관리자들이 공동으로 그들의 공동목표를 확인하고 기대되는 결과를 예측하는데 있어서 각자의 주요 책임분야를 규정하고 조직단위를 운영하기 위한 지침으로 사용하여 개개 조직구성원의 기여도를 평가하는 일련의 업무평가 과정이다”라고 정의하였다. 즉, MBO란 조직의 각 구성원이 단순히 목표를 설정하는 것만으로 그치지 않고 조직 전체목표 및 해당 각 부문목표를 달성하기 위해 자기의 직무에서 무엇을 해야할 것인지를 구체적으로 설정하고 설정된 목표와 실천결과를 상호 비교하여 자기통제(self control)하는 통합적 시스템이다.[6]

02 구성요소

포괄적인 관리체제로서의 MBO는 다음과 같은 구성요소를 갖는다.

(1) 목표의 설정(setting of objectives)

가장 중심이 되는 구성요소는 목표의 설정이며, 이 경우 다음에 주의하여야 한다.

- 목표는 측정가능 하여야 한다.
- 목표는 구체적이어야 한다.
- 목표는 기대되는 단위 및 관리자의 능력범위 내에 있어야 한다.
- 목표는 현실적이고 달성 가능해야 한다.
- 목표는 그 달성에 결과에 대하여 측정가능 하여야 한다.
- 목표는 해당 조직 필요한 시간에 대해 시간제한이 있어야 한다.

---

4) Peter F. drucker, The Practice of Management. 1986

5) Hrold Koontz, Cyril O'Donnell & Heinz Weihrich, op. cit., 1972, pp.131~132

6) George S. Odiorne, Management by Objectives, Pitman Publishing, 1992

(2) 참여(participation)

MBO는 조직구성원의 참여를 중요시하기 때문에 참여에 의한 목표설정이 강조된다.

즉, 부하가 수행할 목표를 상사와 부하가 서로 협의하여 설정하면, 수행할 목표는 확실하게 파악되고 더욱 쉽게 수용될 수 있을 것이다. 따라서 목표의 달성정도는 더 현실적이 될 수 있을 것이다.

(3) 피드백(feedack)

세 번째의 구성요소는 피드백이다. 즉, 목표추구과정과 그 달성도가 사후에 측정·평가되어 피드백 되어야 한다는 것이다. 이 경우 평가의 기준은 이미 참여에 의해 설정된 목표이며 이를 통하여 목표설정과 평가가 상호 연결될 수 있다. 이와 같은 과정에 의하여 수행되는 피드백의 중요성을 중요하게 여기는 이유는 피드백이 명확하게 이루어질 때 비로소 집단의 문제해결능력이 증진되고, 개인의 직무수행능력이 향상된다고 보기 때문이다.

제6절 경영환경 분석

경영환경을 분석한다는 것은 기업경영에 중요한 영향을 미치는 요소인 기존기업 간 경쟁, 신규업체 진입위협, 공급자의 교섭력, 대체품의 위협, 구매자의 교섭력을 분석하여 일정 시장에서의 사업의 난이도를 파악함을 의미한다.

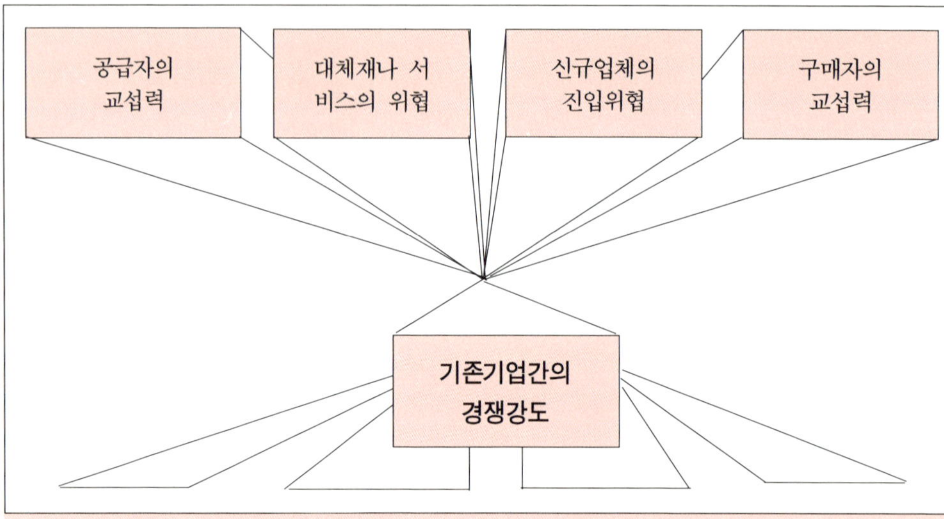

[그림 2-6] 경영환경 분석

01 공급자의 교섭력

시장에서 공급자의 교섭력이 강하게 작용하는 경우는 소수의 공급업자가 그 시장에 집중적인 원료공급을 하고 있거나, 소수의 공급업자들이 여러 산업의 다양한 고객들에게 원료나 제품을 공급할 때이다. 즉, 공급자가 구매자의 반응에 신경을 쓰지 않고 가격을 인상하거나 제품이나 서비스의 질을 떨어뜨릴 수 있을 때, 곧 공급자의 교섭력이 높아지게 되는 반면에 구매자의 교섭력은 상대적으로 낮아지게 된다. 컴퓨터를 제조하고 판매하는 중소기업의 예를 들어보면, 컴퓨터업종은 대규모의 설비투자가 필요로 하는 제품으로 소수의 기업에 의하여 생산되는 경우가 많다. 따라서 컴퓨터 부품공급업체가 임의로 가격을 인상하는 경우 구매자가 원료의 가격인상을 자사의 제품판매가격에 반영할 수 없다면 자연히 원가상승과 이윤감소를 경험하게 될 것이다. 공급업체의 교섭력은 다음과 같은 경우에 높아질 수 있다.

첫째, 한정된 수의 공급자가 시장을 지배하고 있을 때

둘째, 공급자가 공급하는 원료나 제품이 구매자의 사업에 있어 없어서는 안 되는 중요한 투입물이 될 때

셋째, 공급자의 제품에 대한 대체재가 없거나 한정되어 있을 때

넷째, 공급자집단이 공급하는 제품 및 서비스가 차별화 되어 있거나 구매자가 공

급선을 교체하기 어려울 때

다섯째, 공급자집단이 구매자사업에 진출할 수 있는 위치에 있을 때

02 대체재나 서비스의 위협

대체재나 서비스로부터 발생하는 위협의 경중(輕重)정도는 대체재의 가용정도와 소비자가 대체재를 구입하고자 하는 의도에 따라서 다르다. 대체재가 많으면 많을수록 기업은 자사제품이나 서비스에 부과하는 가격을 낮게 책정할 수밖에 없으며, 만일 그렇지 않을 경우에는 판매손실을 경험하게 될 것이다. 경호경비산업의 예를 들어보면, 전자경보체제의 등장으로 인하여 심각한 위협을 받을 것이다. 이러한 대체품이 주는 위협의 정도는 대체품의 상대적인 가격능력이나 대체품이 제공하는 효익에 대한 구매자의 반응 등에 의하여 결정된다.

따라서 경영자는 이들 대체품이 자사의 제품과 실질적 경쟁을 하고 있으며 그 시장은 수익성에도 영향을 미치고 있다는 것을 인식하고 있어야 한다.

03 신규업체의 진입위협

만일 신규업체가 시장에 참여하면 가격인하, 무이자할부, 품질개선, 고객서비스향상 등을 통하여 시장점유율을 확보하려고 할 것이다. 반면 기존업체들은 광고의 강화 등을 통하여 이에 대응할 것이다. 그러면 자연히 비용은 상승하게 되고 이윤은 하락하게 될 것이다. 특히, 산업의 성장속도가 빠르고 기존업체의 이익이 높을 경우 신교업체가 시장에 진입할 확률이 높다. 그러나 얼마나 많은 기업들이 그 산업에 진입할 것이냐 하는 것은 사업의 성격상 요구되는 규모의 경제수준, 필요한 자금, 기술수준에 따라서 다르다. 예를 들어 반도체 산업의 경우 기업이 경쟁력을 갖추려면 대규모의 투자와 생산설비를 갖추어야 할 뿐 아니라 상당한 수준의 기술력도 필수적이다. 이러한 대규모 투자와 고도의 기술 등과 같은 요인 때문에 신규업체들이 반도체 사업에 뛰어들기는 힘들 것이다. 다만 위의 요건을 갖춘 국내 신규업체나 외국업체가 국내시장에 진입하게 된다면 기존의 업체는 심한 경쟁에 직면하게 될 것이고 시장점유율과 이윤의 하락을 경험하게 될 것이다.

04 구매자의 교섭력

구매자들은 가격인하 혹은 품질향상 및 서비스의 증대를 요구할 수가 있다. 또한 경쟁기업들을 서로 대립시켜 좀더 저렴한 가격으로 구매하여 이득을 보는 행위 등으로 시장에 영향력을 미칠 수 있다. 구매자가 판매자에게 가격인하와 더 좋은 품질 및 서비스를 요구할 수 있는 위치에 있게 되면, 그만큼 판매자는 사업상의 압박을 받을 것이다.

이러한 구매자의 교섭력은 다음과 같은 경우에 높아진다.

첫째, 구매자가 판매자로부터 다량의 제품 및 서비스를 구매하려할 때

둘째, 구매자가 요구하는 제품 및 서비스의 표준화가 되어 있지 않거나 차별화되어 있지 않을 때

셋째, 구매자가 쉽게 다른 기업의 제품을 구매할 수 있을 때

넷째, 구매자의 사업상 이윤이 낮을 때

다섯째, 구매자가 구입하고자 하는 제품을 자체 생산할 수 있는 위치에 있을 때

여섯째, 구매자가 구매한 제품이나 서비스의 시장수요, 시장가격 및 판매원가 등에 대한 정보를 많이 알고 있을 때

05 기존기업간의 경쟁정도

산업 내에서 기업간의 경쟁이 심화될수록 기업은 매출과 이윤을 증가시키기 어려워진다. 기업은 가격인하, 광고, 신제품소개, 고객서비스 향상 등을 통하여 경쟁력 우위를 확보하고자 하고, 경쟁기업은 이에 대응하게 된다. 우리가 흔히 목격하는 가격경쟁의 경우 업계의 거의 모든 경쟁사들이 사업상의 손실을 입게 되는 경우가 많다.

이러한 경쟁적인 가격인하가 발생하면 결국은 산업내의 거의 모든 기업이 이윤확보에 어려움을 겪게 된다. 그럼에도 불구하고, 많은 기업들은 가격경쟁을 통해 경쟁력 확보에 노력한다. 따라서 기업간의 경쟁상태를 보다 정확히 파악하려면 보다 조직적인 분석의 틀이 필요하다.

기업간의 경쟁강도를 결정짓는 두 가지 주요변수가 있는데, 그 중 하나는 '기존

업체의수'가 있으며, 나머지 하나는 '산업의 성장속도'이다. 즉, 산업 내에 기존업체의 수가 많고 산업의 성장속도가 느릴수록 기업간의 경쟁은 더욱 심화될 것이다. 왜냐하면 일정한 시장규모를 가지고 많은 기업이 매출액을 증대시키려고 하면 할수록 기업간의 경쟁은 더욱 치열해질 것이기 때문이다.

제7절 자사의 경쟁력 분석

기업은 자사의 강점과 약점, 자사의 성과수준 그리고 제약조건을 파악함으로써 자사의 핵심역량을 파악할 수 있다. 자사분석은 이용 가능한 정보의 양이 많으므로 경쟁자 분석보다 더 심층적으로 이루어진다. 경영전략의 수립과 효율적 수행을 위해서는 기업이 처한 현재의 경쟁적 위치에 대한 면밀한 검토가 필요하다.

자사분석의 핵심내용은 자사의 내부 강점과 약점에 대한 규명 및 평가, 자사가 직면한 외부시장기회와 전략적 기회에 대한 규명 및 평가, 자사의 경쟁적 위치의 강·약점 평가, 현 사업전략과 기능별 전략의 효율성 여부 규명 자사와 자사 사업의 독특한 전략적 쟁점 및 문제점의 도출이라고 할 수 있으며, 더욱 효과적인 경영전략을 수립하기 위해서는 환경분석 뿐만 아니라 종업원의 역량, 기술력, 자금력, 조직관리능력 등에 관한 자사의 역량을 파악해야 한다.

자사의 경쟁력을 분석할 때에는 조직의 강·약점을 확인할 뿐만 아니라 이러한 강·약점을 경쟁자와 비교하거나 시상상황과의 적합성을 비교해 보이야 한다. 이러한 자사분석은 자사의 강. 약점, 경쟁업자의 강·약점, 시상의 매력도와 시장에서의 핵심성공요인 등의 세 가지 내용에 대한 평가에 기초를 두어야 한다.

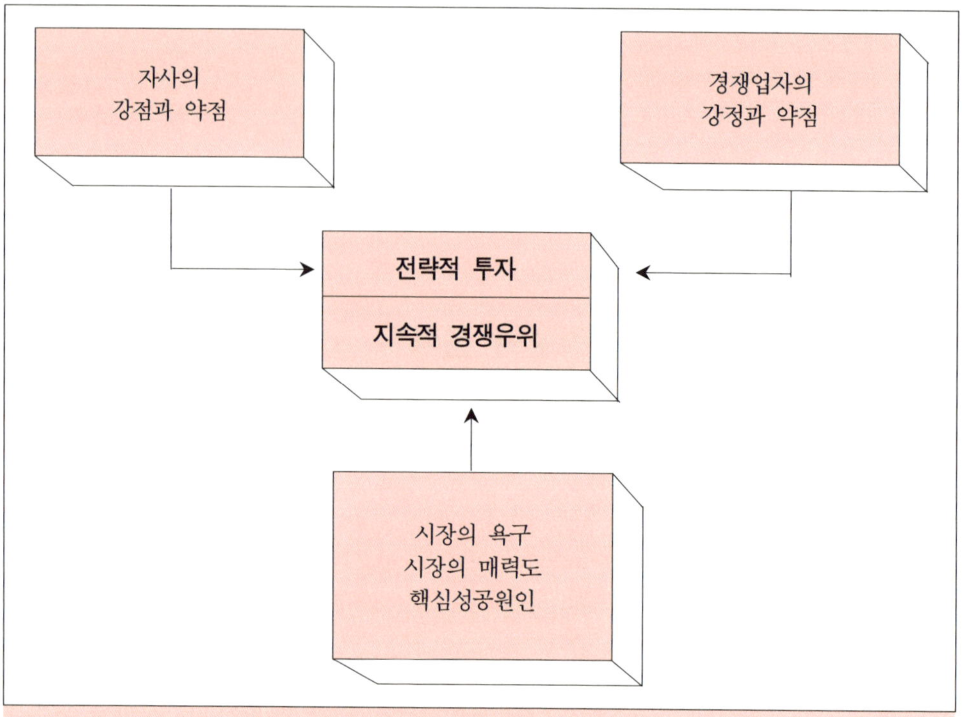

[그림 2-7] 전략적 의사결정시 고려사항

첫째, 조직의 강·약점에 관하여 분석할 때는 자사조직에 대하여 내부분석을 기초로 정확하고 면밀한 검토가 선행되어야 한다.

둘째, 경쟁자의 강·약점에 대하여 분석을 할 때는 경쟁자의 약점을 파악함으로써 이 약점에 대항할 강점을 찾는데 목적이 있다. 만약조직의 강점이 경쟁업자의 강점에 의해 상쇄되면 조직의 강점은 거의 가치가 없어지게 된다. 마찬가지로 만일 경쟁자들이 자사와 동일한 약점을 보유하고 있다면 자신의 약점은 별로 중요하지 않을 것이지만, 조직의 약점이 경쟁자의 강점과 결부된다면 기업생존과 성장에 심각한 문제를 야기할 것이다.

셋째, 시장의 매력도와 시장에서의 핵심성공요인들에 관한 평가에서는 기업이 특정산업에서 성장하려면 과연 자사의 강점이 시장에서의 핵심성공요인이 될 수 있는지에 관하여 분석을 해야만 한다. 만일 어떠한 성장산업에서 자사가 핵심성공요인을 보유하고 있고, 경쟁자들이 이러한 자사가 가지고 있는 강점을 획득할 가능성이 없는 상황이라면 경쟁업체보다 우월한 경쟁우위를 누릴 수 있을 것이다.

연습문제

1. 경영계획의 의의 및 특성에 대해 설명하시오.
2. 경영계획의 유형에 대해 설명하시오.
3. 전략적 경영계획의 개념에 대해 설명하시오.
4. 목표관리란 무엇인가에 대해 설명하시오.
5. 경영목표의 설정에 대해 설명하시오.
6. 자사의 경쟁력 분석에 대해 설명하시오.

BUSINESS

제3장

조직화

제1절 조직구조와 설계

01 조직구조와 조직설계의 의의

조직구조(organizational structure)는 조직의 체계를 말한다. 인간이 인간의 모양을 형성하는 골격을 가지고 있는 것과 같이, 조직은 조직을 형성하는 구조를 갖는다. 조직의 구조는 세 부분의 구성요소로 나누어 설명할 수 있다. 즉, 복잡성(complexity), 공식화(formalization), 그리고 집권화(centralization)이다.

복잡성은 조직내 구성요소들의 분화의 정도를 의미하는데, 조직에서 분업이 많으면 많을수록, 조직계층에서 수직적 계층이 많으면 많을수록, 조직의 단위 부서들이 지역적으로 분산되어 있으면 있을수록, 조직의 복잡성은 증대하며 구성원들과 그들의 활동이 복잡하게 얽혀서 조정하기가 어렵게 된다. 따라서 우리는 조직의 이러한 특성을 복잡성이라는 용어를 이용한다.

조직은 구성원들의 활동에 의해서 움직이는데, 이러한 구성원들의 행동을 조직의 목표 달성이라는 한 방향으로 지도하기 위하여 표준화된 규칙과 절차에 의존하는 정도를 공식화라고 한다. 어떤 조직은 그런 표준화된 지침을 조금만 갖고 있으면서 조직을 운영하는 반면에, 또 다른 조직은 그렇지 않다. 조직내 이러한 표준화된 규칙과 규제가 많으면 많을수록, 조직의 공식화 정도가 높다고 한다.

집권화는 의사결정 권한이 있는 위치를 말한다. 어떤 조직에서는 의사결정이 고위층에 집중되어있는 반면에 또 다른 조직에서는 의사결정 권한이 하위층에 위임되어 있다. 이와 같이 의사결정의 권한이 상층부에 있는 몇몇 사람들에게 집중되어 있는 조직을 집권화된 조직이라 하며, 의사결정권이 하위층이나 조직 전반에 산재해 있는 조직을 분권화된 조직이라 한다.

02 조직 설계(organizational design)

조직설계는 조직에 적합한 구조의 형태를 선택하고 실천하는 과정이라 할 수 있다. 따라서 조직설계는 조직의 새로운 구조적 형태를 만들거나 기존의 조직구조를 변경시키는 모든 선택과정을 포함하는 것이다. 여기서 조직구조와 조직설계의 관계는 구조(structure)와 과정(process)의 개념으로 이해할 수 있다. 즉, 조직구조는 설계의 과정을 거쳐 나타난 결과로서 정태적인 특성을 띠며, 반면에 조직설계는 조직구조의 특성과 관련한 의사결정의 과정으로써 동태적인 개념이라 할 수 있다.

다음은 조직설계의 기본적 원칙들에 대한 설명이다.

(1) 분업(division of labor)

분업은 전체 직무를 한 사람이 수행하는 것이 아니라, 그 직무를 몇 단계로 분할하여 각 단계를 각각의 개인들에 의해서 수행되도록 하는 것을 의미한다. 개인은 전체 활동을 수행하는 것보다는 활동의 한 부분에 집중함으로써 전문화될 수 있다. 전문화는 작업공정의 표준화를 가능하게 하고, 구성원의 직무수행에 필요한 전문지식의 습득과 숙련을 용이하게 함으로써 생산성을 높이는데 기여할 수 있다. 그래서 아담 스미드는 그의 저서 "국부론(Wealth of Nation)"에서 분업이 생산성을 증가시킬 수 있는 효과적인 수단임을 강조한 바 있다. 그러나 오늘날에는 지나친 분업화에 따른 부작용 예컨대, 지루함, 피로, 노동소외, 산업재해 등과 같은 폐해도 많음이 지적되고 있다.

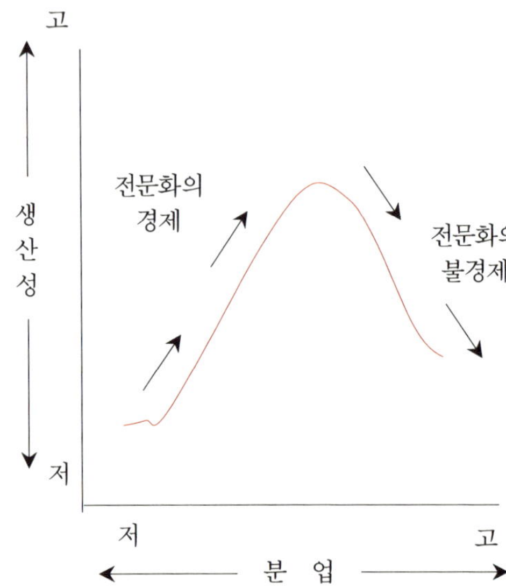

[그림 3-1] 분업의 경제와 불경제

(2) 명령의 일원화(unity of command)

명령일원화란 부하들에 대하여 직접적인 책임을 지는 상사나 감독자는 한 사람이어야 한다는 것이다. 흔히 군대에서 이야기하는 직속상관의 개념이 바로 명령일원화의 원칙에 따른 것이라 할 수 있다. 이러한 명령일원화의 원칙은 조직이 비교적 작고 단순하거나 안정적인 환경하에 있는 경우에 효과적일 수 있다고 한다. 왜냐하면, 명령일원화 원칙에 지나치게 충실하다보면 조직의 경직성이 증대되어 부서간 유기적인 협력이 요구되는 환경에서는 변화의 걸림돌으로 작용할 수 있기 때문이다.

(3) 권한과 책임(authority and responsibility)

'권한(authority)'은 명령을 하고 그 명령이 복종되기를 기대하는 관리적 지위에 부여된 고유한 권리를 의미한다. 권한은 조직구조에 따라 다양한 방법으로 하위 경영자들에게 위양된다. 그런데 이때 권한만 위양되는 것이 아니라 '책임(responsibility)'도 같이 할당된다.

고전적 학자들은 권한관계를 두 가지 형태 즉, 라인권한과 스탭권한으로 구분했다. 라인권한(line authority)은 경영자에게 종업원의 일을 지휘할 자격을 부여하는 권한이다. 조직이 점점 커지고 복잡하게 됨에 따라서, 라인 경영자들은 그들의 직무를 효과적으로 수행하기 위한 시간, 전문성, 자원을 가지고 있지 않다는 것을 발견한다. 이에 대하여, 그들이 가지고 있는 정보적인 부담을 감소시키고, 그들을 지원하고, 보조하고, 충고하기 위한 스탭권한(staff authority)기능을 만들었다.

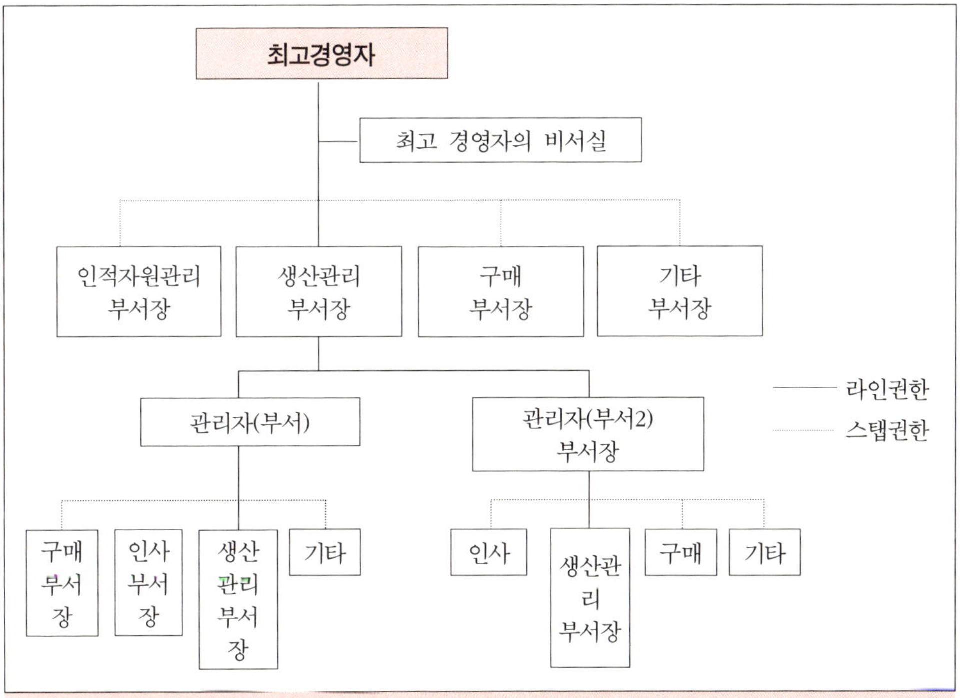

[그림 3-2] 라인과 스탭 권한

(4) 관리의 범위(span of control)

관리의 범위란 한 사람의 관리자가 유효하게 통제할 수 있는 적정규모의 부하의 수를 말한다. 따라서 관리의 범위가 좁다는 것은 직접 통제하는 부하의 수가 적다는 것을 의미하며 관리의 범위가 넓다는 것은 많은 수의 부하를 통제한다는 의미가 된다. 적정한 관리의 범위란 존재하지 않으며 ① 직무의 성격과 내용, ② 부하의 능력과 숙련의 정도, ③ 조직규모, ④ 커뮤니케이션의 난이도, ⑤ 성과의 측정과 통제수단의 유무 등에 따라 매우 달라질 수 있다.

관리의 범위가 좁으면 명령과 통제의 용이성이 증대되어 관리의 효율성이 증대되는 장점이 있다. 하지만 지나치게 관리의 범위가 좁으면 관리계층이 증대되어 의사결정의 지연, 관리자 수의 증대에 따른 비용증대, 통제를 위한 절차 및 규칙의 증가로 인한 관료화의 문제가 발생할 수 있다.

[그림 3-3]와 같이 조직은 계층의 수에 따라서 조직의 외형적인 모양이 달라지게 된다. 그림에서 좌측의 것과 같이 계층의 수가 많아지면 조직은 뾰족한 피라미드의 모양을 하게 되고, 반대로 계층의 수가 작아지게 되면 길이가 짧은 피라미드의 모양을 하게 된다. 그림에서와 같이 동일한 종업원을 가지고 있는 두 조직이 감독이 폭에 따라서 다른 조직의 모양을 갖게 된다.

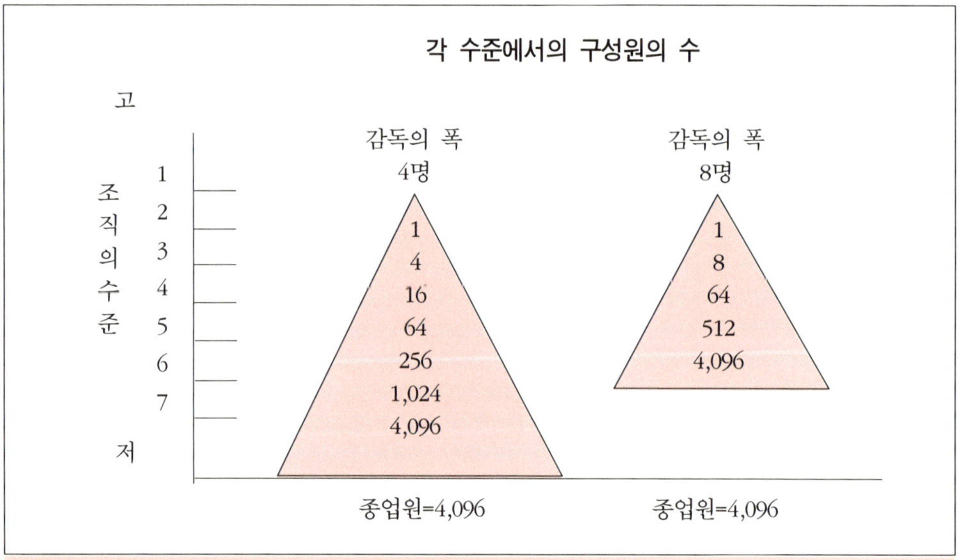

[그림 3-2] 관리 범위의 비교

(5) 부문화(departmentalization)

종업원의 직무기능은 실질적으로 분화되고, 논리적으로 통합될 필요가 있다. 부문화(departmentalization)란 각 부서나 관리단위를 구성하고 그들 간의 관계를 규정함으로써 조직의 공식적인 구조를 형성하는 과정을 말한다. 조직의 효율성을 높이기 위해서는 종업원에게 직무기능을 분담하여야 하고, 이러한 전문적 직무기능이 체계적으로 결합되어야 한다. 그리고 서로 관련된 기능을 수행하는 종업원이 인접한 곳에 위치하여 하나의 작업단위를 구성하고 있을 때 작업능률이 증대될 수 있다. 따라서 경영자는 가장 중요하다고 생각하는 목표를 중심으로 조직구성원들과 그들의 활동을 집단화하여 부문화를 하게 된다.

오늘날 많은 조직에서 응용하고 있는 부문화의 유형은 대체로 기능별·지역별·제품별·고객별·매트릭스 부문화에 기초를 두고 있다.

① **기능별 부문화**(functional departmentalization) : 기능별 부문화(functional departmentalization)는 대부분의 기업에서 가장 보편적으로 채택하고 있는 방식으로 기능의 구분에 따라 업무를 분류하여 부문화하는 것이다. 즉, 생산·재무·인사·마케팅 등 기본적인 기업기능에 기초를 두고 활동을 집단화하는 것을 말한다. 기능별 부문화는 특히 소규모 회사나 신설 기업에서 흔히 채택되는 조직형태로서 [그림 3-4]에 예시된 바와 같다.

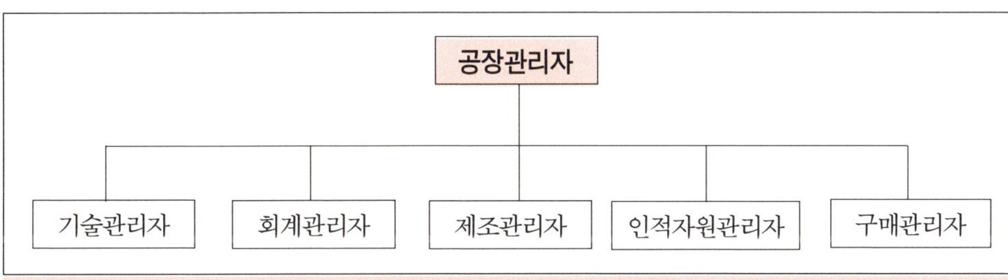

[그림 3-4] 기능적 부문화

한편, 이러한 기능별 부문화에는 다음의 〈표 3-1〉에 제시된 바와 같은 장·단점이 있다.

〈표 3-1〉 기능별 부문화의 장·단점

장점	단점
• 각 기능을 논리적으로 반영한다. • 규모의 경제에 의한 효율성을 제고한다. • 기능적 전문화가 가능하다. • 교육·훈련이 용이하다. • 최고위층에서의 엄격한 통제가 용이하다.	• 구성원이 편협한 시야를 갖게 된다. • 전체조직의 경제적 성장이 제한될 수 있다. • 각 부문간의 조정이 어렵다. • 총괄경영자의 양성이 어렵다. • 특정 제품·고객·시장·지역에 대한 관심이 약화된다.

② **제품별 부문화**(product departmentalization) : 제품별 부문화는 조직을 하나의 제품 또는 제품군으로 집단화하여 한 사람의 부서장 책임 아래 모든 경영의사결정을 수행하는 방법이다. [그림 3-5]은 제품별 부문화에 의해 구성된 조직도이다. 제품별 부문화는 제품별로 전반관리자(general manager)를 두고 있으며, 제품을 전자, 조선, 석유화학 등으로 분류하여 부문화하고 있다. 이들 제품의 부서장들은 독자적인 생산, 판매, 인사, 연구개발부서 등을 가지고 있다.

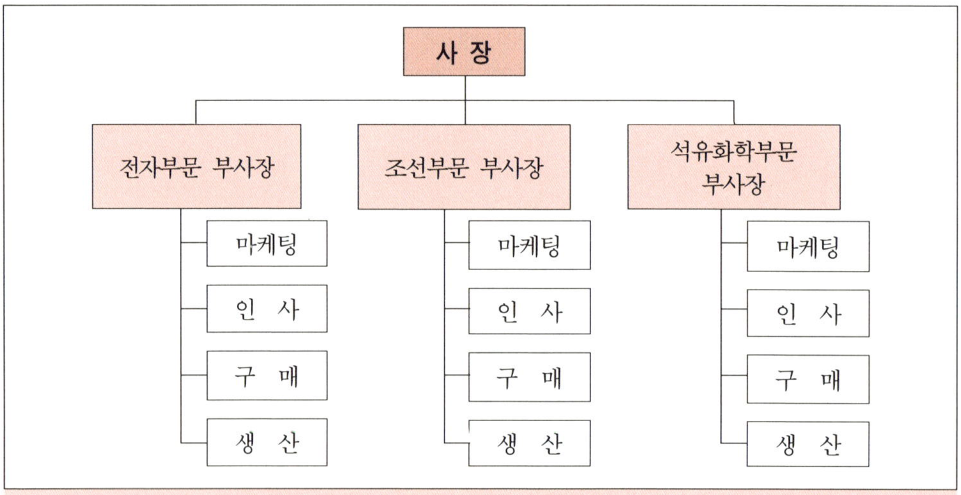

[그림 3-5] 제품별 부문화

한편, 이러한 제품별 부문화의 장·단점을 살펴보면 〈표 3-2〉에 제시된 바와 같다.

〈표 3-2〉 제품별 부문화의 장·단점

장점	단점
• 사업부 단위별로 이익에 대한 책임을 부여함으로써 성과노력을 배가시킬 수가 있다. • 특정의 제품이나 제품라인에만 주의와 노력 집중이 가능하다. • 각 기능활동간의 조정이 용이하다. • 제품 및 서비스의 개발과 다각화가 가능하다. • 전반경영자의 훈련이 용이하다.	• 전반적 경영능력을 지닌 경영자의 필요성이 가중된다. • 본부참모의 활용이 곤란하다. • 최고경영층에서의 통제가 곤란하다. • 제품별로 독자적인 기능을 수행해야 하므로 이중노력이 들게 된다.

(6) 고객별 부문화(customer departmentalization)

고객별 부문화는 특정고객군의 욕구를 충족시키기 위해서 만들어진 부문화이다. [그림 3-6]는 고객별 부문화의 조직도이다. 고객별 부문화의 장·단점은 앞서의 제품별 장·단점과 유사하다. 특히 고객별 부문화는 관리자가 특정고객에 대하여 지속적이고 집중적인 관심을 갖게 할 수 있으므로 고객의 욕구를 충족시킬 수 있다.

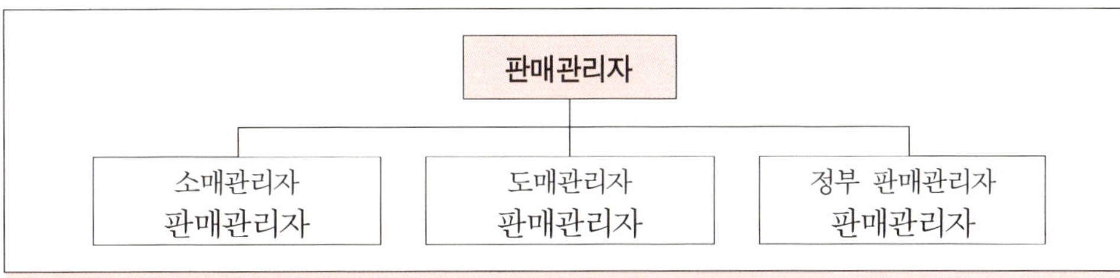

[그림 3-6] 고객별 부문화

한편, 이러한 고객별 부문화의 장·단점을 살펴보면 〈표 3-3〉에 제시된 바와 같다.

〈표 3-3〉 고객별 부문화의 장·단점

장점	단점
• 고객의 욕구를 신속·정확히 파악하여 만족시킬 수 있다. • 고객별 전문가의 양성이 가능하다. • 고객의 애고·충성심을 높일 수 있다.	• 상이한 고객집단의 요청 조정이 곤란하다. • 고객별 전문기를 필요로 한다. • 때로는 고객별 집단화가 어렵다.

(7) 지역별 부문화(geographic departmentalization)

지역별 부문화는 각 지역별로 사업부를 조직하는 형태로 각 사업부는 지역을 중심으로 활동을 전개한다. 예를 들면, 충청지방에는 충청지방만을 담당하는 독립된 사업부가 있고 경기지방에는 경기지방만을 담당하는 사업부가 있다.

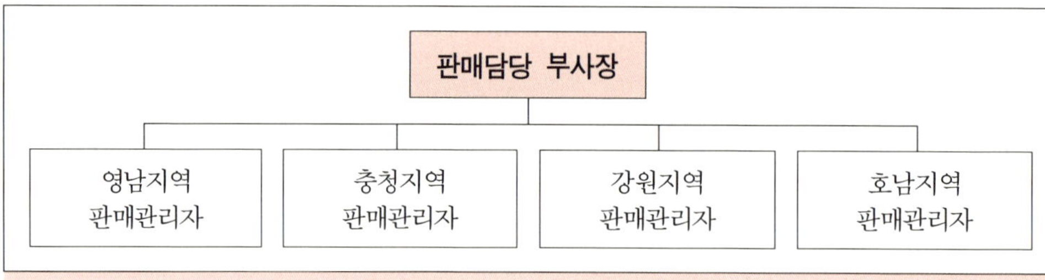

[그림 3-7] 지역별 부문화

한편, 이러한 지역별 부문화의 장·단점은 기본적으로 고객별 부문화와 큰 차이가 없다. 다음의 〈표 3-4〉는 지역별 부문화의 장·단점을 요약한 것이다.

〈표 3-4〉 지역별 부문화의 장·단점

장점	단점
• 책임을 하위층으로 이전시킨다. • 지역적 시장과 문제에 역점을 둔다. • 지역 내에서의 조정이 개선된다. • 지역적 활동의 이점은 최대한 활용가능하다. • 지역 이익집단과의 의사소통을 원활히 할 수 있다. • 전반경영자의 훈련이 용이하다.	• 전반적 능력을 지닌 경영자가 더 필요하다. • 인적자원의 낭비를 초래한다. • 최고경영층에서의 통제가 곤란하다.

03 조직설계에 대한 상황적 접근방법

만일 우리가 고전적인 조직설계 원칙들을 따른다면, 그 모습은 아마도 기계적 혹은 관료적 조직구조에 가까울 것이다. 그러나 오늘날과 같이 매우 복잡한 환경하에서의 조직설계는 다양한 상황적 요인들에 따라서 매우 달라질 수 있음을 유념할 필요가 있다.

(1) 기계적 조직과 유기적 조직(mechanistic and organic organizations)

〈표 3-5〉는 크게 다른 두 가지 형태의 조직을 설명하고 있다. 기계적 또는 관료제 조직은 고전적 조직설계의 원칙들을 충실히 다루고 있는 조직구조이다. 이에 반

하여 유기적 조직(organic organizations)은 기계적 조직 형태와는 대조적으로 낮은 복잡성, 낮은 공식화, 그리고 분권화(decentralized)가 그 특징이다. 표에서 보는 바와 같이 기계적 조직은 권한이 집중되어 있으며 엄격한 위계구조, 고정된 직무, 높은 공식화, 공식적인 의사소통 경로 등을 가지고 있다. 이에 반해서 유기적 조직은 조직이 수평적 수직적으로 협조관계가 형성되어 있으며, 융통성 있는 직무를 가지고 있고, 낮은 공식화와 분권화된 의사결정권한이 있으며, 의사소통은 비공식적이며 개인적인 방식을 이루어지고 있다. 그런데 여기서 중요한 것은 이러한 크게 다른 두 가지 형태의 조직설계가 조직의 처한 환경, 기술, 전략, 규모, 과업특성 등에 따라서 매우 달라질 수 있다는 것을 기억할 필요가 있다.

〈표 3-5〉 기계적 조직 대 유기적 조직

기계적 조직	유기적 조직
• 엄격한 위계관계	• 수직적·수평적 협조
• 고정된 직무	• 융통성 있는 직무
• 높은 공식화	• 낮은 공식화
• 공식화된 의사소통 경로	• 비공식적 의사소통 경로
• 집권화 된 의사결정 권한	• 분권화된 의사결정 권한

(2) 전략과 구조(strategy and structure)

조직의 전략과 조직구조와의 관계에 대한 연구는 최근에 많이 수행되고 있다. 이들 연구는 크게 세 가지로 대별될 수 있는데, 첫째는 조직의 전략이 조직구조를 결정한다는 관점이고, 둘째는 조직구조가 전략의 선택에 영향을 미친다는 것이고, 셋째는 전략과 조직구조는 서로 상호작용을 한다는 견해이다.

전략-구조에 대한 최초의 중요한 연구는 알프레드 첸들러(Alfred Chandler)에 의해 수행되었다. 그는 조직의 구조는 경영자가 조직의 목적을 달성하는데 도움을 주는 수단이며, 목적은 조직의 전체적인 전략에서 유도되므로, 전략과 조직구조가 밀접하게 연결되어 있다는 주장을 하였다. 이를 더 구체적으로 말하면 조직의 구조는 전략을 따라야 한다는 의미이다. 만일 경영자가 조직의 전략에 중요한 변화를 준다면, 이러한 전략의 변화를 수용하고 지원하기 위하여 조직의 구조를 변화시키는 것이 필요하다.

그러나 조직구조가 전략을 반드시 따르는 것도 아니며, 그런 경우에 조직이 효과적이라는 근거도 없다. 조직구조가 전략을 따르는 국면도 있고 전략이 조직구조를 따르는 국면도 있음을 부정하기는 힘들다. 따라서 이들이 서로 상호작용을 하며 그들의 관계는 매우 복잡하다.

이와 같은 여러 가지 견해에도 불구하고 분명한 것은 전략과 조직구조가 적합성(fit)을 이루는 경우 효과적이라는데 모두가 동의하고 있다.

(3) 규모와 구조(size and structure)

조직규모는 조직구조에 매우 중요한 영향을 미친다. 예를 들어, 대규모 조직은 소규모 조직에 비해 전문화 수준이 높고, 수평적·수직적 분화의 정도가 높으며, 조정과 통제를 위한 각종 표준화된 기술 및 규칙들이 많이 존재할 수 있다. 따라서 대규모 조직의 경우 대체로 기계적인 조직구조를 갖게 되는 경우가 많다. 이와 관련하여 다프트(R.L. Daft)는 조직의 규모가 증대하면 조직의 구조가 변화하게 되는데, 조직의 규모가 증가하면 다음과 같은 현상이 발생한다고 한다.

① 수평적·수직적 복잡성이 증대된다.
② 공식화와 분권화의 정도가 증대한다.
③ 조직에서 스텝이 차지하는 비중이 증대된다.
④ 공식적이 의사소통이 증가한다.

한편 피어스와 로빈슨(J. A Pearce & Robinson)은 조직의 규모와 조직구조와의 관계를 〈표 3-6〉에서와 같이 설명하고 있다.

〈표 3-6〉 조직의 규모와 구조와의 관계

특성 \ 규모	소규모	대규모
전문화	전문화의 정도 낮다	전문화의 정도 높다
분권화	분권화의 정도 낮다	분권화의 정도 높다
표준화	표준화의 정도 낮다	표준화의 정도 높다

(4) 기술과 구조(technology and structure)

모든 조직은 조직의 목적을 달성하기 위해 어떤 형태의 투입물을 산출물로 전환시키기 위한 여러 가지 형태의 기술을 사용하고 있다. 예를 들어, 대학교수는 다양한 방법 즉, 공식적인 강의, 집단토의, 사례분석, 프로그램 된 학습 등등으로 학생들을 가르친다. 이러한 각각의 방법은 기술의 유형이다.

피어스와 로빈슨은 "기술은 조직의 투입물을 산출물로 변환시키는데 이용되는 도구, 설비, 과정, 행동 및 지식 등을 포괄한다" 라고 정의하고 있다. 다프트는 "기술은 조직의 투입물을 산출물로 변화시키는데 사용되는 지식, 도구, 기술, 및 활동을 포함하며 기계, 종업원의 기능 및 작업과정을 포함한다."라고 정의하고 있다.

1960년대 초 영국의 학자 조안 우드워드(Joan Woodward)는 조직구조는 그들의 기술에 적응한다는 것을 논증하였다. 우드워드는 조직의 기술유형을 기술의 복잡성이 증가되는 것을 기준으로 단위소량생산기술, 대량생산기술, 연속생산기술 등으로 구분했다. 그리고 이러한 기술유형별로 조직구조가 달라짐을 발견했다. 즉, 대량생산기술을 가진 조직은 기계적 구조를 그리고 단위소량생산기술이나 연속생산기술을 사용하는 조직은 유기적 구조를 갖고 있는 특징이 있다고 했다.

(5) 환경과 구조(environment and structure)

앞에서 우리는 경영자의 관리적 재량권의 제약요소로서 조직의 환경을 소개하였다. 지금까지 여러 가지 연구결과 환경이 조직의 구조에 주요한 영향요인이라는 것을 밝혀냈다.

서로 다른 환경은 다른 조직구조를 필요로 한다. 최근의 많은 학자들은 환경을 두 가지 차원으로 분류하여 환경과 조직구조와의 관계를 설명하고 있다. 다프트는 불확실하고 불안정적인 환경에는 유기적 조직구조가 적합하고, 확실하고 안정적인 환경에는 기계적 조직구조가 적합하다고 주장하고 있다. 즉, 기계적 조직은 안정적인 환경에서 가장 효과적이며 유기적 조직은 동적이며 불확실한 환경에서 가장 효율적인 조직이다.

연습문제

1. 조직설계의 개념에 대해 설명하시오.

2. 권한과 책임의 관계에 대해 설명하시오.

3. 조직설계의 상황적 요인들에 대해서 설명하시오.

4. 다음을 약술하시오.
   ① 분업(division of labor)
   ② 기능별 부문화의 장단점
   ③ 제품별 부문화의 장단점
   ④ 고객별 부문화의 장단점

제4장

지휘화

제1절 지휘활동의 의의

기업은 기업목적과 실행계획을 수립하고 이를 체계적이고 합리적으로 수행하기 위해서 조직을 필요로 하는데, 이에 적합한 인적자원을 충원(staffing)하고 이러한 인적자원을 최적상태로 활용하여 기업목적 및 조직유효성을 제고시키기 위해서는 지휘기능이 반드시 필요하다.

지휘(directing)란 부하들이 작업을 보다 유효하고 능률적으로 수행할 수 있도록 하기 위한 모든 활동이라고 할 수 있다. 즉, 부하들이 계획에 따라 기업활동을 의욕적이면서도 적극적으로 수행할 수 있도록 동기를 부여하고 지도·감독하는 관리직능을 말한다.

그러나 이러한 지휘의 개념은 시대에 따라서 상이하게 전개되어 왔다. 즉, 전통적 입장에서는 지휘는 상위자가 하위자에게 가지는 당연한 권한의 개념으로 인식되었으며, 그에 따라 가부장적 내지 전제적 성격을 지니고 있었다. 그러나 근래에 와서는 이러한 지휘는 상위자의 일방적이 아닌 하위자의 수용을 전제로 한 상호관계 내지 상호작용적 관점에서 논의되고 있다. 왜냐하면, 오늘날 조직의 모든 관리활동은 그 과정에서 부하들의 수용과 적극적인 협조 및 지지 없이는 성공적 수행을 기대할 수 없게 되었기 때문이다.

따라서 효과적 지휘활동을 위해서는 종업원의 동기부여와 이를 전제로 한 관리자의 리더십 개발에 대한 검토가 필요하다. 또한 이러한 동기부여와 효과적 리더십의 발휘를 위해서는 조직내의 제반활동에 대한 정보의 원활한 전달이 전제가 되어야 한다. 이런 점에서 효율적 지휘활동의 관리를 위해서는 경영자의 의사소통 내지 조정활동에 대한 관리의 문제도 검토되어야 한다.

따라서 여기서는 지휘활동과 관련된 동기부여, 리더십 및 의사소통과 관련된 제반 이론들을 검토하고자 한다.

제2절 동기부여

01 동기부여의 개념

(1) 동기부여의 개념

오늘날 동기 또는 동기부여라는 말은 조직체뿐만 아니라 일상생활에서도 흔히 사용되고 있다. 동기(motive)는 개인의 행동을 어떤 목적을 위한 방향으로 작동시키는 내적 심리상태를 말하며, 동기부여(motivation)는 [그림 4-1]처럼 개인의 행동이 실제로 작동되는 과정 또는 작동되도록 유도 내지 강화하는 과정이라고 할 수 있다. 동기부여 행동의 과정을 설명하면 다음과 같다.

- 행동의 활성화(energization behavior) : 불균형의 시정 또는 결핍된 욕구를 충족시키기 위한 내적 심리상태, 즉 동기를 발생시키고 이를 행동으로 활성화시키는 과정, 다시 말해서 개인의 욕구결핍이나 심리적 불균형을 수정하기 위하여 의식 또는 무의식적 행동으로 에너지가 전환되어지는 과정
- 행동의 유도(channeling of behavior) : 활성화된 행동을 특정 목표를 지향하도록, 예를 들면 기업경영에서 개인의 욕구충족과 동시에 기업의 목표달성을 위한 방향으로 활성화된 행동을 유도하는 과정
- 동기부여 된 행동의 강화(reinforcement of motivated behavior) : 특정의 방향을 갖춘 활성화된 행동이 지속적으로 유지되도록 강화시키는 과정

한마디로 동기부여란 어떤 것을 자발적으로 하려고 하는 행동의 유발과정이다. 그러므로 기업에 있어서 경영목표의 실현을 위한 방향으로 종업원의 직무수행 활동이 자발적으로 그리고 지속적으로 이루어진다면 그것은 동기부여 된 행동이라고 할 수 있다.

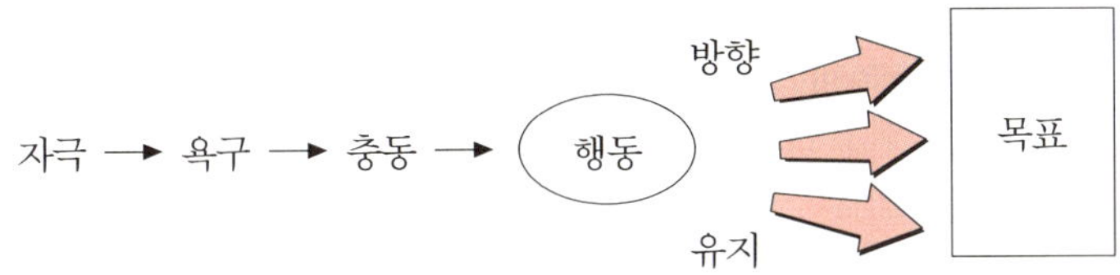

자료 : R. H. Baron / J. Greenberg, op. cit. (1990), p. 76

[그림 4-1] 동기부여의 구성요인

(2) 동기부여이론의 흐름

인간의 행동이 동기부여 되는 과정은 실제로는 개인의 내부에서 일어나는 심리적 변화과정이다. 따라서 학자들은 이러한 과정을 추론과 실험을 통해 분석함으로써 일정한 가설을 입증하려는 시도를 지속적으로 하여왔다. 그러나 동기부여에 관한 현재까지의 여러 연구결과에 각 이론은 인간의 동기부여에 관해 부분적인 설명만을 하고 있을 뿐 이에 관한 이론체계는 아직 완벽하게 형성되어 있지 않다. 또한 동기부여에 관한 각 이론은 장·단점을 동시에 지니고 있으며, 서로 상충적이라기보다 상호보완적이다. 따라서 경영자는 여러 동기부여이론의 요점과 그 이론이 지닌 경영에의 함축성을 이해함으로써 실제경영의 질을 높일 수 있는 것이다.

일반적으로 동기부여이론은 내용이론과 과정이론 그리고 강화이론으로 구분된다.

- 내용이론은 개인행동이 동기부여 되는 개인과 환경상의 요인을 규명하고자 하는 이론이다. 내용이론에는 개인의 욕구구조가 인간의 동기부여에 영향을 미친다는 가정하에 접근한 A. H. Maslow, C. Alderfer, R. McClelland 등의 욕구이론(need theory)과 개인과 환경요인을 함께 다룬 F. Herzberg의 2요인이론이 있다.
- 과정이론은 행동이 활성화되고 유지되는 동기부여의 과정에 초점을 맞춘다. 동기부여된 행동은 객관적 상황요인 그 자체가 아니라 오히려 상황에 대한 개인의 지각에 의해 좌우된다고 한다. 다시 말하면 과정이론은 무엇에 의해 동기부여 되는가 보다 어떻게 동기부여 되느냐의 과정을 설명하기 때문에 좀더 복잡하고 역동적 모형을 취하게 된다. 대표적인 이론으로서는 J. Adams의 공정성이론과 V. Vroom, Porter & Lawler 등의 기대이론이 있다.
- 강화이론은 행동에 대한 설명으로서 개인의 사고과정과 관련이 없다는 점에서

과정이론에 반대되는 것으로, 결과로서 우리의 행동을 설명하는 이론이다. Skinner와 같은 행동주의 이론가들에 의해 발전된 이 이론은 행동의 결과에 대해 긍정적 혹은 부정적 강화를 통해 행동이 강화될 수 있다는 이론이다.

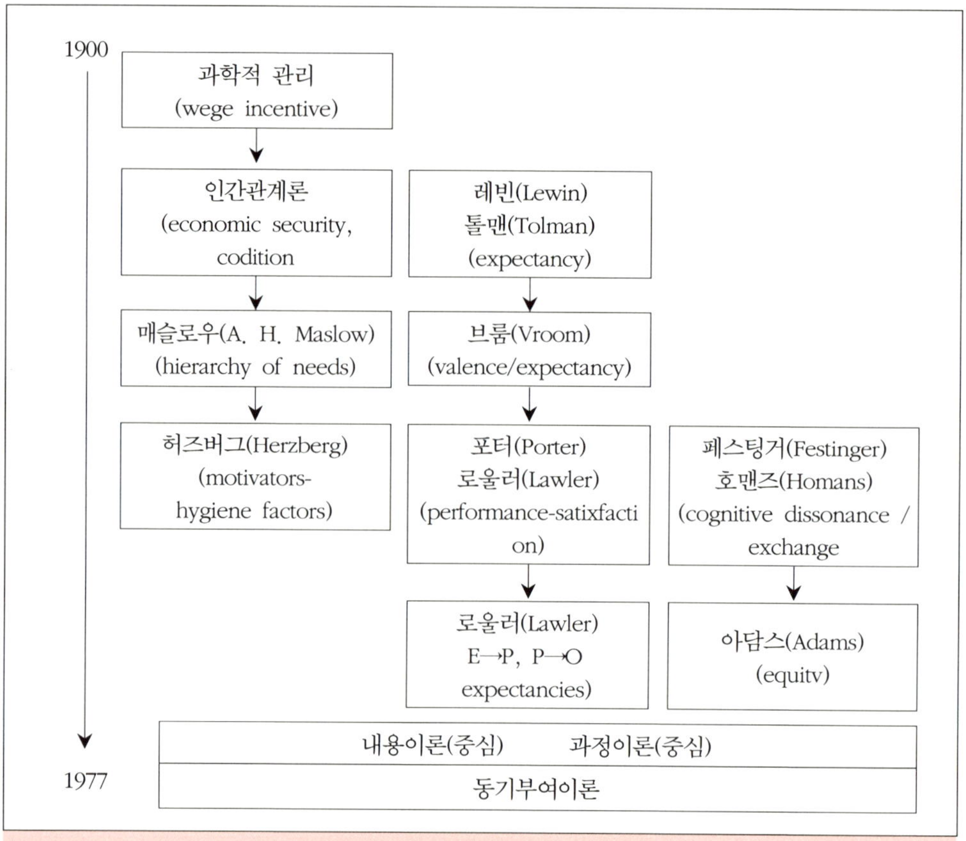

[그림 4-2] 동기부여이론의 흐름

사례

처칠의 리더십과 히틀러의 카리스마

1. 카리스마가 아닌 카리스마적 리더십을 지닌 처칠

윈스턴 처칠은 한번도 카리스마를 의도적으로 내보이지 않았던 반면 아돌프 히틀러는 카리스마로 똘똘 뭉친 사람이었다. 처칠은 카리스마로 오해할 수 있는 리더십을 갖추고 있었지만 그것은 카리스마가 아니었다. 카리스마적인 리더십은 추종자들이 모든 것을 지도자의 은혜로 돌릴 정도로 불가사의한 요소가 깔려 있다. 이런 형태의 권력은 전통에 뿌리를 두거나 제도화된 권위에 근거를 두고 있지도 않다. 다시 말해 관습이나 법에 구애받지 않으며, 민주주의 체제에서 투표로 선출된 정치가의 권위와도 다르다.

독일 국민이 히틀러에게 허용했던 것만큼 영국 국민은 처칠에게 독재 권력을 허용하지 않았다. 처칠은 국민에게 영감을 주는 지도자의 원형이었지만 초인적이라느니 비범하다느니 하는 따위의 다른 차원에 존재하는 사람처럼 여겨지지는 않았다. (누구나 그런 평가에 동의하는 것은 아니다. 1940년 6월 전시 내각실에 초빙되어 처칠에게 독일 공군의 라디오 빔 유도장치에 관해 설명한 젊은 과학자 R.V.존스는 쾌활한 천성의 처칠에 대해 그는 충만한 생명력의 근원이었다. 나는 전시에 그를 만나고 나면 저절로 충전되는 느낌이 들었다고 소감을 말했다.)

〈처 칠〉

2.미완의 리더십으로 카리스마를 연기했던 히틀러

히틀러의 마법에 걸린 사람들의 사례는 얼마든지 열거할 수 있다. 도대체 히틀러의 비결은 무엇이었을까? 히틀러는 정치에 입문하고 얼마 안 있어 눈을 깜빡이지 않고 노려봄으로써 상대방을 겁먹게 하거나 조종할 수 있다는 사실을 깨달았다. 그렇게 하면 결단력과 강한 신념의 소유자라는 인상을 줄 수도 있었다.

아이들이 놀이 삼아 누가누가 오랫동안 눈 깜빡이지 않고 견디나 내기라도 하듯이, 히틀러는 강한 인상을 심어주고 싶은 상대를 바라볼 때면 눈을 거의 깜빡이지 않았다. 때문에 그의 의도를 짐작하지 못한 사람들은 안절부절못했다. 알베르트 슈피어의 회고에 의하면 한번은 히틀러와 함께 서넉식사를 하면서 눈 깜빡거리지 않기 내기를 했다고 한다. 히틀러가 먼저 눈에 힘을 주고 그를 노려보았다. 슈피어도 눈을 깜빡이지 않으려고 애쓰면서 그를 쳐다보았다.

히틀러는 슈피어가 굴복하기를 기다리면서 뚫어지게 쳐다보았다. 노려보기 내기를 하면서 유치한 경쟁심이 발동할 줄 누가 알았겠는가? 나는 시선을 피하고 싶은 충동을 이기려고 젖 먹던 힘까지 내야 했다. 슈피어는 이렇게 회고했다. 때마침 히틀러의 옆에 앉아 있던 여인이 양념통을 집어달라고 했기 때문에 다행히도 내기는 거기에서 끝났다. 히틀러가 상대방을 뚫어지게 응시할 때마다 어머니를 닮은 녹색과 회색이 어우러져 희귀한 옅은 푸른빛을 띠는 눈동자는 더욱 신비함을 발했다. 히틀러의 눈길을 받은 사람들은 그 신비한 매력에 압도되기 일쑤였다.

프랑스 대사였던 로베르 쿨롱드르도 그의 시선에 오금을 피지 못했고, 작가인 게르하르트 하우프트만(1912년 노벨문학상을 수상한 독일 극작가)도 그의 눈을 쳐다본 순간을 일생일대의 사건으로 표현하였다. 미국 대사의 딸이었던 마샤 도드는 그 눈을 본 순간 얼마나 놀랐는지 영원히 잊지 못할 것이라고 증언했다. 또 니체(독일 철학자)의 누이 엘리자베스는 그의 두 눈이 나를 샅샅이 훑고 또 훑었다고 묘사했다.

툭 튀어나온데다 속눈썹이 거의 없었던 총통의 눈동자는 묘하게도 최면 효과가 있었으며, 적어도 나치스의 정치 선동에서는 효과를 톡톡히 보았다. 하지만 누군가에게서 카리스마를 느낄 경우 그것은 상당 부분 자기 암시에서 비롯된다. 만일 쿨롱드르나 하우프트만, 도드가 사전에 히틀러의 위압적인 눈동자에 대해서 들은 바가 없었다면 그의 시선에서 아무것도 느끼지 못했을지 모른다. 물론 사람들이 단순하게 히틀러의 시선만으로 카리스마를 느꼈던 것은 아닐 것이다. 사람들은 카리스마라는 것이 누구나 쉽게 가질 수 없는, 몇몇 사람만 선천적으로 타고나는 특질이라고 생각한다. 하지만 실상은 그렇지 않다. 카리스마는 습득할 수 있는 것이며, 마치 내가 전지전능한 것처럼 보이도록 꾸미는 일종의 속임수다.

다시 말해 카리스마를 타고 나는 사람은 없다는 뜻이다. 누구나 히틀러를 대단한 카리스마를 가진 지도자로 기억하면서도 그가 제1차 세계대전 때 일개 사병으로 참전했다든가 비엔나에서 실패한 화가였다는 사실을 아는 사람은 별로 없다. 히틀러는 정치적 성공과 더불어 스스로 숭배의 대상이 되려고 끊임없이 노력한 결과 카리스마를 갖게 되었다. 다시 말해 히틀러는 완전무결한 초인의 이미지를 교묘하게 가꾸었고, 마침내 사람들로부터 그 터무니없는 과대망상을 인정받게 된 것이다. 히틀러의 전기 작가 이언 커쇼는 1936년 무렵 히틀러의 정신 상태를 나르시시즘에 빠진 자기 미화상태라고 표현했다.

〈히틀러〉

3. 카리스마는 환경이 주는 선물이다.

우리가 어떤 지도자에게 감히 우리가 도전할 수 없는 권위가 있다고 생각하게 되면 그는(혹은 그녀는) 자연히 카리스마를 갖게 된다. 카리스마란 말은 영혼이라는 그리스어에서 유래했다. 대부분의 종교 지도자들은 적어도 추종자들의 눈에는 카리스마를 갖고 있는 것으로 보인다. 왜냐하면 그들의 권위가 신앙에 바탕을 두고 있기 때문이다. 그러나 일종의 사이비 종교인 나치즘은 별개의 문제다. 역사가 마이클 벌레이는 나치 이데올로기가 메시아를 신격화하는 종교와 얼마나 많은 공통점을 갖고 있는지 보여준다. 무엇보다도 총통의 권위에 대해 의심을 품지 않았고, 히틀러는 이런 초인적인 위치를 잘 유지해나감으로써 얻은 카리스마를 교묘히 강조했다. 이를테면 그는 대중의 반감을 살 위험이 있거나 자신이 실수할 수 있는 어떤 일에는 연루되기를 꺼렸다. 또한 감정을 드러내는 일이 좀처럼 드물었으며, 특히 인간의 평범한 감정을 드러낼 수 있는 상황은 일부러 피했다. 히틀러를 아는 사람들은 누구나 그 앞에서는 긴장을 풀기가 어렵다는 점을 인정했다. 레니 리펜슈탈이 찍은 영화를 보면 히틀러는 사교 장소에서 친절하고 쾌활했던 것처럼 보이지만 실생활에서는 인간적인 온기나 매력이 부족했다. 그는 사람들이 자신에게 쉽게 접근하지 못하도록 고의적으로 거리를 두었다. 사람들과 진실한 인간 관계를 맺지 못했으며, 그나마 허물없는 친구는 알자스 산 블론디(히틀러의 애견으로 그가 죽기직전 독살됨) 뿐이었다.

4. 모름지기 지도자는 배우가 되어야 한다?

아돌프 히틀러는 과장된 연기를 하는 성향이 있었지만 그 점을 잘 아는 지도자였다. 초기에 그는 군중의 마음을 사로잡는 방법을 배우려고 바바리아 출신의 코미디언 바이스 페르들의 연기를 연구했다. 뮌헨의 티어슈슈트라세에 있는 누추한 방에서 배우처럼 거울 앞에 서서 몸짓이나 포즈를 끝없이 연습했다. 심지어 히틀러는 자신이 연설할 장소의 음향 상태를 직접 조사해 목소리의 어조나 높낮이를 조정하기도 했다.

히틀러는 대중과의 일체감을 조성하고 흡인력을 높이기 위해 군가나 깃발의 물결, 폭풍 같은 대규모 군대 행렬, 그리고 무엇보다 극적인 조명 - 이따금 군용 탐조등을 사용하거나 손에 횃불을 들게 했다 - 따위의 영화적 효과를 집회나 연설회에 사용했다. 현대 정치 집회에도 단골로 등장하는 선동 기법의 개척자라고 할 수 있다. 처칠을 이런 히틀러와 비교하는 것은 무리이다. 처칠은 집회를 몇 번 갖지도 않았고 특수 효과는 물론 스핀 닥터(정치전문가, 운동원같은 선동가)를 동원하지 않았다. 그가 좋아하는 장소는 의회나 라디오 방송국처럼 대중과 직접 마주칠 기회가 적은 곳이었다. 그는 말로써 상대를 설득시키는 토론에 의존했다.

그를 20세기 최고의 웅변가로 만들어준 것은 선동적인 수법이 아니라 탁월한 언어구사 능력이었다. 처칠은 웅변술은 전적으로 타고나는 것도, 전적으로 학습할 수 있는 것도 아니며, 피나는 연습과 노력으로 얻어진다고 썼다. 그는 타고난 웅변가라기보다는 완벽주의자였다. 그의 친구 버컨헤드 경이 윈스턴은 한창 시절에 연설 원고를 쓰느라 몇 년을 보냈다고 말할 정도였다.

그리고 그는 현대의 여느 정치가들처럼 청중의 이해력 수준에 맞춰 교사가 학생을 가르치듯 거만하게 말하지도 않았다. 단지, 그는 자신의 해박한 역사 지식에 배경을 두고, 국민들이 전쟁의 위기상황을 극복할 수 있는 역사적 자긍심을 깨우칠 수 있도록 진솔하고 호소력있는 이야기를 펼치는 데 혼신의 노력을 다했을 뿐이다. 처칠은 히틀러와는 다르게 국민이 듣고 싶어할 이야기를 했던 것이 아니라, 영국인들의 삶에 위안을 주거나 희망을 불어넣어주는 대신 정치적 위험을 무릅쓰고 위기를 있는 그대로 인정하는 쪽을 선택했다. 그가 제2차 세계대전이 발발한 국가적 위기 속에서 총리가 되고 3일 후 하원 연설에서 했던 말은 아주 유명하다. 내가 드릴 것은 피와 수고와 눈물과 땀밖에 없습니다.

출처 -CEO 히틀러와 처칠, 리더십의 비밀 (앤드류 로버트 저, Human Book발간)

02 동기부여 이론

(1) 초기 동기부여이론

① **과학적 관리이론에서의 동기부여론** : 경영관리론에서의 동기부여이론은 시대적으로 테일러의 과학적 관리에서부터 시작되었는데 이 동기부여이론은 근로자의 능률을 극대화하기 위한 작업의 연구와 설계에 초점을 두었다. 테일러의 이 같은 접근방법은 원래 작업현장에서의 개인에 관한 다음과 같은 몇 개의 전제 기반하고 있다.

- 비능률의 문제는 근로자의 문제가 아니라 경영자의 문제이다.
- 근로자들은 만일 그들이 일을 너무 빨리 하면 계속 고용되지 못할 것이라는 잘못된 생각을 갖고 있다.
- 근로자들은 그들의 능력보다 최소한 덜 일하려는 자연적 성향을 지니고 있다.
- 특정 직무에 적합한 사람을 찾아내고 각 작업에 가장 능률적인 방법으로 그들을 훈련하는 일은 경영자의 책임이다.
- 근로자의 업적은 임금 시스템과 직접적으로 연계되어야 한다.

이들 여러 전제 중에서 동기부여와 직접적으로 관련된 사항은 인간관에 관한 것이라 할 수 있다.

테일러와 그의 추종자들은 '경제인'의 인간관(가설)에 근거하여 근로자들은 경제적인 보수를 주는 만큼 생선성을 올릴 것이라고 믿고 성과급제를 제창했던 것이다. 즉, 성과급제야말로 근로자들이 하고자 하는 의욕을 불러일으킬 것이며 그릇된 개념에 의해 지배된 조직적 태업을 해소시켜 생산성을 증대시킬 수 있는 특효약이라고 생각하여 근로자들을 당근과 채찍(carrot and stick)으로 관리하였다.

과연 당시까지 경영관리자의 경영행동을 뒷받침해 온 근로자에 대한 기본적인 사고방식, 즉 인간관은 근로자를 단지 '경제인'으로서 획일적으로 파악하려는 추상적인 것이며, 근로자의 행동을 단지 능률의 논리(logic of effciency)만으로 규제하려는 기계론적 사고였다. 그래서 과학적 관리에서의 동기부여이론은 조직의 인간적 측면, 즉 자주성과 주체성을 지나치게 무시했다는 비판을 받고 있다.

② **인간관계론에서의 동기부여이론** : 인간성을 무시한 합리주의 내지 인간기계관에 근거한 과학적 관리의 문제는 이처럼 동기부여론적 측면에서도 비판과 반론이 호손실험에서 비롯되었는바 이는 새로운 경영이론, 더 직접적으로 동기부여이론의 발전에 결정적인 계기가 되었다.

호손실험은 인간의 욕구나 감정 등을 고려하지 않고 인간을 물리적·생리적·요소적 존재로서만 보는 종래의 인간기계론에 입각하여 근로자의 생산능력은 임금, 작업시간 및 작업환경 등의 물적·외적 제조건의 함수라는 전통적인 산업심리학적 가설에 역점을 두고 이를 검증하려는 데 목표를 둔 실험이었다. 그러나 실험결과는 이 같은 가설을 전면적으로 부정하고 생산능률을 좌우하는 것은 오히려 내적·심리적 및 사회적인 것으로 나타남으로써 사기, 리더십, 비공식 조직 등 인간적 요소, 즉 인간관계 중시의 관리방식을 강조하게 되었다.

이 같은 의미를 지닌 호손실험에서 비롯된 인간관계론은 '사회인'의 인간관에 근거하여 근로자의 비합리적인 감정이 생산성에 밀접히 관련된다고 믿어 지나치게 인간적 측면을 중시한 나머지 동기부여이론은 조직의 목표를 경시하게 되고 작업의 합리화를 후퇴시켰으며, 인간행동은 인간관계만으로는 해결할 수 없다는 한계에 직면하게 되었다.

(2) 현대적 동기부여이론

동기부여에 관한 현대적 이론을 살펴보면 번니 등과 같이 ① 욕구이론, ② 기대이론, ③ 강화이론 및 ④ 공정성 이론, 바틀(K. M. Bartol) 등과 같이 ① 욕구이론 ② 인지이론 ③ 강화이론 및 ④ 사회학습이론 등과 같은 네 가지로 구분하여 설명하는 논자도 있다. 그러나 많은 논자들은 세 가지 또는 두 가지로 구분하여 논의하고 있다.

세 가지로 구분하는 경우에는 바론 등과 같이 ① 욕구이론, ② 기대이론 및 ③ 공정성 이론 등과 같이 구분하여 설명하는 논자도 있으나 많은 경우 다음 〈표 4-1〉과 같이 ① 내용(욕구)이론 ② 과정(기대)이론 및 ③ 강화(도구, 학습)이론 등의 세 가지로 구분하여 설명하다.

〈표 4-1〉 동기부여이론의 세 가지 구분

논 자	구 분		
질라기 / 윌리스	욕구이론	과정이론	도구이론
그리핀 외	욕구이론	과정이론	강화이론
캘러한 / 플레너	욕구이론	선택이론	강화이올
체링톤	욕구(내용)이론	과정(의사결정)이론	강화(학습)이론
카시오	욕구이론	기대이론	강화이론

03 내용이론

내용이론은 개인행동이 동기유발되는 개인과 환경상의 요인을 규명하는 이론이다. 내용이론에는 여러 모형이 있지만 가장 기본적이고 최초의 이론인 A. H. Maslow의 욕구 5단계모형과 그것의 수정이론이라고 할 수 있는 C. Alderfer의 ERG모형과 Herzberg의 2요인모형을 중심으로 설명한다.

(1) Maslow의 욕구단계론

A. H. Maslow에 의하면 인간의 욕구는 다원욕구의 계층적 구조로 이루어져 있으며 개인의 행동은 자신의 미충족욕구를 순서적으로 충족하는 과정에서 동기가 유발된다고 전제한다.

① **욕구의 단계적 구조** : Maslow가 제시하는 다섯 가지 기본 욕구는 순서적으로 배열되어 있는 일련의 계층적 구조의 모습을 띠고 있다. 먼저 이런 다섯 가지의 기본 욕구를 설명하면 다음과 같다.

- 생리적 욕구(physiological needs) : 가장 기초적 욕구이다. 의식주에 관련된 욕구로서 주로 경제적 보상에 대한 관심에서 나타난다.
- 안전욕구(safety needs) : 육체적 안전과 심리적 안정에 대한 욕구이다. 안정된 직업, 신체적 보호에 대한 관심 등이 그 예이다.
- 사회적 욕구(social needs) : 대인관계에서 나타나는 욕구이다. 정을 주고받거

나 어떤 단체에 소속되기를 원하는 욕구로서 애정욕구라고도 한다.

- 존경욕구(esteem need) : 타인으로부터 존경을 받고 싶어하는 욕구이다. 신분·지위·명예에 대한 관심이 높은 것은 바로 존경의 욕구를 의미한다.
- 자아실현욕구(self-actualization need) : 최상위의 욕구이다. 자기 능력을 개발하고 최대로 발휘하고자 하는 욕망으로 자율성, 보람있는 직무, 능력개발, 책임감 등에 대한 관심 등을 의미한다.

한편 위의 다섯 가지 욕구 중에서 일반적으로 생리적 욕구·안전욕구·사회적 욕구는 하위욕구, 존경과 자아실현의 욕구는 상위욕구로 분류하기도 한다.

② **욕구의 역동성** : Maslow에 의하면 계층적 구조의 욕구를 순서적으로 충족하는 과정에서 동기적 행동이 유발된다고 한다. 결핍된 욕구에서 그것을 충족하기 위한 동기가 유발되지만(결핍원리 : deficit principle) 그것이 하위계층의 욕구로부터 상위계층의 욕구로 이동하며 나타난다고 한다.

그러나 특정 욕구에 의해 유발되는 행동의 저변에는 특정 욕구 한 가지만 있는 것이 아니라 다른 욕구도 함께 존재하고 있다. 다만 그 특정 욕구가 지배적 욕구(dominant needs)로서 다른 욕구보다 그 시점에서 중요하다든가 강력하다는 의미가 있는 것이다. 그러므로 새로운 욕구는 갑작스럽게 출현하는 것이 아니라 느리고 점진적으로 나타나게 된다. 또 지배적 욕구가 특정 행동의 유발에 반드시 독점적으로 영향을 미치는 것이 아니라 상노가 나른 욕구들과 함께 행동의 복합적인 원인으로 작용하는 것이다.

(2) Alderfer의 ERG모형

Maslow 이론은 다음과 같은 한계점이 있다. 첫째, 인간의 욕구구조가 과연 Maslow의 지적처럼 다섯 가지의 욕구가 계층적 순서를 형성하고 있는가? 둘째, 개인적 차이와 관계없이 모든 인간의 욕구계층구조가 항상 Maslow의 욕구구조와 동일하다고 할 수 있는가? 셋째, 욕구충족을 위한 행동의 유발이 반드시 하위욕구로부터 상위욕구로 진행하면서 실현되는가? 넷째, 인간의 행동이 반드시 미충족 욕구에 의해서만 유발되는 것인가?

Maslow의 욕구이론을 Alderfer는 다음과 같이 수정·보완하고 있다. 욕구의 계층성을 주장하되 존재(existence : E)·관계(relatedness : R)·성장(growth : G)의 세 가지로 축소하여 다음과 같이 설명하고 있다.

- 존재(existence : E) : 배고픔·목마름·주거 등과 같은 모든 형태의 생리적·물질적 욕망들이다. 조직에서는 임금이나 쾌적한 물리적 작업조건에 대한 욕구가 이 범주에 속한다. 이 범주는 Maslow 이론의 생리적 욕구나 물리적 측면의 안전욕구 등에 비할 수 있다.
- 관계(relatedness : R) : 작업장에서 타인과의 대인관계와 관련된 모든 것을 포괄한다. 이 욕구범주는 Maslow의 안전욕구, 귀속 및 애정욕구 같은 사회적 욕구에 유사하다.
- 성정(growth : G) : 창조적·개인적 성장을 위한 한 개인의 노력과 관련된 모든 욕구들이다. 성장욕구의 충족은 한 개인이 자기 능력을 극대로 이용할 수 있을 뿐만 아니라 새로운 능력개발을 필요로 하는 일에 종사함으로써 얻을 수 있다. Maslow 의 자아실현욕구나 일부 존경욕구가 이 범주와 비교될 수 있다. 자세히 비교해보면 첫째, Maslow의 욕구계층설은 만족-진행(satisfaction-progression)과정, 즉 하위욕구가 만족될수록 보다 높은 욕구로 진행해간다는 이론에 근거를 두고 있는데 반하여, ERG이론은 이러한 이론에 더불어 좌절-퇴행(furustration-regression)의 과정도 추구하여 욕구충족과정을 설명하고 있다. 좌절-퇴행이란 높은 단계의 욕구가 만족되지 않을 때, 즉 좌절될 때 그보다 낮은 단계의 욕구-중요성이 커지는 것을 말한다. 위의 ②, ⑤의 가정이 이에 해당된다.

  둘째, 첫 번째 차이와 관련이 있는 것으로서 ERG이론은 Maslow이론과 달리 한 가지 이상의 욕구가 동시에 작용할 수 있다는 것이다.

  이러한 ERG이론은 최근에 발전을 본 이론이다. 따라서 검증한 실증연구가 많지 않다. 그러나 이 이론에 대하여 보편성에 의문을 제시하는 학자들도 있다. 그러나 조직론 학자들은 경영자들에게 ERG이론이 다른 이론에 비하여 유용한 현실적인 이론이 될 가능성이 있음을 지적하고 있다. 이와 같은 Maslow 이론의 수정이론인 Alderfer의 ERG이론을 그림으로 나타내면 다음 [그림 4-3]과 같다.

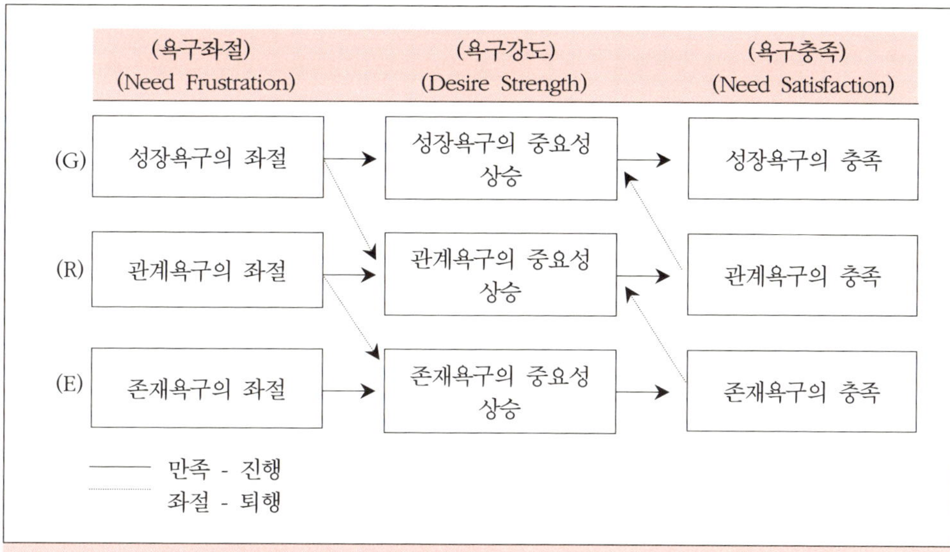

[그림 4-3] ERG이론의 만족-진행과 좌절-퇴행

(3) 2요인 이론

만족한 인간이 더 열심히 일을 한다는 전제하에 Herzberg는 인간의 만족-불만족의 요인이 각각 다른 차원에서 존재하고 있음을 주장하였다.

① 2요인과 양자의 관계

㉮ 행동속 사극요인의 2요인

- 위생요인(hygiene factors or dissatisfiers) : 위생요인은 개인의 욕구를 충족시키는 데 있어서 주로 개인의 불만족을 방지해주는 효과를 가져오는 것들을 말한다. 따라서 이들 요인들을 불만족요인이라고 부르고, 주로 임금, 안정된 직업, 작업조건, 신분, 경영방침, 관리, 대인관계 등을 포함하고 있다.

  위생요인은 주로 Maslow의 생리적 욕구와 안전욕구 그리고 사회적 욕구에 해당 되며 개인의 불만족을 방지해 주는 효과만을 발생시킨다. 위생요인은 주로 개인의 직무환경과 관련된 직무외재적 성격을 지니고 있는 것이 특색이기 때문에 직무의 환경요인(context factors)이라고도 한다.
- 동기유발요인(motivators or satisfiers) : 동기유발요인은 개인으로 하여금 직무 만족을 느껴 스스로 열심히 일하게 함으로써 성과도 높아지게 하

는 요인으로 성취감, 인정감, 책임감, 성장, 발전, 보람 있는 직무내용, 존경과 자아실현욕구 등을 포함한다. 위생요인이 직무외재적 성격을 지닌 데 반하여, 동기유발요인은 대조적으로 주로 직무내재적 성격을 지닌 직무내용요인(content factor)이라고 할 수 있다.

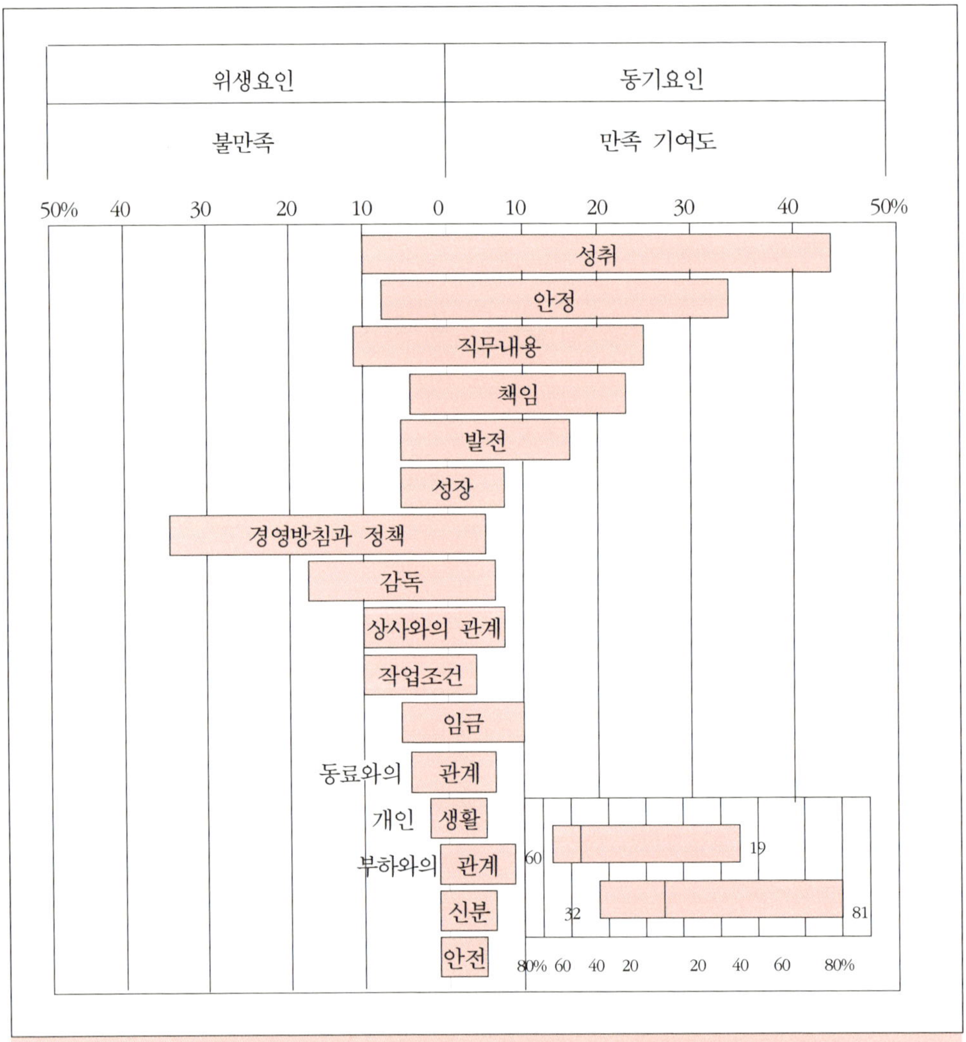

[그림 4-4] 2요인이론의 유생요인과 동기유발요인

㉯ 양요인의 독립성 : Herzberg는 기업의 성과를 증진시키는 긍정적 직무수행

의 행동이나 태업·이직 등의 부정적 행동은 각각 직무의 만족과 불만족의 정도에 의해 좌우된다고 전제한다. 그는 다음 [그림 4-4]처럼 2요인은 만족과 불만족의 공통요인이 아니라 개별의 2원구조로 독립되어 있음을 실증하였다.

위생요인에 대해서 불만을 느끼는 종업원은 기업을 떠나거나 작업을 부실하게 행할 수 있지만, 설사 불만을 느끼지 않는다 하더라도 자발적인 작업동기를 갖지 않을 수 있다. 또한 동기요인에 대해서도 종업원의 충분한 작업동기는 높은 작업만족도에 의해서 형성되지만, 동기유발요인이 없다고 해서 결코 불만을 느낀다는 뜻은 아니다.

요컨대 Herzberg는 종래의 만족-불만족이 단일차원적 연속선(unidimensional continum)상의 대응개념이라는 점을 부인하고, 만족과 불만족의 독립적 연속선(independent continua)상의 개념이라는 이론을 제시함으로써 위생이론과 동기유발요인들이 작용영역과 한계를 명백히 해주고 있다. 이는 다음의 [그림 4-5]에 표시되어 있다.

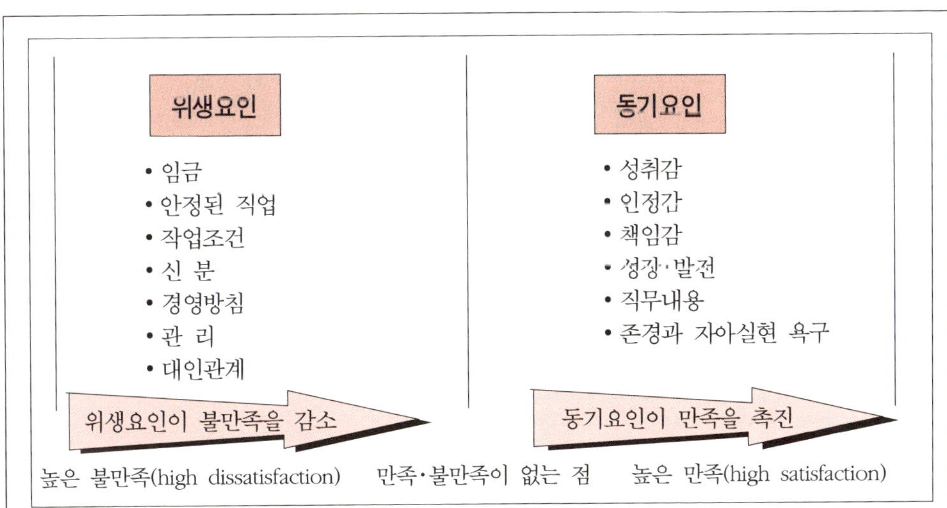

[그림 4-5] Herzberg의 만족-불만족연결관계

② **2요인이론의 평가** : 2요인이론은 그 이후의 연구가들에게 그 연구방법과 내용에 있어 적지 않는 논쟁과 비판을 유발하였다.

첫째, 기사와 회계사 등 전문직을 대상으로 한 연구결과라는 점에서 2요인 이론이 일반 노동자에게도 과연 적용될 수 있는가? 예를 들면 그들은 동기유발요인에 큰 비중을 두지 않을 수도 있다.

둘째, 동기유발요인에 의해 만족한 사람이 과연 반드시 더 자발적으로 열심히 일하는 방향으로의 행동이 유발된다고 볼 수 있는가? 다시 말해 만족이 반드시 직무수행의 동기로 이어진다는 보장이 없는 것이다. 때문에 높은 직무만족→높은 성과라는 Herzberg의 주장보다 높은 성과→적절한 보상→높은 직무만족의 논리가 좀더 현실과 일치한다는 주장이 기대이론 등에서 제기된다.

셋째, 직무이 불만족-만족요인이 반드시 Herzberg가 제시하는 것처럼 2원적 구조가 이루어져 있다는 보장이 있는가? 예를 들면 상징성이 강한 임금 등의 경제적 요인은 오히려 동기유발요인의 의미도 강하기 때문에 임금에 대한 욕구의 미충족은 낮은 만족과 낮은 성과로 이어지는 경향이 크다는 지적이 있다.

이와 같은 Herzberg의 이론은 연구방법과 이론 그 자체에 있어 많은 학문적 비판을 받았다. 그러나 직무의 내재적 특성과 관련된 동기유발요인에 대한 강조를 통해 직무확대(job enlargement)·직무충실(job enrichment) 등의 기법이 개발되어 직무재설계(job redesign)에 대한 관심을 제고시킨 점 등에서 크게 기여한 점이 많은 이론이다. 또한 일반적인 행동이 아니라 기업구성원의 직무수행이라는 작업동기에 초점을 맞추었다는 점에서 2요인이론의 의의를 찾아볼 수 있다.

(4) 내용이론의 평가

세 가지 이론에 의하여 서술된 욕구를 비교하면 다음〈표4-2〉와 같다. 이 이론들은 동기유발의 원천으로서 높은 수준의 욕구 중요성을 지적한 점에 있어서는 일반적으로 서로 모순 되지 않고 양립할 수가 있다. 그런데 ERG이론은 다른 2개의 이론에 비하여 욕구구조의 구성에 있어서 개인별로 다르다는 것을 좀더 강조하고 있다. 그리고 이러한 것이 개인별로 욕구구조가 동일하다고 하나는 것보다는 연구자들의 강한 지지를 받고 있다.

〈표 4-2〉 세 가지 내용이론의 욕구비교

Maslow 욕구계층설	Alderfer의 ERG모형	Herzberg의 2요인이론
생리적 욕구	존 재	위 생
안전 욕구		
사회적 욕구	관 계	
존경의 욕구	성 장	동 기
자아실현의 욕구		

자료 : Judith R. Gordon, a Diagnostic Approach to Organizational Behavior, 2nd ed., Boston : Allyn and Bacon, 1987, p. 92

ERG이론의 조절-퇴행(fruxtration-regression) 관점은 좀더 높은 욕구를 실현하려는 근로자가 좌절될 때 좀 더 확실한 욕구로 돌아올 수 있다는 점에서 조직을 위한 중요한 함축적 의미를 부여하고 있다. 특히 현재 널리 요구되는 새로운 창조적인 아이디어, 질적, 향상, 요구되는 변화를 위한 능력 등을 위하여 증가되는 욕구의 충족은 매우 중요한 것이다.

04 과정이론

(1) 기대이론

① **기대이론의 내용** : 모티베이션의 기대이론(expectancy theory)에 있어서 개인의 동기부여는 행위와 보상이 어떻게 연결될 것인가에 관한 개인의 지각에 의존하는 것이다.

기대이론에 대한 설명으로 가장 폭넓게 인정되는 견해가 부룸(V. H. Vroom)에 의하여 제시되었는데 그는 세 가지 개념, 즉 유의성·수단성·기대에 근거를 두고 설명하고 있다.

㉮ 유의성(valence) : 유의성이란 어떤 결과에 대한 개인이 가지는 가치나 중요성을 나타낸다. 그리고 특정한 행동과정의 결과에 대한 유인이나 개인 욕구의 강도를 반영한다. 유의성을 이해할 수 있는 가장 간단한 방법은 특정행위의 결과가 보수·승진·표창 등의 보상이라고 가정하는 것이다. 즉,

각 결과 혹은 보상의 유의성은 각 보상이 개인에 따라 나타나는 긍정적 가치 또는 부정적 가치이다.

㉯ 수단성(instrumentality) : 높은 성과와 같은 1차 수준 결과와 승진과 같은 2차 수준 결과 사이의 관계에 대한 개인의 지각을 반영한다. 예를 들면 수단성은 자신의 성과가 승진하는 데 도움이 될 것이라고 믿는 정도를 반영하는 것이다.

㉰ 기대(expectancy) : 일정수준의 노력과 일정수준의 성과 사이의 지각된 관계를 말한다. 다시 말해서 기대는 사람들이 자신의 노력이 실제로 1차 수준 결과를 가져오게 할 것이라고 믿는 정도를 의미한다. 브룸모형은 ① 개인이 어떤 과업을 선택할 것인가, ② 유의성, 수단성 및 관련된 기대를 근거로 하여 자신이 선택한 과업에 어느 정도 노력을 기울일 것인가를 예측하는 데 목적을 두고 있다.

② **기대이론의 시사점** : 기대이론의 연구결과들은 일관성이 결여되어 있지만 다음과 같이 결론을 내릴 수 있다.

- 높은 성과는 보상을 받게 된다(보상을 받는 데 도움이 된다)고 믿는 개인들은 그렇게 믿지 않는 개인들보다 더 나은 업무성과를 보여준다.
- 노력과 업무성과간의 기대연계에서도 위와 마찬가지로 종업원 자신들의 노력이 효율적인 성과를 가져올 것이라고 믿고 있는 곳에서는 그러한 연계가 분명하지 않은 곳보다 종업원들이 일반적으로 더 많은 노력을 기울인다.
- 종업원의 노력이나 성과는 보상의 가치나 유의성에 의해 좌우될 것이라고 생각하 기 쉬우나, 여기에 대한 연구결과들은 서로 모순된 것들이 많아 분명한 결론을 내리기는 어렵다.

그 중에서 가장 분명한 것은 아마도 급여나 이러한 내용들에 근거하여 여러 가지 유용한 시사점들이 기대이론으로부터 도출되고 밖의 보상들이 성과의 여하에 따라 좌우될 것이라는 사실이다. 따라서 행동수정(behavior modification)과 기대이론 양자의 연구결과들은 최선의 업무수행을 하는 종업원들이 그들의 직무수행과 그들이 가치를 부여하는 보상의 수용 사이의 강한 상관관계를 갖고 있는 사람들이라는 것을 분명히 시사해 준다. 결과적으로 조직은 성과에 따라 종업원에게 보상(급여, 승진, 또는 보다 나은 직무)을 제공하는데 더 많은 노력을 경주해야 할 것이다.

덧붙여 만일 조직이 종업원들의 성과를 토대로 하여 종업원들에게 보상을 제공하기로 결정한다면 모든 종업원들의 성과와 보상 사이의 관계(수단성)는 분명하게 이해할 수 있도록 공개되어야 한다. 그러나 이것은 근로자들이 현행의 급여를 공정한 것으로 여긴다고 가정한 경우이다.

(2) 포터·로울러의 모티베이션 모형

① **포터-로울러 모형의 내용** : 포터(L. W. Porter)와 로울러(E. E. Lawler)는 브룸의 기대이론을 기초로 하는 조직에 있어서의 종업원에 대한 태도와 성과와 관계를 규명하였다. 그들의 연구에서는 다음과 같은 9개의 변수가 사용되고 있다.

- 보상의 가치(value of reward) : 이는 유의성을 나타내는 것으로서 하나의 성과가 가지는 매력의 정도를 말한다.
- 노력 對 보상의 확보(effort-reward probability) : 이는 보상이 노력을 근거로 하여 주어진다는 것에 대한 자각을 말하는 것으로, 구체적으로 노력·성과와 성과·보 상으로 인식된다.
- 노력(effort) : 특정한 과업을 수행하는 과정에서 사용되는 힘을 말한다.
- 능력과 특성(abilities and traits) : 이는 특정인이 갖는 장기적인 특성을 의미한다.
- 성과(performance) : 이는 직무를 담당하고 있는 개인의 과업성취를 의미한다.
- 역할지각(role perceptions) : 이는 조직구성원이 자신의 직무와 과업에 대해서 갖는 사명감을 말한다.
- 보상(rewards) : 이는 자기 자신의 생각이나 다른 사람들의 행동으로부터 얻을 수 있는 바람직한 상태로서, 이에는 내재적 및 외재적 보상이 있다.
- 지각된 공정한 보상(peceived equitable rewards) : 한 사람이 공정하다고 생각하는 보상의 양을 말한다.
- 만족(satisfaction) : 이는 직무성과에 따라 제공된 보상에 대하여 개인이 느끼는 욕구와 충족정도를 의미한다.

포터와 로울러는 이상과 같은 9개의 변수로 구성된 모티베이션의 이론적 모형을 다음 [그림 4-6]과 같이 제시하였다.

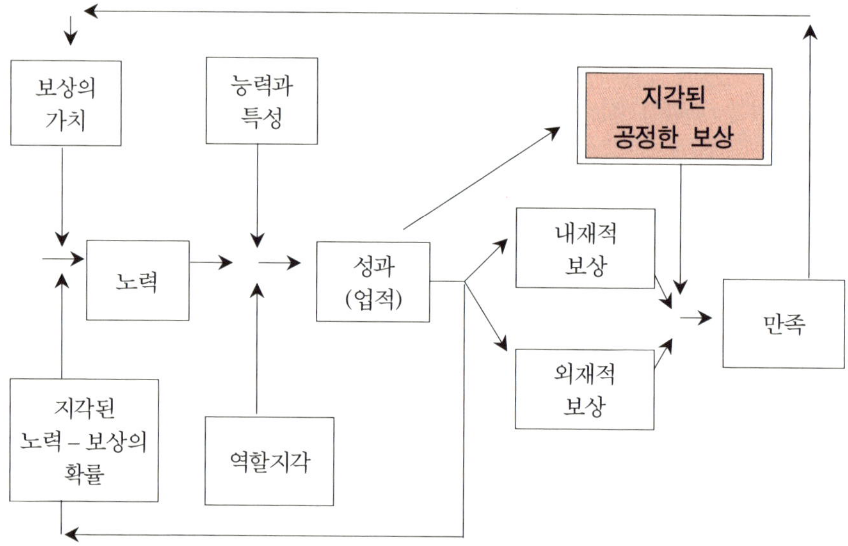

자료 : L. W. Porter and E. E. Lawler, Ⅲ, Managerial Attitudes and Performance (Homewood, Ⅲ. : Irwin, Richard D., 1968), p.165.

[그림 4-6] 포터·로울러의 모티베이션 모형

② **포터와 로울러 모형의 문제점** : 포터와 로울러의 연구는 모티베이션과 성과에 관한 이론적 모형을 구성했다는 점에서 큰 의의를 가지고 있지만 그 모형이 이론적 기초로 하고 있는 기대이론 그 자체에 대한 다음과 같은 비판들이 있다.

첫째로, 기대이론이 비판되고 있는 가정은, 인간이 그들의 의사결정과정에서 쾌락주의적 계산(gedonistic calculus)을 한다는 가정이다. 그러나 인간의 행동은 이와 같은 쾌락주의적 가정에 따라서만 행동하는 것이 아니며, 기대이론에서 가정하고 있는 것과 같은 인지과정을 가질 수 있는가 하는 것은 의문이다. 즉, 인간이 행동을 할 때는 기대이론에서 가정하는 것과 같은 복잡한 계산적이고 합리적인 과정을 간단히 사용할 수도 없고, 실제로 사용하지도 못하는 것이다.

둘째로, 기대이론이 비판되고 있는 방법론적인 문제의 하나는, 기대이론이

너무 복잡하기 때문에 변수측정에 많은 난점이 따른다는 것이다. 즉, 각 변수들은 주로 질문지를 통해서 측정되기 때문에, 변수에 대한 지각적 정의(operational definition)에 통일성이 없고 따라서 과학적 타당성에 문제가 있다는 것이다.

셋째로, 포터·로울러의 기대이론은 개인수준의 모티베이션 이론이라는 문제점을 가지고 있다. 즉, 집단수준의 모티베이션의 이론, 특히 그 중에서 모티베이션과 관련이 깊은 집단역학(group dynamics) 등을 고려하지 않고 있다는 문제점을 가지고 있다.

개인이 어떤 종류의 집단이라는 환경 하에서 행동을 할 때는 그 행동은 그 자신의 개인적 행동의 경우와는 성질을 달리하게 된다. 왜냐하면, 집단이라는 환경 하에서의 행동은 집단내의 다수가 기대하는 집단이 인정하는 방식으로 생각하고 느끼고 행동하게 하는 인지된 힘의 체계인 집단적 구조 속에서 그 영향을 받아 행동하기 때문이다. 집단적 기구로는 집단의 풍토·집단규범·집단매력과 응집성·역할기대 등을 들 수 있다. 모티베이션의 과정이나 영향력을 제대로 파악하기 위해서는 이와 같은 집단적 기구가 조직구성원의 일에 대한 모티베이션에 어떤 영향을 미치는가도 고려해야 할 것이다.

(3) 공정성 이론

① **공정성 이론의 내용** : 공정한 이론(equity theory)은 각 개인은 자신들의 공헌(투입) 對 보상 사이의 균형을 유지하기 위하여 강하게 동기부여 된다고 가정한다. 공정성 이론은 개인이 행하는 투입(노력·기술·교육 등에 의한 것)과 그가 갖는 결과(금품·표창·승진 등)에 관하여 개인과 조직 사이에 발생하는 교환에 초점을 맞춘다. 이때 개인에 대한 교환의 순가치(net value)는 결과에 대한 투입의 비율로 표현되어질 수 있는데 여기서 결과(보상)는 각 개인의 지각된 중요도에 따라 가중치가 부여되어진다. 지각된 공정성이나 불공정성은 사람들이 자신의 투입 대 산출의 비율을 조직내의 다른 사람들의 투입 대 산출의 비율이 그러할 것이라고 믿는 것과 비교할 때 발생한다.

기본적으로 만일 어떤 사람이 불공정성을 지각한다면, 그의 마음 속에 긴장이나 추진력이 발생하여 긴장과 불공정성을 감소시키거나 제거하기 위해 동기부여 될 것이라는 것이 공정성 이론의 내용이다. 이 지각된 불공정성이 긴장을 초래하게 되는 과정은 때때로 인지부조화(cognitive dissonance)라고 불리어진다.

공정성 이론에 관한 대부분의 연구가 개인의 성과와 그에 따른 금전적 보상(특히 과소 또는 과다임금)과의 관계에 초점을 맞추어 왔다. 또한 대부분의 연구들이 성과가 명백히 노력의 함수인 매우 단순한 과업들에 근거를 두고 있다. 이러한 조건하에서 공정성 이론가들은 다음과 같은 예측을 하였다.

- 만일 어떤 사람이 임율(piece rate)에 따른 보수지급체계에서 보수를 받으며, 그 자신이 과다한 보수를 받고 있다고 생각한다면, 그 사람의 산출량은 전과 동일하거나 감소할 것이다. 왜냐하면 산출량을 증대시키는 것은 그 사람에 대한 재정적 보수를 증대시킬 것이고 그에 따라 그의 지각된 불공정성도 훨씬 더 증가할 것이기 때문이다. 그러나 질적인 면은 향상된다. 왜냐하면 지각된 불공정성을 감소시키기 위하여 개인은 자신이 제공하는 투입을 증가시킴으로써 질적 향상을 달성하기 때문이다.
- 반대로, 만일 어떤 사람이 작업양(per piece)에 따른 임금을 받고 있으며, 자신이 낮은 보수를 받고 있다고 생각한다면, 그의 작업의 질은 저하될 것이고, 그가 산출하는 양은 산출단위당 얼마만큼의 임금을 받는가에 따라 좌우되어 증가할 것이다.
- 만일 그 사람이 산출량에 관계없이 고정급(salary)을 받으며 자신이 과다한 보수를 받는다고 생각한다면 작업의 양이나 질 중의 하나는 증가할 것이다. 왜냐하면 이렇게 하는 것이 지각된 불공정성을 감소시킬 것이기 때문이다.
- 그러나 만일 그 사람이 고정급을 받으며, 그 자신이 낮은 보수를 받는다고 생각한다면 작업의 질과 양이 모두 감소할 것이다.

이상과 같은 내용은 다음 〈표 4-3〉에 요약되어 있다.

〈표 4-3〉 성과에 따른 지각된 불공정성의 영향

	과소 보수	과다 보수
작업률 기준	질저하, 양불변 또는 증대	질향상, 양불변 또는 저하
고정급 기준	질 또는 양이 저하될 것이다.	질 또는 양이 증대될 것이다.

② **공정성 이론의 연구결과** : 모티베이션에 관한 공정성 이론의 예측의 대부분은 많은 연구에 의하여 지지되고 있다. 최초이자 가장 잘 알려진 연구는 애덤스(J. S. Adams)와 로센브럼(W. B. Rosenbrum)의 연구이다. 이 연구는 두 개의 개별적인 실험으로 구성되었다. 처음에 피실험자들은 시간을 기준으로 해서 급료를 받았다. 여기서 연구자들은 과다급료를 받고 있다고 믿고 있는 피실험자들이 자신의 급료가 공정하다고 생각하는 피실험자들보다 더 생산적이 될 것이라고 예측하였다.

그러나 각 피실험자집단이 선택된 방법에 큰 차이점이 하나 있었다. '불공정성' 피실험자들로 하여금 과다급여를 받는다고 느끼도록 하기 위하여 연구자들은 피실험자들에게 "여러분은 우리가 종사하고 있는 종류의 조사업무나 면담에 대하여 전혀 경험이 없습니다. 나는 직업소개소에 그런 종류의 경험을 가진 사람만 보내달라고 특별히 요청하였습니다. 그러나 어찌되었든 나는 여러분을 고용해야 될 것이라고 생각합니다."라는 말을 들려주었다. 두 번째의 불공정성이 없는 피실험자집단은 직무에 관하여 그들이 적절한 자격을 갖추었다는 말을 들었다. 첫 번째 실험에서는 예측대로 자신들이 과다급여(시간당 3.50 달러)를 받고 있다고 믿었던 집단이 자신들의 급료를 공정한 것으로 생각한 집단보다 상당히 더 나은 성과를 나타냈다.

두 번째 연구에서 연구자들은 과다급여를 받는다고 생각하지만 시간당 급여가 아니고 면담건수에 따라서 급여를 받는 피실험자들이 업무를 잘 수행하지 못할 것이라고 예측하였다. 여기서의 가정은 보다 적은 수의 면담을 함으로써 피실험자들은 더 적은 돈을 벌 것이고 그에 의해 그들이 불공정하게 높은 급료를 받는다는 생각을 줄일 것이라는 것이다. 예측한 바와 같이 자신들의 급여가 너무 높은 수준이라고 생각한 피실험자들은 자신들의 급여가 공정하다고 여긴 피실험자들 보다 더 적은 면담을 실시함으로써 반응을 나타내었다.

그 밖의 많은 연구결과들도 공정성 이론의 예측들을 비슷하게 뒷받침해 왔다. 그러나 공정성 이론은 일반적으로 과다임금의 경우보다 과소임금의 경우에 대하여 보다 적합하다. 그리고 이 점에서 왜 공정성 이론이 과소임금의 경우에 대하여 더 적합한지는 분명하지 않다.

제3절 리더십

01 리더십(Leadership)

(1) 리더십의 개념과 필요성

헤이만(F. S. Haiman)은 인간이 공동체 생활을 영유하는 한 원시시대부터 20세기의 국가사회에 이르기까지 어느 시대에서도 리더를 찾았으며 인간이 발달하는 한 그 곳에서 리더가 있었다고 한다.[7] 현대 사회에 존재하는 모든 조직 - 기업, 국가, 군사 조직, 학교 등 - 에서는 한층 더 리더십의 중요성을 인식하고 있다. 리더가 없는 세계란 감독없는 프로축구나 지휘자가 없는 오케스트라와 같아서 상상하기조차 어렵다. 이처럼 리더가 필요하게 된 것은 급격한 환경의 변화에 적응하기 위한 조직관리와 함께 다양한 인간관계 기술을 사용하여 자신들에게 주어진 과업을 효율적이며 효과적으로 수행해야 하는 경영자를 어느 조직에서든지 필요로 하고 있기 때문이다.

같은 조직이라 하더라도 리더에 의해 조직이 달라지며 목표와 업적도 달라지며 부하들의 사기도 달라진다. 따라서 리더십은 현재와 같이 급격히 변화하는 사회에서는 지대한 관심사로 등장하는 것이다.

(2) 리더십의 정의

현대는 조직의 시대이다. 인간생활의 모든 영역에 조직이 침투하고 있다. 이러한 상황에서 어느 조직이던 뛰어난 조직 리더를 필요로 하고 있으며 이러한 리더십이

7) F. S. Haiman, Group Leadership and Democratic Action, 1951, pp. 3-4

급격히 요구되고 있다. 인간의 리더십이란 어떤 조직의 구성원을 하나의 목적을 위해 단결시키는 능력과 의지이며, 구성원들에게 신뢰감을 불러일으키는 인격적인 힘이라고 정의할 수 있다.[8] 또한 리더십은 리더만의 단일 행동이 아니며, 개인과 집단 활동에게 지시하고 복종하게 하는 영향력을 행사하는 것을 뜻한다.

이같이 조직관리에서 중요한 의미를 지니는 리더십의 개념을 올바르게 이해하기 위해서는 리더십의 다른 정의[9]들도 살펴볼 필요가 있다.

- 리더십이란 주어진 상황에서 목표를 달성하기 위한 개인 또는 집단의 행동에 영향을 미치는 과정[L = f(L, F, S)]이다.[10]
- 리더십이란 사람들에게 그들의 노력을 어떤 특정한 목표 또는 몇 개의 목적을 안내하기 위해 그들에게 영향을 미치는 과정이다.[11]

이들 정의들은 공통 요소들을 포함하고 있는데 ① 리더십은 부하와 같은 다른 사람들을 포함한다. ② 리더십은 리더와 집단 구성원간의 불공평한 배분을 포함한다. ③ 부하에 대한 영향력을 포함한다. 따라서 위와 같이 리더십의 정의를 참고하여 다음과 같이 리더십의 정의를 내릴 수 있다. 즉 조직의 목표 달성 과정에 있어서 구성원 상호간에 미치는 영향력으로 표현한다.

섬김의 리더십 Servant Leadership

'서번트 리더십(Servant Leadership)'이 주목받고 있다. 리더는 '권력(power)'이나 '권위(authority)'에 기초한 리더십이 아닌 섬김의 리더십을 발휘해야 한다는 것이다. 즉 진정한 리더는 타인을 위해 자원을 관리하고 봉사하며, 약자의 작은 목소리까지도 경청하고, 타인의 감정을 이해하고 공감해야 하며, 타인의 성장을 위한 자기 헌신적 노력을 통해 더불어 사는 공동체 형성에 기여해야 한다는 이론이다.

미국 학자 로버트 그린리프(Robert K. Greenleaf)[12]가 1970년대에 처음 주장한

8) 지도자의 전략과 리더십, 이대웅. 1992

9) C. I. Barnard, The Function of Executive, Harvard University Press, 1938
리더십이란 기술적인 숙달과 도덕적 복잡성에 대한 비교적 높은 개인적 능력에 주어진 명칭이다.

10) P. Hersey/K. H. Blanchard, Management of Organizational Behavior, Prentice-Hall, 1988, 5th, p.86.

11) R. M. Hodgetts/D. F. Kuratko, Management, Harcourt & Brace, 1991, 3rd, p.476

12) Robert K. Greenleaf : A life of servant-leadership(Servant Leadership ,Berrett-Koehler Publishers, 1970.

이론으로 '다른 사람의 요구에 귀를 기울이는 하인이 결국은 모두를 이끄는 리더가 된다'는 것이 이론의 핵심이다.

인간존중을 바탕으로, 구성원들이 잠재력을 발휘할 수 있도록 앞에서 이끌어주는 리더십이다. 경청(Listening) / 공감(Empathy) / 치유(Healing) / 스튜어드십(Stewardship) / 성장(Growh of People) / 공동체 형성(Building Community)의 6가지를 제시하고 있다.

대표적 섬김의 리더십으로 꼽히는 예수는 33세에 죽었지만 그의 사상은 전 세계를 뒤엎을 정도로 큰 영향을 주고 있으나 역사상 가장 위대한 지도자로 꼽히는 알렉산더 대왕. 그는 20세에 왕위에 올라 13년 만에 그리스, 페르시아, 인도에 이르는 대제국을 건설했다. 그는 모든 전투에서 선봉에 서며 리더십을 발휘했다. 그는 군대의 사기를 높이고 전투력을 증강시켰지만 제국을 오래 지속하게 하는 데는 실패했다. 결국 알렉산더도 33세에 생을 마감했고 후계자를 지명하지 못해 제국 건설의 꿈도 접게 됐다.

한국에서의 섬김의 리더십으로 대표적인 분은 故 김수환 추기경이다.

02 리더십 이론

(1) 리더십 연구 및 접근방법

조직성장과 조직성과를 중시하게 되어 등장하게 된 리더십에 대한 연구는 그 개념의 중요성, 복합성, 다차원성 등으로 인하여 여러 가지 방향에서 다양하게 이루어져 왔다. 전통적인 리더십 이론은 크게 세 가지로 구분될 수 있는데 ① 리더십 특성이론, ② 리더십 행동이론, ③ 리더십 상황이론이다.

리더십 특성이론은 효과적인 리더는 타고난 남다른 특성이 있을 것으로 믿고 그 특성이 무엇인지를 찾고자 노력한 것이다. 이 이론은 리더의 효과적인 특징이나 자질을 밝혀낸 성과도 있지만 그러한 특성이 반드시 성공적 리더에게서만 발견되는 것이 아니란 한계에 부딪히게 되었다. 따라서 특성추구에 실패한 리더십 연구는 이번에는 밖으로 드러나는 리더의 행위를 관찰하는 방향으로 진행되었다.

리더십 행동이론은 리더의 남다른 행동적 특성에 주목하는 연구라 할 수 있다. 이 이론은 리더는 선천적으로 타고나는 특성이 있다는 점을 부정하며 리더의 지속적인 행동양식과 리더십 성과간의 관계를 규명하는데 중점을 둔다. 이 이론은 리더의 개발가능한 효과적인 행동특성이 무엇인지를 밝혀내는 성과를 거두었지만 그 행동이 모든 상황에서 항상 효과적이지 만은 아니란 한계에 부딪치게 되었다.

리더십 상황이론은 리더의 특성이나 행동이 주변의 상황적 요인과 적절히 적합성을 이룰 때 리더십 성과가 높다는 것이 핵심을 이룬다. 이 이론에 따르면 상황이 리더를 만드는 것이어서 가장 효과적인 리더란 상황의 요구에 가장 부합되는 사람을 이른다는 것이다. 즉 리더십 성과는 상황의 산물이라고 할 수 있는 것이다. 여기서 상황이란 조직구조, 직무특성, 부하특성 등 다양한 요소들이 포함될 수 있다. 비교적 최근까지도 리더십 상황이론은 다양하게 조직연구에 적용되고 있는 편이다.

이상에서 설명한 세 가지 이론을 시대적으로 비교·요약하면 다음과 같다.

〈표 4-4〉 리더십 이론

접근법 ＼ 내용	연구모형	강조점
특성추구이론 (1930년대~1950년대)	개인적 특성(효과적인 리더의 특성 탐색)	리더와 리더가 아닌 사람을 구별할 수 있는 특징이나 특성이 분명히 존재한다.
행위이론 (1950년대~1960년대)	리더행위 → 성과 종업원유대	리더십의 가장 중요한 측면은 리더의 특성이 아니라 리더가 여러 상황에서 실재하는 행위이다. 성공적 리더와 비공식적 리더는 그들의 리더십 스타일에 의해 구별된다.
상황이론 (1970년대 이후)	리더행위 → → 성과 만족 ↑ 상황요인 : 과업(종업원 유대) 퍼스낼리티 → 기타 이 기준 집단 성격에 관련된 변수 등	리더의 유효성은 그의 스타일뿐만 아니라 리더십 환경을 이루는 상황에 의해서도 결정된다. 상황에는 리더나 하급자들의 특성, 과업의 성격, 집단의 구조, 강화의 유형 등이 있다.

자료 : 지도자의 전략과 리더십, 이대웅. p. 22.

03 리더십 특성이론

1949년 이전의 리더십에 대한 연구는 리더가 소유하고 있는 개인적 특성을 찾아내는데 초점을 두었다. 리더십의 특성이론은 일찍이 유럽에서 '위대한 사람 이론(great man theory)'이라고 불리는 영웅들이 가지고 있는 독특한 자질(the unique qualities of heroes)이 무엇인가에 관한 연구에서 비롯되었다.

그러나 그 후에 많은 학자에 의하여 다양한 리더들이 지닌 육체적·정신적·인격적 특성을 알아내기 위한 노력이 이루어지면서, 위대한 사람 이론은 사람들의 육체적 특성이나 건강 이외의 다른 특성은 타고나는 것이 아니라는 행동주의자들의 주장으로 많은 지지기반을 잃게 되었다.

(1) 리더십 특성이론의 성격

리더십 특성이론(traits theory)은 리더의 개인적 자질과 특성이 리더십의 역량과 기능에 영향을 준다고 보고, 그 특성을 해명하려는 이론이다. 즉, 리더십은 개인이 소유하는 질적 요소인 자질 또는 특성에 달려있다는 가정이다. 특성이론은 고대 그리스와 로마인들의 사고에서 비롯된 '위대한 사람이론'에서 출발했는데, 리더는 선천적으로 타고나는 것이지 후천적으로 만들어지지 않는다고 믿고 있으며, 특히 한 사회의 리더는 원래 태어날 때부터 잠재적 자질을 보유하고 있다는 것이다. 이러한 시대적 출현인 영웅적 인물은 신체구조나 용모가 보통사람보다 특별히 구별될 수 있으며, 신분·지능지수·성격 등도 다른 사람들보다 뛰어나다고 보는 것이다.

(2) 리더의 주요 특성

스톡딜(R. M. Stogdill)은 1949년부터 1970년 사이에 163편의 연구를 통하여 리더의 특성에 대한 조사를 실시한 결과 리더의 특정 자질은 리더십 유효성을 증진시킬 수 있다고 보고 있다. 또한 테드는 리더가 갖추어야 할 특성으로 육체 및 정신적 에너지와 목적의식과 지시능력, 정열, 친근감과 우호심, 품성, 기술적 우월성, 과단성, 지능, 교수능력, 신념의 10가지를 들고 있다. 버나드는 지도자의 특성을 크게 두 가지 측면에서 파악했다. 첫째는 체력·기능·기술·지각력·지식·기억력·상상력 등의 기술적 측면에서 개인적인 우월성을 가져야 하고, 둘째는 결단력·지구력·

인내력·용기와 같은 정신적인 측면에서 우월성을 가져야 한다는 것이다.

〈표 4-5〉 리더의 주요 특성분류

신체적 특성	사회적 배경	지 능	퍼스낼러티	과업관련 특성	사회적 특성
연령 체중 신장 외모	교 육 이동성 사회적 지위	판단력 결단력 언 변	독립심 자 신 지배성 공격성	성취욕구 주도성 끈질김 책임욕구 안전욕구	감독능력 협동성 인간관계 능력 통합력 권력욕구

자료 : B.M. Bass, op.cit.(1990). pp. 80-81.

(3) 비판

리더의 남다른 특성과 자질을 밝혀내고자 했던 리더십 특성이론은 관리자의 기준과 역량을 파악하는데 있어 중요한 이론적 토대를 제공한 면이 있다. 그러나 리더십 특성이론은 다음과 같은 비판을 피하기 어려운 면이 있다.

첫째, 성공적 리더의 핵심적 특성으로 밝혀진 것들이 비성공적 리더 혹은 심지어 일반인들과 비교해서 의미있는 차이를 발견하기 어렵다는 점이다. 또한 리더의 특성으로 밝혀진 것들이 연구들에 따라서 매우 다양하여 과연 무엇인 진정 리더의 특성인지를 알기 어렵다. 예컨내, 성공적 리더일수록 신체가 건강하고 지능이 뛰어나다는 것이 리더십 특성이론가들이 밝혀낸 리더의 특성이다. 그런데 현실세계에서 보면 성공한 리더들 중에 키가 작은 리더들도 많이 포함되어 있다.

둘째, 리더십 특성이론은 상황요인을 간과한 면이 있다. 예컨대 사무실에서 지도자가 되는데 필수적인 특성이 현장에서는 효과적 지도자가 되는데 맞지 않을 수도 있다. 따라서 상황이 다르게 되면 다른 지도자의 특성이 요구된다고 볼 수 있다. 이 점을 특성추구이론에서는 미처 깨닫지 못하였다. 그래서 최근에 '스톡딜'은 이러한 문제점을 고려하여 상황마다 중요한 특성을 달리하는 특성이론의 수정판을 내놓고 있다.

셋째, 리더십 특성이론은 개인의 특성에만 초점을 맞춤으로써 개인이 리더십 상황에서 실제로 어떻게 하는가를 밝혀주지 못하고 있기 때문이다. 이 이론은 누가 리더인가를 확인해 주기는 하나 리더가 어떻게 해서 하급자들에게 영향력을 행사하는지를 제시해 주지 못하고 있다. 즉, 특성이론은 하급자들과 그들이 리더십에 미치는 효과를 무시하고 있다. 영향력이라는 것이 두 사람 이상의 사람간의 관계임을 감안할 때 누가 가장 적당한 지도자가 될 것인가를 찾는 특성추구이론은 리더십 과정을 완벽하게 파악하지 못하고 있다고 볼 수 있다.

그러나 이러한 결점들이 있다고 해서 특성이론이 전혀 의미가 없다고 말할 수는 없다. 왜냐하면, 리더는 고유한 특성이나 자질을 갖고 있다는 주장을 전적으로 무시하기가 어렵기 때문이다.

04 리더십 행동이론

리더십 행동이론은 특성이론의 문제와 한계를 극복하기 위해서 리더의 개인 특성보다는 리더의 실제행동에 초점을 두고 접근한 이론으로서, 리더십의 효과는 리더가 부하들에게 보여주는 행동에 따라 결정된다고 보고 리더의 효율적인 행동유형을 규명하려는 연구이다.

리더십의 효율성은 리더가 집단에서 어떻게 행동하느냐에 따라서 결정된다는 가정 하에 리더의 실제행동을 연구하는 것이 리더십의 행동이론이다. 다시 말해서 효율적인 리더가 어떤 사람이었느냐가 아니라, 그들은 어떻게 과업을 위양하고, 부하들과 의사소통하며, 어떠한 방식으로 부하들을 동기유발시키고, 그리고 어떻게 과업을 수행하는가 등에 초점을 두고 있다.

(1) 아이오와대학의 연구

르윈(K. Lewin)의 지도하에 립피트와 화이트(R. Lippitt and R. K. White)가 10대 소년들로 구성된 한 클럽을 대상으로 리더십스타일의 변화에 따른 소년들의 행동반응을 실험하였다. 먼저, 그들은 리더십 유형을 전제형 리더십(autocratic leadership style), 민주형 리더십(democratic leadership style), 그리고 방임형 리더십(laissez faire style)으로 구분했다. 각 유형별 특성을 간략히 요약하면 다음과 같다.

1) 전제형 리더십

리더가 과업성취에 역점을 두고 조직이나 집단의 모든 계획과 정책에 관하여 의사결정하고 부하들에게 명령이나 지시를 하는 리더십 유형이다. 따라서 전제형 리더십 하에서는 리더가 모든 구성원 위에 군림하게 되어 지배적인 위치에 서게 되고, 부하의 관리는 공포와 처벌로써 일관하게 된다.

2) 민주형 리더십

리더가 구성원의 만족에 역점을 두고 목표설정이나 의사결정에 참여하도록 하는 자율적 리더십 유형이다. 참여제도를 바탕으로 구성원의 자발적인 목표지향적 행동을 유도하고 그들의 욕구를 충족시켜줌으로써 팀워크(team work)의 효과를 증대시키게 된다. 따라서 커뮤니케이션은 하향적으로 뿐만 아니라 상향적·수평적으로 이루어진다.

3) 방임형 리더십

리더가 구성원들에게 정보나 자원을 제공해 주고 조직의 계획이나 운영에 관한 의사결정에 관여하지 않으며 모든 일을 방임하는 리더십 유형이다. 즉, 부하의 최대 자유를 보장함으로써 리더십 기능이 발휘되지 않는 상태라고도 할 수 있다.

이들이 구분한 리더십 유형은 지금까지도 다양한 연구들에서 리더의 유형을 구분하는데 있어서 활용되고 있다. 지금까지 실증적 연구들을 통해 밝혀진 이들 리더십 유형별 리더십 유효성에 관한 연구들을 간략히 요약하면 다음의 〈표 4-6〉과 같다. 연구결과를 보면, 기업의 생산성 또는 성과 면에서는 자유방임적 스타일이 최악의 상태를 보인다는 점에서 대부분의 연구가 일치하고 있다. 그러나 생산성의 효과성에서 민주적 스타일이 전제적 스타일보다 나을 것이라는 우리의 예상과는 달리 그 우위를 결정하기 힘든 것으로 보여진다. 어떤 연구는 민주적 리더십이 더 생산적이라고 밝히고 있으며, 또 어떤 연구는 위기 상황에서는 전제적 스타일 하에서 생산성이 더욱 높고 심지어 사기까지도 높다는 연구 결과를 보여주고 있다.

〈표 4-6〉 리더십 스타일과 유효성

유효변경수 / 스타일	민주적 스타일	전제적 스타일	자유방임적 스타일
리더와 집단과의 관계	호의적이다.	• 수동적이다 • 주의 환기를 요한다.	리더에 무관심 하다.
집단 행위의 특성	응집력이 크다.	• 노동 이동이 많다. • 냉담·공격적이 된다.	냉담하거나 초조하다.
리더 부재시의 구성원의 태도	계속 작업을 유지한다.	좌절감을 갖는다.	불변(불만족)이다.
성과(생산성)	우회를 결정하기 힘들다.		최악이다.

(2) 오하이오대학의 연구

오하이오대학의 리더십연구에서는 리더행동을 측정하는 설문지를 개발하여 민간인과 군인들을 대상으로 그들의 감독자의 행동을 기술하게 하였다. 설문지의 분석결과 응답자들은 리더의 행동을 두 가지 행동범주로 응답하였는데, 연구자들은 이 두 가지 리더십을 각각 배려형 리더십스타일(considerate leadership style)과 구조주도형 리더십스타일(initiating structure leadership style)이라고 명명하였다.

1) 배려형 리더십스타일

배려형 리더십스타일은 하위자를 깊이 생각해주는 리더의 지원적·우호적 행동, 하위자와의 상담 및 이해관계의 대변, 하위자와의 개방적인 의사소통, 하위자의 공헌에 대한 인정 등의 행동과 관련이 있다. 이러한 리더십은 하위자들과 원만한 관계를 맺고 유지하려는 관계지향적(relationship oriented) 리더행동을 말한다.

2) 구조주도형 리더십스타일

구조주도형 리더십스타일은 하위자의 행동을 지시하고, 역할을 명확히 규정해 주며 직무성과가 신통치 않은 하위자를 꾸짖고, 성과를 높이도록 독려하는 행동 등에 관련된다. 이러한 과업지향적(task-oriented) 행동들은 인력과 자원을 효율적으로 활용하여 조직의 목표를 달성하는 수단이 된다.

그러나 오하이오대학의 연구는 아이오와대학의 연구와 달리 리더의 행동을 단일선상이 아닌 두 개의 축으로 구분하여 구조주도와 배려라고 하는 서로 독립적인 차원에서 이해했다. 다시 말하면 리더의 행동은 두 가지 차원의 배합으로써 구조주도와 배려를 동시에 높게 나타낼 수도 있고, 그 중 어느 한 가지만을 높게 나타낼 수도 있으며, 또 두 가지를 모두 낮게 나타낼 수도 있도록 한 것이다. 이와 같이 두 가지 차원에서 리더십행동 유형의 배합을 보여주기 위하여 오하이오대학의 연구팀은 [그림 4-7]과 같이 사분위도(four quadrants)를 개발하였다. 즉, 배려적-구조주도적 행동경향이 높고 낮음에 따라 네 가지의 리더행동 스타일로 구분하여 유형화한 것이다.

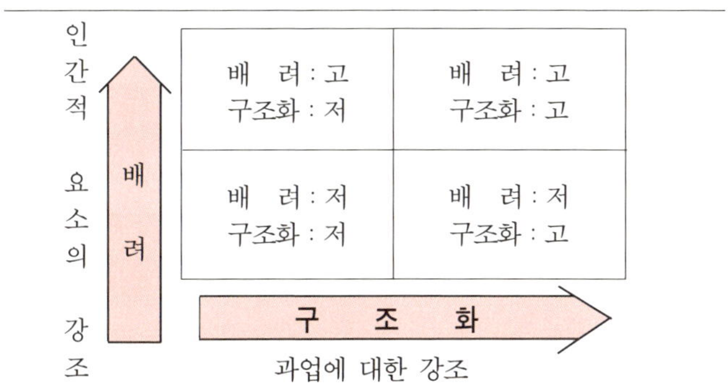

자료 : Rensis Likert, New Patterns of Management, New York: McGraw-Hill, 1961

[그림 4-7] 오하이오 대학의 리더 행동(리더십) 유형

오하이오 대학의 리더십 연구를 통해 나온 결과들을 요약하면 다음과 같다.

① 구조주도는 종업원의 성과와 적극적인 관련이 있으며, 동시에 결근율이나 고충과 같은 부정적 결과와도 관련성은 갖고 있다.

② 배려형은 결근율이나 고충이 낮은 것과 관련성을 맺고 있으나 성과와는 거의 관련성이 없는 것으로 나타나고 있다.

③ 배려형과 구조주도가 둘 다 높을 때는 생산성과 만족이 둘 다 높은 경향이 있다. 그러나 어떤 경우에는 높은 생산성에 결근율과 고충의 문제가 수반되기도 한다.

오하이오주립대학의 연구는 이와 같은 실증연구에도 불구하고 어느 특성한 리너

행동의 범주와 하위자와의 일관된 관계를 나타내지 못하고 있다는 결점이 있다. 즉, 일반적으로 높은 구조주도형과 높은 배려형의 리더행동이 높은 집단성과와 높은 만족감을 가져오는 결과를 보였으나, 또 일부 연구결과에서는 높은 구조주도형과 배려형의 리더행동이 높은 결근율과 고충처리율 등의 역기능적 효과도 나타내고 있었다.

그 뿐만 아니라 연구를 계속할수록 리더의 구조주도 또는 배려의 행동과 더불어 조직의 상황적 요소들이 리더십 효과에 매우 중요한 요인으로 작용하고 있다는 것이 나타나게 되었다.

(3) P·M이론

일본에서는 미쓰비시가 오하이오 대학 연구의 개념을 이용하여, 리더십의 기능을 성과 기능 : P과 유지 기능 : M으로 구성된 것으로 보는 P·M이론을 개발하였다. 그에 의하면 P기능이란 집단에서 목표 달성이나 과업 해결을 지향하는 기능이고, P기능은 집단의 자기 보존 내지 집단의 과정 그 자체를 유지, 강화하려는 기능이다. 여기서 P기능을 실현시키는 지도자의 행위, 즉, 집단의 목표달성의욕을 촉진 시키고 강화하는 행위를 리더십 P행동, M기능을 구현시키려는 행위를 리더십 M행동이라 부른다. 미쓰비시는 요인 분석의 결과를 종합하여 P행동과 M행동의 내용을 다음과 같이 설명하고 있다.

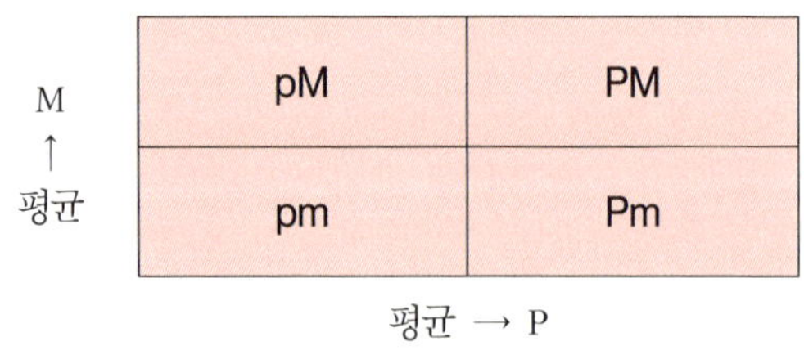

자료 : 三隅二不二, 新しいり- ダ“-ツップ” 集團指導の行動科學, ダ“イヤモソト” 社, 1966

[그림 4-8] PM이론의 4분면

이 두 요인에 따라 리더십의 유형을 위의 그림과 같이 4분면으로 분류할 수가 있다. 어느 지도자가 어느 유형에 속하는가는 P차원과 M차원에 관한 질문서를 통해 하급자로 하여금 그들의 지도자의 행위를 평가하도록 하여 그 결과 지도자의 P점수와 M점수를 구한다. 그리고 조사 대상이 된 모든 지도자의 점수 평균을 P와 M의 각각에 대하여 구한 후 그 평균보다 높은 점수는 대문자로, 평균 이하의 점수는 소문자로 나타낸다. 이에 따라 PM, Pm, pM, pm의 네 유형이 만들어지고 여기에 모든 지도자가 속하게 된다.

이들 각 유형별 리더의 유효성을 실증 연구에 따라 살펴보면 사기, 팀워, 정신위행, 커뮤니케이션, 성과 등의 면에서 PM형의 지도자가 이끄는 집단이 가장 높고, 그 다음이 pM과 Pm형, 다음이 pm형의 순인 것으로 나타나고 있다. 이러한 실증연구 결과에 따라 미쓰비시 등은 각 차원을 4단계로 세분하여 16유형의 리더십 유형을 설정한 후, 이를 각 조직에 적용하여 그 타당성을 입증하고 있다.

(4) 관리 그리드 모델

앞의 연구들은 조직의 유효성에 있어서 리더십이 얼마만큼 중요한 것인가를 시사해 주고는 있지만, 어떤 방향에서 리더의 행위를 개발하는 것이 가장 효과적인가 하는 것에 대하여 뚜렷하고 체계적인 결론을 내리지는 못하고 있었다. 이 점에 착안하여 블레이크와 모우튼은 리더십을 두 차원으로 생각한 '관리 그리드(managerial grid)'의 개념을 정립하였다. 이들은 오하이오 대학에서 비롯된 리더십 연구에 자극을 받아 오늘날 산업에서 경영자 개발 계획에 널리 적용되는 '관리그리드' 이론을 주장하게 된 것이다.

블레이크와 모우튼은 다음 그림과 같이 '관리 그리드'를 만들어서 리더가 지향할 수 있는 방향을 두 차원으로 구분하였다. 횡축에는 생산에 대한 관심-과업의 정도를 파악할 수 있도록 9등급으로 나누고, 또 종축에도 인간에 대한 관심-관계의 정도를 파악할 수 있도록 역시 9등급으로 나누고 있다.

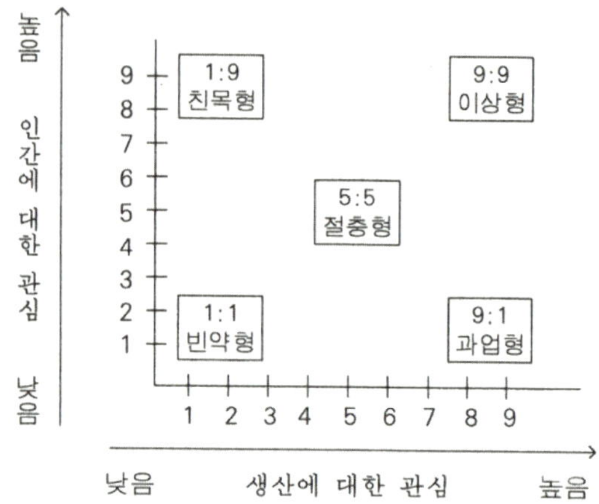

자료 : Robert R. Black and J.S. Mouton, The managerial Grid, Houston: Gulf Publishing Co., 1964, p. 10.

[그림 4-9] 매너지리얼 그리드

따라서 이론적으로는 81가지의 리더 유형이 있는 것으로 이해할 수 있다. 이 중에서 기본적 형태로서 (1.1)형, (9.1)형, (1.9)형, (5.5)형, (9.9)형을 들 수 있다.

① (1.1)형 : 이는 무관심형으로서, 과업 달성 및 인간관계 유지에 모두 관심을 보이지 않는 유형이다.

② (9.1)형 : 이는 과업형으로서, 인간관계 유지에는 적은 관심을 보이지만 생산에 대해서는 지대한 관심을 보이는 유형이다.

③ (1.9)형 : 이는 컨트리클럽형으로서, 생산에 대한 관심은 낮으나 인간관계에 대해서는 지대한 관심을 보이는 유형이다.

④ (5.5)형 : 이는 중간형으로서, 생산과 관계의 유지에 모두 적당한 정도의 관심을 보이는 유형이다.

⑤ (9.9)형 : 이는 팀형으로서, 생산과 관계의 유지에 모두 지대한 관심을 보이는 유형으로서 종업원의 자아실현의 욕구를 만족시켜 주고 신뢰와 지원의 분 위기를 이루며 한편으로 과업 달성을 이룩하기를 강조하는 유형이다.

이 이론이 실무에 적용되는 것을 보면 다음과 같다.

우선 그들이 개발한 설문지에 의해 현재 한 집단의 리더십이 예컨대 3.8로 나타났다면, 이 집단의 지도자는 생산에 대한 관심이 부족한 것으로 지적될 수 있다. 이런 지도자에게는 생산에 대한 관심을 늘려줄 수 있는 여러 가지 훈련 기법들을 동원하여 이상적인 9.9형에 접근하게 만든다는 것이 이 이론의 기본적인 발상이다. 실제로 블레이크와 모우튼은 '매너지리얼 그리드'훈련을 거친 조직에서는 보다 협동적인 작업 관계를 가질 수 있게끔 종업원의 행위가 변화하고 생산성이 증가한다는 주장을 하고 있다.

블레이크와 무튼의 관리그리드 모델은 전통적 리더십 이론이 취하는 양극적 리더십패턴을 포기하고 이들을 조화시키려는 데서 비롯된다. 따라서 그들은 리더십의 이상형을 9+1이나 1+9형이 아닌 9+9형에서 찾으려 하고 있다. 9+9형은 팀 관리에 의존하는 리더십패턴이며, 그것은 오하이오대학의 리더십 모형 중 높은 구조주도와 높은 배려를 동시에 중요시하는 특성과 같다.

05 리더십 상황이론

리더십 행동이론의 초기 연구들은 가장 이상적인 유일최선의 리더십 유형을 발견하는데 집중하였다. 그러나 리더십 행동이론의 한계가 인식됨에 따라 리더십 과정에서 작용하는 여러 가지 상황을 연구하는 상황이론(situational theory)이 전개되기 시작했다. 따라서 효과적인 리더십 유형은 상황에 따라 결정되어야 한다는 것이다.

리더십 상황이론(contingency leadership)은 어떤 상황에서나 효율적인 유일최선의 리더십 유형을 부정하고 리더의 행동이 구체적인 상황에 가장 잘 부합할 때 리더십이 효과적이라는 이론이다. 즉, 가장 효율적인 경영관리 행동은 상황에 따라 달라져야 한다고 시사하는 리더십 접근방법이다. 구체적으로 말해서 경영자가 부하들에 대해서 상황에 따라 적합하게 행동할 때 직무는 가장 잘 성취될 수 있다는 것이다.

(1) 피들러의 상황적합이론

피들러는 환경적응론적 리더십 모형(Contingency Lesdership Model)을 통해서 리더십 효과는 리더의 행동과 어떤 특정한 상황적 요소와의 상호작용에 의존한다는 주장을 하고 있다. 즉, 가장 효과적인 리더십 유형은 상황의 본질에 달려 있다고 보는 것이다. 따라서 지도자가 처해 있는 상황의 호의성을 높일 수 있을 때 리더십은 촉진된다. 이러한 맥락에서 연구가 심층적으로 행해진 것이 바로 리더십 유효성의 상황모형이다. 이 모형은 특성 추구 이론과 상황 이론의 양 이론을 결합한 것이라고 할 수 있다. 피들러에 따르면 리더십의 유효성은 지도자와 집단 성원의 상호작용 스타일과 상황의 호의성에 따라 결정된다는 것이다. 피들러는 리더십 특성과 상황을 대응시키기 위해 다음과 같이 상황과 리더를 분류하고 있다.

① **상황의 분류** : 상황 모형에 따르면 지도자에게 호의적인가의 여부를 결정하는 리더십 상황은 다음의 요소로 구성된다.

- 지도자와 구성원과의 관계 : 지도자가 집단의 다른 사람들과 좋은 관계를 갖느냐, 나쁜 관계를 갖느냐 하는 것이, 상황이 지도자에게 호의적이냐의 여부를 결정하는 주요 요소가 된다. 여기서 지도자와 성원간의 관계는 소시오메트릭(socio metric) 구조와 집단 분위기의 척도를 통해 측정된다.
- 과업구조 : 이는 과업의 복잡성 정도, 목표의 명백성 정도, 업무수행 방법 표준화 정도를 의미하며 크게 구조적-비구조적 유형으로 분류할 수 있다. 과업구조가 구조적인 경우 지도자에게 유리하며 비구조적인 경우는 불리하다.
- 지도자의 직위 권한 : 이는 지도자의 직위가 집단 성원들로 하여금 명령을 받아들이게끔 만들 수 있는 정도를 말한다. 따라서 권위와 보상 권한 등을 가질 수 있는 공식적인 역할을 가진 직위가 상황에 제일 호의적이다. 지도자의 직위 권한은 지도자의 합법적 권력, 보상적 권력 등에 관한 항목의 측정을 통해 이루어진다.

이상의 조합이 지도자에 대한 상황의 호의성을 결정하게 된다.

피들러는 상황의 호의성이라는 것을 그 상황이 리더로 하여금 자기 집단에 대해 그의 영향력을 행사할 수 있게 하는 정도라고 정의하고 있다. 이 모형에서는 요소의 결합 방법에 따라 상황이 리더에게 가장 호의적인 데서부터 가장 비호의적인 데까지 여덟 가지의 조합이 나올 수 있다.

즉, 지도자-성원 관계에 있어서 양호한 것과 그렇지 못한 것의 두 가지, 과업 구조가 높을 때와 낮을 때의 두 가지, 직위 권한이 강할 때와 약할 때의 두 가지가 있을 수 있으므로, 전체로 8가지가 나올 수 있다.

이 여덟 가지 중 지도자에게 가장 호의적인 상황은 그 집단의 성원들이 모두 그 지도자를 좋아하는 '양호한 리더성원 관계-', 명확하게 정의된 직무를 지시할 수 있는 '높은 과업 구조', 또 지도자가 강력한 직위를 차지하고 있는 '강력한 직위 권한' 상황이다.

② **리더의 분류** : 지도자 자신의 특성은 지도자에게 '가장 싫어하는 동료 작업자(Least Preferred Co-worker : LPC)'에 대해 물어 봄으로써 측정한다. LPC점수는 8가지 기본 질문에 대한 20개의 설문항에 대한 점수를 집약하여 산출해 낸다.

구체적으로는 지도자에게 그가 가장 같이 일하기 어려운 사람을 생각하게 한다. 그가 현재 같이 일하는 사람이건 과거에 알았던 사람이건 상관없다. 또 그는 제일 감정적으로 싫은 사람일 필요는 없고, 단지 일을 하기에 가장 애로를 느끼는 사람이다. 그 사람이 지도자에게 어떻게 보이는가를 측정하기 위해 다음 그림과 같은 척도를 이용하게 되는데 이것이 LPC점수가 된다.

〈표 4-7〉 LPC 척도의 보기

	1	2	3	4	5	6	7	8	
도움이 된다									좌절을 준다
조화를 이룬다									말썽을 피운다
우호적이다									비우호적이다
협동적이다									비협동적이다

피들러에 따르면 LPC점수가 낮은 것-비호의적 평가-은 지도자가 자기와 같이 일할 수 없는 사람은 거부할 태세가 되어 있는 정도를 보여주는 것이다. 그러므로 LPC점수가 낮을수록 리더가 과업 지향적일 가능성이 크다. 반면에 높은 LPC점수-호의적인 평가-는 최악의 동료 작업자라도 어떤 긍정적 속성을 지니고 있는 것으로 평가할 의사가 있다는 것을 표시해 주는 것이다. 그러므로 LPC점수가 높을수록 리더가 종업원 지향적이 될 경향이 많아진다.

동기부여의 관점에 볼 때 LPC점수가 높은 지도자는 자기 하급자와 호의적으로 원만하게 관계를 유지하려는 기본적 목표를 지니고 있다. 만일 지도자가 이 목표를 달성하면 그는 지위와 존경과 같은 2차적 목표를 달성할 수 있을 것이다. 그러나 LPC점수가 낮은 지도자는 과업 달성이라는 하나의 목표를 지니고 있다. 존경과 지위에 대한 욕구 등은 직접 하급자와의 관계를 통해서 획득되는 것이 아니라 과업 달성을 통해 얻어진다. 이는 LPC점수가 낮은 지도자가 하급자에 대해 호의적이 아니라는 것을 의미하는 것이 아니라 과업 달성이 위협받을 때에는 원만한 인간관계란 2차적인 중요성만이 주어진다는 것을 뜻하는 것이다.

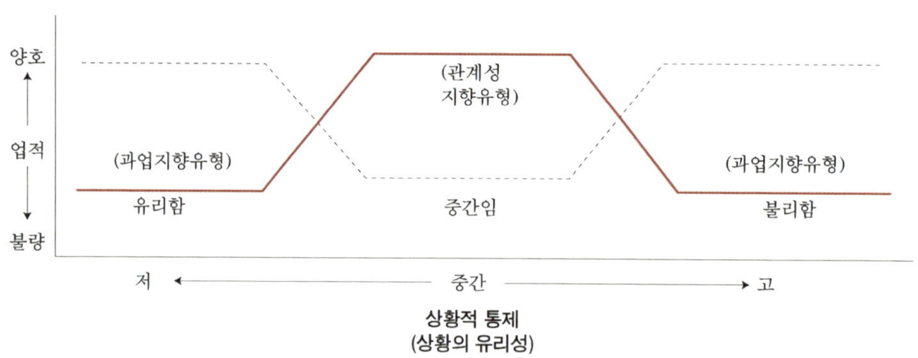

자료 : F.E. Fiedler, "Leadership Effectiveness," American Behavioral Scientist(1981, May-June), p. 625 및 F. E. Fiedler / J. E. Garcia, op. cit.(1987), p. 83.

[그림 4-10] 이상적인 상황적합적 리더십의 모형

③ **지도자와 상황의 적합 관계** : 피들러는 이와 같이 상황과 지도자를 분류한 후에 각 상황에 적합한 효과적인 리더십을 발견해 내려고 하였다. 그 연구 결과가 다음 그림에 나타나 있다.

이 그림에서 볼 수 있듯이 피들러의 연구 결과 중에 대표적인 것은 다음의 두 가지 결론이라 할 수 있다.

첫째, LPC점수가 낮은 지도자, 즉 과업 지향적인 지도자는 그림에서 I, II, III과 같이 집단 상황이 그에게 매우 호의적이든가, 아니면 VIII과 같이 아주 비호의적인 상황에서 가장 일을 잘하는 경향이 있다.

둘째, LPC 점수가 높은 지도자, 즉 관계 지향적인 지도자는 IV, V와 같이 호의성이 중간인 상황에서 가장 훌륭히 일을 수행하는 경향이 있다. 여기서 호의성이 중간 정도라는 것은 ① 과업이 구조화되어 있으나 성원이 지도자를 싫어함으로 성원의 감정을 중시하지 않으면 안되는 상황이나, ② 성원이 지도자를 좋아하기는 하나 과업이 구조화되어 있지 않으므로 성원의 창의성과 참여를 구해야만 하는 상황을 말한다.

이러한 지도자와 상황의 적합 관계를 예를 들어 설명하면, 우선 대학이나 전문가들의 단체에서는 관계 지향적인 지도자가 보다 효과적인 기능을 수행하게 된다. 대학에서 가르치는 일은 대부분 구조화가 잘 안 되어 있고 교수들은 지극히 개성이 강하며 특별한 사유가 없는 한 교수직은 학문적 자유를 보장받는다. 이런 상황에서 관리직을 가진 사람들은 교수들과 행정 문제를 다룰 때 극히 기술적이어야 하며 관계 지향적이어야 한다. 그들의 협조를 얻기 위해서는 교수들의 욕구에 민감해야 하는 것이다.

반면 군대 조직에서는 과업 지향적인 지도자가 관계 지향적인 지도자보다 낫다고 볼 수 있다. 왜냐하면 상황이 극히 호의적이든가 아니면 극히 비호의적이든가 하기 때문이다. 평화시에는 군대는 극히 구조화되어 있고 정형화된 일을 하며 상관은 강력한 권한을 가지고 있고 하급자들은 그들에게 복종해야 한다.

반면 전시에는 상황이 극히 비호의적이라 할 수 있다. 과업은 정의가 잘 안 되어 있고 때로 혼돈스러울 때도 있다. 하급자들은 명령에 불복종하기도 한다. 이러한 비호의적 상황에서는 과업 지향적인 지도자가 추종자들의 행위를 통제하기 위해 지시를 내리고 공식적 권한을 잘 행사한다.

상황 모형의 타당성을 검증하는 많은 연구들이 이루어져 왔다.

이 모형을 지지해주는 연구들도 물론 많지만 반면에 타당성에 의문을 제시하는 연구들도 특히 LPC점수의 측정이 중심적인 문제점으로 제기되고 있다. 과연 LPC점수가 지도자를 분류할 수 있는 기준이 될 수 있느냐가 논란의 대상이 되고 있는 것이다.

즉 LPC 점수의 부당성과 신뢰성의 문제가 있다. 이 외에도 상황의 분류가 지나치게 단순하다든가 변수의 의미가 분명하지 못하다든가 하는 문제들이 덧붙여 제기되고 있다.

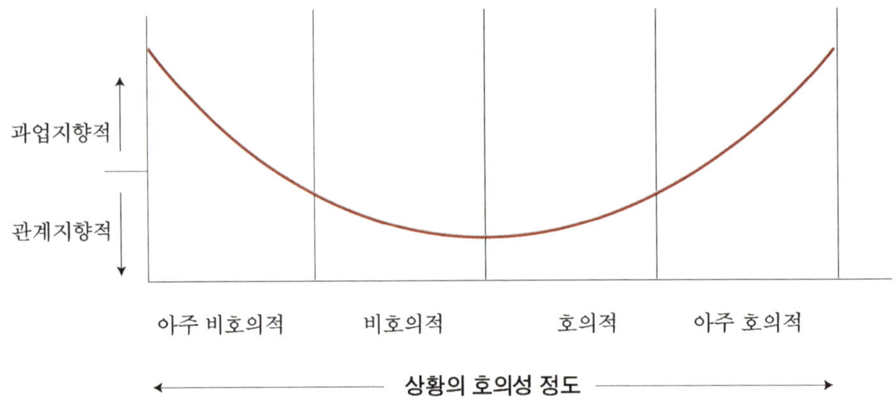

자료 : F. Luthans Organizational Behavior, 3rd ed(Tokyo : McGraw-Hill Kogakusha Company, Ltd, 1981), p. 423

[그림 4-11] 리더의 유형과 성과 예측

그러나 이러한 비판에도 불구하고 피들러의 상황 모형은 이론과 실무의 양측 면에서 리더십 연구에 크게 기여를 하고 있다. 우선 이론 면에서는 최초로 상황 변수를 본격적으로 도입하였으며 기업 조직에서 리더십과 리더십의 유효성에 영향을 미치는 변수들을 이해할 수 있게 해 주었다.

그리고 실무면에서는 지도자와 상황과의 적합 관계가 리더십 유효성에 가장 중요함을 밝혀주어 리더십 개발의 방향을 제시해 준 의의가 있다. 즉 지도자나 상황간의 적합 관계를 개선하는 데 있어 지도자의 변경은 현실적으로 어렵지만 상황의 변경을 통해 리더십 유효성의 제고가 가능하다는 시사를 해주고 있는 것이다. 실제로 피들러와 그의 동료들은 지도자와 상황이 부합되게끔 지도자가 상황을 수정하는데 이용할 수 있는 기법들을 가르치는 훈련 프로그램을 개발하여 성과를 거둔 바 있다.

요컨대 피들러의 상황 모형은 리더십 연구의 새로운 장을 열어 준 이론이며 적절하게 수정만 이루어지면 장래도 유망한 이론이라고 할 수 있다.

(2) 브룸과 예튼의 리더십 상황이론

조직에서 지도자가 상황에 따라 하급자들을 의사 결정 과정에 참여시키는 것이 필요하다는 것을 인식할 때 리더십의 유효성은 높아진다. 이러한 흐름을 대표해 주는 리더십 상황 이론이 바로 브룸과 예튼이 제시한 리더십의 규범 이론이다. 이는 지도자가 의사 결정을 함에 있어 하급자들을 어느 정도까지 참여시켜야 할 것인가를 상황에 따라 구명한 이론이다.

따라서 이를 의사 결정의 이론으로 보아야 할지 아니면 리더십 이론으로 간주해야 할는지는 결정하기가 곤란하다. 그러나 지도자가 해야 할 일 중에 중요한 것이 의사 결정이고 또 이 이론이 지도자가 의사 결정 과정에서 어떻게 해야 할 것인가를 설명한 이론이므로 리더십 이론이라고 보아도 무방할 것이다.

브룸과 예튼은 지도자가 하급자들을 의사 결정에 어느 정도 참여시켜야 할 것인가 하는데 관하여 규범적인 해답을 제시하고자 하였다. 그러나 규범적이라고 해서 모든 상황에 일률적으로 적용 가능한 하나의 최적 전략을 주장한 것이 아니라, 상황에 따라 참여의 정도가 다른 전략이 적당하다는 입장을 택하고 있다.

그리하여 이 이론은 지도자가 최적 전략을 택하는데 있어 어떤 상황 요인들이 중요하며 이러한 상황 요인들을 어떻게 이용하여 적절한 전략을 선택할 것인가를 중점적으로 해명하고 있다.

그리고 지도자는 이러한 선택적 전략에 맞춰 그에 맞는 의사 결정 방식, 즉 리더십 스타일을 사용해야 한다. 지도자가 상황에 맞춰 자기 스타일을 적응시켜 나갈 수 있다고 가정한 점은 앞서 설명한 피들러 이론과는 대조적이라 할 수 있다.

① **의사 결정의 유효성** : 우선 브룸과 예튼이 '무엇'을 리더십이 잘 발휘되고 있는 것으로 보는가 부터 살펴보기로 하자. 피들러는 한 리더가 효과적이냐의 여부를 평가하는 기준으로 집단성과를 채택한 반면 그들은 의사 결정의 유효성을 기준으로 이용하고 있다. 의사 결정의 유효성은 다음의 세 요소로 구성된다.

- 결정의 질 : 이는 고려 대상이 되고 있는 결정이 집단성과를 촉진하는데 있어서 중요한 정도를 가리킨다. 예컨대 공장에 식수대를 어디에 설치하느냐 하는 결정은 질이 낮아도 상관없지만 작업 할당이나 성과 목표에 대한 결정은 질이 높아야 할 것이다.
- 결정의 수용도 : 이는 하급자들이 결정 사항을 자기 것으로 받아들이는 정도를 가리킨다.
- 결정의 적시성 : 이는 의사 결정이 지연 없이 적시에 이루어져야 하는 것을 가리키는 것이다.

결국 한 의사 결정은 그것이 위의 세 요소를 충족시키는 정도만큼 효과적이라 할 수 있다.

② **지도자의 의사 결정 유형** : 다음은 지도자가 택할 수 있는 의사 결정의 스타일에 대해 살펴본다. 이 이론에서는 다음 표에서 볼 수 있는 것처럼 다섯 가지 스타일을 제시하고 있다. 이는 리더가 혼자서 결정을 하는 전제적 A스타일에서부터 자문 C를 거쳐 완전 참여 G에 이르는 다섯 등급으로 구성되어 있다.

〈표 4-8〉 의사 결정의 스타일

의사 결정의 스타일	정의
A I	경영자 혼자서 문제를 해결하고 의사 결정을 한다.
A II	경영자는 하급자들에게 정보를 요청하지만 의사 결정은 혼자 한다. 하급자에게는 문제가 무엇인지를 알려줄 수도 있고 알려주지 않을 수도 있다.
C I	경영자는 하급자와 문제를 함께 공유하며 정보와 평가를 그들에게 요청한다. 회합은 집단으로서 이루어지지 않고 1:1로 이루어진다. 그 다음 경영자 혼자서 의사 결정을 한다.
C II	경영자와 하급자들은 문제를 토론하기 위해서 하나의 집단으로서 모인다. 그러나 경영자가 최종적인 의사 결정을 한다.
G II	경영자와 하급자는 문제를 토론하기 위해서 집단으로서 만난다. 그리고 전체로서의 집단이 의사 결정을 한다.

이 유형들은 각각 나름대로의 장·단점을 지니고 있다. 참여적인 방법들은 하급자들의 수용과 지지를 얻을 수 있다. 이에 반해 지도자가 혼자서 내리는 결정은 보다 신속하고 효율적으로 이루어질 수 있다. 따라서 지도자는 잠재적으로 이득을 극대화할 수 있는 선에서 구체적인 의사 결정의 전략을 선택해야 한다.

③ **전략 선택을 위한 진단 절차** : 브룸과 예튼은 적절한 전략 선택은 상황, 즉 의사 결정 문제의 성격에 좌우되는 것이므로 이를 위해서 지도자는 문제의 성격에 대한 진단을 먼저 실시해야 한다고 한다. 그리고 상황을 진단하는데 이용될 수 있는 일곱 가지 규칙을 제시하고 있다. 일곱 가지 규칙 중 앞의 셋은 결정의 질을 확보하려는 규칙이고 나머지 넷은 결정의 수용도를 보호하려는 규

칙들이다.

• 지도자-정보 규칙 : 만일 의사 결정의 질이 중요한데 지도자가 혼자 문제를 해결할 수 있을 정도의 충분한 정보를 가지고 있지 못하면 가능한 전략 중에서 A I 을 제외시켜야 한다. 왜냐하면 A I 을 사용할 경우 질 낮은 결정이 이루어질 위험이 있기 때문이다.
• 목표 합치 규격 : 만일 의사 결정의 질이 중요한데 하급자들이 조직 목표에 합치되게 문제를 해결할 것을 확신하지 못한다면 GII스타일을 고려에서 제외시켜야 한다. 즉 집단에 의사 결정을 전적으로 맡길 수는 없다.
• 비구조화된 문제 규칙 : 만일 의사 결정의 질이 중요하고 지도자가 충분히 정보를 갖고 있지 못한 경우, 문제도 구조화되어 있지 않다면 고려 대상에서 A I , AII, C I 을 제외시켜야 한다. 이런 상황에서는 지도자와 하급자간에 문제와 해결안을 찾으려는 상호작용이 필요하다.
• 수용 규칙 : 하급자들이 결정을 받아들이는 것이 효과적인 시행에 필수적인 경우 지도자에 의한 전제적인 결정이 하급자들의 수용을 확보할 확신이 없다면 A I , AII를 고려 대상에서 제외시켜야 한다.
• 갈등 규칙 : 의사 결정에 대한 수용이 중요하고 전체적인 결정이 수용될른지가 불분명한데 하급자들간에 적절한 해결안에 대해 갈등 가능성이 있는 경우에는 가능한 전략들 중에서 A I , AII 그리고 C I 을 제외시켜야 한다. 구성원들간의 상호교환과 보다 큰 참여를 통해 갈등이 해결될 수 있다.
• 공평성 규칙 : 의사 결정의 질은 중요하지 않으나 수용이 중요한데 전제적 결정을 가지고는 이것이 보장 안 될 때는 A I , AII, C I , CII를 제외시켜야 한다. 여기서는 집단의 수용만 고려하면 되므로 GII스타일이 가장 효과적이 될 것이다.
• 수용 우선 규칙 : 만일 수용이 절대적으로 중요한데 전제적 결정으로는 이것이 확보되지 않고 하급자들이 조직 목표를 추구하도록 동기부여가 되고 있을 때는 결정 과정에 모든 하급자들을 동등하게 참여시키는 방법이 결정의 질을 훼손하지 않으면서 보다 큰 수용을 낳게 할 수 있을 것이다. 이 때문에 고려 대상에서 A I , AII, C I , CII 그리고 GII를 제거해야 한다.

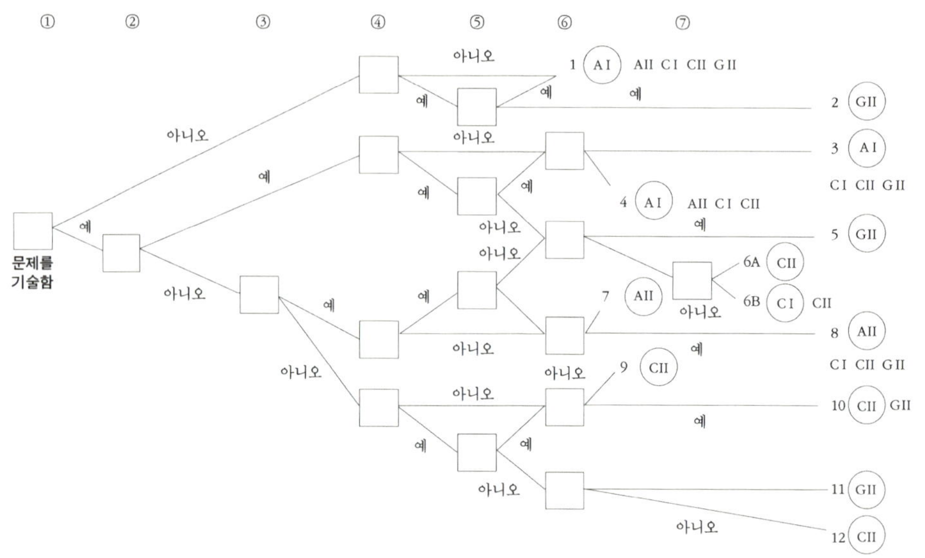

자료 : V. H. Vroom, "New Look at managerial Decision Making" Organizational Dynamics (1973, summer) 및 J. A. F. Stoner/R. E. Freeman, op. cit.(1989), p. 478

[그림 4-12] 가능한 대체 방안을 보여 주는 의사결정 모형

이러한 규칙들을 이용하여 상황을 진단하고 적절한 전략을 선택하는 과정을 브룸과 예튼은 다음에 나와 있는 의사 결정수의 형태로 간편하게 제시하고 있다. 지도자는 하단에 나와 있는 일련의 일곱 가지 질문에 '예', '아니오'로 대답하면서 앞으로 나아가다 보면 특정 상황에 알맞은 최적의 전략에 도달하게 된다. 예컨대 질이 중요한 것은 아닌 반면 -A : 아니오-수용은 중요한데-D : 예-혼자서 내리는 결정으로는 수용이 안 될 때-E : 아니오-는 GII, 즉 완전 참여만이 유일하게 가능한 전략이 된다.

그러나 그림에서 볼 수 있는 것처럼 의사결정수를 따라갔을 때 여러 대안이 있는 경우는 어떻게 할 것인가? 이에 대해 브룸과 예튼은 여러 가지 전략이 있을 수 있다고 말한다.

예컨대 능률을 강조한다면 시간이 제일 적게 드는 전략을 선택할 수도 있고, 반면에 하급자들의 의사 결정 능력을 키우는데 초점을 두면 참여적 전략을 선택할 수도 있다.

따라서 여러 가능한 대안들 중에서 어느 하나를 선택해야만 할 때 최선의 유일한 기법은 없고 조직의 목표에 따라 폭넓게 선택하게 된다.

브룸 등의 이론에 대한 타당성을 입증해 주는 연구가 아직 그렇게 많은 것은 아니나 상당히 고무적인 연구 결과가 나오고 있다. 즉 관리자들은 실제로 이 이론이 제시하는 것처럼 탄력성 있게 의사 결정을 한다는 것이다. 그리고 적절한 참여 수준을 결정하고 상황을 진단하는 훈련을 받은 관리자들은 그런 훈련을 못 받은 관리자보다 유효성이 높다는 것이다. 결론적으로 브룸과 예튼의 규범 이론은 관리자들이 실제 의사 결정을 어떻게 하는가를 이해하게 해주었다는 점과 적시에 질 높은 의사 결정하기 위해서는 관리자들을 어떻게 훈련시켜야 할 것인가 하는 방향을 제시했다는 점에서 큰 진전을 이룩한 이론이라 할 수 있다.

(3) 하우스의 경로–목표이론

조직에서 지도자는 하급자들이 추구하는 목표에 길잡이가 될 수 있을 때 효과적인 지도자라 할 수 있다. 이러한 흐름을 대표하고 있는 리더십의 상황 이론이 하우스에 의해 발전된 경로-목표 이론이다.

이 경로-목표 이론은 하급자들이 열심히 일하게끔 동기 유발을 시킬 수 있는 지도자의 행위를 연구하는 이론으로서, 동기부여 이론의 하나인 기대 이론에 기반을 두고 있다. 이 이론은 다음과 같은 기본 전제 위에서 출발하고 있다.

즉 집단의 성과란 하급자들에 의해 달성되는 것이다. 그러므로 성과를 낼 수 있는 효과적인 지도자란 하급자들이 열심히 일하게끔 영향력을 잘 행사할 수 있는 사람이다. 그런데 하급자들은 아무것도 바라는 것 없이 일하는 것이 아니고 직무상 행위를 통하여 무엇인가 구체적인 목표를 추구하고 있다. 때문에 하급자 편에서는 그들이 추구하는 목표에 도움을 준다고 생각되는 지도자의 영향력을 잘 받아들이게 된다. 즉 하급자들의 눈에 지도자의 행동이, 상황이 제공 못하는 어떤 것을 제공함으로써 그들이 추구하는 목표에 도움을 주고 있는 것으로 비칠수록 지도자는 하급자들에게 영향력을 행사할 수 있고 또 그들에게 호의적으로 받아들여진다. 이러한 경로-목표 이론의 핵심을 정리하면 다음 그림과 같다.

그러면 어떻게 해야 지도자가 이러한 기능을 잘 수행할 것인가? 다시 말해 어떤 리더의 행동이나 리더십 유형이 하급자들에게 도움이 되는 것으로 비칠 것인가?

대부분의 상황 이론이 그렇듯이 경로-목표 이론에서도 이는 상황에 좌우된다고 본다. 즉 상황에 부합되는 리더십 유형이 종업원들의 만족과 성과를 유발한다는 상황 이론의 기본적 골격은 여기서도 그대로 적용되고 있다. 다만 다른 이론과의 차이점은 상황에 부합되는 리더십이 어떻게 만족과 성과를 내는가 하는 과정에 대한 설명이 있다는 것이다. 경로-목표 이론의 보다 구체적인 개요가 다음 그림에 나와 있다. 이를 좀더 자세하게 설명하면 다음과 같다.

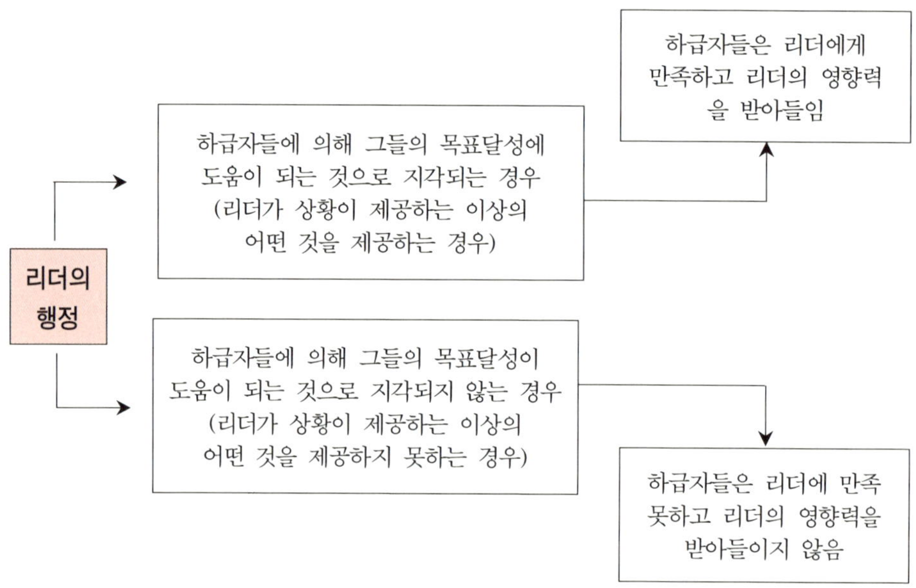

자료 : R. A. Baron, Behavior in Organization : Understanding and Managing the Human Side of Work(Boston : Allyn and Bacon, Inc, 1983), p. 482.

[그림 4-13] 경로-목표 이론의 핵심

① **리더십 유형** : 경로-목표 이론에 의하면 지도자가 취할 수 있는 행위, 즉 리더십 유형에는 다음의 네 가지가 있다.

- 지시적 리더십 : 이는 도구적 리더십이라고도 하며, 계획·조직·통제와 같은 공식적 활동을 강조하는 유형이다. 즉 이 스타일은 구체적 지침과 표준·작업 스케줄을 제공하고 규정을 마련하여 하급자들로 하여금 그들에게 기대되는 것을 알게 해준다.
- 후원적 리더십 : 이는 하급자들의 복지와 안락에 관심을 쓰며 후원적 분위기

조성에 노력한다. 그리고 구성원들 간에 상호 만족스러운 인간관계 발전을 강조한다.

- 참여적 리더십 : 이는 하급자들에게 자문을 구하고 그들의 제안을 끌어내어 이를 진지하게 고려하며, 하급자들과 정보를 공유하는 스타일이다.
- 성취 지향적 리더십 : 이는 인도적인 작업 목표를 설정하고 성과 개선을 강조하며 하급자들의 능력 발휘에 대해 높은 기대를 성정하는 스타일이다.

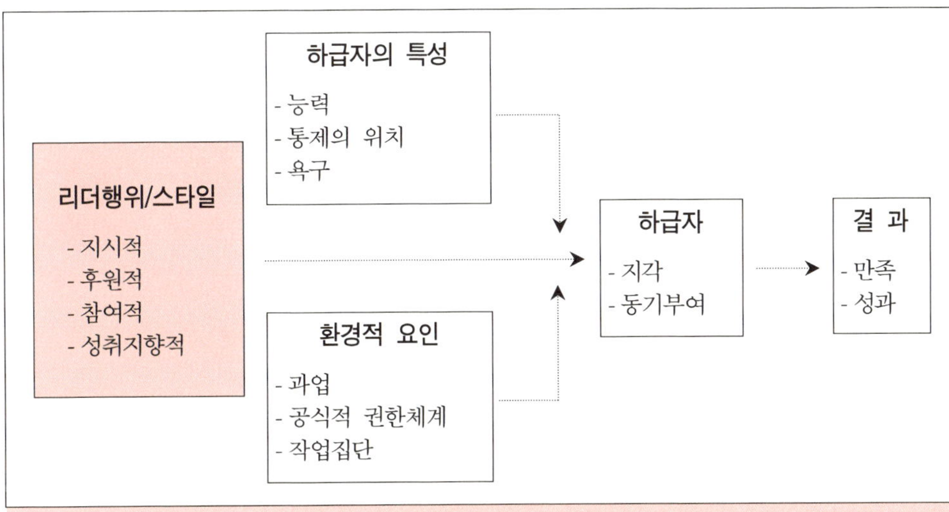

[그림 4-14] 경로-목표 이론의 개요

경로-목표 이론에서는 지도자가 이러한 네 가지 유형 중에서 자유로이 어느 하나를 선택할 수 있다고 본다. 이 점은 리더십을 비교적 고정적으로 본 피들러 이론과 대조적이다.

② **상황 요인** : 그러면 이 네 가지 유형 중 어느 것이 가장 효과적인가? 경로-목표 이론에서는 앞서도 언급한 것처럼 이것은 상황에 좌우된다고 본다. 즉 효과적인 리더십은 지도자와 상황 요인의 상호작용의 함수라고 가정한다. 이 이론에서 고려되는 상황 요인에는 하급자의 특성과 환경적 요인의 두 가지가 있다.

㉮ 하급자의 특성 : 리더십 유형의 선택에 영향을 미치는 하급자의 특성 중에는 능력, 통제의 위치, 욕구 등을 대표적으로 들 수 있다. 즉, 능력이 있다고 생각하는 하급자들은 시시적 유형에 대해서는 이를 불필요하다고 생

각할 것이고 오히려 성취 지향적 유형을 선호할 것이다. 통제의 위치에 있어서는 내재론자들은 참여적 유형에 만족하는 반면 외재론자들은 지시적 리더십에 만족한다. 욕구도 영향을 미치는데 예컨대 친교 욕구가 강한 하급자들은 후원적 리더십 유형이나 참여적 리더십 유형에 대해 호의적일 것이다. 성취 욕구가 강할 때는 성취 지향적 지도자 밑에서 가장 일을 잘 할 것이다.

㉯ 환경적 요인 : 리더십 유형의 선택에 영향을 미치는 환경적 요인에는 과업, 공식적 권한 체계, 작업 집단 등이 있다.

그 중에서 과업의 성격에 대한 연구가 가장 많이 되어 있는데, 구조화가 안 되어 있는 과업의 경우에는 지시적 리더십에 대해 하급자들은 호의적 반응을 보인다. 이는 지시적 리더십이 그들의 목표 달성을 위한 경로를 분명히 해주기 때문이다. 반면 구조화된 과업의 경우에는 지시적 리더십은 불필요하게 엄격한 통제의 인상을 주므로 오히려 후원적 리더십이 과업의 일상성의 결과로 발행하는 좌절을 감소시켜 줄 수 있는 바람직한 역할을 한다.

경로-목표 이론은 제기된 역사가 그리 길지 못하므로 이의 타당성 여부를 확인한 연구가 그리 많지는 않다. 그리고 타당성 연구도 대개는 이론의 완전한 검증이 아니고 과업의 성격과 관련된 부분적인 검증들이다. 이러한 연구에서는 비교적 이 이론의 타당성에 대한 지지를 받고 있다.

③ **비판** : 경로-목표이론을 검증하기 위해 시행된 연구결과들을 살펴보면 결론이 서로 일치하지 않고 있는데, 주요 비판내용을 열거하면 다음과 같다.

첫째, 경로-목표이론은 기대이론을 많이 포용하고 있는데, 기대이론은 너무 복잡하고 비현실적이며, 기대이론의 연구가 개인의 의식적인 기대와 유인, 개인의 노력수준과 만족간의 관계를 적절히 설명해 주지 못하고 있다.

둘째, 경로-목표이론은 그 자체가 복잡하고 난해하며 또 여러 변수들간의 인과관계를 명확하게 규명하지 못하고 있다.

셋째, 서로 다른 상황적 조절변수간의 상호작용 가능성을 배제하고 있으며, 각 상황변수의 다른 측면이 리더행동의 결과변수에 다르게 작용할 수 있다는 점을 명백하게 밝히지 못하고 있다.20)

넷째, 이 이론은 리더의 동기유발기능에 초점을 맞추고 리더가 부하의 과업 수행에 영향을 미치는 다른 방법들(훈련, 조정, 조직화, 인적자원 및 설비의 효과적인 활용 등)을 소홀히 다루고 있다는 점이다.

이상에서 살펴본 것처럼 여러 가지 비판을 받고 있음에도 불구하고 이 이론은 개념적인 틀을 제시하여 중요한 상황적 조절변수들을 확인하게 함으로써 리더십연구에 많은 공헌을 하고 있다.

23전23승의 이순신의 리더십

이순신 장군은 세계 해군사에 23전 23승이란 불멸의 기록을 세웠다. 막연하게 영웅이라면 어떤 전쟁에서도 이길 수 있다는 생각을 하며 자랐던 것 같다. 하지만 이제 와서 현실을 놓고 다시 생각해 보면 정말 대단하다, 기적이라는 말 밖에 할 수 없을 것 같다.

특히 장군의 가장 극적인 전투였던 명량대첩을 보면 기적은 노력위에 기적이 나온다는 것을 알 수 있다. 칠천량에서 원군이 이끄는 수군이 일본군에게 완패한 상황에서 배도 병사도 무기도 없이 삼도수군통제사의 교지를 받은 이순신. 그는 어떻게 빈손으로 출발해 어떻게 명량대첩의 개과를 일궈냈을까? 그는 재기를 위한 뜨거운 열정과 용기, 백성과 군사들로부터 쌓아둔 신뢰감을 바탕으로 초심으로 돌아가 처음부터 다시 시작한다. '신에게는 아직 12척의 배가 있다'는 무한긍정의 마음에서 배를 모으고, 민심을 수습하고, 무기를 모으고, 死則生 必生則死 (필사즉생 필생즉사)으로 군기를 세워가는 그의 모습은 시대를 뛰어넘은 영웅이라 할 수 있다.

1. 必死則生 必生則死 (필사즉생 필생즉사)

죽기를 각오하면 살 것이요 비겁하게 살려고 하면 반드시 죽을 것이다

2. 신상필벌(信賞必罰: 상벌을 공정히 하는 일)

장군은 전쟁에서 상과 벌을 공정하게 주는 공정한 불평등(equal inequality)을 실시

3. 현장(백성)의 정보를 신뢰하라

장군은 현장의 백성들이 제공해주는 정보를 활용하였다. 탐후인(探候人)으로 부산의 허내은만(許內隱萬), 한산해전의 김천손(金千孫), 부산포 해전의 어부 정 끝돌(丁末石), 일본군 협조자였던 김억(金億)과 일본군 항복자들의 정보도 이용하였다.

4. 솔선수범(率先垂範)

장군은 항상 부하들보다 먼저 행동으로 모범을 보였다. 예나 지금이나 상사는 속일 수 있어도 부하의 눈은 못 속이는 법이다. 솔선수범이 중요한 이유다.

〈충무공 이순신 장군〉

06 전략적 리더십

(1) 전략적 리더십의 정의

책정된 전략이 효과적으로 실행되기 위해서는 실행과정을 지휘하고 관리하는 리더가 중요한 역할을 해내고 있다. 전략을 수행하는 리더는 대부분의 다른 역할을 해내지 않으면 안 된다. 기업가적인 역할, 경영자의 역할, 위기의 해결자로서의 역할, 일의 지휘자, 자원의 배분자, 교보자, 모치베라 어드바이져, 착상자, 합의형성자, 정책입안자로서의 역할 등이다.

톰슨과 스트릭랜드는 이와 같은 리더의 전략적인 역할을 전략적 리더십이라 생각하여 “아주 근접한 상황을 진단하고 그것을 잘 처리하는 방법을 선택할 것”이라고 생각하고 있다.

또, 호스머는 타인의 태도나 의견에 영향을 줄 수 있는 조직내의 개인이 리더라고 정의하고 리더의 역할은 전략의 책정, 전략의 실행, 조직성과, 차기의 전략책정이라는 전략적인 관리과정의 전반에 대해 책임을 지는 일이라고 생각하고 그런고로 전략적인 리더십이란 전략의 책정과 실행에 관련되어 다양한 노력을 통합하고 조정하기 위해 조직전체에 걸친 방향성과 목적을 만들어 내는 일이라고 할 수 있다.

호스머는 어떤 조직 요인에 의해 조직 멤버의 인지가 영향 받는가, 그리고 그 인지가 어떻게 개개인의 방향이나 목적을 만들어 내어 전략정책과 실행과 조화한 노력으로서 결부되는가에 대해 다음과 같이 기술하고 있다. 그것에 의하면, 조직내의 멤버는 각각의 지위에 있어서 사업활동의 성과와 시장에서의 포지션에서 판단하여 조직이 어떻게 행동해야할 것에 대한 생각(Concept)을 갖고 있다. 그것은 도표에 있어서 보여져 있는 바대로 조직전략에 대한 개개인의 인지라 생각되어 조직의 미션(사명), 전사적인 성과와 포지션, 관리자의 가치와 태도, 기업에 오픈 되어 있는 전략적인 대안의 범위, 환경 내에 있어서 기회와 리스크, 회사의 강점과 약점 등에 의해 영향 받는다.

또, 조직의 전략에 대한 개개인의 인지는 부문의 목적과 목표, 부문의 정책과 수속, 부문의 프로그램과 계획, 부문의 직접적인 행동에 의해 구성된다.

그리고 개인의 방향과 목적을 결정하는 다른 하나의 인지에 개개인의 조직전략에 대한 인지가 있다. 조직의 구조나 관리시스템은 성과를 달성하기 위해 어떻게 해야 할 것인가에 대해 멤버에 전달하는 역할을 갖고 있으나, 이와 같은 멤버의 개인적인 인지는 전체의 조직구조, 전사적인 계획시스템, 전사적인 통제시스템, 전사적인 모티베이션 시스템에 의해 영향 받는다고 생각되고 있다.

그리고 이들의 적절한 조직전략에 대한 인지와 현재의 조직전략에 대한 인지와 개인적인조직전략에 대한 인지가 조직멤버의 방향이나 목적에 대해 의미를 주고 그것에 의해 전략의 책정과 실행과 조화한 노력이 되어 나타나는 것이다.

이와 같이 전략적인 리더십이란 집단이나 레벨의 리더십에 대해 서술한 것이 아닌 조직의 전략적인 성장방향, 조직의 장기목표의 달성 등의 조직전체에 걸친 전략레벨의 문제와 깊이 관련된 통제 활동이라고 생각할 수 있다.

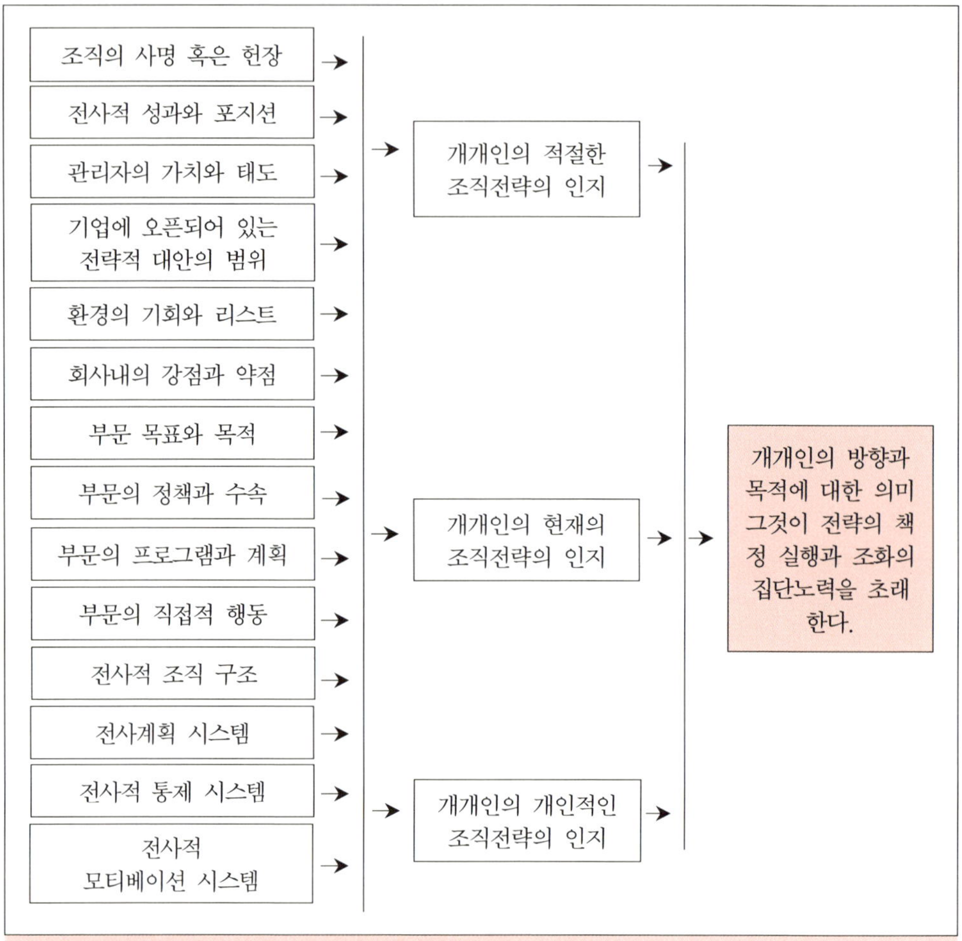

[그림 4-15] 전략적 리더십

(2) 전략적 리더십의 유형

전략적인 리더십은 전략의 책정과 실행에 걸린 조직전체의 방향성, 조직구조, 조직과정을 대상으로 하여 전략경영활동을 통제하는 행동이므로 그것을 실행하는 리더의 역할은 크다.

① **Visionary 리더십** : 웨스레이와 민즈버그는 전략적 리더십을 Visionary Leadership 이라는 말로하고 있다.[13] 리더십 비전(Leadership vision) 혹은 비저닝(visioning)

13) Westley F and H Minzberg, "Visionary leadership and strategic management". Strategic Management Journal, vol. 10, p17-18

이라는 말은

- 조직의 바람직한 장래의 상태를 그려내는 일
- 그것을 효과적으로 부하에게 의사 전달하는 일
- 조직멤버를 비전을 향해 분발시키는 일

의 3가지 다른 단계로 분석 가능하다고 서술하고 있다.

그리고 Visionary Leadership의 스타일을 창조자(Creator), 전향자(Proselytizer), 이상주의자(Idealist), 불의의 습격자(Bricoleur), 예언자(Diviner)의 5종류로 분류하고 현저한 능력, 내용, 과정, 조직의 내용, 제품/시장의 배경, 타겟트가 되는 집단의 각각의 항목에 대해 다음 표와 같이 정리하고 있다(〈표 4-9〉 참조).

② **카리스마형의 리더십** : 또, 내러와 타슈만은 전략적인 조직변혁을 효과적으로 수행하는 리더십의 유형을 카리스마형의 리더십이라 규정하고 이 리더십의 특징을 다음과 같이 요약하고 있다.

- 마음에 그릴 것(Envisioning) : 장래의 구도를 창조하는 일이며 바람직한 장래의 상태를 제시하고 흥분을 일으키는 듯한 역할을 해내는 것이다. 그를 위해 명확하며 드라마틱한 말로 움직이게 하지 않고서는 있을 수 없는 비전이 필요하다.
- 활기 있을 것(Energizing) : 조직멤버 사이에 행동하려는 동기부여를 일으켜, 에너지를 생성시키는 일이다. 그를 위해서는 조직내에 여러 사람들과의 접촉을 통하여 개인적인 흥분과 에너지를 표현할 것, 혹은 장래 구도의 실현에 대한 능력에 신뢰를 두는 것이 필요하다.
- 가능하게 할 것(Enabling) : 인간이 목표에 대해 노선하는 행동을 심리적으로 기대하는 역할이다. 미래 비전이 제시되어, 그 실현을 향해 동기부여가 이루어짐과 동시에 그것을 수행하는 인간을 기대하고 지원하지 않으면 안 된다. 그리고 그것을 효과적으로 수행하는 사람들의 능력을 신뢰하는 일이다.

〈표 4-9〉 리더십 스타일의 종류

상징적 스타일	현저한 능력	내용	과정	조직의 내용	제품/시장의 배경	목표가 되는 그룹
창조자	• 인스피레션 • 선견성 • 이미지 • 네이션	제품에 초점	• 급격 • 전체적 • 내성적신중	• 스타트압 • 기업가적	• 발명과 혁신 • 유형제품 • 니치시장	• 독립의 소비자 • 과학적 커뮤니티
전향자	• 이미지네이션 • 선견성	시장에 초점	• 급격 • 초점의 이동 • 상호작용 • 전체적	• 스타트압 • 기업가적	• 유형제품 • 적응 • 대량시장	• 집단시장 • 경쟁자 • 인프라구조
이상 주의자	• 이미지네이션	이상에 초점	• 신중 • 연역적 • 내성점진적	• 런어라운드 • 공적 • 관료제	• 정치적 • 콘셉트 • 제로섬 시장	• 일반적 인구 50% 쉐아
불의의 피습자	• 선견성 • 통찰	제품/조직에 초점	• 긴급 • 귀납적 • 상호작용 • 점진적	• 재생 • 런어라운드 • 공적·사적 관료제	• 유형제품 세분화된 과점시장	• 정부 • 노조 • 소비자
예언자	• 통찰 • 민감 • 인스피레션	서비스에 초점	• 점진적 • 급격결정 • 상호작용	• 재생 • 관료제	• 서비스개발과 혁신, 대량의 과점시장	• 종업원

자료 : Westley F and H Minzberg. "Visionary leadership and strategic management" Strategic Management Journal. vol 10. p. 23

연습문제

1. 지휘 활동에 대해 논하시오.
2. 동기유발이란 무엇인가?
3. 동기부여의 경영학적 접근 방법의 일반적 모형에 대해 설명하시오.
4. 리더십 이론의 발전과정에 대하여 논하시오.
5. 전략적 리더십에 대해 논하시오.
6. 마슬로의 욕구계층설에 대해 설명하시오.
7. ERG 모형과 그 요인을 설명하시오.

제5장 통제화

제1절 경영통제의 의의

01 통제의 개념

통제(controlling)란 기업의 목적을 달성하기 위해 수립한 계획이 실제로 이루어지고 있는지를 확인하며, 이상이 있을 때 이를 수정하는 기능이다.14) 즉, 경영통제란 경영관리과정의 마지막 단계로서 현재의 경영성과를 측정하고 사전에 설정된 목표가 계획으로부터 벗어나는 사고를 예방하며 벗어났을지라도 이를 적절하게 수정하면서 차후의 계획설정에 필요한 정보를 제공하는 역할을 의미한다.

계획이 아무리 완벽하게 수립되었다 하더라도 외부환경이 처음에 계획했던 예상과 일치하는지, 구성원들이 계획안에 의거하여 확실하게 실행되고 있는지 또는 목표달성을 위하여 계획을 실행하는데 있어서 문제점이 존재하는지를 통제기능을 통하여 살펴 볼 필요가 있다.

스타이너(G. A. steiner)는 그의 '경영계획모델'에서 계획을 수립하고, 이의 실행단계 및 계획의 평가단계 뿐 아니라 세부적인 계획설정 단계에서도 정보를 반영하여 새로운 계획을 설정하여야 한다고 주장하였다[그림 5-1 참조].

14) Rue and Bvars, Management, Skill and Application, Richard D. Irwin. Inc

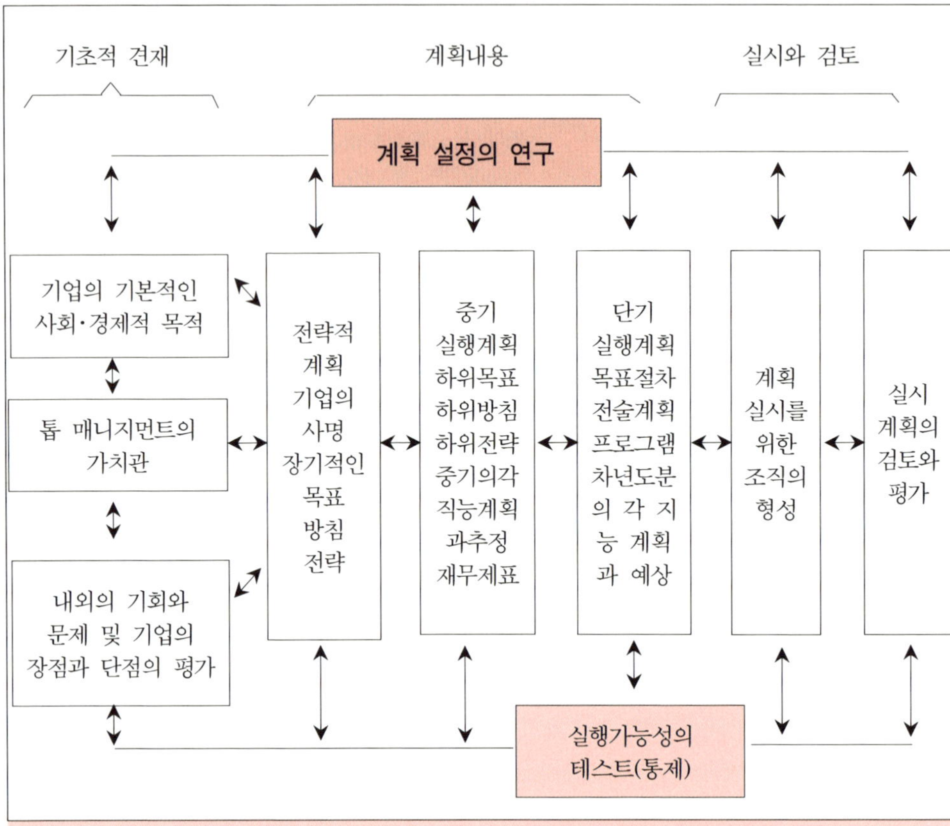

[그림 5-1] steiner의 경영계획모델

02 경영통제의 속성

경영통제에 대해서는 수많은 학자들의 수많은 정의들이 있다. 그러나 그들 정의에는 다소간의 차이점이 있기는 하지만 다음과 같은 기본적인 속성을 공유하고 있다.

첫째, 관리목표의 달성을 위한 대체적인 전략과 함께 이러한 목표를 포함하는 계획이 먼저 있어야만 한다.

둘째, 관리목표로부터 나온 하위목표, 예산 등의 제약 하에서 성취될 수 있는 자세한 활동의 결과를 규정한 표준이 있어야만 한다.

셋째, 실제성과를 측정할 수 있고, 그 성과와 표준을 비교할 수 있는 수단이 있어야만 한다. 가능하다면 측정과 비교를 계량적으로 할 수 있으면 좋다.

넷째, 활동을 표준에 일치시킬 수 있도록 적시에 적절하게 편차를 수정하는 활동(corrective action)을 할 수단이 있어야 한다.

그러므로 통제는 다른 경영기능보다 경영계획과 밀접한 관계를 맺고 있다. 즉, 목표와 계획이 없이는 통제가 불가능하며 업적성과 역시 미리 설정된 어떤 기준에 의해서 비교되어야 하기 때문이다. 다만 여기서 계획기능은 조직내에서 집단활동이 있기 전에 수행되는 사전적이 관리기능인 데 반하여 통제는 사후적인 관리기능인 점에서 다르다고 할 수 있다[그림 5-2 참조].

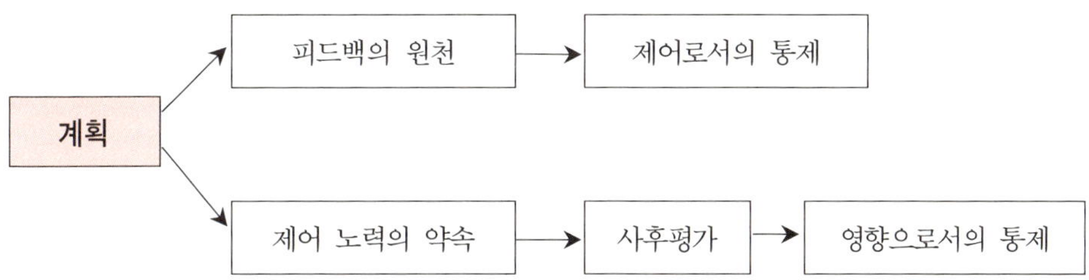

자료: 伊丹敬之 加護野 忠男. 經營學 入門 日本經濟新聞社, 1989, p. 297

[그림 5-2] 계획과 통제의 관련성

제2절 경영통제의 과정

만일 기업을 운영하면서 통제와 감시를 없애고 모든 행위를 양심과 자율에 의존하여 종업원 스스로에게 맡긴다면 과연 어떻게 될까? 통제와 감시를 필요악으로 보는 견해는 이상론적인 견해에 불과하며 현실적으로는 통제가 없으면 경영을 바람직스럽게 할 수 없다.

조직을 효율적으로 통제하기 위해서는 통제가 이루어지는 통제의 과정에 대하여 살펴볼 필요가 있다. 일반적으로 통제의 과정은 [그림 5-3]과 같이 네 가지 단계를 거치게 된다.

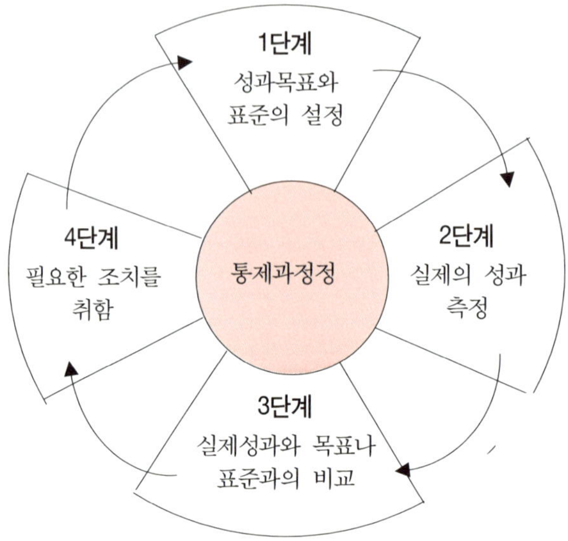

자료 : John R. Schermerhorn. JR.. Management. 5th ed. (New York : John Wiley & Sons. Inc.)

[그림 5-3] 경영통제과정

01 표준의 설정

통제의 첫 번째 단계는 표준을 설정하는 일이다. 표준(standard)이란 어떤 활동의 결과인 성과를 비교하기 위한 기준(criteria)을 말한다. 즉, 표준은 계획을 추진하는 경영통제의 기준이다. 이와 같이 계획과 불가분의 관계에 있다는 것은 바로 계획수립과 목표수립 과정을 통하여 통제 표준이 결정되기 때문이다. 그러나 계획은 매우 자세하기 때문이다. 그러나 계획은 매우 자세하기 때문에 경영자들이 그 내용의 모든 것을 알고 또 항상 관찰할 수 없기 때문에 특정한 표준을 설정하게 된다. 통제를 위한 기준은 학자에 따라서 다양한 견해가 있지만, 쿤츠는 이를 전략적 통제를 위한 전략적 기준으로서 다음과 같이 6가지로 분류하고 있다.

① **물리적 표준**(physical standards) : 이는 비화폐적 측정을 다루는 내용으로서 종업원을 고용하여, 원료의 이용으로 재화나 용역을 생산하는 작업차원에서 이용되고 있다.

② **원가표준**(cost standards) : 이는 화폐적 측정을 다루는 내용으로서 작업의 원가

를 화폐적 가치로 환산하는 표준으로서 물리적 표준과 함께 작업차원에서 이용되고 있다.

③ **자본표준**(capital standards) : 이는 원가표준의 변형으로 물리적 항목에 금전적 측정치를 적용한 것으로 운영비보다는 오히려 그 기업에 투하된 자본에 관련이 있기 때문에 손익계산서보다 대차대조표와 더 관련이 있다.

④ **수익표준**(revenue standards) : 이것은 매출액에 화폐적 가치(monetary value)를 적용한 표준을 의미한다.

⑤ **프로그램표준**(program standards) : 이는 계획수립과정에서 프로그램을 개발해야 할 때 사용되는 표준이다.

⑥ **무형적 표준**(intangible standards) : 이는 물리적 또는 화폐적 측정치로 표현될 수 없는 일체의 표준내용을 포괄하고 있는 표준이다.

02 성과의 측정

경영통제의 두 번째 단계는 성과측정(performance measurement)을 하는 과정으로서 실제적인 경영활동을 신속하고 정확하게 측정하여 이를 통제수단의 원천으로 이용하는 것으로 통제의 중심적인 단계이다. 하지만 성과를 측정하는데 있어서는 모두가 인정할 수 있도록 객관적으로 이루어져야 하지만, 주관적인 면을 완벽하게 배제할 수가 없기 때문에 측정과 비교를 이떻게 정확하게 할 것인가 하는 문제가 발생한다.

성과의 측정은 계획의 차질로 인하여 발생하게 되는 성과상의 편차를 신속하게 파악하여야 하기 때문에 조직과 개인이 함께 성과를 측정하는 기준을 마련한다면 성과의 향상에 기여를 하겠지만 만약 그것이 부적절한 경우에는 역기능이 발생할 수도 있다.

03 성과 측정의 비교

경영통제의 세 번째 단계는 측정된 성과와 설정된 표준을 서로 비교하여 그 차이를 발견하는 것이다. 성과와 표준의 비교로 인하여 성과는 표준보다 높을 수도 있고, 낮을 수도 있으며, 비슷할 수도 있다.

일반적으로 경영활동의 성과를 표준과 비교하는 방법으로는 경영자가 구두 또는 서면상으로 받은 보고 중에서 계수나 사실을 분석하여 보기도하고, 실제로 현장에 가서 하급자들의 활동과 성과를 관찰하거나 조사하기도 한다. 통제가 효과적으로 이루어지기 위해서는 성과와 표준간의 비교가 빈번하게 이루어지는 것이 좋지만, 너무 잦은 성과와 표준간의 비교는 피통제자의 자율성을 해칠 우려가 있다.

04 편차의 수정

경영통제과정의 마지막 단계는 표준치와 성과간의 편차를 수정하는 단계이다. 단순히 표준을 설정하고 성과에 대한 측정과 비교만으로 통제의 목적을 달성할 수는 없다. 표준과 성과간에 차이가 발생하였을 경우에는, 편차가 발생하게 된 원인을 철저히 분석하고 이를 수정함으로써 업무집행의 결과가 계획대로 이루어질 수 있도록 피드백 시킴으로써 통제활동이 의미가 있게 하여야 한다. 그런데 이와 같이 편차가 발생하게 되는 원인으로는 다음과 같은 요인들이 있다.

첫째, 예상하지 못했던 작업조건이 변경된 경우
둘째, 부하의 훈련이나 능력이 부족한 경우
셋째, 계획이나 표준이 적절하지 못한 경우
넷째, 지휘방법이 부적절한 경우

등을 생각해 볼 수 있다. 그러나 이러한 편차의 원인을 발견하였을 경우에는 다시 측정 및 비교에 잘못이 없는가를 다시 검토하지 않으면 안되며 편차가 발견되었을 경우에는 수정 조치를 취해야 한다.

제3절 경영통제의 유형

경영통제의 유형에는 시간적 관점에서 볼 때 사전적 통제, 동시적 통제, 피드백 통제 등 세 가지 기본유형으로 분류해 볼 수 있다.[15)]

15) K. M. Bartol & D. C. Martin, Management, N. Y. : MacGrw-Hill Book Co.

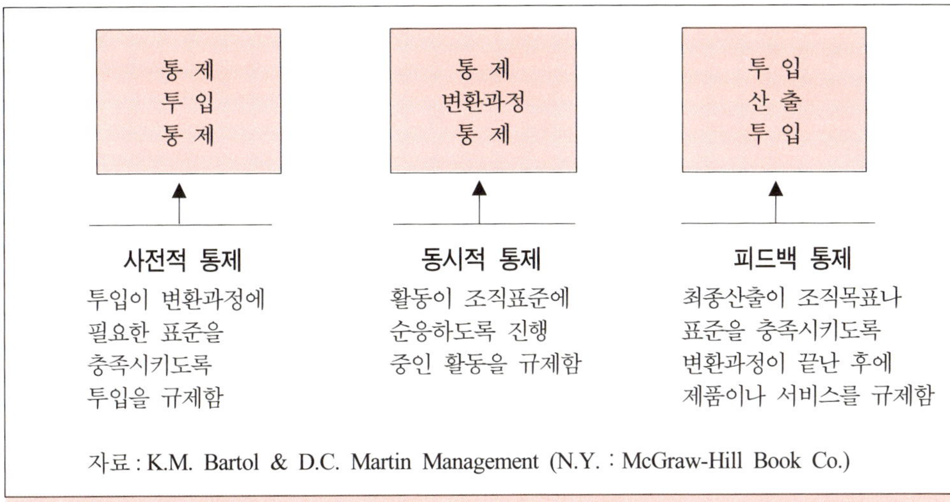

[그림 5-4] 통제의 유형

01 사전적 통제

사전적 통제(feedforward control)란 잠재적인 문제를 예상하여 그것이 일어나는 것을 피하기 위하여 예방적이 조치를 취하는 통제로서 예비통제(preliminary control)라고도 한다.

사전적 통제는 업무가 실제로 진행되기 이전에 실시하는 통제이므로 미래지향적인 통제이기 때문에 문제가 발생된 후 치유하기보다는 예방적이라는 점에서 매우 바람직하다고 할 수 있다. 그러나 이 통제유형이 효과적으로 수행되기 위해서는 적시에 그리고 정확한 정보를 얻을 수 있어야 한다는 점이 전제가 되어야 한다.

02 동시적 통제

동시적 통제(concurrent control)란 업무활동이 진행 중에 실시되는 통제로 조종통제(steering control) 또는 적격심사통제(screening control)라고도 한다. 경영자는 문제가 발생하여 비용이 크게 발생되기 전에 수정적인 행동을 취할 수 있어야 한다. 그렇게 함으로써 받아들일 수 없는 완제품이나 서비스를 만드는 데에 따른 낭비와 불행을 피할 수 있게 된다. 이러한 동시적 통제는 전형적으로 직접적인 감독을 통해 이루어지는데, 경영자들은 부하직원의 행동을 직접적으로 감독할 때 문제

발생이나 종업원의 행동을 동시에 감시 할 수 있다.

03 피드백 통제

피드백 통제(feedback control)란 모든 활동이 종결된 이후에 취해지는 통제로 사후적 통제(postaction control)라고도 하며, 가장 보편적으로 이용되고 있는 통제 유형이다. 피드백 통제가 사전적 통제나 동시적 통제와 비교하여 가지고 있는 장점은 다음과 같다.

첫째, 피드백 통제는 경영자에게 계획수립의 노력이 얼마나 효과적이었는가에 대한 의미 있는 정보를 제공해 준다. 만약 피드백 결과가 표준과 실제 성과간에 차이가 없다면 정확하다고 할 수 있으며, 반대로 차이가 크다면 이 피드백 정보를 다음의 새로운 계획 수립에 보다 유용하게 이용할 수 있다.

둘째, 피드백 통제는 종업원들에게 동기부여를 촉진할 수 있다. 사람들은 자신들이 얼마만큼의 업적을 이룩했는가에 대해 알고 싶어 하는데 피드백 통제는 이러한 정보를 제공해 준다.

연습문제

1. 통제의 개념을 설명하시오.
2. 통제의 속성을 설명하시오.
3. 통제의 유형을 설명하시오.

제4부

경영직능

제1장 인적자원관리

제1절 인적자원관리의 의의 및 기본전제

기업이 성장하고 발전할 수록 인적자원관리의 중요성은 더욱 커지며 요즈음처럼 인력에 관해 논쟁이 심한 경우도 드물다고 하겠다. 기업환경이 중요하게 등장할 때 나타나는 것이 인적자원관리라고 하겠다.

일반적으로 인적자원관리의 개념에 대한 몇몇 학자의 정의를 살펴보면 다음과 같다.[1)]

- **스페이트**(Spates, T. G.) : "인적자원관리란 종업원의 잠재적 능력을 최대한으로 발휘시킴으로써 최대의 성과를 확보할 수 있도록 그들을 처우하고 조직하는 방법에 관한 규범체계이다."
- **피고스와 마이어스**(pigos, P. and Myers, C. A.) : "인적자원관리란 종업원이 그들의 노동으로부터 최대의 만족을 얻음과 동시에 기업에 대하여 최대의 공헌을 하게끔 그들의 잠재능력을 육성·발전시키는 방법이다."
- **요더**(Yoder, D.) : "인적자원관리는 남녀 종업원들로 하여금 그들의 직장에 대하여 최대의 공헌을 함과 동시에 최대의 만족을 얻을 수 있도록 조력하며 지도하는 기능 내지는 활동이다."

이상의 정의에서 볼 수 있듯이 인적자원관리(Human resource Management)란 인간의 노동력을 관리의 대상으로 삼아 그것을 어디까지나 생산제력의 최고의 효율

1) 이진규, 전략적, 윤리적 인적자원관리, 박영사, 2001.

적 이용을 목표로 삼았으며 테일러(Tailor)의 과학적 관리에 대한 반성에서부터 발달되었다. 즉 테일러의 과학적 관리는 인간을 기계와 동일시함으로써 생산에 있어서의 인간적 요소를 무시하고 나아가서는 경영 독재주의로 기울어져 마침내는 노동조합의 강력한 반대운동을 불러 일으켰던 것이다. 여기에 과학적 관리가 내포하는 약점을 보완코자 성립 발현된 것이 바로 인적자원관리인 것이다.

이리하여 인적자원관리는 첫째, 개인심리학을 토대로 하는 '개인적 인간공학'을 적용함으로써 작업능력을 향상시키고자 하였고 둘째, 개인적 인간공학과 아울러 사회심리학적 토대 위에서는 '사회적 인간공학'을 적용함으로써 경영 독재주의의 폐단을 시정하기 위한 의사소통기구의 확립에 노력하였다. 나아가서 인적자원관리는 생산에 있어서의 인간성 회복 및 민주화의 실현에 기여하게 되었던 것이다.

그런데 이러한 인적자원관리는 그것이 어디까지나 노동자를 최고 효율적 이용의 대상으로 삼는 한에 있어서 여전히 본질적으로는 광의의 기계관리 위에 초래된 노동자의 인간 소외와 해고의 위험성 및 이에 따르는 생활의 불안정성을 어떻게 회복 또는 극복해 나아가느냐가 중심문제로 되는 노동관리개념과는 기본적으로 다른 점인 것이다.

이리하여 작업능률의 향상과 의사소통의 원활은 어디까지나 인적자원관리에 있어서의 2대 과제인데 이들 과제를 달성키 위한 구체적인 관리내용은 아래와 같다.

첫째, 작업능률의 향상을 위한 관리내용으로서는 채용, 배치, 교육, 훈련, 취업, 퇴직, 해고, 승진, 휴직, 직무분석, 직무평가 및 인사고과 등을 들 수 있는데 이것들에 대한 유효적절한 관리는 종업원의 능력과 창의를 발휘시킴으로써 작업능률 내지는 생산성의 향상을 가져오게 한다.

둘째, 의사소통의 원활을 기하기 위한 기구로 인사상담제도, 고충처리제도 등을 들 수가 있는데 이것들의 효율적 운용을 통해 경영독재화를 방지하고 나아가서는 기계적 생산에 있어서의 인간성회복 및 민주화 현실에 기여할 수가 있는 것이다.

제2절 인적자원관리의 내용

01 고용관리

고용관리는 기업활동의 수행에 필요한 자질을 갖춘 인력을 필요로 하는 양만큼 필요로 하는 시기에 노동력을 발휘할 수 있도록 선발·배치하는 계획적·조직적 조치이다. 따라서 이러한 고용관리가 잘 이루어지기 위해서는 직무분석에 의해서 직무수행에 요구되는 인적자격요건을 명확히 해야 하고, 직무에 필요한 인력의 수를 계획하여야 하고, 필요한 자격을 갖춘 노동자를 적절한 방법에 의해서 필요한 인원만큼 선발하여 직무에 배치시켜야 한다.

02 이동관리

기업조직은 직무요건과 인적능력의 적합 상태를 유지하여 적재적소의 배치를 실현하려고 노력한다. 그러나 최초의 배치가 부적절하였거나 직무환경의 변화로 직무내용이 변화하거나 그 인력의 지식과 능력이 변화하여 직무요건과 인적능력의 부적합이 발생되게 한다. 그러므로 조직은 경영인력의 유효한 이용을 위해서 직무요건과 인적능력의 최적합 상태가 유지되도록 계획적·조직적으로 조정하는 작업을 하지 않으면 안 되는데 이것이 이동관리이다. 이동관리의 내용으로는 최초의 배치 이외의 모든 이동, 즉 배치전환, 승진, 일시 해고, 휴직, 퇴직 등이 포함된다.

03 교육훈련

교육훈련이란 종업원의 사고, 관습 및 태도를 변화시킴으로써 그들이 맡은 바 직무를 효과적으로 수행할 수 있도록 지원하기 위해 계획된 조직적 활동이다. 교육훈련은 개인이 기업에 들어오기 전에 습득한 지식과 기술이 직무요건과 일치하지 않는 점을 고려하여 일단 채용된 종업원들이 주어진 환경과 담당직무에서 최대의 능력을 발휘할 수 있도록 단기간에 많은 기술을 연마시키고 직무수행능력을 향상시키기 위해 실시한다. 교육훈련은 궁극적으로 종업원의 직무수행능력을 배양하는 동시에 근로의욕이 왕성한 종업원을 양성시키는 데 의의가 있다.

04 복지후생

복지후생이란 종업원의 생활수준향상을 위하여 시행하는 임금 이외의 간접적인 제급부를 말하며 복지후생을 증진하는 주체는 기업측이 되는 것이 보통이지만 그 관리운영을 반드시 기업측이 담당할 필요는 없다. 복지후생제도는 온정적·은혜적 성격을 지닌 것이었지만 산업사회의 발전과 노사관계의 변화로 인하여 오늘날에 있어서는 국가의 입법에 의하여 강제되는 법정제도로서의 성격을 지니게 되었다.

05 인간관계관리

인간관계란 종업원으로 하여금 집단의 한 구성원으로서 상호 생산적이고 협동적으로 활동할 수 있도록 그들의 경제적·심리적·사회적 욕구를 충족시켜 주면서 그들을 조직의 전체적 상황에 결합시키는 활동이라고 볼 수 있다. 현대사회에서 양호한 인간관계를 유지하는 일은 조직과 개인 모두에게 피할 수 없는 과제로 대두하게 되었다. 조직내의 인간관계관리는 사람들이 일생이 대부분을 조직 속에서 보내게 됨에 따라 조직 내에서의 인간관계가 보다 중시되었다는 점에서 중요하다. 따라서 훌륭한 인간관계관리를 통하여 건전하고도 원만한 인간관계를 유지함으로써 근로생활의 질의 향상에도 기여할 수 있다.

제3절 새로운 변화들

인적자원관리란 기업경영에 필요한 인력이 조직에 입사하면서부터 퇴직할 때까지를 관리하는 것이다. 인력의 유입과 개발성과 평가 및 보상, 인력 유지와 방출 등 인력에 관한 계획·실행·통제하는 활동이다. 그런데 현대경영에서는 사회의 지식사회로 변화, 조직의 신축적 조직으로 변화, 개인 근로자의 태도 변화, 그리고 인적자원관리 환경변화 등은 인적자원관리의 새로운 패러다임과 인사 담당자의 전략적 역할을 요구하고 있다.

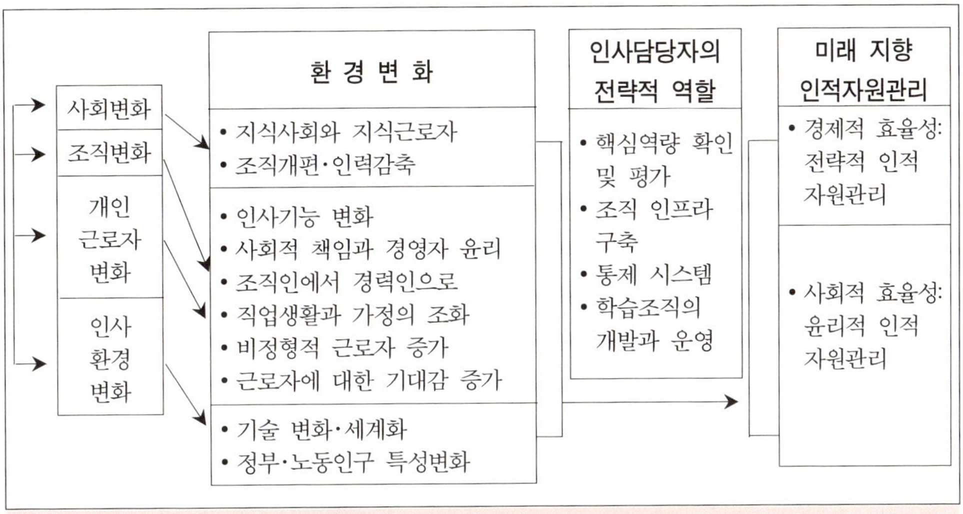

[그림 1-1] 경영환경과 인적자원관리

01 지식사회와 지식근로자

현대사회를 흔히 지식사회라고 하지만 무엇을 지식사회로 정의할지는 무척 난감한 일이다. 피터 드러커(1993) 교수의 견해를 빌려보면 토지·노동·자본이 지배하던 자본주의 이후의 사회, 즉 탈자본주의사회(post capitalist society)를 지식사회로 보고 있다. 과거에는 유일한 생산수단이었던 생산 3요소만으로 사회가 발전할 수 있었다. 그러나 지금의 시대에서는 과거의 생산요소와 지식의 결합을 통해서만 모든 것이 가능한 세상이 되었다는 사실이다.

그러면 탈자본주의 이전의 사회를 되돌아보자. 산업혁명이 일어난 후인 1750~2000년 사이 자본주의와 기술은 지구를 정복하고 새로운 문명을 창조하였다. 그 예로 우리는 Watt가 1776년에 증기기관을, 1876년 벨이 유선전화를, 1892년 Ford가 2기통 가솔린 자동차를 최초로 발명하였다는 것을 알고 있다. 그리고 20세기 초 Taylor(1856~1915)는 과학적 관리법을 기업경영에 들여와 대량생산을 통해 생산성 혁명을 가능케 했다.

그 후 불과 100여 년이 안 된 지금은 어떠한가? 인공위성 탐사로 우주시대가 개막되고, 무선 및 위성 전화로 전세계 어디에서든 전화를 할 수 있으며, 인터넷을 통해 제품구매는 물론 전세계에 펼쳐진 정보를 획득할 수 있게 되었다.

이러한 급격한 기술 변화와 시대적 변화를 가능케 한 원동력은 과연 무엇일까? 그건 바로 인류가 살아오면서 터득한 지식(knowledge)의 누적적이고 집합적 결합과 발전이라고 할 수 있다. 단편적으로 지구가 탄생하여 무수한 세월이 흘러 산업혁명이 일어났다. 불과 150년 뒤에 대량생산을 통한 생산성 혁명이 일어났다. 지금은 디지털 혁명이 우리 사회를 변모시키고 있다. 그래서 현대사회는 지식이 없고서는 아무것도 논할 수 없는 실정이 된 탈자본주의의 지식사회라고 할 수 있다.

현대사회가 지식사회로 변화됨과 더불어 지식근로자를 낳는다. 다시 말해 과거의 지식과 현대의 지식을 상호 결합하고, 새로운 지식으로 변화시킬 수 있는 사람이 필요하게 된 것이다. 탈자본주의의 사회에서는 지식이 생산수단이 된 것이다. 그리고 지식을 통해 생산활동을 하는 사람은 다름 아닌 지식근로자이다.

지구촌 사회 전체를 말하지 않고 우리나라만 보더라도 생산수단에 대한 운영이 지식근로자에게 전가되었음을 쉽게 알 수 있다. 우리나라는 새마을 운동을 하기 전까지만 해도 농업사회로 대부분의 근로자들은 농업에 종사하는 사람들이었다. 그 뒤로 공업화가 가속화되어 공장 근로자들이 우리 사회의 중심역할을 하는 근로자였다.

지금은 어떠한가? 과거 육체적인 의미의 노동은 더 이상 우리 사회에서 중심된 역할을 하지 못하고 있다. 노동에 기초한 생산방식에서 이제는 지식에 기초한 생산방식으로 바뀌고 있는 것이다. 반도체, 인공위성, 컴퓨터, 인터넷, 그리고 각종 서비스업 등의 출현은 지식사회로의 변화와 지식경영의 필요성을 말해 준다.

기업경영으로 눈을 돌려보면 지식근로자의 역할은 더욱 중요해진다. 그들이 산출하는 새로운 지식은 과거의 것과 결합을 통해 더욱 새로운 지식으로 발전하고 곧 제품생산으로 신속히 응용된다. 근래 들어 지식경영이 활기를 띠고 있는 것은 조직과 조직구성원들의 내·외부에 산재되어 있는 지식들을 하나로 결합하여 제품생산에 활용은 물론 조직 경쟁력을 확보하기 위한 일환인 것이다.

경영자 역시 지식근로자의 중요성을 인식하고 있다. 과거 경영자들은 재무관리가 매우 중요하고, 사람관리란 다만 필요한 기능일 뿐 중요한 기능은 아니라고 생각했었다. 그렇지만 21세기에 접어들면서 조직의 가장 큰 성공 요인은 사람이라고 느끼게 되었고, 사람을 중심으로 모든 다른 자원들을 재배치하는 조직들이 늘어나기 시작하고 있다. 벤처조직, 뮤츄얼 펀드를 취급하는 증권 브로커 조직, 초우량 작업조직, 전문적인 노사관계 담당자, 인터넷 마케팅 등 모든 기능들이 능력 있는 '사람' 들 중심으로 묶여가고 있다. 왜냐 하면 기술이란 어느새 또 다른 신기술에 의해 정복당하고 우리 조직이 가지고 있던 신기술은 어느새 또 다른 조직에 의해 복사당하고 만다. 그러나 지식근로자는 항상 새로운 지식을 창출하고 기존의 것과 결합을 통해 또 다른 지식을 생성할 수 있다.

이와 같이 지식사회의 도래와 함께 지식근로자의 출연은 기업경영의 프로세스 자체를 재검토하게 만들고 있으며, 새로운 인적자원관리의 필요성을 재촉하고 있는 것이다.

02 조직의 변화

조직은 외부 환경요인에 영향을 주고 받으면서 조직목표 달성을 위해 경영활동을 한다. 그리고 조직은 항상 외부 환경요인에 의해 도전을 받는다. 심지어 어떠한 조직도 진공상태인 환경에서 경영활동을 할 수 없기 때문에 조직이 환경에 대한 부산물로 여겨지는 경우도 있다. 그만큼 기업경영의 외부환경은 조직 내부의 변화를 요구하고, 조직은 급변하는 환경에 의해 움직인다고 해도 과언이 아니다. 따라서 조직은 외부 환경변화에 신속히 대처하기 위해 자발적인 변화노력이 요구된다고 하겠다.

이러한 조직의 변화 노력을 반영하고 있는 추세 등이 몇 가지 있는데 조직재편, 인력감축, 인사기능의 변화, 사회적 책임과 경영자 윤리 등이다.

(1) 조직재편

고객욕구의 증가, 기술변화, 원가상승 압력 등의 외부적 환경변화는 조직구조 형태를 필연적으로 변화시키고 있다. 과거 산업사회의 대량생산 위주의 경영체제인 관료주의적 조직구조는 빠르게 변화하는 외부환경에 적합하지 못하다. 21세기 경영환경은 그 어느 때보다도 조직구조의 유연한 적응을 요구하고 있다. 가볍고, 수평적이고, 유연한 조직구조야말로 역동적인 경영환경에 살아남을 수 있는 조직으로 만들어 준다.

조직 재편은 구조조정과 이직관리에서 자세히 다루고 있지만 그 추세를 간단히 소개하면 다음과 같다.

첫째, 과거 거대했던 조직구조는 점점 작은 구조로 바뀌고 있다. “작은 것이 아름답다(Small is beautiful)”라는 슬로건 아래 조직은 분권화, 분사화(spin-off) 등 조직 내 핵심사업만을 남겨 놓고 여러 갈래로 분화되고 있다.

둘째, 개인 근로자가 다기능 근로자(multi-skilled worker) 혹은 지식근로자(knowledge worker)로 자기 변신을 시도하고 있음에 따라 조직의 여러 기능이 통합적으로 운영되고 있다. 다시 말해, 개인 근로자의 지적 능력이 향상되어 자기가 맡은 직무영역에 국한되지 않고, 다른 직무를 맡더라도 곧 업무를 수행할 수 있게 되어 조직은 더 이상 권한과 책임이 정형화된 수직적 조직구조를 취할 필요가 없어진 것이다.

셋째, 정보기술의 발달로 조직의 핵심사업만 유지한 채 타조직과 연계를 통해 사업을 하는 경향이 있다. 이러한 조직연계 및 연합, 전략적 통합은 핵심사업을 제외한 분야의 외주(outsourcing)가 가능해 네트워크 조직구조를 변할 수 있게 한다.

(2) 인력감축

세계 유수 기업들이 앞다퉈 구조조정을 통해 대규모 인력감축 계획을 내놓고 있다. 이 같은 현상은 기술에 의한 생산성 향상에서 감원요인이 발생하는 정보통신·첨단산업이 아닌 제조업과 중공업 등 기존 산업에서 두드러지고 있다.

가장 주목을 받은 것은 1999년에 세계 최대 청량음료 회사인 코카콜라가 창사 이래 최대 규모의 구조조정 계획으로 당시 인원의 1/5 수준인 6,000여 명을 감원한다고 발표하였다. 또한 같은 해 항공회사인 브리티시 에어웨이(British Airway)도 3년 안에 12.5%에 해당되는 6,500명의 인원을 감축하며, 자동차부품 업체인 프랑스의 발레오(Valeo)사도 미국과 서부유럽에서 전체 인력의 12%에 해당하는 6,000명 감축할 방침임을 밝혔다. 마일드세븐·카멜 등을 생산하는 세계 3위의 담배제조회사인 일본담배공사의 경우 직원의 10%에 해당하는 4,500개의 일자리를 줄였다[2]. 우리 기업들은 IMF 외환위기 이후 약 67%의 기업들이 인력감축을 통한 구조조정을 실시하였다고 보고되고 있다.

인력감축은 조직 구조조정과 조직재편이 직무의 통합과 재조정, 과거 직무의 퇴출과 새로운 직무의 출현 등을 동반하기 때문에 유발된다. 조직이 새로운 환경에 적합한 수평적이고 유연한 조직구조를 취하다 보니 조직재편의 부산물로 인력감축

---

2) 매일경제신문, 2000년 2월 6일자. ‘세계 제조업 인력감축 확산’ 내용 일부

이 초래되는 것임을 알아야 한다.

인력감축은 조직재편의 목적이 아니라, 조직이 적정조직으로 재편하는 과정에서 일어나는 인력조정이 필요한 것이다. 이를 적정인력조정(rightsizing)이라고 하는데 조직재편에서 제시한 다기능 근로자들의 출현은 적정 인력조정을 통한 생산효율성을 가져다준다. 즉 과거에 10명이 해야 될 일을 지금은 다양한 업무기술을 가진 다기능 근로자와 숙련된 지식근로자를 통해 그 이하의 인력으로도 충분히 가능하게 되었다. 조직이 적정인력을 통한 조직 슬림화로 역동적인 조직으로 거듭날 수 있는 기회를 마련할 수 있는 것이다.

(3) 인사기능의 변화

조직이 조직재편과 인력감축을 통해 환경변화에 민감하게 대처하려는 자생적인 노력들과 더불어 예전과 다른 두드러진 경영활동이 바로 인사기능의 변화이다. 조직의 인사기능 변화를 관찰하면 다음과 같은 현상이 일어나고 있다.

첫째, 인사기능의 많은 부분이 최고경영자의 몫으로 옮겨가고 있다. 최근 일어나는 구조조정, 퇴출인원 정리, 능력주의 연봉제 실시, 조직구조의 변화, 인수·합병, 새로운 노사관계 정립 등 최근의 많은 문제들이 전략적 사안으로 대두되고 있어 더 이상 인사담당자의 결정권이 아니라 최고 경영자의 의사결정사안이 되고 있다.

둘째, 인사기능의 많은 부분들이 실무관리자(line)들의 몫이 되고 있다. 과거 전통적인 인사담당자의 스텝(staff) 업무들이 조직의 현장 밀착관리의 영향으로 인사담당자로부터 차츰 실무관리자들에게로 옮겨가고 있다. 예를 들면, 종업원 성과평가, 인력모집과 선발, 종업원 훈련과 개발, 노사관계 등 현장 중심의 인적자원관리이 실행됨에 따라 전통적 인사업무가 일선관리자의 주요 업무로 이관되고 있다.

셋째, 최근 조직이 핵심역량을 제외한 나머지, 즉 대외 경쟁력이 없는 기능을 외주화하거나 분사형태로 분리하고 있는 것과 더불어 인사기능 역시 주요 부문이 경제적 효율성을 위해 외주화되고 있다. 대표적으로 인사전문용역회사들에게 교육·훈련기능을 위탁하는 것은 물론 인력충원, 성과평가 및 보상 등 많은 인사기능을 전문성과 경제성을 이유로 외부 전문기관에 의뢰하고 있다.

마지막으로 인사기능의 많은 부문이 자동화 및 전산화되고 있다. 인사정보시스템은 대표적인 경우로 종업원 모집과 선발에서 시작하여 각종 인사기록을 전산처리하여 보존·활용하고 있다. 고도의 기술발달이 인적자원관리활동을 전산화시킴은 물론이고 심지어 간단한 인사관련 의사결정도 컴퓨터가 대신하고 있다.

이와 같이 전통적 인사기능은 점차 역할을 달리하거나 사라지게 되므로 미래조직 경영자들은 새로운 인사기능의 역할을 운영해야 한다.

03 개인 근로자의 변화

지식사회로의 변화, 조직의 변화 노력과 함께 개인 근로자 역시 과거와는 다른 직업관을 가지고 있다. 주요 변화로 과거 조직인에서 경력인으로, 직업생활과 가정의 조화, 비정규직 근로자의 증가, 그리고 조직의 개인에 대한 기대감 변화 등이다.

(1) 조직인에서 경력인으로

산업사회의 전형적인 관료주의 조직에서 직업생활을 영위하던 근로자들은 거대한 조직의 한 일부분으로만 조직의 목표달성에 이바지하였다. 조직목표는 곧 개인의 목표와 동일시되는 경향이 있었고 조직을 통해 개인은 직업만족을 이루곤 하였다. 극단적인 경우, 개인 존재는 망각되고 개인이 조직에 의해서 대표되는 경우까지도 있었다. 그래서 어느 개인 근로자가 A라는 회사에 근무하면 개인의 이름보다는 A조직맨 또는 A조직가족 등으로 분류되는 것이 더 자랑스러웠다.

개인 근로자가 조직에 몰입하고 충성하여 조직인으로서 행세하는 것이 더욱 자연스러운 이유는 조직과 개인의 고용형태에서 일반 근로자 고용은 반영구적 평생고용 형태로서 일단 조직에 진입하면 조직이 지정하는 적절한 승진구조에 의하여 평생의 경력을 한 조직과 함께 하는 것이었다. 이러한 고용형태는 외부 노동시장에서 이동성(mobility)이 제한되어 있고, 내부 노동시장이 매우 잘 발달되어 있는 성장위주의 관료주의 구조에 기반을 둔 경력 모형에 토대를 둔 것이다. 과거 인사·조직을 연구할 때 조직 몰입도나 조직 충성도가 주요한 결과 변수로 작용했던 것도 바로 이런 연유에서이다.

새로운 조류에 맞는 직업관은 더 이상 조직에 의해 규정된 일상 업무를 반복적으로 행사하는 조직인의 관점이 아니다. 새로운 직업관은 개인들 자신의 일생 직업생활을 자율적으로 결정, 설계하여 나가는 경력인(career person)으로서 개인 근로자가 존재하게 된다. 경력인의 특징을 살펴보면 다음과 같다. 첫째, 경력인은 조직을 통하여 자신의 직업목표를 구현시키는 사람이 아니라 자신이 하고 있는 업무, 자신의 직업을 통해 자신을 실현시키는 사람이다. 둘째, 경력인은 자율적인 업무 선택권을 가지고 어느 한 조직에 머무르기를 거부하며, 자신을 가장 잘 대우해 주는 곳 또는 자신의 경력 희망을 가장 실현할 수 있는 곳을 찾아 움직이고 있다. 셋째, 경력인은 업무의 결과를 중시하고 가시적이고 측정 가능한 결과물을 산출하는 데 자신의 업무 초점을 맞추고 있다. 넷째, 경력인은 빠른 승진, 고액의 보수 등 물리적이고 경제적인 보상에 만족을 두기도 하지만, 그것보다는 심리적 성공, 자기실현, 사회에의 기여 등 정신적 보상에 더 큰 관심을 두고 있다. 다섯째, 경력인은 끊임없는 자기 계발을 통해 항상 자신의 시장성(marketability)을 경쟁적으로 만들며 변화를 추구하고 있다.

(2) 직업생활과 가정의 조화

경제대국이라는 일본이 가지고 있는 가장 큰 사회적 문제는 사람들이 일에 너무 몰두하며 살고 있다는 것이다. 일본인들이 자신을 돌보지 않고 자신이 속해 있는 조직과 일에 얽매여 있는 것을 보고 서구인들로부터 일에 취해 사는 사람들이라고 비판받기까지 한다. 일본인들이 일과 관련해 과로사하거나 가정이 파괴되는 일은 매우 자주 보도되는 사건들이다. 당장 21세기 초만 보더라도 일본 수상 오부치는 격무를 견디다 못해 과로사하고 말았다.

비단 일본의 경우만 아니라 우리나라도 예외는 아니다. 40대 사망률이 세계 1위라는 오명을 가지고 있는 것이 우리의 현실이다. 근로자가 자신의 일에 몰두하여 성실한 직업생활을 한다는 것에 대해서 비난할 여지는 없다. 하지만 조직의 생산성은 종업원 개인의 정신적·육체적 건강, 행복한 가정, 그리고 직업생활이 조화가 이루어졌을 때 최고도에 달할 수 있다. 과거 우리가 경제개발에 온 국민의 힘을 쏟고 있었을 때 개인 근로자는 개인과 가정을 팽개치고 직업과 직장에 혼신의 힘을 쏟을 때도 있었다.

현재 및 미래의 근로자들의 직업생활에 대한 주요 변화로 예측되고 있는 것이 직업생활과 가정의 조화이다. 개인 근로자들은 더 이상 조직인이 아닌 경력인으로서 거듭나면서 직업생활의 질과 가정의 일을 우선한다는 사실이다. 물론 조직에 입사해 고용관계를 맺고 있는 근로자가 금전적인 욕구가 없다고 말할 사람은 아무도 없다. 하지만 사회·문화적 수준과 근로자의 교육수준의 증대로 인해 수입이 일정

수준에 이르게 되면 근로자들이 필요로 하는 것은 매우 다양해진다.

근래 인적자원관리 영역의 관심사항으로 부각되고 있는 종업원과 그의 가족이 함께 이용할 수 있는 복리후생, 근로시간 단축 및 신축적 근로시간, 정형화된 업무보다는 자율적이고 창의적인 직무, 그리고 근거리의 직장 등은 직업생활과 가정의 조화를 추구하는 개인 근로자들의 특성을 보여 주고 있다.

불과 몇 년 전만 하더라도 남성이 직장에서 일하고, 여성은 가사일을 하는 것이 사회적 통념이었다. 아마 우리 나라와 같이 전통적인 가부장적인 사회에서는 더욱 그랬을 것이다. 그러나 지금은 이중경력 개발, 재택근무, 복리후생 가운데 탁아소나 종업원 가정생활 상담소 운영 등이 인적자원관리의 새로운 이슈로 대두되고 있다. 직업이나 자녀교육이 이제는 남녀를 구별하지 않고 있음을 알 수 있고 개인 근로자들이 직장생활과 가정생활을 동등하게 유지하고자 하는 욕망을 엿볼 수 있다.

(3) 비 정형직 근로자 증가

21세기 새로운 고용형태의 출현은 바로 비정규직 근로자의 증가이다. 사실 문자 그대로 비정규직 근로자는 산업사회의 고용특성에서 만들어진 용어로 정규직 근로자에 대해 약간 비하하는 뜻으로 해석되었다. 즉 정규직 근로자가 되지 못하며 향후 정규직 근로자가 되려고 노력하는 근로자 집단을 일컫는 데 사용되었다.

그러나 비정규직 근로자는 조직에 상시고용계약 관계를 맺는 근로자와 상대적인 개념으로 단기고용의 임시직, 일용직 근로자, 파트타임 근로자, 파견 근로자, 프리랜서, 재택 근로자 모두를 포함한다. 현대적 의미의 비정규직 근로자는 정규직 근로자 집단에서 소외되는 미자격 근로자만 지칭하는 것이 아니다. 비 정형직 근로자는 자신의 욕구에 의해 본인이 선택한 일시적 고용관계를 갖는 근로자 모두를 포함한다.

비정규직은 산업사회가 태동한 이후로 증가추세에 있다. 실제로 일하고 있는 취업자의 신분 또는 종사상의 지위별[3])로 경제활동인구조사에 따르면 과거 10년 동안 우리나라 비정규직이 차지하는 비율은 정규직의 그것보다 훨씬 앞지르고 있다.

〈표 1-1〉에 따르면 2007년 정규직근로자는 63%이고 비정규직은 37%였지만 7년뒤

3) 종사상의 지위(status of workers)란 고용주, 자영자, 무급가족종사자, 상용근로자, 임시근로자 등과 같이 취업자가 실제로 일하고 있는 신분 내지 지위상태를 말한다.

인 2013년 우리나라의 정규직근로자는 68%이고 비정규직 비율은 전체 임금근로자 중 32%로 정규직은 증가했고 비정규직은 감소하였다. 그리고 비정규직 비율이 전체 임금근로자에서 차지하는 비중은 2007년 37%로 가장 높았으며 이후 소폭 감소하고 있다.

〈표 1-1〉 임금근로자의 근로형태별 추이 및 구성

(단위: 천명, %)

	임금근로자	정규직	비정규직	한시적	시간제	비전형
2013	17,743	12,012[68]	5,732[32]	3,331(58)	1,757(31)	2,208(39)
2012	17,421	11,612[67]	5,809[33]	3,394(58)	1,701(29)	2,260(39)
2011	17,065	11,294[66]	5,771[34]	3,370(58)	1,532(27)	2,311(40)
2010	16,617	11,119[67]	5,498[33]	3,202(58)	1,525(28)	2,178(40)
2009	16,076	10,702[67]	5,374[33]	3,179(59)	1,316(24)	2,165(40)
2008	15,993	10,356[65]	5,638[35]	3,249(58)	1,301(23)	2,330(41)
2007	15,731	9,958[63]	5,773[37]	3,642(63)	1,232(21)	2,244(39)

주 : [ ] 안은 전체 임금근로자 대비 비중이며 ( ) 안은 비정규직 근로자 대비 비중임.
자료 : 통계청, 『경제활동인구조사 부가조사』

그리고 〈표 1-2〉 OECD 국가 여성 노동참여율 및 성별단시간근로자 비율에서 나타나는 것처럼 우리나라는 여타 OECD 국가와 비교하여 단시간근로자의 비율이 6.3%로 미국의 7.6%와 일본의 9.2%보다 낮으며 기간제근로자의 비율이 높은 특징을 가지고 있는 것이 특징이다.

〈표 1-2〉 OECD 국가 여성 노동참여율 및 성별단시간근로자 비율

	여성 노동 참여율	남자 단시간 근로자	여자 단시간 근로자
OECD	63.9	7.4	25.5
한 국	54.8	6.3	12.5
일 본	61.9	9.2	32.6
프랑스	65.5	5.0	23.1
미 국	69.1	7.6	17.9
영 국	69.8	9.9	38.6
네덜란드	71.1	16.2	60.0
덴마크	76.4	12.4	23.9

자료 : OECD.

〈표 1-3〉 OECD 국가의 기간제근로자 및 단시간근로자의 현황에서 보여지는 것처럼 우리나라의 전체 임금근로자 중 단시간근로자의 비율은 8.1%(2008년 기준)로 OECD 평균(16.8%)보다 낮으며, 기간제근로자의 비율은 14.3%로 유럽(14.6%)과 비슷한 수준이다.

그리고 단시간 근로자의 비율이 낮은 이유는 단시간근로자 중 많은 비중을 차지하는 여성의 노동시장 참여율이 낮기 때문이라고 하겠다. 유럽은 영미권 OECD국가와 비교하여 단시간근로자(16.3%) 및 기간제근로자(14.6%) 비율이 모두 높다고 하겠다.

그리고 단시간근로자 비율은 네델란드가 전체 임금근로자 중 37.0%로 가장 높고, 가장 낮은 국가는 슬로바키아 공화국으로 2.7%이고 기간제근로자 비율이 가장 높은 국가는 스페인으로 전체 임금근로자의 29.4%이며, 미국이 4.2%로 가장 낮다.

〈표 1-3〉 OECD 국가의 기간제근로자 및 단시간근로자(2008년 기준)

(단위 : %)

	단시간근로자	기간제근로자
한 국	8.1	14.3
OECD	16.8	12.3
미 국	13.0	4.2
일 본	24.9	13.9
유 럽	16.3	14.6
영 국	22.8	5.3
독 일	17.6	14.6
프랑스	14.1	14.2
덴마크	18.4	8.6
네덜란드	37.0	18.3
슬로바키아	2.7	4.7
스페인	11.4	29.4
스웨던	13.9	16.1

주 : 1) 한국은 2008년 3월 기준
2) 미국은 2005년 기준

자료 : OECD 및 통계청

시간의 흐름에 따른 비정규직 고용의 특징을 살펴보면, 국가 간 차이는 존재하지만 유연적인 노동활동이 소폭 증가하고 있음을 알수 있다. 1980년대 중반에는 약 10%였던 OECD 국가의 기간제근로자 비율이 2005년에는 13%로 증가하고 있음을 알 수 있다.

비정규직에 관한 통계자료를 통해 개인 근로자 입장에서는 한 조직에 매달려 근무하는 것이 아니라, 자신 스스로가 자율적이고 전문적인 경력인으로서 역할을 하고자 함을 알 수 있다. 조직 또한 노동력의 수요와 공급이 불안정하고, 어떤 특정한 기술을 단기적으로 획득하고자 하며, 아울러 장기적으로 노무비를 절감하려는 목적이 서로 일치된 현상이라고 할 수 있다. 이러한 개인 근로자의 비정규직화 현상은 우리나라를 비롯해 전세계적으로 더욱 증가될 것이다.

(4) 조직의 근로자에 대한 기대감 변화

개인 근로자 스스로 고용관계에 대한 태도변화 뿐만 아니라, 조직의 개인 근로자에 대한 태도 역시 바뀌고 있다. 개인 근로자들에게 기대하는 조직 기대감, 다시 말하면, 개인 근로자가 직업인으로서 수행해야 할 책임과 의무도 그 어느 때보다 늘어나고 있다.

예를 들어 조직구조조정에 의해 인력감축이 시행되자 조직에 남아 있는 잔류자들의 작업량은 훨씬 늘어나고 있다. 또 공장 자동화, 인텔리전트 사무실 등 정보기술의 발달도 과거 수동으로 하였던 많은 업무들이 자동화·전산화되었음에도 불구하고 일반 근로자들의 업무도 줄어들기보다는 새로운 기술의 습득 등 더 큰 부담 등으로 다가오고 있다. 또 관료조직이 파괴됨으로써 과거 계층적 업무수행과정이 각 업무별 독립화·자율화되어 가고 있고, 구조적으로도 팀제 등의 활용으로 개인 근로자들에 대한 기대감이 더욱 고조되고 있다. 이러한 새로운 시대의 변화요구 및 기대감은 개인 근로자의 업무강도를 더욱 높이고 있다.

04 인사 환경의 변화

인사환경이란 경영자나 인사담당자가 인적자원관리에 관한 의사결정을 내릴 때 영향을 받는 직접적·간접적 외부요인 등을 일컫는다. 주요 인사환경 요인에는 기술변화, 세계화, 정부, 노동인구 특성변화 등이 있다. 이런 잠재적 요인을 고려하지 않고 의사결정이 내려질 때 자칫 잘못하면 조직·종업원 관리에 부정적 영향이 미칠 수 있다.

(1) 기술변화

우리는 현 시대에 살면서 기술변화가 매일 매일 우리의 삶을 바꾸어 놓고 있다는 것을 실감하고 있다. 기술의 발전은 고용관계에서도 변화를 일으키고 있다. 기술발전을 통해 더 많은 일자리를 창출시키고 실업률을 떨어뜨리고 있으며, 신기술의 도입은 과거 구(舊)기술에 머물러 있는 근로자들을 작업장에서 퇴출시키고 있다. 기술발달은 새로운 고용과 퇴출이라는 명암을 함께 하고 있는 것이다. 우리나라는 과거 IMF 위기시절 뼈아픈 고난을 겪기도 했지만 과거 20여 년간 추세를 보면 4% 미만의 낮은 실업률을 유지하며 건강한 경제를 유지하고 있다.

기술의 발전은 첫째, 고용의 이득을 가져온다. 기술이 도입되는 동안 노동력 재배치가 이루어져야 하며 어떤 특정 기술이 도입되면, 그에 따른 부차적 기술이 도입되어 연차적 고용을 불러일으킬 수 있다. 심지어 사무실 및 공장 자동화가 되면 인력이 감축될 것 같지만, 자동화에 따른 새로운 인력이 더 필요할 수 있으므로 자동화는 곧 인력감축이라는 고정관념보다는 더 많은 고용 결과를 산출한다. 예를 들어 제조공장의 공정라인에 로봇을 운영하기 위해서는 상당한 추가 인력이 필요하게 된다.

둘째, 새로운 기술은 현재의 직무 구조의 변화를 요구한다. 과거 타이프를 치던 타이프기사의 직무는 워드프로세서는 물론 엑셀이나 파워포인트 등 사무용 소프트웨어를 자유 자재로 다룰 수 있는 다기능 기술자로 변화할 수 있다.

셋째, 21세기에 들어서면서 기술변화로 인한 가장 큰 특징으로 정보 및 통신 기술의 발달은 미숙련 근로자를 붕괴시키고 고급 기술자 및 지식근로자의 공급부족 상태를 초래하였다. 은행, 소매상점, 유통회사 등 모든 조직이 업무 혁신을 일으켰고 과거 많은 사람들이 매달려서 하던 업무의 과정을 축소시켜 버렸다. 미숙련 근로자 집단의 붕괴라는 어두운 측면 앞에 새로운 기술을 관리하는 새로운 지식의 수요가 급증하기 시작했다.

한편 새로운 기술을 보유하고 있는 자격 있는 근로자를 찾기는 쉽지가 않다. 현재 벤처조직들의 고급 인력난만 해도 좋은 본보기가 되고 있다. 많은 조직들은 적당한 기술자를 찾지 못해 수많은 사업기회를 눈 앞에서 놓치고 있다. 전통적 기술을 가진 근로자 집단의 붕괴로 야기되는 '노동공백을 메우는 일' 그리고 '새로운 기술을 보유한 자격 있는 근로자를 찾지 못해 발생하는 생산손실' 등 이 모든 현상이 새로운 인적자원관리를 필요로 하고 있다.

넷째, 기술적 변화는 또 기존 조직과 직무의 재구축, 즉 분권화된 조직 구조, 자율적 작업집단, 작업장소의 유연성, 작업 스케줄의 유연성 등을 요구하고 있다. 자격 있는 고기능 기술자는 과거처럼 한 조직에 얽매이지 않고 프리랜서 형태의 고용계약을 요구한다. 또 많은 근로자들이 정해진 규칙에 따라 움직이기보다는 자유롭고, 독립적인 직무와 조직을 선호한다.

(2) 세계화

21세기에 들어 눈에 띄는 또 다른 현상은 조직의 업무관계가 더 이상 제한된 한 지역, 한 국가에 머물러 있지 않다는 사실이다. 교통 통신의 발달로 세계가 하나의 커다란 시장이 되고 있기 때문에 자원의 획득·이용·판매 등이 여러 국가·지역을 걸쳐서 일어나고 있다. 국내 조직들도 이미 싼 노동력, 자원 생산지, 세금감면 혜택이 많은 곳 등을 찾아 사업 장소를 옮겨가고 있다.

세계화란 단순히 우리 기업이 타국으로 옮겨가는 것만을 의미하는 것은 아니다. 타국의 다국적 기업이 우리나라에 거점을 두고 사업을 하는 것 뿐 만 아니라 국내 조직들이 외국에서 몰려온 다국적 기업과 국내 시장에서 경쟁을 벌이는 것도 역시 포함되며, 외국인 근로자가 우리 노동시장에 들어와 연수를 받거나 피고용 되는 것도 세계화의 일환이다.

인적자원관리에서 세계화의 또 다른 의미는 국제 인적자원관리의 정책 및 실무에 대한 전문가를 육성해야 한다는 필요성 때문이다. 어느 한 국가나 문화권에 잘 적용되는 인사 실무가 다른 조직·지역·문화권에서는 효율적으로 실행되지 못하는 경우가 종종 있다. 이는 문화적·법적 차이점에 기인하기 때문이다. 국제적 감각을 가진 경영자는 다른 지역에도 그 지역에 적합한 인사 시스템과 실행이 존재한다는 사실을 인식하여야 한다. 앞서 가는 조직의 국제 인적자원관리 담당자들은 이미 이민 문제, 세금 문제, 세계 조약의 협상법, 문화적 민감성에 대한 이슈에 대해 연구하고 있다.

(3) 정 부

정부는 기업조직의 주요한 이해 관계자로서 기업이 경영활동을 하는데 다양하게 영향을 주고 있다. 특히 인적자원관리에 관한 법과 규제를 통해 기업을 통제하며 때로는 정부기관의 정책 및 시행령 등을 통하여 기업에 영향을 미친다.

예를 들면 1996년 국회를 통과하여 정부에서 발표한 새로운 노동법은 우리나라 고용관행에 엄청난 변화를 가져왔을 뿐만 아니라, 기업의 인적자원관리과 노사관계에 놀랄 만한 변화를 야기 시켰다. 우선 기업에게 경영문제로 인해 해고권을 부여함으로써 기업은 자유롭게 구조조정을 거쳐 새로운 조직을 재설계할 수 있었다. 반면에 근로자들은 전례 없는 실업의 아픔을 경험하기도 하였다.

이렇듯 새로운 노동법의 출범은 고용관계의 획기적인 변화를 가져와 노동시장이 유연화 되어 평생직장 관행이 붕괴되었다. 또 노동자들의 단결권도 강화되어 복수노조 허용, 노조의 정치 허용 등 과거 금기시 되었던 많은 규제가 자유화되었다. 법의 시행이 우리 기업의 고용, 인적자원관리, 노사관계의 관행에 지대한 변화를 일으킨 것이다.

정부는 이외에도 최저임금제도, 장애인 고용제도, 직장내 성폭력 예방지도 등 크게는 고용 및 실업 문제부터 남녀평등 고용문제, 외국인 근로자 고용허가제 등 실로 여러 가지 문제에서 영향을 주고 있다.

(4) 노동인구 특성변화

전통적으로 우리나라 인구구조의 모습은 피라미드형 구조였다. 현재에는 과거 베이비 붐(전후세대)세대가 본격적인 노동가능 인구에 진입하고, 수명이 길어짐에 따라 노인의 수가 증가하며, 최근 젊은이들이 만혼을 하며 자녀를 적게 두는 경향이 두드러지자 역 피라미드 구조가 되는 경향이 있다. 이러한 노동인구 구조의 추세가 변화하면 이에 따른 노동력의 수요 공급에 차질이 있을 것이다. 그에 따른 재교육을 통한 다기능 보유자 확충, 외국인 근로자 유입 또는 사업의 해외 아웃소싱 등으로 문제를 해결할 수도 있을 것이다.

최근 노동시장의 특징을 살펴보면 교육 수준이 높은 근로자가 점점 증가하는 추세이며, 그들이 관리계층으로 직접 진입하는 경향도 늘어나고 있다. 경영층의 자리는 한계가 있음에도 불구하고 내부 노동시장에서 관리계층으로 진입하려는 후보자는 점점 늘어나고 있는 실정이다. 결국 이런 현상도 수직적 피라미드의 고층의 조직형태(tall organization)를 수평적 조직(flat organization)으로 구조형태를 변화시키게 되며, 그 경과 종업원 동기부여로 사용되었던 승진은 더 이상 좋은 유인책이 되지 못하게 된다. 따라서 다른 형태의 동기 부여책, 즉 심리적 만족 또는 자기 계발 부여, 더 많은 복지후생 제공 등을 개발하고 이용할 필요가 있다.

예를 들면 젊고 역동적인 근로자들에게는 높은 보수, 많은 휴가, 스톡옵션 등을 제공하여 동기 부여를 할 수 있다. 고연령 근로자들은 오히려 안정된 직장, 매력적인 연금제도 등을 더욱 원하게 될, 것이다. 또한 과거 전통적으로 남자 중심의 고용형태가 바뀌고, 남녀가 동등하게 고용되며, 다양한 고용인구가 조직 내 분포해 있게 됨에 따라 조직은 새로운 형태의 동기부여 방안과 인적자원관리가 필요하게 된다.

제4절 인사담당자의 전략적 역할

우리가 어느덧 지식사회에 와 있다는 사실, 조직 스스로 외부환경 변화에 적극적으로 대응하기 위한 변화 노력들, 개인 근로자의 과거와 다른 태도변화, 인사환경 자체에 대한 변화 압력 등은 모두 새로운 인적자원관리가 필요함을 말해 준다.

그렇다면 누가 새로운 인적자원관리를 실천하고, 어떻게 실행할 것인가라는 문제에 직면하게 된다. 그건 다름 아닌 인적자원관리방침을 설정하고 실행하는 최고경영자와 인사담당자이다. 조직의 최고경영자는 우선 인력을 통한 조직경생력 확보가 조직의 핵심역량을 강화시킬 수 있는 방안임을 인지해야 한다. 인사담당자는 새로운 인적자원관리를 적극적으로 실천하는 행동을 해야 할 것이다. 조직이 점점 더 지식근로자의 지적자본에 의지하는 비중이 높아지게 됨에 따라 이들을 효율적으로 관리할 수 있는 인사담당자의 전략적 역학이 더할 나위 없이 중요하게 되었다.

특히 인사담당자는 제1절에서 제시한 새로운 변화들에 대한 요소들을 적극 인지하고 앞으로 제시될 새로운 인적자원관리 패러다임을 효과적으로 실천·조정하는 사람이다. 인사담당자들은 다음에 소개될 조직의 인적자원관리 핵심역량 확인 및 평가, 지식근로자를 지원, 개발, 동기부여시키는 지원적인 조직 인프라 구축, 효과적 통제 시스템 마련, 학습조직의 개발과 운영 등의 네 가지 전략적 역할을 통해 새로운 인적자원관리 실천의 견인차 구실을 한다.

01 인적자원관리 핵심역량의 확인 및 평가

오늘날 조직의 경영환경에 제기되는 역설 가운데 하나가 종업원에 대한 상반된 두 가지 견해이다. 하나는 종업원은 조직목표 달성을 위해 이용되는 자원이라는 개념이고, 다른 하나는 종업원은 바로 미래 성공을 위한 주역이라는 관점이다. 서로는 인력을 소모와 개발이라는 상호 이율배반적 견해를 포괄하고 있는 것으로, 이를 극복할 수 있는 길은 조직의 인적자원관리 핵심 역량이 무엇인가를 우선 확인하는 일이다. 다시 말해 인력 자체를 포함해 인적자원관리 핵심역량이 아닌 영역에 대해서는 소모가 가능하지만, 핵심역량일 경우에는 충분히 개발할 필요성이 있다는 것이다.

따라서 인사담당자는 첫째, 조직의 인적자원관리 핵심역량을 먼저 파악해야 한다. 인적자원관리 핵심역량이란 종업원이 잠재적인 자신의 업무역량을 키우고 이러한 역량을 통해 조직에 공헌하는 활동과 종업원들이 인적 네트워크를 통해 조직의 가치창출을 도모하는 것을 말한다. 우선 종업원이 조직에 공헌하는 방안은 두 가지로 첫째, 자신의 축적된 업무지식·업무기술·업무능력(knowledge, skill, ability ; KSA)을 직무를 통해 발휘하는 것과 조직에 자신의 충성심을 쏟아 넣는 것이다. 종업원 인적 네트워크는 종업원들간 상호 연결망을 구성하여 인간적·사회적 유대관계를 갖고 서로 우의를 다지는 것을 말한다. 이러한 관계를 통해 구성원 서로간 신뢰조성은 물론 조직목표를 재확인하고 전진하는 계기가 된다.

둘째, 인사담당자는 조직의 인적자원관리 핵심역량을 파악하는 것과 더불어 인적자원관리를 극대화할 수 있는 인적자원관리를 해야 한다. 예컨대 구성원들 개개인의 직무명세서를 통해 개인적인 KSA를 파악하는 것에서부터 구성원 모두가 다른 조직과 다른 차별적인 역량이 무엇인가를 확인할 수 있다. 또한 종업원들이 조직공헌을 충분히 할 수 있는 직무관리와 훈련과 개발이 뒷받침 되어야 할 것이고, 종업원간 인적 네트워크를 원활하게 연결시키기 위한 방안으로는 조직사회를 통해 상호 유대관계와 조직목표를 더욱 견고히 할 수 있다.

셋째, 조직의 인적자원관리 핵심역량이 아닌 영역을 어떻게 관리할 것인가이다. 조직의 과업에 핵심과업과 비핵심과업이 존재하는 것과 같이 인적자원관리활동에도 핵심 인사기능과 비핵심 인사기능이 있다. 예컨대 조직의 인적자원관리 핵심역량이 종업원들의 창의적 사고와 지식개발로 직무에 응용할 수 있는 능력이라면 반드시 훈련과 개발이 종업원들의 인적자원관리 핵심역량을 강화시킬 수 있는 인사기능일 것이고 이는 대표적인 인사활동이 된다. 그러나 인적자원관리 핵심역량을 키우는데 직접적인 관련이 없는 인사기능에 대해서는 외주화를 할 수 있다. 즉 노동시장에서 인사업무를 이전할 경우에는 비핵심 인사기능이 대상이 되어야 한다는 것이다.

넷째, 조직의 과업흐름상 비정기적 업무(nonroutine work)에 요구되는 KSA 개발에 관심을 기울여야 한다. 정기적 업무는 우선 과업흐름에 의해서 최종 산출물이 생산되는 과정을 쉽게 확인할 수 있다. 더구나 작업 기술서가 쉽게 명문화되며 과업목표에 관련된 결과 측정이 용이하여 통제가 가능하다. 반면 비정기적 업무는 작업이 진행되는 과정에서 생산방법 및 단계가 개발되는 일이다. 이러한 업무는 비정규직 근로자를 통한 인력외주를 통해 극복할 수 있다. 그러나 주의해야 할 점은 비정기적 업무가 전략적 고려에 의해서 핵심적인 업무를 수행할 수 있기 때문에 비정기적 업무에 관한 직무관리 또한 요구된다.

이와 같이 인사 담당자는 인적자원관리 핵심역량을 우선 파악한 후에 핵심 인사기능과 비핵심 인사기능의 적절한 조화를 통해 조직목표 달성을 성취할 수 있어야 한다. 특히 새로운 인적자원관리 패러다임으로 제시된 전략적 인적자원관리과 더불어 인적자원관리 핵심역량이 무엇인지를 파악하는 것은 인사담당자의 중요한 역할이다.

02 지원적인 조직 인프라 구축

지식사회에서 조직에 종사하는 근로자는 과거와 같이 수동적이지 않고, 능동적이며 조직 내 지식을 공유·창출·응용하는 지식근로자이다. 지식근로자들은 항상 새로운 지식을 탐구하며, 서로가 공유하며 직무에 응용하고자 한다.

하지만 이들 지식근로자들의 지식창출과 응용활동을 지원하는 조직 인프라가 구축되지 않고서는 그들의 창조적 활동은 효과적이지 못하게 된다. 경영자는 물론 인사담당자는 지식근로자들이 인적자원관리 핵심역량을 만들어 가며 새로운 지식을 기업경영에 충분히 응용할 수 있는 인프라를 다음과 같이 구축할 수 있어야 한다.

첫째, 공정한 보상제도의 마련이다. 지식근로자의 가장 큰 특성 가운데 하나가 바로 성과보상에 대한 민감성이다. 현대경영에서 임금 그 자체로는 근로자들을 유인하는데 더 이상 매혹적이지 못하다. 과거 근로자들이 경제적 이득추구를 위해 조직에 입사하여 일을 했다면, 현재와 미래의 근로자들은 조직이라는 조직생활을 통해 사회적 교환관계를 얻고자 한다. 임금은 단지 자신의 일한 가치를 상징적인 사회가치로 환산되는 것으로 그 양은 물론 얼마나 자신이 일한 대가를 공정하게 받았는지가 관건이 된다. 더구나 자신이 하고 있는 직무가 얼마나 창의적이고, 자율적이며 조직에 중요한 역할을 하고 있는지를 보상을 통해 평가받는다고 생각한다. 따라서 지적근로자들은 자신이 불공정한 성과평가와 보상을 받고 있다면, 그들은 언제라도 조직을 떠날 준비가 되어 있다. 노동시장에서 지식근로자들의 고용력 활성화로 말미암아 이들의 이직의도는 과거에 비해 훨씬 빨리 실현되기 쉽다.

둘째, 정보시스템 인프라의 구축이다. 정보시스템 인프라는 조직 자체의 컴퓨터 네트워크를 이용한 인트라넷(intranet)을 비롯해 각종 정보시스템을 서로 연결한 것을 말한다. 새로운 지식은 종업원 내부에 소유한 지식과 다른 외부로부터 획득한 지식과의 결합을 통해 창출된다. 따라서 종업원이 외부지식을 쉽게 접근하고, 쉽게 얻을 수 있어야 하는데 이를 정보시스템을 통해 촉진시킬 수 있다. 정보시스템은 조직 내·외부의 각종 정보를 데이터베이스화한 것으로 종업원의 필요에 따라서 언제라도 정보를 획득할 수 있고, 서로의 의견을 공유할 수 있다. 특히 외부 환경변화에 대한 정보는 종업원들 스스로가 앞으로 미래를 어떻게 대처할 것인지를 알려준다.

셋째, 구성원들간 빈번한 교류와 학습의 장 마련이다. 지식근로자의 새로운 지식은 정보시스템과 같은 물리적 도구를 사용할 수 있지만, 인간적 유대관계를 통해 극대화된다. 조직 자체가 하나의 사회로써 구성원들간 빈번한 교류는 자신은 물론 서로의 존재를 이해할 수 있는 계기가 된다. 그리고 인간적 교류를 통해 서로의 내부에 가지고 있었던 지식을 공유할 수 있는 계기가 된다. 정보시스템이 외부의 형식화된 지식을 습득하는 것이라면 인간적인 교류는 구성원들 서로의 내재된 지식을 학습할 수 있는 계기가 되는 것이다.

조직에서는 구성원들간 빈번한 교류를 위해서 두 가지 방안을 사용할 수 있다.

첫째는 구성원간 벽이 없는 물리적 환경을 조성하는 것이다. 예컨대 팀별로 사무실을 사용하지 않고, 대형 사무실에서 공동으로 업무활동을 하는 것이다. 이는 팀 구성원은 물론 팀간 인적 네트워크를 통해 핵심역량을 촉진시킬 수 있다. 둘째는 학습의 장을 마련하는 것이다. 대표적으로 각종 학습모임이나 동아리 활동을 예로 들 수 있다. 인간적이고 사회적 유대관계를 돈독히 할 수 있는 모임을 통해 서로를 이해하고 지식을 공유할 수 있는 기회를 가질 수 있다.

이외에도 조직사회화 과정이나 멘토링 관계, 훈련과 개발과정 그리고 각종 경영참여활동들은 구성원들간 인적 네트워크를 통한 인적자원관리 핵심역량을 강화하여 조직목표 달성을 수월하게 하는 인사기능들이다.

03 효과적인 통제시스템

성공적인 조직의 특징은 구성원들이 조직목표달성에 기여하는 행동을 하며, 조직을 장기적이고 적극적으로 환경에 적응할 수 있도록 행동하게 한다. 그런데 종업원은 자신이 달성해야 할 목표가 무엇이며, 어떤 일들을 수행해야 하고, 조직이 자신에게 기대하는 행동이 무엇인가를 즉시 파악하지 못하는 경우가 빈번하다. 따라서 조직은 종업원이 목표를 달성하게끔 하며, 바람직한 행동을 유발시키며, 종업원 노력의 결과를 지속적으로 지켜볼 수 있는 관리 시스템을 설계해야 한다.

종업원 관리 시스템에서 인적자원관리는 중요한 역할을 한다. 우선 종업원과 조직간 명문화된 고용계약으로 명시되어 있는 책임과 의무를 공식화된 관리체계로 만드는 것이 이루어져야 한다. 때때로 종업원들은 본부를 떠나 현장에서 일을 하게 되며, 자율적 팀에 소속되어 작업을 하며, 때로는 단기계약 종업원도 있을 수 있다. 이런 경우 종업원의 업적이나 성과를 보수와 연결시킬 수 있는 정교한 시스템 개발이 요구된다. 조직에 기대하는 것과 종업원이 달성한 결과에 대해 객관적인 평가와 보상이 뒷받침 될 때 종업원의 긍정적인 행동 수정이 유발되기 때문이다.

인적자원관리기능 가운데 성과평가와 성과보상은 종업원들을 조직목표 달성을 위한 집합적 행동을 유도할 수 있다. 인사담당자는 또한 최근 컴퓨터 소프트웨어를 최대한 활용한 인사정보시스템을 통해 종업원들의 인적자원관리를 효율적으로 통제할 수 있다.

04 학습조직의 개발과 운영

경영자와 인사담당자들은 항상 불확실한 미래와 현안 해결에 대한 대비를 해야 한다. 미래 변화에 대한 예측은 매우 어려운 작업이며, 통례로 어떤 예측 시스템을 만들어 대비하기보다는 경영자의 경험이나 직감에 의해 관리되는 것이 일반적이었다. 그러나 새로운 환경 변화에 대한 예측은 이제 경영자만의 몫이 아니라, 모든 조직구성원들이 함께 인지하고 대처할 수 있어야 한다. 조직 전체가 불확실한 경영환경 변화에 능동적으로 대응하기 위해서는 학습조직을 구축하는 것이 필연적이다.

학습조직(learning organization)이란 조직을 구성하는 모든 유기체들이 조직 내부의 과업흐름을 위한 업무기술을 습득하는 것 뿐만 아니라, 조직 외부환경 변화에 대해서도 지속적으로 학습하는 조직을 말한다. 이는 전략경영의 주요한 부분으로 첫째, 미시적 관점에서는 종업원 KSA개발을 위한 인적자원개발(human resource development : HRD)활동을 통해 이루어진다. 대표적인 인사기능으로는 훈련과 개발이 있다. 종업원 훈련은 각 개인들의 업무기술을 습득하는 것에서 그쳐서는 안 되고, 전 구성원들이 항상 자기개발을 할 수 있어야 한다. 둘째, 거시적 관점에서는 조직외부 환경 변화를 조직의 전 구성원이 인지하고 학습하여 그 대응책을 함께 마련하는 것이다.

전통적으로 조직학습에서는 조직 내부에 구성원들간 새로운 지식과 정보를 공유하고 창출하는 것이며, 조직 외부에 대해서는 경영자나 조직의 전략에 의해 새로운 환경 변화를 인지하고 이를 조직이 학습하는 것이다. 이는 조직 내·외부환경에 대해 지속적으로 학습하는 것을 강조한다. 특히 학습 조직을 구축하는 주된 원동력은 조직구성원들에 있기 때문에 인력개발활동은 조직의 전략적 요소가 된다. 그리고 지원적인 조직 인프라 구축에서 제시한 공정한 성과보상, 정보시스템 인프라 구축, 빈번한 교류와 학습의 장 마련 역시 학습조직을 구축할 수 있는 기본적인 인프라이다. 인사담당자는 이러한 인력개발활동을 촉진시키는 역할을 하는 것이다.

제5절 미래지향 인적자원관리

사회·조직·개인근로자 그리고 인사환경의 새로운 변화들과 인사담당자의 전략적 역할을 통해 인적자원관리는 새로운 국면으로 접어들고 있다. 과거에는 인적자원관리가 관료주의 이념에 기초를 두고 조직전략의 보조적 기능만 강조되었다면, 지금의 인적자원관리는 급격한 환경변화의 시대에 맞는 전략을 수행할 수 있는 선도적 인적자원관리 패러다임이 필요하게 되었다.

01 미래지향 인적자원관리

패러다임(paradigm)을 정의한 Tomas Kuhn(1970)은 동시대의, 동일한 문헌으로 교육받은 동시대의 사람들이 당연하게 받아들이는 공통의 믿음, 가치 및 기술들의 집합체를 패러다임이라고 칭했다. 이러한 정의에 입각해 인적자원관리의 패러다임이란 인적자원관리를 바라보는 동시대 사람들의 공통된 관점이라고 할 수 있다.

그렇다면 시대적, 사회적, 개인근로자들의 특성 등이 모두 바뀌고 있는 상황에서 어떤 인적자원관리 패러다임이 필요한가? 이에 본 책에는 인적자원관리는 현재는 물론 미래를 지향해야 한다는 사명 아래 미래지향 인적자원관리라 일컫는다.

미래지향이란 다음과 같은 특징을 가지고 있다. 첫째, 문제 해결을 반응적(reactive)으로 하는 것이 아니라, 선응적(proactive)으로 대응하는 것을 말한다. 반응적 대응은 경영자가 조직에 일어나는 여러 가지 문제에 적절히 맞대응하여 문제해결을 시도하는 방법이다. 과거에는 적시 맞대응을 잘하는 경영자를 효과적인 경영자라고 일컬을 때도 있었다. 반면 선응적 대응이란 미래에 일어날 환경 변화의 예견을 바탕으로 문제가 발생하기 전에 환경을 우호적으로 변화시켜 문제가 발생하지 못하게 하거나 긍정적인 결과를 이르게 하는 것이다. 이러한 선응적 대응을 위해서는 환경변화에 대한 모니터링을 꾸준히 하여 환경변화에 대한 예측력을 높여야 한다.

둘째, 미래를 앉아서 기다리는 것이 아니라, 미래를 자신의 의도대로 창조하는 것이다. 미래창조는 현재에 대한 올바른 이해를 중심으로 향후 변화를 예측하여 조직목표를 극대화하는 방향으로 재창조하는 작업이다. 그러므로 미래지향 인적자원관리란 과거의 인습적인 인사제도의 틀에 얽매어 있는 것이 아니라 새로운 인사 패러다임을 향해 꾸준히 움직이는 것이다. 미래지향 경영자는 경직된 사고를 가진 인사제도 집행자가 아니라 유연한 사고의 인사제도 설계자이다.

셋째, 단기적 업적달성 위주가 아니라, 장기적 관점의 업적조정의 관점을 지향한다. 전통적으로 조직은 경제적 이윤을 단기적으로 추구하는 집단으로 이해되어 왔다. 그러나 오늘날 조직은 단기적이고 현재의 이윤을 희생해서라도 장기적 조직발전에 초점을 두고 있다. 조직이 실현하고자 하는 것은 단순히 조직의 자기발전 뿐만 아니라, 조직 내·외부 이해관계자 그리고 사회 전체를 망라한다. 조직은 사회공동체적 사명감을 가지고 단기적 이익을 희생하더라도 장기적 사회 발전에 관심을 기울여야 한다.

이러한 미래조직이 미래에 일어날 일을 선응적으로 예측하고, 미래를 조직이 의도하는 대로 창조하기 위해서 그리고 조직이 사회공동체로써 역할을 수행하기 위해서는 두 가지의 인적자원관리 방향이 필요하다. 하나는 전략적 인적자원관리이고 다른 하나는 윤리적 인적자원관리이다. 전략적 인적자원관리는 조직이 미래에 대한 선응적 대응으로 조직전략 수립과 실행전략을 펼치는 것이고, 이러한 조직전략 수립과 실행에서 반드시 조직의 인적자원관리 역량을 동시에 고려해야 한다는 것이 핵심내용이다. 조직이 미래환경 변화를 예측하는 것을 전략으로 표현할 수 있으며, 이러한 미래전략은 조직의 인적자원관리 핵심역량을 바탕으로 하고 있음을 의미한다.

그런데 전략적 인적자원관리는 환경변화를 예측하고 선응적으로 대응하여 조직경쟁력 확보의 경제적 목표달성에 주안점을 두고 있지만 근래 들어 부각되고 있는 조직의 사회공동체로써의 역할인 사회적 책임에 대해서는 다소 미비하다. 앞으로의 인적자원관리는 조직의 경제적 목표뿐만 아니라, 사회적 목표까지를 달성할 수 있는 지침이 될 수 있어야 한다.

윤리적 인적자원관리는 이러한 의미에서 전략적 인적자원관리과 더불어 조직이 추구해야 할 새로운 방향이 된다. 이하 미래지향 인적자원관리의 두 가지 패러다임으로 정착될 전략적 인적자원관리과 윤리적 인적자원관리의 주된 내용을 살펴본다.

02 전략적 인적자원관리

미래지향 인적자원관리의 첫 번째 패러다임인 전략적 인적자원관리(strategic human resource management)는 조직의 전략수립과 실행시 조직의 인적자원관리에 대한 제반 요건과 각 인적자원관리 기능을 고려하여 조직전략을 수립하는 것이다. 전략적 인적자원관리는 궁극적으로 조직전략과 인적자원관리의 통합적인 관점을 지향한다.

예를 들어 한 전자회사의 조직전략이 소위 닷컴(.com)회사로 전환하여 인터넷 비즈니스 사업으로 영역을 확장하려고 한다면, 다음과 같은 전략수립과정을 진행할 것이다. 우선 새로운 사업영역에 대한 조직 내·외부 환경분석을 할 것이다. 인터넷 사업과 현재 조직의 내부역량을 비교하고, 조직의 강점과 약점이 무엇인가를 파악할 것이다. 또 새로운 인터넷 사업을 했을 때 회사가 얻을 수 있는 기회와 손실될 수 있는 위협의 요소들이 무엇인가를 확인할 것이다. 그리고 구체적인 전략적 사안들이 마련되어 실행되거나 보류할 수도 있다.

여기서 전략적 인적자원관리는 회사가 인터넷 사업을 펼치기 위한 모든 고려사항 가운데 인적자원관리의 가용능력을 기반으로 조직전략을 수립하고 실행하는 것을 말한다. 인터넷 사업을 시작하려는 회사의 예를 계속 들자면 현재 조직에서 정보기술을 보유하고 있는 인력현황과 앞으로 충원해야 할 인원은 몇 몇인가? 현재 조직에서 시행하고 있는 인력현황과 앞으로 충원해야 할 인원은 몇 명인가? 현재 조직에서 시행하고 있는 인사정책과 인터넷 사업을 전개할 때 필요한 인사정책은 적합하며, 기존 인력의 반발은 없겠는가? 인터넷 사업을 실시할 인력들은 외부노동시장에서 구할 것인가, 아니면 조직 내부노동시장에서 충원할 것인가? 등이다.

과거에는 조직전략이 수립된 다음 전략실행에 필요한 인력을 모집·선발하였다. 인사기능이 단지 조직전략실행을 위한 보조적 수단에 머물렀던 것이다. 그러나 전략적 인적자원관리는 조직내부의 인적자원관리 핵심역량을 최대한 활용함으로써 조직전략과 인적자원관리를 동시에 고려하는 것이다.

이러한 전략적 인적자원관리의 특징은 두 가지로 우선 조직전략과 인적자원관리는 통합적 방향성을 갖는다. 그리고 조직전략과 인적자원관리의 통합적 방향성은 양 기능이 서로 적합할 때, 전략적 인적자원관리로 승화되어 궁극적으로 높은 조직성과를 달성할 수 있다.

(1) 조직전략과 인적자원관리의 통합적 방향성

전략적 인적자원관리는 앞서 논의한 바와 같이 조직전략과 인적자원관리의 통합적 방향성을 갖는 것이 중요하다. 서로의 방향성은 크게 조직전략의 환경분석을 비롯해 조직전략의 수립(공식화 전략)과 실행(실행전략)을 하는 동안 조직 내부의 인적자원관리 역량을 동시에 고려하고 그 방향을 일치시키는 것을 말한다.

① **조직사명과 인적자원관리사명** : 조직사명은 우선 조직이 속한 사업영역(business domain)을 명확하게 정의하는 것에서 출발한다. 그리고 사업을 위해 무엇을 생산하고, 판매할 것인가를 규명한다. 더불어 어떤 고객을 대상으로 할 것인가를 정의한다.

인적자원관리사명은 조직의 사명과 더불어 인적자원관리에 대한 중요성을 먼저 인식한다. 조직사명은 조직의 인적자원관리를 통해 달성할 수 있는 것이므로 인적자원관리에 대한 전략적 중요성을 인식하는 것이다. 조직사명(mission)을 달성하기 위해서 어떠한 인적자원관리사명이 필요한지를 정의한다. 인적자원관리사명을 통해 인적자원관리에 대한 개발적인 측면을 강조하여 인적자원관리를 통해 조직의 내부핵심역량을 견고히 할 수 있다.

② **조직 내·외부 환경분석과 인적자원관리 환경분석** : 조직은 새로운 사업영역을 정의하고 진출하기 전에 일명 SWOT(strength, weakness, opportunities, threats) 분석을 통해 먼저 조직내부 자원의 강점과 약점들을 파악한다. 이를 통해 조직의 강점인 핵심역량을 유지하고 약점인 부분을 보완하는 방안을 마련한다. 예컨대 고객인지도가 높거나, 산업 내 다른 조직에 비해 부채비율이 낮거나, 생산제품의 원가절감의 우위가 있는지 등 조직내부의 강점을 파악한다. 동시에 조직외부 환경의 기회와 위협요소를 가려내는 외부환경 분석을 한다. 산업 내 다른 조직에 비해 재무비율이 월등히 높아진다는 지, 제품에 대한 고객만족도가 떨어지거나, 사회적 조직인식이 부정적이거나 등 조직의 결점이 무엇인가를 파악하는 것이다.

조직의 내·외부 환경분석과 더불어 인적자원관리 SWOT분석 역시 동시에 이루어진다. 첫째, 인적자원관리 내부 환경분석을 한다. 이는 다른 조직에 비해 우리 조직의 인적자원관리의 강점과 약점이 무엇인가 파악하고, 외부노동 시장의 기회와 위협요소를 찾는 것이다.

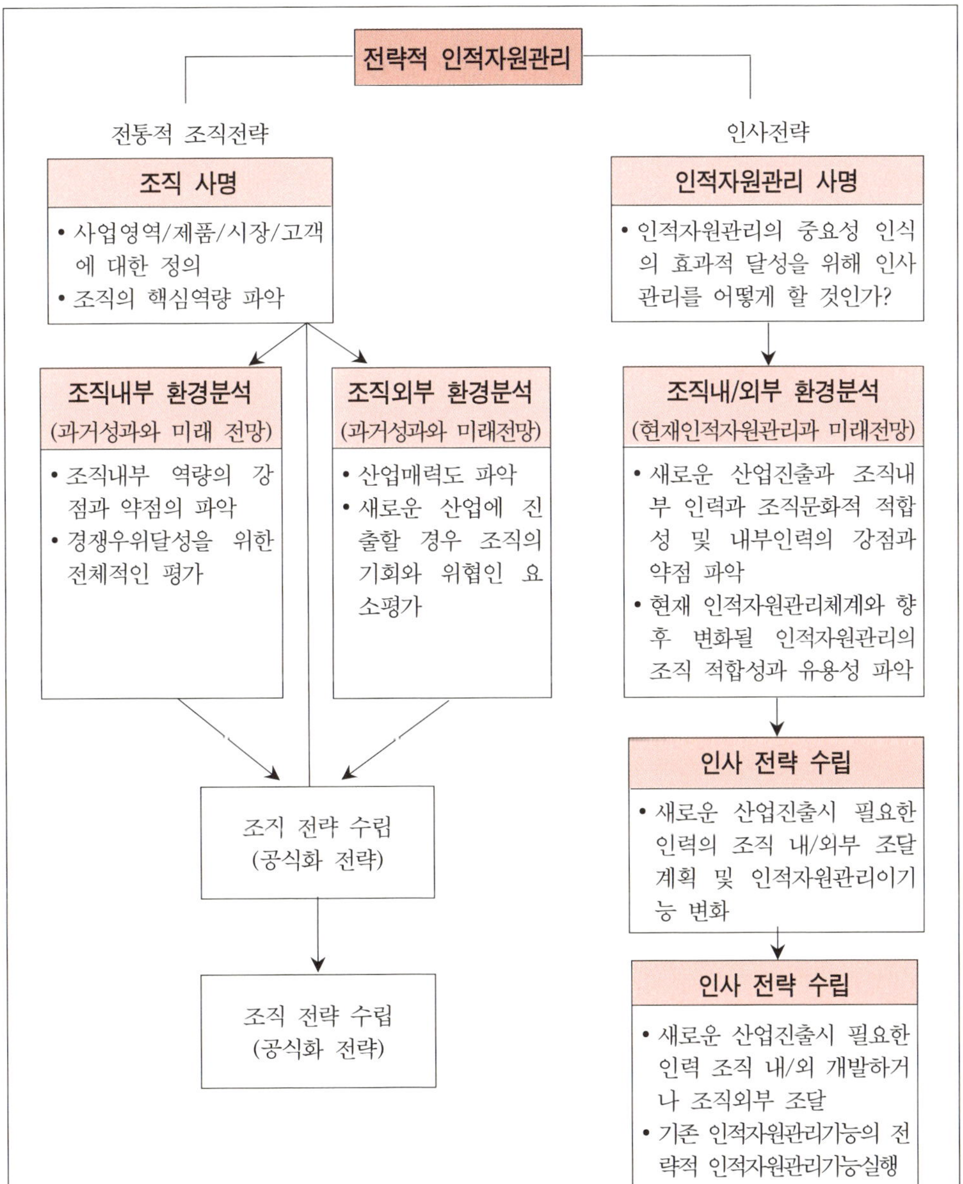

자료 : Hox & Majluf(1996), p. 27의 사업전략모델과 전략적 인적자원관리 내용을 통합함.

[그림 1-2] 조직전략과 인적자원관리의 통합적 방향성

예컨대 우리 조직의 인력들은 매우 창의적인 사고를 가지고 있으며, 유연한 업무활동을 한다는 강점을 파악하거나, 우리 조직이 다른 조직에 비해 매우 관료적 권한체계로 수동적인 업무자세를 갖고 있다는 등 인적자원관리의 약점 또한 규명한다.

기존 인적자원관리체제의 강점과 약점 또한 파악한다. 예컨대 어느 조직에서는 기존 성과보상체제가 연공서열에 바탕을 두고 있어 종업원들의 수동적인 업무자세를 초래한다고 판단할 수 있다. 즉 연공서열의 보상제도를 인적자원관리의 약점으로 파악하는 것이다. 그러나 이 조직이 연공서열 보상제도를 버리고 능력주의 연봉제를 도입한다고 해서 구성원들의 적극적인 업무성과로 전환되는 것은 아니다. 오히려 안정된 보상을 통해 구성원들이 직무 및 조직에 대해 만족하여 원활한 직무수행을 하고 있을 수 있어 조직의 강점일 수도 있다.

둘째, 인적자원관리 외부 환경분석은 보통 인력충원에 관련해 외부 노동시장 상태를 파악하는 것이다. 해당 조직이 필요로 하는 인력을 외부 노동시장에서 수습을 할 수 있는 기회가 위협적인 요소를 찾는 것이다.

예를 들어 위성통신사업에 직접적으로 관련된 전문기술을 외부 노동시장에서 손쉽게 충원할 수 없다면 위협적인 요소일 것이다. 반면 유사한 기술을 소지한 사람을 영입하여 조직 자체에서 훈련과 개발이 가능하다면 저렴한 인건비로 전문기술자와 동등한 업무성과를 낼 수 있어 오히려 기회가 되는 것이다.

③ **조직전략 수립과 인사전략 수립** : 조직사명과 내·외부 환경분석을 통해 실제 조직전략을 수립한다. 물론 조직의 조직 내부의 강·약점과 조직 외부환경의 기회와 위협에 대한 요소를 충분히 고려한 다음의 일이다. 조직전략의 수립의 예로 조직이 인터넷 쇼핑몰 시장을 향후 5년 이내에 석권할 것을 조직사명으로 설정하고, 각종 분석을 통해 가능성을 타진하고 진출하기로 결정하였다고 하자. 그러면 조직은 우선 인터넷 사업을 위한 정보기술을 어떻게 확보하고, 어떤 도메인을 사용하며, 어떤 컨텐츠를 제공할 것이며, 몇 명의 회원수를 언제까지 확보할 것인지 등을 계획하게 된다. 이외에도 기간과 단계별로 구체적인 계획이 수립될 것이다.

인사전략 수립 역시 조직전략 수립과 동시에 수립된다. 조직내에서 조직전략을 실행할 수 있는 가용인원은 현재 몇 명이고, 새로운 직무배치 혹은 인력개발을 통해 전략실행에 투입할 것인지, 새로운 사업을 실행할 인력의 성과평가와 보상은 어떻게 할 것인지, 또한 조직내부 인적자원관리가 충분하지 않거나 전문기술을 소지한 사람의 충원이 필요하다면 외부 노동시장을 통해 어떻게 조달할 것인지 등을 구체적으로 계획한다. 특히 인력계획은 조직사명을 정의할 때 동시에 전략적으로 고려하는 것이 바람직하다. 예컨대 실제 인터넷 사업에 대한 전략 실행시 필요한 인적자원관리에 대한 정보를 조직 내·외부 현황을 통해 이미 파악하고 있어야 조직사명이 구체화될 수 있다.

④ **조직전략 실행과 인사전략 실행** : 조직전략이 수립되면 조직은 실제 사업을 실행하게 된다. 전략달성을 위한 제반시설로 마케팅을 통해 고객인지도를 확보하거나, 실제 제품생산을 통해 시장에서 판매한다. 인터넷 사업을 시작하였다면 쇼핑몰 웹 사이트를 통해 제품을 광고하고, 전자결제된 제품을 고객에게 전달해 주는 등 실제 사업을 하는 것이다.

조직전략 실행과 동시에 인사전략 실행 역시 중요하다. 인사전략의 실행은 실제 조직의 과업흐름을 원활히 하기 위해서 인력모집과 선발을 비롯해, 직무배치, 인력에 대한 성과평가와 보상, 그리고 개발 등 모든 인사활동이 이루어진다. 단 인사전략을 실행할 때 중요한 것은 조직의 사업과 전략의 특성에 맞는 인적자원관리가 필요하다는 점이다.

예컨대 인터넷 벤쳐사업을 실행하는 인력들은 매우 자율적이고 수평적인 직무활동을 원한다. 반면 인터넷 벤쳐사업을 하는 조직의 인적자원관리가 관료적인 체계로 운영된다면 그들은 인사정책에 불만을 갖게 될 것이고, 전략실행에 막대한 지장을 초래하게 될 것이다.

(2) 조직전략과 인적자원관리의 적합성

조직전략과 인적자원관리의 통합적 방향성을 통해 조직은 종업원들의 생산성 향상은 물론 조직성과를 높일 수 있다. 그런데 한 가지 간과해서는 안 될 점은 조직전략과 인적자원관리가 적합성의 원리에 의한 통합적 방향성을 갖출 때 효과적이라는 사실이다. 어느 조직전략을 수립하였다고 하더라도, 기존구성원들의 저항으로 말미암아 전략적 인적자원관리로 전환되기가 어려울 수도 있다. 더구나 조직전략에 맞는 전략적 인사정책의 변화 또한 없으면, 기존 구성원들의 태도변화 역시 기대할 수 없어 조직전략의 실행은 매우 불투명할 것이다.

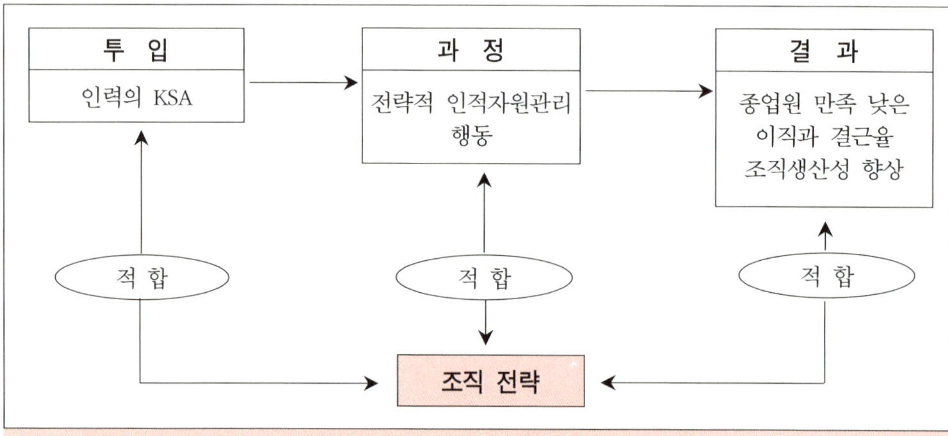

[그림 1-3] 조직전략과 인적자원관리의 적합성

03 윤리적 인적자원관리

(1) 윤리적 인적자원관리의 정의

기업윤리란 경영자와 구성원들이 기업조직 내부에서 지켜야 할 행동의 기준이며, 혁신을 추구하는 기업가 정신을 바탕으로 정당한 방법을 통하여 기업을 올바르게 운영하는 기준을 말한다. 동시에 기업윤리는 다른 경제주체와 상호 의존하는 경제사회의 한 구성원으로서 가져야 하는 기업의 도덕적 책임도 포함되는 것으로, 기업의 도덕성·경영 방식 및 경영 정책의 평가 기준이 된다.

이러한 기업윤리를 인적자원관리 영역에 적용할 때, 이를 윤리적 인적자원관리라고 칭하게 된다. 윤리적 인적자원관리는 맥그리거의 Y이론에 근거한 인적자원관리론으로, X이론에 근거한 합리적 인사관리론과는 대별된다. X이론에 근거한 합리적 인사관리론에서는 기업의 궁극적 목적인 최대한의 이윤추구를 가장 중시하여 조직구성원 및 고객을 이러한 이윤추구를 위한 도구로 취급하게 된다. X이론에 근거한 대표적인 합리적 인사관리론으로는 테일러의 과학적 관리법에 기반한 관료주의적 인사관리제도를 들 수 있다. 반면에 윤리적 인적자원관리에서는 기업조직을 이해관계자간의 사회적 공동체로 보며 따라서 이윤추구 뿐만 아니라 다양한 이해관계자의 목적(예: 인간의 존엄성, 직장만족, 자아실현, 좋은 인간관계, 차별없는 일터 등등)을 동시적으로 존중하게 된다.

흔히 거래관계의 일종인 고용관계는 사용자와 근로자간의 단기적 이익을 추구하는 과정에서 대립적 속성을 보일 수도 있지만 상호간의 신뢰를 기본으로 장기적인 공동이익을 추구하는 호혜적 속성을 보이기도 한다. 사용자는 윤리적 인적자원관리를 통해 근로자의 다양한 욕구를 충족시켜주게 되면 그 댓가로 근로자는 자신의 암묵적 지식과 헌신을 주게 되어 상호간의 장기적 공동이익을 추구하게 된다. 따라서 윤리적 인적자원관리에서는 고용관계의 호혜적(reciprocal) 특징에 주목한다.

역사적으로 보면 윤리적 인적자원관리는 다양한 형태로 등장하였다. 이 중에서 우리가 주목해서 보아야 할 것은 1960년대 말부터 시작된 '근로생활의 질(Quality of Working Life)향상 운동'이다. '근로생활의 질 운동'은 테일러주의적 작업관행에 대한 근로자들의 집단적 반발이 전 세계적으로 문제가 되었던 1960년대 말부터 1970년대 초에 본격적으로 시작되었다. 당시 전반적인 학력의 증가를 반영해서 근로자들의 기대 수준은 높았던 반면 테일러주의적 원리에 의해 설계되었던 작업조직과 관료주의적 인사관리제도는 단순 반복적 노동과 근로자 자율의 배제를 특징으로 하고 있었다. 테일러주의적 작업조직과 관료주의적 인사관리제도에 대한 근로자들의 반발에 직면해서 기업들은 직무순환(job rotation), 직무확대(job enlargement), 직무충실화(job enrichment) 등의 다양한 프로그램을 도입하게 되었고, 특히 자율작업팀을 핵심으로 하는 실험들이 확산되었다. 윤리적 인적자원관리를 중심으로 하는 최근의 혁신도 사실상 테일러주의적 작업시스템 및 관료주의적 인사관리제도의 지양이라는 측면에서 보면 근로생활의 질(QWL) 운동의 연속선상에 있다고 볼 수 있다. 다음에서는 윤리적 인적자원관리의 구성요소와 이를 실현하기 위한 제도들에 대해 살펴보겠다.

(2) 윤리적 인적자원관리의 구성요소 및 실천방안

기업에서 윤리적 인적자원관리를 제대로 실천하기 위해서는 조직 수준에서 신뢰에 기반한 고용관계를 구축하고 나아가 개인 수준에서 조직구성원들의 고숙련화와 함께 이들의 자발적 노력을 유도하기 위한 참여적 작업조직 및 몰입형 인적자원관리를 구축하는 것이 필요할 것이다.

이를 위해서는 작업조직의 영역과 인적자원관리 영역에 대한 혁신이 필요한데, 전자는 주로 작업영역과 관련되며 작업 자체가 조직되는 방식(예: 직무충실화와 자율적 작업팀 등)과 작업 중에 발생되는 문제를 해결하는 방식(예: QC와 제안제도 등)을 포함하며 반면에 후자는 일하는 사람과 관련하여 채용, 배치, 평가, 보상, 교육, 고용안정 등 동기부여와 조직몰입을 촉진시키기 위한 인적자원관리 관행들을 포함한다.

참여적 작업조직과 몰입형 인적자원관리를 검토해보면 그 근저에는 근로자에 대한 개념화(conceptualization)의 문제가 가로 놓여 있음을 알 수 있다. 참여적 작업조직이 숙련된 문제해결사로서의 근로자를 개념화한 것이라면 몰입형 인적자원관리는 이해관계자(stake-holder)로서 근로자를 개념화한 것이다. 그리고 몰입형 인적자원관리는 근로자의 권리와 기업이 근로자에 제공하는 유인(inducement)에 해당되는 것이라면, 참여적 작업조직은 근로자의 기업에 대한 의무와 공헌(contribution)에 해당된다. 이처럼 윤리적 인적자원관리는 사용자의 유인과 근로자의 공헌이 균형을 이루는 호혜적 거래관계로서 파악할 수 있고, 이러한 호혜적 거래관계는 해당 기업이 근로자를 어떻게 개념화하고 있는가 하는 문제와 연결되어 있음을 알 수 있다.

따라서 윤리적 인적자원관리 혁신을 위해서는 우선 근로자에 대한 개념이 바뀌어야 한다. 근로자를 비용이 아니라 자산으로, 그리고 다른 생산요소와 같이 언제든지 거래선을 바꿀 수 있는 것이 아니라 주주나 고객과 같이 기업의 중요한 이해관계자이자 지위와 권리를 갖는 조직 시민으로서, 지시와 통제에 의해서만 효율적으로 작업을 수행하는 피동적인 존재가 아니라 자율성과 창의성을 갖는 숙련된 문제해결사로 개념화 하는 것이 우선이다. 즉 윤리적 인적자원관리로의 혁신은 단순히 기법의 채택에 그치는 것이 아니라 근본적인 발상의 전환 또는 경영이념 내지 인사철학의 변화와 관계된 것이다.

1) 참여적 작업조직 혁신

기존의 테일러주의적 작업조직의 원칙은 '구상과 실행의 분리'로 상징적으로 표현되기도 한다. 작업자는 사용자에 의해서 발견된 표준화 · 세분화된 업무를 최선의 작업방식으로 규정된 작업지시서에 따라서 단지 실행만 하는 역할을 수행한다. 이와 같은 원칙에 입각한 작업조직은 표준화 · 세분화된 과업, 작업자의 참여 부재라는 주요한 3가지 특징으로 요약할 수 있다. 반면에 참여적 작업조직은 과업통합, 자율, 그리고 참가로 구성요소를 구분할 수 있다.

첫째, 과업통합에 대해 살펴보자. 테일러주의적 작업조직에서는 과업이 고도로 세분화된다. 사용자는 과업이 고도로 세분화되도록 최적의 절차를 결정하고 공정을 표준화한다. 과업의 세분화와 함께 직능이 세분화되고 전문화되면 작업자는 직접생산 직능내의 단순한 과업만을 담당하게 된다. 반면에 참여적 작업조직에서의 과업통합은 직능별 및 계층별로 분화된 과업이 직접생산자의 과업으로 통합되는 것을 말한다. 과업의 통합이 진척되면 직접생산자는 보전업무나 품질관리 등 전문부서가 담당하는 간접부문의 일을 맡게 되고, 직접생산영역 내부에서도 로테이션과 같이 유연한 배치가 이루어지며 나아가 과업의 통합에 의해서 상대적으로 긴 사이클 타임을 지닌 의미있는 작업을 수행한다. 계획 및 관리 직능으로 분화되었던 과업이 직접생산자의 과업으로 통합되면(수직적 과업통합) 작업집단의 의사결정 권한인 자율성이 증대된다. 따라서 과업통합은 자율적 의사결정과 밀접한 관련이 있다.

둘째, 자율적 의사결정에 대해 살펴보자. 자율은 자주적 결정과 규제 또는 관리를 의미하는 것으로, 언제 · 어디서 · 어떤 활동을 수행할 것인가의 결정, 작업방법의 선택, 집단 구성원의 선발, 집단내 과업의 분배, 내 · 외부의 리더선출, 그리고 마지막으로 개인의 작업방법 선택권 등이 있다. 테일러주의적 작업조직은 계획과 통제기능을 작업자로부터 분리해서 사용자에게 관리영역을 전문화시킴으로써 근로지 및 작업집단의 자율이 극히 제한되고 있다. 반면에 참여적 작업조직은 작업단위의 자율이 높은 것이 특징으로, 직무충실화로 불리는 과업의 수직적 통합은 계획과 통제기능의 특정 부문을 작업단위에서 통합하는 것을 말한다. 자율작업팀 또는 팀작업은 과거 감독자나 관리부문에서 담당하던 역할의 상당한 부분을 작업단위에서 자율적으로 담당한다. 자율작업팀은 팀리더를 선출하고 팀회의에서 업무 및 사회적 문제의 상호조정과 해결이 이루어지며, 현장 하위관리자의 업무와 책임을 팀단위에서 자율적으로 소화한다. 작업집단의 자율성이 증가하게 되면 이른바 자율규제(self-regulation)의 생산성 효과가 발생한다. 관리업무가 대폭 작업단위로 이양되면서 관리자의 숫자를 줄이거나 조직계층을 간소화할 수 있고, 관리자를 보다 생산적인 활동에 투입하는 것이 가능해진다. 자율의 증가는 책임감의 증가를 수반하고 신속한 의사결정을 가능하게 함으로써 효율성을 증진시킨다. 자율의 증가는 작업자들로 하여금 여러 가지 선택이 가능하도록 해주고, 따라서 작업단위에서 시행착오에 의한 학습 효과를 증진시킨다.

셋째, 참가에 대해 살펴보자. 참가의 대표적인 예로서 개선활동을 위한 각종 소집단활동과 자율적 작업조직이 있다. 테일러주의적 작업조직은 개발 및 개선 활동을 엔지니어 전문가가 전담한다는 측면에서 작업자 참가 부재를 특징으로 하는 반면, 참여적 작업조직은 작업자들이 개발 및 개선 활동에 참가하는 것을 특징으로 한다. 작업자들은 참가를 통한 집합적인 의사결정을 거쳐서 표준의 설정 과정에 참여하고 또 표준 자체를 변화시킬 수 있다. 이처럼 참가를 통해서 지속적인 개선이 이루어지는 것은 조직학습이 그만큼 활성화되는 것을 의미한다. 따라서 참여적 작업조직은 테일러식 작업조직원리와는 정반대의 원리 즉 과업통합과 자율 그리고 참가의 3차원이 모두 높은 경우로 정의할 수 있다. 테일러적 작업조직은 과업의 세분화, 작업집단 자율의 배제, 그리고 작업자 참가의 결여로 특징지울 수 있다. 테일러적 작업조직의 대안들로 제시되는 작업조직들은 3차원 전부 또는 일부 차원에서 테일러적 작업조직 원칙으로부터의 탈피를 특징으로 한다. 테일러적 작업조직을 작업자 역할의 배제와 구상 기능의 박탈이라는 점에서 노동배제적인 작업조직이라고 본다면, 이로부터의 탈피를 대별해서 참여적 작업조직으로 부를 수 있다.

2) 몰입형 인적자원관리 혁신

인적자원관리는 작업자의 역할 수행에 필요한 능력과 동기를 부여함으로써 참여적 작업조직이 효과적으로 운영되도록 지원한다. 테일러주의적 작업조직이 엄격한 선발, 개인별 관리, 그리고 개인별 차등 성과급이라는 관료주의적 인적자원관리의 지원을 필요로 했듯이, 참여적 작업조직도 이에 적합한 몰입형 인적자원관리의 지원을 필요로 한다. 참여적 작업조직은 노력, 지식, 창의성 등 근로자의 보다 많은 투입(input)을 요구한다. 과업의 수평적인 통합에는 이에 요구되는 보다 많은 노력과 지식의 축적이 수반되어야 하며, 과업의 수직적인 통합에는 관리적 기능의 투입이 요구되며, 개발적 측면의 활동에는 정상작업 이외의 추가적인 노력과 창의적이고 혁신적인 활동의 투입이 요구된다. 결국 참여적 작업조직이 활성화되기 위해서는 근로자의 조직에 대한 몰입과 함께 참가에 필요한 역량의 개발이 전제되어야 하는 것이다. 근로자들의 조직에 대한 몰입은 일을 통한 내재적 보상, 경영자와 근로자간의 인간적인 관계, 동료 관계를 통해서도 달성될 수 있지만 무엇보다도 중요한 것은 조직과 근로자들간의 호혜적(reciprocal) 관계이다. 즉, 자신의 추가적인 노력이 고용의 보장이나 능력개발, 승진 등에 의해서 보상받는 조직수준에서의 호혜적 관계가 성립되어야 근로자들의 조직에 대한 전념이 뿌리를 내리게 되고, 참여적 작업조직이 효과적으로 작동할 수 있다. 이를 보다 자세히 살펴보면 다음과 같다.

첫째, 엄격하고 공정한 선발이다. 선발이 인적자원관리의 절반이라는 말이 있듯이 엄격한 선발은 적재적소 인적자원관리의 출발점이다. 엄격한 선발은 그 자체로서 사람을 중시한다는 조직의 가치를 현시하는 행위이고, 조직의 구성원들로 하여금 선민의식을 갖게 함으로써 열심히 일할 동기를 형성하는 역할을 한다. 이처럼 엄격한 선발은 구성원 역량과 규범의 형성에 모두 영향을 미친다. 또한 선발이 공정해야 한다. 사용자는 지원자의 인종, 피부색, 종교, 성별, 국적을 이유로 해서 차별화하거나 해고할 수 없다.

둘째, 고용보장이다. 고용보장은 조직이 구성원들에게 제공하는 가장 기본적인 보상으로서의 성격을 갖는다. 고용보장은 조직과 구성원간의 거래가 호혜적(reciprocal)임을 나타내는 가장 기본적인 지표이며, 조직과 구성원간의 거래에 있어서 호혜성의 규범은 바로 이를 기반으로 형성된다. 이처럼 고용보장은 유인, 규범, 역량에 모두 영향을 미치는 중요한 인적자원 관행이다.

셋째, 고숙련의, 형평성 있는 교육이다. 고숙련 교육훈련은 조직의 성과를 높이는 가장 중요한 인적자원관행 중의 하나이다. 교육훈련은 구성원들의 역량을 형성할 뿐만 아니라 조직의 규범과 가치를 내면화시키는 중요한 기제이기도 하다. 나아가 교육훈련에 대한 투자는 그 자체로서 고용안정에 대한 기대를 심어준다. 즉 조직이 교육훈련에 투자를 하게 되면 할수록 그만큼 투자수익을 회수해야 하는 부담이 증대되기 때문에 쉽게 해고를 할 유인 또한 그만큼 감소되는 것이다. 이처럼 교육훈련에 대한 투자는 조직이 고용보장에 전념하고 있다는 것을 현시하는 효과도 있다. 인센티브 관점에서 본다면 교육훈련에 의한 인적자본의 축적은 구성원들에게는 미래의 수익으로 다가오기 때문에 그 자체로서 하나의 보상이기도 한다.

넷째, 공정한 인사평가와 이에 기반한 상대적으로 높은 임금이다. 이러한 임금수준과 체계는 능력 있는 사원을 그만큼 쉽게 유인할 수 있어서 구성원 전체의 역량 분포에 영향을 미친다. 상대적 고임금은 호혜성의 규범을 창출해서 구성원의 조직에 대한 전념과 노력발휘를 증대시킨다. 상대적 고임금은 그 자체로서 구성원들을 존중한다는 조직의 가치를 현시하기도 한다. 마지막으로 상대적 고임금은 이직율을 낮추는 효과도 가지기 때문에 전체 구성원의 역량분포에 영향을 미친다. 이처럼 상대적 고임금도 인센티브, 규범, 역량에 모두 영향을 미치는 인적자원 관행 중의 하나이다.

연습문제

1. 현대 인적자원관리 환경 변화에 대해 논하시오.
2. 인사담당자의 전략적 역할에 대해서 설명하시오.
3. 미래 지향 인적자원관리에 대해 설명하시오.
4. 인적자원관리의 세부 관리에 대해 설명하시오.

제2장

국제기업과 국제경영

오늘날 기업은 제 2차 세계대전 이후 과학기술의 발달과 새로운 경영방식, 개선된 수송과 빨라진 통신의 도움으로 급격하게 국제화가 이루어졌으며, 그 결과로서 무국경(Borderless)세계의 지구화(Globalization)시대로서의 국제경영이 대두되었다. 세계경제질서의 구조적 재편성과 정보산업의 발전에 따라 국경 없는 세계의 개막으로 선진기업들은 지구를 무대로 21세기 경쟁에 뛰어 들고 있다. 따라서 국제경영이란 국경을 넘는 거래로서 대상은 재화·서비스·자본·인력·기술 등이 모두 포함되는 것이다. 다시 말하면 국제경영이란 현대 경제의 초점이 되며 선진국이나 후진국을 망라하고 국제무역과 해외투자는 경제발전에 필수 불가결한 요소로 등장하고 있다.

그렇다면 국제경영이란 무엇을 의미하고 있는가? 우리는 이 점을 중심으로 그 경계와 한계를 알아야 할 것이다.

제1절 국제경영의 정의

국제경영의 정의를 논한다는 것은 쉬운 일이 아니다. 이는 그 규모와 범위에 있어 세계적인 패러다임(paradigm)의 흐름에서부터 민족의 문화까지 넓고도 세세한 부분까지 국제경영연구의 영역에 속하기 때문이다. 따라서 국제경영에 대한 개념을 알아보려면 국제경영의 발달과 성장에 대한 배경을 간략히 살펴보고 정의를 논하는 것이 순서라 하겠다.

국제경영의 발달모습을 국제경영을 담당하는 주체로서의 다국적기업은 현대자본주의의 가장 지배적인 조직체로서 현재 諸국가 및 국민의 경제적, 사회적, 정치적 및 문화적 생활에 막대한 영향과 힘을 미치고 있다. 그러나 이의 발전은 국내 및 국제경영 양면에 많은 물의와 모순과 불안요인을 야기시키는 계기가 되고 있다.[4] 이러한 국제경영의 역사는 중세의 코멘다 제도나 17세기의 동인도회사[5]가 그 시초라고도 하고 또 어떤 자는 20세기 초의 영미계 석유회사들이 그 효시라고도 한다.

20세기 초부터 제 1차 세계대전이 일어나기 이전까지 미국 및 유럽국가들이 전개한 국제경영활동을 요약하면, 미국기업들은 원자재 확보·판로 확대 등을 위한 해외직접투자를 활발히 전개하기 시작했는데, 식민지가 거의 없었던 미국의 기업들은 주로 캐나다·중남미·유럽 등을 대상으로 삼아 해외제조활동과 미국제 상품의 수출과 판매자회사(marketing subsidiaries)를 통한 시장국들에서의 현지마케팅(overseas local marketing)을 포함한 해외상사활동(overseas merchandising activities)을 전개하기 시작했다. 이는 이 기간 동안에 해외자원개발·제조·상사 계통의 미국 다국적 기업들이 존재하기 시작했음을 뜻한다.

유럽기업들도 원자재 확보·판로확대 등을 위한 해외직접투자를 전개하기 시작했으나 주로 그들의 식민지와 유럽지역을 대상으로 하였으며, 서서히 해외직접투자를 통한 해외제조활동에도 진출하기 시작했다. 그 당시 특히 독일계 기업들의 화학·전기 산업 분야의 해외진출은 미국계 기업들을 능가할 정도였다.

그러나 현대적 의미의 현상은 1950년대부터라고 할 수 있다. 즉, 제 2차 세계대전 후에 미국의 거대기업들이 국내시장에서의 기업 이윤율의 저하, 각국의 수입제한, 천연자원 확보 등의 여러 이유에서 해외직접투자를 하기 시작한데서 비롯된다. 이것이 곧 다국적기업의 역사이기도 하다. 전후 영국을 대신하여 세계 자본주의 경제권의 리더로서 등장한 미국에 의해 주도된 국제경영은 세계경제의 신장과 더불어 급격한 발전을 거듭하였으며 국제화의 선도적 역할을 담당해왔다. 미국 기업들은 50년대 후반 EEC(유럽공동시장)의 결성을 계기로 유럽에 진출, 세계적 영업기반을 구축하였다.

이러한 미국 기업의 독주는 60년대 중반 이후 유럽과 일본이 급격히 부상하면서

---

4) Stephen Herbert Hymer, The Multinational Corporation-Radical Approach, Cambridge University Press, Cambridge, England, 1982, p. 1.

5) ① East India Company, British-1600~1894, ② East India Company, Dutch-1602~1798
③ East India Company, French-1664~1769

제동이 걸리고 70년대 후반 이후에는 일본기업들이 소니, 히다치, 도요타, 닛싼 등의 다국적기업의 진출에 의해 미국시장과 유럽시장으로 진출하여 무역적자로 인한 일본 때리기가 등장하기도 하였다. 이 시기부터 80년대까지는 미국 주도에서 일본, 독일 등 다극화현상으로 이어져 이념전쟁에서 경제전쟁으로 바뀌어지기도 하였다. 특히, 우리 나라를 비롯한 신흥공업국의 급속한 경제성장이 수출확대노력에 의한 기업의 국제화 현상임이 명백히 들어남과 동시에 국제경영에 대한 관심은 고조되고 있다.

특히, 동서간의 이념분쟁의 시대가 종언을 고하며 세계주의(Globalism)과 지역주의(Regionalism)로 대변되는 경제환경의 변화와 함께 재화·서비스·자본·정보의 매개자인 다국적기업의 역할은 증대되고 있으며 국제경영학은 경영학의 한 분야로서 그 위치를 확고하게 차지하게 되었다. 90년대에 들어서면서 러시아·동구·중국·베트남 등 구 사회주의 국가권들에까지 외자유치에 열을 올리며 다국적기업들에 추파를 던지고 있어 국제경영은 말 그대로 전 세계에서 이루어지고 있다고 하겠다.

이상에서 우리는 국제경영에 대한 발달을 간단히 살펴보았다. 즉 국제경영이 발달한 역사는 그리 길지 않다고는 할 수 없으나 그 논의가 중심적인 문제로 대두된 것은 세계경제의 경계가 상호간섭을 받기 시작하는 시기, '세계화'가 진전되기 시작하면서 그 의미가 깊어지고 있는 것이다. 이하에서 서술되는 것은 이러한 배경을 이해하고 그 정의에 대해 바라보기 바란다.

01 국제경영의 정의

국제경영학에서 논의되고 있는 국제경영은 그 역사와 일련성과 환경 변화성 때문에 개념을 확고하게 무엇이다 라고 규정하기엔 어려움이 많다. 또한 학자들의 연구목적과 연구방법에 따라 그 정의도 다를 수 있다.[6)]

---

6) 보통 International Business를 지칭할 때는 세 가지의 뜻을 가지고 있다. 먼저 급격한 환경의 변화로 야기되는 복잡성·다양성·단절성·불확실성·위험성 등으로 특징되는 세계 및 지역시장과 진출국으로부터 영향을 상호 주고 받으며 기업이 수행하는 국제경영활동인 '국제경영(international business)', 두 번째로 일정한 목적을 실현하기 위해 전략·전술등을 개발하여 실제로 국제경영활동을 수행하는 '국제기업'(international business), 세 번째로 경영학의 일부로써 국제경영과 국제기업 및 국제경영환경 등 관련과제를 연구하는 학문분야로서의 '국제경영학'(고유명사 사용할 때 International Business)이 있다.

그러나 일반적으로 국제경영은 규정기준에 따라 두 가지 견해로 나눌 수 있다. 첫 번째 견해는 국제경영이란 국경을 넘는 사업활동을 경영교육의 학문적 연구의 대상으로 하는 분야로서, 여기에서 국경을 넘는 사업활동의 대상에는 재화, 서비스, 자본, 인력, 기술이전, 그리고 인력관리 등이 모두 포함된다.[7] 이와 같이 국경선을 기준으로 하는 로보크(S. Robock), 시몬즈(K. Simmons)와 츠비크(J. Zwick)의 견해이며, 두 번째 견해는 국제경영이란 한 나라, 한 영토, 또는 한 식민지 이상의 사람 또는 기관에 영향을 미치는 공사(公私)의 경영활동을 대상으로 하는 연구 및 실무의 한 분야이다.[8] 이와 같이 활동지역의 수를 기준으로 하는 로빈스(R. Robinson)의 견해가 있다.

이처럼 두 견해는 국경과 활동지역의 수를 기준으로 하고 있다는 점에서 상이하나, 2개국 이상에서 일어나는 경영활동의 현상으로 보고 있다는 점에서는 공통점을 갖고 있다. 따라서 국제경영이란 2개국 이상에서 이루어지는 경영관리활동(management), 2개국 이상에서 관련되는 경영활동(business)으로 정의할 수 있다.[9]

이상에서 국제경영에 대한 논의를 하였지만 국제경영학에 대해서는 확정적으로 정의 내리기가 곤란하다. 그 이유는 국제경영학의 연구방법이 확립되지 못하는 이유도 있지만, 국제경영이 내포하고 있는 포괄적인 성격 때문이다. 즉 경영활동에서 특정기능(생산관리, 마케팅, 재무 등)을 대상으로 연구가 이루어질 수 있으나, 국제경영학은 대상에 있어 이들 특정기능을 망라한 기업의 국제적 경영활동을 포괄적으로 다루어야 한다.

---

7) S. Robock, K. Simmonds, & J. Zwick, International Business and Multinational Enterprises (Richard D. Irwin, Inc., 1972). p. 3.
"International Business as a field of management training and scholarly research deals primarily with business activities that cross national boundaries, whether they be movements of goods, services, capital, or personnel ; transfer of technology ; or even the supervision of employees."

8) R. Robinson, International Business Management(Hindsale, N. Y. : Dryden Press, 1978), p.17. ["International Business as a field of study and practice encompasses that public and private business activity affecting the persons or institutions of more than one national state, territory, or colony."]

9) R. L. Daft, Management, Dryden Press, 1991, p. 603

제2절 국제기업의 개념

국제경영이란 2개국 이상에서 이루어지는 경영관리활동, 또는 2개국 이상에서 관련되는 경영활동으로 정의하였다. 국제기업이란 2개국 이상의 나라에서 사업을 하는 기업을 말한다. 기업적 측면에서 보면 국내기업이란 본질적으로 단지 하나의 국민경제의 틀 내에서 비즈니스 활동을 영위하는 기업을 가리킨다.

국제기업의 개념정의에 대해서는 아직 통일적인 견해에 도달하지 못하고 있는 실정이다. 국제기업이라는 표현 이외에 흔히 다국적기업(multinational enterprise), 초국가, 초국제기업(supernational or transnational enterprise), 세계기업(global enterprise) 등의 표현이 사용되고 있는데, 어느 것이든 비슷하게 사용되고 있다. 일반적으로 국제기업은 국가의 경계를 넘어서 다른 나라에서 생산하고 마케팅 활동을 하며 지구화기업 또는 초국가기업으로 인식되고 있다.[10)]

이 중에서 다국적기업이라는 말이 가장 보편화되고 있다. 다국적기업이라는 말은 제 2차 세계대전 이후에 학계, 경제학, 저널리즘 세계 등을 막론하고 각국에서 널리 사용되어 오고 있으며, 오늘날의 경제현상을 논함에 있어서는 무시할 수 없는 것으로 되고 있다. 그 후 이와 비슷한 용어들이 많이 사용되어 규모의 형태와 경영활동의 형태에 따라 다국적기업, 국제기업, 초국적기업 등으로 용어를 확대하여 부르기도 한다.

다국적기업이란 용어가 비교적 보편적으로 사용되었으며 그 내용에 대해서도 어느 정도 통일적인 견해와 학문적 체계가 이루어진 것은 1960년을 전후한 시기라고 할 수 있다. 다국적기업이란 용어의 어원을 보면 처음에는 세계기업(world enterprise)이라고 불렀으며 이는 세계기업의 창조(creating a world enterprise)라는 논문이 하버드 비즈니스 리뷰에 발표된 1959년 말이라고 하겠다.[11)] 클리와 디시피오는 이 논문에서 미국의 대기업이 세계적 규모에서 경영활동을 전개하기 위해서는 어떠한 경영 이념하에서 행동하여야 할 것인가를 다룰때 국적을 초월하는 대기업을 세계기업이라 명명한 것이다. 한편, 다국적기업이란 용어는 1960년에 릴리엔달(D.

10) D. Hellriegel, J. W. Slocum, Management, 1992, pp. 108-110

11) G. H. Clee and A. discipio, Creating a World Enterprise, Harvard Business Review. Nov-Dec, 1959.

E. Lilienthal)이 다국적기업의 경영(Management of Multinational Corporation)에서 처음 사용했으며 1964년에 키처(Kircher)는 초국적기업(transnational enterprise)이란 용어를 사용하기도 하였다.

그런데 국제경영활동을 수행하는 경영주체로서 국제기업을 정의하는 데는 학자들 간에 별 차이가 없지만, 이에 대한 명칭과 평가기준이 다양하게 병존해 있다. 예컨대 루트(F. Root)와 버논(R. Vernon)은 다 같이 다국적기업으로 표현하고 있지만, 루트는 보다 추상적인 표현으로 다국적기업을 정의하는 데 비해 버논은 구체적인 평가기준을 설정하여 다국적기업을 정의하고 있다.

이상과 같은 혼란속에서 국제기업(다국적 기업)을 정의하기란 여간 곤혹스러운 일이 아니므로 이를 표로 정리하여 살펴보도록 하자.

〈표 5-1〉 다국적 기업의 정의

학 자	명 칭	본 질	관 점
G. H. Clee & A. di Scipio	world enterprise	• 다국적기업에 대한 최초의 이론적 정의(1959년) • 마케팅·연구개발·생산활동이 국경을 초월하여 이루어짐[경영이념이 국제적]	형태
H. V. Purlmuter	multinational corporation	• 경영자의 태도를 본국중심적(ethnocentric), 현지국중심적(polycentric), 지구중심적(geocentric)으로 나누고 다국적 기업은 지구중심적 경영을 하는 기업	
M. Porter	global corporation	• 세계시장을 하나의 시스템으로 보아 각국의 경영전략을 유기적으로 조정	
D. E. Lilienthal	multinational corporation	• 다국적기업이란 용어를 처음 사용(1960년) • 1개국 이상에서 해외생산활동 • 경영자가 세계적 차원에서 시장개발·연구·생산에 대한 의사결정을 내림[경영활동이 일어나는 국가의 수 $\geq$ 2]	구조
J. N. Behrman	multinational enterprise	• 기업이 국경에 의해서 분리되어 다수국가의 통치하에서 활동하면서도 내부적으로는 통제된 기업 즉 다양성속의 통일성(unity in diversity)을 강조 [기업소유권자의 국적 $\geq$ 2]	

R. Vernon	multinational enterprise	• 다수국의 해외자회사와 본사간의 기업집단(cluster of coporation)으로 이들 기업집단은 인적·재무적 자원을 공동으로 사용하고 동일한 전략에 의해서 운영됨[대기업 + 6개국 이상에 제조업투자]	
D. P. Kircher	transnational enterprise	최고경영층의 국적수 $\geq$ 2	
Neil Hood & Stephen Young	multinational enterprise	• 1개국 이상의 수익자산을 소유·통제·관리하며, • 해외직접투자를 통해 해외생산활동을 하는 기업	구조와 형태
UN	multinational corporation	• 2개국 이상에서 생산 또는 서비스활동 • 소유와 경영의 다국적화 및 최고경영자의 국경을 초월한 의사결정	

자료 : Yair Aharoni, "On the Defination of a Multinational Coporation," Quartely Review of Economics and Business, Autumn 1971, pp.27~37 : 방호열, 국제경영학, 법문사, 1990, p.50

주 : G. H. Clee & A. di Scipio[12], D. E. Lilienthal[13], D. P. Kircher[14], S. E. Rolfe[15], J. Fayerweather[16], UN[17], J. N. Behrman[18], J. K. Bruck and F. A. Lee,[19] Yair Aharoni[20], R. D. Robinson,[21] Neil M. Jocoby,[22] H. V. Purlmuter,[23] W. A. Dymsza,[24] Endel J. Kolde,[25]

---

12) G. H. Clee & A. di Scipio, "Creating a World Enterprise," Harvard Business Review, Nov~Dec, 1959.

13) D. E. Lilienthal, "Management of Multinational Coporation," in Melvin Anshen and G. L. Bach(ed), Management and Coporation, 1960, p.119.

14) D. P. Kircher, "Now the Transnational Enterprise", Harvard Businese Review, Mar~Apr., 1964.

15) S. E. Rolfe, "The International Coporation", ICC, 1969, p.10.

16) J. Fayerweather, International Business Management: a Conceptual Approach, New York McGraw, 1969, p.13.

17) Department of Economic and Social Affairs, United Nations, New York, 1973, pp.4~5.

18) J. N. Behrman, Some Patterns in the Rise of the Multinational Enterprise, Chapel Hill : The University of North Carolina Graduate School of Business Research Paper 18, 1969, pp.58~60.

19) J. K. Bruck and F. A. Lee, "Foreign Content of U.S. Coporation Activies", Financial Analysis Journal, Sep~Oct, 1966 and "Foreign Investments Capital Control, and Balance of Payment", The Bulletin, New York University Institute of Finance, Apr, 1968, Appendix Table 1.

20) Yair Aharoni, "On the Defination of a Multinational Coporation", Quartely Review of Economics and Business, Autumn 1971, pp.27~37.

21) R. D. Robinson, "Joint Venture of Transnational Business", International Management Review, Vol.1, No.1, 1964.

22) Neil M. Jocoby, The Center Magazine, Vol.III, No.1, Center for Study of Democratic Industries, Santa Barbara, Calf., May 1970.
: A multinational corporation owns and manages businesses in two or more countries. It is

R. Vernon,[26)]

앞에서 보면 다국적 기업에 대한 정의가 크게 구조, 성과, 형태, 다각적 관점이라는 네 분류로 나누어지는데, 국제기업에 대한 개념 정리에서 다국적 기업의 정의는 그리 일반화하기는 쉽지 않다는 것을 알 수 있다. 그러면 우리는 어떤 측면을 보아야 하는가? 국제기업에 있어 그 정의보다는 이들의 행동적인 측면을 설명함으로 이해를 도울 수 있을 것이다. 그러므로 국제기업과 국제경영의 관계를 설명하도록 한다.

제3절 국제기업과 국제경영

기업의 국제화는 수출에 의해서 이루어진다고 할 수 있다.[27)] 그러나 수출의 경우와 직접투자의 경우는 국제화의 정도가 결정적으로 다르며, 후자의 경우는 전자에 비하여 현저히 그 국제화의 과정이 깊다고 한다. 생산회사가 수출을 상사에 의뢰할 때는 물론 자사가 해외에서 현지판매회사를 갖는 경우라도 기본적 생산활동은 국내에 있고, 경영전략이나 조직 역시 국내중심적이다.

---

an agency of direst, as opposed to portfolio, investment in foreign countries, holding and managing the underlying physical assets rather than securities based upon those assets,

23) H. V. Prelmuter "The Tortuous Solution of Multinational Coporations", Columbia Journal of World Business, Jan~Feb 1969, pp.11~14.

24) W. A. Dymsza, Multinational Business Strategy, McGraw-Hill, New York, 1972, pp.4~5.[In our treatment, we distinguish between the international firm in general and the multinational company in particular. The "international company" is a generic term that comprises with various degrees of world orientation in their business; on the other hand, the "multinational firm" is one type of international company.]

25) Endel J. Kolde, International Business Enterprise, Second Edition, Prentice-Hall, Inc., Englewood, New Jersey, 1973, pp.134~136.(모형을 사용해서 분석)[The basic notion in any defination of multinational enterprises is that of a number of affiliated business establishments which funtion simultaneously in different countries.]

26) R. Vernon, Sovereignty at Bay(New York, 1971), p.4

27) 山崎清. 竹田志郎*, 「テキストブック 國際經營」, 有斐閣ブックス, 昭和 57年, pp. 20~22를 참고 할 것.

한편, 해외에 대한 직접투자가 전재되는 경우에는 기업은 경영자원의 배분을 국제적 관점에서 최적화하고, 그 국제적인 활용으로부터 이익을 올려 성장을 꾀한다. 이러한 경우의 국내적 관점은 국제화에 따라서 점차 주도성을 잃고 국제적 관점에 의해 바뀌어진다. 따라서 국내활동은 세계적 활동의 일환에 지나지 않게 되는 것이다.

그러면 국제화 과정에 대해 살펴볼 필요가 있게 된다. 이를 크게 일반적인 과정에서 언급되는 것과 신흥공업국의 과정으로 나누어 볼 수 있다.

먼저 로빈슨(R. D. Robbinson)은 기업의 해외활동 및 세계적 자원배분 정도, 소유국가, 기업경영관리의 특성 등을 기준으로 기업의 국제화 과정을 구분하고 각 단계별 국제기업의 명칭을 다르게 부여하고 있다. 즉 기업은 국가기업(nation firm) → 국제기업(international firm)→다국적기업(multinational firm) → 초국적기업(transnational firm) → 초국가기업(supernational firm)의 과정으로 발전되면서 국제화를 이루어 나간다는 것이다〈표 5-2 참조〉

〈표 5-2〉 로빈슨의 기업국제화 과정

단계명칭	해외사업내용	해외사업의 비교	소 유	기업경영관리의 주체
국가기업	상품수출 및 기술제휴	국내산업의 일환	본사국	본사국 모기업
국제기업	상품수출 및 현지생산판매	상호의존성과 독립성이 공존함	본사국	본사국 모기업
다국적기업	상품수출 및 현지생산판매	국내·해외 동등함	다수국	본사국 모기업
초국적기업	상품수출 및 현지생산판매	국내·해외 일체화	다수국	다수국
초국가기업	상품수출 및 현지생산판매	국내·해외 일체화	국제기구	국제기구

자료 : R. D. Robinson, Beyond the Multinational Corporation, Inpublished Manuscript, 1973, p. 27.

한편, 팅(W. Ting)은 제품개발전략을 중심으로 신흥공업국 기업의 국제화 과정을 모방기, 계량기, 선도기의 세 단계로 구분하였다〈표 5-3 참조〉. 신흥공업국의 기업은 선진국 제품을 모방하여 이를 신흥공업국 여건에 적합하도록 개량하여 경쟁우위를 얻고 이를 기반으로 새로운 시장을 개척해 나간다. 이러한 과정에서 신흥공업국 기업의 국제화가 이루어지는데, 기업의 국제화가 진전될수록 마케팅 기능과 연구개발의 기능이 중요한 역할을 하게 된다.

〈표 5-3〉 팅의 신흥공업국 기업의 국제화 경로

의사결정 요소	모방기	계량기	선도기
마케팅	저	중	고
디장인·설계	고	고	고
생 산	고	고	저
구 매	고	중	저
생산자 관리	고	고	저

자료 : W. Ting, "The Producting Development Process in NIC Multinationals", Columbia Journal of World Business, Spring 1982, pp. 76-81.

위에서 보듯이 기업의 국제화는 일반적으로는 국내의 활동이 국제활동의 기반으로 포함되어지고 있다.

이와 같은 조건을 갖출 수 있는 기업은 거의가 대기업이고 다국적기업이라고 부를 수 있다. 다국적기업이든 비 다국적기업이든, 기업의 국제화가 진전되면 기업은 순수한 의미에서도 국내경영에서 크게 또는 적게 국제경영의 분야에 들어가지 않을 수 없다. 이러한 의미에서는 국내경영과 국제경영간의 유사성과 공통성이 있는 것은 사실이다. 상이한 점은 외부적인 요인의 상이성과 사회 문화적 환경의 차이라 하겠다.

그러면 기업국제화의 공통적 결정요인은 무엇인가? 하는 점이 대두된다. 기업국제화에 공통적 결정요인에 대한 학자들의 견해로 대신하기로 한다〈표 5-4 참조〉.

그러나 기업의 국제화는 당해 기업이 위치해 있는 환경과 개별기업의 능력과 경험에 따라 달라지며, 산업별 또는 국가별로 차이가 있기 때문에 '최적결정요인'은 있을 수가 없다는 것이 일반적이다.

하지만 국제경영의 가장 큰 장점은 현지국의 경제성장의 기여와 역할을 빼놓을 수 없으며 기술이전의 담당자, 변혁의 대리인으로 불리고 있는 것도 이러한 측면이 있기 때문이다. 2개국 이상에서 이루어지는 경영활동, 2개국 이상에서 관련되는 경영활동을 국제경영으로 정의하였는데 역시 국제기업, 또는 다국적기업과 깊이 관련되고 있으며 국제경영이 미국에서 일찍이 학문의 한 분야로서 발전되어 진 것은 다국적기업의 눈부신 성장과 방대한 경험의 축적에 의해서라 할 수 있다. 그렇다면 기업국제화의 과정은 어떠한 면에서 바라볼 수 있는가? 그 과정을 도식함으로 인해 이해를 돕고자 한다.

〈표 5-4〉 기업국제화의 공통적 결정요인

연구자	결정요인	특징
그라이너(Greiner, 1972)	• 기업조직의 연륜과 능력	
요한슨과 비더샤임 폴 (Johanson & Weidersheim -Paul, 1975	• 사회·문화·심리적 거리감 • 현지시장의 규모	현지판매법인의 설립은 심리적 거리의 영향을 받지만 현지생산 법인의 경우에는 그렇지 않음
데이비슨과 해리건(Davidson & Harrigan, 1977)	• 제품의 특성 • 시장진출 순서 • 시장의 특성 • 시장진출시기	
요한슨과 발네(Johanson & Warren, 1978)	• 기존시장에 대한 위협 • 기업내부 능력 및 경험 • 시장기회 • 성장의지	
빌키와 워렌(Bilkey & Warren, 1978)	• 기업특유의 비교우위 • 경영관리자의 기업목표 달성 의지 • 예상되는 수출의 기업목표에의 기여도 • 수출에의 조직 참여정도	
카뷔스길과 네빈(Cavusgil & Nevin, 1981)	• Bilky & Warren이 제시한 네 가지 면수간의 상호작용	통계적 기법을 사용하여 실증적으로 검증
보르첼(Wortzel, 1981)	• 기업의 제품에 대한 경험 • 제품의 마케팅 필요조건 • 제품의 유통구조 • 무역장벽	신흥공업국의 국제화 단계 결정요인을 실증적으로 연구

자료 : 어윤대 外, 국제경영, p. 193.

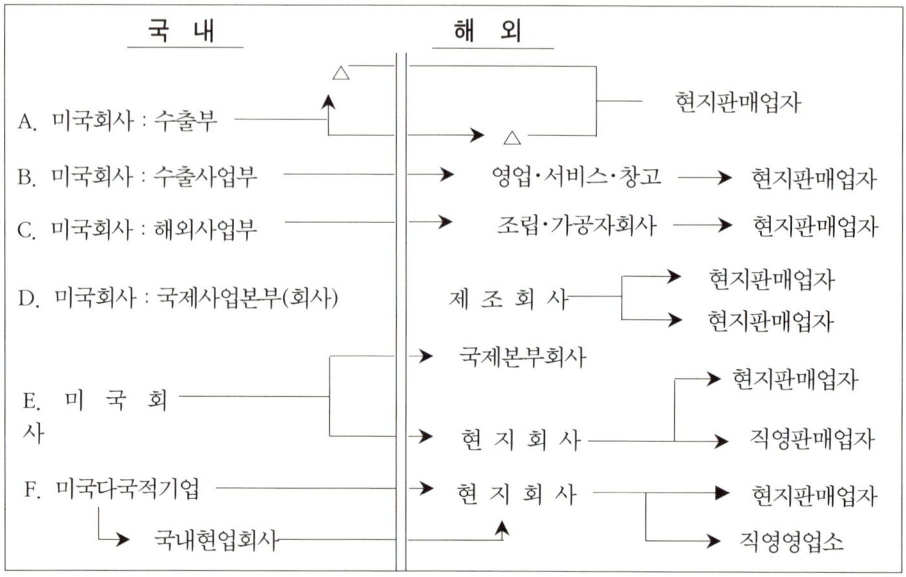

자료 : Endel J. Kolde, International Business Enterprise, Second Edition, Prentice-Hall, Inc., Englewood, New Jersey, 1973, pp 178.

[그림 5-1] 기업국제화의 과정

일반적으로 국내기업에서 다국적기업으로까지 발전하는 과정을 조직의 면부터 이해하여 보면, [그림 5-1]와 같이 된다. A의 단계에서는 기업의 해외활동은 수출에 전적으로 의존하고 있고, 실제의 수출업무는 국내 또는 해외의 상사에 위탁하고 있다. B, C의 단계는 각기 해외에 판매자회사, 조립 또는 가공자회사를 갖고 있지만, 이것은 실질적으로는 수출의 연장인 것이다. D의 단계에서 처음으로 기업은 국내에서는 본사와는 독립된 해외사업본부를 갖고, 해외에는 제조자회사가 설립되어 자사의 유통경로를 마련한다. E의 단계에서는 본국에는 본사가 있지만 해외사업의 통괄은 해외베이스회사에 위임된다.

더욱이, 다국적화가 진전되면 (F), 본사자체가 전사적으로 다국적기업으로 되고, 본국의 사업회사를 포함한 세계의 각 사업회사를 통괄한다. D단계부터 본격적으로 다국적기업에 들어간다고 간주해도 좋다. 이에 대하여 국제경영은 A부터 F까지를 커버하고 있다. 따라서 국제경영은 수출부터 자회사, 해외사업본부, 지사, 다국적기업 등을 다 포함하고 있다고 하겠다.

또한 국제기업관리의 유형에 대해서는 펄뮤터(H. V. Perlmutter) 교수는 국제기업에 있어 본사의 자회사에 대한 태도를 중심으로 에스노센트릭(Ethnocrntric), 폴리센트릭(Polycentric), 리지언센트릭(Regioncentric), 지오센트릭(Geocentric)으로 구분하였다.[28)]

첫 번째로, 에스노센트릭 기업유형이란 自民族中心의 기업유형을 말하며 무슨 일이든 본사를 중심으로 한 기업을 의미한다. 이는 내셔널리즘(Nationalism)을 경영의 기본으로 하는 경영체제로서 본사에 의해 모든 의사결정이 이루어지는 기업을 말한다. 두 번째로, 폴리센트릭 기업유형이란 多國中心의 기업유형을 말하며 의사결정에 있어서 권한, 자회사 통제의 방법, 임원구성 등 모든 조직과 경영면에서 자회사 중심의 형태를 말한다. 세 번째로, 리지언센트릭 기업유형이란 국제적인 면에서 각 지역중심의 기업유형을 말하며, 국제경영의 대상시장을 일부 또는 각국 시장을 개별적으로 세분화하여 전략적 목표로 삼고 각각의 시장에 최적의 제품, 생산, 판매, 조직, 재무, 인사, R&D, 일반적 관리시스템을 창출하는 국제경영체제를 의미한다. 네 번째로, 지오센트릭 기업유형이란 지구 중심적 기업유형을 말한다고 볼 수 있는데, 특정국가에 구애받지 않고 본사와 상호의존관계에 있는 해외 자회사가 유기적으로 결부되어 전세계적를 사업활동의 영역으로 하여, 좁은 내셔널리즘의 입장을 넘어서 임원을 적재적소에 배치하는 형태를 말한다. 이 형태의 기업의 경우 각 나라의 법과 정치가 허용하는 범위에서 기업활동을 하게 된다. 이상의 내용을 표를 통해 정리하면 다음과 같다.

28) H. V. Perlmutter, op. cit., pp. 9-18

〈표 5-5〉 EPRG 프로필하에서의 기업의 태도

기업의 태도	본국중심적 (ethnocentric)	해외시장중심적 (polycentric)	지역시장중심적 (regiocentric)	세계시장중심적 (geocentric)
목 표	수익성(생존)	공적수용(합법성)	수익성 및 공적수용	(생존 및 합법성)
통제 • 목표설정의 방향 • 커뮤니케이션 • 자원의 분배	상→하 • 계층적(본사에서 많은 명령하달) • 투자기회를 본사에서 결정	상→하 • 거의 없음 • 거의 없음	• 지역과 자회사간의 상호타협 • 지역내에서 수직적 및 수평적 커뮤니케이션 • 본부로부터의 지침 아래 지역은 자율 배분	• 기업의 모든 수준에서 협상 • 지역내에서 수직적 및 커뮤니케이션 • 범세계적 계획, 배분
전 략	범세계적통합전략	국별반응전략	지역적 통합 및 국별 반응전략	범세계적 통합 및 국별 반응전략
구 조	계층적인 제품사업부	자치적인 국가단위를 가진 계층적인 지역사업부	메트릭스를 통한 결합된 재품 및 제역조직	네트워크 조직
문 화	본국	현지국	지역	범세계적

자료 : B. Chakravarthy and H. Perlmutter, "Strategic Planning for a Global Business", Golumbia Journal of World Business(Summer 1985), pp. 3-10.

〈표 5-5〉에서 보듯이 국제화가 진행될수록 기업경영자의 태도나 의사결정과정이 챠크라바티(B. Chakravarthy)와 펄뮤터(H. Perlmutter)가 말하는 소위 EPRG 프로필에 따라 본국시장중심, 해외시장중심, 지역시장중심, 세계시장중심으로 점차 변화해 가야 한다는 것을 암시하고 있다.

이상과 같이 국제기업과 국제경영의 관계에 대해 설명을 하였는데, 구체적으로 국제기업이 취하는 국제화 유형에 대해 설명이 필요하리라 생각된다. 그러므로 이를 설명하도록 한다.

제4절 기업의 국제화

기업의 국제화는 우선 수출, 해외지사 그리고 해외 경영의 순으로 발전하는데 해외 시장진출은 수출방식에 의한 해외진출과 계약방식에 의한 해외진출과 직접투자방식에 의한 해외진출로 구분한다. 이 외에 전략적 제휴로서 글로벌 네트워크를 구성하는 부분이 있다고 할 수 있는데 이 부분에 대해서는 뒷장의 '국제기업과 전략적 제휴'에서 구체적으로 설명하도록 하고 이하에서는 수출, 계약, 직접투자의 세 가지 관계에 대해서 그 특징을 살펴보도록 한다. 우선 이를 표로 나타내면 다음 〈표 5-6〉과 같다.

〈표 5-6〉 기업의 국제화 유형

수출방식에 의한 해외진출	• 간접수출(Indirect Exporting) • 자사대리점/유통업자를 통한 수출(Direct Agency/Distributer Exporting) • 자사지점/자회사를 통한 수출·간접수출(Indirect Exporting) • 자사대리점/유통업자를 통한 수출(Direct Branch/Subsidiary Exporting)
계약방식에 의한 해외진출	• 라이센싱(Licensing) • 프랜차이징(Franchising) • 관리계약(Management Contract) • 건설/턴키계약(Construction/Turnkey Contract) • 계약생산(Contract Manufacture) • 공동생산계약(Co-Production Manufacture)
직접투자방식에 의한 분류	• 단독투자(신설)(Sole Venture : New Establishment) • 단독투자(취득)(Sole Venture : Acquisition) • Venture : New Establishment/ Acquisition)

위의 표에서 나타낸 것을 이후에 설명을 할 것이지만, 이의 이해를 돕기 위해 국제기업의 활동과 자본의 관계 즉 기업생산요소로서 자본의 비율을 나타내면 다음 [그림 5-2]와 같다.

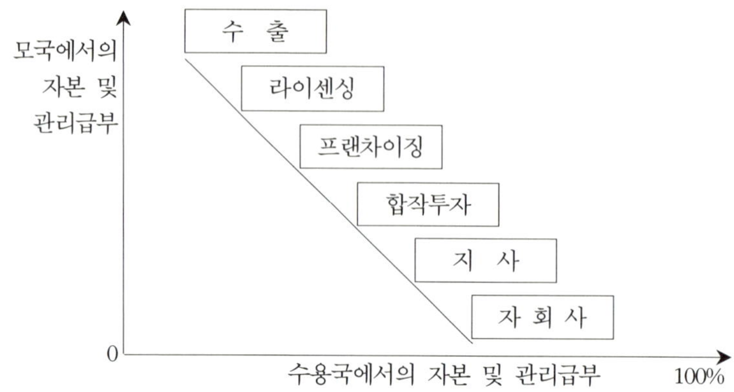

출처 : Meissner, H. G./St. Gerber, “Die Auslandsinvestitionen als Entscheidungsproblem”, in BFuP, Nr.3(1980), p. 224.

[그림 5-2] 기업의 국제적 활동과 당사국의 기업생산요소

01 수출방식에 의한 해외진출

수출방식에 의한 해외진출은 기업이 국내에서 생산된 제품을 현지국에 수출한다는 점에서 계약방식이나 해외직접투자방식에 의한 해외 진출과 근본적으로 다르다. 수출방식에 의한 해외진출에는 간접수출과 직접수출이 있다.

먼저, 간접수출(Indirect Exporting)은 기업이 제품을 국내에 있는 중간수출업자(국내판매조직, 수출관리상사, 협력기구 등)를 통해 해외 수출하는 경우로서, 제품을 생산한 기업은 제품을 중간수출업자에게 판매하는 것으로서 모든 수출업무를 마치게 된다. 따라서 제품을 생산한 기업은 수출선이나 수출마케팅전략에 대한 통제권을 갖지 못한다. 간접수출은 주로 후진경제권에서 수출경험이 없거나 수출전문인력을 이용할 수 없는 경우 또는 수출규모가 아주 작은 경우 등에 많이 이용된다.

그리고 직접수출(Direct Exporting) 제품을 생산한 기업이 다른 중간수출업자를 거치지 않고 직접 해외에 있는 고객에게 제품을 수출하는 경우를 말한다. 직접수출의 경우, 제품을 생산한 기업은 시장조사, 고객접촉, 가격결정, 물적 유통, 수출서류 작성 등과 같은 제반 수출마케팅을 직접 계획하고 수행하게 된다. 직접수출은 간접수출보다 기업 내에서의 활동이 훨씬 더 발전된 단계로서 시장개입의 범위도 훨씬 더 확대되어 국제화의 개입도 증가된다.

제품을 생산하여 수출하고 있는 기업들은 필요에 따라 대규모 시장에는 직접수출방식을 이용하고 소규모 시장에는 간접수출방식을 이용하는 등 직접수출과 간접수출을 상호 보완적으로 활용할 수 있다.

다음으로, 계약방식에 의한 해외진출은 기업이 자사가 보유하고 있는 기술이나 지식을 일정한 대가를 받고 외국기업에게 이전하기로 하는 장기계약을 체결하여 해외시장에 진출하는 방식이다. 계약방식은 단순히 상품만이 아닌 기술이나 지식을 이전하는 수단이라는 점에서 수출방식과 다르다. 계약방식에는 라이센싱, 프랜차이징, 관리계약, 턴키 프로젝트, 컨소시엄, 계약생산 등이 있다. 이에 대해 설명하면,

첫째, 라이센싱(Licensing) 라이센서(Licensor)가 라이센시(Licensee)간에 라이센서가 보유하고 있는 특허(Patern)나 노하우(Know-how), 등록상표(Trademark) 또는 기술공정(Technical Process) 등의 상업적 자산을 일정한 로열티(Royalty)나 수수료(Fee)를 받고 라이센시에게 제공하기로 하는 라이센싱 계약을 체결하여 해외시장에 진출하는 국제경영방식이다. 라이센싱은 라이센서의 입장에서는 적은 위험과 지용으로 해외시장에 쉽게 침투할 수 있다는 장점이 있고 라이센시의 입자에서는 유명제품의 브랜드를 활용할 수 있다는 장점이 있다.

둘째, 프랜차이징(Franchising)은 프랜차이저(Franchisor)가 소유권이 독립된 프랜차이지(Franchisee)로부터 일정한 수수료를 받고 상표 등에 대한 사용권을 허가해 주고 기업의 운영까지를 계속적으로 지원해 주는 국제경영방식으로서 라이센싱의 한 형태라고 할 수 있다. 프랜차이저와 프랜차이지는 양 기업이 서로 독립성을 유지하면서 최종 소비자에게 이르는 재화 및 서비스의 일부를 각기 생산한다는 점에서 수직적 통합과 유사하다. 프랜차이징은 즉석식품, 자동차임대업, 건설, 음료, 모텔, 주유소 등과 산업에서 많이 이용되고 있다.

셋째, 관리계약(Management Contract)이란 합작투자의 한 형태로서 양 파트너 중 한 파트너는 운영시설을 소유하고 다른 파트너는 경영을 담당하는 형태의 국제경영방식이다. 이 때 경영을 담당하는 파트너는 '관리적 노하우'를 제고하는 대가로 합작업체의 일부 소유권이나 로열티 또는 관리대가를 수수한다. 관리계약은 현지정부가 자국이 몰수한 해외투자 자산을 자기 나라 사람이 관리할 수 있는 능력을 갖출 때가지 일정 기간동안 운영해 주도록 위탁하는 경우나 공장 설비를 판매한 기업이 그 사업체를 위탁하여 경영하는 경우 그리고 더 이상 기존 시설의 운영이 불

가능하여 사업을 다른 분야로 전환하기 위해 그 시설을 해외기업에게 위탁하여 경영해야 하는 경우 등에 이용된다.

넷째, 턴키 프로젝트(Turnkey Project)는 일명 플랜트수출(Plant Export)이라고 하는데, 이 방식은 기업이 외국으로부터 공장이나 기타 산업시스템을 발주 받아 이를 설계·건설한 다음, 그 초기까지를 담당한 후 프로젝트를 완공하여 해외발주자가 당해 프로젝트를 독자적으로 운영할 수 있도록 경영관리나 근로자 훈련 등과 같은 서비스를 추가로 제공하는 턴키 플러스(Turnkey Plus)방식도 있다. 턴키 프로젝트에서는 엔지니어링기술과 노동 및 경영관리기법이 해외발주자에게 복합적으로 이전되는 것이 일반적이다. 턴키 프로젝트의 공급업체는 완성된 시설을 제공하고 그 대가로 기계설비대금과 공장설계, 공정 노하우, 현지인 훈련 등에 대해 일정한 대가(Fee)를 받는다.

다섯째, 계약생산(Contract Manufacture)은 기업의 자사가 직접 제품을 생산하여 해외에 수출하기보다는 생산능력을 가진 현지기업을 선정하여 그 기업으로 하여금 자사가 요구하는 제품을 생산하여 공급하도록 하는 계약을 체결하고, 이 계약 하에서 생산된 제품에 대한 마케팅은 자기 기업이 책임을 지는 경우이다. 계약생산은 통상 자기기업이 직접 그 제품을 생산할 여력이 없거나 현지의 값싼 노동력이나 원자재를 이용하고자 하는 경우 그리고 현지생산과정에서 발생할지도 모르는 소유권문제 등에 다른 충돌을 피하고자 하는 경우에 활용된다. 주문자상표 부착방식에 의한 수출(Original Equipment Manufacturing : OEM)도 일종의 계약생산이라고 할 수 있다.

마지막으로, 직접투자방식에 의한 해외진출은 기업이 제품을 해외 현지에서 직접 생산하여 마케팅하기 위해 생산시설을 설립하기 위한 자본을 현지에 투자하는 경우를 말한다. 현지에서의 제품생산은 모든 부품을 본국에서 수입하여 현지에서 단순히 조립·가공만 하는 방식으로부터 제품 전체를 완전히 현지국의 생산요소를 사용하여 생산하는 방식에 이르기까지 다양한 방식이 있다. 이를 살펴보면,

첫째, 단독투자(Sole Venture)는 기업의 의결권 주 95%이상을 자사가 소유하는 형태로 해외에 진출하는 경우로서, 이렇게 설립된 기업을 완전소유자회사(Wholly Owned Subsidiary)라고 한다. 단독투자는 예전에 존재하지 않던 기업을 새롭게 설립하여 진출하는 신설(Greenfield)방식이나 기존에 현지에서 가동되고 있는 기업을

매수하거나 그 기업과 합병하여 진출하는 매수·합병(Merger & Acquisition : M&A) 방식을 이용할 수도 있다.

일반적으로 단독투자방식에 의한 해외진출은 기업이 강력한 독점적 우위를 소유하고 있거나 제품의 생산과정에서 모기업이 자회사에게 원자재를 공급한다든지 또는 그 반대의 관계가 성립되는 경우 등에 주로 활용된다. 단독투자방식에 의한 해외진출은 제품이나 기술에 대한 강력한 통제가 가능하고, 자사의 경영방침을 독자적으로 운용할 수 있으며 기술이나 노하우의 누출을 방지할 수 있다는 이점이 있다.

둘째, 합작투자(Joint Venture)는 2개 이상의 기업, 개인 또는 정부기관이 영구적인 기반 아래 특정 기업체의 운영에 공동으로 참여하는 국제경영방식으로서 전체 참여자가 공동으로 소유권을 갖는다는 특징을 가지고 있다. 공동소유의 대상은 주식자본, 채무, 무형고정자산(특허권, 외장권, 상표권, 영업권), 경영 노하우, 기술 노하우, 유형고정자산(기계, 설비, 토지) 등 아주 다양하다.[29)]

합작투자는 합작에 참여하는 기업들이 소유권과 경영을 분담하며 자본 및 기술 등 상대방 기업이 소유하고 있는 강점을 서로 이용하고 위험을 분담할 수 있다는 장점이 있다.[30)] 따라서 합작투자는 단독투자에 비해 자회사에 대한 통제보다는 현지파트너의 기여를 필요로 하는 경우에 주로 이용된다.

이상과 같이 국제기업의 국제화 유형은 위와 같이 정리될 수 있을 것이다. 우리는 여기서 한 가지 이해해야 할 것은 이 유형의 종류에 의미를 두는 것이 아니라 그 '관리'에 의미를 두어야 한다는 것을 명심해야 할 것이다.

이러한 점에서 국제기업과 국제경영의 관리에 던져주는 의미는 급변한 환경 속에서 더욱 절실하다고 할 수 있을 것이다. 특히 1990년대에 들어와서 국제기업의 경영환경은 급변하고 있는데 EC통합, NAFTA탄생 등 세계경제의 지역주의 현상이 두드러지면서 보호무역주의 풍조가 확산일로에 있다. 이러한 지역주의의 증가는 그만큼 해외시장진출이 어려워지고 있다는 것을 의미하며, 여기에 덧붙여 1989년 하반기부터 소련을 비롯한 동구권 국가들이 개혁과 개방이라는 큰 물결을 일으키고 있어 WTO 체제와 함께 세계경제의 큰 변수로 등장하고 있다.

따라서 이러한 세계적인 경제 질서의 재편과 함께 국적을 초월한 무국적

29) E. J. Kolde, International Business Enterprise, 2nd. de. (Englewood Cliffs, New Jersey : Prentice-Hall, 1973). p. 192.

30) J. Hladik, International Joint Ventures(Lexington, Mass : Lexington Books, 1985).

(Stateless)기업의 시대가 펼쳐지고 있다. 최근 급증하고 있는 해외직접투자, 세계적인 매수·합병, 외국기업과의 전략적 제휴 등을 통해 명확하게 국적을 구분할 수 없는 글로벌기업들이 등장하고 있다. 즉 무국적기업들은 국적기업(다국적기업)들로부터 변모된 것이다. 국적기업(다국적기업)들은 해외활동을 하나의 부가적인 영업으로서 취급했고 명령체제와 국적은 분명하였다.

한편, 짧아진 라이프사이클과 소비자욕구의 다양한 증가로 인해 기업들은 매수·합병과 전략적 제휴 등을 통하여 외국기업과 협력하면서 해외에서 새로운 기술, 자본 및 노하우를 위한 돌파구를 찾게 되었다. 이러한 기업의 무국적화의 이점들을 살펴보면, 첫째, 무역장벽의 회피, 둘째, 정치문제의 회피, 셋째, 규제조치에 대한 우회, 넷째, 노동자에 대한 교섭력 증대, 다섯째, 수요변화에 대처, 여섯째, 기술혁신 능력의 향상을 들 수 있다.

소위 무국적기업과 본국과의 연대를 살펴볼 때 무국적화의 추세는 어느 정도 한계가 있다는 사실을 인정하지 않을 수 없으며 무국적화가 진전된다고 하더라도 본국과 연계되지 않은 기업이란 생각할 수 없다고 하였다. 끝으로, 미래예측이 전혀 불가능한 현 상황에서 이익이 있는 곳이라면 어디든지 쫓아가는 현지화를 통한 기업의 무국적화는 증가될 것이지만 본국의 역할을 전혀 배제한 기업활동이란 불가능하다고 보아야 한다.

02 현지화실패와 월마트 한국철수

한국을 떠나는 월마트. 전세계 16개국에 진출해 할인점 업계의 지존으로 추앙받던 월마트가 한국에서 쓰디쓴 실패의 교훈을 맛보고 철수하였다. 한국에 진출한지 8년만에 250억 달러 규모의 할인매장 시장을 갖고 있는 이 나라에서 철수하겠다는 발표를 하여 세간을 놀라게 했다. 세계 최대의 할인소매점 운영회사인 월마트는 자사 보유 하에 있던 16개 점포를 이마트 점포체인을 운영하는 신세계에 8억8천만 달러에 매각한다는데 서명을 한 것이다.

세계 할인점업계의 빅2가 한국에서 토종 할인점에 밀려 고생하는 것은, 국제유통업계에서도 화제 거리였다.

뉴욕타임스紙는 이와 관련하여 기사를 게재하면서 한국은 “세계적으로 최고로 경쟁력 있는 브랜드들의 무덤이 되고 있다”는 표현을 썼다. 실제로 한국에서는 그런

식의 실패 사례가 숱하게 많이 있다. 월마트와 까르푸 말고도 코카콜라와 맥도날드는 각각 롯데-칠성과 롯데리아의 그늘에 가려 맥을 추지 못한지 오래다.

"이번 월마트의 결정은 한국 시장의 환경상 월마트가 지향하는 수준의 성장을 달성하기 어렵다고 판단했기 때문입니다."

2006년5월 22일 서울 조선호텔 오키드룸에 몰린 60여명의 국내외 보도진 앞에서 월마트 관계자의 기자회견이다. 한국 철수와 동시에 신세계에 월마트코리아를 매각하기로 결정하였다.

그러나 월마트가 이런 결정을 내린 건 피할 수 없는 선택이었을 것이라는 게 업계의 분석이다. 할인점 업계 4위인 까르푸가 전격 철수를 선언한 마당에 5위에 머물고 있던 월마트코리아가 태연히 앉아있을 수만은 없었으리라는 분석이다.

이러한 사실은 2005년 월마트코리아의 매출만 따져 봐도 잘 알 수 있다. 매출액이 7287억원에 달했지만, 99억원의 적자를 냈다. 세계 최고의 유통기업이라고 손꼽히는 월마트코리아가 한국시장에서 적자를 볼 정도로 자존심을 구긴 것이다.

월마트의 철수 이유

지난 1998년 네덜란드 합작법인 한국마크로 점포를 인수하면서 아시아에서는 중국에 이어 두 번째로 한국시장에 진출한 월마트는 2006년 인천점, 일산점, 구성점, 강남점 등 전국에 16개 매장을 운영하고 있었다. 3,356명의 종업원과 총자산 8,740억원을 기록하고 있는 월마트코리아가 한국시장에서 철수하게 된 가장 큰 이유는 무엇보다 까다로운 국내 소비자들의 기호를 충족시키는 데 실패했기 때문이다.

서울지역에 한 개 점포(역삼동)만 보유하고 있어 월마트 브랜드에 대한 소비자 인지도 자체도 낮았다. 월마트는 또 질보다 가격 위주의 제품 구매행태로 인해 소비자들로부터 '상품도 다양하지 못하고 저가 제품 위주'라는 평가를 받아왔다.

소극적인 이벤트와 홍보활동도 월마트코리아가 한국을 떠날 수밖에 없는 환경을 만들었다는 게 업계의 해석이다.

까르푸와 월마트의 공통점

한국을 등지게 된 까르푸와 월마트의 공통점은 무엇일까? 우선 양 사는 한국 시장진출 내내 한국인 CEO를 중용하지 않았다. 이로 인해 외국인 임원과 한국인 평직원 사이의 조직 융화에 실패했다는 분석이 나오고 있다.

사장부터 말단 직원까지 혼연일체가 된다하더라도 시장에서 기선을 잡을까 말까 한 국내 할인점 시장에서 핵심 임직원들의 생각이 결국 따로 놀았다는 얘기다.

특히 한국처럼 빠르게 변하는 소비자 기호를 외국계 할인점이 따라잡지 못했다는 분석도 나오고 있다. 소비자 트렌드의 작은 변화 하나에 민감해야 하는 유통업의 특성을 이들 외국계 할인점이 미세하게 살피지 못했다는 지적이다.

특히 까르푸와 월마트는 세부적인 사항까지 프랑스와 미국 본사로부터 결재를 다시 받아야 하는 상황이었기 때문에 스피드 경영을 모토로 하고 있는 한국계 할인점을 따라잡기에는 역부족이었다는 분석이다.

유통업계 관계자는 "한국처럼 소비자들이 까다로운 곳도 없는데 까르푸와 월마트가 이를 간과한 게 가장 큰 실수"라며 "그만큼 국내 유통업체들의 실력이 세계적임을 입증하는 것"이라고 말했다.

연습문제

1. 국제기업과 국제경영이 등장한 배경은 무엇인가?

2. 국제경영의 발달사를 정리하여 보라.

3. 국제경영의 정의는 무엇인가?

4. 국제기업의 정의는 무엇인가?

5. 로빈슨(R. D. Robinson)의 기업국제화 과정을 설명하라.

6. 팅(W. Ting)의 신흥공업국 기업의 국제화 과정을 설명하라.

7. 국제기업의 공통적 결정요인은 무엇인가?

8. 펄뮤터(H. V. Perlmutter)의 국제기업관리 유형에 대해 설명하라.

9. 다음의 기업 국제화 유형에 대해 설명하라.
   - 라이센싱(Licensing)
   - 프랜차이징(Franchising)
   - 관리계약(Management Contract)
   - 턴키 프로젝트(Turnkey Project)
   - 계약생산(Contract Manufacture)
   - 매수·합병(Merger & Acquisition)
   - 조인트 벤처(Joint Venture)

BUSINESS

제3장

마케팅 관리

제1절 필요와 욕구

01 고객으로부터 출발하라

기업을 경영하는 철학으로서의 마케팅은 고객들이 현재 무엇을 원하고 있는지를 이해하고 한걸음 더 나아가서 앞으로 무엇을 원하게 될 것인지를 예측하는 것이 기업의 성장과 발전을 달성하는 지름길이라는 믿음에서 출발한다고 할 수 있다. 따라서 마케팅을 이해하기 위해서는 고객의 필요와 욕구라는 말을 이해해보자.[31)]

필요란 사람이 살아가는데 필요한 음식, 옷, 집, 안전, 소속감 등과 같은 기본적인 것들이 부족한 상태를 말하며, 욕구란 그러한 필요를 충족시킬 수 있는 어떤 구체적인 수단을 원하는 것을 말한다. 예를 들어 배가 고프다는 것은 필요하지만 명동 칼국수나 농심 신라면이 먹고 싶다고 느끼는 것은 욕구이다. 필요는 인간이 본능적으로 느끼는 것이어서 누가 어떤 영향을 미치기 어렵지만 욕구는 우리를 둘러싸고 있는 문화, 사회 또는 기업활동이 영향을 미치게 된다는 것을 알 수 있다. 고객이 무엇을 원하는지를 이해하는 것이 마케팅의 출발점이라고 할 때 마케팅의 대상은 대개 필요가 아니라 욕구라는 것을 알 수 있다.

예를 들어 농심은 신라면을 먹는 사람들이 무엇을 더 원하는지를 파악하거나, 또는 신라면을 좀더 좋게 만들고, 가격을 낮추고, 보다 먹음직하게 보이도록 하고 쉽게 구입할 수 있도록 해야 할 것이다. 이렇게 사람들의 욕구를 체계적으로 이해하는 것이 바로 이것이 마케팅의 출발점이다.

31) 박찬수, 마케팅원리, 법문사, 2002.

제2절 가치와 편익

기업은 고객의 욕구를 단지 이해하는 데에서 그치는 것이 아니라 이러한 욕구를 충족시킬 수 있는 좋은 수단과 방법을 찾아야 한다. 여기서 '좋은' 수단과 방법이란 구체적으로 어떤 것일까?

아르바이트를 해서 모은 돈으로 노트북 PC를 사려고 하는 A 양과 B 군의 경우를 살펴보자. 두 사람은 Sony와 삼성 중에서 하나를 사려고 한다. Sony가 230만원, 삼성이 190만원이었다. A 양은 평소에 고등학교 동창인 C 양이 Sony 노트북을 들고 다니는 것이 부러웠기 때문에, 40만원이 비싸지만, Sony 노트북을 사기로 결정하였다. 그러나 B군은 기능과 디자인에 큰 차이가 없다고 생각하고, 40만원이 더 싼 삼성 노트북을 사기로 하였다. A 양은 Sony 노트북을 들고 다니는 것이 40만원 이상의 값어치를 준다고 생각한 것이고, B 군은 Sony 노트북을 들고 다니는 것이 그 정도의 값어치를 주지 못한다고 생각한 것이다. A 양의 결정과 B 군의 결정을 알기 쉽게 식으로 써보자. A 양의 결정은 다음과 같이 쓸 수 있다.

- Sony 노트북을 사서 얻는 것(기능, 디자인, 자부심 등) - Sony 노트북의 가격(230만원)
- 삼성 노트북을 사서 얻는 것 (Sony 와 같은 기능, 디자인) - 삼성 노트북의 가격(190만원)

B 군의 결징은 위와는 반대로 쓸 수 있다. 즉 두 사람이 구입한 브랜드는 다르지만, 두 사람은 자신이 얻는 부분과 자신이 그 댓가로 지불하는 부뷰의 차이가 가장 크다고 생각되는 브랜드를 구입하였다는 점에서 일치한다. 이것을 마케팅에서는 가치(value)라고 부른다. 마케팅에서 중요한 것은 단순히 최고의 상품을 만드는 것도 아니고 단순히 가장 값싼 상품을 만드는 것도 아니다. 고객에게 가장 큰 가치를 제공하는 상품을 만드는 것이다.

가치를 경제학에서는 효용(utility)이라고 부른다. 결국 기업이 고객의 욕구를 충족시켜 줄 수 있는 좋은 방법이란 경쟁상품들보다 고객에게 더 높은 가치를 주는 (또는, 경제학적으로는 더 큰 효용을 주는) 상품을 제공하는 것이다. 이제 가치라는 개념을 좀 더 자세히 살펴보자.

1) 어떤 상품으로부터 얻는 부분은 여러 가지 편익의 묶음이다.

A 양이 Sony 노트북을 쓰면서 얻을 수 있는 것들을 나열해 보면 세련된 디자인, 얇고 가벼움, 긴 배터리 시간, 빠른 처리속도, 그리고 Sony를 갖고 있다는 자부심 등 여러 가지가 있을 것이다. 마케팅에서는 어떤 상품이 사용자에게 제공하는 이러한 효과들을 편익(benefit)이라고 부른다. 어떤 상품이든지 고객에게 한 개가 아니라 여러 개의 편익을 제공하는 것이 보통이다. 예를 들면 치약은 충치 예방과 플라그 제거효과, 입 냄새 제거효과 그리고 치아 미백효과 등과 같은 여러 가지 편익의 묶음이라고 볼 수 있다. 단지 어떤 치약 브랜드는 미백 편익이 높고 다른 브랜드는 충치예방 편익이 높을 수 있으므로 고객에게 어떤 편익이 더 중요한가에 따라 그가 사는 브랜드가 달라질 것이다.

2) 편익의 크기는 객관적일 수도 있고 주관적일 수도 있다.

어느 노트북 컴퓨터가 얼마나 더 가벼운지는 객관적으로 비교할 수 있지만 어느 노트북 컴퓨터의 화면이 더 선명한지는 객관적으로 비교하기 어렵다. 어느 노트북 컴퓨터가 얼마나 더 큰 자부심을 느끼게 해 주는가도 마찬가지이다. 이와 같이 편익 중에는 객관적으로 평가하기 어려운 것들이 있는데 이런 편익을 평가할 때에 구매자는 여러 가지 요인들에 의해서 영향을 받는다. 가령 실제로는 삼성 노트북의 화면이 더 선명하지만 구매자는 Sony의 화면이 더 선명하다고 느낄 수 있다.

3) 구입가격만이 전부가 아니다.

단지 구입가격만이 전부가 아니라, 상품에 따라서는 구입하기 위하여 들여야 하는 시간과 노력은 물론 그 상품을 사용하면서 추가로 지불해야 하는 금전적 또는 비금전적 비용도 매우 중요할 수 있다. 예를 들어 자동차나 PC 같은 내구재의 경우 구입가격에 못지않게 중요한 것은 나중에 중고 시장에서 제 값을 받을 수 있을까 하는 것이다. 미국의 델 컴퓨터 회사는 이러한 점에 착안하여 자기 회사의 인터넷 사이트에 중고 델 컴퓨터 회사가 새 PC를 판매하는 데에도 도움을 주었다. 또 다른 예를 들면 치과의 경우 단지 치과에 가야 한다는 심리적 비용(두려움)도 무시할 수 없다. 그러므로 환자들의 두려움을 덜어줄 수 있도록 의사와 간호사들의 표정관리를 하는 것도 효과적일 수 있다.

고객에게 더 큰 가치를 제공할 수 있는 방법에는 크게 두 가지가 있다.

첫째, 총 비용이 경쟁상품들과 동일하다면 더 많은 편익을 제공하여야 한다. 둘째 총 편익이 경쟁상품들과 동일하다면 고객이 지불하는 총 비용을 낮추어야 한다. 단지 상품은 그저 그런데 가격만 낮다거나, 상품은 좋은데 가격이 비싸다면 고객이 별로 큰 가치를 느끼지 못할 것이다.

제3절 고객의 획득, 유지, 생애가치

기업은 일반적으로 여러 가지 목표를 추구하지만 그 중에 빠짐없이 들어 있는 목표는 이익에 관한 목표이다. 예를 들어 어떤 식품회사가 고객에게는 영양 많고 편리한 식품 및 음료를 통하여 삶의 질을 높이고, 종업원에게는 자아를 성취할 수 있는 직장을 제공하고 지역사회에는 좋은 기업시민으로서 행동하고, 주주들에게는 투자한 자본에 대한 적절한 보상을 주는 것을 목표로 삼는다고 할 때 마지막에 언급된 목표가 이익에 관한 목표에 해당된다. 이익을 극대화하는 것이 반드시 기업의 가장 중요한 목표가 되어야 하는 것은 아니지만 기업이 생존하고 성장하기 위해서는 높은 수준의 이익을 지속적으로 내야 한다.

01 고객의 획득과 유지

우리는 앞서 기업이 고객에게 더 큰 가치를 제공하기 위해서는 편익을 높이거나 비용을 낮추어야 한다고 배웠다. 그런데 이렇게 하면 기업의 이익이 높아지기는 커녕 낮아질지도 모른다. 경쟁상품보다 더 큰 편익을 제공하는 상품을 만들기 위해서는 여러 가지 투자가 필요하기 때문에 원가가 높아질 것이다. 경쟁상품보다 더 저렴한 상품이 되기 위해서는 판매가격을 낮출 필요가 있다.

고객에게 더 큰 가치를 제공해야 한다는 원리와 높은 이익을 지속적으로 내야 한다는 목표는 동시에 잡을 수 없는 두 마리의 토끼 같은 것은 아닐까? 고객에게 더 큰 가치를 제공해야 한다는 원리를 실천하면서도 지속적으로 높은 이익을 거둘 수 있는 방법은 없는 것일까? 이러한 근본적인 문제에 답하려면 다음과 같은 중요한 원리를 이해하여야 한다.

이 원리는 휘발유처럼 자주 구입되는 상품의 경우는 물론, 가전제품처럼 몇 년에 한 번씩 구입되는 상품에도 적용된다. (중고차 판매업처럼 위의 원리가 잘 적용되지 않는 경우도 있지만 이것은 흔치 않다.) 즉 처음에 20인치 TV를 구입한 소비자가 7년 후에는 27인치 T를 구입하게 되고, 10년쯤 후에는 52인치 프로젝션 TV를 구입하게 될 것이다. 뿐만 아니라. 그 중간 중간에 스테레오, VTR, 에어컨 등과 같은 다른 가전제품을 구입하게 될 것이다.

그렇다면 이 가전회사는 이 고객에게 단 한번 TV를 판매한 것으로 그치고 다음 번에는 새로운 고객을 찾아 나설 것인가 아니면 이 고객으로 하여금 다음 번에 이 회사의 제품을 또 사도록 만들 것인가?

이 문제에 답하기 위하여 사람들은 아주 단순하게 다음과 같이 세 가지 종류로 나누어 보자, 우리 회사의 고객, 경쟁회사의 고객, 그리고 아직 어느 편의 고객도 아닌 사람, 현재 우리 회사의 고객인 사람으로 하여금 다음 번에도 우리 회사의 상품을 구입하게 만드는 것을 유지라고 부린다. 이와는 반대로 우리 고객이 다음 번에 다른 회사의 고객이 되는 것을 이탈이라고 부른다. 그리고 현재 우리 회사의 고객이 아닌 사람으로 하여금 다음 번에 우리 회사의 상품을 사게 만드는 것을 획득이라고 부른다.

문제의 핵심은 현재 우리의 고객을 유지하는데 드는 비용이나 새로운 고객을 획득하는 데 드는 비용이 훨씬 더 많이 든다는데 있다. 새로운 고객을 획득하는 것이 얼마나 어려운가를 이해하기 위하여 잠시 1997년 초 무선호출 시장으로 가보자. 그 당시 다른 무선호출 회사들보다 훨씬 더 늦게 시장에 뛰어든 해피텔레콤(01577)은 가입자를 확보하기 위하여 01577에 가입하면 BASIC 진(시중가격 10만원)을 준다는 파격적인 행사를 실시하였다. 이 행사는 언뜻 보면 무모하게 보이지만, 곰곰이 생각해보면 해피텔레콤의 입장에서는 어쩔 수 없는 선택이었다. 그 이유를 살펴보자.

다른 무선호출 회사들보다 훨씬 더 늦게 시장에 뛰어든 해피텔레콤이 가입자를 확보하려면, 이론적으로는 다음과 같은 두 가지 방법이 있었다.

첫째, 아직 무선호출 서비스에 가입하지 않는 사람들을 가입시킨다.

둘째, 이미 012나 015 등 다른 무선호출 서비스에 가입한 사람들은 01577로 이탈시킨다. 만약 무선호출 서비스가 나온 지 얼마 되지 않아서 아직 미가입자가 많이 남아있는 경우라면 첫 번째 방법을 쓸 수 있겠지만, 당시 무선호출 서비스 시장에서는 가입자 수가 이미 1,2000만을 넘어서 포화상태에 도달하였기 때문에 미가입자를 획득하기란 매우 힘들었다. 그러므로 두 번째 방법이 채택되었다. 그러나 이 방법을 쓰려면 매우 큰 미끼가 필요하였다. 이미 무선호출 서비스에 가입하여 큰 불만 없이 잘쓰고 있는 사람들로 하여금 서비스를 해지하고 새로운 번호를 부여받는 번거로움을 감수하게 하려면 시중 가격이 10만원에 달하는 고급 청바지를 내걸지 않으면 불가능하였을 것이다.

02 수렵형 경영과 경작형 경영

기업이 지속적으로 높은 이익을 얻으려면 고객을 일회용품과 같은 존재로 볼 것이 아니라 재활용품과 같은 존재로 보아야 한다. 즉 상품을 구입하기 전에는 마치 간이라도 빼 줄 것 같은 시늉을 하다가 일단 상품을 구입하면, 내가 언제 너를 봤느냐? 하는 식으로 돌아서는 것은 매우 근시안적인 행동이며 하나만 알고 둘은 모르는 일이다. 이런 식으로 사업을 계속한다면 한 번 이 회사의 상품을 구입한 사람은 거의 대부분 이탈하기 때문에 이 회사는 매번 새로운 고객을 찾아야 할 것이다. 그런데 이것은 앞서 설명한 것처럼 몇 배의 비용이 드는 일이다. 즉 수렵형 경영은 '밑빠진 독에 물 붓기'와 흡사하다고 할 수 있다.

그러므로 우리 상품을 구입한 사람들을 소홀히 취급하여 이들을 떠나보내고, 매번 새로이 고객을 사냥하는 수렵형 경영보다는 우리 상품을 구입한 사람들을 잘 가꾸어 자주 열매를 맺을 수 있도록 하는 경작형 경영이 장기적으로 더 바람직하다는 것을 알 수 있다.

03 생애가치와 고객자산

경작형 경영이 수렵형 경영보다 더 높은 이익을 가져온다는 것에 대해서 좀 더 구체적으로 알아보기로 하자. 우리가 경작형 경영을 해서 기존 고객들을 유지하는데 성공한다면, 이 고객은 여러 번 우리 상품을 구입하게 된다. 그렇게 된다면 우리는 이 고객으로부터 단 한번의 이익을 얻는 것이 아니라 이익의 흐름을 얻게 된다. 이렇게 어떤 고객으로부터 얻게 되는 이익흐름의 현재가치를 생애가치(lifetime value) 또는 고객자산(customer equity)이라고 부른다. 이것을 앞으로는 생애가치로 통일해서 부르기로 한다. 여기서 주의할 것은 생애가치에서의 가치는 앞에서 나온 편익과 비용의 차이로 정의된 가치와는 다른 의미로 쓰이고 있다는 점이다. 즉 생애가치에서의 가치는 고객으로부터 기업이 얻게 되는 이익을 의미하는 반면 앞서 나온 가치는 어떤 상품으로부터 고객이 얻게 되는 편익과 그 대가로 지불하는 비용의 차이를 의미한다.

(1) 생애가치

생애가치를 계산하는 방법을 알아보자. 대개의 경우, 여기에 필요한 정보는 기존 고객들에 대한 데이터를 분석하거나 아니면 회사 안에 있는 전문가들의 판단을 종합함으로써 얻을 수 있다. 편의상 일년에 한 번 구입되는 어떤 상품을 예로 들어 설명하면 다음과 같다. 먼저 새로운 고객이 획득된 첫 해를 생각해보면, 이 고객들 획득하기 위하여 지출될 예산 그러한 비용을 투입했을 때 얻을 수 있는 단위당 마진을 추정하여야 한다.

예를 들어, 고등학교 학생들을 대상으로 학습지 회원들을 방문판매에 의하여 모집하는 회사의 경우, 고객 한 명당 획득예산이 2만원이고, 이 경우 고객이 획득될 가능성이 20%이며 가입한 후 처음 1년 동안의 이익은

(이 고객이 획득될 확률) × (마진-획득비용) + (이 고객이 획득되지 않을 확률) × (-획득비용) = 0.2 × (12 - 2) + (1 - 0.2) ×(-2) = 0.4(만원)

즉 4,000원의 이익이 예상된다.

다음 단계로, 이 고객과의 관계가 유지되는 기간 동안 매년 예상되는 이익 흐름을 추정하고 이것의 현재가치를 추정하여야 한다. 이를 위하여, 이 고객을 유지하는데 매년 지출될 예산, 그러한 비용을 투입했을 때 이 고객이 유지될 확률, 단위당 마진, 그리고 현재가치로 환산하기 위한 할인율이 필요하다.

학습지 회사의 경우로 다시 돌아가서, 해마다 이 고객을 유지하기 위하여 지출될 예산이 0.5(예 : 구독기간 만료시 방문하여 구독연장권유 비용)이고, 이 경우 그 해에 고객이 이탈하지 않을 가능성이 80%이고, 한 해 동안 구독료에서 거둘 수 있는 마진이 12만원이라면, 2차 연도에 거둘 수 있는 이익은

(이 고객이 획득될 확률) × (이 고객이 2차 연도에 유지될 확률) × (마진-유지비용)
+ (이 고객이 획득될 확률) × (이 고객이 2차 연도에 이탈할 확률) × (-유지비용)
= (0.2)(0.8)(12-0.5) + (0.2)(1 - 0.8)(-0.5) = 1.82(만원)

즉 18,200원의 이익이 예상된다. 그런데 2차 연도의 18,200원은 1차 연도의 18,200원과 같지 않으므로, 이를 현재가치로 환산하여야 한다. 10%의 할인율을 적용하면, 2차 연도에 거둘 수 있는 이익의 현재가치는 약 16,545원이 된다(=18,200/1.1).

마찬가지로 3차 연도에 거둘 수 있는 이익은

(이 고객이 획득될 확률 × (이 고객이 2차 연도에 유지될 확률) × (이 고객이 3차 연도에 유지될 확률) × (마진-유지비용) + (이 고객이 획득될 확률) × (이 고객이 3차 연도에 유지할 확률) × (이 고객이 3차 연도에 이탈할 확률) × (-유지비용)
= (0.2)(0.8)(12-0.5)+(0.2)(0.8)(-0.5) = 1.456(만원)

즉 14,560원의 이익이 예상된다. 10%의 할인율을 적용하여 이를 현재가치로 환산하면, 약 12,033원이 된다(=14,560/1.12).

이렇게 추정된 연도별 이익 흐름의 현재가치를 첫 해 동안의 이익에 더하면, 이 고객의 생애가치를 다음과 같이 도출할 수 있다.

(1차 연도 이익) + (2차 연도 이익의 현재가치) + (3차 연도 이익의 현재가치)
= 0.4 = 1.6545 + 1.2033 = 3.257(만원)

그러므로 이 회사가 한 명의 회원을 획득하고 3년 동안 유지시켜서 얻는 이익 32,578원이 3명이 새로운 회원을 모집했지만 이들을 유지하는 데 실패할 경우 얻는 이익 12,000원(=4,000원 × 3)보다는 훨씬 더 크다는 것을 알 수 있다.

(2) 생애가치 개념의 적용

한 번의 거래에서 나오는 이익을 극대화하는 발상을 갖느냐 아니면 생애가치를 극대화하는 발상을 갖느냐에 따라 기업의 경영자는 전혀 다른 결정을 내리게 된다.

한 전자회사의 사례가 이를 잘 보여준다. 이 회사는 자기 회사의 상품에 들어있는 불량부품 때문에, 판매된 상품 가운데 35%가 판매된 지 1년 이내에 고장을 일으킨다는 사실을 발견하였다. 이 회사의 사장은 아직 판매되지 않고 창고에 쌓여 있는 상품 모두에 대해서 문제가 된 부품을 교체할 필요가 있는지를 검토해 보도록 이 회사의 엔지니어에게 지시하였다. 이 엔지니어는 교체비용을 계산해 본 결과, 아직 판매되지 않은 상품 모두에 대해서 부품을 교체하는 것보다는 일단 판매를 하고 상품에 문제가 발생한 경우에 구입 고객의 집으로 서비스 요원을 파견하는 것이 더 경제적이라는 결론을 내렸다. 단지 한 번의 거래에서 나오는 이익만을 고려하면 이 엔지니어의 결론은 아주 정확한 것이었다. 그러나 불량부품에 대한 늑장 대응이 고객 만족도를 떨어뜨려서 이 고객을 경쟁회사로 이탈하게 함으로써 이 회사가 장기적으로 입게 될 이익감소까지 고려에 넣으면, 이 엔지니어의 결론은 잘못된 것임이 판명되었다. 또 다른 예를 들자면, 1996년 여름에 LG전자는 싱싱 냉장고에 결함이 발생되자 즉시 이 제품의 생산을 중단하고, 이미 판매된 제품에 대해서는 무상 수리와 함께 고객이 원하는 경우에는 새 제품으로의 교환이나 환불까지도 약속하는 대대적인 리콜을 자발적으로 실시하였다. 비교적 가벼운 결함이었음에도 불구하고, 대대적인 리콜까지 자발적으로 실시한 것은 경영자가 수렵형 경영 마인드를 갖고 있었다면 불가능한 일이었다.

온라인에서는 상품정보가 풍부하고, 판매자와 구매자 사이에 안면이 없으며, 단지 클릭 한 번으로 이탈할 수 있기 때문에, 오프라인에서보다 고객이탈이 더 쉬워진다는 문제를 갖고 있다. 많은 닷컴들이 이익을 내지 못하고 어려움을 겪고 있는 이유 중의 하나는, 막대한 비용을 들여서 고객을 획득했지만 이들을 유지할 수 있는 효과적인 방법을 찾기 어렵기 때문이다.

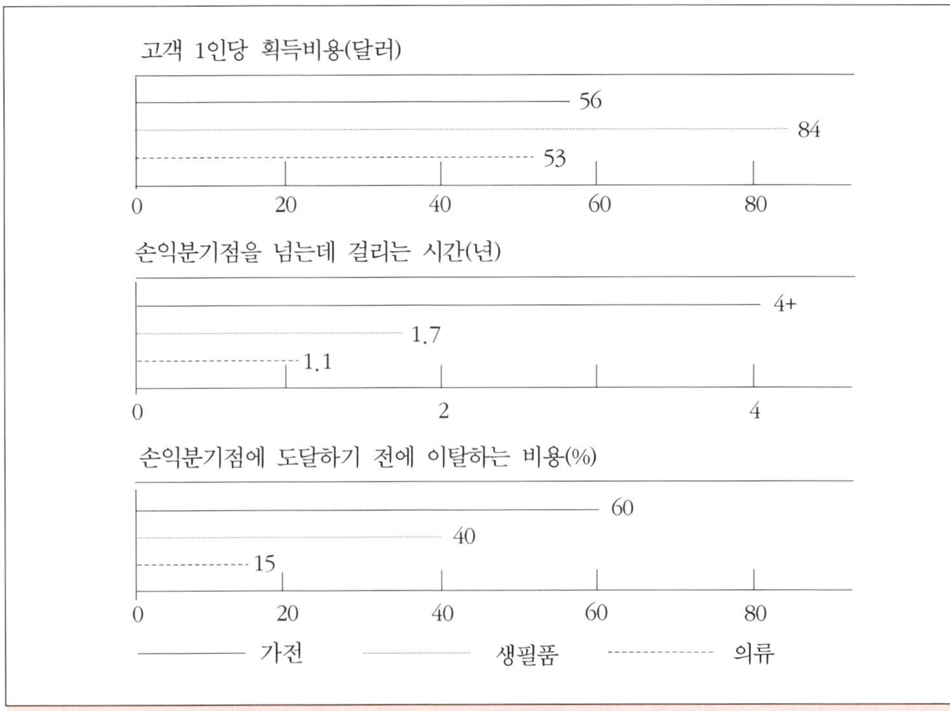

[그림 3-1] 닷컴들에 대한 낮은 애호도32)

(3) 생애가치를 높일 수 있는 방법

생애가치를 높일 수 있는 방법에는 다음과 같은 여러 가지가 있다.

① **적절한 획득비용과 유지비용 지출** : 고객의 생애가치는 수입흐름(즉, 반복적으로 판매하는 데에서 생기는 마진의 흐름)의 현재가치와 비용흐름(즉, 획득 및 유지비용)의 현재가치의 차이로 표시된다. 그러므로, 생애가치를 극대화하기 위해서는 획득비용과 유지비용을 지나치게 적게 지출하거나 지나치게 많이 지출하지 않고 적절한 균형을 유지하는 것이 중요하다. 획득비용을 높일수록 획득률이 거기에 비례하여 높아지는 것이 아니라 획득률이 높아지기는 하지만 그 증가율이 점점 감소할 것으로 예상할 수 있다. 유지비용과 유지율간의 관계도 마찬가지로 예상할 수 있다. 획득비용과 유지비용을 무작정 줄이거나 무작정 높임으로써 생애가치를 극대화시킬 수 있는 것이 아니라, 아주 낮거나

32) Frederick F. Reichheld and Phil Schefter, "E-Loyalty," Harvard Business Review (July-August, 2000), p.111.

아주 높지 않은 어떤 중간 수준의 획득비용과 유지비용을 지출하는 것이 생애가치를 극대화할 수 있다. 고객의 생애가치를 극대화할 수 있는 획득 비용과 유지비용을 산출할 수 있다. 한 걸음 더 나아가서, 마케팅 목표를 세울 때 시장점유율이나 매출액 뿐 만이 아니라, 획득률과 유지율도 포함시키는 것이 바람직하다.

② **획득률 또는 유지율 향상** : 같은 획득/유지비용을 지출하더라도 거기서 얻어지는 획득률/유지율을 높일 수 있다면 생애가치도 높아진다. 다음과 같은 방법으로 획득률/유지율을 높일 수 있다.

가능성이 높은 고객에만 획득 노력

'계란으로 바위치기'라는 말처럼 획득될 가능성이 낮은 잠재 고객에게 획득 노력을 기울이는 것은 낭비이다. 예를 들어 어느 보험회사에서는 자기 회사의 보험 설계사들이 새로운 가입자들을 획득하는데 너무 많은 시간을 들이고 있다는 것을 발견하였다. 그 원인은 획득될 가능성이 낮은 사람들에게 너무 많은 시간을 들이는 데에 있었다. 그래서 이 회사는 잠재 고객 리스트를 설계사들에게 넘겨주기 전에 그 리스트를 분석하여 획득될 가능성이 높은 사람들만이 담긴 리스트를 넘겨주었다. 그 후 이 회사의 수익성이 크게 향상되었음은 물론이다.

애호도 증진 프로그램 실시

애호도(loyalty)란 어떤 회사의 상품을 구입한 사람이 다음 번에도 그 회사의 상품을 다시 구입하는 성향을 가리킨다. 즉 어떤 사람이 우리 회사 상품에 대해서 높은 애호도를 갖고 있다면 이 사람이 유지될 가능성도 높은 셈이다. 이렇게 애호도를 높이기 위해서 고객들에게 금전적인 또는 비금전적인 인센티브를 제공하는 프로그램을 애호도 증진 프로그램이라고 부른다. 항공사부터 동네 미장원까지 널리 도입된 각종 마일리지 프로그램이나 우리 상품을 사용하는 고객들을 회원으로 가입시켜서 여러 가지 혜택을 주는 멤버쉽 클럽, 그리고 온라인 커뮤니티 등이 여기에 속한다. 흔히 기업들은 이런 프로그램에서 금전적인 혜택을 강조하는 경향이 있지만 쥐꼬리만한 금전적인 혜택을 주는 것보다는 차라리 비금전적인 혜택을 주는 것이 더 효과적일 수도 있다. 가령 항공사의 마일리지 프로그램에서 탑승 수속을 다른 사람들보다 일찍 할 수 있는 특전을 주는 것이 좋은 예이다.

만족도 향상

애호도를 높이는 간접적인 방법은 고객만족(customer satisfaction)을 높임으로써 애호도가 높아지도록 하는 것이다. 현재 어떤 회사의 상품에 높은 만족도를 갖고 있는 고객은 애호도 역시 높은 것으로 알려져 있다.

어떻게 하면 만족도를 높일 수 있는지를 이해하기 위하여, 만족이라는 개념에 대하여 좀 더 자세히 살펴보자. 고객이 느끼는 만족의 정도는 그 고객이 구매 전에 "이 상품은 나에게 X 만큼의 가치를 줄 거야"라고 생각했던 기대 수준과 구매 후에 "이 상품을 사용해 보니 실제로는 Y 만큼의 가치가 있네"라고 느끼는 성과 수준 사이의 차이에 의하여 결정된다. 그러므로 단순히 기대를 충족시키는 것만으로는 경쟁에서 이길 수 없으며, 기대를 초과하는 성과를 제공하여야 한다.

- 성과를 높여라 : 고객에게 꾸준하게 더 큰 가치를 제공하면, 성과수준이 높아지므로 만족도도 높일 수 있다. 그러기 위해서는, 어떤 편익을 제공하는 것이 고객이 주관적으로 느끼는 가치를 높이는 데 크게 기여할 수 있는지를 이해하고 있어야 한다.
- 기대수준을 적절히 관리하라 : 아무리 성과가 높아지더라도, 구매 전에 고객이 지나치게 높은 기대수준을 갖고 있었다면, 성과수준이 기대수준에 못 미쳐서 불만족을 낳을 수도 있다. 그러므로 지킬 수 없는 약속을 남발하여 기대수준만 높여놓은 것은 피해야 한다. 그러나 그렇다고 해서 기대수준을 낮추라는 뜻은 아니다. 기대수준이 낮다면 고객은 아예 구입하지도 않을 것이기 때문이다. 자신이 있는 부분에 대해서만 기대수준을 높여야 한다.
- 불만을 표시할 수 있는 기회를 최대화하라 : 불만이 발생하지 않게 예방하는 것이 최선의 방책이지만, 불만족한 고객이 전혀 없을 수는 없다. 그런데 일반적으로 소비자들은 불만을 느끼더라도 이를 해당 기업에는 잘 표시하지 않는 경향이 있다. 그 대신 다른 사람들에게 이야기하거나, 다음 번에 아예 다른 기업의 상품을 구입하곤 한다.

  이렇게 되면, 그 기업은 세 가지로 손해를 입게 된다. 첫째, 불만의 원인을 그대로 방치함으로써 더 많은 불만 고객을 낳게 되고 둘째, 좋지 않은 구전이 퍼져서 잠재 구매자들을 획득하는 데 실패하고 셋째, 어렵게 획득한 고객이 이탈하게 된다. 그러므로 고객의 불만을 억누르기보다는 불만을 느낀 고객이 자신의 불만을 손쉽게 기업에게 표시할 수 있는 다양한 기회를 제공하는 것이 중요하다. 수신자 부담 전화 및 fax, 소비자 상담실, 고객의 소리엽서, e-mail, 인터넷 홈페이지 등이 예가 될 수 있다.

- 불만을 신속하고도 효과적으로 해결하라 : 고객이 불만을 느끼더라도, 자동적으로 이탈하는 것이 아니라 우리가 하기에 따라서 오히려 전보다 더 애호도가 높은 고객이 될 수도 있다. 한 조사에 따르면, 불만을 제기하여 잘 해결된 경우 다음 번에 다시 이 회사의 상품을 구매할 가능성은 54%에서 70%에 달하였고 평균 다섯 사람에게 자신의 만족스러운 경험을 이야기하였다고 한다. 일반적으로 고객이 받은 불편이나 손해만큼만 보상해주는 것으로는 고객의 불만을 해소시키기에 불충분하며 이보다 훨씬 더 큰 보상을 해 주어야 한다.

개별화

고객에게 딱 맞는 맞춤 상품을 제공하는 것을 개별화(customization)라고 부른다. 일반적으로 공장에서 대량으로 생산되는 상품의 경우에는 개별화가 어렵지만 서비스의 경우에는 개별화가 가능하다. 예를 들어, 많은 은행들이 도입하고 있는 퍼스널 뱅커는 고객과 일대일로 상담하고 고객마다 갖고 있는 특별한 욕구를 충족시켜 줄 수 있는 금융상품 패키지를 제공하게 된다. 온라인에서는 개별화가 더욱 쉬운데 마이 야후!(My Yahoo!) 페이지 같은 것이 좋은 예이다. 개별화를 하면 고객은 우리 상품에서 더 큰 가치를 얻게 되므로 획득률/유지율이 높아진다. 뿐만 아니라 더 높은 가격을 받을 수도 있다.

전환장벽 구축

전환장벽(switching barrier)이란 고객이 경쟁회사의 상품으로 전환하지 못하도록 만들어 놓은 눈에 보이지 않는 장벽을 가리킨다. 예를 들어 많은 인터넷 포탈들이 제공하는 무료 이메일 서비스나 일부 인터넷 쇼핑몰들이 제공하는 원 클릭 주문 서비스 같은 것들이 여기에 속한다. 가령 어떤 사람이 이메일 어카운트를 오랫동안 한메일에 갖고 있었는데, 이것을 야후로 옮기려면 적지 않은 불편을 감수해야 하기 때문에 웬만하면 계속 한메일을 쓰게 될 것이다.

③ **크로스셀링과 업셀링** : 유지율을 높이는 것 못지 않게 중요한 것은 고객이 더 많은 상품을 구입하게 만들거나 아니면 더 높은 마진이 남는 상품을 구입하게 만드는 것이다. 예를 들어 은행의 경우 고객에게 예금, 적금, 신탁, 신용카드, 주택자금 대출, 가계대출 등의 다양한 상품을 판매할 수 있다. 이렇게 같은 고객에게 관련된 상품을 판매하는 것을 크로스셀링(cross-selling)이라고 부른다. 또 자동차 회사의 경우 고객에게 처음에는 소형차를 팔고, 그 다음에는 준중형차, 중형차, 대형차 등을 팔 수 있는 데 이렇게 하는 것을 업셀링(up-selling)이라고 부른다.

④ **생애가치가 낮은 고객에 대한 디마케팅** : 고객별로 생애가치를 계산해보면 생애가치가 마이너스인 고객들도 발견할 수 있다. 즉 이런 고객들과는 차라리 거래를 끊는 것이 회사의 이익에 보탬이 된다. 생애가치를 높이는 것이 중요한 것이지 무조건 유지율을 높이는 것이 중요한 것이 아니다. 이런 고객들에 대해서는 우선 위에서 살펴본 방법으로 생애가치를 플러스로 바꾸어 놓을 수 있는지를 검토하고 그것이 어렵다면 관계를 정리하여야 한다. 이렇게 하는 것을 디마케팅(demarketing)이라고 부른다.

예를 들어, 한빛은행이 1998년도를 기준으로 분석한 바에 따르면 한빛은행 고객들 중에서 예금 액수와 대출금 액수를 합하여 연간 평균 거래액수가 70만원 미만인 고객들은(79.7%) 은행의 수익성에 마이너스 효과를 가져오는 것으로 나타났다.[33] 정도의 차이는 있지만 다른 은행들도 마찬가지인데 이러한 이유 때문에 여러 은행들이 소액 예금에는 이자를 주지 않고 수수료까지 물리기 시작하였다.

생애가치를 높이려면 고객과 지속적으로 관계를 유지하여야 한다. 이것을 고객관계관리(customer relationship management, CRM) 또는 관계마케팅 relationship marketing)이라고 한다. 위에서 언급한 생애가치를 높이기 위한 여러 가지 방법들은 CRM의 수단들이기도 하다. 그런데 고객의 수가 적을 때에는 머리 속으로도 고객과의 관계를 관리할 수 있지만 고객이 많아지면 고객에 대한 데이터를 컴퓨터 데이터베이스로 만들고 컴퓨터 프로그램을 이용하여 분석할 필요가 있다. 이렇게 하는 것을 데이터베이스 마케팅(database

33) "잔챙이는 가고 대어만 오라", 한겨레21(2000. 10. 25)

marketing)이라고 부른다.

〈표 3-1〉 한빛은행의 고객 구성

예금 및 대추금 연평균 잔액	구성비율	이익 기여 비율
1억원 이상	0.1%	12.9%
4,000만원 이상~1억원 미만	0.4%	11.2%
500만원 이상~4,000만원 미만	6.5%	70.8%
500만원 미만	93.0%	5.1%
합 계	100.0%	100.0%

제4절 80/20의 룰

민주주의의 기본원리 중의 하나는 모든 시민은 법 앞에 평등하다는 것이지만, 이러한 원리는 마케팅에는 적용되지 않는다. 고객의 생애가치는 동일하지 않기 때문이다. 예를 들어 매월 마지막 금요일 수많은 손님으로 붐비는 은행 로비에 가보라. 대기인 수는 거의 100명에 육박하고 은행에서는 손님들의 대기시간을 줄여주기 위하여 모든 창구를 다 열고 창구 직원들의 손은 부지런히 움직이고 있다.

그러나 로비를 가득 메운 손님들 중의 대부분은 이 은행이 평생 동안 고객으로 붙들러 둔다고 해도 별로 큰 이익을 남길 수 없는 고객들이다. 대부분의 고객들의 경우 은행과의 거래는 신문대금이나 아파트 관리비를 납부하고 보통예금과 적금 몇 개가 전부인 사람들이기 때문이다. 은행에 큰 이익을 가져오는 다시 말해 생애가치가 높은 고객들은 소수에 불과하다.

이러한 현상은 은행에만 있는 것이 아니라 거의 모든 종류의 기업에서 발견된다. 그래서 많은 기업들에게 "80/20의 룰"이 적용된다. 즉, 생애가치 상위 20%의 고객이 대략 80%의 이익을 창출한다는 것이다. 그러므로 고객들을 생애가치에 따라 상·중·하 등과 같이 몇 개의 집단으로 분류한 다음 생애가치가 높은 집단의 유지율을 높이는 데 집중 투자하는 것이 제한된 자원을 효율적으로 사용하는 방법이다.

예를 들어 은행들이 우량고객들만이 이용할 수 있는 VIP룸을 점포 안에 개설하고 전담직원을 두는 것이 좋은 예라고 할 수 있다.

생애가치가 높은 고객들은 소수에 불과하지만 이들이 기업 이익의 대부분을 창출한다. 그러므로 생애가치가 높은 고객들을 획득하고 유지하는데 최우선 순위를 두어야 한다. 이러한 것을 실천함으로써 기업경영철학으로서의 마케팅 핵심이다. 전세계의 우량기업들은 이러한 원리를 반영하여 마케팅 계획을 수립하고 있다.

우리나라 기업들 중에서도 고객만족도를 정기적으로 측정하고 이를 여러 가지로 경영에 반영하고 있는 사례가 늘어나고 있다. 일부 은행에 서는 지점장들의 업적을 평가하는데 고객만족 점수를 중요한 기준으로 삼고 있다. 그러나 단순히 모든 고객의 고객만족도를 단순평균한 점수를 업적평가의 기준으로 이용하는 것은 바람직하지 않다. 이보다는 고객의 생가치에 따라 집단별로 고객만족 점수를 따로따로 계산하여야 한다. 그리고 나서 이를 다시 가중평균한(즉, 생애가치가 높은 집단일수록 높은 가중치가 주어져야 함) 점수를 이용하여 지점들간의 비교를 하는 것이 바람직하다.

생애가치가 높은 집단의 유지율을 높이는 데 주력간다는 것이 생애가치가 낮은 집단은 아무렇게나 취급해도 좋다거나 눈에 띄게 대놓고 차별대우를 해도 좋다는 뜻은 아님에 주의하여야 한다. 실제로 한국통신의 한 가입자는 자신은 엽서 한 장으로 된 요금 통지서를 받는 반면 같은 아파트에 사는 다른 한국통신 가입자는 봉투 속에 든 요금 통지서를 여러 가지 상품 할인 쿠폰과 함께 받는 것을 보고 한국통신에 항의하는 편지를 신문에 투고하기도 하였다.

이와는 반대로, 델 컴퓨터의 경우에는 두 집단을 다르게 대접하고 있지만 통신판매의 특성상 생애가치가 낮은 집단은 생애가치가 놓은 집단이 어떻게 다른 대우를 받고 있는지를 알 수가 없게 되어 있었다.

그러므로 생애가치가 다른 고객집단들을 다르게 취급하면서도 고개들의 반감을 최소화할 수 있는 방법을 이용하는 것이 중요하다. 마일리지 프로그램과 같은 애호도 증진 프로그램을 실시하는 것이 중요하다. 마일리지 프로그램과 같은 애호도 증진 프로그램을 실시하는 것이 중요하다. 우리 상품을 빈번하게 구입하는 고객이 그렇지 않은 고객보다 생애가치가 높다고 가정하면(어떤 경우에 이 가정이 맞지 않는지 생각해 보라), 이들에게 더 큰 혜택과 만족을 주는 마일리지 프로그램은 생애가치가 높은 고객들을 계속 묶어 둘 수 있는 뿐만 아니라 마일리지가 낮아서 낮은 혜택을 받는 고객들도 이를 당연하게 받아들이기 때문에 일석이조의 프로그램인 셈이다.

제5절 고객 개념의 확장

지금까지 우리는 고객이라는 단어를 주로 상품의 최종 구매자(예를 들어 수퍼마켓에서 샴푸를 구입하는 주부, 편의점에서 맥주를 구입하는 회사원 등)의 의미로 사용해왔다. 그러나 우리가 고객을 최종 구매자로만 본다면, 앞서 설명한 기업 경영철학으로서의 마케팅을 실천하는데 적지 않은 어려움이 따를 수 있다. 예를 들어 맥주 회사가 생애가치를 극대화하기 위한 CRM을 한다고 할 때, 전국에 흩어져 있는 불특정 다수의 맥주 소비자들을 파악하는 것 조차도 매우 어려운 일이다. 반대로 고객 개개인에 대하여 상세한 거래 데이터를 갖고 있는 은행이나 신용카드회사 등은 고객 개개인과 관계를 맺는 것이 훨씬 쉬울 것이다. 그렇다면 위의 맥주 회사와 같은 기업들은 어떻게 하여야 할까?

이에 대한 대답은 중간상들도 최종 구매자 못지 않게 중요한 고객이다 라는 것이다. 즉 위의 맥주 회사처럼 최종 구매자가 불특정 다수인 회사들은 도매상, 소매상 같은 중간상들을 최종 구매자에 못지 않은 중요한 고객으로 간주하고, 소비자들은 물론 중간상들도 대상으로 하여 앞서 나온 마케팅 원리들을 실천하여야 한다. 불특정 다수인 최종 구매자와는 달리 중간상들은 수가 훨씬 작을 뿐만 아니라 소수의 대형 중간상들이 제조업체 매출액의 대부분을 차지하는 경우가 많기 때문에, 제조업체는 누가 생애가치가 큰 고객인지를 쉽게 파악할 수 있는 장점이 있다.

중간상들이 최종구매자에 못지 않은 중요한 고객이라면 중간상들과 심각한 갈등을 일으킬 수 있는 전략은 가능한 한 피하는 것이 바람직하다. 예를 들어, 많은 제조업체들은 자기 상품을 최종 구매자에게 직접 온라인으로 판매하여야 하는지의 여부를 놓고 고심하고 있다. 왜냐하면 오프라인에 존재하는 기존의 도매상이나 소매상들이 반발할 가능성이 높기 때문이다.

제6절 마케팅 컨셉트

결국 기업 경영철학으로서의 마케팅이란, 생애가치가 높은 고객에게 경쟁자보다 더 큰 가치를 제공하는 것을 기업의 사명으로 삼고, 이익은 이러한 사명을 충실히 실천함으로써 자연히 얻어지는 결과라고 믿는 것이다. 이를 마케팅 컨셉트(Marketing Concept)라고도 부른다. 흥미로운 것은 마케팅 컨셉트를 기업의 사명으로 채택한 기업들은 이익 극대화를 사명으로 채택한 기업들에 비하여 오히려 더 높은 이익을 거두고 있다는 연구결과도 보고되고 있다.[34]

01 고객 지향성

고객 지향성(customer orientation)이란 한마디로 고객을 철저히 이해하는 것을 의미한다. 즉, 늘 고객의 눈으로 보고 고객의 입장에서 생각하는 것을 가리킨다. 고객에 대한 철저한 이해 없이는 어떤 고객이 생애가치가 높은지 또 그러한 고객을 어떻게 획득하고 유지할 수 있는지를 발견하는 것은 불가능하기 때문이다.

고객 지향성을 불어넣으려면, 회사의 최고경영자가 솔선수범하는 것이 가장 중요하다. 예를 들어, 높은 고객만족도로 유명한 스칸디나비아항공(SAS)의 얀 칼슨(Jan Carlzon) 회장은 고객만족의 중요성을 회사 전체에 전파시키기 위하여 자신을 비롯한 고위 임원들을 정기적으로 공항 카운터에서 근무시키고 있다.

02 경쟁 지향성

경쟁 지향성(competitor orientation)이란 현재 그리고 미래의 경쟁자들을 철저히 분석하여 이들의 움직임을 예측하는 것을 의미한다. 생애가치가 높은 고객을 획득하고 유지하려면 고객의 욕구를 충족시키는 것만으로는 불충분하다. 경쟁자가 고객에게 제공하는 가치보다 더 큰 가치를 제공하지 않으면 안된다. 그러므로 경쟁자가 무엇을 하고 있는지, 어디로 가고 있는지를 늘 주시하고 정보를 수집하지 않으면

34) James C. Collins and Jerry I. Porras, Built to Last: Successful Habits of Visionary Companies (Harper Collins, 1994)

안된다.

03 통합성

통합성(interfunctional coordination)이란 기업의 여러 부서들간에 협조가 잘 이루어지는 것을 의미한다. 고객에게 경쟁자보다 더 큰 가치를 제공하는 것은 마케팅부서 혼자만의 힘으로는 어렵기 때문에 다른 부서들과의 협조가 중요해진다. 예를 들어 고객의 욕구를 충족시키는 새로운 상품을 개발하려면 마케팅부서는 물론, 연구개발부서와 생산부서의 협조가 필수적이다. 또한 점점 많은 고객들이 오프라인과 온라인을 넘나들기 때문에, 오프라인 조직과 온라인조직이 협조해서 고객들에게 일관성 있는 구매 경험을 제공하는 것이 중요해졌다.

그러므로 최고 경영자는 회사의 모든 구성원들에게 고객에게 더 큰 가치를 제공하는 것이 모두의 목표라는 것을 기회 있을 때마다 강조하고 부서간에 협조가 잘 이루어질 수 있는 여건을 만들어야 한다.

〈표 3-2〉 마케팅 컨셉트와 유사한 컨셉트들

컨셉트	가정	강조점
생산 컨셉트	소비자들은 저렴하고 쉽게 구입할 수 있는 상품을 선호한다.	원가절감 및 광범위한 유통
제품 컨셉트	소비자들은 최고의 품질, 최고의 성능, 가장 혁신적인 상품을 선호한다.	품질향상, 혁신적인 신상품 개발
판매 컨셉트	소비자들은 그냥 놓아두면 상품을 충분히 많이 구매하지 않는다.	적극적인 판매노력
마케팅 컨셉트	소비자들은 자신들에게 더 큰 가치를 제공하는 상품을 선호한다.	고객에게 경쟁자 대비 더 큰 가치 제공

모든 시대의 모든 기업들이 경영철학으로서 마케팅 컨셉트를 채택하고 있었던 것은 아니다. 마케팅 컨셉트와 유사하지만 다른 몇 가지 컨셉트들을 살펴보면 〈표 3-2〉와 같다.

끝으로, 마케팅 컨셉트는 정부, 학교, 병원 등과 같은 비영리조직에도 적용될 수 있음에 주목할 필요가 있다. 예를 들어 제주도와 같은 지방자치단체들은 관광객들을 더 많이 유치하기 위하여 여러 가지 활동을 하고 있다. 또 선거에 의하여 선출된 시장, 군수들은 자연히 다음 선거에서 다시 당선되기 위하여 주민들의 삶의 질을 높이고 만족도를 높이는데 많은 관심을 갖게 되었다. 회원들이 납부하는 회비에 의하여 운영되는 적십자 등과 같은 비영리 단체에서는 우량회원들을 획득하고 유지하는 것이 단체의 발전에 절대적인 영향을 미친다.

그 밖에 우수한 신입생들을 보다 많이 획득하고 강력한 동문회를 유지하여야 하는 대학, 환자들을 빼앗기지 않기 위하여 만족도 향상에 관심을 갖기 시작한 병원에도 마케팅 컨셉트는 생존을 위한 필수적인 존재가 되었다.

제7절 마케팅 전략

01 마케팅 믹스

마케팅 전략이란 마케팅 목표를 실현키 위한 방법 내지는 수단이라고 할 수 있다. 기업을 둘러싼 급격한 시장환경의 변화는 각 기업들로 하여금 보다 창의적이고 동태적 적응의 필요성을 요구하게 되었으며 이에 따라 보다 장기적 관점에서 기업이 지향하는 목표시장을 설정하고 이에 따른 전략적 수단 내지 방법을 모색하게 되었다.

즉 마케팅 전략은 기업이 노리는 소비층, 즉 시장표적을 선정하고 선정된 시장표적에 가장 효율적으로 도달할 수 있도록 각 마케팅 요소를 믹스하는 것이다. 여기서 마케팅 믹스(marketing mix)란 선정된 표적 시장(market target)에 가장 효율적으로 도달할 수 있도록 각 마케팅 요소 내지 변수를 최적으로 배합시키는 것이다. 즉 마케팅 믹스란 기업의 마케팅 목표를 달성키 위해 제품, 가격, 경로, 촉진 등의 여러 요소를 합리적으로 결합하는 것을 말한다.

02 목표시장 전략

기업은 목표시장을 어떻게 설정하느냐에 따라서 마케팅 전략을 크게 세 가지로 분류할 수 있다.

1) 비 차별적 마케팅 전략

이는 시장 전체를 단일의 총체로 간주하여, 한 가지 제품을 시장에 출시하고 한 가지의 마케팅 활동만으로서 모든 소비자들이 구매하도록 하는 전략을 의미한다. 이 경우는 생산면에서 표준화와 대량생산이 가능해야 하며 판매면에서는 시장의 경쟁이 치열함으로 각 기업은 자사의 제품이 타사 제품과 실제와는 관계없이 차이가 있다는 이미지 구축에 노력하지 않으면 안 된다.

2) 차별적 마케팅 전략

시장세분화에 따라서 각각의 세분화된 시장에 대응한 제품을 생산하여 마케팅 활동을 하는 경우의 전략이다. 이는 소비자 지향의 전략으로 합리적이고 다양한 제품 및 유통경로를 활용함으로서 기업의 총 판매액의 증대가 가능하다. 그러나 이에는 제조비, 재고비, 일반관리비, 판촉비가 증대된다는 점에서 일률적으로 좋은 것만은 아니다.

3) 집중적 마케팅 전략

이는 앞의 두 가지 전략이 모두 세분화 유무와 관계없이 모든 사정을 대상으로 하는데 반하여, 하나 혹은 몇 개의 세분화된 시장만을 대상으로 하여 점유율을 높이고자 하는 마케팅 활동이다. 이는 기업으로 하여금 특정시장에 대한 정보나 독특한 명성을 확보할 수 있도록 함으로서 시장 지위를 강화시켜 준다. 또한 생산 유통면의 전문화를 기함으로써 영업비의 절감도 기할 수 있다. 그러나 특정분야에 대한 지나친 의존으로 위험성이 커지는 문제가 있다.

한편, 이러한 마케팅 전략은 목표시장의 선정과 관련해서 시장세분화와 불가분의 관계가 있다.

03 시장세분화

시장세분화는 전체 시장을 단일의 동질적인 시장이 아닌 여러 개의 부분시장으로 구성되고 있다고 보고 이 시장을 별도의 마케팅활동을 수행할 만한 가치가 있는 명확하고 유의미한 구매자 집단으로 분할하는 활동이라고 할 수 있다. 이러한 시장세분화에 따른 이점은 다음과 같다.

- 시장의 구매동기와 소비자 욕구를 정확히 파악할 수 있다.
- 시장에서의 경쟁상의 약점 파악과 분석을 통해 유리한 시장을 선택할 수 있다.
- 마케팅 활동에 대해 마케팅 자원을 보다 효율적으로 배분할 수 있다.
- 시장에서 보다 명확한 목표를 설정할 수 있다.

한편, 시장세분화의 기준은 시장이나 제품의 성격에 따라 차이는 있으나 일반적으로는 다음과 같다.

- 인구통계학적 기준 : 연령, 성별, 가족규모, 직업, 교육수준, 가족생활주기, 종교, 인종, 국적, 사회계층.
- 지리적 기준 : 지역, 도시규모, 인구밀도, 기후
- 개인특성 기준 : 사교성, 자율성, 보수성, 권위성, 리더십, 판매충성도, 가격신뢰도, 서비스 김수성, 광고 감응도

이러한 기준을 사용하여 시장을 세분화시킨 경우 이것이 효율적이 되기 위해서는 다음과 같은 전제 조건이 필요하다.

- 측정가능성 : 세분화된 시장의 규모와 구매력이 측정 가능해야 한다.
- 접근가능성 : 구매자가 쉽게 구매할 수 있고 그들과의 접촉이 가능해야 한다.
- 실질성 : 별도로 개척할 만큼 충분한 가치가 있어야 한다.

스포츠 마케팅*

04 스포츠마케팅의 개념

일반적인 의미로 스포츠마케팅의 개념은 스포츠라는 매개를 통해 소비자의 욕구를 충족시키고 여기에서 발생하는 상품을 교환하는 과정이라고 할 수 있다. 따라서 "스포츠 자체의 상품화"와 "스포츠를 매개로 한 모든 상품의 마케팅 과정"을 의미하는 것이다. 이를 사업 영역 면에서 보면 "스포츠마케팅" 과 "스포츠를 이용한 마케팅"으로 구분할 수 있다.

1) 스포츠마케팅(The Marketing of Sports)

스포츠마케팅은 스포츠 자체를 사업화 하는 것으로 스포츠 제품이나 서비스에 대한 마케팅을 의미한다. 스포츠에 대한 회원모집, 스포츠 팀에 대한 팬 확보, 스포츠 시설, 용품, 의류, 프로그램의 판매 등이 여기에 해당한다. 따라서 소비자는 일반대중이 되면 상품화된 스포츠를 어떻게 소비자에게 판매할 것인가가 스포츠마케팅 활동의 목적이 된다.

2) 스포츠를 이용한 마케팅(The Marketing through Sports)

스포츠를 이용한 마케팅은 스포츠를 상품판매의 촉진수단으로 하는 마케팅을 말한다. 즉, 방송중계권, 기업의 스폰서 쉽, 수익사업, 유명선수의 광고모델 기용 등이 여기에 속한다. 따라서 스포츠를 이용한 마케팅의 소비자는 스포츠를 상품판매에 활용하려는 기업이다. 다시 말해 스포츠를 이용한 마케팅은 스포츠 상품뿐 아니라 다른 일반상품을 스포츠와 연계하여 판매 하는 마케팅으로 스포츠를 하나의 판촉수단으로 이용하는 것을 말한다.

05 스포츠 마케팅 사례

[코카콜라]

1) 종합 마케팅 계획의 수립

종합적인 스포츠마케팅계획이 놀라운 결과를 성취할 수 있다는 것을 설명하기 위해 1996년 하계 올림픽을 후원하면서 코카 콜라가 실시했던 계획을 여러분에게 소개한다. 이 원대한 마케팅 노력은 세계역사상 그 어떤 기업도 실시한 적이 없는 최대의 판촉행사로 자그마치 4억 5천만 달러나 쏟아 부은 글로벌 마케팅이었다. 스폰서 쉽 비용은 4천만 달러였으며, 코카콜라는 스폰서 비용의 11배가 넘는 거액을 마케팅 비용으로 지출했다.

이 비싼 마케팅 노력이 과연 마케팅 노력이 과연 그 지출을 정당화 할 만큼의 판매증대로 이어졌는지는 아무래도 좀 의심스러웠다. 하지만 캠페인의 결과는 놀라웠다. 올림픽 판촉 행사가 진행된 8개월 동안 전세 계적으로 코카콜라 판매량은 9%증가했으며 회사전체의 이익은 22%증가 하였다. 그리고 코카콜라 주가는 36%나 상승했다. 어떻게 그런 결과가 나올 수 있었을까?

첫째. 코카콜라는 소비자와 관련된 견고한 전략적 기반을 구축했다. 판촉행사의 타이틀은 `팬들을 위하여`라고 붙여 올림픽 경기의 팬들에게 코카콜라를 마시고 원기를 회복하여 올림픽 열정을 새롭게 하기로 제안했다.

이 전략은 브랜드의 포지셔닝을 제대로 했다. 관중석과 각 가정에서 올림픽 경기를 관람하는 소비자들의 기운을 매일 북돋워 주었다. 이 전략은 선수들을 대상으로 한 것이 아니었다. 광고와 판촉 행사들은 모두선수들에게 환호를 보내고 올림픽 이벤트들을 즐기는 관중들을 대상으로 한 것이 특징이었다.

2) 코카콜라 올림픽 마케팅 그룹의 훌륭한 아이디어

- 미국 내의 모든 코카콜라 진열대에 올림픽 입장권 신청용 소책자 3천 5백만 부를 배포했다. 이것은 미국의 모든 팬들에게 올림픽 입장권을 구입할 수 있는 동등한 기회를 주었다. 또한 소책자의 12컷 짜리 만화를 통해 소비자 판촉을 지원하고 온 가족 올림픽 경기 무료 관람권을 경품으로 제공했다.
- '누가 올림픽 성화 봉송 주자로 선택될 것인가?' 1996년 올림픽 성화 봉송주자 1만명 가운데 하나로 선정될 기회를 제공하는 전 세계적 소비자 경품 행사였다.
- 코카콜라가 협찬한 1996년 올림픽 성화 봉송, 미국을 가로지르는 84일간의 여정에서 봉송로를 따라 1천 5백여개의 도시와 마을에 있는 코카콜라 영업소들에게 지역마케팅을 실시할 기회를 제공했다. 이를 통해 2천 5백 명의 코카콜라 고객들이 올림픽 스타디움을 향해 성화를 봉송할 기회를 얻었다. 성화 봉송 판촉 행사는 미국 외에도 65개국에서 실시되었다.
- 애틀랜타 중심부에 2천 9백만 달러를 들여 첨단 최첨단 올림픽 테마파크인 코카콜라 올림픽 시티를 건립했다. 이 매력적인 장소를 통해 소비자들에게 올림픽 챔피언이 되는 것이 좋은 일이라고 느끼도록 했으며, 재키 조이너스, 그랜트 힐 같은 올림픽 스타들과 가상으로 겨루어볼 기회를 제공했다. 또 팬들에게 육상경기의 놀라운 위업들에 대한 이해의 폭을 넓혀 주었으며. 칼루이스의 넓이뛰기 기록에서 다양한 스포츠 올림픽 기록들을 제공했다. 이 올림픽 시티가 문을연 처음 10일 동안 65만 명의 고객들이 다녀갔다.
- 코카콜라 라디오 방송, 세계최고의 시청자들을 보유한 라디오 방송국 75개 사를 코카콜라 올림픽 시티에 유치하여 올림픽이 열리는 동안 생중계 하기로 했다. 세계에서 몰려든 톱 디스크 자키들은 올림픽 관전에 대한 개인적 느낌을 고국의 청취자들에게 전달하고, 코카콜라 올림픽 시티에서의 즐거움을 고향으로 실어 날랐다.
- 코카콜라 올림픽 챔피언들, 전 세계계의 모든 팬 들에게 나디아코마네치, 바트

코너, 파블로 모날레스 세르게이 부브카를 비롯한 5백명이 넘는 전·현 올림픽 선수들과 가까이 접하고 이야기할 수 있는 기회를 마련했다.

이 계획의 두 번째 핵심은 이 거창한 아이디어들을 각 지역의 수준에 맞는 판촉행사들을 창조했고, 현지의 소매상들과 합심하여 그 지역시장의 개성과 자긍심에 부합되도록 판촉을 확대했다. 132개국에서 코카콜라 올림픽 판촉행사가 진행됐지만, 똑같은 내용으로 실시된 경우는 없었다. 각 나라마다 현지화 된 독특한 판촉안을 개발하여 올림픽 팬들의 흥미와 필요에 최고로 부응했던 것이다.

각국의 코카콜라 마케팅 관리자들은 본사에서 제시한 판촉 아이디어들을 선택할 수도 무시 할 수도 있었다. 선택은 그들의 몫이었다. 각 나라마다 팬들의 속성을 참작한 매혹적인 계획들이 만들어져 소비자들이 코카콜라판촉 행사를 즐길 수 있도록 보장했다. 브라질에서의 계획은 축구와 배구에, 태국에서의 활동은 오로지 복싱에만 맞추고 진행되었다. 오스트레일리아에서는 수영과 농구에 중점을 두었다. 세계적으로 수 백가지의 서로 다른 판촉행사들이 실시되었음에도 불구하고`팬들을 위하여`라는 전략은 코카콜라라는 하나의 주제로 모든 나라들을 통합시켰다. 전략의 유연성 덕분에 각국의 팬들에게 적합한 스포츠라면 무었 이든 판촉행사로 연결시켜 행사 할 수 있었다.

〈이봉주〉

〈박찬호〉

〈박세리〉

제8절 상품 개념의 확장

01 협의의 상품

상품(商品)은 교환의 영역에 속한 품목을 뜻한다. 상품은 물건(commodity)이라는 뜻과, 교환품(merchandise)이라는 뜻을 함께 포괄한다. 따라서 상품은 교환 전의 제품(製品, product) 또는 교환 후의 소유물(所有物, ownership product)과 차별성이 있다. 그러므로 상품은 교환을 위한 효용이 증가하도록 전략적으로 제어해야 한다. 이에 따라 고성능의 제품이라도 교환 효용이 저하되어 있다면 양호한 상품의 인정을 받을 수 없다.

그런즉 상품의 의미 자체가 구매자가 흡족해 하는 효용이라는 뜻을 포함한다. 따라서 효과적인 상품 전략은 구매자가 흡족해 하는 프라이스(price) 관리 및 채널(channel) 관리와 관련되어 있다. 또한, 소유물은 구매자의 권리라는 법과 관련한 영역을 포함하고 있다. 그러므로 소유물은 소비자보호주의(consumerism)와 긴밀한 연관을 가진다.

협의의 상품은 교환의 영역에 속한 품목이라는 경제적 거래에 초점을 둔다. 그러므로 교환과 상관없는 자유재(自由財)는 상품에 속하지 않으며, 경제적 거래 영역에 속한 경제재(經濟財)만이 오직 상품에 속한다. 예컨대, 들꽃과 같이 희귀한 가치나 경제적 가치가 없는 품목은 자유재지만, 토건에 활용되는 토사는 경제성을 포함하고 있기 때문에 경제재로 분류된다. 한편, 자유재가 경제재로 전환되는 경우도 있다. 예컨대, 과거에 식수를 판매하는 것은 예상하기 어려운 측면이 있었지만, 최근 웰빙시대에 식수라는 자유재는 경제재로서의 효용을 내포하게 된 것이다.

그러나 경제재가 모두 상품으로서의 가치를 지니게 되는 것은 아니다. 경제재는 형태가 있는 물적재화(物的財貨, tangible goods), 형태가 없는 용역(用役, service)으로 구별되기도 한다. 협의의 상품은 서비스를 포함하지 않는 물적재화만을 상품으로 인정한다. 그러므로 이용, 운전, 의술 등의 용역은 상품으로 인정하지 않는다는 견해를 취한다. 이 관점을 따르면 유형적인 물품만을 상품으로서 인정한다.

그렇지만 물적재화라고 해서 모두 상품으로 인정하는 것은 아니다. 물적재화 중 교환의 영역에 속한 거래재(去來財)만이 상품으로 인정된다. 즉 스스로 만족하기 위해 소유하는 물품인 비거래재(非去來財) 및 돈을 포함한 교환수단(交換手段)은 상품으로서 인정하지 아니한다. 예컨대, 강에서 잡은 자라를 취미로 사육하고 있다면 이는 비거래재로서 상품으로서 인정하지 않지만, 자라를 팔려고 거래대상으로 간주했다면 이는 거래재로서 상품의 자격을 지니게 되는 것이다.

이 때 거래재에 포함된 주식이나 특허와 관련한 권한과 같이 실제적인 효용을 대체하는 관념재(觀念財)도 협의의 관점에서 상품으로서 인정되지 않는다. 실제 효용가치가 형태가 있는 물품에 드러난 실질재(實質財)만이 협의의 상품으로 인정받는다. 예컨대, 특허권은 형태가 없는 지식에 관한 권한을 내포하는데, 이러한 특허권 그 자체는 상품으로서 인정되지 않는다. 그렇지만 특허와 관련한 테크닉으로 제조된 제품이 판매용으로 나온다면 이러한 관념적인 자산이 실질재인 상품으로 바뀌게 된 것이라고 볼 수 있다.

결론적으로, 재화는 거래 효용을 지니고 있는 경제재와, 거래 효용이 없는 자유재로 구별되는데, 자유재는 협의의 상품에 포함되지 않는다. 경제재는 형태가 있는 물적재화와, 형태가 없는 용역으로 구별되는데, 용역 역시 협의의 상품에 포함되지 않는다. 물적재화 중 비거래재와 교환수단을 빼고 오로지 거래재만 협의의 상품으로서 인정된다. 이 거래재 중 관념재를 뺀 실질재가 바로 협의의 상품이라고 할 수 있다. 〈그림〉은 협의의 상품을 종합적으로 파악한 것이다.

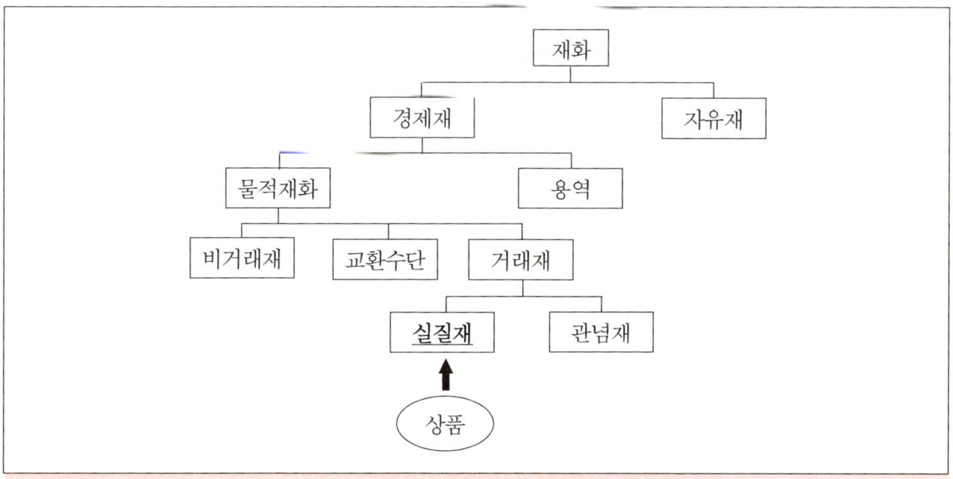

[그림 3-2] 협의의 상품

자료: 김양명(2008), 상품학의 이해, 학문사, p. 41.

02 광의의 상품

협의의 상품은 교환을 위한 형태가 있는 실질재만을 상품으로 인정하였다. 그렇지만 경제환경이 공업중심에서 서비스 중심으로 전개되면서 형태가 없는 용역의 교환이 점차 그 중요성을 더해가고 있다. 그러므로 상품의 포괄 범위가 형태가 있는 것에서 형태가 없는 교환까지 확장되었다. 예컨대, 법, 의술, 가정부, 이발소 등의 용역은 협의의 상품은 아니지만, 광의의 상품으로 인정받고 있다.

또한 공업화 시대를 뛰어넘어 지식정보화 시대에 들어서면서 컨텐츠와 소프트웨어도 상품으로 인정해야 한다는 관점이 등장하였다. 예컨대, 인터넷에서 블로그를 치장할 때 화분을 샀다면 그 화분은 형태가 있는 실질적인 상품이 아니라 단지 모니터 상으로만 보이는 디지털 상품이다. 이러한 디지털 상품의 가치는 비록 무형적이지만 지식정보화 시대에 그 가치가 점점 증가하고 있다.

그러므로 컨텐츠와 소프트웨어를 합쳐서 컨텐트웨어(contentware)라는 신조어를 통해 상품으로 인정해야 한다는 관점이 등장하였다. 이 관점은 전통적인 마케팅의 4P를 인터넷 시대의 5C로 발전시켜 이해해야 한다는 내용을 포함하고 있다. 형태가 있는 제품(product)보다 형태가 없는 컨텐트웨어(contentware)를 더 중시해야 한다는 것이다. 또한 구매자에게 돈과 같은 가격(price)을 청구하기보다는 구매자의 관심 등 몰입(commitment)을 기대하는 것이 더 효과적이라는 것이다. 네이버는 직접 유료화를 요구하지는 않지만, 높은 방문수를 바탕으로 기업으로부터 많은 광고수입을 올리고 있다. 즉 소비자의 몰입이 네이버 수익의 근간이 되고 있는 것이다.

또한 장소와 위치로서의 채널관리(place)를 극복하여 구매자와 유통경로 구성원의 관계성을 제고해야 한다는 관점이 대두되었다. 예컨대, 입지를 잘 골라야 한다는 것이 과거 채널관리의 주요 목표였다면, 최근 채널관리는 경로 구성원 내 화합과 신뢰에 주요목표를 두는 경향이 있다. 그리고 기업이 제어하는 촉진(promotion)을 극복하여 구매자들끼리의 자발적인 회합(community)을 통한 촉진과, 기업과 구비자 간 쌍방향 소통(communication)이 부각되어야 한다는 관점이다. 〈표〉는 이러한 4P와 5C를 정리하였다.

〈표 3-3〉 전통적인 4P와 최근의 5C

Product	유형적인 제품	Contentware	무형적인 컨텐츠 및 소프트웨어
Price	화폐적인 가격	Commitment	소비자의 몰입, 관심, 추천, 참여
Place	장소적인 유통	Channel	유통경로 구성원의 조화와 협력
Promotion	기업주도의 일방적 촉진관리	Community & Communication	소비자간 커뮤니티 및 기업-소비자간 커뮤니케이션을 통한 촉진

자료: 이두희(2003), 통합적 인터넷 마케팅, 박영사, p. 33.

그리고, 경제력 제고에 발맞추어 기능적인 이유로 상품을 사는 것 이상으로, 상징적이거나 즐거움의 관점에서 상품을 사는 경우도 잦아지고 있다. 예컨대, 오래 신는 구두가 가장 잘 팔리는 시절도 있었지만, 현재에는 디자인이나 브랜드 등 여러 측면의 가치가 다양하게 중요해지고 있다. 이에 따라 구매자에게 상징성이나 쾌락성을 제공하는 가치도 상품으로 인정해야 한다는 주장이 설득력을 얻고 있다.

한편 마케팅 컨셉트의 전개에 발맞추어 형태가 있는 공업제품 뿐 아니라 사람, 조직, 창의적 생각 등 다양한 개념도 상품으로 인정해야 한다는 견해가 대두되었다. 유능한 사람과 집단, 가치있는 아이디어도 광의의 상품이라는 관점이다. 마케팅 컨셉트가 사기업을 뛰어넘어 비영리기관으로 확대되어 나갔듯이 상품개념도 확장되어 가고 있는 것이다. 즉 이전에는 이익을 목표로 운영되는 기업체 중심으로 마케팅에 주목하였다. 그렇지만 최근 정부, 지방자치단체, 대학, 의료기관 등 비영리기관에서도 고객만족을 위해 마케팅에 주목하고 있다.

그리고 웰빙 시대에 환경마케팅(green marketing)이 중시되면서, 소비 이전의 온전한 상품 뿐 아니라 소비가 끝난 폐기물조차도 넓은 의미의 상품으로 인정해야 한다는 관점이 생겼다. 폐자동차나 폐가구 등 각종 폐품들을 상품으로 인정한다면 이를 재활용하려는 바람직한 생각들도 증가하게 된다. 또한 폐기물을 활용한 상품은 각계각층에게 바람직한 인식을 제고하여 기업에게 바람직한 결과를 남길 가능성이 높다. 이는 자연환경에서 시작한 상품이 결국 자연의 품으로 회귀한다는 선순환을 의미한다. 그리고 경제개발국에서 폐기된 상품이 저개발국가에서는 활용도가 높은 상품으로 재생된다는 것도 바람직한 점이 있다고 여겨진다.

결국 광의의 상품은 협의의 상품이 포괄하지 않은 형태 없는 용역, 각종 컨텐츠와 소프트웨어, 상징재와 쾌락재, 사람, 집단, 혁신적 생각, 그리고 폐기물까지 상품으로 인정한다. 상품의 범위가 확장되는 것은 시대적 발전과 변화를 반영하는 것이다.

제9절 상품 분석

01 상품 구조 분석

일차적으로 상품을 보면 시각적으로 인식되는 유형적인 형태 위주로 보게 되지만, 상품의 본질은 무형적인 측면까지 포함하여 세 개의 단계로 이루어진다. 즉 상품은 핵심요소, 유형요소, 확장요소로 이루어진다.

첫째, 핵심요소로서의 상품은 상품의 본질적인 혜택을 반영한다. 구매자가 가격을 지불하고 사려는 핵심적인 편익이 바로 핵심요소이다. 예컨대, 고속철도의 핵심요소는 안락함보다는 신속한 도착이다. 새마을호 기차의 핵심요소는 신속성보다는 안락함이다. 기업은 구매자가 중시하는 핵심요소를 분석함으로써 제한된 자원을 효율적으로 집중할 수 있다. 멀티플렉스 영화관들은 구매자의 핵심요소가 영화만이 아니라 유쾌한 시간을 보내는 것이라는 것을 분석해 내고, 극장시설물을 혁신하는 것보다 다양한 멀티플렉스 구성을 통한 종합적인 즐거움 시설들에 투자하여 좋은 성과를 거둔 바 있다.

둘째, 유형요소는 핵심요소로서의 상품이 구체화된 형태를 의미한다. 예컨대, 워커힐 호텔은 품위라는 핵심상품에 걸맞는 인테리어와 고급스러운 시설을 갖추었는데, 이것이 유형상품이다. 모나미 볼펜과 몽블랑 볼펜은 핵심상품에서 각각 실용성과 상징성이라는 차이가 있다. 결국 실용적인 소재로 구성된 모나미 볼펜과, 우아한 느낌의 몽블랑 볼펜은 이러한 핵심상품의 차이를 반영한 유형상품의 눈에 보이는 차이로 드러나게 된다. 따라서 유형상품을 설계할 때 핵심상품과의 일관성이 중요하다.

셋째, 확장요소는 유형상품의 가치를 확장해주는 부가적인 요소를 의미한다. 상품의 설치, 배달, 대금결제방식, 보증, AS 등이 확장상품에 속한다. 기술적인 발전과 치열한 경쟁으로 말미암아 유형상품의 단계에서 상품간 차이가 미미해졌다. 따라서 기업은 확장상품의 단계에서 경쟁상품에 비하여 차별화하려는 노력을 기울이는 실정이다. 〈그림〉은 상품 구성의 3단계를 표현한 것이다.

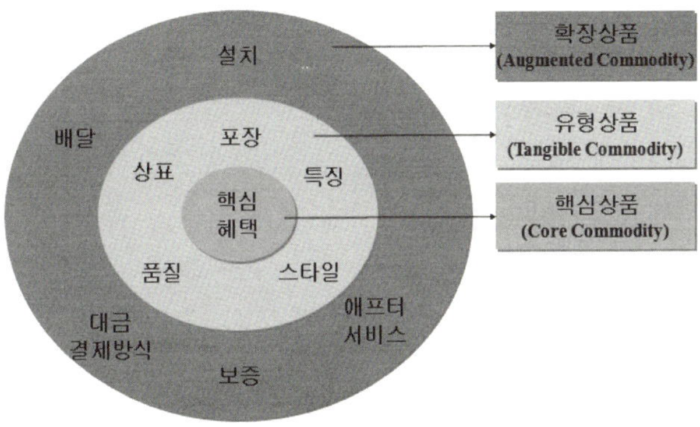

[그림 3-3] 상품 구성의 3단계

자료: 안광호, 하영원, 박흥수(2003), 마케팅원론(제4판), 학현사, p. 230.

핵심상품을 파악한 다음 유형상품과 확장상품에 속한 하위요소를 일관성 있게 잘 관리할 필요가 있다. 유형상품의 중요한 구성요소는 다음과 같다. 첫째, 품질(quality)은 상품이 지니는 기능을 발휘할 수 있는 능력을 의미한다. 기업은 상품의 품질을 관리함으로써 객관적인 성능을 상화할 수 있다. 둘째, 상품특성(feature)은 품질을 뒷받침하는 부수적인 기능을 의미한다. 예를 들어, 자동차의 컵 받침대는 편리성이라는 품질을 뒷받침하는 상품특성 중 하나이다. 셋째, 스타일(style)은 상품의 색, 크기, 모양, 성분, 무게, 유행 등 심미적인 측면을 의미한다. 최근 젊은 소비자들은 상품의 품질 뿐 아니라 스타일을 중시하는 경향이 있다. 넷째, 포장(package)은 상품을 감싸는 물체를 총칭한다. 포장의 실용적 목적은 상품의 본체를 보호하는 것이지만, 최근 상품 이미지를 보완하는 기능이 부각되고 있다. 다섯째, 상표명(brand name)은 상품을 구분하기 위해 부여한 문자, 단어, 숫자 또는 그것의 결합이다. 상표명은 상품구분이라는 기능적 목적보다 상품 이미지를 직접적으로 표현하는 가치로 주목받고 있다.

한편, 확장상품의 중요한 구성요소는 다음과 같다. 첫째, 보장(warranty)은 상품 하자 시 제조업자가 보상할 책임을 명시한 문서이고, 보증(guarantee)은 상품 하자 시 유통업자가 교환이나 환불하겠다는 약속이다. 둘째, 대금결제방식(payment)은 소비자가 비용을 지불하는 수단이나 과정을 의미한다. 기업은 신용결제나 할부판매, 보상판매 등을 통해 일시불이 어려운 소비자를 더 많이 유인할 수 있다. 셋째, 배달(delivery)은 소비자에게 상품을 전달하는 과정이다. 최근 택배 서비스의 발전으로 배달이 용이해지면서 상품수요가 더욱 증가하였다. 넷째, AS(After-sale Service)는 보증기간 내 문제가 생긴 상품에 대하여 제조업자가 제공하는 서비스를 의미한다. 삼성전자는 높은 AS 만족도를 중심으로 성장할 수 있었다. 다섯째, 설치(installation)는 상품의 즉시 사용이 가능하도록 준비하는 과정을 의미한다. 냉장고나 가구와 같이 육중한 상품 및 컴퓨터나 인터넷과 같이 복잡한 상품은 설치가 중요한 서비스로 작용한다.

02 편익과 비용 분석

핵심상품을 깊이 있게 이해하기 위해서 상품의 편익을 살펴보는 것이 필요하다. 편익(benefit)은 소비자가 상품 구매 시 기대하는 혜택이나 만족감을 의미한다. 상품의 편익은 네 종류가 있다.

첫째, 기능적 편익(functional benefit)은 상품의 가장 기본적이고 실용적인 혜택을 의미한다. 예를 들어, 볼펜이 잘 써지거나 자동차가 빨리 달리는 것은 기능적 편익이다. 기업은 기술개발과 품질관리를 통해 상품의 기능적 편익을 강화할 수 있다.

둘째, 사회적 편익(social benefit)은 상품 이용 시 드러나는 사회적 지위나 부의 과시로 인한 만족감을 의미한다. 명품 브랜드를 이용하는 것은 소비자에게 사회적 편익을 가져다 준다. 사회적 편익은 사회적 지위와 부를 상징해준다고 해서 상징적 편익(symbolic benefit)이라고 불리기도 한다.

셋째, 개인적 편익(personal benefit)은 개인의 취미나 취향과 관련한 만족감이다. 우표수집가에게 희귀우표는 개인적 편익을 준다. 소득수준의 향상으로 개인적 취향을 만족시키려는 개인적 편익 시장이 점차 커지고 있다.

넷째, 경험적 편익(experiential benefit)은 마음의 즐거움과 관련한 혜택을 의미한다. 예를 들어, 영화관, 놀이공원 등은 경험적 편익을 제공한다. 마음의 즐거움을 준다고 해서 쾌락적 편익(hedonic benefit)이라고 불리기도 한다.

최근 이러한 편익은 복합적으로 어우러져 소비자에게 더 큰 가치를 제공하기도 한다. 예를 들어, 닌텐도DS는 본질적으로 경험적 편익과 관련한 오락기지만, 학부모의 우려를 씻기 위해 두뇌개발이나 학습과 관련한 기능적 편익으로 포지셔닝하여 큰 성공을 거두었다. 그리고 금가루를 넣은 술은 기능적 편익에 사회적 편익을 더한 것이고, 놀이공원의 대형 전망 회전기구에 연인간 코스 요리 서비스를 제공한다면 경험적 편익에 또다른 경험적 편익을 부가한 것이다.

이러한 상품의 편익은 그 비용과 대비하여 살펴볼 필요가 있다. 왜냐하면 소비자는 비용 대비 편익의 경중을 살펴 상품구매를 결정하기 때문이다. 비용(cost)은 소비자가 상품 구매를 위해 지불하는 부담이나 대가를 의미한다. 비용은 네 종류가 있다.

첫째, 화폐적 비용(monetary cost)은 소비자가 지불하는 돈의 대가를 의미한다. 기업은 소비자에게 가격할인, 할부판매 등을 통해 화폐적 비용을 적게 지각하도록 노력할 필요가 있다.

둘째, 시간적 비용(temporal cost)은 소비자가 상품 구매 시 소모하는 시간이나 서비스 구매 시 대기하는 시간을 의미한다. 인터넷 쇼핑몰은 쇼핑의 시간적 비용을 절감해준다. 그리고 기업은 소비자의 대기시간이 지루하지 않도록 배려함으로써 서비스 이용 시 시간적 비용을 줄여줄 필요가 있다.

셋째, 심리적 비용(psychological cost)은 소비자가 상품 구매 시 느끼는 마음의 불편함을 의미한다. 성인용품이나 사치품 구매 시 이러한 불편한 심리가 발생할 수 있다. 기업은 인터넷 판매나 사회적 기여 강조 등을 통해 소비자의 심리적 비용을 줄여줄 필요가 있다.

넷째, 행동적 비용(behavioral cost)은 소비자가 상품을 배달, 설치하는 과정에서 발생하는 육체적/정신적 피로를 의미한다. 기업은 확장상품의 관리를 통해 소비자의 행동적 비용을 배려할 필요가 있다.

결론적으로 상품의 편익이 비용보다 커야지 소비자는 상품을 구매한다. 따라서 기업은 소비자가 느끼는 편익은 크게 인식하도록 하고, 소비자가 느끼는 비용은 적게 인식하도록 노력한다면 바람직한 성과를 거둘 수 있을 것이다. 특히 최근에는 기능적 편익과 화폐적 비용이라는 기본적인 측면 이외의 다양한 편익과 비용이 복합적인 상호작용을 일으키고 있으므로, 기업의 세심한 통찰력이 요구된다 하겠다. 〈그림〉은 편익과 비용의 종류를 표현한 것이다.

[그림 3-4] 편익과 비용 비교

자료: 이용학, 허남일, 김학윤(2009), 마케팅(제2판), 무역경영사, p. 22.

03 내구재 및 비내구재 분석

상품의 유형은 다양한 기준으로 분류가능하다. 즉 상품은 사용기간, 구매자, 사용목적, 품질추론을 기준으로 각각 분류할 수 있다. 우선 사용기간에 따라 상품을 분류하면 내구재와 비내구재로 나뉜다.

첫째, 내구재(durable goods)는 사용기간이 길고 구매빈도가 적은 상품이다. 자동차, 가구, 주택 등이 대표적인 내구재이다. 내구재는 일반적으로 가격대가 높고 반환이나 변경이 쉽지 않기 때문에 고관여 상품(high involvement commodity)에 속하는 경우가 많다. 고관여 상품은 소비자가 해당 상품에 대하여 관심이 많거나, 중요하다고 생각하거나, 자신과 관련성이 높다고 지각하는 상품이다. 따라서 소비자는 내구재에 대하여 즉흥적인 판단보다는 세심하고 주의깊은 판단과정을 거칠 가능성이 높다.

즉 내구재는 소비자의 재무적 위험이 크다는 점과, 한번 구매하면 상당기간 시장을 떠나게 된다는 두 가지 중요한 특징이 있다. 따라서 기업으로서는 소비자의 재무적 위험과 불확실성을 어떻게 완화시켜 줄 것인가를 고민할 필요가 있다. 그리고 한번 구매하고 시장을 떠나 있는 소비자라 할지라도 간헐적인 정보제공을 통해 구매빈도를 단축하게끔 유도하는 전략이 필요하다.

소비자는 내구재에 대하여 관여도가 높고 심사숙고하여 구매를 결정하기 때문에 상품의 품질과 기능 등 본질적인 요소에 집중하는 경향이 있다. 따라서 내구재의 경우 품질이 좋거나 혁신적인 기능이 있다면 상표명이나 브랜드 이미지가 떨어져도 경쟁력을 가질 수 있다. 그러나 내구재는 가격이 비싸고 한번 구매하면 돌이키기가 어렵기 때문에 재무 위험성이 높다. 따라서 소비자는 내구재 구매 시 매우 신중해지며 불확실성에 더 민감한 경향이 있다. 이 때 상표명이나 브랜드 이미지는 소비자가 느끼는 재무 위험과 불확실성을 완화시켜 주는 역할을 한다. 따라서 내구재의 경우에도 상표명과 브랜드 이미지는 여전히 중요하다.

이렇게 내구재에 있어 품질 요인과 브랜드 이미지 요인 중 어떤 부분의 영향력이 큰지는 논란의 여지가 있지만, 기술개발과 경쟁으로 인해 품질 차이는 미미해지는 실정이므로 브랜드 이미지의 차이가 점점 중요해진다는 것은 부인할 수 없다. 따라서 내구재를 취급하는 기업도 기술개발과 품질관리에 더하여 브랜드 이미지 관리에도 주목해야 할 것이다.

둘째, 비내구재(non-durable goods)는 사용기간이 짧고, 구매빈도가 잦은 상품을 의미한다. 치약, 비누 등 일용품이 대표적인 비내구재이다. 비내구재는 일반적으로 가격대가 낮기 때문에 저관여 상품이 많다. 소비자는 저관여 상품에 대하여 손쉽고 즉흥적인 판단을 통해 구매를 결정하는 경향이 있다. 즉 세심한 품질비교를 통한 상품구매보다는 기억, 느낌, 습관, 이미지, 가격대, 디자인, 포장, 유통점포 등 즉흥적인 판단의 단서를 통해 손쉽게 비내구재를 구매하는 경우가 많다.

따라서 기업은 비내구재를 판매할 때 상품이 소비자에게 쉽게 기억되고 떠올려질 수 있도록 노력할 필요가 있다. 이런 의미에서 상품의 인지도(awareness) 관리는 비내구재의 경우 특히 중요하다. 인지도는 회상(recall)과 재인(recognition)으로 구성되는데, 회상은 소비자의 머리 속에서 해당 상품이 잘 떠오르는 정도이고, 재인은 진열대 위에서 경쟁상품과 해당 상품이 잘 구별되는 정도를 뜻한다.

기업은 비내구재의 인지도를 높이기 위해 반복광고를 시행할 필요가 있다. 그러나 반복광고는 소비자에게 지루함과 싫증을 유발하기 쉽다. 따라서 광고의 중심 메시지는 반복하되, 광고모델이나 배경음악 등 광고의 주변요소는 수시로 바꾸어 줌으로써 소비자의 싫증효과를 완화하면서 상품의 인지도를 효과적으로 높일 수 있다. 그리고 비내구재와 시각적 정보를 결합함으로써 인지도를 높일 수 있다. 예를 들어, KFC는 뚱뚱한 할아버지 석고상과 결부되어 잘 기억된다. 맥도날드는 노란색 엠 아치, 활명수는 부채표의 이미지로 기억된다. 또한 비내구재의 상표명이나 제품 특성에 음율이나 멜로디를 부여하면 기억효과가 증진된다. 많은 제약 상품이 어려운 상표명에 리듬이나 멜로디를 부여하여 회상과 재인에서 유리한 고지를 점령하기 위해 노력하고 있다.

또한 비내구재는 소비자의 구매습관이나 구매관성을 타면 지속적으로 유리하다. 소비자는 대개 기존에 쓰던 비내구재를 별 생각없이 계속 구매하는 경향이 있기 때문이다. 따라서 비내구재는 출시 초기에 대규모의 광고를 집행할 필요가 있다. 그리고 유통상인에게 인센티브를 제공하여 유리한 진열대 지점에 자사 상품을 위치하게 하거나, 소비자에게 추천해줄 것을 부탁하는 것도 좋은 방법이다.

04 소비재 및 산업재 분석

상품은 구매자에 따라 소비재와 산업재로 구분한다. 첫째, 소비재(consumer goods)는 구매자가 개인 소비자인 상품이다. 이 때 소비재는 편의품, 선매품, 전문품으로 구성된다. 편의품은 소비자가 상품구매를 위해 많은 노력을 기울이지 않고 편하게 구매하는 일용품을 의미한다. 선매품은 상품구매를 위해 경쟁상품간 비교를 중시하는 상품을 말하는데, 가전제품, 가구 등이 대표적이다. 전문품은 소비자가 높은 관여도와 강한 상표충성도를 바탕으로 구매에 많은 노력을 기울이는 상품으로서, 고급의류, 스포츠카 등이 여기에 속한다.

소비재는 개인 소비자의 의사결정과정이 중요하다. 기업은 소비자의 의사결정과정을 파악하여 상품관리를 단계적으로 수행할 필요가 있다. 소비재의 경우 소비자는 필요의 인식, 정보탐색, 대안평가, 구매, 구매 후 행동의 5단계를 밟는 것으로 알려졌다. 필요의 인식 단계에서 소비자는 소비재의 필요성을 절감하게 되는데, 이는 소비재가 없는 현재의 상황을 불만족스럽게 느끼는 데서 시작한다. 기업은 소비재가 있는 미래의 상황이 이상적이고 만족스러울 것이라는 것을 광고나 판매원 등을 통해 강조함으로써 소비자의 현재 상태를 상대적으로 불만족스럽게 만들 수 있다.

소비자가 해당 소비재에 대하여 필요를 인식하면, 그 다음 정보를 탐색하게 된다. 정보탐색은 소비자의 기억 안에서 떠올리는 내적 탐색과, 외부에서 정보를 찾는 외적 탐색으로 나누어진다. 내적 탐색에서 상표의 회상 정도는 중요한 역할을 담당한다. 그리고, 소비재의 외적 탐색 원천은 가족, 친구와 같은 개인적 원천, 광고나 판매원 같은 상업적 원천, 뉴스나 소비자원 정보 같은 공공적 원천, 개인적 경험에 바탕한 경험적 원천 등이 있다. 기업은 이들 정보원천을 잘 관리할 필요가 있다.

소비자는 정보탐색 결과 고려대안집합에 속한 소수의 상품을 비교평가하는데, 이 과정을 대안평가 단계라고 한다. 대안평가 단계에서 우월한 상품이 선택되고, 주변 사람들도 그 상품에 대하여 동의하며, 재무적 여건 및 유통점포 등 상황적 여건이 충족되면 그 소비재는 구매된다. 구매 이후 소비자는 만족/불만족을 통해 그 소비재를 반복구매하거나 구매를 중단하게 된다.

둘째, 산업재(industrial goods)는 기업이나 기관이 구매자인 상품을 의미한다. 산업재는 자재, 부품, 자본재, 소모품 등으로 구성된다. 자재는 목재, 원유, 가죽 등의 천연재료를 수집한 것으로 아직 가공되지 않은 상품을 의미한다. 부품은 최종 완성품의 일부를 구성하는 상품으로서 아직 조립되지 않은 상태까지를 포함한다. 예를 들어, 자동차에 아직 부착하지 않은 타이어는 부품이다. 자본재는 상품을 구성하지는 않지만, 상품 생산을 원활히 하는데 도움을 주는 제반 장비나 설비를 의미한다. 예를 들어, 대형 컴퓨터, 엘리베이터, 지게차, 팩시밀리 등은 중요한 자본재이다. 소모품은 상품의 구성요소는 아니지만 상품생산을 위해 소모되는 컴퓨터 용지, 볼펜, 프린트 잉크 등을 뜻한다.

산업재는 소비재와 여러 모로 다른 특성을 지닌다. 우선 산업재의 수요는 연쇄적이다. 예를 들어, 자동차 수요가 증가하면 철강과 타이어라는 산업재 수요가 연쇄적으로 증가한다. 철강과 타이어 수요가 증가하면 철광석 수입과 고무 수입이라는 원자재 수요가 연쇄적으로 증가하는 식이다. 그리고 산업재 구매의사결정은 개인이 결정하는 경우보다 조직이 논의와 절차를 통해 결정하는 경우가 많다. 따라서 조직의 특성을 파악해야 산업재 판매가 용이해진다.

산업재 구매행동은 최초의 구매인 신규구매, 동일한 상품을 재구매하는 순수재구매, 기존 구매에 변화를 가한 변형재구매로 나뉜다. 그리고 산업재의 구매의사결정 참여자는 사용자, 영향력 행사자, 구매담당자, 의사결정자로 나뉜다. 산업재 판매원은 이들 참여자들 중 일부나 전부를 접촉하여 협의할 필요가 있다. 산업재 구매의사결정 과정은 총 8단계를 밟는데 5단계를 밟는 소비재 구매의사결정 과정에 비해 다소 복잡하다. 즉, 문제의 인식, 전반적 필요의 정의, 제품특성 상세화, 공급업자 탐색, 제안서 제출, 공급자 선택, 주문명세서 작성, 성과 검토의 순을 거친다. 이 단계마다 책임자가 있고, 결제과정이 중요하다. 산업재 판매자는 입찰과정에서 승리하기 위해, 산업재 구매의사결정과정 및 해당 담당자를 파악할 필요가 있다.

05 실용재 및 쾌락재 분석

상품은 사용목적을 기준으로 실용재와 쾌락재로 나누어진다. 첫째, 실용재(utilitarian goods)는 제품의 기능적 편익을 목적으로 구매하는 상품을 의미한다. 일용잡화나 식료품 등이 대표적인 실용재이다. 소비자는 실용재를 구매할 때 기능적인 속성에 주목하기 때문에, 소비자가 중요하게 생각하는 속성을 파악하여 경쟁상품에 비해 더 높은 가치를 부여하는 것이 필요하다. 그리고 실용재 판매에는 가격 및 대금결제방식이 중요하다. 가격에 비해 성능이 뛰어나고, 대금결제방식에 있어 부담이 적을수록 실용재는 환영받을 가능성이 높다.

그리고 실용재의 경우 적절한 판매촉진을 통해 매출이 증가하기 쉬운 상품이다. 가격할인이나 쿠폰, 사은품이나 경품행사 등 다양한 판매촉진을 통하여 실용재의 단기매출 증가효과를 누릴 수 있다. 실용재의 경우 판매촉진이 적합한 이유는 실용재는 잦은 판매촉진에도 불구하고 브랜드 이미지의 하락으로 인한 손실위험이 적기 때문이다.

둘째, 쾌락재(hedonic goods)는 경험적 편익을 목적으로 구매하는 상품을 의미한다. 마음의 즐거움과 관련한 음악, 영화, 연극 등 문화상품과 놀이공원, 관광 등 위락상품이 대표적이다. 쾌락재는 실용적인 혜택에 주목하지는 않기 때문에 대체로 가격민감도가 낮다. 따라서 어느 정도의 가격부담도 감수하려는 의지가 있다. 그리고 과도하게 낮은 가격은 쾌락재의 인식을 오히려 부정적으로 만들 우려도 있다.

그러나 심리적 한계를 벗어난 쾌락재의 비용부담은 소비자에게 죄책감을 줄 수 있다. 또한 충동구매나 탐닉을 통한 쾌락재 소비는 추후 후회의 감정을 야기하기도 한다. 따라서 쾌락재는 소비자의 절제(self control)가 필요한 상품군이기도 하다. 소비자는 본인이 선호하는 쾌락재 소비가 오랫동안 억압당하면 다른 영역에서의 절제력도 아울러 약해진다는 연구결과가 있다. 따라서 적절한 쾌락재의 소비는 삶의 활력을 더해줄 수 있다.

한편, 쾌락재는 심리적 가치를 중시하기 때문에, 정보전달형 광고보다는 이미지 소구형 광고 또는 정서 소구가 더 적합하다. 또한 식품의 경우에는 입맛을 직접적으로 자극하는 시즐 광고(sizzle advertising)가 사용되기도 한다. 쾌락재의 소비 유인효과는 강력하지만, 지속력은 실용재에 비해 약하다. 그 이유는 소비자가 쾌락재에 대하여 쉽게 싫증효과(satiation effect)를 느끼기 때문이다. 소비자의 싫증효과를 완화하기 위해서 쾌락재는 다양한 상품과 서비스를 지속적으로 출시할 필요가 있다. 한편, 소비자는 횡재로 얻어진 뜻밖의 수입에 대하여 실용재보다는 쾌락재를 더 소비하는 경향을 보였다. 유통점포는 무료쿠폰 등의 사용을 실용재보다는 쾌락재 쪽으로 유도하면 더 높은 판매가 있을 것으로 기대된다.

06 탐색재 및 경험재 분석

상품은 소비자의 품질추론을 기준으로 탐색재와 경험재로 나누어진다. 첫째, 탐색재(search goods)는 주어진 제품정보만으로 품질추론이 충분히 가능한 상품을 의미한다. 제품정보가 명확하고 품질 맥락이 균일한 전자제품, 기계제품, 도서나 음반 등이 이에 해당한다. 기업은 소비자가 중시하는 상품정보를 알아보기 쉽게 명시함으로써 탐색재의 수요를 증가시킬 수 있다.

그리고 탐색재는 인터넷 쇼핑몰에서 판매하기에 적합한 상품이다. 인터넷 환경에서 정보를 제시함으로써 소비자의 구매욕구를 자극하거나 정보탐색에 요긴한 단서로 활용될 수 있다. 인터넷 환경에서 탐색재의 정보제시 형태는 응집성(cohesiveness)이 높은 경우와 응집성이 낮은 경우로 구분한다. 응집성이 높은 정보제시 형태는 상품정보가 비교가 용이하도록 그림이나 도표로 일목요연하게 정리한 것을 의미한다. 반면에, 응집성이 낮은 정보제시 형태는 상품정보가 문장이나 단어로 흩어져 산만하게 제시한 것을 의미한다.

소비자는 응집성이 높은 정보에 대하여 두 상품간 차이점에 주목하고, 응집성이 낮은 정보에 대하여 두 상품간 유사성에 주목한다고 한다. 이것은 응집성이 높게 닮은 쌍둥이 비교 시 서로 다른 점에 주목하고, 응집성이 낮게 닮은 삼촌-조카 비교 시 서로 닮은 점에 주목하는 것과 같은 이치이다. 따라서 품질에 자신 있는 상품은 경쟁상품과 응집성 높게 정보를 배치하는 것이 바람직하고, 저가격 우위가 있는 상품은 경쟁상품과 응집성 낮게 정보를 배치하는 것이 바람직하다. 왜냐하면, 응집성 높은 정보 제시 시 소비자는 두 상품의 품질차이에 주목하고, 응집성 낮은 정보 제시 시 소비자는 두 상품의 품질차이를 미미하게 지각하여 가격차이에 더 주목하기 때문이다.

둘째, 경험재(experience goods)는 주어진 상품정보만으로는 품질추론이 어려워서 실제 상품을 경험해봐야 품질추론이 가능한 상품을 의미한다. 패션의류나 낯선 식품 등은 경험재에 속한다. 경험재는 실제 경험해보아야 하기 때문에 인터넷 쇼핑몰에서 판매하기 적합한 상품은 아니다. 그러나 인터넷 후기나 댓글 등을 통해 다른 소비자의 경험담을 기초로 어느 정도의 추론은 가능하다. 그리고 인터넷 기술의 발전으로 상품정보를 동영상 처리하여 보다 생생한 느낌으로 경험재의 품질추론을 도와주기도 한다.

그러나 모든 경험재가 간접 경험으로 품질추론이 가능한 것은 아니다. 그렇다고 경험재를 구매할 때 전부 실제로 경험해보기는 어렵다. 그래서 경험재의 품질추론은 브랜드 인지도나 브랜드 이미지 등 상품의 무형적인 평판을 기초로 하는 경우가 많다. 화장품이나 패션의류, 고급 레스토랑이 브랜드 인지도와 이미지에 각별히 신경쓰는 이유가 바로 그 때문이다.

제10절 STP 분석

01 시장세분화

소비자의 욕구는 점차 세분화되고 있다. 예를 들어, 과거에는 작은 플라스틱 용기에 담긴 살색의 요쿠르트가 전체 요쿠르트 시장을 대표하였다. 최근에는 소비자의 욕구가 세분화되어 떠먹는 요쿠르트, 캡슐에 유산균이 싸인 요쿠르트, 과즙이 함유된 야쿠르트 등 다양한 형태로 세분화되었다. 이는 마케팅의 관점에서 모든 고객을 하나로 간주하는 대량 마케팅(mass marketing)의 시대가 저물었음을 의미한다. 현재는 세분화된 소비자 집단에 적합한 상품이 맞춤 출시되는 시대가 되었다.

세분화된 시장에 적합한 상품을 출시하기 위해서 STP 분석이 필요하다. 즉 시장세분화(segmentation), 표적시장 선정(targeting), 포지셔닝(positioning)이 그것이다. 시장세분화는 시장과 소비자를 특정한 기준에 맞추어 분류하는 과정이다. 이렇게 세분화된 시장 중에서 자사 상품과 가장 적합성이 높은 세분시장에 집중하는 과정이 표적시장 선정이다. 그리고 포지셔닝은 표적시장에 속한 소비자의 마음 속에 기업이 추구하는 상품 이미지를 각인시키는 과정이다.

시장세분화의 분류 기준은 지리적, 인구통계적, 심리적 변수가 모두 가능하다. 즉 지리적 변수에 따라 서울 시장, 수원 시장, 인천 시장 등으로 시장을 나눌 수 있다. 그리고 나이, 성별, 소득수준 등 인구통계적 변수에 따라 20대 고소득층 여성 시장, 30대 중산층 남성 시장 등으로 시장을 분류할 수도 있다. 또는 라이프스타일, 성격 등 심리적 변수에 따라 여가를 중시하는 고객집단, 경제성을 중시하는 고객집단 등으로 시장을 분류하는 것도 가능하다.

이렇게 다양한 시장세분화 결과 중 어떤 분류가 바람직한지는 다음 조건을 토대로 검토할 수 있다. 첫째, 측정가능성(measurability)으로서 세분시장에 속한 각 소비자 특성은 측정가능해야 한다는 것이다. 파악이 불가능한 세분시장이 존재한다면 그러한 시장세분화는 바람직하지 않다. 둘째, 접근가능성(accessibility)으로서 세분시장에 속한 소비자에게 기업의 광고 및 마케팅 노력이 다가갈 수 있어야 한다는 것이다. 셋째, 실질성(substantiality)으로서 세분시장의 크기는 이익을 달성할 정도로 실질적인 규모가 되어야 한다는 것이다. 너무 작은 세분시장은 바람직하지 않다. 이러한 요건들이 충족되는 시장세분화인지 검토하여 시장세분화 변수를 결정하는 것이 필요하다.

시장세분화를 진행하기 위해서 일단 시장상황을 분석하고, 소비자 집단에 대한 조사를 실시할 필요가 있다. 문헌검토와 인터뷰, 설문조사 등을 통하여 해당 소비자 집단에 가장 적합한 시장세분화 변수 대안을 선정한다. 선정된 시장세분화 변수를 토대로 시장세분화를 실시하는데, 지나치게 포괄적인 분류나 지나치게 세부적인 분류는 바람직하지 않다. 예를 들어 단순히 성별로 남성 시장과 여성 시장으로 나누는 것은 대체로 너무 포괄적이다. 그러나 42세 고소득층 남성 시장과 43세 고소득층 남성 시장으로 나누는 것은 너무 세부적인 분류이다. 세분시장 분류 정도는 동일한 세분시장 내의 소비자 특성은 동질적이고, 서로 다른 세분시장 간 소비자 특성은 이질적이 되도록 해야 한다. 이 기준을 동질성/이질성 원리(homogeneous/

heterogeneous principle)이라고 한다. 예를 들어, 42세 고소득층 남성 시장과 43세 고소득층 남성 시장의 특성이 서로 동질적이라면 하나의 세분시장으로 합쳐야 하고, 서로 다르다면 다른 세분시장으로 구분하는 것이 바람직하다는 논리다.

이렇게 시장세분화가 끝나면, 앞서 제시한 바람직한 시장세분화의 요건(측정가능성, 접근가능성, 실질성)에 따라 세분시장의 특성을 검토할 필요가 있다. 이 요건에 맞지 않는다면 다른 변수를 고려하여 시장세분화를 다시 수행해야 한다. 이렇게 동질성/이질성 원리 및 바람직한 시장세분화의 요건을 토대로 시장세분화를 반복적으로 검토하여 최적의 세분시장을 도출할 수 있게 된다.

02 표적시장 선정과 포지셔닝

시장세분화 결과 전체 시장은 여러 세분시장으로 구분된다. 그러면 기업은 어떤 세분시장에 집중해야 할 것인가? 이러한 표적시장 선정의 문제는 신중하게 접근해야 한다. 일반적으로 가장 매력도가 높은 세분시장을 표적으로 삼는 것이 합리적이다. 세분시장의 매력도는 시장규모와 성장률, 경쟁 정도, 기업의 목표와 자원을 종합적으로 고려하여 판단한다. 그러나 가장 중요한 관점은 기업이 추구하는 상품 개념과 가장 적합성이 높은 세분시장을 표적으로 삼는다는 원칙이다.

상품 개념은 기업이 해당 상품을 어떤 이미지로 소비자에게 전달할 것인지에 대한 아이디어이다. 예를 들어, 나이키는 운동을 좋아하는 청소년의 역동적인 이미지를 하나의 컨셉트로 삼아서 상품 개발과 광고 아이디어에 적용하였다. 이러한 상품 개념에 가장 적합성이 높은 세분시장이 바로 나이키의 표적시장이 되는 것이다. 그런데 상품 개념에서 직접적으로 관련된 소비자 집단만이 표적시장이 되는 것은 아니다. 상품 개념에 심리적으로 동조하는 소비자도 표적시장이 될 수 있다. 따라서 나이키의 표적시장은 문자 그대로 농구를 좋아하는 청소년 뿐 아니라 그러한 역동적이고 활동적인 이미지를 높게 평가하는 중장년층도 표적시장이 될 수 있다. 이는 마치 존슨즈 베이비 로션의 표적시장이 아기 뿐 아니라 아기 피부를 닮고 싶어하는 모든 여성들이 되는 것과 마찬가지다.

결론적으로, 기업이 추구하는 상품 개념과 가장 적합성이 높은 세분시장 중 규모와 성장률, 경쟁 강도, 기업의 목표와 자원을 고려하여 가장 매력도 높은 세분시장을 표적으로 삼아야 할 것이다. 그리고 일단 표적시장이 선정되면 다른 세분시장은 과감히 포기해야 한다. 여러 세분시장을 동시에 만족시키려는 노력은 자칫 어떤 세분시장도 만족시키지 못하는 우를 범할 수 있다. 일례로, 1980년대 초 미국시장에서 펩시콜라는 '새로운 세대의 새로운 선택'이라는 슬로건을 토대로 젊은 이미지를 상품 개념으로 삼아 코카콜라의 이미지를 낡은 것으로 몰아가는데 성공하였다. 그러나 노년층까지 포괄하겠다는 과욕을 부린 나머지 백발이 성성한 왕년의 팝 스타를 광고모델로 등장시키는 '올드 팝 펩시' 캠페인을 통해 기존의 젊은 이미지를 혼란시켰다. 그 결과 매출이 하락하였고, 펩시의 코카콜라에 대한 공격은 잠시 무너졌다.

표적시장이 선정되면 상품 개념을 구체화된 이미지로 소구하는 포지셔닝 전략을 수행해야 한다. 포지셔닝 전략은 다음과 같은 다섯 요소를 토대로 수행할 수 있다. 첫째, 상품 속성에 기초한 포지셔닝으로서, 상품의 기능적 편익을 강조하여 소비자의 인지적 태도를 높일 수 있다. 예를 들어, 죽염치약은 죽염 성분을 강조하여 잇몸질환 예방을 강조하였고, 볼보 자동차는 안전성을 지속적으로 강조한다. 둘째, 사용상황에 기초한 포지셔닝으로서, CJ의 컨디션은 술 마실 때 마시는 음료로 포지셔닝했고, 롯데 빼빼로는 11월 11일 연인들 간 선물을 주고받는 상황을 포지셔닝하였다. 셋째, 전형성에 기초한 포지셔닝으로서, 해당 제품범주를 대표하는 듯한 이미지를 강조하는 것이다. 예를 들어, 비자 카드는 글로벌 신용카드의 대표라는 것을 강조하고, 미닛메이드 쥬스는 글로벌 매출 1위를 강조한다. 넷째, 사용자에 기초한 포지셔닝으로서, 클린앤클리어는 여고생들의 화장품으로 각인되어 있고, 에르메스 가방은 귀부인을 사용자로 가정하고 있다. 다섯째, 경쟁자에 기초한 포지셔닝으로서, Avis는 2위 렌터카를 강조하여 1위인 허츠를 겨냥하였고, 7-up은 카페인과 색소가 없음을 강조함으로써 역설적으로 코카콜라를 압박하기도 하였다.

바람직한 포지셔닝은 '단순한 단일의 이미지(simple & single image)'라고 볼 수 있다. 소비자가 하나의 상품에 여러 가지 이미지를 동시에 기억하기 어려워하기 때문에, 단일의 이미지를 반복적으로 전달하는 노력이 필요하다. 예를 들어, 다시다는 10년 이상 꾸준히 '고향의 맛' 포지셔닝을 강조한 덕분에, 사실상 화학조미료임에도 불구하고 그러한 부정적 이미지를 탈색하는데 성공할 수 있었다. 그러나 LG텔레콤은 지난 수년 간 이미지 포지셔닝이 수시로 바뀜으로써 소비자에게 일관적인 단일의 이미지를 주는데 실패하였다. 이는 기업의 포지셔닝 노력이 광고기획사에게 전담될 때 발생하는 문제인데, 광고기획사가 바뀌면 기존 포지셔닝이 바뀌는 경우가 흔하기 때문이다. 따라서 기업은 포지셔닝이 일단 확정되면 그 기조를 유지하면서 광고를 실행해야할 것이다. 즉 광고의 중심요소인 이미지 포지셔닝은 그대로 유지하되, 광고의 주변요소인 광고모델, 배경음악 등은 수시로 바꾸어주어 소비자의 싫증효과를 완화시키는 것이 필요하다.

연습문제

1. 필요와 욕구 및 가치와 편익에 대해 설명하시오.
2. 생애가치란?
3. 크로스셀링과 업셀링은 무엇인가?
4. 현대의 고객 개념에 대해 논하시오.
5. 전환장벽에 대해 논하시오.
6. 마케팅 컨셉트를 설명하시오.
7. 시장세분화에 대해 설명하시오.

제4장

생산운영관리

제1절 생산관리의 정의

생산관리란 조직내 생산기능의 효과적·효율적 관리이다.[35] 생산기능이란 제품이나 서비스를 생산하는 기능을 의미하며, 이 기능은 생산관리자가 담당하고 있다. 생산관리자는 생산기능을 효과적·효율적으로 관리하기 위해 여러 가지 의사결정을 한다. 따라서 의사결정에 초점을 맞추어 생산관리를 정의해 보면 다음과 같다.[36]

> 생산관리자는 조직에서 제품 또는 서비스의 생산을 담당하며, 생산기능과 사용하는 변환시스템(transformation system)에 관한 의사결정을 한다. 따라서 생산관리란 생산기능에 관한 의사결정, 즉 생산의사결정에 관한 연구라고 할 수 있다.

위의 정의에서 강조되는 세 가지 사항은 생산기능, 변환시스템 및 생산의사결정이다.

(1) 생산기능

생산관리자는 조직에서 제품과 서비스를 생산하는 부서나 기능의 관리를 담당한

---

35) 이상범, 현대 생산·운영관리 제2판, 명경사, 2002.

36) 이 정의는 생산의사결정에 초점을 둔 Schroeder(1993. p. 4)의 정의이다. 생산관리는 학자에 따라 다양하게 정의되고 있다. 예를 들면, Chase, Aquilano, and Jacobs(1998)는 생산관리를 "기업의 주요 제품이나 서비스를 생산하는 생산시스템의 설계, 운영 및 개선"으로 정의하고 있고, Krajewski and 작크무(1999)은 생산관리를 "투입물을 제품이나 서비스와 같은 산출물로 변환시키는 공정의 관리 및 통제"로 정의하고 있다.

다. 이러한 부서의 명칭은 산업에 따라 다르다. 생산기능은 제조업에서는 보통 제조부서 또는 생산부서로 불리며, 서비스조직에서는 운영부서 또는 특정 산업분야에 고유한 다른 명칭을 갖기도 한다. 하지만 명칭에 관계없이 생산기능은 어느 조직에서나 제품이나 서비스를 생산하는 기능을 의미하며, 마케팅이나 재무와 같은 조직기능의 하나이다.

(2) 변환시스템

시스템적 견해에서는 제품과 서비스의 생산활동을 투입물을 원하는 산출물로 바꾸는 변환시스템으로 정의한다. 제조활동에서는 원자재, 에너지, 노동력, 자본 등의 투입물이 완제품으로 변환되며, 서비스활동에서는 이와 같은 투입물이 서비스산출물로 변환된다. 어떠한 유형의 조직에서나 생산관리자 또는 운영관리자의 임무는 이러한 변환과정을 효과적·효율적으로 관리하는 것이다.

(3) 생산의사결정

생산관리자는 생산기능에 관한 의사결정을 한다. 이는 생산의사결정을 기능적인 측면에서 생산공정, 생산능력, 재고, 노동인력 및 품질의 5대 분야로 구분한다.

제2절 생산관리의 역사적 발전

생산관리는 인간이 제품과 서비스를 생산하면서부터 존재해 왔다고 볼 수 있다. 따라서 생산관리의 역사는 고대문명에까지 거슬러 올라갈 수 있지만 여기서는 최근 100년간의 역사적 발전에 초점을 맞추어 엄격한 연대순보다는 생산관리에 대한 주요 공헌들을 중심으로 생산관리의 발전과정을 살펴보기로 한다.

(1) 과학적 관리법

현대적인 의미에서의 생산관리는 1911년 테일러(Frederick W. Taylor)의 과학적 관리법(scientific management)으로부터 태동되었다고 볼 수 있다. 과학적 관리법은 과학적 방법이 작업을 연구하는 데에도 사용될 수 있다는 개념에 근거하고 있다. 과학적 관리법은 ① 현재의 작업방법의 관찰, ② 과학적 측정과 분석을 통한 개선된 방법의 개발, ③ 새로운 방법에 대한 작업자 훈련, ④ 작업과정에 대한 계속적인 피드백(feedback) 및 관리의 4단계로 구성된 과학적 접근법을 사용함으로써 작업에 대한 최상의 방법을 발견하는 것을 목적으로 한다. 생산관리는 20세기 초의 과학적 관리법의 출현으로 비로소 형태를 갖추기 시작하였다고 볼 수 있다.

(2) 이동조립라인

1913년 포드(Henry Ford)는 자동차의 대량생산을 가능케 한 획기적인 기술혁신인 이동조립라인(moving assembly line)을 도입하였다. 이동조립라인이 도입됨으로써 자동차의 조립시간 대폭적으로 줄어들게 되었다. 포드는 제품구조의 단순화(simplification), 규격의 표준화(standardization), 제품공정의 전문화(specialization)라는 3S 개념에 착안하여 자동차를 설계하고, 각 작업자로 하여금 세분된 작업을 정해진 표준시간에 컨베이어 벨트(convey belt)를 따라 동시에 수행하게 하였다. 이동조립라인의 개념은 자동차뿐만 아니라 다수의 부품으로 조립되는 제품의 신속한 대량생산을 가능하게 하였다.

(3) 인간관계론

인간관계론(human relations)은 작업설계에 있어 동기부여(motivation)와 인산적인 요소를 강조하였다. 1930년대에 메이요(Elton Mayo)와 그의 동료들은 웨스턴 전기회사(Western Electric)에서 실시한 유명한 호손실험(Hawthome study)을 통해 작업자에 대한 동기부여가 생산성 향상에 결정적인 요소임을 지적하였다. 인간관계학파의 사고는 오늘날에 있어서 생산성 향상 뿐만 아니라 작업장의 인간화를 위한 방법으로도 인식되고 있다.

(4) 의사결정모형

의사결정모형(decision model)은 생산시스템을 수학적인 형태로 나타내는데 사용된다. 의사결정모형은 보통 결정변수, 성과측정식 및 제약식으로 구성된다. 의사결정모형의 목적은 여러 제약조건하에서 생산시스템의 성과를 최대화하는 결정변수의 값을 구하는 것이다.

최초의 의사결정모형은 1915년 해리스(F. W. Harris)에 의해 개발된 재고관리를 위한 경제적 주문량 공식이라고 볼 수 있다. 1931년 벨 전화연구소(Bell Telephone Laboratories)의 슈워트(Walter A. Shewhart), 그리고 닷지와 로믹(H. F. Dodge and H. G. Romig)은 통계적 품질관리를 위한 계량의사결정모형(관리도와 표본검사법)을 개발하였다. 그러나 생산관리에 계량의사결정모형이 본격적으로 도입된 것은 제2차 세계대전을 계기로 각종OR(operations research) 또는 경영과학(management science) 기법이 개발되면서부터이다. 1947년 단치히(George Dantzig)는 선형계획모형(linear programming)의 심플렉스 해법(simplex method)을 개발함으로써 선형계획법의 실제 응용을 촉진시켰다. 1950년대에는 컴퓨터 시뮬레이션 모형이 생산관리에 응용되었으며, 1950년대 이후 생산관리에 여러 가지 OR기법들이 확대 적용되어 왔다.

(5) 컴퓨터와 자재소요계획(MRP)

1970년대부터는 생산관리에 컴퓨터가 본격적으로 사용되기 시작하였다. IMB의 오릭키(Joseph Orlicky)와 컨설턴트인 와이트(Oliver Wight)는 종속수요품목(원자재, 부품, 구성품 등)의 재고관리를 위한 MRP(material requirements planning) 프로그램을 개발하였다. MRP를 이용함으로써 수많은 부품으로 이루어지는 최종제품의 수요변화에 대처할 수 있도록 생산일정 계획을 수립하고 재고 및 구매관리를 할 수 있게 되었다.

〈표 2-1〉 생산관리의 역사적 발전

연대	개념	도구	창시자 또는 개발자
1919년대	• 과학적 관리법 • 산업심리학 • 이동조립라인 • 경제적 주문량	• 시간연구와 작업연구 • 동작연구 • 표준화, 단순화, 전문화 개념 (3S) 및 컨베이어 벨트 • 재고관리에 경제적 주문량 (EOQ)모형을 적용	• Frederick W. Taylor(미국) • Frank and Lillian • Gilbreth(미국) • Henry Ford(미국) • F. W. Harris(미국)

1930년대	• 통계적 품질관리 • 인간관계론	• 표본검사와 품질관리를 위한 통계표 • 작업자 동기부여에 대한 호손실험	• Walter Shewhart, H. F. • Dodge, and H. G. Romig (미국) • Elton Mayo(미국)
1940년대	• 복잡한 시스템문제에 대한 학제적 팀 접근법	• 선형계획법의 심플렉스(simplex) 해법	• OR그룹(영국) and • George B. Danzig(미국)
1950 ~60년대	• OR기법의 본격적인 개발 및 적용	• 시뮬레이션, 대기행렬이론, 의사결정이론, 수학적 계획법, PERT/CPM	• 미국과 서유럽의 많은 연구자
1970년대	• 기업경영에 컴퓨터의 본격적인 사용	• 일정계획, 제고관리, 예측, 프로젝트관리, MRP	• IBM과 같은 컴퓨터 제조업체 : Joseph Orlicky and Oliver Wight(MRP 개발)
1980년대	• 서비스의 품질 및 생산성 • 생산전략 패러다임 • JIT, TQC 및 공장자동화	• 서비스부문의 대량생산 • 경쟁수단으로서의 생산 • KANBAN, CIM, FMS, CAD/CAM, 로봇 등	• McDonald's 패스트푸드 체인점 • 하버드 경영대학원 교수(미국) • 도요타 자동차의 Tai-Ichi Ohno(일본), W. E. Deming and J. M. Juran(미국), 엔지니어링 회사(미국, 독일 및 일본)
1990년대	• TQM • BPR • 전자기업 • 공급사슬관리	• 말콤 발드리시 품질대상, ISO 9000 시리즈 인증, 가치공학 및 동시공학, 지속적 개선 패러다임 • 급진적 변화의 패러다임 • 인터넷, 월드 와이드 웹 • SAP/R3, client/server software	• National Institute of standards and Technology, American Society of Quality Control(미국) • 국제표준화기구(유럽) • Michael Hammer 및 주요 컨설팅 회사(미국), 미국 정부 • 마이크로소프트社 및 네스케이프社, SAP(독일), Oracle(미국)

출처 : Chase, Aquilano, and Jacobs(1998), p. 13

(6) 적시생산시스템(JIT), 총체적 품질관리(TQM) 및 공장자동화

1980년대에는 적시생산시스템(JIT : just-in-time production system), 총체적(또는 全社的) 품질관리(TQC : total quality control), 그리고 각종 공장자동화시스템이 생산관리에 크게 영향을 미쳤다. 일본기업이 처음으로 개발한 JIT는 적시에 현장으로 바로 부품을 조달케 함으로써, 재고의 최소화와 대량생산이 가능하도록 생산활동을 통합설계하는 생산관리방식이다. 이러한 JIT와 함께 TQC는 제품의 불량원인을 전사적인 활동을 통해 적극적으로 제거하는 품질관리방식으로 오늘날 제조기업에서 보편적으로 활용되고 있다. CAD(computer-aidde design), CAM(computer-aided manufacturing), CIM(computer- integrated manufacturing), FMS(flexible manufacturing system) 등 각종 공장자동화(factory automation) 기법도 1980년대부터 생산관리에 크게 영향을 미치기 시작하였다.

(7) 생산전략 패러다임

1970년대 말과 1980년대 초에 걸쳐 스키너(Wickham Skinner), 애버나디(William Abernathy), 클라크(Kim Clark), 헤이즈(Robert Hayes), 휠라이트(Steven Wheelwright) 등의 하버드 경영대학원 교수들은 생산기능이 기업의 경쟁우위를 달성하기 위한 전략적인 무기로 활용되어야 함을 강조하는 생산전략 패러다임(paradigm)을 제시하였다.

(8) 서비스의 품질 및 생산성

표준화된 서비스를 대량으로 신속하게 전달하는 맥도널드 햄버거 체인(McDonald's hamberger chain)을 벤치마킹(benchmarking)하여 서비스업에 있어서도 품질 및 생산성 향상을 위한 생산라인적 접근법(productionline approach)이 1970년대 이후 본격적으로 도입되기 시작하였다.

(9) 총체적 품질경영(TQM) 및 국제품질인증제도

1990년대에는 품질관리의 개념이 제품 차원의 TQC에서 조직시스템 차원의 총체적 품질경영(TQM : total quality management)으로 전환되었다. TQM에서는 국제적으로 경쟁력을 갖춘 품질의 확보를 목표로 고객지향의 제품개발 및 품질보증체계를 중요시한다. TQM을 촉진시킨 것은 국제표준화기구(ISO : International Organization for Standardization)의 ISO 9000 시리즈와 ISO 14000 시리즈와 같은 국제품질인증 제도이다. 또한 미국의 말콤 발드리지 품질대상(Malcolm Baldridge National Award)도 TQM을 미국 기업내에 확산시키는 데에 크게 기여하였다.

(10) 비즈니스 프로세스 리엔지니어링(BPR)

1990년대에 들어 세계경제의 불황 속에서 경쟁력을 유지하기 위해 기업의 업무 프로세스를 근복적으로 혁신하고자 하는 비즈니스 프로세스 리엔지니어링(BPR : business process reengineering)이 등장하였다. 해머(Michael Hammer)에 의해 주창된 이 접근법은 모든 기업의 업무 프로세스를 처음부터 새로운 시각으로 기본적으로 다시 생각하고 근본적으로 재설계하자는 것이다. 즉, 기존의 업무 프로세스를 재설계하되 가치를 부가하지 않는 단계는 모두 제거하고 나머지 단계들은 컴퓨터화 하자는 것이다. BPR은 정보기술의 발달과 밀접히 연관되어 있으며, 점진적이고 지속적인 개선을 추구하는 TQM과는 달리 급진적인 변화를 추구하는 데 특징이 있다.

제3절 생산 시스템

시스템적 견해에서는 생산관리를 투입물을 제품이나 서비스와 같은 산출물로 변환시키는 변환시스템 혹은 생산시스템(productive system)의 효과적·효율적 관리로 정의하다. 여기서는 생산시스템의 일반적인 구조와 기능, 그리고 생산시스댐의 2대 형태인 제조시스템과 서비스시스템의 차이를 살펴보기로 한다.

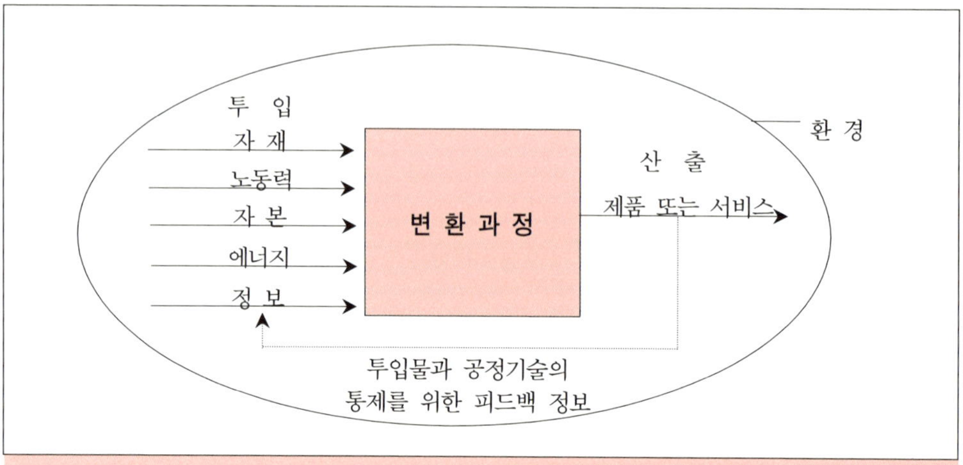

[그림 2-1] 생산시스템

(1) 생산시스템의 정의

생산시스템이란 투입물(input)을 원하는 산출물(output)로 변환시키는 기능을 수행하는 일련의 구성인자의 총체라고 할 수 있다. 생산시스템은 투입-변환-산출의 과정을 갖는다.

생산시스템의 투입물은 자재, 노동력, 자본, 에너지, 정보 등이 되고, 이러한 투입물은 공정기술(process technology)에 의해 산출물인 제품이나 서비스로 전환된다. 공정기술이란 투입물을 산출물로 변화시키는데 사용되는 특정 방법을 말하며, 기술의 변화는 투입물간의 사용비율이나 생산되는 산출물을 변화시키기도 한다. 사용되는 투입물의 유형은 산업에 따라 다르다. 제조업의 경우에는 주로 원자재, 노동력, 기계, 설비, 에너지, 정보 등이 투입물이 된다. 서비스업의 투입물 구성은 제조업과는 다소 다르다. 예를 들면, 항공사의 경우 비행기와 각종 설비, 고도로 숙련된 노동력(조종사, 정비사), 많은 에너지가 투입물이 된다. 하지만 제조업에 비해서는 원자재 투입물은 매우 적다.

투입물을 원하는 산출물로 바꾸는 기능을 변환기능(transformation function)이라고 한다. 피드백 정보(feedback information)는 공정기술이나 투입물의 통제에 사용된다. 생산관리자는 산출물의 생산에 필요한 투입물의 배합과 공정기술을 계속적으로 조정하는 데 피드백 정보를 사용한다.

〈표 2-2〉는 생산시스템의 몇 가지 예를 보여주고 있다.

〈표 2-2〉 생산시스템의 예

생산시스템	투 입 물	산 출 물
제조공장	장비, 설비, 노동력, 에너지, 원자재	완제품
은 행	직원, 컴퓨터장비, 설비, 에너지	각종 금융서비스(예금, 대출 등)
병 원	의사, 간호사, 직원, 의료장비, 설비, 에너지	의료서비스 및 완쾌된 환자
항공사	비행기, 설비, 조종사, 승무원, 정비사, 에너지	지역간 여객 및 화물 수송
레스토랑	요리사, 웨이트레스, 식품, 장비, 설비, 에너지	식사, 고객의 즐거움 및 만족감
대 학	교수, 직원, 장비, 설비, 에너지, 지식	교육받은 학생, 연구실적물, 공공서비스

(2) 제조업과 서비스업

생산시스템은 산출물이 유형의 제품이나 또는 무형의 서비스냐에 따라 제조업(제조시스템)과 서비스업(서비스시스템)으로 구분할 수 있다. 제품은 물리적인 성격을 가지고 있어서 보관 및 수송이 가능하다. 이에 비해 서비스는 무형이며, 생산과 소비가 동시에 일어나고, 보관이나 수송이 불가능하다.

제조업과 서비스업의 구체적인 생산의사결정은 본서의 전반에 걸쳐 다룰 것이지만, 우선 여기서는 생산관리적인 측면에서 제조업과 서비스업의 중요한 차이만 간략히 살펴보기로 한다.

① **재고와 생산능력** : 제조업의 산출물은 유형의 제품이므로 재고로 유지할 수 있고, 따라서 재고를 이용하여 생산과 수요간의 차이를 상당 부분 조정할 수 있다. 예컨대 비수기에도 수요 이상으로 생산하여 재고로 유지하였다가 성수기의 수요에 대처할 수 있다. 이에 비해 서비스업에서는 재고를 통한 생산과 수요간의 조정은 불가능하다. 따라서 호텔, 병원, 식당 등과 같은 서비스업에서는 예약을 통해 수요를 조정하기도 한다.

또한 서비스업에서는 수요가 발생하지 않으면 생산능력이 사장(死藏)되어 버린다. 그러나 제조업에서는 현재 수요가 없더라도 생산을 하여 미래수요에 대비한 재고를 비축할 수 있으므로 생산능력이 사장되지는 않는다.

② **품질** : 제조업은 서비스업보다 품질수준의 설정과 평가가 용이하다. 하지만 서비스는 무형이므로 품질 평가가 쉽지 않다. 서비스업의 품질은 상당 부분 주

관적이며 평판에 의해 좌우되는 경향이 있다.

③ **입지** : 서비스업은 지리적으로 널리 퍼져 있어야 한다. 예를 들면, 은행, 보험회사, 증권회사, 각종 연쇄점 등은 지점을 여러 곳에 개설한다. 왜냐 하면 서비스는 보관, 운반될 수 없고 따라서 소비처에서 바로 생산되어야 하기 때문이다. 반면에 제조업에서는 생산된 제품을 각 소비처로 운반할 수 있기 때문에 모든 생산활동을 지리적으로 한곳에 집중시킬 수가 있다.

④ **마케팅과 생산기능** : 서비스업에서는 생산기능과 마케팅기능이 상호 밀접하게 관련되어 있다. 왜냐 하면 서비스는 생산되는 시간과 장소에서 바로 소비되어 버리기 때문이다. 따라서 서비스업에서는 생산과 마케팅기능이 결합되어 있는 경우가 많다. 이에 비해 제조업에서는 제품의 생산과 판매가 개별적으로 이루어질 수 있으므로 생산기능과 마케팅기능은 개별적으로 전문화·조직화 될 수 있다.

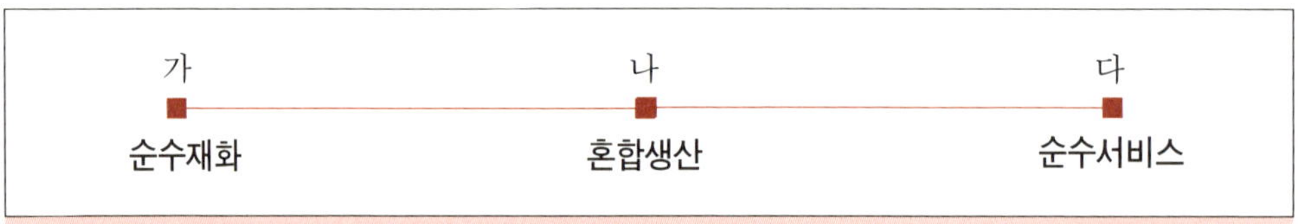

[그림 2-2] 제조업과 서비스업의 분류

이상에서 살펴본 바와 같이 제조업과 서비스는 그 운영의 여러 측면에서 차이가 있다. 그러나 생산관리적 관점에서 어떤 기업을 완전히 제조업 또는 서비스업으로 분류하는 데는 무리가 있다. 왜냐 하면 많은 기업은 재화와 서비스를 동시에 생산하기 때문이다. 따라서 제조업과 서비스업의 분류는 [그림 2-2]와 같이 양쪽 극단을 순수재화와 순수서비스로 놓은 연속적인 선상에서 이루어지는 것이 적절하다.

[그림 2-2]에서 가 점은 순수재화의 생산자를 나타낸다. 여기에는 제조공장, 농장, 광산 등과 같이 전형적인 재화만을 생산하는 조직이 포함된다. 나점은 재화와 서비스 양쪽 모두를 생산하는 조직을 나타낸다. 예를 들면, 자동차회사는 자동차의 생산·판매 외에도 할부(신용)판매에 따른 재무서비스, 보험, 품지보증, 수리 등 여러 가지 부대서비스를 제공한다. 재화와 서비스를 혼합 생산하는 또 다른 예로는 레스토랑을 들 수 있다.

다점은 순수서비스 생산자를 나타낸다. 예를 들면, 여기에는 컨설팅 회사, 정부기관, 병원, 은행, 교육, 각종 인적 서비스업 등이 포함된다.

제4절 생산관리의 목표

전형적인 생산관리의 목표, 즉 생산목표(operations objective)는 원가(cost), 품질(quality), 납품(delivery), 유연성(flexibility의 네 가지이다.

(1) 원 가

생산원가에는 재료비, 노무비 및 간접비가 포함된다. 생산원가는 통상 매출액의 백분율(%)이나 제품의 단위당 원가로 표시된다. 만약 생산관리의 목표가 원가 또는 비용 최소화라면 신제품을 신속히 도입할 수 있는 유연성을 희생하고서라도 고도의 자본집약적인 대량생산이 이루어져야 한다. 설비는 가능한 오래 사용되어야 하고, 낮은 비용으로 유지되어야 하며, 완제품과 원자재의 재고는 최소화되어야 한다. 품질관리에서는 재작업과 폐기물비용의 감소가 강조된다.

(2) 품질

품질이란 제품이나 서비스의 가치, 탁월성, 규격일치성, 고객이 느끼는 유용성 등을 의미한다. 품질은 보통 고객만족도(제품 만족률), 불량률, 폐기물 및 재작업의 비율 등으로 표시된다. 생산에서 품질에 중점이 주어질 때는 설계품질과 적합품질(또는 제조품질) 양쪽 모두가 강조된다.

(3) 납 품

납품이란 고객이 원하는 시간과 장소에 제품이나 서비스를 인도할 수 있는 생산의 능력을 말한다. 납품의 좋고 나쁨은 다양한 방법으로 측정될 수 있다. 재고생산(또는 계획생산)의 경우, 납품은 재고로부터 바로 충족되는 수요의 비율(즉, 서비스 수준)이나 재고를 보충하는 데 걸리는 시간으로 측정된다. 주문생산의 경우에는 주문을 받은 후 실제 제품을 인도할 때까지 걸리는 시간과 약속한 납기에 인도된 주문의 비율(즉, 납기준수율)로 측정된다.

(4) 유연성

유연성이란 수요의 양적 및 질적 변화에 신속하게 대응할 수 있는 능력을 말한다. 즉 수요의 변동에 따라 생산수량을 신속히 조절할 수 있고, 소비자의 요구나 취향에 맞추어 신속하게 신제품을 개발하거나 제품디자인을 다양하게 변경할 수 있는 능력을 말한다.

가장 이상적인 생산활동이란 낮은 원가, 높은 품질, 신속한 납품 및 높은 유연성을 동시에 달성하는 것이다. 그러나 작은 원가를 추구하다 보면 품질, 납품 및 유연성에 상당한 손실을 가져올 수도 있다. 또한 유연성은 보통 상당한 비용증가를 수반하는 것으로 인식되고 있다. 마찬가지로 우수한 납품서비스를 제공하는 데에도 비용이 많이 든다. 왜냐 하면 신속한 납품을 위해서는 많은 재고와 여유생산능력을 유지해야 하기 때문이다. 이와 같이 네 가지 생산목표는 상충할 수도 있다.

하지만 생산목표간의 상충관계는 상황에 따라 다르기 때문에 일반적인 관계를 말하기는 어렵다. 생산목표에 관한 전통적인 견해에서는 품질과 원가는 반대방향으로 움직인다고 보았다. 그러나 이와 같은 관계가 언제나 성립되는 것은 아니다. 경우에 따라 우수한 기업들은 높은 품질과 낮은 원가를 동시에 달성하기도 한다. 예를 들면, 일본의 가전제품과 자동차는 구미제품(歐美製品)에 비해 수명이 길고 결함은 적으나 원가는 같거나 낮다. 이는 생산활동에서 오류의 예방과 감소를 지속적으로 추구함으로써 품질개선과 생산성 향상을 동시에 달성한 결과이다. 또 어떤 경우에는 적당한 비용으로 높은 유연성을 얻을 수 있는 반면에 신속한 납품서비스에는 더 많은 비용이 들 수도 있다.

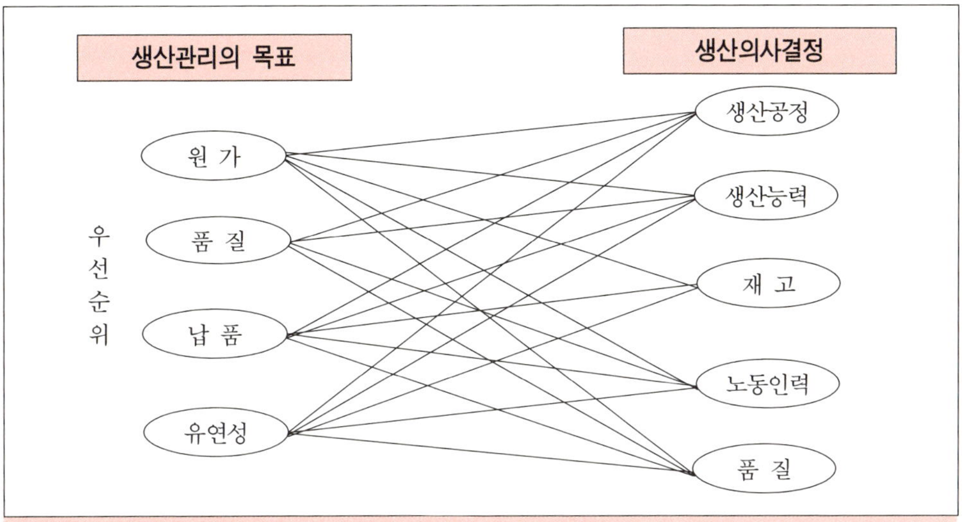

[그림 2-3] 전략적 생산의사결정

이와 같이 경우에 따라 다르기는 하지만 일반적으로 네 가지 생산목표를 동시에 모두 최적화하기는 어렵다. 따라서 생산전략(operations strategy)에 따라 네 가지 생산목표의 상대적 우선순위가 결정되어야 한다. 이러한 우선순위에 따라 생산관리자는 생산공정, 생산능력, 재고, 노동인력 및 품질의 5대 생산의사결정분야에 있어 일관성 있는 일련의 의사결정을 해야 한다. 만일 낮은 원가가 생산의 주요 목표라면 이에 맞도록 일련의 생산의사결정이 이루어져야 하며, 납품이 주요 목표라면 또 다른 일련의 생산의사결정이 선택되어야 한다. 즉 [그림 2-3]과 같이 생산의사결정은 생산목표의 상대적 우선순위에 따라 전략적으로 이루어져야 한다.

제5절 생산관리의 최근 추세

서비스부문의 성장, 생산성 향상, 글로벌 경쟁, 품질·시간 및 기술 기반의 경쟁, 대량고객화, 환경친화경영, 기업의 글로벌화에 따른 작업자의 다양성 등 최근의 비즈니스 추세는 생산관리에 크게 영향을 미치고 있다.

(1) 서비스부문의 성장

최근 서비스부문이 경제에서 차지하는 비중은 매우 커지고 있다. 미국의 경우, 서비스부문의 비중은 GNP의 70%, 총고용의 80%를 넘고 있다. 이 같은 추세는 다른 선진국의 경우에도 비슷하다. 일본의 경우에는 총고용의 75%를 서비스부문이 차지하고 있고, 유럽의 경우에도 서비스부문의 고용비중이 72%에 달하고 있으며, 우리나라의 경우에도 1998년 현재 총고용에서 서비스부문이 차지하는 비중은 68%에 이르고 있다. 서비스부문의 성장에 따라 생산관리의 대상과 내용에 있어서도 서비스부문의 중요성은 점차 커지고 있다. 그럼에도 불구하고 제조업은 여전히 경제에서 매우 중요하다. 더욱이 서비스부문과 제조부문은 상호 보완적인 성격이 있다. 예를 들면, 택배산업이나 컨설팅서비스는 서비스부문으로 분류되지만 이들의 산출물은 대부분 제조부문에서 구매되고 있다.

(2) 생산성 향상

생산성(productivity)이란 한 국가, 산업 또는 기업이 자원(즉, 생산요소)을 얼마나 잘 사용하고 있는가를 나타내는 보편적인 척도이다. 넓은 의미에서 생산성이란 다음의 식과 같이 산출(제품과 서비스)과 투입(노동, 설비, 자재, 에너지 등)의 비율을 의미한다.

$$\text{생산성} = \frac{\text{산출(outputs)}}{\text{투입(inputs)}}$$

생산성을 향상시키기 위해서는 투입 대비 산출의 비율을 높여야 한다. 즉, 생산성을 높이기 위해서는 동일한 투입으로 산출물의 양을 늘리든지 또는 산출물의 품질을 높이든지, 아니면 산출물의 수준은 동일하게 유지하면서 투입자원을 줄여야 한다. 오늘날 생산성 향상은 생산관리의 주요 과제가 되고 있다.

(3) 글로벌 경쟁

글로벌 경쟁(global competition)에서 기업이 존속·발전해 나가기 위해서는 고객, 공급자, 경쟁자 및 입지선정을 글로벌 시각에서 보아야 한다. 오늘날 대부분의 제품은 전세계적인 자재와 서비스의 합성체이다. 즉, A국에서 제품을 설계하고, B국에서 자재를 공급받아, C국 소재 공장에서 가공하여 전세계적으로 판매하는 식이다. 따라서 기업은 글로벌 생산네트워크(global production network)를 구성하여 관리해야 한다.

(4) 품질·시간 및 기술 기반의 경쟁

최근 생산관리에서는 품질·시간 및 기술 기반의 경쟁이 보다 강조되고 있다. 글로벌 경쟁에서의 경쟁우위는 높은 품질의 제품이나 서비스를 적정한 가격으로 제공하는 능력에 달려 있다. 이에 따라 우수한 품질의 제품이나 서비스를 생산하지 못하는 기업은 시장에서 경쟁력을 잃고 있다. 따라서 생산관리자는 이전보다 더욱 품질에 관심을 기울여야 한다.

또한 시간기반경쟁(time-based competition)도 생산관리의 최근추세 중의 하나이다. 경쟁기업에 비해 보다 신속한 납품, 신속한 신제품이나 신서비스의 도입이 경쟁우위 확보에 중요한 요인이 되고 있다.

생산관리에서 중요한 또 다른 요인은 가속화되고 있는 기술변화이다. 기술변화는 새로운 제품이나 서비스의 생산을 가능케 하고, 생산공정에 영향을 미친다. 컴퓨터 및 정보기술의 발전에 따라 많은 새로운 기회가 생겨나고 있다. 예를 들면, 인터넷은 기업 내부를 연결시키고, 나아가 기업과 고객 및 전략적 파트너를 연결시키는 중요한 수단이 되고 있다. 오늘날 기술의 올바른 선택과 효과적인 관리는 기업의 경쟁우위 달성에 대단히 중요하다.

(5) 대량고객화

모든 산업에서 고객이 다양한 선택을 할 수 있도록 제품라인이나 서비스의 종류를 확대하고 개별 고객의 요구에 맞도록 제품이나 서비스를 제공하는 대량고객화(mass customization)가 추세가 되고 있다. 기업이 대량고객화의 추세에 대응하기 위해서는 유연한 생산시스템을 개발해야 한다.

(6) 환경친화경영 및 작업자의 다양성

세계적으로 환경문제에 대한 관심이 커지면서 환경친화경영이 강조되고 있고, 글로벌 경영에 따라 다양한 작업자의 관리가 문제가 되고 있다. 생산은 기업에서 물적 자원의 주 사용자이므로 각종 산업공해, 지구온난화 등 환경문제에도 관심을 기울여야 한다. 또한 기업경영이 글로벌화하고 현지공장이 늘어나면서 다양한 언어와 문화를 가진 종업원을 어떻게 관리하느냐도 생산관리에서 문제가 되고 있다.

연습문제

1. 생산관리의 의의에 대해 설명하시오.
2. 생산관리의 역사적 발전형태에 대해 설명 하시오.
3. 생산관리 목표의 요소에 대해 설명하시오.
4. 생산관리의 최근 동향에 대해 논하시오.

제5장

재무관리

제1절 재무학의 의의와 체계

01 재무관리(재무학)의 정의

재무학(Finance)은 개별 경제주체인 개인과 기업의 자본과 관련된 재무의사결정과 자본시장의 균형이론을 다루는 학문이다. 재무학은 개인 또는 기업의 재무의사결정(Financial decision)을 분석하는데 있어서 개인의 합리성(individual rationality)과 자본시장에서 개인의 합리적인 의사결정의 결과로 이루어지는 시장균형(market equilibrium)을 논리의 근간으로 한다.[37)]

개인의 합리성이란 각자의 목적에 부합하는 최적결정을 하는 것을 의미하는데, 투자자의 목적은 최대의 만족을 얻는 효용의 극대화로 정의하며 기업의 목적은 기업가치의 극대화로 정의한다. 따라서 개인의 합리성이란 개별 투자자는 주어진 시장가격으로 각자의 효용을 극대화(utility maximization)하는 독립적인 의사결정을 하며, 기업은 주어진 시장가격으로 각자의 기업가치를 극대화(firm value maximization)하는 독립적인 의사결정을 하는 것을 의미한다.

시장균형이란 이러한 개별 투자자와 기업이 각자의 목적을 극대화하는 독립적인 의사결정을 한 결과로 자본시장에서 자본의 수요와 공급이 일치하는 균형가격(equilibrium price)이 형성된 상태를 의미한다. 개별 경제주체로서의 기업은 궁극적으로 투자자인 주주의 소유이다. 따라서 시장균형에서는 기업의 목적인 기업가치의 극대화와 소유주인 주주 각자의 목적인 효용의 극대화가 일치하게 된다.

37) 지청·장하성, 재무학원론, 학련사, 2001.

이러한 재무학(Finance)은 미시경제학(Micro-economics)과 유사한 학문적 체계를 갖추고 있다. 재무학이 자본자산(capital assets)에 대한 미시적 의사결정과 시장균형이론을 다루고 있는 반면에 미시경제학은 소비재(consumer products)에 대한 미시적 의사결정과 시장균형이론을 다루고 있다. 소비재는 그 자체의 소비가 효용을 가져다주는 반면에, 재무학의 대상인 자본자산은 그 자체를 소비하여 효용을 얻을 수 없으며 화폐와 같이 가치의 저장과 교환의 수단이며 미래소비로 사용할 수익을 발생시키기 위한 투자의 수단으로 사용된다.

02 재무관리의 체계

재무학(Finance)의 학문적인 분야는 크게 투자론(Investment), 기업재무론(Corporate Finance), 그리고 금융론(Banking)의 세 가지로 나누어진다.

투자론(Investment)은 증권시장과 금융시장으로 구성되는 자본시장에서의 개별 투자자의 소비와 투자의 결정문제와 자본시장 균형에서의 자본자산의 가격(capital asset price)인 균형수익률과 이자율의 결정문제를 주요 내용으로 다룬다. 특히 미래의 수익이 불확실한 투자와 관련한 포트폴리오 관리(portfolio management)는 자본시장균형이론의 기초를 이루고 있다. 자본자산의 가격과 관련된 이론으로는 자본자산가격결정모형(CAPM, capital asset pricing model), 차익거래가격결정이론(APT, arbitrage pricing theory), 그리고 옵션가격결정모형(OPM, option pricing model)을 다루며, 주식, 채권, 옵션, 선물(futures) 등 자본자산의 투자전략과 투자성과평가의 문제도 다룬다. 그리고 자본자산의 가치를 정확하게 반영한 가격형성을 통하여 효율적인 자본배분을 이루는 문제와 관련된 효율적 시장(efficient market)의 문제와 시장미시구조(market microstructure)의 문제도 투자론의 중요한 내용을 이룬다.

기업재무론(Corporate Finance)은 기업가치의 극대화를 위한 기업의 자본조달과 자본운용에 관련된 의사결정의 문제를 다룬다. 기업가치의 극대화는 최적자본구조(optimal capital structure)의 결정, 자본조달 원천에 따른 자본비용(cost of capital)의 결정, 경영성과인 순이익을 주주에게 지급하는 배당(dividend)의 결정, 그리고 기업경영의 현황을 진단하고 경영성과를 측정하는 기초가 되는 재무분석(financial analysis) 등이 그 주요한 내용을 이룬다. 그리고 주식, 채권 등으로 조달한 외부자금과 영업성과인 순이익으로 조달한 내부자금의 효율적인 관리와 관련된 운전자본관리(working capital management) 문제 등을 다룬다. 또한 자본시장의 발달과 함께 기업가치를 결정하는 주요한 변수인 기업경영의 투명성(transparency)과 책임경영성(accountability)의 문제를 다루는 기업지배구조(corporate governance)도 기업재무에서 다룬다.

금융론(Banking)은 자본시장에서 자금의 수요자와 공급자를 중개하는 역할을 하는 은행 등의 금융기관과 일반투자자를 대신하여 투자위험을 관리하는 역할을 담당하는 투자기관의 경영과 금융시장의 기능을 분석하는 문제, 그리고 금융정책의 문제까지를 다룬다. 그리고 이러한 분류와 별도로 국제재무론(International Finance)은 국가 간의 자금거래가 자유로운 개방경제(open economy)에서의 앞의 세 가지 분야 각각에서 다룬 문제를 다룬다.

재무학에서는 시장균형에서 결정된 자본의 가격이 모든 재무의사결정의 가장 중요한 요소로 작용한다. 따라서 재무학은 경영학의 주요한 부분을 차지하고 있으면서도 학문적 접근에서는 경제학과 동일한 체계를 갖추고 있다. 재무학이 가장 발달된 미국과 유럽에서 재무학(Financial Economics)이라고도 부르는 것은 이와 같은 이유에서이며, 재무학의 학문적인 체계를 완성하는 데 기여한 많은 학자들이 경제학의 주요한 분야에 대해서도 기여하고 있는 것이다.[38]

재무학의 학문적 분야의 체계는 경제학, 특히 미시경제학의 체계와 비교될 수 있다. 재무학은 특히 수익이 불확실한 투자의 문제를 주로 다루기 때문에 불확실성(uncertainty)과 위험(risk)에 관한 문제를 중요시한다. 이와 같은 불확실성의 문제는 투자론에서의 수익과 위험의 관계를 규명하는 자본자산가격결정 이론에 있어서는 물론 기업재무론에서의 영업위험(operation risk)과 재무위험(financial risk)이 기업가치, 자본구조, 자본비용에 미치는 영향을 분석하는 데 있어서도 매우 주요한 부분을 이룬다. 따라서 재무학은 최근 경제학의 새로운 분야로 대두되고 있는 정보경제학(Information Economics)과도 밀접한 관계를 갖는다.

38) 노벨 경제학상을 수상한 재무학자로는 불확실성하에서의 투자관리의 기초이론이 되는 포트폴리오 이론을 개발한 H. Markowitz, 기업재무론의 가장 핵심이론인 MM이론을 개발한 F. Modigliani와 M. Miller, 자본자산의 균형가격이론인 CAPM을 개발한 W. Sharpe, 그리고 옵션가격결정모형을 개발한 M. Scholes와 R. C. Merton등 6명이 있다.

제2절 재무관리의 개념과 목표

01 재무관리의 개념

기업경영에서의 여러 가지 기능적인 관리분야 중의 하나로서 재무관리(financial management)는 기업이 필요로 하는 자금을 조달하고, 조달된 자금을 운용하는 것을 의미한다. 그러나 학문적 분류로서의 재무관리는 재무학(Finance) 또는 재무경제학(Financial Economics)의 학문적 기초(introduction)를 일컫는 말이다.

일반적으로 좁은 의미에서의 재무관리는 기업경영에서의 인적자원관리, 생산관리, 영업관리 또는 마케팅 등과 같은 관리분야의 하나로 이해되고 있다. 이 경우에 재무관리는 효율적으로 자금을 조달하고 운용하는 문제를 다루는 자금관리(fund management)와 기업경영의 현황을 진단하고 경영성과를 측정하는 재무분석(financial analysis) 그리고 투자안의 선택을 결정하는 자본예산(capital budgeting) 등이 그 주요한 내용으로 취급되어 왔다.

그러나 1960년대에 들어서 기업가치를 극대화하는 최적자본구조와 자본비용에 대한 MM이론이 발전되고 위험과 수익에 대한 시장균형이론인 CAPM이 개발되면서부터 재무관리는 기업뿐만 아니라 투자자, 기업, 정부 등 모든 경제주체들의 보다 넓은 의미에서의 재무의사결정 문제와 자본자산의 가격인 균형수익률의 결정을 분석하는 보다 광범위한 학문으로 발전되었다.

기업들의 자금조달이 과거에는 은행의 차입금과 같은 금융시장에서의 간접금융을 중심으로 이루어졌으나, 증권시장이 발달되면서 주식과 회사채를 발행하여 투자자로부터 직접 자금을 조달하는 직접금융이 더욱 중요한 위치를 차지하게 되었다. 따라서 재무관리는 단순한 기업경영에서의 관리적 차원을 넘어서게 되어 시장균형에서 자본의 가격인 이자율과 수익률 결정과정에 대한 분석이 중요한 위치를 차지하게 되었으며, 최근에는 효율적 가격결정을 통해서 경제 전체의 자본의 효율적 배분을 이루기 위해 필요한 효율적 시장(efficient market)의 구조에 관한 분석을 하는 시장미시구조론(market microstructure)으로까지 확대되고 있다.

따라서 보다 넓은 의미에서의 재무관리(financial management)는 자본과 관련된 개인, 기업, 기관들의 모든 재무의사결정과 자본시장의 균형이론을 다루는 재무학원론(Principles of Finance)또는 재무학의 기초(Introduction to Finance)로 이해되어야 할 것이다. 이 책은 재무학원론이라는 보다 현대적이고 넓은 의미에서의 재무관리를 다루고 있다.

02 기업의 목표

재무관리에서의 기업의 목표는 기업가치의 극대화(firm value maximization)로 정의한다. 그러나 미시경제학의 생산자이론에서는 기업의 목표를 이익의 극대화(profit maximization)로 정의하고 있다. 미시경제학에서의 이익은 생산활동과 관련된 재화시장에서의 수익과 비용의 차이라는 좁은 의미에서의 가치이나, 재무학에서의 기업가치는 경영활동의 결과로 미래에 얻게 될 모든 미래현금유입과 미래현금유출에 대한 순현재가치(net present value)의 개념으로 자본시장에서 객관적으로 평가된 가치인 넓은 의미의 가치이다.

주주(shareholder)는 기업의 소유자(owner)이면서 소비자(consumer)이고 동시에 투자자(investor)이다. 따라서 기업의 목적은 주주가 기업의 소유주로서, 소비자로서, 투자자로서 지향하는 목적에 모두 부합하는 것이어야 할 것이다. 즉, 기업의 목적인 기업가치의 극대화는 소비자로서의 주주의 목적인 효용의 극대화(utility maximization)와 투자자로서의 주주의 목적인 투자가치의 극대화와 일치하여야 할 것이나. 특히 기업의 소유가 다수의 일반투자자에 의하여 분산되어 있는 현대자본주의의 소유구조에서 이러한 다양한 목적에 부합하는 의사결정을 하는 것은 결코 간단한 일이 아니다.

소비자는 현재 시점에서 자신이 가지고 있는 부의 일부를 오늘 소비하며 나머지를 미래소비를 위하여 투자하기 때문에 미래소비를 결정하는 것이 바로 투자결정이며, 따라서 소비자는 곧 투자자이다. 따라서 소비자의 효용의 극대화를 위한 소비의 결정은 오늘의 소비뿐만 아니라 미래소비와 투자가 함께 고려되어 이루어진다. 즉, 효용을 극대화하기 위한 소비와 투자의 결정은 곧 현재가치로 본 주주의 부의 극대화를 의미하며, 부를 극대화하기 위해서는 투자가치를 극대화하여야 한다. 기업입장에서의 투자가치의 극대화는 순현재가치로 평가한 기업가치를 극대화하는 것이기 때문에 소비자로서의 효용의 극대화는 곧 기업가치의 극대화와 일치하게 된다.

그러나 이러한 주주의 소비자로서의 효용의 극대화가 투자자로서의 투사가치의 극대화임과 동시에 주주로서의 부를 극대화하는 문제이며, 주주의 부의 극대화가 기업가치의 극대화와 동일한 문제이기 위해서는 완전자본시장(perfect capital market)이 존재하여야 한다.[39]

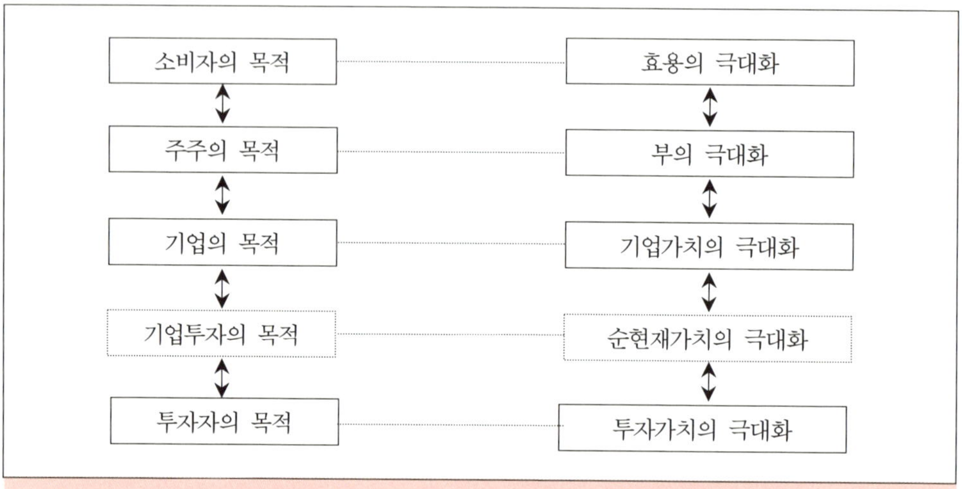

[그림 4-1] 완전자본시장의 균형에서의 효용의 극대화와 기업가치의 극대화

완전자본시장은 [그림 4-1]에서와 같이 효용의 극대화, 부의 극대화, 기업가치의 극대화를 동일한 목적으로 함께 달성함으로써 교환경제에서의 모든 소비자 또는 투자자의 효용을 증대시키는 파레토최적(Pareto optimal)상태를 이루게 하는 중요한 역할을 한다. 특히 완전자본시장은 기업가치를 극대화하기 위한 기업의 재무의사결정이 곧바로 서로 다른 선호체계 또는 효용구조를 가지고 있는 모든 주주들 각자의 효용을 극대화하는 것이 되도록 하여 주는 중요한 역할을 하게 된다.

03 재무관리의 목표

기업의 목표를 기업가치의 극대화로 정의하였으며 이는 투자자의 효용의 극대화와 유치하게 된다고 설명하였다. 따라서 기업경영의 관리기능 분야의 하나로서 재무관리의 목표는 당연히 기업가치의 극대화로 정의되어야 하며, 투자자 또는 소비

39) 소비자의 효용의 극대화와 기업의 기업가치의 극대화가 동일한 목적이 되게 하는 완전자본시장의 조건과 기능에 대해서 제4장에서 자세하게 설명하고 있다.

자의 의사결정과 관련된 재무관리의 목표는 효용의 극대화로 정의되어야 할 것이다.

기업의 관리기능 분야로서 재무관리는 자본조달, 자본운용과 관련된 의사결정을 하는 것이며 각 기능별 목적도 기업가치의 극대화와 일치하여야 한다. 먼저 자본조달은 순이익을 유보하여 내부자금을 조달할 것인지 또는 주식 또는 회사채를 발행하거나 차입금을 이용한 외부자금을 조달한 것인지를 결정하는 문제이다. 이때 어떠한 자본을 사용하여 자본조달을 할 것이냐는 자본비용을 극소화하고 기업가치를 극대화하는 자본조달의 문제가 바로 재무관리의 가장 중요한 내용의 하나를 구성하는 최적자본구조이론이다.

자본운용과 관련한 재무의사결정의 가장 기본이 되는 투자(investment)의 결정, 즉 자본예산(capital budgeting)의 목적은 투자가치인 순현재가치를 극대화하는 것이다. 그리고 완전자본시장의 균형에서 순현재가치를 극대화하는 투자결정은 곧바로 기업가치를 극대화하는 의사결정이 된다. 그리고 기업의 순이익을 배당으로 지급하는 것이 좋은지 아니면 내부유보하는 것이 좋은지에 관한 배당정책도 기업가치의 극대화라는 목적과 부합하게 결정되어야 하며, 그 이외의 운전자본관리나 세금계획 등도 모두 기업가치의 극대화를 목적으로 한다.

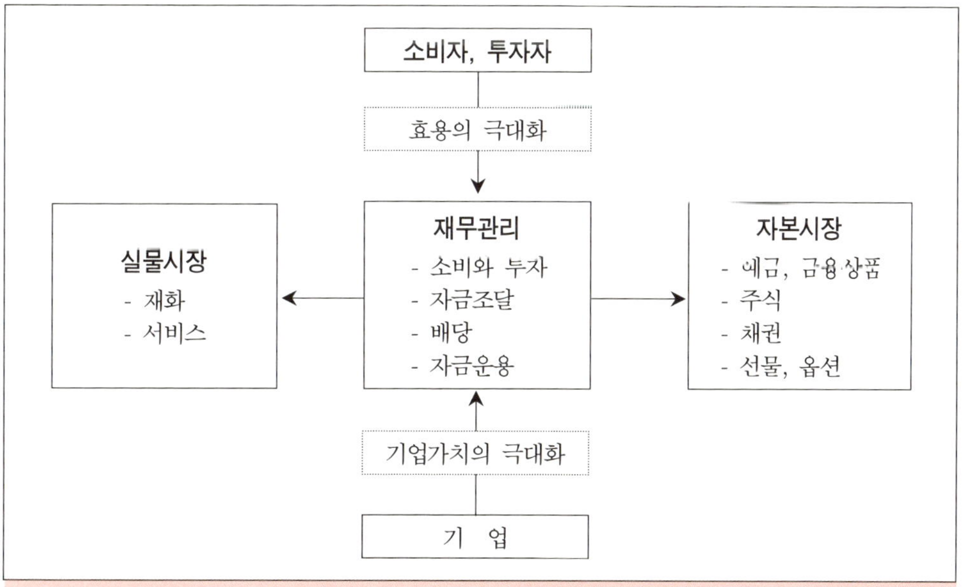

[그림 4-2] 재무관리의 기능과 목적

투자자 또는 소비자의 의사결정과 관련된 재무관리의 기능은 투자의 합리적 결정이며 이때의 목적은 효용의 극대화이다. 앞에서 설명한 바와 같이 소비자는 주어진 부의 일부를 오늘 소비하고 나머지를 내일 소비하기 위하여 투자를 한다. 따라서 오늘의 소비와 투자의 결정은 곧바로 오늘의 소비와 내일의 소비를 결정하는 문제인 것이다. 따라서 소비자로서 소비결정의 목적인 효용의 극대화가 곧바로 투자자로서 투자결정의 목적이 되며, 투자자가 기업의 주주인 경우에 이는 주주의 부의 극대화이며 이는 다시 기업가치의 극대화와 동일한 목적이 되는 것이다.

이와 같이 기업경영의 관리분야로서의 재무관리의 목표는 곧바로 투자자 입장에서의 재무관리의 목표와 일치하게 된다. 기업의 소유주가 경영을 직접 맡고 있는 경우에는 주주의 부의 극대화를 통한 요용의 극대화와 기업가치의 극대화라는 기업의 목적이 서로 동일하게 됨을 쉽게 이해할 수 있다.

그러나 기업의 주식이 널리 분산되어 있고 소유와 경영이 분리되어 있을 경우 주주와 경영자의 이해관계가 완전히 일치하는가의 문제가 제기된다. 주식소유가 널리 분산되어 있는 경우에 주주들의 감독기능이 미약하고 경영자의 자율성이 기업의 의사결정에 크게 작용하기 때문에 주주의 영향력이 매우 작아지게 되는 것이다.

이 경우에 경영자들은 주주의 부를 '극대화(maximizing)'하기보다는 '만족할 만한 수준을 유지'해 주는(satisfying)[40] 것으로 이해되며, 따라서 경영자는 적당한 정도의 성장률을 추구하고, 주주들의 가치를 극대화하는 것보다는 경영자 자신들의 이익을 극대화하는 데에 주력하는 대리인문제(agency problem)가 발생하게 된다. 대리인문제는 대리인비용(agency cost)을 발생시키기 때문에, 어떻게 대리인비용을 최소화하기 위한 경영자에 대한 감독기능을 제도화하느냐의 문제는 곧바로 기업가치를 극대화하고 주주의 부를 극대화하는 재무관리의 문제가 된다.[41]

---

40) J. Fred Weston, The Scope and Methodology of Finance(New Jersey : Prentice-Hall, Inc., 1966), pp.13~17.

41) 우리나라의 경우에는 대부분의 기업에서 소유와 경영이 분리되어 있지 않기 때문에, 대주주인 소유경영자(owner-manager)와 소액주주(minority shareholders)와의 관계에서 소유경영자의 대리인 비용문제가 크게 제기되고 있다.

04 기업의 사회적 책임

기업의 목표와 관련하여 논란이 되는 또 하나의 문제는 기업의 사회적 책임(social responsibility)이다. 개별 경제주체로서 기업의 목표는 기업가치의 극대화이나, 국민경제를 구성하는 사회적 주체로서의 기업은 사회적 책임을 다하는 것이 궁극적인 목표이다.

기업의 사회적 책임은 법률적·경제적 의무를 넘어서 사회적 규범이나 가치, 사회적 기대와 조화를 이룰 수 있는 기업행위를 하는 것으로 정의하거나[42] 또는 기업활동으로 인하여 발생하는 사회·경제적 문제를 해결함으로써 기업의 이해관계자와 사회 일반의 요구와 기대를 충족시켜 주어야 하는 기업행위의 규범적 체계로 정의할 수 있다.[43]

이와 같은 기업의 사회적 책임의 문제는 기업이 직접 이해당사자인 주주를 위하여 기업가치를 극대화하는 행위를 하였다 할지라도 그러한 행위가 간접적이고 포괄적인 이해당사자인 소비자나 일반국민, 그리고 사회 전반에 위해가 되는 결과를 가져올 경우에 이에 대한 책임과 의무를 다해야 함을 의미한다. 이러한 기업의 사회적 책임은 단순하게 법률적인 합법성의 차원을 넘어서서 사회적 권력기구로서 문화적·사회적인 가치를 유지하고 발전시키는 책임까지 포함하게 된다.

기업의 사회적 책임은 소비자를 보호하고, 종업원에게 공정한 임금을 주고, 제품에 공정한 가격을 부과하고, 공해 등과 같은 환경적인 문제를 솔선해서 해결하며 소외집단에 속한 사람들의 고용증대와 과대한 이익을 억제하는 것 등을 포함한다.[44]

재무관리와 직접 관련된 기업의 사회적 책임은 자금흐름과 자본배분과정에서 발생하는 경제주체간의 이해상충(interest conflicts)과 도덕적 위해(moral hazard)가 문제의 핵심이 된다.[45] 특히 자본시장이 발달한 현대자본주의에서 기업은 소유가

---

42) S.P. Sethi, "A conceptual framework for environmental analysis : social issue and evaluation of business response patterns," Academy of management Review, Vol. 4, No. 1, 1979, pp.63~73.

43) 임희섭, 한국의 사회변동과 가치관, 나남, 1994, pp.23~35, 91~136 ; 한국경영학회 편저, 한국의 기업윤리 : 실상과 과제, 세경사, 1992, p.177.

44) James C. Van Home, Financial Management and Policy, 10th Edition, Prentice Hall International Ins., 1995, p.4.

45) 한국경영학회 편저, 한국의 기업윤리 ; 실상과 과제, 세경사, 1992, p.177.

소수의 투자자로 한정된 사기업(private firm)에서 다수의 일반투자자로 확대된 공기업(public firm)으로 전환하였다. 그리고 주식시장에 주식이 상장되어 일반 투자자로부터 자금을 조달하는 상장기업은 물론이며, 비공개기업이라 할지라도 금융기관으로부터 일반투자자가 공급한 자금을 사용한다.

자본시장이 발달하고 기업이 성장함에 따라서 대기업들은 거래소시장에 상장하여 다수의 소액주주들로부터 자금을 조달하는 공개기업이 되며, 상장기업의 경영자는 주주의 이익을 위하여 투명경영(transparency)과 책임경영(accountability)을 하는 기업지배구조(corporate governance)를 갖추어야 한다. 투명하고 책임지는 기업지배구조를 갖추는 것은 우리 나라 재벌기업의 경우처럼 소수의 지분만을 소유한 지배주주(controlling shareholder)들이 자신의 이익을 취하기 위하여 절대지분을 소유하고 있는 경영에 참여하지 않는 다수의 소액주주(minority shareholders)들의 이익을 침해하는 도덕적 위해(moral hazard)를 방지하여 자본시장에서 저렴한 자본을 조달하고 기업가치를 극대화하는 중요한 요인이다. 투명하고 책임지는 기업지배구조는 주주뿐 아니라 채권자, 노동자, 그리고 공급자 등의 기업의 이해당사자(stakeholder)에게도 기업경영의 공정한 배분을 보장하는 장치이며, 보다 거시적으로 기업과 관련하여 발생하는 정치, 사회적인 부패(corruption)를 방지하여 국가경제의 효율성을 증가시킬 뿐 아니라 사회전체의 복지와 잉여를 증가시키는 중요한 사회적 제도이다.

따라서 모든 기업은 공적기구(public institution)로서 주주, 채권자, 그리고 경영자 등의 직접 이해당사자뿐만 아니라 자본시장에 자금을 공급하는 일반투자자, 즉 사회전체에 위해가 되지 않음은 물론 궁극적으로 공익(public interest)을 추구하는 재무의사 결정을 하여야 하는 사회적 책임을 지고 있다.

연습문제

1. 재무관리란 무엇인가?
2. 재무관리의 목표 및 기능에 대해 설명하시오.
3. 재무관리자의 역할과 재무관리의 역사적 발전형태에 대해 설명하시오.
4. 기업의 목표와 투자자의 목적에 대해 설명하시오.
5. 투명경영과 책임경영에 대해 설명하시오.

부 록

참고문헌

〈외국문헌〉

1) H. Mintzberg, Mintzberg on Management, Free Press, 1989
2) J. A. F. stoner & wankel, Management 3rd. ed. Prentice Hall, 1986
3) Koontz & O'Donnel. Principles of Management — An Analysis of Managerial Functions — , Fourth Edition, International Student Rdition, 1968
4) Stephen. P. Robbins, MANAGEMENT, 1988
5) Henri Fayol, Industrial and General Administration - Paris : Dunod, 1916
6) Harold Koontz and Cyril O'Donnell Principles of Management : An Analysis of Managerial Funti ons - NewYork: Mc Graw-Hill, 1955
7) Research Methods in Organizational Behavior by Eugene F. Stone. 1983
8) Edith, Penrose The Theory of the Growth of the Firms, Basil Blacwell Publishing, 1959
9) Das Zielsystem der Untewrnehmung, Grundlagen Betriebswirtschaftslicher Entscheidungen, 1966
10) C. I Barnard, the Functions of the Executive, Cambridge, Mass : Harvard University Press, 1938
11) F. W. Taylor, Principles of Scientific Managernet, 1911
12) H. Ford, Today and Tomarrow, 1926
13) H. Gantt, Industiral Leadership, New Heaven, Conn, Yale Univ. Press, 1916
14) Frank B. Gibreth, Jr & Ernes6tine Gilbreth Carey, Cheaper by the Dozen, New York, Thomas Y. Crowell Co, 1958
15) E. Mayo, The Human Problems of an Industrial Civilization, Cambridge, Harvard Uni. Press, 1939.

16) F. Roethlisberger & Dichson, Management and Worker Cambridge, Harvard Uni. Press, 1939.
17) Douglas Mcgregor, The Human of Enterprise(New York : McGraw-Hill, 1960)
18) P. Hersey/K. H. Blanchard, Management of Organizational Behavior, Prentice- Hall, 1988,
19) R. M. Hodgetts/D. F. Kuratko, Management, Harcourt & Brace, 1991
20) Westley F and H Minzberg, "Visionary leadership and strategic management".
21) Strategic Management Journal, vol. 10,
22) H. Ford, Today and Tomorrow, 1926
23) O. Neuloh, Die Deutsche Bertiebsver und hbre Sozialform bis zur Mitbestimmung (Tubingen : 1959)
24) Bayard O. Wheeler, Business, An Introductory Analysis, Richard D. (Irwin, Inc,. 1962)
25) Jame Burnham, The Managerial Revolution, What is Happening in the World, 1941
26) Alfred. D. Chandler. Jr, "Strategy and Structure - Chapter in the of the American Industrial Enterprise", The M. Z. T. Press, 1962
27) H. I. Ansoff "Corporate Strategy", McGraw-Hill, 1965
28) Pearce J. A. andm, R. B. Robinson, Strategic management, Irwin 1985
29) Hax A. C. and N. S. Majluf, Strategic Management-An Integrative Perspective, Prentice-Hall 1984
30) Thompson A. A.Jr and A. J Stickland, Strategy Formulation and Implemenation-Tasks of General Manager, Irwin, 1989
31) Pearce and Robinson,op.cit., 1985
32) Thompson A. A. Jr. and A. J. Stickland, op.cit.,1985
33) Ansoff H. I. stratigic Management, Macmillian Press, 1978
34) Hofer C. W. and D. Schendel, Strategy Formulation: analytical concepts, West publishing 1978
35) Pearce and Robinson, op.cit., 1985

36) H. FORD, Today and tomarrow, 1926

37) Hofer C W and D Schendel, op. cit., 1978

38) Gluck F. W., S. P. Kaufman, A. S Walleck, Strategic Management for competitive advantage, Harvard Business Review, Jul-Aug, 1980

39) Gardner J. G., R Rachlin, H. W, A Sweeney, Handbook of Strategic Planning, Wiley&Sons 1986

40) Hax A. C and N S Majluf, strategic management -An Integrative Perspective prentice-hall 1984

41) Vancil R F and P Lorange,strategic planning in diversitied companies, Harvard Business Review, Jan-Feb, 1979

42) Pearce and R. B Robinson

43) Bowman C and D Ash, Strategic Management, Macmillan Education, 1987

44) Andrew. M. Petti grew "on studying organizational culture", Administation Science Qwarterly, 28(1993)

45) Mery1 Reis Louis 'Sourcing Workplace culture' : why, when, and how', Kilmannetal, ceds Gaining Control of the corporate culture' sanfrancisco : Jossey-Bass, 1985

46) R. L Daft, Management, Dryden press 1991

47) J. KAO, Tth Role of Founder in creating Organizational Culture, Entreprenucship prentice Hall, 1989

48) Philip Kotler, Principle Marketing

49) Hofstede, Greet. culture's consequences : International Differences in Work- Related Value (Beverly Hills, calif : Sage Publications,1980

50) L. Smircich, "Concepts of Culture and Organizational Analysis", Administrative Science Quarterly, vol 28(September 1983)

51) Frederick W. Taylor, The Principles of Scientific Management(New York : Harper and Brothers, 1911)

52) Elton Mayor, Human Problems of Industrial Civilization(Cambridge, Mass : Harvard University Press, 1933)

53) Ludwig von Bertalanffy, General System Theory(New York : George Braziller, 1968)

54) Kenneth E. Boulding, "General Systems Theory : The Skeleton of Science", in Peter P. Schoderbek(ed.), Management Systems, 2nd ed.(New York : John Wiley and Sons, 1971)

55) William Ouchi, Theory Z(Reading, Mass : Addison-Wesley Publishing Co

56) Richard T. Pascale and Anthony G. Athos, The Art of Japanese Management (New York : Penguin Books, 1981)

57) Terrence.E. Deal & Allan A. Kennedy, "Corporate culture-The Rites and of Corporate life" Addison-wesleypublishing company, Inc, 1990

58) Robert Tannenbaum and Warren H. Schmit, "How to Choose a Leader ship Pattern", Harvard Bysiness Review, vol. 51, no. 3(May-June 1973)

59) Terrence. E. Deal & Allan A. Kennedy, "Corporate culture-The Rites and of Corporate life" Addison-wesley publishing company,Inc, 1990

60) Roger Harrison, "Understanding Your Organization's Character", Harvard Business Review(May-June 1972)

61) Desmond Graves, Corporate Culture : Diagnosis and Change(London : Frances Printer, 1986)

62) Business Essentials. Ronald. J. Ebert & Ricky. W. Griffin, 1995

63) Jerry w. Anderson Jr, Corporate Social Responsibility, 1989

64) Frderick, Davis & Post, 1988

65) Levit The Ordore, The Danger of Social Responsibility, Harvard Business Review, sep-oct. 1958

66) Frederick, Davis & Post(1988)

67) Fredrick, Daves & Post, "Business and Environment", 1988

68) Business Essentials. Ronald. J. Ebert & Ricky. W. Griffin, 1995

69) James F. Engel, Roger D. Blackwell, and Paul W. Minard, Consumer Behavior, 7th ed. The Dryden Press, 1993

70) Archie B. Carroll, "A Three-Dimensional Conceptual Model of Corporate Social

Performance", Academy of Management Review(October, 1979)

71) Archie B. Carroll, "The Pyramid of Corporate Social Responsibility : Toward the Moral Management of Organizational Stakeholders", Business Horizons(July-August, 1991)

72) Keith Davis and Robert L, Blomstrom Third Editoon, "Business and Society"

73) David. P. Baron, Business and its Environment, 1983, Prentice-Hall

74) Stephen Herbert Hymer, The Multinational Corporation-Radical Approach, Cambridge University Press, Cambridge, England, 1982

75) S. Robock, K. Simmonds & J. Zwick, International Business and Multinational Enterprises (Richard D. Irwin, Inc., 1972)

76) R. Robinson, International Business Management(Hindsale, N. Y : Dryden Press, 1978)

77) R. L. Daft, Management, Dryden Press, 1991

78) D. Hellriegel, J. W. Slocum, Management, 1992

79) G. H. Clee and A. discipio, Creating a World Enterprise, Harvard Business Review. Nov-Dec, 1959.

80) Kair Aharoni, "On the Definition of a Multinational Corporation", Quarterly Review of Economics and Busisess(Autumn 1971)

81) H. V. Perlmutter, op. cit.

82) E. J. Kolde, International Business Enterprise, 2nd. de.(Englewood Cliffs, New Jersey : Prentice-Hall, 1973).

83) J. Hladik, International Joint Ventures(Lexington, Mass : Lexington Books, 1985)

84) 經營學全集, タイヤモソト社

85) 村松司叙, 現代經營學總論, 中央經濟社, 1990, 序文

86) 伊達邦春 他, Schumpeter 經濟發展 の 理論, 東京, 有斐閣, 1980

87) 中川敬一郎, 比較經營史序說, 東京大學出版會, 1992

88) 中川敬一郎, 比較經營史序說, 東京大學出版會, 1992

89) 小林秀之, 立法化 と 對策, 中央經濟社, 1994

90) 東京海上研究所,(小林秀之), 製造物 責任法 大系 I, 弘文堂, 1994

91) 山崎清. 竹田志郎 *, 「テキストブック 國際經營」, 有斐閣ブックス, 昭和 57年
92) F. S. Haiman, Group Leadership and Democratic Action, 1951
93) C. I. Barnard, The Function of Executive, Harvard University Press, 1938
94) Gareth R. Jones, Jennifer M. George, Charles W. L. Hill "Contemporary Management" Irwin McGraw-Hill 1998

〈국내문헌〉

1) 이한검, 경영학원론, 형설출판사, 1992
2) 중소기업협동조합중앙회, 중소기업현황, 1982
3) 천명섭, 김준식, 차덕환 공저, 경영학원론, 세영사, 1992
4) 이성근, 배수현 공저, 무역 경영사, 1996
5) 지도자의 전략과 리더십, 이대웅, 1992
6) 이덕훈, 기업과 환경, 학문사, 1996
7) 아카데미 준 지음, 강응선 옮김, 문화 경제학 입문, 매일경제 신문사, 1997
8) 정수영, 신경영학원론, 박영사, 1991
9) 추헌, 현대경영학원론, 형설출판사, 1993
10) 홍갑선, 철도산업론, 21세기 한국연구재단, 1996
11) 재단법인 대한교통 학회, 장기철도발전 방안에 관한 연구〈최종보고서〉, 1992
12) 철도청, 『공사화보고서』, 삼일회계법인과 쿠퍼스 앤드 라이브란트, 1983
13) 경영과 컴퓨터, 1996년 1월호
14) 김춘열, 벤처 경영전략 이야기, 1996
15) 세계의 작은 거인들, 매일경제 신문사, 1996
16) 김춘열, 벤처 경영전략 이야기, 1996
17) 김춘열, 벤처 경영전략 이야기, 1996
18) 김일섭, 중소기업의 성공요인, 1994
19) 경영과 컴퓨터, 1996년 1월호
20) 이코노미스트, "社風", 1985년 10월 5일호
21) 西山賢一 차근호, 조영권, "기업의 적응전략- 생물학적 접근" 경문사, 1991
22) 삼일 컨설팅 그룹, [한국기업의 성공조건], 매일경제신문사, 1992

23) 전국경제인 연합회, 기업문화백서, 1993
24) 신유근, 현대의 기업과 사회, 경문사
25) 한국개발연구원·한국소비자보호원, 제조물 책임법의 경제적 효과와 입법방향, 1996
26) 제조물 책임법 도입의 법적·사회적 파급효과 분석, 1996
27) 중소기업진흥공단, 중소기업의 PL대책, 1996
28) 한국소비자보호원, 제조물책입법의 측정에 관한 연구, 1994
29) 한국소비자보호원, 제조물 책임의 입법방향, 1994
30) 연세경영연구, 연세 경영연구소, 1996
31) 벤처비지니스와 창업경영, 한남대 출판부, 2001
32) 이진규, 전략적·윤리적 인적자원관리, 박영사, 2001
33) 이상범, 현대 생산·운영관리 제2판, 명경사, 2002
34) 박찬수, 마케팅원리, 법문사, 2002
35) 재무학원론, 지청, 장하성, 학현사, 2001

시사용어 정리

싱크로너스 D-Ram(Synchronous D-Ram)

同期型電氣回路 D-Ram. 기존의 D램보다 데이터 처리 속도가 4배 이상 빨라 고성능 PC 워크스테이션 등 고속 컴퓨터시스템의 주기억장치에 사용되는 고부가가치 제품으로 우리나라의 삼정전자가 그 개발에 성공했다.

HD(High Definition) **TV**

고품위(고선명) TV로써 일명 꿈의 TV 또는 제 5 세대 TV로 불리 운다. 주사선 수가 기존 TV의 525~625개보다 2배 이상인데다 화면의 가로 세로 비율이 기존 TV가 16mm 영화화면과 같은 4:3인데 비해 35mm 영화화면과 같은 '16:9'로 화면 폭이 넓어 현장감을 더해준다. 또한 디지털 음성전송방식을 채용, 화질과 음질이 기존의 컬러 TV와는 비교가 안될 만큼 깨끗하고 선명하고 음질도 콤팩투디스크(CD)처럼 하이파이(hi-fi)가 돼 영상기기의 혁명으로 불리 운다.

(참고) 1세대(흑백), 2세대(컬러), 3세대(디지털), 4세대(케이블).

(참고) 지난 68년부터 개발에 착수한 일본이 아날로그와 디지털 방식을 합성한 뮤즈 방식을 처음 개발 91년 11월부터 시험방송을 실시하고 있다. 우리나라는 93년 초에 삼성전관·금성사·오리콤전기 등이 공동으로 HD-TV브라운관 개발에 성공, 세계 두 번째 개발국이 되었다.

MOD(Magnetic optic disk)

빛을 이용해 데이터를 읽고 쓰는 차세대 저장 매체로서 '광자기디스크'라 한다. 기존의 플로피나 하드디스크 같은 자기디스크에 비해 기억 용량이 백과사전 한질을 수록할 만큼 방대(650 Mb)하며 읽기와 재생만 가능한 콤팩트 디스크(CD)와 레이저 디스크(LD) 등 광디스크에 비해 쓰기와 읽기를 자유롭게 할 수 있다는 장점이 있다.

MMC(Market Monitering Committee)

OPEC(석유수출국기구)의 '시장감시위원회'를 뜻하는 말로 세계 석유시장의 가격 및 수급 동향을 분석, OPEC의 공동시장정책을 수립하는 역할을 맡고 있다. 1979년 제 2차 오일쇼크 이후 치솟던 국제 유가가 1980년대에 들어서면서 곤두박질하자 OPEC가 대응책으로 1982년 3월 빈총회에서 각료급 위원회를 결성키로 한 것이 모태이다. 본래 시황 분석이 목적이었으나 1976년 12월 총회 때 회원국의 경제 개발을 보장할 수 있는 적절한 시장점유율을 방어하기 위한 시장 방어 기능까지 떠맡았으면서 강화되었다. 처음에는 사우디아라비아·인도네시아·베네수엘라·나이지리아·알제리 등 5개국 석유장관으로 출발, 1987년에 생산감시기능을 강화키 위해 전 회원국(현 12개국) 장관들로 구성됐다.

GMS(General merchandise store)

백화점이 비교적 고소득층을 대상으로 한 광역 상권 위주의 소매업태라 하면 GMS는 중산층을 대상으로 부도심 또는 주거 밀집 지역에 위치하여 가정에서 사용하는 거의 모든 중급 대중상품을 취급하는 '대중양판점'이라 한다. 슈퍼마켓이 성장하여 대형화한 것으로 대량구매에 의한 박리다매형 체인스토어라고 보면 무난하다. 용도별로 대량 진열된 상품의 셀프서비스 판매 방식을 원칙으로 하며 상품 리스크를 자체 부담한다는 점에서도 백화점과 구별할 수 있다.

플루토늄

핵연료로 사용할 수 있는 핵분열성 원소로 원자로 속에서 핵분열의 연쇄 반응을 일으켜 에너지를 낼 수 있는 물질이다. 플루토늄은 자연에 존재하는 물질이 아니라 원자로 속에서 '우라늄 238'이 중성자를 흡수해 생성된다. 핵연료로 사용 가능한 물질은 핵분열성이 강한 우라늄 235와 플루토늄 239가 대표적이다. 특히 플루토늄 239는 농축 과정이나 연쇄폭발면에서 뛰어나 핵폭탄 제조에 사용되기도 한다. 최근 일본이 프랑스에서 재처리한 플루토늄 약 1t을 국내로 반입 그린피스의 반대시위 등 대내외적으로 큰 물의를 야기시키기도 했다.

NATO(No Action Talking Only)

화이트칼라들의 자조적인 분위기를 단적으로 시사해 주는 신조어로 직장에서의 장래가 불인해지지 앞날에 대한 구상을 놓고 탁상공론으로만 해댈 뿐 막상 구체적인 행동에 옮기지 못하는 샐러리맨들의 처지를 빗댄 말이다.

프라임레이트(Prime rate)

신용이 가장 높은 기업에 대해 대출할 때 적용하는 우대금리라 한다. 금융기관 대출금리의 기준이 되므로 기준금리라고도 한다. 신용도가 높은 기업은 일반 대출금리 중 가장 저율의 프라임레이트가 적용되지만 신용등급이 낮은 기업은 여기에 일정 금리가 가산된 금리를 적용받는다. 따라서 프라임레이트는 일반 대출금리의 하한선이 된다. {1·26 금리 인하} 후 프라임레이트는 연 9%로 조정되었으며 당초 기업의 신용도에 따라 3단계로 차등화 했었으나 지금은 기간별로 3단계로 차별화돼 2% 포인트까지 차이가 난다.

스트레티지스트(Strategist)

스트레티지(strategy)는 원래 전략·전술·병법 등으로 번역되는데 미국 국제금융 중심지인 월가(wall street)에는 스트레티지스트란 직함을 가진 사람들이 있다. 이들 전략가는 경제의 장기분석이나 금융시장 동향 분석, 산업 및 기업 분석 등 증권분석사적인 소양은 물론 시장 수급 관계나 장세 동향 등에 대한 기술적 분석 능력까지 갖추고 있다. 이들은 경제·산업·금융시장의 각종 자료를 분석하면서 주식·채권·현금의 운용 및 해외투자비율을 조정하는 전략적 역할을 수행하고 있다.

좀비(ZOMBIE)

늘 뒷전에만 서고(Zany), 겉멋에만 치중하고(Ostentatious), 생각이 고루하고(Monocular), 졸렬하고(Blowzy), 떳떳치 못하고(Intriguing), 즉흥적인(Emotional) 사람을 가리키는 신조어이다.

얼라이브(ALIVE)

정신이 적극적이고(Active) 마음이 넓으며(Large), 지성적이고(Intellectual), 활력있고(Vivid), 진실된(Essential) 사람을 가리키는 신조어이다.

IP(Information producer)

컴퓨터 통신의 데이타베이스(DB 정보은행) 구축 및 아이디어 제공에 종사하는 사람을 가리키는 신조어이다.

RP(Repurchase agreements)

금융기관이 일정 기간 후에 다시 사는 조건으로 채권을 팔고 경과기간에 따라 소정의 이자를 붙여 되사는 채권으로 환매조건부채권(환매채)이라 한다. 채권 투자의 약점인 환금성을 보완한 금융상품이다. 대부분의 나라에서는 중앙은행과 예금은행간의 유동성 조절 수단으로 활용되고 있는데 우리나라의 경우에도 중앙은행인 한국은행과 예금은행사이에 시중 통화 수위와 예금은행의 유동성 과부족 상황에 따라 수시로 RP거래가 행해지고 있다. 종전까지는 한국은행의 임의 배정 방식으로 매매해 왔으나 최근 실세금리의 하락에 따라 부분적인 경쟁입찰 방식에 의한 매매제도가 도입되기도 했다.

CID(Computer Intergrated Distribution)

시스템 컴퓨터를 통해 분산된 운송·보관 등 물류시스템을 통합함으로써 최적의 효율성을 실현하고자 하는 첨단의 차세대 新물류시스템을 가리키는 말이다.

ATM(Asynchronous Transfer Mode)

교환 방식 회선 교환에 의한 전화나 화상회의 등과 패키지 교환 방식이 주로 사용되는 데이터 검색 등을 모두 단일 회선망에서 효과적으로 수용할 수 있는 622메가 bps급 방식의 다량 정보를 고속으로 처리하는 차세대 교환 방식으로 B-ISDN과 멀티미디어에 최적의 교환 방식으로 호평 받고 있다.

참고 B-ISDN : 광섬유를 이용한 '광대역 종합성보동신망'을 말한다.

통화지표(通貨指標)

통화지표에는 보통 다음과 같은 세 가지가 있다.

- M_1(통화) : 현금 + 요구불예금(보통예금·당좌예금 등)
- M_2(총통화) : 현금 + 요구불예금 + 저축성예금(정기예금 등) + 거주자외화예금
- M_3(총유동성) : M_2 + 제 2금융권의 각종 예수금 + 금융채 + CD 발행고

한국은행에서는 M2가 M1이나 M3보다 물가와 경제성장 등 실물경제와 밀접한 관계가 있다는 경험적 사실에 근거해 M2를 통화지표의 중심으로 사용하고 있다.

이전가격(移轉價格)

특정 기업이 특수 관계에 있는 타기업에 소득을 올리기 위하여 조작한 가격을 말한다. 이는 원부자재를 매입하는 가격을 높이거나 서비스 세공 대가나 상품 판매

가격을 낮추는 형태로 나타난다. 예컨대 보통 1,000원 짜리 상품을 미국의 어떤 기업이 한국의 특수 관계자에게 팔면서 실제보다 싼 900원을 받고 팔았을 경우가 여기에 해당된다. 바꿔 말하면 특수 관계인에게 100원의 부당이득을 안겨준 것이다. 이 때 900원을 이전가격, 100원을 이전소득이라 한다.

내부거래(內部去來)

대기업 그룹내 계열사간 거래, 즉 부품이나 중간재 등을 같은 기업집단내 계열사들끼리 사고 파는 행위를 말하는데 이는 비계열회사의 거래가 차별돼 경쟁을 제한할 경우 이는 불공정 거래행위로 공정거래법의 제재를 받는다.

상호지급보증(相互支給保證)

기업이 금융기관으로부터 대출을 받을 때 그룹내 다른 회사가 그 채무를 보증하는 것으로 대출 뿐 아니라 회사채 발행, 신용장 개설, 해외공사 하자보증 등의 경우에 보증을 하는 것도 이에 해당된다. 상호지급조응이 지나치게 많으면 대기업그룹에 대한 대출 편중이 심화되고 상호지급보증을 연결 고리로 한 '선단식기업경영'이 가능해지는 등 경제력 집중의 부작용이 생기는 관계로 공정거래법상 그 규모를 규제하고 있다.

경기지수(景氣指數)

경기 흐름을 파악하기 위해 경기에 민감한 일부 경제지표를 선정 이를 지수로 나타낸 것이다. 현재는 1985년을 기준(100)으로 삼아 산출하며 보통 전월 대비 증감률로 경기변동 상태를 표시한다. 경기변동의 향방을 예고해 주는 선행지수와 경기와 함께 움직이는 동행지수 등으로 나뉜다. 경기선행지수는 일반적으로 2~3개월 뒤의 경기상태를 알려 주는데 기계수주액·건축허가면적·통화·총유동성·수출액·신용장내도액·제조업재고율·종합주가지수·제조업평균근로시간 등 9개 지표로 구성된다. 현재의 경기상황을 보여주는 경기동행지수는 도소매판매액·생산자출하·제조업가동률·제조업고용·산업생산 등 5개 부문의 지표로 산출한다.

대규모기업집단(大規模企業集團)

국민경제에 영향이 큰 대기업그룹을 가리키는 말로 공정거래법상 최대 출자자 1인이나 특수 관계에 있는 출자자와 합쳐 발행 주식의 30% 이상을 소유하거나, 임원의 임명 등 회사의 경영에 대해 실질적으로 영향력을 행사하는 회사를 말한다.

정부에서는 경제력 집중을 완화하기 위해 대규모 기업집단으로 지정된 그룹에 대해서는 계열사 상호간의 출자 행위가 금지되는 등 각종 규제 조치가 행해진다.

패스트 트랙(Fast track)

보통 '신속승인절차'로 불리는데 미의회가 행정부에 부여한 일종의 협상특권이다. 원래의 의미는 고속도로상의 추월선이란 뜻으로 국제통상협정을 보다 신속하게 체결하려는 것이 취지이다. 일반적으로 미의회는 행정부가 체결한 국제통상협정을 승인하는 과정에서 마음에 들지 않는 협정내용을 수정하게 된다. 이렇게 되면 행정부는 수정된 협정내용을 가지고 협정체결국들과 다시 협상을 벌여야 하고 이 경우 협상은 장기화될 가능성이 높다. 최악의 경우에는 애써 이루어놓은 협정이 완전히 무산될 수도 있다. 이런 사태를 막기 위해 미의회는 지난 88년 제정된 종합무역법에 패스트트랙 규정을 삽입, 의회가 국제통상협정을 승인할 때 협정내용에는 손대지 않고 '可否'만을 결정토록 했다.

룩이스트(Look East) 정책

우리나라가 NICS(신흥공업국가) 또는 '아시아 네 마리의 용'이라는 칭호를 받으면서 개발도상국 중 한 방 앞선 고도성장을 이룩한 80년대에 특히 말레이시아 마하티르 수상이 '한국을 배우자'라는 구호에서 최근 당시와는 정반대의 뜻인 注視의 대상이라고 보는 정책을 꼬집는 말이다.

MFN(Most Favored Nation treatment)

최혜국 대우. 통상·관세·항해 등 양국간 관계에서 지금까지 다른 나라에 부여한 대우 중 최고의 대우를 해주는 것, 즉 제 3국에 부여하고 있는 조건보다 절대 불리하지 않은 대우를 해주는 것이다. 해당 국가 사이에 별도의 조약이나 협정을 체결해 서로 상대국에 최혜국 대우를 해주는 경우도 있으나 GATT(관세 및 무역에 관한 일반 협정) 조약 국가간에는 자동적으로 적용된다. 최근 미의회에서 중국의 MFN 경신 조건으로 무역역조 시정과 인권 개선 등을 요구하며 중국에 압력을 가하고 있다.

APBC(Asia Pacific Bankers Club)

아시아·태평양은행가협회. 아시아·태평양 지역에 있는 유수한 국제 상업은행들의 최고 경영자 모임으로 지난 80년 ADB(아시아개발은행)의 총재였던 마사오 후지오카 씨의 제의로 81년 4월 동경에서 제 1차 총회를 갖고 정식 발족됐다. 설립 목적은 아시아·태평양 지역 회원은행 사이의 협력과 친선을 도모하고 역내 공동 관심사에 관한 의견 교환 및 토의를 위한 포럼을 마련하는 것이며 자산 규모가 세계 500위 안에 드는 은행으로 해당국 이사은행의 추천을 받아 이사회의 만장일치 승인에 의해 회원으로 가입할 수 있다.

PBEC(Pacific Basin Economic Council) 태평양경제협의회

태평양 연안지역 국가간의 경제 협력과 지역사회 발전을 목적으로 지난 67년 설립된 민간경제협력기구이다. 현재 우리나라·일본·미국·호주 등 20개 국가가 참여하고 있다. PBEC는 민간 경제협력기구라는 점에서 정부간 경제협력기구인 APEC (Acia Pacific Economic Cooperation, 아시아태평양경제협력)이나 정부 민간 합동 경제협력기구인 PECC(Pacific Economic Cooperation Council)와 다르다. PBEC는 현재 PECC에 옵서버로 참여하고 있으며 APEC에 옵서버 참여 의사를 표명해 놓고 있다.

형식승인제도(形式承認制度)

전기용품·의료기기·농기계 등 각종 공산품의 안전성과 사용의 편리성을 확보하기 위해 국가가 인정한 시험기관의 승인을 받아야만 판매가 가능토록 하는 제도로 전기용품안전관리법 등 각 법령에서 정한 제품들은 정부의 형식 승인을 받지 못하면 제품을 생산해도 일반인들에게 판매할 수 없게 된다. 형식승인제도는 모든 나라가 대부분 채택하고 있어 우리 기업의 공산품을 특정 국가에 수출하려면 수출에 앞서 수출하고자 하는 나라의 형식승인을 먼저 받아야 한다.

5'V 시스템

新경영목표인 기업내실화와 노사 보람의 새가치 창조(高부가가치)에 역점을 둔 것으로서 {1. Vision : 기업 비젼과 경영목표의 노사 공유 2. Value : 새가치 창조와 생산성 향상 3. Virtue : 실천덕목의 개발과 인간존중 4. Vitality : 노사활성화와 조직개발 5. Victory : 노사보람과 상호승리} 등을 말한다.

BPR(Business Process Re/Engineering)

"할 수 있는 것"에서 "해야 하는 것"으로의 혁신적인 사고 전환을 통해 회사 업무 처리 프로세서를 목적추구형, 병렬처리형 등으로 혁신시킴은 물론 이와 관련된

Infrastructure 및 Technology, Organization을 동시에 혁신시켜 기업의 경쟁력을 세계 초일류 수준으로 끌어올리는 기법이다.

DNME

신흥공업국지역(NIES)을 대신하는 아시아 신흥경제권의 호칭으로써 경제협력개발기구(OECD) 등 국제기관이 사용해온 DAES(역동적아시아경제권)에 대한 개칭으로써 이는 DAES의 한국·홍콩·대만·싱가포르·태국·말레이시아에 멕시코·브라질·아르헨티나·칠레를 더해 OECD 비가입 경제권에 대한 총칭으로써 사용된다. OECD 비가입 경제권에 대한 총칭으로서는 한국·대만·홍콩·싱가포르 등 {4마리의 용}에 대해 NICS(신흥공업국·지역군)가 한 때 통용됐으나 88년부터 NIES로 바뀌었으며 89년에는 이에 태국과 말레이시아가 추가, DAES로 변경됐었다.

예금보험제도(預金保險制度)

예금업무를 취급하는 금융기관이 경영부실이나 도산 등으로 예금을 지급할 수 없을 때 제 3의 기관이 대신 지급, 예금자의 손실을 보전해 주는 제도이다. 예금보험제도는 지난 1933년 미국에 의해 처음 도입된 이래 29개국에서 실시되고 있으나 우리나라 은행예금에는 아직 이 제도가 실시되고 있지 않고 있다(97년부터 시행할 예정). 단자회사·종합금융회사·신용금고 등에 대해서는 신용관리기금, 보험사에 대해서는 보증보험기금 등이 이러한 기능을 담당하고 있다.

팩터링(Factoring)

금융 금융기관들이 거래처로부터 상업어음·외상매출금 등의 미결제 매출채권을 매입 이를 바탕으로 자금을 빌려주는 제도로 기업들이 상거래 댓가로 현금 대신 받은 매출채권을 신속히 현금화, 기업활동을 돕자는 취지로 1920년대 미국에서 처음 도입됐다. 우리나라에서는 한국산업은행·한국수출입은행·한국장기신용은행을 제외한 은행을 비롯하여 모든 금융기관이 취급하고 있지만 주로 단자사(투자신탁회사)들이 활발하게 취급하고 있다. 대출 한도는 매입채권 액면의 100%까지 가능하지만 해당 기업의 매출 규모나 신용도에 따라 다소 낮아지기도 한다. 대출금리는 은행이 8.5%, 단자사들은 11.5%정도이다.

CITES(Convention on International Trade in Endangered Species of Wild Fauna and Flora)

멸종 위기에 처한 야생 동식물의 국제무역에 관한 협약. 범세계적으로 멸종 위기에 처한 야생동식물의 포획·채취와 상거래를 규제, 야생 동식물과 생태계를 보호하기 위한 조약이다. 1973년에 채택되어 1975년 7월 발효됐다. 규제 대상 야생 동식물을 멸종 위기 정도에 따라 부속서 I·II·III으로 구분하고 차등 규제하고 있다. 현재 우리나라와 예맨 등을 제외한 118개 국가가 가입했다. 지난해 리우 유엔환경개발회의를 계기로 미국 등 선진국과 국제야생동식물보호기구 등에서 각국에 대해 멸종 위기에 처한 애생 동식물의 국제적인 거래 규제 압력을 가하고 있다. 우리나라는 1993년 6월에 이 협약에 가입했다.

NGO(Non-Goverment Organization)

정부기관이나 관련 단체가 아닌 순수한 민간 조직을 모두 일컫는 말로 非정부기구 또는 非정부단체라 한다. 본래 UN헌장 제 17조에 있는 말로 경제사회이사회에 참석, 의견을 제시할 수 있도록 허용돼있다. 정부 대표들로 구성된 UN에서 일반 시민들의 여론을 반영하기 위해 설치된 규정이다. UN에 전세계의 700여 단체가 등록돼 있고 이와 별도로 UN 홍보국으로부터 인정된 NGO가 200여 단체나 있다. 이들 NGO는 뉴욕과 제네바에 군축위원회를 두고 있으며 UN군축 특별회의 총회에서는 이 위원회가 NGO의 창구 역할을 한다.

환매채(換買債 RP, Repurchase Agreements)

'환매조건부채권'을 줄인 말로 금융기관이 일정기간 후에 다시 사주는 조건으로 팔고 경과 기간에 따라 이자를 붙여 되사는 채권이다. 채권 투자의 약점인 환금성을 보장한 것으로 지난 1981년 미국에서 예금 은행의 단기 자금 조달 방식으로 처음 도입됐다. 대부분의 나라에서 중앙은행과 예금 은행간의 유동성 조절 수단으로 활용하고 있다. 우리나라의 경우 중앙은행인 한국은행과 예금 은행사이에 시중 통화 수위와 예금 은행의 유동성 상황에 따라 수시로 RP거래가 이뤄지고 있다. RP 만기는 보통 1~15일 이내의 단기간이며 자금 결제는 주로 한국은행에 예치된 지급준비금의 대차 거래로 이뤄진다.

참고 금융기관이 후에 이자를 붙여 되사 주는 조건으로 파는 채권

CIB(Creative Idea Budgeting System)

제안·포창제도와 ZBB(제로베이스예산)제도를 결합한 형태의 창조적 예산배정제도라 하는데 원가 절감 방안이나 경영상 개선점 등에 대한 의견을 공모하고 이중 우수한 아이디어를 채택, 실제 이 부문에 집중적으로 예산을 배정하는 새로운 방식의 관리 기법이다.

고용보험제(雇用保險制)

신속 정확한 노동시장 정보를 제공하여 구인·구직비용과 마찰적 실업을 최소화하고 직업 안정 기능의 활성화를 통하여 시장기능에 의한 인력 수급 조절기능을 지원하여 인력 수급 원활화를 도모하려는 제도로 불가피하게 실직한 근로자에 대하여 재취업 준비기간 동안 생활 안정을 지원함으로써 재취업을 촉진하는 제도이다. 전통적 복지정책에 따라 실시하는 미국·영국 등의 실업보험제와는 다르다. 우리나라에서는 1995년부터 실시하기로 추진 중에 있다.

실버산업(Silver産業)

노령층을 위한 각종 상품 편의시설 등을 생산·제공하는 산업으로 銀을 뜻하는 실버라는 단어는 노인이라는 부정적인 이미지를 없애기 위해 판매자가 고안해낸 말이다. 실버산업은 노인전용주택·노인병원 등 노인 관계 서비스 시설 외에도 노인용 의료기기, 단순 기능의 노인용 가전제품, 건강식품 및 노화방지용 화장품 등 노령층을 겨냥한 모든 상품을 포함한다. 최근 노령인구의 급속한 증가와 함께 핵가속화라는 사회적 변화로 이같이 노인을 대상으로 하는 산업이 주목받고 있다. 노령층이 수적인 증가뿐만 아니라 실질적인 구매력을 점차 갖추게 됨에 따라 이들을 향한 마케팅 전약 수립이 기업의 중요한 과제로 대두되고 있다.

PB(Private Brand)상품

유통업체가 기획·개발·생산 및 판매 과정의 전부 또는 일부를 자주적으로 수행함으로써 상품 경쟁력을 제고시키고 店차별화를 유도하는 상품이라 한다. 1920년대 미국에서 체인점 전개가 본격화되면서 판매력이 강화된 이들 소매업자들이 가격 결정권을 갖고 시장을 지배하려는 제조업자에게 대항, 자신의 상표를 만들어 사용한데서 비롯됐다. PB상품은 중간 마진을 제거, 동일 성격 브랜드 제품에 비해 70~80%선의 저렴한 가격으로 공급함으로써 유통업제 자신의 판매력을 향상시킬 수 있다는 장점을 갖고 있다. 또 저가로 공급하면서도 평균 30% 이상의 마진을 챙길 수 있어 판매이익률을 높이는 데도 자기 몫을 톡톡히 해내고 있다.

BSI(Business survey index) 지수

기업 활동의 실적·계획·경기동향 등에 대한 기업가들의 의견을 직접 조사, 이를 지수로 나타낸 전반적인 경기동향을 파악하는 지표로 '기업경기실사지수'라 한다. 다른 경기지표와는 달리 기업가의 주관적이고 심리적인 요소까지 조사가 가능한 게 특징이다. 정부 정책의 파급 효과를 분석하는데 활용되기도 한다. 기업가들의 경기에 대한 판단, 장래 전망 등을 설문지를 통해 조사하는 것으로 기업가의 판단과 계획이 단기적인 경기 변동에 중요한 영향을 미친다는 점에서 중요한 경기예측지표로 사용된다. 우리나라에서는 전경련·상공회의소·산업은행·한국은행 등에서 조사 발표하는데 경기 호전 전망에 대한 {O·X} 방식 설문 후 {O}와 {X}가 차지하는 비율을 구하고 그런다음 {O}비율에서 {X}비율을 빼고 100을 더해준다. 만약 {O}의 비율이 54.5%이고 {X}의 비율이 45.9%라면 BSI지수는 54.5에서 45.5를 뺀 뒤 100을 더해준 109가 되며 이는 경기가 호전될 것으로 보는 응답자가 악화될 것으로 비관하는 응답자보다 9% 포인트 가량 많다는 사실을 의미한다.

유지관리附 리스(Maintenance Lease)

통상적인 리스는 이용자가 대상 물건을 취득할 때 그 비용에 대해서만 금융 지원을 받는다. 이에 비해 유지관리부 리스는 취득시의 구입 비용 뿐 아니라 리스 기간 중 대상 물건의 제세·공과금·수선비 등 유지 관리에 따르는 비용까지도 도맡아 지원, 관리해 주는 리스 상품이다. 리스 이용자는 그 대신 해당 리스회사에 물건의 구입 비용과 각종 유지 관리 비용의 원가에 일정 수수료를 매달 분할 상환하면 된다. 이용자로서는 물건의 구입 및 관리에 따르는 비용 부담을 덜 수 있다. 최근 산업리스가 국내업계로선 처음으로 이 상품을 도입, 시행에 들어갔다.

트래이드 드레스(Trade dress)

제품의 크기·외관·형태·빛깔 등 다른 상품과 구별할 수 있도록 하는 독특한 이미지를 뜻하는 말로 최근 미국을 중심으로 보호 강화 추세에 있는 新지적재산권중 하나이다. '상품외장'이라는 용어로 번역되기도 한다. 예를 들어 식별력을 갖도록 특이한 색을 갖춘 음료수병, 치어리더의 복장, 독특한 디자인으로 만들어진 트럭의

외관 등이 이에 해당한다.

ASIC(Application Specific Integrated Circuit)

일반적인 집적회로와는 달리 특정한 용도에 맞도록 주문에 따라 제작된 주문형 반도체 의 약자이다. 1960년대의 개별소자, 1970년대 표준논리소자, 1980년대 메모리소자에 이은 차세대 반도체로 꼽힌다. 고밀도 집적회로에 비해 신뢰성이 높고 고속 처리가 가능해 첨단제품 생산용으로 널리 사용된다. 최근 설계 및 소프트웨어 기술의 발달로 특수 기능을 내장한 상품의 생산이 늘어 이에 대한 수요가 증가하는 추세이다. 컬러 TV·전자레인지 등 가전제품은 물론 산업설비·자동차·항공장비 등 제조업 분야에서도 널리 사용되고 있다.

리딩뱅크制(Leading bank system)

금리 결정 등을 선도하는 은행을 두는 제도로 금리가 자유화 되면 은행들은 예금과 대출이자 등을 자율적으로 결정할 수 있게 된다. 순수한 의미로 자금의 공급과 수요로 금리를 정하면 된다. 그러나 이 경우 은행 간에 금리 차이가 크게 벌어질 가능성이 크다. 그러면 예금은 금리가 높은 은행으로 몰리게 마련이다. 수익성과 생산성이 낮은 은행은 높은 금리를 보장할 수 없어 문을 닫는 경우도 나타날 수 있다. 또 일시적으로나마 금리 체계가 크게 흔들려 통화정책이 불안해질 수도 있다. 따라서 수익성도 탄탄하고 통화 당국과도 원만한 협조 관계에 있는 은행이 금리 결정을 선도하면 금리 체계는 안정적일 수 있다. 이 역할을 담당하는 것이 리딩뱅크이다. 금리가 자유화돼있는 미국·일본 등은 리딩뱅크를 두고 있다. 日本은 정부가 리딩뱅크와 긴밀히 협조, 각종 금리를 조정하고 있다. 우리나라에는 금리가 부분적으로 자유화돼있어 아직 리딩뱅크가 없다.

HPAEs(The High Performing Asian Economies)

'아시아 高성장국'에 속하는 8개 나라를 가리킨다. 세계은행(IBRD)은 최근 {동아시아 개발 보고서}를 통해 한국·홍콩·싱가포르·대만 등 네 마리 호랑이와 동남아 3대 신흥공업국(인도네시아·태국·말레이시아) 일본 등 8개국을 HPAEs로 새롭게 분류했다. 이들 나라의 1인당 실질 국민소득은 지난 60년 이후 25년간 2~4배 이상 증가 했다. 경제성장 속도는 세계 평균 보다 2배나 높았고 남미 및 남부 아시아 국가들 보다는 3배가량 앞섰다. HPAEs 국가들은 성장 뿐 아니라 분배 문제도 원활히 해결, 소득분배의 공평도를 나타내는 지니계수도 상대적으로 높았다. 사회복지 수준을 보여주는 평균수명도 50세(60년)에서 71세(90년)로 늘어 다른 중소득 국가(49~66세)보다 장수화 속도가 두드러졌다. HPAEs의 이 같은 고성장은 높은 교육열에 따른 인적 자본의 증대, 국내총생산(GNP)의 20%에 달하는 투자율, 외국인 투자 확대에 따른 선진 기술 습득, 인구 증가율 둔화 등에 기인 한다고 세계은행은 지적했다.

ITC(International Trade Commission)

美 국제무역위원회의 영문 이니셜로 주로 정부보조금을 받거나 덤핑으로 미국에 수출된 외국 상품이 미국의 관련 업계에 피해를 주었는지의 여부를 판정하는 일을 담당하는 美정부기구이다. 美상무부가 먼저 외국 수입품에 대해 덤핑 및 상계관세율을 매기면 ITC는 이 수입품으로 인해 美업계가 피해를 입었는지의 여부만을 예비 및 최종 판정을 통해 2차례에 걸쳐 판정하게 된다. ITC는 6명의 위원으로 구성돼 있는데 공화당원 3人,민주당원 3人으로 돼있다. 대통령과 의회가 각각 3명씩 위원을 임명하며 위원의 임기는 10년이다. 피해 판정은 6명의 위원이 투표로 결정하는데 가부동수일 경우에는 {피해 有}판정으로 간주된다. ITC는 정부나 의회 공공단체의 의뢰를 받아 각종 경제정책 연구 및 자료 조사 활동도 수행한다.

지적재산권(知的財産權)

인간의 지적 활동으로 창출된 결과물에 대한 권리를 뜻하는 말이다. 문학 및 과학작품·연출·공연·음반 발명·공업의장·등록상표 등에 대한 보호 권리와 공업·과학·예술 등 지적 활동에서 발생하는 기타의 모든 권리로 법적인 보호를 받는다. 크게 산업 발전을 목적으로 하는 산업재산권과 문화 창달을 위한 저작권으로 나뉜다. 이들 권리는 사람의 지적 창작물을 보호하는 무체(無體)재산권이란 점과 보호 기간이 한정돼 있다는 점에서는 같다. 그러나 산업재산권이 특허청의 심사를 거쳐 등록해야만 보호되는 반면 저작권은 출판과 동시에 보호 된다는 점이 다르다. 보호 기간도 산업재산권은 10~20년 정도로 비교적 짧고 저작권은 사후 30~50년 까지로 길다. 최근엔 급속한 기술혁신에 따라 새로운 기술들이 속출, 산업재산권과 저작권 중 어느 부류에도 속하지 않거나 양쪽에 모두 속할 수 있는 분야가 나타나고 있다. 가장 대표적인 것이 소프트웨어

무역금융(貿易金融)

수출업체에 지원해 주는 각종 금융대출로 수출기업이 외국에서 일정 규모의 주문을 받아오면 이를 근거로 상품 생산에 필요한 원자재 구입 자금 등을 거래 은행이 低利의 이자로 대출해주는 것이다. 지난 55년부터 기업들의 수출 지원을 위해 도입됐다. 주로 중소기업 지원을 목적으로 하고 있어 수혜 대상은 현재 중소기업과 전년도 수출실적 1억 달러 이하의 비계열 대기업으로 제한돼 있다. 금리도 중소기업은 연 9%, 비계열 대기업은 9.5%로 비교적 싼 편이다. 이 자금에는 한국은행 재할인 혜택이 부여되기 때문에 금리가 낮더라도 일반은행들이 서로 취급하려 한다.

근로자 파견법(勤勞者派遣法)

근로자 파견 사업의 규제 및 파견 근로자 보호에 관한 법률로 고용정책기본법·고용보험법·직업안정법과 함께 노동부가 입법예고한 4개 법안 중 하나이다. 근로자 파견법은 기업체 직접고용이 아닌 파견 업체를 통해 근로자를 공급받아 일을 시키는 인력수급조절제도의 하나로 제도화하되, 기존 고용 관행을 저해하지 않는 범위 내에서 제한적으로 허용하는 것을 주요 골자로 한다(허용 업종은 시행령에 명시). 이 법안에선 파견 근로자 보호를 위해 임금·재해 등은 파견 사업주가 책임지고 근로시간·휴일 등 구체적 운용은 사용사업주가 부담한다. 또 안전·보건상의 책임은 사용사업주가, 일반 건강진단실시의무 등은 파견사업주가 부담한다. 사용자측은 전문직 특수 분야 등으로 제한되어있는 파견 적용 대상 업종을 인력난이 심한 3'D 업종으로까지 확장해야한다고 주장하는 반면 노동계에선 이 제도 자체가 근로자 권익을 침해할 우려가 있다며 반대 입장을 보이고 있다.

지하경제(地下經濟)

정부의 세금을 피해 겉으로 드러나지 않는 경제로 이 중에는 범죄·마약매매·매춘·도박 등 위법 행위에 의해 이뤄지는 것과 정상적 경제 활동이면서도 세무서 등 정부 기관에서 포착하지 못하는 것 등이 포함된다. 정상적 활동 중 지하경제에 속하는 것은 기업의 음성적 비자금 등이 대표적이다. 이는 세금의 회피 뿐 아니라 자금 출처나 사용처 등을 숨기기 위해 금융 기관을 이용하더라도 가명이나 차명계좌를 사용하는 것이 보통이다. 따라서 지하경제의 규모를 정확히 추산하는 것은 불가능 하다. 특히 지하경제는 세무서의 추적을 피하기 위해 현금으로 직접 거래되는 부분이 많아 더욱 그렇다. 지하경제를 캐시 이코노미(cash economy), 위법성을 들어 블랙 이코노미(black economy)라고 부르는 이유도 여기에 있다. 최근 금융실명제 실시로 가·차명계좌가 실명 전환되고 사채 시장이 위축됨에 따라 우리나라도 지하 경제가 차츰 축소될 전망이다. 지하 경제 규모는 지난 88년에는 국민총생산(GNP)의 47%에 달하는 58조원 정도(제일경제 硏 분석)인 것으로 추정되고 있다.

DIY(Do it yourself)

산업 제품 구입시 소요되는 비용 절감과 함께 취미 생활의 일환으로 소비자들이 반가공 상태의 자재를 구입하여 손수 완제품을 조립하는 산업을 일컫는 말이다. DIY산업은 그동안 접착시트·고형가구 등에 적용돼 왔으나 최근에는 페인트·성인모형완구에 이어 자동차정비코너 등 서비스업에까지 확산되고 있다.

지적소유권(知的所有權)

인간의 창작이나 발명 등 지적 활동에서 발생하는 무형의 소유권을 의미한다. 문학·예술 및 과학 작품, 공업의장·등록상표·상호 등에 대한 보호 권리와 공업·과학·예술분야 에서의 지적 활동에 따른 기타 모든 권리를 포함한다. 크게 산업발전을 목적으로 하는 공업소유권과 문화 창달을 목적으로 하는 저작권으로 나뉜다. 이들 두 권리는 인간의 지적 창작물을 보호하는 無體財産權이라는 점과 보호기간이 한정돼 있다는 점에서 같다. 그러나 공업소유권이 특허청의 심사를 거쳐 등록해야만 보호되는 반면 저작권은 출판과 동시에 보호된다는 점에서 다르다. 최근엔 급속한 기술 혁신에 따라 새로운 기술들이 속출, 공업소유권과 저작권 중 어느 부류에도 속하지 않거나 두 부류에 공통으로 포함될 수 있는 분야가 나타나고 있다(가장 대표적인 것이 컴퓨터 소프트웨어). 한편 미국은 지적소유권 단속 및 처벌이 미흡하다는 이유로 우리나라를 최우선협상대상국(GSP)으로 지정할 움직임을 보이는 등 통상 압력을 가하고 있다.

신용장(信用狀 LC, Letter of Credit)

특정인의 신용을 보증하기 위해 은행이 발행하는 증서를 말한다. 영어로는 LC라고 표기한다. 은행이 특정인에게 자기 은행이나 자기가 지정한 은행 앞으로 어음을 발행 할 수 있는 권한을 부여하는 보증장이다. 신용장에는 수입업자에게 발행하는 상업신용장과 해외여행자가 그 행선지에 필요한 외화를 입수할 수 있도록 하기위한 여행신용장이 있다. 상업신용장의 경우 수입업자의 신용을 보증하기 위해 발행하는 증서를 수입신용장이라 하고 이를 수출국에서 받으면 수출신용장이라 불린다. 수출업자는 신용장이 도착함으로써 안심하고 수출화물을 발송할 수 있다. 신용장을 발행한 은행으로부터 지불 금융기관으로 지정된 은행(보통 수출업자가 있는 나라의 거래은행)은 신용장에 명기된 수출입 계약관련 서류를 받고 수출업자에게 대금을 지불하게 된다. 이 같은 수출신용장의 내도 상황은 수출 실적을 전망할 수 있는 지표로 쓰인다.

지급준비율(支給準備率)

은행이 고객으로부터 받아들인 예금 중에서 중앙은행에 의무적으로 적립해야하는 비율을 말한다. 지급준비율제도는 본래 고객에게 지급할 돈을 준비한다는 고객 보호 차원에서 도입됐으나 지금은 금융정책의 주요 수단으로 활용되고 있다. 중앙은행이 지급준비율 조절함으로써 시중 자금 수위를 조절할 수 있기 때문이다. 즉 지급준비율을 높이면 중앙은행에 적립해야할 돈이 많아져 시중 자금이 줄어들고 낮추면 그 반대 현상이 빚어진다. 이 같은 제도상 성격으로 지급준비율제도는 금리정책·공개시장조작제도와 함께 금융정책의 3대 기본 제도로 불린다. 현재 적용되는 지급준비율은 요구불예금·저축성예금 모두 11.5%이다. 지준율은 한국은행법에 의해 금융통화운영위원회가 정한다. 지난 90년 2월 이후 11.5%를 적용하고 있다. 한국은행은 매월 7일과 22일 은행의 지급준비금 의무 적립액을 채크하고 있다. 최근 경기 부양책의 일환으로 지급준비율을 낮추는 방안을 정부에서 검토하고 있다. 지급준비율이 낮아지면 은행 대출에 여유가 생겨 기업에 좀더 많은 자금이 공급될 수 있어서이다.

바코드(Bar-code)

상품의 국적 제조업자 규격 가격 등에 관한 정보를 光學的으로 판독할 수 있도록 흑백의 막대로 분류한 표식이다. 상품 포장이나 상품 자체에 인쇄·활용한다. 백화점이나 슈퍼마켓에서 계산에 앞서 점원들이 이 바코드를 POS(판매시점정보관리) 시스템의 판독기(Scanner)에 쪼이면 그 점포에서 해당상품이 판매됐다는 정보가 즉각 입력된다. 이처럼 바코드는 POS운용을 위한 필수 조건이며 판매관리·물류관리 등 유통 과학화에 중요한 역할을 한다. 바코드 구성 방식은 세계적으로 12자리의 UPC체계와 13자리의 EAN체계 2가지가 있다. 우리나라는 EAN(국제상품코드관리협회)체계를 따르고 있는데 88년에 가입, 韓國産임을 표시하는 880(첫자리에 표시)번호를 부여받았다. 이 바코드번호는 대한상공회의소 부설 韓國流通情報센터에서 각 제조업체의 신청에 따라 부여하고 있다. 바코드의 표시 주체에 다라 제조업체가 할 경우 소스마킹, 유통업체가 할 경우 인스토어마킹이라고 한다.

제휴카드(提携 CARD)

종래 물품구매 기능만 있던 신용카드의 기능에 신분증이나 각종 회원증기능이 추가돼 카드 한 장으로 여러 가지 용도에 사용할 수 있는 카드이다. 백화점카드가 갖고 있는 할인혜택과 무이자 할부구매 용도, 증권회사의 현금 인출을 위한 신분확인 용도, 각종 호텔의 멤버십카드 등으로 사용될 수 있고 개인회사의 출입증이나 사원신분증으로도 이용 할 수 있다. 다양한 형태의 서비스를 카드 한 장으로 제공받을 수 있어 여러 장의 카드를 소지해야 하는 불편을 덜 수 있다.

불황 카르텔

불황을 극복하기 위하여 형성하는 카르텔로 공정거래법에서 예외로 인정하고 있는 공동행위. 불황카르텔의 인정요건은 특정 상품이나 용역의 수요가 상당기간 계속 감소하고 그 후에도 그 상태가 계속될 것이 명백한 경우와 그 상품의 거래 가격이 3개월 이상 계속 평균생산비를 밑돌고 있는 경우다. 또 해당 산업분야의 상당수 기업이 사업활동을 계속하기 곤란하게 될 우려가 있는 경우와 기업이 합리화로는 이상의 상황을 극복할 수 없는 경우에 해당돼야 한다. 공정거래위원회는 사업자의 신청에 따라 이 같은 인정요건을 검토, 인가여부를 결정한다. 최근 석유화학업계는 大韓油化의 법정관리 신청이후 10개사가 불황카르텔을 구성키로 합의를 보았다. 석유화학 불황카르텔이 형성되면 이는 80년대 초반의 시멘트에 이어 공정거래법제정이후 두 번째 카르텔이 된다. 카르텔은 같은 상품을 생산하는 기업이 서로 가격이나 생산량 출하량 등을 협정해서 경쟁을 피하고 이윤을 확보하려는 공동행위로 공정거래법상 원칙적으로 금지돼있다.

팩터링(Factoring)

금융 금융기관들이 기업으로부터 상업어음·외상매출증서 등 매출채권을 매입, 이를 바탕으로 자금을 빌려주는 제도. 기업들이 商去來대가로 현금대신 받은 매출채권을 신속히 현금화, 기업활동을 돕자는 취지로 지난 20년대 미국에서 처음 도입됐다. 취급 금융기관은 산업은행·수출입은행·장기신용은행을 제외한 은행을 비롯 모든 금융기관이지만 주로 단자사들이 활발하게 취급하고 있다. 대출한도는 매입채권 액면의 100%까지 가능하지만 해당기업의 매출규모나 신용도에 따라 다소 낮아지기도 한다. 대출금리는 은행이 8.5%(상업어음할인기준), 단자사들은 13.5% 정도다.

벤치마킹(Benchmarking)

자기 분야에서 가장 우수한 성과를 내고 있는 최고 회사를 모델로 삼아 그들의 독특한 비법을 배우면서 자기 혁신을 꾀하는 것으로 넓은 의미에서는 리엔지니어링의 개념에 포함시키기도 하지만 독립된 한 분야이다. 시초는 일본 기업에 밀려 고사 상태에 놓여있던 미국의 제록스社가 경쟁업체인 일본 기업의 경영 노하우(know-how)를 캐기 위해 직접 일본에 건너가 조사 활동을 벌인 뒤 조사 결과를 경영 전반에 활용, 다시 경쟁력을 회복하면서부터이다. 벤치마킹은 단순히 최고 수준의 경쟁 회사를 찾아가 배우는 것이 아니라 회사내 또는 異업종에서도 찾을 수 있을 만큼 응용 범위가 무궁무진하다. 게다가 상대와 비교할 수 있는 계기가 되기 때문에 우리의 수준을 정확히 측정할 수 있어 극복해야할 문제점이 극명하게 드러나고 따라서 혁신의 필요성에 대한 조직원들의 공감을 쉽게 끌어낼 수 있는 장점을 지니고 있다.

선물환 거래(先物換去來)

환위험 관리 기법의 하나로 미래의 일정 시점에서 사고 팔 외환의 가격을 현 시점에서 미리 약정하는 거래로 가장 널리 활용되고 있다. 일반적으로 선물환 계약은 단기 거래가 주종을 이루고 있으나 중·장기적으로 환리스크를 피하기 위해서는 단기 선물환 계약의 회전 이용 방법을 신택해야 한다.

통화 스와프(Swap)

거래 당사자가 계약일에 약정된 환율에 따라 해당 통화를 일정 시점에 서로 교환하는 것이다. 이는 단기보다는 중·장기적으로 환위험을 피해가는 방법이 될 수 있다.

통화 선물(通貨先物)

통화 선물 거래는 선물환 거래와 같이 일정 통화를 미래의 일정 시점에서 약정한 가격으로 사거나 파는 금융 선물 거래의 일종이나 선물환 거래와는 성격이 다르다. 이는 일정 기간 후 실제로 특정 통화를 인수 또는 인도하는 것이 아니고 현물환 포지션과 대칭되는 선물환 포지션을 보유함으로써 환위험을 헤지(hedge)하는 것이다.

매칭(Matching)

외화 자금의 유입과 지급을 통화별, 만기별로 일치시키는 것이다. 이는 다국적기업이나 무역회사의 본·지사간 및 제 3자와의 환거래에서 많이 활용되는 기법이다.

리딩과 래킹(Leading &Lagging) **외**

화 자금의 결제시기를 의도적으로 앞당기거나 또는 지연시키는 방법이다. 이는 매매 쌍방의 이해가 상충돼 어느 한 쪽이 이익을 내면 상대방은 손해를 보게되어 그룹·기업간에 일어난다.

네팅(Neting)

다국적 기업의 본·지점간 또는 지사 상호간에 발생하는 채권·채무 관계를 개별적으로 결제하지 않고 일정 기간이 지난 후 서로 상계한 뒤 차액만을 결제하는 방법이다.

엠바고(Embargo)

한 나라가 상대국의 항구에 상업船의 입항 및 출항을 금지하도록 법으로 명령하는 것을 뜻한다. 일반적으로 대상국이 전쟁을 일으켰거나 국제 질서를 어지럽혔다고 판단될 때 내려지는 조치이다. 군사·정치적 보복 대신 경제적 봉쇄를 통해 대상국에 타격을 입혀 쌍무적 문제를 해결하자는 의도로 자주 사용된다. 엠바고는 용어와 달리 단순 선박입·출항이나 무역의 금지 조치 이외에 재정 지원 등 일체의 경제적 협력을 규제하는 조치가 동반되는 경우가 일반적이다. 경제적 강자인 서방 선진국, 특히 미국이 정치·군사적 대립 관계에 있는 국가들을 상대로 엠바고 조치를 취하고 동맹국들이 공동 참여하는 형태로 자주 동원되며 북한·중국·舊소련 등 미국과 적대적인 국가들에 취해졌거나 취해지고 있다. 베트남에 대한 엠바고는 지난 75년 미국이 월남 전쟁에서 패배한 직후 단행됐다. 당초엔 1년 기한으로 발효됐으나 이후 베트남의 캄보디아 침공과 인권 탄압, 월남 전쟁에서 실종된 미군 처리 문제 등이 잇달아 터져 나오면서 해마다 연장, 현재에 이르고 있다.

지니계수(Gini係數)

소득 분배의 불평등도를 나타내는 수치. 일반적으로 분포의 불균형도를 의미하지만 특히 소득이 어느 정도 균등하게 분배되어 있는가를 평가하는데 주로 이용된다. 이탈리아의 통계학자 지니(C.Gini)가 제시한 지니의 법칙에 따라 나온 계수다. 가로축에 저소득층부터 인원의 분포도를 그리고 세로축에 저소득층부터 소득액 누적 배분율을 구하면 소득분배곡선(로렌츠곡선)이 나온다. 여기에 가상적인 소득분배균등선 45도선)을 긋는다. 이때 소득분배 균등선과 종·횡축이 이루는 삼각형의 면적과 균등선과 로렌츠곡선간의 면적 비율이 지니계수가 된다. 따라서 지니계수는 0과 1사이의 값을 가지며 이 값이 작을수록 소득분배는 균등한 것을 뜻한다. 일반적으론 지니계수가 0.4를 넘으면 소득 분배가 상당히 불평등한 것으로 볼 수 있다. 통계청이 발표한 {지난 30년간 도시가계수지변화}에 따르면 우리나라의 지니계수는 80년대 전반에 상승 추세를 보이다 85년을 정점으로 하락, 소득 불균형이 완화되고 있는 것으로 나타났다.

3'C

최근 일본 경제계에서 유행처럼 번지고 있는 것으로 불황을 타계하기 위해 도입된 경영 전략으로 3C란 Cheap(저렴한 가격), Convenient(편리함), Close at Hand (가까이 두고 손쉽게 이용할 수 있음)을 의미한다.

뗄레마띠그(Telematizue) 프랑스어

Telecommunication(원격통신)과 Informatizue(정보처리)의 합성어로서 통신 기술과 컴퓨터 기술의 융합에 의한 기술적 사회 변화를 종합적으로 가르키는 말이다.

바이오 플라스틱

폐기된 후 일정 시간이 경과되면 미생물이 배출하는 분해 요소에 의해 딱딱한 플라스틱이 자연 분해되는 생분해성 플라스틱이다. 기존의 쇼핑백, 플라스틱병 등이 영구히 분해되지 않아 환경 문제의 심각한 요인이 되고 있으나 바이오 플라스틱은 이와 같은 환경 문제 해결의 실마리를 제공한다는 점에서 관심이 높다. 영국의 ICI사가 처음 개발하였고 현재 구미 쪽에서 활발히 연구 개발 중에 있다.

VE(Value Engineering)

상품의 설계 단계에서부터 원가 절감 방안을 모색함으로써 기업의 경쟁력을 제고시키려는 가치 공학을 말한다.

심바이오틱 마케팅(Symbiotic Marketing) 기법

대기업이 자사의 막강한 영업 조직을 통해 판로가 취약한 영세업체들의 제품을 자사상표를 판매하는 마케팅기법

M&A(Merges &Acquisition)

일반적으로는 제조업체들의 법률상, 경영상 합병을 뜻하는데 요즈음은 정보기기 유통업체에서도 대자본, 대규모 조직을 갖추고 있는 대기업과 유통 노하우를 갖고 있는 전문 중소 유통업체가 합병함으로서 상호 경영 합리화를 꾀하는 M&A바람이 불고 있다.

OP(Open Price)

소비자 판매 가격이 미리 붙어있는 것이 아니라 점원과 손님의 홍정에 의해 상품의 판매 가격이 결정되는 것인데 우리나라의 남대문시장, 청계천, 용산상가 등이 여기에 해당되며 일본의 아기아바라 전자 상가에서도 정가표를 붙인 상점들이 줄어들고 있는 추세이다. 결국 OP 제도는 점포의 능력에 따라 할인률 경쟁 유도가 가능해진다.

EDI(Electronic Data Interchange)

전자적 문서 교환. 모기업과 협력업체를 컴퓨터 통신망으로 연결하여 그동안 수작업으로 하던 수·발주 거래 업무를 컴퓨터상의 표준화된 거래 양식을 사용해 온라인으로 처리하는 부가가치통신망(VAN)의 일종이다. 일명 종이 없는 기업간 거래로도 불리운다.

테크노스트레스

84년 미국의 정신분석학자 브로이드가 처음 명명한 테크노 스트레스는 테크노 불안증과 테크노 의존증의 2가지 개념으로 정의된다. 테크노 의존증이란 컴퓨터에 지나치게 의존함으로 인한 정신적 스트레스가 주원인으로 해석되는 모든 장애를 폭넓게 부르는 것으로 프로그래머, 컴퓨터 제작자 등과 같이 주로 컴퓨터광에게 걸리기 쉽고 테크노 불안증은 VDT장애와 같이 컴퓨터 단말기에 장시간 앉아 있어야하는 오퍼레이터에 잘 걸리는데 증상으로는 시력감퇴, 두통, 초조감, 불안증, 우울증 특히 여성의 경우에는 생리불순, 조산, 유산의 위험이 따른다는 개념이다.

프렌차이즈 제도

유통 전문 회사가 가맹점과 신용 계약을 통해 필요한 제품은 물론 상표, 고유마크의 사용권, 애프터서비스, 교육, 나아가서는 매장 디스플레이까지 본사에서 부담함으로써 가맹점을 직영점과 흡사한 형태로 운영하는 근대적인 유통 구조

DB 마케팅(Data Base Marketing)

고객 정보, 산업 정보, 기업 내부 정보, 시장 정보 등 각종 1차 자료들을 수집, 분석해 이를 판매와 직결시키는 기법이다. DB마케팅은 타고객 과는 다른 차별되는 인적 정보와 구매 정보를 활용, 고객의 요구에 따른 차별적인 정보를 제공함으로써 고객의 만족도를 높이고 효과적인 마케팅 효과를 얻을 수 있다.

TRIPs(Trade Related Intellectual Properties)

특허권, 의장권, 상표권, 저작권 등 소위 지적재산권에 대한 최초의 다자간 규범을 말한다. 93년 말 타결된 UR 다자간 협상의 한 가지 의제로 채택됐다. 종전의 지적재산권에 대한 국가간 보호는 세계지적재산권기구(WIPO)를 중심으로 파리협약, 베른협약, 로마협약 등 개별적인 국제 협약에 의해 시행되어 왔으나 보호 수준이 미약하고 GATT 등 다자간 규범 내에 있지 않아 무역 마찰의 주요 이슈로 되어왔다. TRIPs는 이 같은 단점을 보완, 지적재산권의 국제적인 보호를 강화하고 침해에 대한 규제 수단을 명기했다. 또 이 규정은 세계무역기구(WTO) 회원국 모두에게 적용된다는 점에서도 종전의 개별적인 협약과는 다르다. 이 규범은 기존의 지적재산권 관련 협약이 속지주의에 따른 내국민 대우만을 보호 대상으로 삼은 것과는 달리 최혜국 대우를 원칙으로 한다. 또 특허권, 의장권, 상표권, 저작권 외에도 컴퓨터 프로그램, 데이타 베이스, 반도체 집적회로, 영업 비밀 등도 보호 대상으로 추가하고 있다.

무자료 거래(無資料去來)

말 그대로 자료 없이 상거래를 하는 행위를 말한다. 여기서 자료란 세금계산서를 말한다. 따라서 무자료 거래란 세금계산서를 주고받지 않은 상태에서 거래가 이루어지는 것을 말한다. 부가가치세법에 의하면 각 사업자들은 원칙적으로 재화나 용역을 사거나 팔 때는 세금계산서를 주고받아야만 한다. 무자료 거래가 이루어지는 이유는 세금계산서를 주고받지 않을 경우 매출액이나 매입액등 과세 자료가 노출되

지 않아 탈세를 할 수 있기 때문이다. 원칙적으로 말해 모든 거래에 정상적으로 세금계산서가 교부되면 부가가치세 탈세는 불가능해진다. 금융실명제가 금융 거래를 실제 이름대로 하는 것이라면 세금계산서의 교부는 바로 거래 실명제라고도 볼 수 있다.

ISO 9000

국가간 서로 다른 품질 보증 제도의 운영에서 발생하는 무역상의 기술 장벽을 해소하려는 목적으로 국제표준화기구(ISO)에서 제정한 품질 보증 규격이다. 우리나라 국가 표준인 KS는 제품이나 가공 기술에 대한 인증인 반면 ISO 인증은 하드웨어로서의 제품은 물론 소프트웨어까지 심사하는 것이 큰 차이이다. KS가 제품의 품질 수준을 인증하는 제품 인증인 것에 비해 ISO 9000은 [시스템 인증]이다. 즉 제품에 영향을 미치는 설계·개발·구매·생산·설비 등 주요 요소들을 규정하고 그대로 지키게 함으로써 품질에 대한 신뢰감을 제공하는 인증 제도이다. 제품 하나하나를 일일이 검사하는 대신에 제품 생산에 투입된 인적·물적 자원과 공정을 제 3자가 공정하게 심사해서 구매자에게 품질에 대한 신뢰감을 심어주자는 제도이다. ISO 9000 인증은 ISO

시리즈 인증이라고도 불리는데 이는 그 국제규격의 번호가 9000대인 9001, 9002, 9003등으로 이루어졌기 때문이다. 9001은 설계를 포함한 모델이고, 9002는 제조 및 설치에 관한 모델이다. 9003은 최종 검사만으로서 품질 보증을 하는 시스템의 규격이다. 이들 규격의 선택은 인증 신청 회사가 정하는 문제이다. 예를 들면 설계가 필요 없는 OEM(주문자상표부착생산) 방식 제품을 생산하는 회사라면 ISO 9002 규격을 선택하면 된다. ISO 9000 인증은 영국에서 처음으로 도입되었다.

GSP(Generalized System of Preference)

선진국이 개발도상국의 수출 증대 및 공업화를 촉진하기 위해 개발도상국으로부터 수입하는 완제품 및 반제품에 대해 아무 반대 급부 없이 일반적으로 관세를 면제를 해주거나 낮은 세율을 적용하는 제도이다. 지난 68년 2월 뉴델리에서 열린 제 2차 유엔무역개발회의(UNCTA) 총회에서 채택되어 오늘날까지 시행되고 있다. 현재 개도국에 GSP를 제공하는 국가는 미국, 유럽연합, 일본 등 모두 26개국이며 수혜국은 우리나라를 포함, 140여국에 이르고 있다. 수혜 기간은 원칙적으로 10년을 한 기간으로 하며 기간이 끝날 때마다 추가로 10년 단위로 연장하는 것이 보통이다. 지난 71년 부터 우리나라에 GSP를 제공해 왔던 유럽 연합이 우리나라에 대한 GSP 제공 중단을 진행 중인데 이어 캐나다, 스위스 등의 국가들도 우리나라에 대해 GSP 제공을 중단할 것을 검토 중인 것으로 알려져 이 지역에 대한 수출이 큰 타격을 받을 것으로 우려된다.

위탁가공무역(委託加工貿易)

가공무역의 일종, A라는 나라의 위탁자가 B라는 나라의 제조업자나 수출업자와 가공 계약을 체결하고 B국에 원자재를 제공한 후 B국의 제조업자가 이를 가공해 완제품 또는 반제품 상태로 재수출 하는 형태의 무역을 말한다. 위탁자의 입장에서는 위탁가공무역이 되고 위탁을 받는 입장에서는 수탁가공무역이 되는 셈이다. 위탁가공무역이 국가간에 이루어지는 이유는 원자재는 풍부하나 인건비가 비싸 국내에서 제품을 만드는 것보다는 인건비가 싼 다른 나라에 이의 가공을 맡기는 것이 제품 코스트를 낮출 수 있는 경우가 많기 때문이다. 원자재가 풍부하고 인건비가 비싼 나라가 위탁자가 되는 때가 많으나 항상 그렇지는 않다. 원자재와 수출 상품의 소유권은 위탁자에 있고 이를 가공한 수탁자는 加工價만을 받게 된다. 수탁자의 입장에서는 국제 거래에 따르는 각종 위험을 피할 수 있고 안정된 수입이 보장되는 장점이 있다. 우리나라의 위탁 가공은 현재 독일, 일본에 이어 3위를 기록하고 있다.

저자 약력

■ 이 덕 훈

일본 게이오대 상학박사, 한남대학교 학술정보처장, 학생처장, 기획처장 역임
(現) 한국전통재래시장학회장
한남대학교 경영학과 교수

■ 강 신 성

서울대 경영학박사, 한남대학교 경상대학장 역임, 한남대학교 교수협의회장 역임
(現) 한남대학교 경영학과 교수

■ 이 규 현

서울대 경영학박사, 한남대 경상대학장, 한국마케팅과학회장 역임
(現) 한남대학교 경영학과 교수

■ 허 찬 영

영국 아스톤대학 경영학박사, 한국노동교육원 연구위원
(現) 한남대학교 경영학과 교수

■ 진 현 웅

KAIST 경영학박사, 한남대학교 경영학과장, 기획부처장 역임
(現) 한남대학교 경영학과 부교수

현대경영의 이해

초　판 1쇄 발행 — 2014년 8월 20일
초　판 2쇄 발행 — 2015년 2월 25일
지은이 — 이 덕 훈 · 강 신 성 · 이 규 현 · 허 찬 영 · 진 현 웅
펴낸이 — 전 두 표
펴낸곳 — 도서출판 **두남**
서울시 강동구 성내로6길 34-16 두남빌딩
신 고 : 제25100-1988-9호
TEL : 02) 478-2065, 2066, 2067, 2311
FAX : 02) 478-2068
E-mail : dunam1@unitel.co.kr
http://www.dunam.co.kr

정가 31,000원

ISBN 978-89-6414-537-1 93320